[국제비즈니스의 종합판]

무역상무

- 물품 · 기술 · 서비스 · 투자 · 전자무역 포함 -

서 정 두 저

International Business Transaction

탑북스

THE PRACTICE OF
INTERNATIONAL BUSINESS TRANSACTIONS

By

SEO JUNG-DOO, Ph. D.
Professor of Global Business School,
HOWON UNIVERSITY

2011
Tob-Books PUBLISHING CO., SEOUL KOREA

머 리 말

글로벌 지식정보사회의 국가경쟁력은 과학기술과 국제무대에서의 비즈니스 성공여하에 달려 있다. 따라서 국제비즈니스의 상무적인 지식은 스피드 경영시대를 살아가는 모든 부문의 구성원들이 기본으로 알고 있어야 한다.

국제비즈니스의 상무적인 지식은 오랜 동안 축적되어 온 전통적인 상관습(mercantile customs)의 충분한 이해로부터 출발하여 최근의 무역환경변화에 즉시 적응할 수 있는 새로운 관습과 규범체계를 습득해 나가야 한다.

오늘날 무역의 대상도 노동집약적인 물품매매(sale of goods)에만 머무르지 아니하고 부가가치가 높은 특허・상표・노하우 등의 지식재산권과 각종 서비스분야 내지 자본거래에 이르기까지 그 폭이 점차 확대되어 가고 있다.

특히 정보기술이 발달하면서 각종 무체물의 온라인거래가 늘어남에 따라, 정부에서도 근래에 대외무역법을 개정하여 이러한 무체물의 거래를 무역의 범위에 포함시킨 바 있고, 관련 자격증 시험에서도 이를 반영하고 있다.

대학에서의 무역상무나 무역실무 분야의 강의와 연구도 종래의 물품매매만을 전제로 하던 사고에서 벗어나 각종 지식재산권・서비스 등 무체물의 온・오프라인거래, 해외투자・금융실무 등을 포괄하는 국제비즈니스 차원에서의 상무적인 접근방법으로 그 패러다임을 재설정해야 할 시점에 있다.

필자는 대학에서 무역상무론을 강의하면서 이러한 필요성을 인식하고 오랜 동안 조사 준비해 온 국내・외의 광범한 자료를 분석 정리하여 그 패러다임을 확장한 신개념의 「무역상무」를 출간하게 되어 감개무량함을 느낀다.

신개념의 "무역상무론"이라 함은 서로 다른 국가간에 물품매매, 기술・서비스・투자, 클레임 해결 등 국제비즈니스의 각 분야에 존재하는 모든 상관습과 규범에 관하여 상무적・법리적인 연구를 목적으로 하는 학문을 말한다.

이 책은 제1편에 무역상무의 기초, 제2편에 물품거래에서의 계약성립과 신용장・운송・보험업무, 제3편에 물품외거래로서의 기술・서비스무역, 국제투자와 자본거래, 제4편에는 이들 상거래의 종결을 위한 대금결제와 정산, 계약불이행과 클레임 해결 등에 관하여 상무적・법리적인 접근을 시도하였다.

다만 기존의 무역상무론 범위를 확장한 최초의 교재이므로 다소 시각차이가 있을 수 있겠으나, 이 책이 국제비즈니스의 시대적인 현실을 반영하는 교재로 승화할 수 있도록 독자 여러분의 많은 지도편달을 바라고 장차 기대에 어긋남이 없이 지속적인 연구를 통하여 미흡한 부분을 보완해 가고자 한다.

끝으로 여러 면에서 부족한 필자를 학문의 길로 이끌어 주시고 늘 가까이서 지켜봐 주시는 양영환 선생님의 은혜에 충심으로 감사드리며, 항상 학문적인 배려를 아끼지 않으시는 성균관대학교 오원석 교수님께 깊이 감사하고, 또 이 책의 출판을 기꺼이 맡아 주신 도서출판 탑북스에도 고마움을 표한다.

2011년 8월

군산 월하리 寓居에서
저 자 씀

차 례

제3장 해외시장조사와 무역협상

제2편 국제물품거래관습

제1장 국제매매계약의 본질

제2장 국제매매계약의 정형화

제3장 화환신용장과 통일규칙

제4장 국제물품운송과 통관

제5장 국제적하보험과 금융

제3편 국제물품외거래관습

제1장 국제기술무역거래

제2장 국제서비스무역거래

제3장 국제투자와 자본거래

제4편 국제무역거래의 종결

제1장 국제무역결제와 정산

제2장 국제무역계약의 불이행

제3장 무역 클레임과 상사중재

영문약어표

약어	원어	뜻
AAA	American Arbitration Association	미국중재협회
ABA	American Bar Association	미국변호사협회
AIA	American Institute of Architects	미국건축사협회
AIPPI	Association Internationale pour la Protection de la Propriété Industrielle	국제산업재산권보호협회
ALB	America Land Bridge	아메리카 랜드브리지
APEC	Asia Pacific Economic Cooperation	아시아 · 태평양경제협력체
A/R	All Risks (ICC)	전위험담보
ASEAN	Association of Southeast Asian Nations	동남아시아국가연합
AU	Africa Union	아프리카연합
AWB	Air Waybills	항공화물운송장
BBL	Bolero Bill of Lading	볼레로 선화증권
BIMCO	Baltic and International Maritime Conference	발틱국제해운동맹
BIS	Bank for International Settlement	국제결제은행
B/L	Bill of Lading	선화증권
BOLERO	Bill of Lading Electronic Registry Organization	선화증권 전자등록기구
BOT	Build - Operate - Transfer	시공 · 운영 · 기부채납
BR	Blue Color Round (WTO)	노동라운드
BSS	British Standard Specification	영국공업표준규격
BT	Bio. Technology	생명기술
BWT	Bonded Warehouse Transaction	보세창고거래
C&F (CNF)	Cost and Freight … named port of destination	운임포함인도
CAD	Cash against Documents	서류상환급
CBM	Cubic Meter (=㎥)	입방미터
CCC	Customs Convention on Container	컨테이너 통관협약
CCCN	Customs Cooperation Council Nomenclature	관세협력이사회(CCC)상품분류법
CEO	Chief Executive Officer	최고경영자
CFR	Cost and Freight … named port of destination	운임포함인도
CFS	Container Freight Station	컨테이너화물집화장
CIF	Cost, Insurance and Freight … named port of destination	운임 · 보험료포함인도
CIM	International Convention concerning the Carriage of Goods by Rail	철도화물운송국제협약
CIP	Carriage and Insurance Paid to … named place of destination	운송비 · 보험료지급인도
CISG	United Nations Convention on Contracts for the International Sale of Goods	국제물품매매계약유엔협약
CIT	Court of International Trade (U.S.)	미국 국제무역법원
CITEJA	Comité Internationale Technique d'Experts Juridiques Aériens	국제항공법전문가위원회
CLB	Canada Land Bridge	캐나다 랜드브리지
CMI	Comité Maritime International	국제해사위원회
CMR	Convention on the Contract for the International Carriage of Goods by Road	국제도로화물운송계약협약

C/O	Certificate of Origin	원산지증명서
COCOM	Coordinating Committee on Multilateral Export Controls	대공산권수출통제위원회
COD	Cash on Delivery	현물상환급
COGSA	Carriage of Goods by Sea Act (British, U.S.)	해상화물운송법
COOC	Contact with Oil and Other Cargo	유류 · 타화물접촉위험
COTIF	Convention concerning International Carriage by Rail	국제철도운송협약
CPT	Carriage Paid to … named place of destination	운송비지급인도
CR	Competition Policy Round (WTO)	경쟁정책라운드
CSC	International Convention for Safe Containers	컨테이너안전국제협약
CT	Container Terminal	컨테이너 터미널
CTO	Combined Transport Operator	복합운송인
CWO	Cash with Order	주문급
CY	Container Yard	컨테이너 야적장
D/A	Documents against Acceptance	인수인도
DAF	Delivered at Frontier … named place	국경인도
DAP	Delivered at Place	착지인도
DAT	Delivered at Terminal	터미널인도
DCP	Freight or Carriage Paid to … named place of destination	운송비지급인도
D/D	Demand Draft	송금수표
DDP	Delivered Duty Paid … named place of destination	관세지급인도
DDU	Delivered Duty Unpaid … named place of destination	관세미지급인도
DEQ	Delivered Ex Quay … named port of destination	부두인도
DES	Delivered Ex Ship … named port of destination	착선인도
D/O	Delivery Order	인도지시서
DOC	Department of Commerce (U.S.)	미국 상무부
DOCDEX	Documentary Credit Despute Expertise (ICC)	신용장분쟁 전문가의견규칙
D/P	Documents against Payment	지급인도
D/R	Dock Receipt	부두수령증
D/S	Date after Sight	일람후출급일
DSB	Disputes Settlement Body (WTO)	분쟁해결기구
DSU	Disputes Settlement Understanding (WTO)	분쟁해결협정
DWT	Deadweight Tonage	공적운임톤수
ECOSOC	Economic and Social Council (UN)	유엔경제사회이사회
EDI	Electronic Data Interchange	전자자료교환
EDIFACT	Electronic Data Interchange for Administration, Commerce and Transport	행정 · 상역 · 운송에 관한 전자자료교환
EFTA	European Free Trade Association	유럽자유무역연합
E/L	Export License	수출승인서
ESCAP	Economic and Social Commission for Asia and Pacific	아시아 · 태평양경제사회위원회
E-Sign	Electronic Signatures in Global and National Commerce Act	전자서명법
EU	European Union	유럽연합
eUCP	Supplement to UCP 500 for Electronic Presentation	신용장통일규칙 전자제시보칙
EURO	European Currency Unit (€)	유럽통화단위
EXW	Ex Works … named place	공장인도
FAQ	Fair Average Quality	평균중등품질
FAS	Free Alongside Ship … named port of shipment	선측인도
FBL	FIATA Combined Transport Bill of Lading	FIATA 복합운송선화증권
FCA	Free Carrier … named place	운송인인도

FCI	Factors Chain International	국제팩터체인망
FCL	Full Container (or Car) Load Lot	1컨테이너(화차) 적재분량
FEU	Forty Feet Equivalent Unit	40피터 컨테이너단위
FI	Free In	본선적재비면책
FIATA	Fédération Internationale des Associations dc Transitaires et Assimiés	국제운송주선인협회
FIDIC	Fédération Internationale des Ingénieurs Conseils	국제기술사협회
FIO	Free In and Out	본선적재비 · 양륙비면책
FO	Free Out	양륙비면책
FOA	FOB Airport	공항인도
FOB	Free on Board … named port of shipment	본선인도
FOR/FOT	Free on Rail / Free on Truck … named place	철도인도
FPA	Free from Particular Average (ICC)	단독해손부담보
FRC	Free Carrier … named place	운송인인도
FTA	Free Trade Agreement	자유무역협정
GA	General Agreement on Business Terms and Conditions	일반거래조건협정서
GATS	General Agreement on Trade in Services	서비스무역일반협정
GATT	General Agreement on Tariffs and Trade	관세 · 무역일반협정
GCC	Gulf Cooperation Council	걸프만협력회의
GENCON	Baltic and International Maritime Conference Uniform General Charter	발틱국제해운동맹(BIMCO) 일반용선계약서
GMQ	Good Merchantable Quality	판매적격품질
GNG	Group of Negotiations on Goods (GATT)	상품협상그룹
GNS	Group of Negotiations on Services (GATT)	서비스협상그룹
GR	Green Round (WTO)	환경라운드
GSP	General System of Preference	일반특혜관세제도
GUIDEC	General Usage for International Digitally Ensured Commerce	디지털보장국제상거래일반관행
HS	Harmonized Commodity Description and Coding System	신국제통일상품분류법
IATA	International Air Transport Association	국제항공운송협회
IBRD(WB)	International Bank for Reconstruction and Development	국제부흥개발은행
IC	Integrated Circuit	집적회로
ICAO	International Civil Aviation Organization	국제민간항공기구
ICC	Institute Cargo Clauses (London)	협회적하약관
ICC	International Chamber of Commerce (Paris)	국제상업회의소
IIPA	International Intellectual Property Alliance	국제지식재산권연맹
ILA	International Law Association	국제법률협회
I/L	Import Licence	수입승인서
ILU	Institute of London Underwriters	런던보험업자협회
IMCO	Inter-Governmental Maritime Consulative Organization	정부간해사협의기구
IMF	International Monetary Fund	국제통화기금
INCOTERMS	International Rules for the Interpretation of Trade Terms	정형거래조건해석국제규칙
I/P	Insurance Policy	보험증권
IPG	Inter-Governmental Preparatory Group	정부간준비그룹
IR	Internet Round (WTO)	인터넷 라운드
ISBP	International Standard Banking Practice (UCP)	국제표준은행관습
ISC	Institute Strikes Clauses (Cargo)	협회적하동맹파업약관
ISE	Inland Storage Extension	내륙보관위험연장

ISO	International Standardization Organization	국제표준화기구
ISP98	International Standby Practices 1998	국제보증규칙
ITC	International Trade Commission (U.S.)	미국 국제무역위원회
ITE	Inland Transit Extension	내륙운송위험연장
ITO	International Trade Organization (GATT)	국제무역기구
IWC	Institute War Clauses (Cargo)	협회적하전쟁약관
JAA	Japanese Arbitration Association	일본중재협회
JIS	Japanese Industrial Standard	일본공업표준규격
KEDO	Korean Peninsular Energy Development Organization	한반도에너지개발기구
KOTRA	Korea Trade Promotion Corporation	한국무역투자진흥공사
KS	Korean Standard	한국공업표준규격
LASH	Lighter aboard Ship	부선수송선박
LB	Libra (=pound in weight)	중량 파운드
L/C	Letter of Credits	신용장
LCIA	London Court of International Arbitration	런던국제중재재판소
LCL	Less than a Container (or Car) Load Lot	1컨테이너(화차) 미달분량
L/G	Letter of Guarantee	수입화물선취보증서/지급보증서
L/I	Letter of Intent	인수의향서
LIBOR	London Interbank offered Rate	런던은행간대출금리
LO-LO	Lift on-Lift off Traffic	수직크레인적재운송
LOI	Letter of Intent	계약의향서/인수의향서
L/T	Long Ton (British)	장톤(2,240파운드)
LUA	Lloyd's Underwriters Association	로이즈 보험업자협회
MAI	Multilateral Agreement on Investment	다자간투자협정
M&A	Merger and Acquisition	인수·합병
MERCOSUR	Mercado Comum do Sur	남미공동시장
MFN	Most-Favoured Nation Treatment (WTO)	최혜국대우
MIA	Marine Insurance Act (British)	영국 해상보험법
M/L Clause	More or Less Clause	과부족허용조항
MOU	Memorandum of Understanding	양해각서
M/R	Mate's Receipt	본선수령증
M/T	Mail Transfer	우편환
M/T	Metric Ton (French) / Measurement Ton (=㎥)	미터톤(2,204파운드)/용적톤
MTA	Multilateral Trade Agreement (WTO)	다자간무역협정
MTD	Multimodal Transport Document	복합운송서류
MTN	Multilateral Trade Negotiations (WTO)	다자간무역협상
MTO	Multimodal Transport Operator	복합운송인
NAFTA	North American Free Trade Agreement	북미자유무역협정
NCCUSL	National Conference of Commission on Uniform State Law (U.S.)	미국 통일주법전국위원회
NGO	Non-Governmental Organization	비정부간기구
NT	Nano. Technology	미립자기술
NT	National Treatment (WTO)	내국민대우
NVOCC	Non-vessel Operating Common Carrier	선박비보유운송인
OAU	Organization of Africa Union	아프리카단결기구
OECD	Organization for Economic Cooperation and Development	경제협력개발기구
OEM	Original Equipment Manufacturing	주문자상표부착
OPEC	Organization of Petroleum Exporting Countries	석유수출국기구
P & I	Shipowners' Mutual Protection and Indemnity	선주손해배상책임

PCT	Patent Cooperation Treaty	특허협력조약
PFC	Priority Foreign Countries	우선협상대상국가
PLA	Preliminary Loss Advice	예비이재통지
POP	Plain, Ordinary and Popular	평이 · 통상 · 통속적 해석원칙
PSC	Production Sharing Contract	생산분담계약
PSI	Pre-Shipment Inspection	선적전검사
PTA	Plurilateral Trade Agreement (WTO)	수자간무역협정
RCP	Rules for Construction of Policy	보험증권해석규칙
RIBA	Royal Institute of British Architects	영국왕실건축사협회
RO-RO	Roll on-Roll off Traffic	화차적재운송
R.T.	Rye Terms	양륙품질조건
SBPED	Standard Banking Practice for Examinating Documents (IFSA)	신용장서류심사표준은행관습
S.D.	Sea Damaged	해손포함선적품질
SDR	Special Drawing Rights (IMF)	특별인출권
SGA	Sale of Goods Act (British)	영국 물품매매법
SITC	Standard International Trade Classification	국제표준무역상품분류법
SLB	Siberia Land Bridge	시베리아 랜드브리지
SRCC	Strikes, Riots and Civil Commotions	동맹파업 · 소요 · 폭동위험
SSBC	Sinking, Stranding, Burning and Collision	침몰 · 좌초 · 화재 · 충돌위험
S/T	Short Ton (American)	단톤(2,000파운드)
SWB	Sea Waybills	해상화물운송장
SWIFT	Society for Worldwide Interbank Financial Telecommunications	세계은행간금융전신망
TCM	Projet de Convention sur le Transport International Combiné de Marchandises	국제화물복합운송협약초안
TCR	Trans China Railroad	중국횡단철도
TEU	Twenty Feet Equivalent Unit	20피터 컨테이너단위
THC	Terminal Handling Charges	터미널 취급료
TIR	Trailer Interchange Receipt	트레일러 화물상환증
TNC	Trade Negotiations Committee (WTO)	무역협상위원회
TOB	Take-over Bid	공개인수제의
TOT	Code of Conduct on Transfer of Technology (UNCTAD)	국제기술이전행동규범
TPND	Theft, Pilferage and Non-delivery	도난 · 발하 · 불착위험
TPRB	Trade Policy Review Body (WTO)	무역정책검토기구
TPRM	Trade Policy Review Mechanism (WTO)	무역정책검토제도
T.Q.	Tale Quale	선적품질조건
TR	Technology Round (WTO)	기술라운드
T/R	Trust Receipt	수입화물대도
TRIMs	Trade-Related Investment Measures	무역관련투자조치
TRIPS	Trade-Related Aspects of Intellectual Property Rights	무역관련지식재산권
TRT	Trademark Registration Treaty	상표등록조약
TSR	Trans Siberian Railroad	시베리아횡단철도
T/T	Telegraphic Transfer	전신환
TTC	Through Transport Club	해상통운송클럽
UCC	Uniform Commercial Code (U.S.)	미국 통일상법전
UCC	Universal Copyright Convention	세계저작권협약
UCITA	Uniform Computer Information Transaction Act (U.S.)	통일컴퓨터정보거래법
UCP	Uniform Customs and Practice for Documentary Credits	화환신용장 통일규칙
UETA	Uniform Electronic Transaction Act (U.S.)	통일전자거래법

ULF	Uniform Law on the Formation of Contracts for the International Sale of Goods	국제물품매매계약성립통일법
ULIS	Uniform Law for the International Sale of Goods	국제물품매매통일법
UNCITRAL	United Nations Commission on International Trade Law	유엔국제무역법위원회
UNCTAD	United Nations Conference for Trade and Development	유엔무역개발회의
UN/ECE	United Nations Economic Council for Europe	유엔유럽경제위원회
UNESCO	United Nations Educational, Scientific and Cultural Organization	유엔교육과학문화기구
UNIDROIT	International Institute for the Unification of Private Law	국제사법통일협회
UN/IMO	United Nations International Maritime Organization	유엔국제해사기구
UR	Uruguay Round (GATT)	우루과이 라운드
URC	Uniform Rules for Collection	추심통일규칙
URCG	Uniform Rules for Contract Guarantees	계약보증통일규칙
URDG	Uniform Rules for Demand Guarantees	요구불보증통일규칙
URR	Uniform Rules for Bank-to-Bank Reimbursements under Documentary Credits	은행간 신용장대금보상 통일규칙
USA	Uniform Sales Act (U.S.)	미국 통일매매법
USQ	Usual Standard Quality	통상품질
USTR	United States Trade Representative	미국통상대표부
VAT	Value Added Tax	부가가치세
WA	With Average (ICC)	분손담보
WCO	World Customs Organization	세계관세기구
WIPO	World Intellectual Property Organization	세계지식재산권기구
W/T	Weight Ton	중량톤
WTCA	World Trade Centers Association	세계무역센터협회
WTO	World Trade Organization	세계무역기구
WWW	World Wide Web	월드와이드웹
YAR	York-Antwerp Rules for General Average	공동해손 요크-앤트워프규칙

제 1 편
무역상무의 기초

CHAPTER 1

무역상무의 기본요소

제1절 무역상무의 주체와 객체

국제상거래는 거리상으로 멀리 떨어진 당사자들 사이에 이루어질 뿐만 아니라, 서로 다른 언어·문화·관습, 서로 다른 화폐와 법제도, 그리고 서로 다른 주권국가에 속하는 당사자들 사이에서 이루어진다. 따라서 국제상거래는 국내거래의 경우보다 계약체결에서부터 대금결제가 완료되기까지 그 불확실성과 위험부담도 크다. 이를 성공적으로 수행하기 위하여는 상관습과 규범에 관한 풍부한 지식을 갖추고 국제감각과 통찰력을 가진 전문가를 필요로 한다.

1. 무역상무의 개념과 연구분야

오늘날 국제상거래는 물품매매를 비롯하여 기술·서비스·자본이동을 수반하는 플랜트 수출, 특허·상표·노하우 등 지식재산권의 국제라이센스, 합작투자·건설공사, 판매·대리점, 국제 M&A 등의 다양한 형태로 나타나고[1], 거래방식도 종이 서류에서 인터넷을 통한 전자무역 등으로 발전하고 있다.

따라서 국제상거래에 관한 연구도 물품매매(sale of goods)만을 대상으로 하는 것은 한계가 있으며, 개방화·지식정보화 시대에 날로 복잡·다기해지는 분야의 거래형태를 수용하여 그 패러다임을 재설정해야 할 시점에 있다.

신개념의 "무역상무론"(practice of international business transactions)이라 함은 서로 다른 국가간의 물품매매뿐만 아니라, 기술이전·직접투자·상사분쟁의 해결 등 국제상거래의 다양한 분야에 걸쳐 존재하는 상관습과 규범에

---

1) Carole Murray et al., *Schmitthoff's Export Trade,* Sweet & Maxwell, 2007, pp. 2~5.

관하여 상무적·법리적 연구를 목적으로 하는 학문분야를 말한다.[2)]

즉, 무역상무론은 국제상거래를 위한 해외시장조사와 무역협상, 물품거래나 기술·서비스 등 물품외거래의 계약성립과 이행, 계약불이행에 대한 권리구제와 상사중재 등에 이르기까지의 상관습과 규범을 연구대상으로 한다.

그러나 국제상거래의 요체는 물품매매이므로, 무역상무론의 주된 연구대상은 물품의 매매계약과 그 종속계약인 운송·보험·결제 등에 관한 분야가 된다. 특히 국제상거래에는 당사자간에 공통된 법령이나 통일된 강행규정이 없기 때문에, 계약자유의 원칙에 따라 각종 국제상거래의 실무에서 널리 통용되고 있는 상관습, 예컨대 국제상업회의소(ICC)에서 제정한 인코텀즈(Incoterms)나 신용장 통일규칙(UCP + eUCP) 등이 임의로 채택되고 있는 실정이다.

한편 무역상무의 연구방법은 국제상관습이나 사례 등에 관한 상무적 연구방법(practical approach)을 우선으로 하며, 나아가 상관습에 법적 확신이 가해진 상관습법, 예컨대 '국제물품매매계약에 관한 유엔협약'(CISG), 영국 물품매매법(SGA)이나 미국 통일상법전(UCC)과 같은 주요국의 상거래법, 판례 등에 관한 법리적 연구방법(legal approach) 등에 의한 검증을 겸하여야 할 것이다.

2. 무역상무의 주체

무역상무의 "주체"(subject)라 함은 국제상거래에 관한 법률행위를 할 수 있는 능동적 당사자로서, 그 법률행위에 의한 권리·의무의 직접적인 귀속자를 말한다. 자본주의 국가에서는 개인(자연인), 공동체(조합이나 법인), 국가기관 또는 국제기구 모두가 국제상거래에 관한 권리·의무의 주체가 될 수 있다.

(1) 개인(자연인)

개방화·정보화시대에 개인(natural person)은 무역상무의 주체로서 그 비중이 점차 커지고 있다. 최근 해외여행에 대한 규제가 완화되면서 개인이 휴대품으로 소화물을 반출입하여 영리를 취하는 소위 "보따리무역"이 뿌리를 내리고 있으며, 또 인터넷 통신기술이 발달하면서 개인이 간단한 통신장비를 갖추고 무역업을 운영하는 소규모의 "가내무역"이 급속히 확산되고 있다.

특히 인터넷 전자상거래를 기반으로 한 가내무역은 기업의 비용절감과 폭넓

2) R.H. Folsom, M.W. Gordon & J.A. Spanogle, *International Business Transactions*, 3rd ed., West Publishing Co., 1995, pp. 6~7.

은 시장개척이 중요시되는 시점에서 소액거래를 추구하는 상인들에게는 획기적인 대안이 될 수 있고, 무역업 창업을 꿈꾸는 많은 사람들에게 최소한의 비용으로 자신의 사업체를 가질 수 있는 좋은 기회가 될 수 있다.[3)]

인터넷 무역회사의 창업절차는 ① 업종선택→② 사업계획수립→③ 사업인허가(일부업종)→④ 사업자등록(세무서) 등의 순서에 따르면 된다.

인터넷 무역업을 위하여는 치밀한 사업계획이 필요하다. 즉, 인터넷 무역회사의 사업범위를 기획할 때에는 먼저 수출이나 수입 중에 업종을 선택하고, 인터넷 무역회사의 창업시 필요한 장비와 비용도 따져 보아야 한다.

다음으로 사업자 등록신청서를 구비하여 회사설립절차를 밟아야 한다. 인터넷을 이용한 소규모의 무역업을 하려면 위험부담이 적은 개인회사의 설립절차를 따르는 것이 좋다. 개인회사는 별도의 사무실 없이 가정에서도 인터넷 접속이 가능한 장비를 갖추어 무역업을 할 수 있다는 장점이 있으며, 관할세무서에 사업자 등록을 신청할 때에도 신청서 구비서류가 비교적 간단하다.

사업자 등록신청시 구비서류는 i) 사업자 등록신청서, ii) 사업인·허가증 사본(법령에 의한 인허가업종에 한함), iii) 주민등록 등본, iv) 임대차계약서 사본(사업장을 임차한 경우), v) 개시대차대조표, vi) 과세특례신청(신규사업자 가능) 등으로서, 관할세무서에 제출하면 7일 이내에 등록증을 교부받을 수 있다.

(2) 공동체(법인)

공동체인 조합이나 법인(corporation)은 무역상무의 주체로서 가장 중추적 위치에 있다. 공동체로서 국제적 영업활동을 하는 주체에는 조합, 기업법상 인정되는 법인으로서 주식회사·유한회사·합자회사·합명회사 등의 내국회사를 비롯하여 외국회사·국제기업·국제회사 등의 형태가 있다.

특히 세계화·개방화시대에 기업들의 다국간 국제상거래의 활동을 총체적으로 지원하기 위한 국제기업(international enterprise) 또는 초국가적 차원의 국제회사(supernational company) 등의 설립이 늘어나고 있다.

① 국제기업은 어느 한 국가에서 형성되어 그 국가에 중심을 두고 다수 국가에 지사나 자회사를 설립하여 이를 기반으로 통일된 경영방침 아래 생산·서비스·거래 등의 기업활동을 펼쳐나가는 다국적기업의 형태를 말한다.[4)] 국제기

---

3) 서정두, 국제무역계약, 삼영사, 2001, pp. 540~541.

4) Stefan H. Robock & Kenneth Simmonds, *International Business and Multinational Enterprises*, 3rd ed., Richard D. Irwin, Inc., 1983, pp. 6~7.

업의 각급 회사는 그 설립의 준거 및 영업소가 있는 국가의 법에 의하여 규율되지만, 이들간의 법률문제는 상호 계약에 따르는 경우가 많다.

② 기업활동이 국제적으로 활발히 진전됨에 따라 다국적기업의 수준을 넘어서는 초국가적인 국제회사의 형태도 등장하고 있다. 이는 둘 이상의 서로 다른 국가에 설립된 기업들이 합작하여 국제적으로 하나의 독립된 회사를 설립하는 경우로서, 어느 특정국가의 법률에 따르는 것이 아니라 국가간의 조약(국제회사법조약)의 적용을 받게 되는 초국가적인 회사를 말한다. 예컨대 EU의 유럽회사법안에 의하여 설립된 '유럽회사'(Eurofirma), 북유럽제국의 항공사들간에 컨소시엄 협정에 의하여 설립된 '스칸디나비아 항공체계'(Scandinavian Airline System) 등이 초국가적인 국제회사의 형태라고 할 수 있다.

(3) 국가 및 국제기구

국가기관(nation)은 주권적 차원에서 대외경제법령을 제정 및 관리하고 외교적으로 다른 국가와의 통상협상과 협정을 체결하는 주체이지만[5], 동시에 정부에 필요한 사경제의 주체로서 직접 국제상거래의 당사자가 되기도 한다.

즉, 국가기관은 대외적으로 사경제의 주체로서 여러 가지의 대외경제활동, 예컨대 물품의 매매·조달·고용계약, 국유지불하, 국채·지방채의 발행, 차관 등과 같은 행정주체의 활동인 국고행위를 한다. 기타 국가기관이 직접 당사자가 아니더라도 지방자치단체와 같은 정치적 하부조직, 국영기업, 무역관련 공공단체, 정부출자기관 등을 통하여 국제적인 거래활동을 한다.

한편 국제기구(international organization)는 국제상거래의 자유화·공정화 등의 통상질서 확립을 위한 관리주체로서 역할을 담당한다. 국제상거래의 질서유지를 위한 국제기구는 그 목적에 따라 다양한 형태로 존재한다.

① 참여대상이 범세계적인 통상질서 유지를 위한 국제기구들이 있다. 대표적으로 WTO(세계무역기구), IMF(국제통화기금), IBRD(국제부흥개발은행), UN/ ECOSOC (경제사회이사회) 등이 이에 속한다.[6] WTO는 1947년 GATT(관세·무역일반협정)를 계승하여 무역자유화를 위한 우루과이 라운드(UR)로 1995년 1월에 출범하였으며, 또 IMF는 1944년 브레튼우즈 협정에 의하여 환율안정과 외국환제한의 철폐 등을 목적으로 1945년 12월에 IBRD와 함께 창설되었다.

---

5) 국가기관의 무역관리기능에 대하여는 이 책의 제1편 제2장 제2절에서 상술하고자 한다.

6) Ingrid Detter, *The International Legal Order*, Dartmouth Publishing Co., 1994, p. 102.

② 특정국가들의 경제협력이나 조정을 위한 국제기구들이 있다. 대표적으로 OECD(경제협력개발기구), UNCTAD(유엔무역개발회의), OPEC(석유수출국기구) 등이 이에 속한다. OECD는 1961년 9월에 출범한 선진국 중심의 경제협력기구이고, UNCTAD는 1964년 3월에 출범한 개도국 중심의 경제협력기구이며, 또 OPEC은 산유국들이 공동이익을 도모할 목적으로 결성된 국제카르텔이다.

③ 특정분야의 전문적인 상호협력이나 관리를 위한 국제기구들이 있다. 대표적으로 WIPO(세계지식재산권기구), WCO(세계관세기구), ICAO(국제민간항공기구), UNCITRAL(유엔국제무역법위원회), UNIDROIT(국제사법통일협회) 등이 이에 속한다. WIPO는 지식재산권의 국제적인 보호를 위하여 1967년 7월에 설립되었고, WCO는 관세평가협약(브뤼셀 협약)을 위한 전문기구이며, 또 ICAO는 국제민간항공의 안전을 목적으로 1945년 시카고 협약에 의하여 설립되었다.

④ 특정지역내의 국가들이 상호이익 보호를 목적으로 결성한 지역공동체들이 있다. 대표적으로 EU(유럽연합), NAFTA(북미자유무역지역), ASEAN(동남아국가연합), APEC(아·태경제협의체), MERCOSUR(남미공동시장), GCC(걸프만협력회의), AU(아프리카연합) 등이 이에 속한다.[7] 특히 EU는 1993년에 출범한 유럽경제통합체이고, NAFTA는 1988년에 체결된 북미 3국간의 자유무역협정에 의한 지역협력체이며, 또 ASEAN은 1967년부터 동남아의 7개국으로 결성된 지역경제동맹이다. 기타 APEC은 1989년에 출범한 아시아·태평양 국가들간의 무역자유화와 경제협력을 위한 기구이고, MERCOSUR는 1995년에 브라질 등 남미 4개국에 의하여 결성된 공동시장이며, 또 GCC는 1981년에 사우디아라비아 등 중동 6개국에 의하여 결성된 경제협력기구이다.

⑤ 국제상거래의 질서유지를 위한 비정부간 국제기구들(NGO)이 있다. 대표적으로 ICC(국제상업회의소), ILA(국제법률협회), CMI(국제해사위원회) 등이 이에 속한다. ICC는 1919년에 세계 상공인들에 의하여 창설된 후 Incoterms, UCP 등 수많은 국제상관습을 제공해 왔으며, ILA와 CMI도 각각 1873년과 1896년에 창설된 후 1924년 '선화증권협약' 등의 국제법규를 제공해 왔다.

3. 무역상무의 객체

무역상무의 "객체"(object)라 함은 국제상거래의 법률행위에 대하여 수동적인 위치에 있는 대상, 즉 권리·의무의 목적을 말한다. 유체물이나 무체물 또

7) 서정두, 국제통상법, 제3판, 삼영사, 2001, pp. 169~191.

는 서비스가 관리가능하고 판매가능하면 무역상무의 객체가 될 수 있다.

국제상거래의 대상으로서 가장 원초적이고 전형적이며, 또 최대의 비중을 차지하고 있는 것은 물품(goods), 즉 가동성의 실질적인 유체동산(corporeal movables)이다. 나아가 운송·보험업과 같은 서비스(service)나 플랜트 수출, 기술이전(technology transfer), 산업디자인이나 노하우(know-how)와 같은 무체물, 그리고 선박·항공기·컨테이너와 같은 특수물, 자본거래나 대외결제의 수단인 국제통화나 유가증권 등도 국제상거래의 대상이 될 수 있다.

국제상거래의 대상인 물건(재화)과 서비스의 일반적인 종류, 특히 이 중에 물품(goods)에 이르는 계보를 살펴 보면 〈표 1-1〉과 같이 분류할 수 있다.[8]

표 1-1 국제상거래 대상의 분류

물건(재화)	유체물	동산	실질재…물품(goods), 에너지(전력) 등
			자본재…어음·수표, 주식·채권, 선화증권 등
			화 폐…국제통화, 금 등
			비거래재…대기, 해양, 도로, 마약, 문화재 등
		부동산	토지 및 그 정착물
		준부동산	선박, 항공기, 자동차, 건설장비 등
	무체물	권리재	산업재산권…특허권, 의장권, 실용신안, 상표권
			저작권…저작재산권, 저작인접권, 산업저작권
			관습재…영업신용권(goodwill)
		정보재	영업비밀, 노하우, 전문지, 음반, 소프트웨어
서비스	순수서비스	단순노무	기능직…잡역, 기술노무 등
		복합노무	전문직…변호사, 회계사, 컨설턴트 등
	복합서비스	경제서비스	기계리스, 호텔, 운송, 보험 등
		문화서비스	영화, 공연, 교양강좌 등
채무(급부)	상거래계약의 이행, 대금지급, 작위 및 부작위, 급여 등		

(1) 유체물

유체물과 전기 기타의 관리 가능한 자연력을 가리켜 법률적으로 "물건"이라 하는데(민법 제98조), 이 중에 유체물은 거래재와 비거래재로 나눌 수 있다.

8) 최용길·안성조, 국제통상관습론, 미리내, 2000, pp. 105~120.

여기서 "거래재"라 함은 상품적격성이 있어 거래의 객체가 될 수 있는 물건으로서, 부동산과 준부동산(선박 · 항공기 등), 그리고 동산 중에 물품, 전력, 어음 · 수표, 선화증권, 화폐 등이 이에 속한다. 반면 "비거래재"라 함은 거래능력이 없는 비융통성의 물건으로서, 누구의 지배도 받지 아니하는 해양, 대기 또는 대중의 공유물, 마약 등 법령에 의한 거래금지물 등이 이에 속한다.

유체물 중에도 무역의 대상이 되는 것은 동산과 준부동산이며, 주로 물품이 해당된다. 일반적으로 "물품"(goods)이라 함은 무체동산과 금전을 제외한 모든 순수동산(personal chattels)을 포함하고, 특히 "물품"이라 함은 인공경작물, 공업농작물과 매매 이전에 또는 매매계약에 의하여 토지로부터 분리하기로 합의되어 있는 토지부착물이나 토지구성물도 포함한다.[9](SGA 제61조 1항).

(2) 무체물

무체물은 재산적 가치가 부여된 권리재와 정보재로 나눌 수 있다. 특히 무형의 권리재에는 물권 · 채권 · 지식재산권(intellectual property) 등이 있다.

물권은 특정의 물건을 직접 지배할 수 있는 권리로서 점유권, 소유권, 사용물권, 담보물권 등이 있으며, 채권은 특정인이 계약이나 법률의 규정에 따라 다른 사람(채무자)에게 일정한 행위를 청구하는 것을 내용으로 하는 권리이다.

또 지식재산권은 무체물로서 특허 · 실용신안 · 의장 · 상표, 저작물 등과 같은 인간의 정신적 창조활동의 재산을 말한다. 나아가 정보통신기술이 발달하면서 소프트웨어, 반도체칩 배치설계, 인터넷 도메인네임, 영업비밀[10] 등의 신지식재산권 분야도 나타나고 있다. 이에 관한 내용은 후술하기로 한다.

(3) 특수물

국제상거래의 대상으로서 국제통화나 자본재, 선박 · 항공기 · 컨테이너 등은 별도의 특수물로 분류하기도 한다. 국제통화는 그 자체가 매매나 교환의 대상이 될 수 있고, 다른 물건의 거래기준으로 사용되는 국제결제수단, 가치저장수단 또는 국제금융수단이 되기도 한다. 국제통화로서의 기능을 하는 것에는 금 · 유동성 국제통화($, £, € 등) · SDR · IMF Position 등이 있다.

---

9) "Goods" includes all personal chattels other than things in action and money, and in Scotland all corporeal moveables except money ; and in particular "goods" includes emblements, industrial growing crops, and things attached to or forming part of the land which are agreed to be severed before sale or under the contract of sale.

10) 영업비밀, 노하우 등은 정보재이지만, 신지식재산권으로 분류하는 경우가 일반적이다.

또 국제사회에서는 어음·수표와 같은 유통증권이 결제수단으로 이용되고, 선화증권 등의 유가증권, 자동차·건설장비 등의 특수 자본재도 국제상거래의 대상이 되고 있으며, 나아가 정보통신기술과 전자상거래의 발달에 따른 온라인 결제수단으로서 전자화폐(electronic money)도 등장하고 있다.

기타 선박·항공기·컨테이너 등은 본래 동산이지만, 그 가격과 규모가 일반 동산과 달라 준부동산으로서 어느 한 국가에 등록하여 거래된다.

(4) 채무 및 서비스

국제상거래에서는 채권의 목적이 되는 채무자의 행위, 즉 계약의 이행·지급·행위·급여 등의 채무관계(급부)도 그 대상이 될 수 있으며, 또 국제사회에서는 서비스(service)도 무역거래의 대상으로서 중요시 여기고 있다.

서비스는 일반적으로 어떠한 상태의 변화를 의미하는 무체성(intangibility)을 가지고, 소유권 이전의 개념이 적용되지 아니하며, 또 서비스의 생산과 소비가 동시에 일어나므로 저장성이 없다는 특성을 지니고 있다.

서비스무역(trade in service)은 인간의 지적 활동이나 노무의 제공을 대상으로 하는 무역으로서, 특히 WTO/GATS(서비스무역일반협정)에서는 서비스무역의 대상이 되는 주요산업을 구체적으로 무역·통신·건설·유통·교육·환경·금융·관광·운송서비스, 보건·사회서비스, 문화·오락·스포츠서비스, 기타 서비스 등의 12개 분야로 크게 분류하고 있다(제1조 2항).

(5) 대외무역법상의 객체

대외무역법에서는 무역의 대상을 물품뿐만 아니라, 일부 서비스(지식재산권 포함)와 전자적 형태의 무체물의 수출입까지로 확대하고 있다(제2조 1호). 즉, 정보통신기술의 발달로 소프트웨어와 같은 무체물의 국가간 이동이 늘어남에 따라 대외무역법에서는 이러한 추세를 반영하여 일부 서비스(지식재산권 포함)와 전자적 형태의 무체물에 대하여 무역의 대상에 포함시키고 있다.

다만 '전자적 형태의 무체물'이라 하더라도 어느 정도 관리가능하다고 인정되는 것만을 명시하고 있다. 즉, ① 소프트웨어산업진흥법의 규정에 의한 소프트웨어[11], ② 부호·문자·음성·음향·이미지·영상 등을 디지털방식으로 제

11) "소프트웨어"(software)라 함은 컴퓨터·통신·자동화 등의 장비와 그 주변장치에 대하여 명령·제어·입력·처리·저장·출력·상호 작용이 가능하도록 하게 하는 지시·명령(음성이나 영상정보를 포함한다)의 집합과 이를 작성하기 위하여 사용된 기술서 기타 관련 자료를 말한다(소프트웨어산업진흥법 제2조 1항).

작하거나 처리한 자료나 정보로서 영상물(영화·게임·애니메이션·만화·캐릭터)과 음향·음성물, 전자서적 및 데이터베이스로만 한정하고 있다.[12)]

제 2 절 국제무역거래의 절차

1. 수출거래절차

무역거래는 세관을 통과하는 물품(goods)의 거래뿐만 아니라 운송·보험업, 관광·금융·무역관련 서비스업, 지식재산권의 이전 등도 포괄하는 것이지만, 여기서는 대표적으로 물품의 수출과 수입절차에 관하여 [그림 1-1]에서와 같이

그림 1-1 신용장방식에 의한 수출입절차

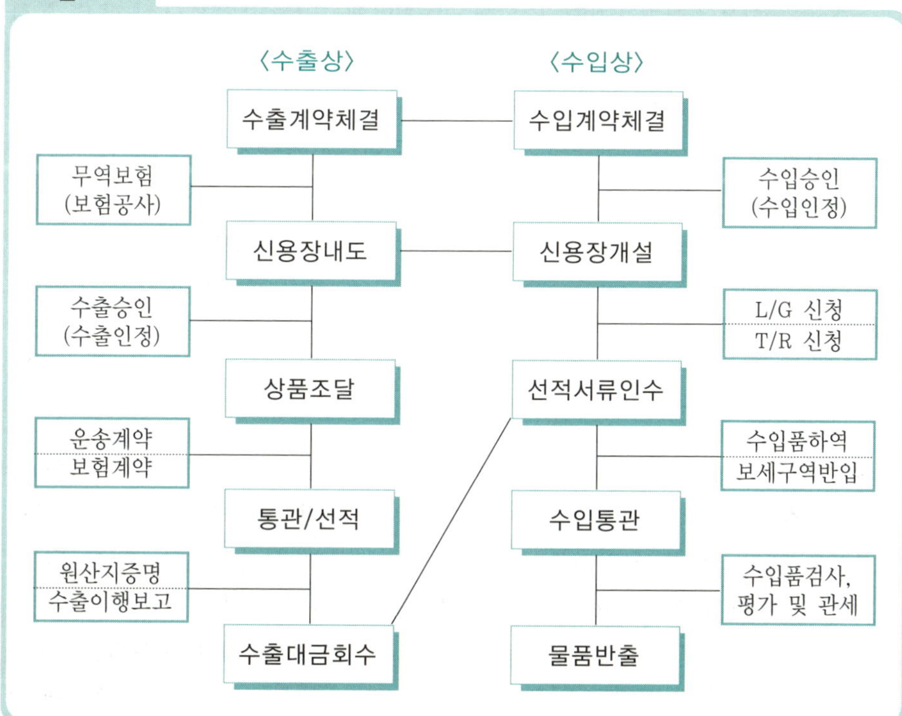

12) 대외무역법시행령 제2조의2 제1호~제3호와 관리규정 제1-0-2조의3.

신용장(L/C) 방식을 전제로 한 정규의 거래과정을 설명하고자 한다.[13)]

(1) 거래관계의 준비

① 수출상은 수출거래를 시작하려면 자신의 제품을 수입할 해외거래처를 선정하여야 하는데, 이를 위하여는 먼저 세계 각국의 정치·경제·사회·문화적 여건을 고려하여 특정 국가를 정하고 그 나라에 진출하기 위한 수출마케팅계획에 따라 시장조사(marketing research)를 펼쳐 나가야 한다.

② 목표시장이 결정되면 수출상은 구체적으로 거래관계를 맺을 유력한 거래처(counter-party)를 찾는다. 거래처는 국내의 KOTRA(한국무역투자진흥공사), 대한상공회의소, 한국무역협회, 외국영사관 등 무역알선기관으로부터 소개받거나 무역전문 인터넷 사이트에서 검색하는 것이 바람직하다.

또 해외의 WTCA(세계무역센터협회)와 같은 공공기관과 해외홍보 에이전트를 이용하거나, 기타 각종 무역사절단이나 세계무역박람회에 참가하여 수입상을 만날 수도 있다. 선정된 거래처의 회사명과 주소지, 도메인네임 등이 확인되면, 수출상은 신용조회처, 예컨대 은행·동종업체 또는 상업흥신소 등을 통하여 상대방의 신용상태(credit standing)를 조사해 보아야 한다.

③ 상대방의 신용상태가 믿을만하다고 판명되면 상대방에게 직접 거래제의(proposal)를 한다. 이에 상대방이 관심을 보이면, 거래의 성사를 위하여 견본(sample), 카탈로그(catalog), 가격표(price-list) 등을 송부한다. 특히 앞으로의 원만한 거래관계를 위하여는 계약서의 기초가 될 '일반거래조건협정서'(general agreement on business terms and conditions)도 교환해 두는 것이 좋다.

(2) 수출계약의 성립

수출상은 자신이 송부한 카탈로그, 가격표와 견본을 보고 수입상으로부터 품질·수량·선적기일·결제조건 등의 기본조건에 관한 상품조회(inquiry)가 오면, 청약의 의사표시로 오퍼(offer)를 낸다. 수입상이 무조건부로 승낙하면 이 오퍼는 그대로 매매계약(sales contract)으로 성립하게 된다.

오퍼는 수출상이 기재사항에 따라 공급하겠다는 의사표시를 말한다. 오퍼는 거래대상과 방식 등에 따라 다양한 형태가 있고, 기재사항도 거래의 특성에 따라 다양하지만, 가장 전형적으로 기재하는 사항은 품명·수량·단가·결제방

---

13) 양영환·오원석·서정두, 신용장론, 삼영사, 2002, pp. 90~93.

법・보험・원산지・유효기간・선적기일・포장방법・발행일자 등이다.

현실적으로는 당사자간에 여러 차례 거래조건이 수정 교환된 후에 계약이 체결되는 경우가 보통인데, 이때 최초로 발행된 원오퍼(original offer)에 대하여 상대방이 수정 오퍼하는 것을 "대응오퍼"(counter offer)라고 한다.

당사자간에 매매계약이 정식으로 체결되면 계약내용을 확인하기 위하여 수입상은 수출상에게 주문서(order sheet)나 구매계약서(purchasing note)를 작성하여 송부하거나, 또는 수입상이 먼저 주문한 경우에는 수출상은 주문승낙서나 매매계약서(sales note)를 송부하여 승낙을 확인하여야 한다.

(3) 수출계약의 이행

가. 신용장의 수령

무역계약이 체결되면 각 당사자는 계약조건에 따른 의무를 이행하여야 한다. 무역거래는 보통 신용장방식으로 이루어진다. 수입상이 자신의 거래은행과 외국환거래약정을 체결하고 수출상 앞으로 신용장(L/C)을 개설한다.

신용장은 통지은행을 통하여 수출상에게 전달되는데, 수출상은 수령한 신용장의 기재내용이 계약과 일치하는지를 확인하고 불일치한 사항이 있으면 즉시 수입상이나 은행에게 신용장 조건변경(amendment)을 요구하여야 한다.

수출상이 신용장의 내용을 검토하지 아니하고 수출을 진행시켰다가 물품선적이나 수출환어음의 매입단계에서 문제를 발견하고 신용장조건을 충족시키지 못하여 불이익을 당하는 일이 없도록 유의하여야 한다.

신용장을 검토할 때 유의할 점은 다음과 같다. ① 매매계약서의 내용과 일치하는지를 검토한다. 만약 서로 다른 점이 있으면 즉시 수입상에게 신용장 조건변경을 요구하여야 한다. ② 신용장의 진위에 대하여 확인한다. 물론 통지은행이 신용장의 진위에 대해 점검하였더라도, 수익자는 독자적으로 이를 재검토하여야 한다. ③ 신용장 개설은행의 신용도에 관하여 검토한다.

특히 개설은행의 신용도와 개설은행 국가의 외환사정악화나 정치불안이 예상되는 경우에는, 국내 환거래은행의 확인을 받은 후 수출하는 것이 안전하다.

이 밖에 신용장 통일규칙(UCP) 준거문언의 유무, 지급확약문언의 유무 등의 신용장 기본요건, 수출장애요소의 유무 등을 철저하게 확인하여야 한다.

나. 수출승인(허가)

수출상은 수출추천품목 등 수출제한품목을 수출하는 경우에는 사전에 추천기관으로부터 수출추천과 동시에 수출승인(export license : E/L)을 받아야 한다(대외무역법 제14조). 수입국의 쿼터품목이거나 수출자율규제품목은 당해 수출조합(협회)의 수출추천을 받고 수출승인(허가)도 받아야 한다.[14)]

수출승인은 대금결제사항이 제외된 상태로 수출입공고 · 수출입별도공고 · 통합공고 등에 의해 수출이 제한된 물품을 수출이 가능하도록 허가해 주는 절차이다. 수출승인제도는 1997년 3월 1일 대외무역관리규정의 개정으로 수출입공고상 제한품목에 대하여만 승인을 얻도록 하며, 기타 품목에 대하여는 승인제도를 폐지하고 Negative System(허용원칙 · 일부규제)으로 전환하였다. 그러나 특정거래형태의 수출입에 대하여는 종전과 동일하게 시행하고 있다.

즉, 대부분의 제품수출은 자유롭게 허용하고 있지만, 특정의 물품에 대하여는 수출승인을 반드시 받아야 한다. 그러므로 당해 품목의 수출이 수출입공고 등에서 제한된 품목인지의 여부를 사전에 파악하여야 한다.

당해 품목이 규제조치에 해당할 경우에는, 이 규제를 해제할 수 있는 요건을 갖추어야만 합법적으로 수출승인을 받을 수 있다.

여기서 "수출입공고 등"이라 함은 수출입공고, 수출입별도공고 및 통합공고를 말하는데, 수출입 품목관리의 공고체계는 i) 대외무역법에 근거한 수출입공고, 수출입별도공고 등과 ii) 기타 개별 법령에 의한 제한내용을 취합하여 공고하는 통합공고로 이루어져 있다.[15)]

다. 상품조달

수출품을 조달하는 방법에는 수출상의 공장에서 자가 생산하는 방법과 수출용 완제품을 국내에서 구매하는 방법이 있으며, 또 수출품의 제조 · 생산에 소요되는 원료를 외국에서 수입하는 방법과 국내에서 구매하는 방법이 있다.

또 수출상은 수출금융제도를 활용하여 은행으로부터 수출품의 제조 · 가공 · 집화 · 구매 등에 소요되는 자금을 융자받거나 무역어음을 할인할 수 있다.

우리나라의 경우 수출을 촉진하기 위하여 수출품을 국내에서 구매할 경우 원자재 구매자금, 수출용 원자재를 수입할 경우 원자재 수입자금과 제조 · 생산에 소요되는 자금으로 생산자금을 지원하는 제도가 있으며, 또 수출신용장을 근거로 무역어음을 발행하여 필요한 자금을 조달할 수도 있다.

① 수출상은 수출품을 국내에서 조달할 경우 수출용 완제품이나 소요원료를

---

14) 전략물자 수출입의 경우는 아직 관계행정기관의 장의 허가를 받아야 할 사항이다.

15) 대외무역관리규정 제3-1-1조.

공급하는 생산업체 또는 유통업자와 물품공급계약을 체결하고 자신의 거래은행을 통하여 공급업자를 수익자로 하는 내국신용장(local credit)을 개설하여 당해 물품을 공급받을 수 있다. 수익자(공급업자)는 물품을 공급한 후 내국신용장과 물품수령증을 근거로 환어음을 발행하여 대금을 회수하게 된다.

② 무역금융한도가 부족하거나 단순송금방식에 의한 수출 등 내국신용장의 개설이 어려운 상황에서 외화획득용 원료나 완제품 구매를 원활히 하기 위하여 내국신용장에 준하여 발급하는 구매승인서를 이용하는 방법이 있다.

내국신용장과 구매승인서에 의한 공급실적은 대외무역법상 수출실적으로 인정되고, 부가가치세 영세율의 적용과 관세환급 등의 혜택을 받을 수 있다.

③ 수출지원금융제도를 이용하여 외화획득용 원자재를 해외에서 조달하는 방법이 있다. 이러한 경우 금융·세제상으로 특혜를 받기 위하여는, 원자재의 양을 정확히 산출하여야 하는데 이러한 필요에 따라 도입한 제도가 소요량증명서이다. 소요량증명서는 지정된 발급기관이 외화획득을 이행하는데 소요되는 원자재의 양을 계산하고 내용을 확인한 증명서이다.[16)]

라. 해상보험 및 무역보험

해상보험은 선박으로 운송되는 화물이 운송과정에서 사고를 당할 우려가 있는 재산권을 가진 여러 사람들이 위험의 정도에 따라 합리적인 기금을 갹출하여 공동준비자산을 형성하고 사고가 발생하여 손해를 입었을 때 이를 보상함으로써 경제상의 불안을 제거 또는 경감하기 위한 제도이다.

운송화물은 모두 적하보험의 대상이 되지만, 무역거래조건(trade terms)에 따라 보험계약의 체결자가 달라지게 된다. 즉, CIF(운임·보험료포함) 조건으로 수출할 경우 수출상은 스스로 해상보험계약을 체결하고 보험계약의 증빙서류로서 해상보험증권(marine insurance policy)을 발급 받아야 한다. CIP(운송비·보험료지급) 조건도 이와 마찬가지이다. 기타의 FOB(본선인도), FCA(운송인인도) 등 모든 거래조건의 경우에는 수입상이 보험계약을 체결한다.

당사자는 보험가입조건에 따라 보험청약서를 작성하여 보험회사에 가입신청을 하고 보험료를 지급하면 보험회사는 보험증권이나 보험증명서를 발급함으로써 보험계약이 성립하게 된다. 보험계약에 사용되는 약관으로는 1982년과 2009년에 각각 개정된 협회적하약관(Institute Cargo Clauses: ICC)의 기본약관인 ICC (A), (B), (C)와 종래의 ICC (A/R), (WA), (FPA) 등이 있다.

16) 위와 동일한 효력의 소요량계산서가 있는데, 이는 기업 자체에서 계산한 서류이다.

최근 수출거래에서 유의할 점은 나이지리아·이란·콜롬비아를 비롯한 상당수의 개도국에서는 자국 보험회사의 보호육성과 국제수지의 개선을 위하여 자국의 수출입화물에 대한 외국의 보험회사와 보험계약을 금지하는 정책 때문에 이 지역으로의 CIF나 CIP 수출이 불가능한 경우가 있다는 것이다.

한편 수출상은 신용장거래나 계약서 베이스의 거래에서 우려하는 상대방의 지급거절위험이나 기타의 비상위험의 손해에 대비하려면, 한국무역보험공사의 무역보험(trade insurance) 등에 부보하는 것이 바람직하다.

마. 운송계약

CIF나 CFR(운임포함), CIP나 CPT(운송비지급) 등의 조건으로 수출할 경우 수출상은 스스로 운송계약을 체결하고 운임을 지급하여야 한다. 기타의 FOB, FCA 등 모든 거래조건의 경우에는 수입상이 운송계약을 체결한다.

운송계약에는 정기선(liner)에 의한 개품운송계약, 부정기선(tramper)에 의한 용선운송계약, 그리고 컨테이너를 이용한 복합운송계약 등이 있으며, 운송계약의 증빙서류로는 선화증권, 용선운송계약서 또는 복합운송서류 등이 있다.

수출화물의 "운송"이라 함은 운송계약일로부터 화물을 수출통관하여 해당 수출지에서 운송수단에 적재한 후 운송업자로부터 운송서류(B/L 등)를 발급받고 해당 목적지에 무사히 도착하기까지의 과정을 말한다. 운송회사와 접촉하기에 앞서 기본적으로 이해하고 있어야 할 사전지식은 다음과 같다.

① 무역거래조건이 CIF나 CFR 조건일 경우 수출상이, FOB 조건일 경우 수입상이 각각 운송선박을 수배하여야 하고, 예외적으로 거래관계나 사정에 따라 상대방의 요청으로 선박수배를 주선해 주는 경우도 있다.

② 운송선박은 상품의 수량, 종류 등에 따라 다를 수 있다는 점이다. 화물선은 주로 컨테이너 전용선, Bulk Cargo 운반선 등으로 구분된다.

③ 기존에 형성되어 있는 항로를 일정한 주기로 취항하는 정기선과 화물에 따라 원하는 곳까지 화물을 운송하는 부정기선이 있다.

④ 운임(freight)은 해당화물의 중량과 용적을 비교하여 많이 산출되는 톤수를 운임의 기준으로 한다. 이것을 Revenue Ton이라고 한다.

⑤ 정기선의 경우 개품운송계약으로 통상 선화증권(B/L)을 발급하고, 부정기선의 경우 송화인이 선복의 전부 또는 일부를 빌려 화물을 운송하는 계약을 체결하며 이 경우에는 용선계약서(charter party)를 작성한다.

특히 정기선이 취항하지 아니하는 지역으로 탁송할 때에는 보다 충분한 시간을 두고 운송사정과 비용을 확인한 후 선박회사와 접촉하여야 한다.

바. 수출통관 및 선적

수출품을 확보한 수출상은 당해 물품을 지정선박에 적재하기 전에 관세법에 의한 통관절차(customs formalities)를 밟아야 한다. 수출통관은 수출시 반드시 이행하여야 할 법적 절차로서, 수출품을 세관검사를 받고자 하는 장소에 장치하고 세관에 수출신고함으로써 필요한 세관수출검사를 거쳐 수출면허를 득하여 당해 수출품을 선박에 적재하는 과정까지 일련의 절차를 말한다.

즉, 수출상은 수출품의 내륙수송을 거쳐 세관이 정한 보세구역으로 물품을 반입하여 관세청의 EDI 통관시스템인 UNI-PASS(P/L 신고)나 서면으로 수출통관신고를 하고 수출면허(export permit)를 득하여야 선적할 수 있다.

수출입의 통관신고는 법적으로 관세사를 채용한 화주·관세사·관세사법인 또는 통관법인만이 이를 행할 수 있다.[17] 따라서 관세사를 채용하지 않은 화주의 경우에는 관세사 등에게 통관업무를 대행시켜야 한다.

즉, 수출통관은 관세사에 의뢰하여 대리통관을 하거나, 자사에 관세사가 있으면 자가통관을 할 수 있다. 또 통관장소는 선적항의 세관을 이용하거나, 생산지에 있는 내륙지점의 세관에서 통관절차를 거친 후 운송할 수 있다.

한편 통관화물은 보세구역에서 본선의 선측까지 운반하여 본선에 적재하여야 한다. 화주가 선박회사의 선적지시서를 본선의 일등항해사(chief mate)에게 제시하면 화물을 대조한 후 무고장 본선수령증(M/R)을 교부하는데, 이를 다시 선박회사에 제출하고 운임을 납부하면 선화증권(B/L)을 발급받을 수 있다. 컨테이너 운송의 경우 본선수령증 대신에 부두수령증(D/R)을 교부받는다.

사. 대금의 회수

수출상은 상업송장·선화증권·보험증권 등의 선적서류를 첨부한 환어음 또는 지급청구서를 발행하여 수출대금을 회수하여야 한다. 대금회수를 위하여는 수출상이 외국환은행과 외국환거래약정을 체결하고 선적 후 신용장조건에 일치하는 환어음과 선적서류를 준비하여 매입을 요청하면, 거래은행이 화환어음을 지급인 앞으로 송부함으로써 수출대금의 회수가 이루어진다.

① 외국환거래약정은 외국환은행이 수출상으로부터 화환어음을 매입하기 전에 매입의뢰인인 수출상과 체결하는 약정으로서, 이는 수출환어음의 매입행위

---

17) 관세법 제137조의3 제1항.

가 일종의 여신행위이므로 수출환어음의 매입에 관하여 담보, 책임 등의 범위를 명확히 하기 위한 것이다. 이러한 외국환거래약정의 체결은 당해 은행과 최초의 거래시에 이루어지며, 외국환거래약정의 방법은 외국환은행이 작성한 소정의 양식에 수출상이 서명 날인함으로써 성립한다.

② 환어음(bill of exchange)은 무역거래에서 수출상이 수입상에게 채권액을 지명인 또는 소지인에게 일정한 기일과 장소에서 무조건 지급할 것을 지시하는 요식성의 유가증권으로서 통상 2통을 한 조로 하여 발행한다.

③ 선적서류(shipping documents)는 화물의 선적을 증명하는 선화증권 등의 제반서류를 말한다. 수입상이 요구하는 서류에는 기본서류인 상업송장(commercial invoice), 선화증권(bill of lading), 보험증권, 포장명세서, 영사송장, 원산지증명서, 세관송장, 검사증명서, 중량·용적증명서 등이 있다.

④ 화환어음의 매입(negotiation)은 환어음과 선적서류를 준비한 수출상이 거래은행에 의뢰함으로써 가능한 것이다. 즉, 수출상이 신용장 원본, 선적서류 등을 갖추어 거래은행에 환어음의 매입을 의뢰하면, 은행은 신용장조건과 서류의 일치 여부 등을 심사한 후 매입을 결정한다.

매입이 결정되면 거래은행은 제반 수수료와 기 취급한 무역금융대출금 등을 공제한 후 수출대금을 수출상에게 지급한다. 환어음이나 서류의 매입은 매입은행이 개설은행으로부터 신용장대금을 보상받기 전에 매입은행의 자금으로 수출상에게 대가를 지급하는 일종의 여신행위로 볼 수 있다(UCP 600 제2조).

아. 관세환급 등

수출대금을 회수한 수출상은 관세환급특례법의 규정에 따라 선적확인필 면장원본을 입수하여 그동안 수출품의 생산에 소요된 수출용 원재료의 수입시 납부한 수입관세를 환급받을 수 있다(동법 제3조 1항).

"관세환급제도"라 함은 수출용 원자재를 수입할 때에 납부한 관세와 내국세 등을 당해 원자재를 사용하여 제조한 물품을 수출한 경우 환급특례법상의 특정 요건에 해당하면 그 전부 또는 일부를 되돌려 주는 제도를 말한다.

환급대상의 수입은 수출용 원재료이어야 하고, 해당 물품을 수출 등에 제공하여야 한다. 또 외국으로부터 수입하는 때에 관세 등을 납부한 것이어야 하고, 수입면허일로부터 일정한 기간 내에 수출 등에 제공된 것이어야 한다.

관세환급의 방법은 정액환급율표의 적용 여부에 따라 개별환급과 정액환급이 있는데, 환급신청은 물품을 수출 등에 제공한 날로부터 2년 이내에 관세청장이 지정한 세관 중 수출업체에서 임의로 선택하여 EDI 환급시스템으로 신청할 수 있다. 수출업체에서 임의로 선택한 환급기관은 수출신고서에 표시되어 있어야 하며, 수출신고필증에 표시된 환급기관에 신청하여야 한다.[18]

한편 수입제한승인품목이나 수입선다변화품목, 기타 특별법 규제대상품목이 외화획득용원자재로 수입된 경우에는 대응수출을 이행하였는지의 여부에 대한 사후관리의 신고를 함으로써 정상적인 수출거래절차는 모두 완결된다.

(4) 수출계약의 불이행

수출거래가 항상 원만한 대금결제로 완결되는 것은 아니다. 즉, 수입상이 물품을 수령하였을 때 그 물품이 계약조건과 불일치함을 발견하는 경우가 있다. 무역거래는 당사자간에 언어·법률·풍속·상관습 등 여러 가지의 상이한 요소들이 지배하기 때문에 서로 오해나 착오가 발생할 수도 있고, 또 선적서류가 일치하더라도 실제의 인도물품이 계약에 불일치하는 일이 종종 발생하게 마련이다. 이러한 이유로 발생하는 무역거래상의 분쟁이 손해배상청구라는 형태로 표면화되는 것을 소위 "무역 클레임"(claims)이라고 한다.[19]

무역 클레임은 이를 사전에 예방하는 것이 최선이지만, 일단 클레임이 발생하면 수출상은 청구권의 포기, 상대방과의 우호적인 화해에 의하거나, 또는 알선·조정·중재·소송 등의 단계로 해결해 나갈 수 있다. 특히 클레임을 우호적으로 해결할 수 없는 경우에는 중재(arbitration)에 의한 방법이 가장 효율적이다.

2. 수입거래절차

(1) 거래관계의 준비

수입상은 어떤 상품을 수입하기 전에 국내시장에 대한 수요동향, 판매경로 등를 파악하고 이에 맞는 상품을 공급해 줄 해외의 수출상을 찾아야 한다. 수출상을 찾고 거래관계를 준비하는 방법은 앞의 수출거래절차에서와 같다.

단지 수입상은 수출상으로부터 송부된 카탈로그, 가격표 또는 견본 등을 충분히 검토하여야 하는데, 예컨대 이 가격표를 기초로 국내에서 판매가능한 지를 검토하고 가격인하를 요구할 수도 있으며, 또 상품에 따라서는 색상, 장식, 규격 등을 국내시장의 사정에 맞게 변경해 줄 것을 요구할 수도 있다.

---

18) 관세환급특례법 제14조 1항.

19) 강이수, 국제거래분쟁론, 삼영사, 1999, p. 25.

(2) 수입계약의 성립

수입계약은 국제간에 성립하는 물품 등의 매매계약(contract of sale)으로서, 매수인이 물품대금을 지급할 것을 약속하고 매도인은 물품의 소유권을 이전하여 인도할 것을 약정하는 계약이다. 수입계약은 매수인이 주문(order)을 내거나 매도인의 오퍼를 받고 이를 승낙하면 매매계약이 성립하게 된다.

수입상은 수출상과 교섭하여 의견이 일치하면 매매계약을 체결하고 향후 거래기준이 되는 일반거래조건(general terms and conditions)을 협정하여 분쟁에 대비해 두어야 한다. 이러한 조건들은 주문서나 오퍼의 내용에 포함시킬 수도 있지만, 별도의 계약서를 작성하는 경우도 많이 있다.

수입계약 전에 유의할 점은 수입품목이 수입제한승인품목인지를 확인하여야 한다. 이를 확인하지 아니하고 수입계약부터 먼저 체결해 두고 정부의 수입승인을 받지 못하여 클레임이 발생하는 경우도 있다.

즉, 수입물품이 수입제한품목인 경우에는 별도의 수입승인을 받아야 한다. 수입승인은 수출입공고와 수출입별도공고 등에 의거 수입제한된 물품을 수입가능하도록 허가하여 주는 절차로서 유효기간은 승인한 날로부터 1년이고 필요한 경우 20년 범위내에서 연장이 가능하다. 현재 우리나라 수입승인대상의 관리체계는 Negative System(허용원칙, 일부규제)으로서 수출입공고와 수출입별도공고의 대상품목에 대하여만 승인대상으로 하고 있다.

수입승인 대상물품의 수입상은 원칙적으로 매 계약 건별로 구비서류를 갖추어 지식경제부장관에게 승인을 신청하여야 하지만, 지식경제부장관은 수입승인권한을 각 품목별 주무기관장이나 단체에 위탁해 두고 있다.[20]

(3) 수입계약의 이행

가. 신용장의 개설

수입상은 수입제한승인품목의 경우에는 그 제한조치에 합당한 수입요령에 따라 지정된 주무기관장이나 단체의 수입승인(I/L)을 받은 후, 그리고 기타 모든 품목의 경우에는 곧바로 외국환은행과 외국환거래약정을 체결하고 신용장 개설신청서를 접수시켜 수입신용장을 개설하도록 하여야 한다.

즉, 수입상은 첨부서류로서 흔히 신용장 개설신청서, 외국환거래약정서, 수입승인서, 물품매도확약서(offer sheet), FOB 조건 등의 경우 해상보험에 부보

20) 대외무역법시행령 제116조 10항~11항.

한 보험증권 등을 제출하여 거래은행에 신용장 개설신청을 하여야 한다.

신용장 개설신청서의 내용은 곧 신용장의 조건이 되므로 신청서의 모든 기재사항은 수출상과 체결한 계약서와 수입승인서 등을 근거로 하여 정확하게 기재하여야 하며, 또 신용장에 기재할 모든 요건을 갖추어 기입하여야 한다.

외국환은행(issuing bank)은 신용장 개설신청서의 내용에 따라 신용장을 개설하여 수출국에 위치하는 환거래은행(correspondent bank)에게 신용장통지를 요청하고, 통지은행은 수익자(beneficiary)에게 이를 통지한다.

신용장의 개설방법은 선적기일, 시황, 자금사정 등을 고려하여 우편이나 전신에 의한 방법 등이 있으나, 최근에는 통신수단의 발달로 대부분의 외국환은행에서는 SWIFT(세계은행간금융전신망)를 이용하여 신용장을 개설하고 있다.

신용장은 개설은행이 해외 수출상에게 신용장조건과 일치하는 서류가 제시되면 대금을 지급하겠다는 조건부의 지급확약으로서, 개설시점부터 결제시점까지 개설은행이 수익자나 그 지시인에게 최종적인 지급책임을 부담하는 일종의 여신행위이다. 따라서 개설은행은 수입상의 신용도, 수입화물의 환가성 등을 면밀히 검토하고 장래에 발생할지도 모르는 채무에 대비하여 신용장개설 전에 외화지급보증약정의 체결이나 전액 담보금을 요구하기도 한다.

나. 대금결제와 서류인수

수출국의 매입은행이 개설은행 앞으로 서류를 송부하면, 수입국의 개설은행은 서류를 심사하여 신용장조건과 일치할 경우 수입상에게 서류가 도착하였음을 통지한다. 개설은행은 수입상에게 서류를 인도하기 위하여 환어음의 제시로 지급청구를 하게 되고 수입상은 이에 따라 수입대금을 결제하여야 한다.

개설은행이 서류를 심사하여 신용장조건과 불일치한 점을 발견하면 수입상에게 '신용장조건 불일치에 따른 조회서'를 보내 서류의 인수 여부를 교섭할 수 있다. 수입상은 하자서류를 인수할 의사가 없거나 인수할 수 없는 경우에는, 이를 즉시 개설은행에 지시하여 매입은행 앞으로 하자통고를 하여야 한다.

한편 수입자금이 없는 수입상이 외국환은행으로부터 선적서류를 먼저 인수여 화물을 수령하려면 은행에 상당한 담보물 또는 보증인을 세워 수입담보화물보관증을 은행에 제공하고 선적서류를 대출 받는 방법이 있다. 이를 흔히 "수입화물대도"(trust receipt : T/R)라고 한다. 즉, 기한부 수입이나 대출예정된 수입의 경우 수입상은 수입대금의 결제 없이 선적서류를 인수하고 일정 기간후 또는 만기일에 대금을 결제하게 된다.

반대로 수입화물이 먼저 도착하고 선적서류가 개설은행에 도착하지 아니한 경우, 수입상은 물품을 통관하지 못하게 되므로 체선료, 창고료, 화재보험료 등을 부담하여야 하고, 심지어 물품의 판매시기를 놓칠 수도 있다.

이러한 경우 수입상은 서류가 도착하기 전이라도 수입물품을 인도받기 위하여 개설은행으로부터 보증서를 발급받아 선박회사에 선화증권대신 제출하고 수입화물을 먼저 인도받는 방법이 있다. 이 때 사용하는 개설은행의 보증서를 흔히 "수입화물선취보증서"(letter of guarantee : L/G)라고 한다.

L/G의 발급은 선적서류 도착전 물품의 인도로부터 발생하는 모든 문제를 개설은행이 책임지고 선화증권 원본이 도착하면 이를 선박회사에 제출할 것을 보증하는 문서이므로, 수입상은 L/G 금액의 전액을 예치하여야 한다.

다. 수입통관과 물품반입

서류를 인수한 수입상은 자기 자금이나 일반수입금융, 거래약정시 제공한 담보 등을 처분하여 수입대금을 공제한 후 수입통관절차를 밟아야 한다. 그러나 부두 직통관화물 등은 수입화물이 국내에 도착하기 전에 사전수입신고가 가능하다. 수입신고는 대상물품을 수입하겠다는 의사표시를 세관장에게 하는 것으로서 이에 따라 적용법령과 과세물건 및 납세의무자가 확정된다.

즉, 수입물품을 통관하고 있는 중에 관세율의 변경, 환율의 변경 또는 감면 기타 관련법령의 개정이 있는 경우에는 수입신고한 날의 법령에 의하며, 수입관세는 수입신고를 한 때의 물품의 성질과 그 수량에 의하여 부과된다.

또 관세의 납세의무자는 그 물품을 수입하는 화주가 된다. 다만 대행수입의 경우에는 수입을 위탁한 자가 화주이며, 수입통관 전에 외국물품을 보세구역에 장치한 채 양도한 경우에는 양수인이 화주로서 납세의무자가 된다.

수입신고는 화주·관세사·통관법인 또는 관세사법인의 명의로만 할 수 있다. 여기서 "화주"라 함은 수입신고할 물품을 수입한 자를 말한다. 수입신고는 관세사에게 대행시키거나 관세사를 채용하여 할 수 있다. 수입신고의 시기는 수입물품 등에 따라 수입물품이 수출국을 출항하기 전부터 국내에 도착하여 보세구역에 장치한 후까지 수입화주가 임의로 선택할 수 있다.[21)]

수입상이 보세구역에서 수입물품을 수령하고자 할 경우에는, 수입신고필증을 제시하고 장치수수료를 납부하여야 한다. 다만, 신고수리전 반출물품은 신고수리전 반출승인서를 제시하여야 하고, 물품을 보세구역으로부터 반출한 후

---

21) 관세법 제138조의 2와 시행령 제123조의 3.

세관에서 세액심사를 받고, 납세의무자는 제반 세금을 납부한 후 수입면장을 교부받아 보세구역에서 그 물품을 국내에 반입할 수 있다.

다만 수입상은 물품을 수령한 뒤 그 물품이 계약조건과 일치하지 아니하면 계약서에 약정된 기간 내에 클레임을 제기할 수 있다. 수입상이 무역 클레임을 제기하고 해결하는 방법은 앞의 수출거래절차에서와 같다.

제 3 절 국제무역의 지식정보화

1. 국제지식재산권

지식재산권은 무형의 정신적 재화인 지식재산을 그 보호의 대상으로 하는 일련의 사법체계상의 권리로서[22], 이는 1995년 WTO(세계무역기구)의 출범을 계기로 하여 국제상거래의 새로운 대상으로 급격히 부각되고 있다.

(1) 지식재산권의 개념

지식재산권(intellectual property rights)은 산업혁명 이후에 인간의 정신문화와 물질문명의 기초가 되는 발명이나 저작물에 대한 권리도 하나의 재산으로서 보호되어야 할 권리로 정착되면서 처음으로 등장한 개념이다.

"지식재산권"이라 함은 인간의 지적활동으로 얻어진 정신적·무형적 재산권으로서, 전통적으로는 산업·과학적 발명과 문학·예술적 창작 등 인간의 창의적 정신활동의 결과로 생기는 무형의 지적소산물에 대한 권리를 총칭하는 것으로 정의되고 있다. 여기에는 산업재산권과 저작권의 2가지가 있다.[23]

WIPO(세계지식재산권기구) 설립협약에서도 지식재산권은 '문학·예술 및 과학적 저작물, 연출·예술가의 공연·음반 및 방송, 인간노력에 의한 모든 분야의 발명, 과학적 발견, 공업의장, 상표·서비스표·상호 및 기타의 명칭, 불공정경쟁에 대한 보호 등에 관련된 권리, 기타의 산업·과학·문학 또는 예술분야

22) 지식재산권법은 권리의 발생·소멸 등에 관한 공법적 절차규정도 있으나, 그 보호대상인 지식재산권은 유체물과 마찬가지로 사법상의 권리에 속하는 것이다.

23) Stephen P. Ladas, *Trademarks and Related Rights: National and International Protection*, Harvard University Press, 1975, p. 1.

그림 1-2 지식재산권의 유형

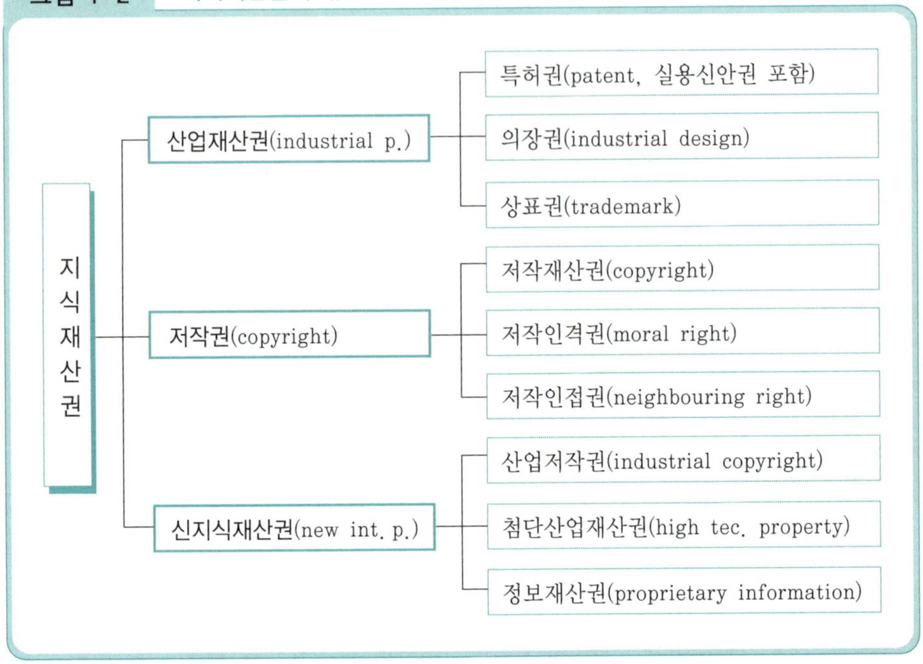

의 지적활동으로부터 발생하는 모든 권리'라고 규정하고 있다(제2조 8항).

그러나 최근에는 문학·예술 및 과학적 저작물의 상품화에 의한 경제적 이익이 커지고 저작물의 개념이 더욱 다양해지고 있다. 예컨대 현대산업의 급속한 발전과 더불어 컴퓨터 소프트웨어·반도체칩·데이터베이스 등 산업기술의 창작물에 이르기까지 지식재산권의 범위가 점차 확대되고 있다.

따라서 오늘날의 지식재산권 분야는 [그림 1-2]에서와 같이 전통적 산업재산권(industrial property)과 저작권(copyright)뿐만 아니라, 최근 새롭게 그 중요성이 부각되고 있는 신지식재산권 분야도 포함하는 것이 일반적이다.

특히 정보기술의 혁신으로 인하여 전통적 산업재산권과 저작권의 성격을 동시에 갖는 분야, 예컨대 컴퓨터 소프트웨어 등이 출현함으로써 산업저작권, 첨단산업재산권, 정보재산권 등도 지식재산권의 개념에 포함시키고 있다.

WTO/TRIPS(지식재산권) 협정에서도 지식재산권의 개념에 대하여 협정문의 적용대상이 되는 모든 범주의 지식재산권, 즉 저작권과 저작인접권, 상표권, 지리적 표시권, 의장권, 특허권, 집적회로 배치설계권, 영업비밀권 등을 열거하고 있으며[24)](제1조 2항), 심지어 NAFTA에서는 육종자의 권리나 암호화된 프로그램

전송 위성신호도 새로운 유형의 지식재산권에 포함시키고 있다(제1707조).

(2) 지식재산권의 종류

가. 산업재산권(industrial property)

지식재산권의 중심인 산업재산권은 다시 실용신안권을 포함한 특허권·의장권·상표권·지리적 표시권(geographical indication) 등으로 구분한다.[25)]

① 특허권(patent) : 이는 산업재산권 중에 가장 전형적이고 경제적 비중이 큰 것으로서 새로운 산업적 발명에 대하여 발명자가 일정기간 동안 이를 독점할 수 있는 배타적 지배권을 말한다. 특허권에는 새로운 물질의 발명에 대한 물질특허(product patent), 새로운 제조기술에 대한 제법특허(process patent), 새로운 용도개발에 대한 용도특허(use patent) 등이 있다.

② 실용신안권(utility model) : 이는 특허권과의 구별이 명확하지 않으나 특허에 비하여 상대적으로 작은 실용적 발명, 이른바 고안에 대하여 단기간 주어지는 권리로서 상품의 형태, 구조 또는 조립 등의 기술적 창작에 대한 재산권을 말한다. 실용신안권은 세계적으로 보편화된 제도는 아니지만 현재 독일과 일본 및 우리나라를 비롯하여 10여개국에서 이를 시행하고 있다.

③ 의장권(industrial design) : 이는 상품의 새롭고 독창적인 모양, 형상, 색채 또는 이들의 결합으로 표현된 외관의 전체적인 산업디자인을 독점적 지배의 대상으로 하는 권리이다. 의장권은 특정상품의 제조방법 또는 물질 자체에 대한 권리가 아니라는 점에서 특허권과 구별되고, 기술적 과제보다는 미학적인 과제의 해결을 목적으로 한다는 점에서 실용신안권과도 구별된다.

④ 상표권(trademark) : 이는 생산자가 자신의 상품을 타상품과 구별하기 위해 사용하는 고유의 문자·도형·기호·색채 등으로 표현된 상징에 대한 독점적 사용권을 말한다.[26)] 상표권은 다른 지식재산권과는 달리 어떠한 상징을 정하여 등록함으로써 이의 배타적인 사용권을 취득한다는 점이 특이하다.

나. 저작권(copyright)

저작권은 학문이나 예술에 관한 인간의 정신적 창작물을 대상으로 하는 권리

---

24) WTO/TRIPS Agreement, Part II (Sections 1~7) : Copyright and Related Rights, Trademarks, Geographical Indication, Industrial Designs, Patents, Layout-Designs (Topographies) of Integrated Circuits, Protection of Undisclosed Information.

25) 이한상·김준학, 산업재산권의 이론과 실무, 제일법규, 2001, p. 23.

26) Dennis Campbell ed., *International Intellectual Property Law : New Developments*, John Wiley & Sons, 1995, p. 7.

로서, 이는 창작자의 정신노동과 창작자의 인격에 뿌리를 두고 있다. 저작권자는 자신의 창작물에 대하여 저작권 존속기간 동안 배타적 권리를 갖는다. 저작권은 다시 저작재산권·저작인격권·저작인접권 등으로 구분할 수 있다.

① **저작재산권**(copyright) : 이는 물권처럼 저작물에 대한 배타적 지배권으로서 저작물의 공표권·출판권·번역권·복제권·공연권·연주권·전시권·배포권·2차적 저작물 작성권 등을 포함한다. 저작권은 저작자 자신이 권리를 직접 행사하는 경우보다 오히려 타인에게 이를 이용할 수 있도록 허락하고 그로부터 대가(royalty)를 취득하는 경우가 대부분이다.

② **저작인접권**(neighbouring right) : 이는 저작권에서 파생된 권리로서 저작물로 예시되지 않은 인접권, 예컨대 저작물의 실연, 저작물이 고정된 음반, 저작물의 방송 등에 대해 저작물에 준하여 보호하는 권리이다. 저작인접권의 경우 그 보호기간은 저작권보다 짧은 것이 보통이며, 구체적으로는 실연의 경우 실연자의 녹음·녹화권, 실연방송권, 음반의 경우 음반제작자의 복제·배포권, 그리고 방송의 경우 방송사업자의 복제·동시중계방송권 등이 있다.

③ **저작인격권**(moral right) : 이는 저작물에 관한 경제적 권리와는 별도로 저작자가 저작물에 대하여 자신이 저작자임을 주장할 수 있는 권리로서, 자신의 저작물을 왜곡하는 행위로 인하여 자신의 인격과 명예가 손상되는 것을 방지할 수 있는 권리이다. 저작인격권은 그 성질상 일신전속권이며, 오늘날 대다수의 국가는 어떠한 방법으로든 저작인격권을 보호하고 있다.[27)]

다. 신지식재산권(new intellectual property)

지식재산권의 새로운 분야에는 산업재산권과 저작권의 성격을 동시에 포함하고 있는 산업저작권, 동·식물 및 미생물 관련 첨단기술, 전자·정보산업 등에 관련된 첨단산업재산권, 그리고 기업의 생산·제조·기획·영업활동 등의 노하우가 상품화된 영업비밀과 같은 정보재산권 등이 있다.

① **산업저작권**(industrial copyright) : 이는 산업재산권과 저작권의 복합어로서 창작의 방법과 내용면에서는 저작권적 특성이 강하지만 그 용도는 산업재산권과 같이 산업적 활용이 주요기능인 지적소산물의 권리를 말한다.

예컨대 컴퓨터 프로그램이나 소프트웨어(software)의 개발은 기계언어로 쓰여진 논리체계로 쉽게 복제가 가능한 저작권적인 창작에 가까우나 그 용도는

---

27) Vivien Irish, *Intellectual Property Rights for Engineers,* The Institution of Electrical Engineers, 1994, p. 12.

컴퓨터의 하드웨어를 움직이게 하는 산업적 활용에 초점이 있다. 또 반도체칩 회로설계도 일종의 디자인이라는 점에서 저작권에 가까우나 전자제품의 주요 부품으로 사용하고 있다는 점에서 산업재산권과 관련이 있다.

② 첨단산업재산권(high technological property) : 이는 표현 그대로 첨단산업에 관련된 산업재산권을 지칭하는 것으로서 종래에는 산업재산권의 보호대상에 포함하지 않았으나, 유전공학, 전자·정보산업, 우주공학 등 첨단기술의 급속한 발달로 인하여 새롭게 산업재산권으로 보호하기에 이른 것이다. 대표적으로는 유전자·생체조직의 변화를 통한 바이오기술(BT), 미립자 나노기술(NT)의 산업응용, 반도체 집적회로의 배치설계에 관한 권리 등이 있다.

③ 정보재산권(proprietary information) : 이는 기업의 영업활동 전반에 걸쳐 기업이 보유한 영업상 경제적 가치가 있는 지식과 정보를 보호대상으로 하는 지식재산권을 말한다. 구체적으로는 상품의 제조·판매·영업·기획 등의 분야에 있어서 상품화될 수 있는 경영정보, 예컨대 미공개의 영업비밀, 데이터베이스, 뉴미디어 등이 이러한 정보재산권의 범주에 포함된다.

(3) 지식재산권 관련협약과 기구

가. 산업재산권보호협약

① 파리 협약 : '산업재산권 보호를 위한 파리 협약'(Paris Convention for the Protection of Industrial Property of 1883 : 이하 "파리 협약"이라 함.)은 지식재산권 분야의 최초 국제협약으로서 이후 모든 협약의 기초가 되었다.

산업혁명 이후 유럽제국을 중심으로 한 선진국들은 1878년 파리회의에서 발명특허 등 산업재산권을 국제적으로 통일보호하기 위한 협약초안을 작성하고, 1883년 3월 20일에 전문 30개조로 구성된 '산업재산권 보호를 위한 파리 협약'이 체결되었다.[28] 이 협약은 그 후 여러 차례의 개정을 거쳐 현재 가입국 수는 120개국에 이르고, 우리나라는 1980년 5월 4일 이에 가입하였다.

파리 협약은 속지주의에 근원을 둔 각국의 독자적 지식재산권제도를 전제로 하여 통일이 가능한 사항을 협약으로 성문화시킨 것이므로, 지식재산권의 외국출원을 하는 자에게는 몇 가지의 기본권을 인정하고 있다(제2조와 제4조).

② 특허협력조약 : '특허협력조약'(Patent Cooperation Treaty : PCT)은 파리 협약 제19조의 특별규정으로서, 1970년 3월에 총 69개 조항과 부칙으로 구

28) *ibid.*, p. 6.

성된 초안이 완성되고 파리 협약 가입국들의 심의를 거쳐 1978년 1월 24일부터 발효되었다. 우리나라는 1984년 5월 10일 이에 가입하였다.

이 밖에도 각국의 등록상표 출원절차를 국제적으로 통일화하기 위한 1973년 '상표등록조약'(Trademark Registration Treaty : TRT) 등이 있으며, 현재 WIPO에서 관장하고 있는 산업재산권의 국제적 보호와 관련된 협정들에는 다음과 같은 것이 있다. '산업의장의 국제기탁에 관한 헤이그 협정'(1925), '상표등록을 위한 상품과 서비스의 국제분류에 관한 니스 협정'(1957), '원산지명칭의 보호와 국제등록을 위한 리스본 협정'(1958), '국제특허분류에 관한 스트라스브르 협정' (1971), '상표의 도형적 요소의 국제분류를 위한 비엔나 협정'(1973), '산업의장의 국제분류를 위한 로카르노 협정'(1968) 등이 그것이다.[29)]

나. 저작권보호협약

① 베른 협약 : '문학적 · 예술적 저작물 보호를 위한 베른 협약'(Berne Convention for the Protection of Literary and Artistic Works : 이하 "베른 협약"이라 함.)은 1886년 10월 9일 스위스 베른에서 체결된 후 오늘날 전세계에서 저작권 보호에 관한 가장 기본적인 국제협약으로 인정받고 있다.

19세기 말부터 각국의 문학자들이 저작물의 국제적 보호를 위한 입법운동을 전개하였으며, 1886년 10월 9일 스위스 정부의 주선으로 프랑스를 비롯한 9개국의 외교회의에서 저작자 사후 최소한 50년까지 저작권 보호를 위한 베른 협약이 체결되었다. 그 후 이 협약은 여러 차례의 개정을 거쳐 현재 가입국 수는 118개국에 이르고, 우리나라는 1996년 5월 21일 이에 가입하였다.

② 세계저작권협약 : '세계저작권협약'(Universal Copyright Convention : UCC)은 유엔교육과학문화기구(UNESCO)에 의하여 1952년 9월 스위스 제네바에서 체결된 협약이다. 이 협약은 개도국의 보호에 중점을 두되 모든 나라가 가입할 수 있는 보편 · 타당성과 다른 협약과의 조화를 표방하고 있다. 예컨대 당사국이 모두 베른 협약국인 경우에는 후자를 우선으로 한다. 현재 가입국 수는 95개국에 이르고, 우리나라도 1987년 10월 1일 이에 가입하였다.

---

29) 각각의 정식명칭은 'Hague Agreement Concerning the International Deposit of Industrial Designs'(1925), 'Nice Agreement Concerning the International Classification of Goods and Service for the Purpose of the Registration of Marks'(1957), 'Lisbon Agreement for the Protection of Appellations of Origin and their International Registration'(1958), 'Strasbourg Agreement Concerning the International Patent Classification'(1971), 'Vienna Agreement Establishing an International Classification of the Figurative Elements of Marks'(1973), 'Locarno Agreement Establishing an International Classification of Industrial Design'(1968)이다.

③ 로마 협약 : '실연가·음반제작자·방송사업자 보호에 관한 국제협약'(International Convention for the Protection of Performers, Producers of Phonograms and Broadcasting Organizations : 이하 "로마 협약"이라 함.)은 저작권자와 밀접한 관련이 있는 저작인접권, 즉 실연가·음반제작자·방송사업자의 권리를 보호할 목적으로 1961년 10월 이탈리아 로마에서 체결되었다.

로마 협약의 가입국 수는 현재 영국과 프랑스를 비롯한 37개국에 이르고, 우리나라는 아직 가입하지 않고 있다. 실연가·음반제작자·방송사업자가 이 협약의 일정조건을 구비하면 최소한 20년 동안 보호를 받을 수 있다.

이 밖에도 저작인접권 분야에는 음반의 무단복제로부터 음반제작자의 보호를 위한 1971년 '제네바 음반협약'(Convention for the Protection of Producers of Phonograms against Unauthorized Duplication of their Phonograms)이 있다. 이 협약의 가입국 수는 현재 우리나라를 비롯하여 43개국에 이른다.

또 위성방송 프로그램 사업자의 보호를 위한 1974년 '브뤼셀 위성협약', 문자의 서체(type face) 창작자의 보호를 위한 1973년 '타입페이스 보호협정', 신지식재산권 분야의 1989년 '워싱턴 집적회로(IC) 조약', 1989년 '제네바 영상등록 조약', 1979년 '저작권사용료 이중과세방지협약' 등이 있다.[30]

다. 지식재산권 관련기구

지식재산권 보호에 관련한 국제조약의 감독은 각 체약국의 국내법이나 WIPO와 UNESCO 등 국제기구에 의하여 수행되고 있으며, 최근에는 지식재산권의 보호가 국제무역에 미치는 영향이 크기 때문에 WTO 협정도 체결되어 있다.

① WIPO(세계지식재산권기구) : WIPO (World Intellectual Property Organization)는 지식재산권의 국제보호에 관한 유엔의 전문기관이다.

WIPO는 1967년 7월 스톡홀름 회의에서 지식재산권 보호촉진을 위한 '세계지식재산권기구 설립협약'(Convention Establishing the World Intellectual Property Organization)에 따라 1970년 4월 26일부터 발족하였다. 현재 가입국 수는 147개국에 달하고, 우리나라는 1979년 3월 1일 이에 가입하였다.

② UNESCO(유엔교육과학문화기구) : UNESCO (United Nations Educational,

30) 각각의 정식명칭은 'Convention Relating to the Distribution of Programme-Carrying Signals Transmitted by Satellite'(1974), 'Agreement for the Protection of Type Faces and their International Deposit'(1973), 'Treaty on Intellectual Property in respect of Integrated Circuits'(1989), 'Treaty on the International Registration of Audiovisual Works'(1989), 'Multilateral Convention for the Avoidance of Double Taxation of Copyright Royalties, Madrid'(1979)이다.

Scientific, and Cultural Organization)는 교육·과학·문화에 관한 국제협력을 촉진하고 세계평화와 안전을 위하여 1946년 11월 4일 창설되었다.

UNESCO의 역할 중 하나는 세계의 유산인 도서, 예술작품, 역사·과학 기념물 등의 보호를 확보하고 관련국가에 대하여 필요한 국제조약을 권고하고 교육하는 등의 방법으로 지식을 유지·증진·보급하는 일이다.

③ NGO(비정부간기구): 먼저 AIPPI (Association Internationale pour la Protection de la Propriété Industrielle : 국제산업재산권보호협회)를 들 수 있다. AIPPI는 1897년 산업재산권의 국제적 보호를 위해 설립된 민간기구이다.

이 밖에도 국제무역에서 위조상품의 추방을 위한 기구로서 국제상업회의소 산하의 ICC/CIB (Counterfeiting Intelligence Bureau : 위조상품정보국), 미국 기업들이 주도한 IACC (International Anti-Counterfeiting Coalition : 국제상품위조방지협회), IIPA (International Intellectual Property Alliance : 국제지식재산권연맹) 등이 있으며, 기타 '국제라이센싱협회'(Licensing Executives Society), '국제변리사협회'(International Federation of Industrial Property Attorneys) 등의 많은 민간기구가 지식재산권 분야에서 국제적인 활동을 하고 있다.

(4) WTO/TRIPS(지식재산권) 협정

WTO(세계무역기구)의 '무역관련 지식재산권에 관한 협정'(Agreement on Trade-Related Aspects of Intellectual Property Rights : 이하 "TRIPS 협정"이라 함.)은 국제무역의 왜곡과 장애를 줄이고 지식재산권의 유효하고 적절한 보호를 촉진시킬 목적으로 1994년 4월 마라케쉬 각료회의에서 125개국의 서명을 받아 WTO 설립협정의 부속서에 수록된 다자간 국제협정이다.[31]

다만 TRIPS 협정은 소위 '국제협약 플러스 방식'을 취하고 있다. 여기서 "국제협약"이라 함은 파리 협약(1967)·베른 협약(1971)·로마 협약(1961)·워싱턴 조약(1989) 등을 지칭한다. 즉, 기존의 국제협약을 최저 보호수준으로 하고 그 이상의 보호수준을 정하자는 것이다. 따라서 WTO 회원국은 국내법으로 이 협정에 반하지 아니하는 범위내에서 더욱 강화된 보호를 실시할 수 있다.[32]

TRIPS 협정은 모두 7장 73개 조항으로 구성되어 있으며, 기존의 특허권·의

---

31) Pietro S. Nivola, *Regulating Unfair Trade*, The Brookings Institution, 1993, p. 101.

32) Francis W. Rushing and Carole Ganz Brown ed., *Intellectual Property Rights in Science, Technology and Economic Performance*, Westview Press, 1990, p. 2.

장권・상표권・저작권과 저작인접권뿐만 아니라, 컴퓨터 프로그램, 데이터 베이스, 반도체칩 회로설계, 영업비밀 등과 같은 새로운 분야의 지식재산권도 포함시키고 있다.33) 이 협정의 주요내용을 분야별로 요약하면 다음과 같다.

① 저작권(copyright)의 보호는 1971년에 개정된 베른 협약 제1조 내지 제21조와 부속서의 규정을 준용하도록 하고 있다. 즉, 문학・예술저작물, 부차적 저작물, 응용예술저작물, 공업의장, 외국저작물 등과 이들의 번역권, 복제권, 공연권, 방송권, 낭송권, 녹음권, 각색권, 추급권 등을 포함하고 있다(제9조 1항).

② 컴퓨터 프로그램은 저작자의 생존기간과 사후 50년간 이를 보호하며(제12조), 또 보호범위는 컴퓨터 프로그램의 표현(expression) 그 자체만을 대상으로 하고 이 프로그램을 구성하는 아이디어(idea), 절차, 운용방법, 수리적 개념(algorithm) 등은 보호대상에서 제외하고 있다(제9조 2항).

③ 음반제작자・공연가・방송사업자 등의 저작인접권에 대하여는 베른 협약 제18조의 규정을 준용하도록 하고 있다. 따라서 저작인접권의 보호기간은 음반제작자・공연가의 경우는 제작일 또는 공연일로부터 50년간, 그리고 방송사업자의 경우는 방송일로부터 20년간을 각각 보호한다(제14조 5항).

④ 상표권(trademarks)에 대하여는 이름, 문자, 숫자, 도형, 색채의 조합, 그리고 이들의 결합으로 이루어진 상징을 보호대상으로 하고, 또 등록되지 아니한 외국의 유명상표도 보호하도록 하며, 이들의 보호기간은 최소한 7년으로 하되 지속적인 갱신이 가능하다(제15조, 제16조 및 제18조).

⑤ 지리적 표시(geographical indications)에 대하여는 상품의 명성, 물질과 기타 특징이 지리적 원산지와 직접적으로 관계가 있는 경우에는 그 지리적 표시를 보호대상으로 한다. 예컨대 한국산 포도주를 'Bordeaux Wine'이라는 허위의 지리적 표시를 사용하는 것은 금지된다(제22조).

⑥ 의장권(industrial designs)에 대하여는 신규성 또는 독창성이 있는 의장으로서 독립적으로 창작된 디자인을 보호대상으로 하고 있으며, 이러한 공업의장권의 보호기간은 최소한 10년이다(제26조).

⑦ 특허권(patents)에 대하여는 신규성, 진보성, 산업상 이용가능한 발명을 보호대상으로 하며, 보호기간은 최소한 20년으로 하고 있다. 다만 보호받는 특허 중에 공서양속, 공중보건보호, 환경보호에 위반되는 발명, 진단과 수술방법, 식물과 동물발명 등은 특허보호의 대상에서 제외한다(제27조).

---

33) Hans Van Houtte, *The Law of International Trade*, Sweet & Maxwell, 1995, p. 82.

⑧ 집적회로 배치설계권(topographies of IC)에 대하여는 일정한 크기의 반도체 위에 회로의 배치설계와 이것이 결합된 집적회로 또는 이를 내장한 제품을 보호대상으로 하고 있다. 이의 보호기간은 출원일 또는 상업적 이용일로부터 10년간으로 하되 창작일로부터 15년을 초과할 수 없다(제36조~제38조).

⑨ 영업전략, 기술적 노하우, 판매기법 등을 포함한 영업비밀에 대하여는 이러한 정보가 관련업무에 종사하는 자에게 일반적으로 알려지지 아니하고, 상업적 가치가 있으며, 또 권리자가 비밀유지를 위하여 상당한 노력을 기울였을 경우에는 이것도 보호대상이 된다. 예컨대 의약품, 농약 등의 제조허가를 신청할 때 정부가 제출을 요구하는 임상실험자료 등은 불공정한 상업적 이용으로부터 공개되지 아니하도록 보호하여야 한다(제39조).

(5) 우리나라의 관련법규와 기관

국내의 지식재산권 관련 법체계는 크게 세 분야로 나누어 살펴 볼 수 있다.

① 산업재산권 분야로서 특허법 · 상표법 · 의장법 · 실용신안법 등이 있다.

i) 특허법은 특허권 보호의 기산점을 출원일이 아닌 출원공고일로 하여 15년 동안 보호하도록 하고 있으므로, 이는 TRIPS 협정과 같이 출원일로부터 20년으로 규정하여야 할 것이다.

ii) 상표법은 채색상표에 관한 보호규정이 없으며, 또 지리적 표시를 보호대상으로 명문화하지 않고 있다.

iii) 의장법은 1994년에 개정하면서 의장권의 보호기간을 8년에서 10년으로 상향조정하여 TRIPS 협정의 최소보호기간과 일치시키고 있다.

iv) 실용신안법은 독일 · 일본 등 선진국의 실용신안제도를 충분히 반영하지 못하고 있다. 앞으로 무심사제도나 조사청구제도의 도입, 보호기간의 단축 등이 개정법에 반영할 수 있는 방안을 검토하여야 한다.

② 저작권 분야의 법체계로서 1994년에 전면 개정한 저작권법과 컴퓨터프로그램보호법 등이 있다. 현행 저작권법은 영상저작물의 대여권을 인정함으로써 TRIPS 협정의 내용을 반영하고 있으나, 컴퓨터프로그램보호법은 보호기간을 창작 후 50년으로 규정하여 TRIPS 협정과의 조정이 필요하다

③ 신지식재산권 분야의 법체계로서 반도체집적회로배치설계법, 영업비밀의 보호를 포함하고 있는 부정경쟁방지법 등이 있다. 이들 분야의 법령은 비교적 최근에 형성되어 TRIPS 협정의 내용을 거의 반영하고 있다.

한편 지식재산권의 관리기관은 종류별로 담당부서가 분할되어 있다. 즉, 산

업재산권, 지리적 표시, 영업비밀 등에 관하여는 특허청이, 저작권과 저작인접권은 문화관광부, 컴퓨터 프로그램 보호는 교육과학기술부, 그리고 반도체 집적회로 배치설계의 보호는 지식경제부가 각각 소관부서로 관리하고 있다.

2. 국제전자상거래

최근 정보통신의 급속한 발전으로 전통적인 무역거래의 관습에 많은 변화가 일어나고 있다. 특히 인터넷(internet)이 보편화되면서 무역거래에도 이를 활용하여 시간과 비용을 절감하고 효율성을 높이려는 시도가 확산되고 있다.

(1) 전자무역의 의의

가. 전자무역의 개념

전자무역은 인적 대면이나 종이서류의 송부 없이 인터넷 등의 전자방식을 활용하는 무역을 포괄하는 개념으로 사용되고 있다. 무역거래의 어느 한 단계라도 전자방식을 사용한다면, 넓은 의미에서 전자무역으로 볼 수 있다.

"전자무역"(electronic trade)이라 함은 인터넷 등을 이용한 국제시장에서의 물품・서비스・지식재산권 등의 무역거래, 즉 가상공간에서 당사자간의 거래관계를 성립시키고 이에 따른 대금결제와 선적, 보험 및 통관 등에 관한 절차는 EDI(전자자료교환)가 담당하게 되는 무역체계를 말하며, 이는 사이버무역(cyber trade), 인터넷 무역(trade by internet) 등과 혼용하여 사용되고 있다.

인터넷의 특성은 직접적인 인적 대면 없이 의사소통과 정보전달이 가능하므로 시간과 공간의 제한을 받지 아니한다는 점이다. 따라서 인터넷을 무역거래에 활용하면 시간과 비용을 절약할 수 있을 뿐만 아니라 전통적인 거래방법에 비하여 보다 넓은 지역의 많은 무역상인들과 거래기회를 가질 수 있다.

이러한 이유로 인터넷 전자무역은 급속한 발전을 보이고 있으며, 향후의 국제무역관습에도 적지 않은 영향을 미칠 것으로 예측되고 있다.[34] 특히 무역계약의 체결에 앞서 해외시장조사, 거래처의 선정, 신용조사, 거래제의 등의 준비단계에서 인터넷을 활용하는 경우가 많이 늘어나고 있다.[35]

무역관습은 정체되어 있는 것이 아니라 지속적으로 변화하는 것이며, 이러한 변화는 교통・통신・금융・법제 등의 기술발전과 제도변화에 의하여 발생한다.

34) B. Wright, *The Law of Electronic Commerce*, Aspen Law & Business, 1996, p. 15.2.
35) 양영환・오원석, 무역상무론, 제6판, 법문사, 2001, pp. 157~158.

또 무역관습의 변화는 이러한 기술과 제도에 역으로 영향을 미치기도 한다. 정보통신의 발전에 따른 무역거래의 전자화와 전자무역의 생성과 발전은 이러한 무역관습의 변화라는 측면으로 이해하여야 한다.

나. 전자무역의 장단점

전자무역은 크게 보면 시간과 비용의 절감, 정보활용의 다양성 등의 장점을 지니고 있으며, 반면에 그 실현을 위한 환경조성의 미비로 인한 다소의 문제점도 지적되고 있다. 우선 그 장점부터 살펴 보면 다음과 같다.

① 전자무역은 전통적인 무역방식에 비하여 거래비용을 절감할 수 있다. 예컨대 거래처를 찾는 과정과 상품소개 등을 하는 과정에서 전통적인 방법으로 서신을 교환하고 견본을 보내는 대신에 e-메일을 주고 받고 홈페이지상에 멀티미디어를 활용한 상품정보를 게시할 경우, 그 부대비용뿐만 아니라 무역상담을 위한 출장비용 등도 들지 아니하므로 비용면에서 유리하다.

② 전자무역은 신속하게 진행되므로 시간이 절약된다. 예컨대 전통적인 방법으로 매매당사자가 서신을 통해 자신의 의사를 주고받을 경우 한 달 이상 걸리는 협상과정이 e-메일을 이용할 경우에는 단 하루로 끝날 수도 있으며, 사람의 시각과 판단에만 의존하여 거래처를 찾고 우편으로 권유장을 발송하는 일을 컴퓨터 통신을 이용하면 단시간내에 처리할 수 있다.

③ 전자무역은 다양한 정보의 활용을 통하여 무역업자의 거래기회와 이윤폭을 넓혀 줄 수 있다. 즉, 인터넷상에는 자신의 업무와 관련된 다양한 정보들이 존재하고 있으며, 이를 무역계약의 체결과 이행시 적절히 활용함으로써 자신에게 유리한 상황으로 이끌 수 있다는 것이다.

반면 전자무역은 아직 국제상관습으로 널리 정착하지 못한 상태이고, 지속적인 정보기술의 발전과 관련 법규의 정비 등이 뒤따라야 할 미완의 거래방법이므로 다음과 같은 몇 가지의 한계점을 노출하고 있다.

① 전자무역은 거래상대방의 솔직한 진의파악이 곤란하다. 즉, 실제로 대면하여 이루어지는 거래가 아니라 PC 모니터를 통하여 이루어지는 속성을 지니고 있으므로 이를 악용하는 사람들에게 속을 가능성이 높다.

② 전자무역은 활용분야가 아직 좁기 때문에 전체로는 전통적인 방법을 유지하여야 하고 이에 따른 혼란과 중복비용이 발생할 우려가 있다.

③ 전자무역은 컴퓨터와 인터넷 통신망에 의존하고 있으므로 이들 기반시설에 장애가 발생할 경우 이에 따른 영향을 받게 된다. 즉, 정보통신망의 두절,

해커의 침입, 컴퓨터의 작동중지 등에서 완전히 자유로울 수 없다.

(2) 전자무역의 실무

수출입의 실무적인 차원에서 각 거래단계별로 인터넷 등의 전자방식을 이용할 경우의 일반적인 무역절차에 관하여 살펴 보면 다음과 같다.

① 수출의 경우 인터넷을 이용한 시장정보 검색과정→인터넷 마케팅을 통한 제품 홍보→인터넷을 이용한 거래 파트너와의 커뮤니케이션을 통한 수출계약 체결→EDI를 이용한 신용장 수령→무역금융 지원에 의한 수출용 원자재의 구매와 수입 및 물품의 생산이나 확보→운송·보험계약 체결→수출통관과 선적→수출대금의 회수와 관세환급 및 사후관리 등을 거친다.

② 수입의 경우에도 수출의 경우와 마찬가지로 수입품에 대해 대외무역법에 의거한 수입승인(일부품목)과 관세법에 의거한 수입통관절차를 거쳐 최종적으로 물품을 수령하는 일련의 과정을 거치게 된다.

물론 전자무역의 수출입절차에도 국내의 무역관련법규와 국제무역관습 등이 상호 관련하여 적용하고 있다. 따라서 수출입상은 각 단계별로 적용할 수 있는 적절한 법률과 규범 등에 관하여도 심도 있는 연구 검토를 하여야 한다.

가. 거래처의 선정

무역거래를 위하여는 가장 먼저 목표시장을 결정하고 그곳에서 활동하는 거래상대방의 발굴이 이루어져야 한다. 수출입 마케팅 조사(marketing research) 활동 중 최근에는 거래처의 발굴과 선정작업에 인터넷을 통하여 검색하는 방법을 적극적으로 활용하고 있으며, 우리나라의 경우도 한국무역협회 등에서 웹사이트를 개설하여 무역업체의 명단을 다양하게 분류하고 해외에 소개하는 것은 물론 무역업체가 직접 운영하는 홈페이지도 급속히 증가하고 있다.

인터넷을 이용하여 상대방을 찾아 그와 무역거래를 시작하려면, 먼저 취급하려는 물품이 무역관련 법규상 수출입의 허용 여부를 확인하고, 시장조사 단계를 거쳐 적절한 거래처의 물색과 신용조사를 하여야 한다.

나. 청약 및 승낙

무역계약은 수출상이 수입상에게 계약물품의 소유권을 이전하여 물품을 인도할 것을 약속하고 수입상은 이를 수락하여 상응하는 대금을 지급할 것을 약정하는 절차이다. 무역계약이 성립되기 위하여는 일정한 조건으로 계약을 맺고 싶다는 일방의 의사표시인 청약(offer)과 이에 대하여 무조건적으로 동의한다는 상대방의 의사표시인 승낙(acceptance)이 있어야 한다.

무역계약의 체결에는 형식상의 제한이 없으므로 인터넷을 통한 의사표시의 교환 자체는 문제가 될 수 없으나, 인터넷은 본래 개방형으로 만들어진 것이므로 보안성이 취약하고 계약성립의 시점에 대한 논의가 남아 있는 등 문제점이 있으므로, 당사자간에는 항상 이러한 문제점에 대한 명확한 합의와 전자서명 등에 의해 거래의 안전성을 확보하여야 하는 과제를 안고 있다.

다. 수출입통관

통관분야는 무역거래의 실행과정에서 전자방식에 의한 업무처리가 가장 폭넓고 다양하게 이루어지고 있는 분야이다. 우리나라의 경우 수출입통관업무는 관세청의 EDI 통관시스템(UNI-PASS)을 통한 신고(P/L 신고)를 원칙으로 하고, 부득이한 경우에 한하여 종이서류에 의한 신고를 하도록 하고 있다.

따라서 현재 EDI를 활용한 무역자동화망이 인터넷으로 연결할 수 있도록 개선된다면 통관절차는 보다 더 간편하게 이루어질 수 있을 것이다.

라. 국제운송 및 보험

국제운송의 주류는 해상운송이다. 최근에는 국제적으로 해상운송계약의 체결과 이에 따른 선화증권의 발급이 전자식으로 이루어질 뿐만 아니라[36], 이 분야에 인터넷이 활발히 이용되고 있다. 즉, 선복의 수배, 선적예약 등의 업무를 인터넷으로 할 수 있으며, 유럽에서는 1999년 6월부터 BOLERO[37](Bill of Lading Electronic Registry Organization : 선화증권 전자등록기구) 프로젝트의 추진에 의해 전자식 선화증권의 발급과 활용이 이루어지고 있다.

한편 보험분야에서는 대금손실에 대비한 무역보험을 제외하고, 인터넷을 통한 해상보험의 부보가 크게 활성화되지 못하고 있다. 따라서 향후 다른 보험상품에서와 같이 이 분야에 대한 보험업계의 활용의지가 필요하다.

마. 무역대금결제

인터넷을 통한 대금결제는 이제까지 전자화폐(electronic money)나 전자자금이체에 의한 방법이 모색되어 왔으며, 최근에는 전자서명 등을 비롯한 보안기술의 향상과 은행의 적극적인 인터넷 뱅킹의 활용의지에 힘입어 인터넷을 통

36) 국제해사위원회(CMI)는 이미 1990년 6월에 전자식 선화증권의 법적장치로서 '전자식 선화증권에 관한 규칙'(Rules for Electronic Bills of Lading)을 공표해 두고 있다.

37) BOLERO 프로젝트는 SWIFT(세계은행간금융전신망)와 TTC(해상통운송클럽)가 주도하여 BO(볼레로 운영회사)를 설립하고, 사용자 그룹인 BA(볼레로 협회)와 함께 범세계적인 상업서비스를 제공하고자 1999년 1월부터 시범운영을 하고 있다.

한 대금결제가 빠른 속도로 실현단계에 접어들고 있다. 또 무역거래의 대금결제에 가장 중요한 역할을 하는 신용장(L/C)도 이미 SWIFT 등을 통한 전자방식으로 개설하여 통지가 이루어지고 있는 실정이다.

또 무역계약의 이행에서 대금결제를 위한 신용공여에 이르기까지 총체적으로 전자방식을 도입하고자 하는 TradeCard 사의 결제시스템이 1999년부터 운용단계에 있고[38], 전자거래의 인증기능과 지급보증을 목적으로 하여 1999년 4월에 Identrus 사가 설립되는[39] 등 다양한 결제방법이 검토되고 있다. 따라서 인터넷을 이용한 무역대금결제는 한 층 더 빨리 확산될 것으로 예측된다.

(3) 전자무역의 관련법규

전자무역(국제전자상거래)의 관련법규라 함은 각종 전자계약의 성립과 효력 또는 계약방식에 영향을 미치는 국제규칙이나 협약 및 이에 대한 법이론의 기초를 제공하는 주요국가의 법규 등을 말한다. 이 책에서는 전자무역의 준거법규로 많이 인용되고 있는 대표적인 법규들을 선별하여 소개하고자 한다.

가. 유엔 표준전자상거래법(1996)

UNCITRAL(유엔국제무역법위원회)에서는 컴퓨터를 이용한 무역정보의 교환을 촉진하기 위하여 1993년부터 산하에 전자자료교환(EDI)과 관련통신수단의 법적 문제에 관한 표준법 초안을 위한 EDI 작업부를 구성하고 수차례의 회의를 거쳐 1995년 제28차 UNCITRAL 총회에서 그 초안을 마련하였다.

그 후 1996년 5월 제29차 UNCITRAL 총회에서 이 법안의 공식명칭을 '유엔국제무역법위원회의 표준전자상거래법'(UNCITRAL Model Law on Electronic Commerce)으로 개칭하여 이를 최종적으로 채택하였다.

UNCITRAL 표준법은 제1편 전자상거래의 일반과 제2편 특수한 부문으로 나누어 총칙과 데이터 통신문에 대한 법적 요건, 데이터 통신문의 교환, 운송계약에의 적용 등 17개 조항으로 구성되어 있다. 제2편은 현재 물품운송에 관한 1개 장만을 두고 있으나, 이 표준법의 기초가 된 기술적·법적·상업적 발전에 따라 새로운 표준규정을 추가할 수 있도록 개방된 구조를 취하고 있다.

---

38) TradeCard는 미국을 중심으로 세계무역센터협회(WTCA)가 자회사를 설립하여 무역서류의 전송과 대금결제에 이르기까지 일체를 전자화하려는 사업추진 시스템을 말한다.

39) Identrus 사는 'identity'와 'trust'의 의미를 합한 것으로서, 전자거래의 인증기능뿐만 아니라 거래의 지급보증과 이행보증을 위하여 세계적인 은행그룹에 의하여 설립되었다.

나. 유엔 표준전자서명법(2000)

1998년 6월 UNCITRAL 제33차 회의에서는 전자상거래 작업부에 일임하여 작성된 '전자서명에 관한 통일규칙안'(Draft Uniform Rules on Electronic Signatures)을 공포한 바 있으며, 또 2000년 9월 UNCITRAL 제37차 회의에서는 총 12개조로 구성된 '유엔국제무역법위원회의 표준전자서명법'(UNCITRAL Model Law on Electronic Signature)을 채택하였다.[40]

UNCITRAL은 각국이 전자서명에 관한 입법을 추진하고 있음을 주목하고 이를 조화시키거나 적어도 전자서명에 관한 공통된 원칙을 수립함으로써 국제적인 전자상거래의 기반을 마련하고자, 전자상거래 작업부를 구성하여 전자서명, 인증기관 및 외국전자서명 등에 관한 국제적인 표준규범을 제정하였다.

특히 표준전자서명법에서는 인증절차의 적용가능성, 사용자·인증기관·제3자간의 법률관계, 등록(registries)의 필요성 등에 관하여 반영하고 있다.

다. EDI(전자자료교환) 관련 국제법규

국제무역법규로서 EDI 관련 조항을 담고 있는 법규를 대표적으로 지적한다면 Incoterms® 2010, UCP 600와 eUCP 1.1, CMI 규칙 등을 들 수 있다.

① Incoterms® 2010 : ICC(국제상업회의소)는 최근 EDI 방식의 급속한 보급 등에 대응하여 1990년 개정 '정형거래조건해석에 관한 국제규칙'(International Rules for the Interpretaion of Trade Terms : Incoterms 1990) 때부터 전통적인 종이서류 대신에 EDI 통신문을 이용할 수 있는 법적 근거를 마련하였으며, 이는 Incoterms® 2010에서 모든 서류로 확대하였다.

다만 현행 인코텀즈는 EDI의 실행방법에 관하여는 아무런 규정을 두고 있지 아니하기 때문에, 당사자들은 별도의 EDI 거래약정(Interchange Agreement : IA)을 교환하여 실질적인 내용을 합의해 두어야 한다.

② 신용장 통일규칙(UCP 600 + eUCP 1.1) : 신용장규칙에서도 전자서류 관련규정을 두고 있다. ICC가 2007년에 개정한 '화환신용장 통일규칙 및 관례'(Uniform Customs and Practice for Documentary Credits : UCP 600)에서는 서류조항에 관련하여 전자문서와 전자서명 등의 효력에 관한 내용을 삽입함으로써 종이 없는 무역방식(paperless trade)을 수용하고 있다(제3조).

나아가 ICC는 2001년과 2007년에 '화환신용장 통일규칙의 전자식 제시에 관한 보칙'(Supplement to UCP 600 for Electronic Presentation : eUCP 1.1)

---

40) http://www.uncitral.org/english/sessions/unc/unc-34/483e.pdf.

을 제정 및 개정하여 이를 적용하고 있다. eUCP 1.1은 무역거래에서 전자서류의 이용이 확대되고 있으나, 종이서류 중심의 UCP에 대한 한계를 극복하고 전자식 제시를 위한 내용을 보충적으로 규정하여 UCP 600에 추보한 것이다.[41]

③ CMI 규칙 : CMI (Comité Maritime International : 국제해사위원회)가 제정한 '전자식 선화증권에 관한 규칙'(Rules for the Electronic Bills of Lading)이 있다. 즉, 국제운송시장에서 전통적인 선화증권 대신에 EDI 등 전자식 선화증권이 급속하게 사용됨에 따라 CMI는 1990년 6월에 '전자식 선화증권에 관한 규칙'(이하 "CMI 규칙"이라 함.)을 채택하였다. 운송인은 소지인에게 화물을 지배·처분할 수 있는 개인 키(private key)와 함께 전자식 선화증권을 발행하고 화주는 운송인에게 통지한 후 타인에게 이를 이전할 수 있다. 이때 운송인은 원래의 키를 취소하고 화주의 지시에 따라 새로운 키를 발행하여야 한다.

라. 국제상업회의소의 GUIDEC(1997)

ICC는 전자상거래의 법적 측면과 인증기관에 관한 국제적 가이드라인이 있어야 한다는 원칙에 따라 1997년 11월에 보장[42]이라는 개념을 사용하여 '디지털로 보장되는 국제상거래의 일반관행'(General Usage for International Digitally Ensured Commerce : GUIDEC)의 최종본을 발표하였다.

GUIDEC은 전자상거래에서의 중요한 사항들을 모아 용어의 사용기준을 제시하고 관련문제의 배경을 설명하고 있다. 세계적으로 널리 이용되는 공개 키 암호화(public key cryptography) 기법에 대한 이해를 높이고, 서로 다른 법통을 조화시키기 위해 대륙법과 영미법의 처리내용을 함께 소개하고 있다.

마. BOLERO의 RULEBOOK(1999)

"BOLERO"(Bill of Lading for Europe, Bill of Lading Electronic Registry Organization : 선화증권전자등록기구)라 함은 1994년 6월부터 홍콩, 네덜란드, 스웨덴, 영국, 미국 등에 소재하는 해운업자·은행·통신업자 등이 컨소시엄 형태로 참여하여 선화증권을 포함한 모든 무역서류를 전자화하여 안전하게 교환할 수 있는 기반을 제공하기 위하여 구성된 국제적인 사업주체이다.

---

41) ICC, *UCP 600 + eUCP 1.1*, Publication No. 600, 2007, p. 53.

42) GUIDEC에서는 디지털 서명(digital signature)이나 인증(authentication)이라는 용어의 불명확성을 피하기 위하여 보장(ensure)이라는 개념을 도입하였다. 데이터 통신문을 보장한다는 것은 보증인이 이를 식별하는 것 이상으로 보장을 한 통신문이 그대로 보존되었음을 승인하거나 또는 법적으로 이에 구속되기로 하는 것을 의미한다.

BOLERO 프로젝트는 SWIFT (Society for Worldwide Interbank Financial Telecommunications : 세계은행간금융전신망)와 TTC (Through Transport Club : 해상통운송클럽)에 의하여 주도되고 있으며, 이들이 합작으로 BO(볼레로 운영회사)를 설립하고 사용자 그룹인 BA(볼레로 협회)와 함께 범세계적으로 무역서류의 전자화를 통한 상업적 서비스를 제공하는 것을 목표로 하고 있다.

특히 BOLERO에서는 전자상거래의 법적 기반과 당사자간 계약관계에 대한 기능을 부여하기 위하여 1998년 1월부터 'BOLERO RULEBOOK'(선화증권전자등록기구 규약집) 초안을 작성하고, 1999년 9월에 모두 3장(정의와 해석, 총칙, 볼레로 권리등록 등)의 18개 조항으로 구성된 최종안을 발표하였다.[43)]

바. 주요국가의 전자상거래법제

전자상거래의 관련법제는 미국이 주도하고 있다 하여도 과언이 아니며, 기타 유럽 · 일본 등의 주요국가의 입법동향에 대하여도 살펴보고자 한다.

① 미국의 경우 : 미국에서는 최근 전자상거래 법률을 제정 · 개정하는 작업이 빠르게 진행되고 있다. 특히 통일주법전국위원회(National Conference of Commissioners on Uniform State Law)에서는 1999년 7월에 '통일컴퓨터정보거래법'(Uniform Computer Information Transaction Act : UCITA)을 제정하였다.[44)] UCITA는 디지털 정보거래의 계약성립과 계약조건, 계약의 해석, 담보, 계약상 권리 의무의 이전, 이행, 계약위반, 구제수단 등을 규정하고 있다.

또 통일주법전국위원회에서는 전자적 기법 또는 컴퓨터화한 기법을 이용한 거래를 지원하기 위하여 1999년 11월에 일반 계약법을 수정한 '통일전자거래법'(Uniform Electronic Transaction Act : UETA)을 제정하였으며, 2000년 8월 현재 아리조나 주를 비롯한 22개 주에서 이를 채택하고 있다.

기타 미국변호사협회(American Bar Association : ABA)는 1996년 8월에 '디지털 서명지침'(Digital Signature Guidelines)을 공포한 바 있으며[45)], 이를 계기로 하여 미국 의회에서는 2000년 6월에 국내외상거래를 위한 '전자서명법'(Electronic Signatures in Global and National Commerce Act : E-Sign)을 제정하고, 동년 6월에 대통령의 서명을 받아 10월 1일부터 발효되었다.

---

43) 우리은행 외환업무팀, "Bolero.net의 운영체계", 2000. 3, p. 13 ; www.boleroltd.com.

44) UCITA는 2002년 7월 현재 매리랜드 주, 버지니아 주 등에서 이를 채택하고 있다.

45) 전자서명에 관하여는 유타 주가 위 법안을 참조하여 1996년에 '디지털 서명법'(Digital Signature Act)을 제정한 이후 일리노이 주의 '전자상거래안전법'(Electronic Commerce Security Act)을 비롯하여 현재 캘리포니아, 아리조나, 플로리다, 워싱톤 주 등에서 디지털 서명법을 제정한 상태이고 기타 많은 주에서도 입법을 추진하고 있다.

② 유럽의 경우 : 독일은 멀티미디어 사회의 발전에 적극 대비하고 인터넷 등의 이용에 따른 법적 체계의 정비를 위하여 1997년 8월에 '정보통신서비스 기반구조를 정하는 법률'(Informations und Kommunikationsdienstegesets : 일명 "멀티미디어법"이라 함.)을 제정 시행하고 있다.[46]

기타 유럽의 이탈리아는 1997년에 전자문서와 디지털 서명이 법적으로 효력이 있음을 규정하는 법률을 제정하였고, 덴마크 등은 디지털 서명법(안)을 마련하였으며, 또 영국의 경우 통상산업부가 1996년 6월에 '공중통신망에 있어서의 암호화 사용의 규제의사에 관한 백서'를 공포하고, 인터넷을 통하여 전송되는 정보의 무결성과 기밀성을 확보하기 위하여 노력하고 있다.

③ 일본의 경우 : 통산성에 설치된 전자상거래 환경정비연구회에서는 1995년 4월부터 전자상거래의 제도적 환경의 정비에 관한 포괄적인 검토를 하고 중간보고를 발표한 바 있으며, 또 법무성에서도 1996년 7월에 전자거래법제에 관한 연구회를 설치하여 전자거래와 관련하여 발생하는 여러 가지의 법적인 문제점에 관하여 민법이나 상법의 입장에서 검토를 하고 있다. 특히 전자인증과 전자공증 등에 관한 연구는 상당 부분 진척되어 있다.[47]

사. 우리나라의 전자상거래법제

우리나라는 그동안 전자상거래를 규율하는 기본법이 없이 관련 특별법상의 개별규정에만 의존해 왔다. 그러나 전자상거래가 확대되면서 기존의 상거래에서 예상하지 못한 많은 문제점이 노출됨에 따라 이들을 일반적으로 규율하기 위한 전자거래기본법, 전자서명법 등을 제정하기에 이르렀다.

① 전자거래기본법 : 이는 전자거래[48]의 전반을 포괄하는 기본법으로서, 전자거래의 촉진을 위해 규제를 최소화하고 민간의 전자거래를 기술적으로 지원하기 위해 전자거래를 지정 운영하는 등 민간경제활동의 지원체제를 갖추기 위하여 1999년 2월에 제정되고 2002년 7월에 개정되어 시행 중에 있다.

이 법의 특징은 전자거래의 안전성 확보와 매수인 보호를 위한 기본규정을 제외하고는 경쟁원리에 따라 민간주도에 맡기고 있다는 것이다. 즉, 전자거래의 안전성과 관련하여 전자문서[49]와 전자서명의 법적 효력, 개인거래정보의 누

---

46) 손경한, "전자상거래의 법적문제", 「무역상무연구」 제11권, 1998. 2, p. 425.

47) 內田 貴, "電子商去來と法(1)", 商事法務研究會, 「NBL」 No. 600, 1996. 9, p. 38.

48) "전자거래"라 함은 재화나 용역의 거래에 있어서 그 전부 또는 일부가 전자문서에 의하여 처리되는 거래를 말한다(전자거래기본법 제2조 4호).

49) "전자문서"라 함은 컴퓨터 등 정보처리능력을 가진 장치에 의하여 전자적 형태로 작성되어, 송·수신 또는 저장되는 정보를 말한다(동법 제2조 1호).

설방지와 그 처벌조항, 인증기관 설립기준 등에 관하여 규정하고 있다.

② 전자서명법 : 전자거래기본법의 제정과 아울러 1997년부터 디지털 서명 기술을 기반으로 하여 전자서명제도의 도입을 위한 전자서명법의 제정작업이 추진되어 1999년 2월에 총 6장 34개조로 구성된 전자서명법이 공포되고, 다시 2002년 4월에 개정되어 시행 중에 있다.

이 법의 목적은 전자문서이용의 확산에 따른 전자문서의 안전성과 신뢰성을 확보하고 그 이용을 활성화하기 위하여 기존의 인감이나 서명의 역할을 대신할 전자서명[50]의 법적 효력과 공인인증기관의 관리 등에 관한 사항을 규정함으로써 정보화의 촉진과 국민생활의 편익을 증진하는데 있다(제1조).

50) "전자서명"이라 함은 전자문서를 작성한 자의 신원과 전자문서의 변경 여부를 확인할 수 있도록 비대칭 암호화방식을 이용하여 전자서명 생성키로 생성한 정보로서 당해 전자문서에 고유한 것을 말한다(전자서명법 제2조 2호).

CHAPTER 2

국제무역거래의 관리체계

제 1 절 국제무역상품의 다양화

국제무역거래는 크게 보아 국제물품거래, 국제기술이전, 서비스 무역거래, 국제투자·자본거래 등으로 나눌 수 있다. 이는 무역거래의 대상이 물품을 비롯한 서비스·기술투자·자본거래 등을 다양하게 포함하고 있기 때문이다.[1)]

1. 국제물품거래

무역거래의 대상이 날로 다양화되고 있으나, 역시 가장 기본이 되고 중요한 거래대상은 물품(goods)이라고 할 수 있다. 따라서 국제무역규범도 전통적으로 물품거래를 중심으로 형성되어 왔으며, 특히 국제물품거래에서 정형화된 무역거래조건(trade terms)은 다른 거래분야에도 기초가 되고 있다.

국제물품거래에 관련한 계약관계는 i) 물품의 매매·교환, 양도 등을 직접 목적으로 하는 국제물품매매와 ii) 물품의 임대차거래, 가공·수위탁거래, 중개·스위치거래 등을 목적으로 하는 물품매매보조거래로 나눌 수 있다.

(1) 국제물품매매

국제물품매매는 매도인이 대금이라는 금전상의 약인을 대가로 외국의 매수인에게 물품 소유권을 이전하거나 이전하기로 합의하는 거래를 말한다.

국제물품매매의 대상은 유체동산으로서 그 종류는 매두 다양하게 나타나고 있다. 예컨대 소자본으로도 취급할 수 있는 잡화류에서부터 대자본과 특수기술

1) 최준선, 국제거래법, 삼영사, 1996, pp. 61~65.

을 필요로 하는 중화학제품이나 첨단산업제품, 즉 철강이나 자동차·전자·선박이나 플랜트 수출에 이르기까지 다양한 상품이 거래되고 있다.

매매계약의 내용은 그 대상물의 형태에 따라 다르며, 또 동종의 물품이라 하더라도 거래조건, 이행기간의 장단 등의 차이에 따라 달라질 수 있다. 그리고 매매계약 중에는 단 한 번으로 매도인의 의무이행이 완료되는 것도 있지만, 장기간에 걸쳐 수회의 선적 또는 인도를 반복하여야 할 경우도 있다.

따라서 국제물품매매를 목적으로 하는 계약은 다시 단기매매계약(spot sales agreement), 장기매매계약(long term sales agreement), 플랜트 수출계약(plant export agreement) 등으로 나누기도 한다.

특히 플랜트 수출은 각종 제품을 생산하고 개발계획을 실현하는데 필요한 기계·장치 등의 관련 자재(hardware)와 그 설치에 필요한 기술·노하우·건설시공(software)을 포괄하는 거래로서 일명 "산업설비수출"이라고도 한다.

플랜트 수출은 대상물의 제조와 현지의 조립 및 설치를 위하여 장기간이 소요되는 경우도 있다. 또 이는 산업설비나 엔지니어의 기술서비스 제공을 수반하는 경우가 대부분이므로, 서비스 거래의 복합적인 성격을 지니고 있다.

(2) 물품매매보조거래

물품매매 보조거래는 매도인과 매수인간의 물품매매에 제3자가 개입하여 이를 보조하는 각종 국제거래를 말한다. 매매당사자 사이에 제3자의 개입은 판매점·대리점·수탁인 등의 형태로 이루어진다. 따라서 매매보조거래에는 판매점계약·대리점계약·프랜차이즈계약·위탁계약 등의 거래가 있다.

① 판매점계약(distributorship agreement)은 수출상이 해외 판매점(distributor)에 대하여 일정기간 동안 특정의 물품에 대한 판매권을 부여하고 판매점은 그 물품의 일정량을 구매할 것을 약정하는 계약이다.

② 대리점계약(agency agreement)은 대리점이 수출상인 본인(principal)으로부터 대리권을 부여받아 계속적으로 물품의 판매 또는 중개업무를 함으로써 고객과의 거래효과를 수출상에게 귀속시키고 그 성과에 대해 일정한 수수료를 받는 것을 내용으로 하는 계약을 말한다. 대리점계약도 판매점계약과 같이 일정한 영역내에서 독점적인 권리를 부여하는 독점대리점계약으로 체결되며, 기타 국제거래에서는 필요에 따라 다양한 형태의 대리점이 운용되고 있다.

③ 최근 유명상표를 이용한 서비스 유통거래의 형태로 국제적으로 광범위하게 확산되고 있는 프랜차이즈계약(franchise agreement)이 있다. 프랜차이즈

란 가맹본부(franchisor)가 자신의 상호나 영업표지를 가맹점(franchisee)이 사용하도록 하고 가맹점에게 물품의 구매나 판매 기타 사업경영에 대한 통일적인 방법으로 지도 관리하는 형태의 사업계약을 말한다.

④ 기타 국제매매계약으로부터 파생되는 종속거래로서 화물운송을 위한 국제운송거래, 화물의 위험담보를 위한 적하보험거래, 무역대금결제를 위한 신용장거래나 화환취결거래(외국환거래약정) 등이 물품매매를 보조한다.

2. 국제기술 · 서비스 거래

(1) 기술무역거래

기술무역의 대상은 제품이나 용역에 대한 특허 · 상표 · 저작권 · 노하우 등 넓은 의미의 지식재산권(intellectual property)이다. 지식재산권을 대상으로 하는 기술무역은 라이센스계약이나 기술원조거래 등으로 이루어진다.

① 라이센스계약(licensing agreement)은 어떠한 권리나 기술을 가진 사람(licensor)으로부터 그 권리의 이용이나 기술원조를 받는 사람(licensee)에 대하여 권리 또는 기술의 사용을 허가한다는 내용을 담고 있는 것이다.

② 권리 또는 기술의 사용허가와 동시에 기술자의 파견 또는 종업원의 훈련(dispatching for training) 프로그램을 담고 있는 경우도 있는데, 이를 "기술자파견계약"(technical guidance agreement)이라고 한다.

③ 권리 또는 기술의 사용허가를 수반하지 아니하는 단순한 기술지도(technical training)만을 위한 계약형태로서 기술자의 파견 또는 기술자의 지도 등이 있으며, 이들 계약에 수반하여 기술상의 비밀을 유지할 목적으로 당사자간에 비밀유지계약(confidentiality agreement)이 체결되는 경우도 있다.

④ 기술이전은 특허 또는 노하우 자체를 양도하거나 영업표지의 사용허가를 위한 프랜차이즈계약, 또는 복합적인 기술이전내용이 포함된 플랜트 · 건설계약에서 수주자가 설비의 인도와 현지에서의 건설공사까지 담당하는 Turn-key 계약 등의 포괄적인 계약서의 일부에 포함되는 경우도 있다.

(2) 서비스 무역거래

국제적으로 서비스 제공을 목적으로 하는 서비스 무역거래(trade in service)는 비교적 근래에 와서 부각된 거래형태이다. 물품거래를 유형무역(visible trade)이라고 하면, 서비스거래는 무형무역(invisible trade)이라고 한다.

서비스거래는 서비스의 제공방법에 따라 크게 도급거래·고용거래·노무거래 등으로 나누며, 기타 서비스 산업분야에 따라 다양하게 나타난다.[2)]

가. 도급거래

도급거래는 서비스 수급인이 어떠한 프로젝트의 완성을 약정하고 도급인이 그 프로젝트의 결과에 대하여 보수의 지급을 약정하는 거래관계를 말한다.

도급거래는 도급의 대상에 따라 ① 물품의 제작을 도급하는 제작물공급거래(production agreement), ② 공사의 시공을 도급하는 공사도급거래(civil engineering agreement), ③ 건물 등의 건설을 도급하는 건설거래(building construction agreement), ④ 원자재의 가공을 도급하는 위탁가공거래(processing agreement), ⑤ 기업 경영을 도급하는 경영위탁거래(management agreement) 등의 다양한 형태가 있을 수 있다.

나. 고용거래

고용거래는 주로 기업이 해외 현지에서 기업인사조직을 구성할 때 사용하는 거래형태로서, ① 기업의 내부적으로는 자문·사장·직원 등을 고용하기도 하고(employment agreement), ② 외부적으로는 시장조사원, 판매홍보원 등을 고용하기도 한다(researcher or salesman agreement).

다. 노무거래

노무거래는 노동자가 사용자에게 노무 내지 노동력의 제공을 약정하고 사용자가 보수의 지급을 약정함으로써 성립하는 노무공급계약을 말한다.

국제적으로 노무거래는 ① 회계사나 변호사 고용계약(retainer agreement)처럼 특별한 자격을 갖춘 사람의 노무를 구하는 형태도 있고, ② 자문초빙계약(advisor agreement)이나 노무제공계약(service agreement)과 같이 정신적·육체적으로 특별한 능력이 있는 사람의 노무를 구하는 경우도 있다.

국제사회에서는 국제기준보다 낮은 노동기준[3)]을 적용하여 생산한 제품이나 그 제품을 생산하는 불공정국가에 대하여 무역규제를 취할 수 있는 법적 근거를 다자간 무역협정에 포함시키려는 일련의 움직임이 있다.

---

2) 서비스산업의 분류는 일반적으로 '유엔국제표준산업분류표'에 따르는 것이 보통이다. 즉, 도소매업, 음식숙박업, 운수, 창고, 보관업, 통신, 보험, 금융업, 부동산업, 사업서비스, 기계 및 장비대여업, 공공서비스 및 국방, 오락 및 문화서비스 등이 있으며, 경우에 따라 건설, 전기, 수도, 가스업 등을 추가하여 제3차 산업(서비스산업)으로 본다.

3) 노동기준은 근로조건과 산업관계를 규제하는 규범으로서 각국이 국내법으로 설정하기도 하지만 국제적으로는 OECD 국제기업가이드라인, ILO 협약 등의 노동기준이 있다.

즉, 무역과 노동문제를 연계시키려는 다자간 협상(Blue Round : BR)은 2가지 방향으로 진행하고 있다. 즉, 외국의 근로조건과 노동 3권의 보호 등 근로기본권과 국제무역을 연계시키려는 협상과 서비스 시장의 개방이 확대되자 서비스산업과 노동력의 이동을 연계시키려는 협상을 추진하고 있다.

라. 보험 서비스

국제무역은 서로 다른 국가에 위치하는 당사자들간의 거래이므로 물리적·상업적·정치적 위험이 매우 크다. 이에 대비하기 위한 위험관리 방법 중의 하나가 보험제도이다. 국제무역에 있어서 주로 이용하는 보험 서비스에는 적하보험·무역보험·보증보험·책임보험 등이 있다.

3. 국제투자·자본거래

최근 기업의 세계화 전략에 따라 생산과 판매의 현지화가 진행되면서 국제투자와 자본(금융)거래의 중요성이 점차 커지고, 그 거래형태도 매우 복잡·다양할 뿐만 아니라 이와 관련한 규범체계도 빠르게 변화하고 있다.

국제투자는 자금의 대부, 주식의 취득, 해외지점·자회사의 설립 등에 따른 자본이동을 수반하기 때문에, 이를 자본거래와 함께 살펴보고자 한다.

(1) 국제투자거래

기업투자에는 직접투자와 간접투자가 있는데, 직접투자는 대상사업의 경영참여를 목적으로 하지만 간접투자(포트폴리오)는 단순한 자본이익만을 목적으로 하는 점이 다르다. 여기서는 먼저 해외직접투자에 대하여 알아본다.

기업의 해외진출을 위한 직접투자는 국제화 내지 현지화의 진행정도에 따라 연락사무소·지점 또는 현지법인의 설립, 합작투자, 국제프랜차이징, 국제기업의 인수·합병(M&A) 등과 같은 유형으로 구분할 수 있다.[4)]

가. 연락사무소 개설

연락사무소(representative office)는 현지에 주재원을 두고 영업활동의 전단계에서 거래처와의 연락업무, 기타 본사의 지시사항을 이행하거나 현지시장의 조사, 연구·개발활동을 수행하는 정도를 말한다. 또 지점(branch)은 현지시장에서 본사의 모든 영업활동을 대행하는 단계이며, 이는 원칙적으로 독립채

4) 박휜일, 국제거래법, 한국경영법무연구소, 1995, pp. 312~315.

산제로 운영된다. 해외 연락사무소와 지점을 포괄하여 "지사"라고 한다.

나. 현지법인 설립

현지법인(subsidiary)은 현지국가의 법률에 의하여 설립되기 때문에 본사와는 별개의 독립된 법인체이며, 본사의 업무와 관계 없이 현지법상 허용되는 모든 기업업무를 취급할 수 있다.

다. 합작투자거래

합작투자(joint venture)는 현지의 유력한 기업이나 인사와 공동으로 출자하여 사업을 영위하는 거래형태를 말한다. 합작 파트너와 순조로운 사업을 전개해 가려면 무엇보다도 투자지분율의 조정, 경영권의 분담, 자금조달의 책임 등에 관한 명확한 합의가 있어야 할 것이다.

라. 국제프랜차이징

국제프랜차이징(international franchising)은 현지의 가맹점주와 가맹본부(본사)가 프랜차이즈 계약을 맺고 가맹본부의 상호, 상표, 기타 영업표지를 그대로 이용하되 독립적으로 사업을 영위하게 하는 거래형태를 말한다. 이러한 투자거래는 세계적으로 지명도나 선호도가 높은 기업의 품목이 적합하다.

마. 국제 M&A 거래

기업의 "인수·합병"(M&A)이라 함은 둘 이상의 기업이 통합하여 하나로 되는 합병(merger)과 어느 한 기업이 다른 기업의 주식이나 자산을 취득하여 경영권을 획득하는 인수(acquisition)를 함께 일컫는 말이다.

최근 국제적으로 기업간의 M&A 거래가 활발히 이루어지는 것은 부정적인 측면보다 선진기술의 도입, 기존판매망과 고객기반의 인수, 유명브랜드의 사용, 무역마찰의 회피, 경영다각화 등의 긍정적인 측면이 더 크기 때문이다.

(2) 국제자본거래

국제적으로 자본거래는 전술한 직접투자 이외에도 자본의 해외대차거래, 융자(차관)거래, 해외증권거래, 국제금융리스·국제팩토링 등의 특수금융거래, 대금결제·보험 등 국가간의 자금이동이 이루어지는 거래를 말한다.[5]

---

5) 서정두, 국제통상법, 제3판, 삼영사, 2001, pp. 539~540.

가. 해외자본투자

해외 자본투자는 일반적으로 주식·지분, 자산 등을 대상으로 한다. 주식과 지분의 취득은 주주간의 share holders 거래, general partnership, limited partnership, share purchase 거래 등을 통하여 이루어지고, 또 해외 자산투자는 asset purchase 거래를 통하여 이루어지며 그 수익이 소득원이 된다.

나. 해외융자거래

해외융자는 공공차관, 상업차관, 해외채권의 발행 등의 차관거래를 말한다. 융자거래는 차관계약(loan)과 이를 뒷받침하는 담보계약(security agreement)에 의하여 이루어진다. 또 융자에는 채무자의 모든 재산으로부터 상환을 요구할 수 있는 융자와 채무자의 특정 재산에 한하여 상환을 요구할 수 있는 융자가 있는데, 특히 후자의 경우를 프로젝트 금융(project finance)이라고 한다.

다. 국제증권거래

최근 국제금융시장은 신디케이트론에서 증권시장으로 그 중심이 옮겨가는 추세이다. 이는 증권의 발행을 통하여 거액의 자금조달이 가능하고 증권시장의 상장·유통을 통하여 유동성을 쉽게 확보할 수 있기 때문이다.

국제증권은 크게 국제채와 국제주식으로 구분하는데, 이들이 서로 연계하여 채권을 일정기간 후 주식으로 전환할 수 있는 전환사채, 신주인수권부사채, 주식예탁증서, 양도성예금증서, 신종기업어음 등이 거래되고 있다.

라. 국제환거래

"국제환"이라 함은 외국과의 물품·서비스·자본거래 등에 의하여 생기는 국제간 채권채무관계의 결제수단으로서, 이를 외국환(foreign exchange)이라고도 한다. 외환거래는 대고객 거래보다 주로 은행간 거래로 이루어진다.

외환거래는 환에 대한 결제시점에 따라 현물거래(spot), 선물거래(forward), 옵션거래(option) 등으로 나누어지고, 거래목적에 따라 위험 커버를 위한 스왑거래(swap), 차익 획득을 위한 재정거래(arbitrage) 등으로 나누어진다.

마. 국제금융리스

"리스"(lease)라 함은 임대차의 특수한 형태로서 특정인에게 동산이나 부동산의 특정자산을 비교적 장기간에 걸쳐 임대하는 것으로서, 임대기간이 비교적 단기간인 렌트(rent)와는 구별이 된다. 국제간의 리스거래는 최근 들어 급속히 성장한 분야로서, 그 종류는 다양하게 나타나지만 금융리스(financial lease)와 운용리스(operating lease)가 전형적인 형태이다.

금융리스는 리스업자(lessor)가 그 이용자(lessee)와의 리스계약에 따라 대상설비를 구입하여 이를 이용자에게 제공하고 리스기간 동안 이용자로부터 구입가격과 이자 등에 상당하는 금액을 분할하여 상환 받는 방법이다.

반면에 운용리스는 리스업자가 대상설비의 소유권을 가지고 그 이용자에게 적절한 리스료를 받고 단순히 임대하는 것을 말한다.

바. 국제팩토링 거래

국제팩토링 거래(international factoring)는 무신용장방식으로 무역거래를 할 때, 매도인(supplier)이 매수인(customer)과 체결한 물품매매계약으로 인한 매출채권을 팩터(factor)에게 양도할 것을 약속하고, 이에 대하여 팩터는 일정한 금융서비스[6]의 제공을 약속함과 동시에 매수인에게 매출채권의 양도통지를 하기로 합의하는 거래형태를 말한다(국제팩토링 협약 제1조 2항).

국제팩토링 거래는 금융기관이 수출상의 매매대금채권을 매입함으로써 조기에 수출대금을 회수할 수 있게 하며, 또 수입상에 대하여는 신용장의 개설 없이 외상으로 수입할 수 있게 함으로써 담보력이 약한 기업이 수입활동을 하기에 적합한 무역금융의 한 형태이다.

사. 국제프로젝트 금융

"프로젝트 금융"(project finance)이라 함은 어떠한 사업주체가 특정의 프로젝트를 수행하는데 소요되는 자금을 대주로부터 차입함에 있어 당해 사업에서 발생하는 수익을 채무변제를 위한 주된 재원으로 하고, 금융에 대한 담보도 당해 사업의 자산으로 한정하는 새로운 금융기법을 말한다.

국제적으로 프로젝트 금융은 포트폴리오 시장의 자산투자가 공급초과로 수익폭이 낮아지면서 금융기관들이 대형사업의 장래성을 보고 담보나 보증 없이 자금을 투입하여 높은 수익을 낼 수 있는 신종상품으로 부상하고 있다.

---

6) 팩토링 거래에 있어 "일정한 금융서비스"라 함은 팩터가 ① 공급자(매도인)에 대한 대출 또는 전대를 포함한 금융의 제공, ② 매출채권에 관한 계정의 관리, ③ 매출채권의 추심, ④ 채무자(매수인)의 채무불이행으로부터의 보호 등의 기능 중에 적어도 2가지 이상을 수행할 경우를 말한다(국제팩토링 협약 제1조 2항 b호).

제 2 절 국제무역거래의 관리규범

국제간의 물품이나 지식재산권 · 서비스, 국제투자 · 자본 등의 무역거래를 수행하기 위하여는 세계적 · 지역적 국제기구의 무역규범들을 비롯하여 거래당사국의 각종 무역관리제도와 주요 국제상사법규를 숙지하고 있어야 한다.

1. WTO와 FTA 관리규범

(1) WTO 체제의 성립

WTO (World Trade Organization : 세계무역기구)는 1986년 9월 남미 우루과이에서 시작된 GATT의 우루과이 라운드(UR) 협상이 1994년 4월에 모두 타결되면서 1995년 1월 1일 제네바에서 창설된 국제기구를 말한다.

세계 125개국이 참가한 UR 각료회의는 GATT 체제의 한계를 극복하고 향후의 새로운 국제무역질서를 효과적으로 규율하기 위한 WTO를 신설하기로 합의하였다. 이로써 1947년 10월에 체결되어 47년간 유지되어 온 GATT(관세 · 무역일반협정) 체제는 막을 내리고 WTO 체제가 탄생하게 되었다.

WTO는 자유무역질서를 위하여 출범한 국제기구로서, 산하에 강력한 분쟁해결기구(DSB)까지 갖추어 법적으로 구속력 있는 권한을 부여한 경제분야의 UN이라고 할 수 있다.[7] 특히 WTO는 GATT와 달리 회원국이 협정을 불이행할 경우 자체의 분쟁해결절차를 통하여 강력한 제재를 가할 수 있도록 전 분야에 대한 신속한 분쟁해결절차를 규정하고 있으며, 또 각 회원국은 반드시 WTO 내의 분쟁해결기구를 통하도록 하여 그 실효성을 증대시켰다.

또 WTO는 종전에 없던 서비스 · 지식재산권 · 무역정책검토 등 새로운 교역분야를 포괄하고 있다. 또 상품분야에서도 농업 · 섬유분야 등을 편입시키고, 위생 · 검역조치, 무역관련 투자조치, 선적전검사, 원산지규정, 긴급수입제한조치 등에 관한 무역규범도 다자간무역협정으로 승화시켰다.[8]

---

7) 법무부, UR 협정의 법적 고찰(상), 1994, pp. 6~7.

8) John H. Jackson, *The World Trading System*, The MIT Press, 1989, p. 55.

그림 1-3 WTO의 조직체계

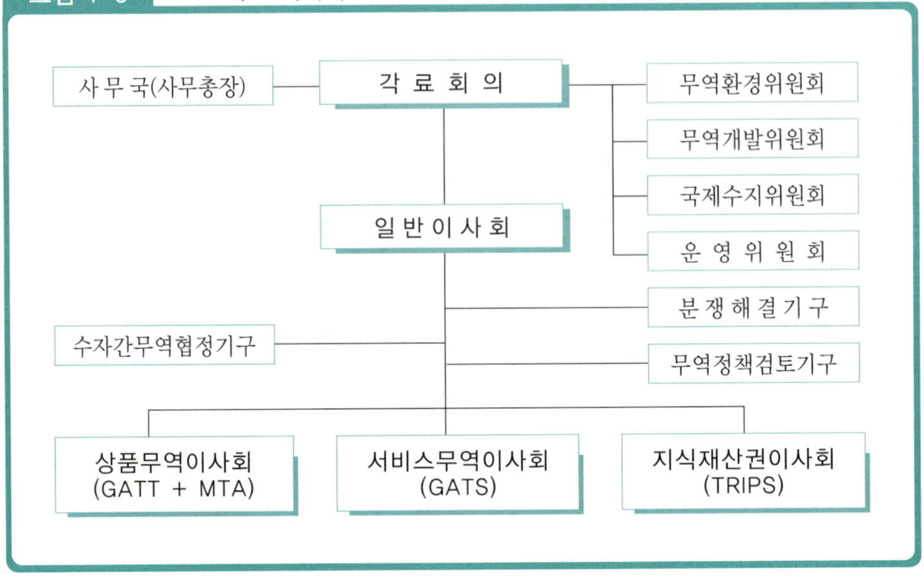

WTO의 조직체계는 [그림 1-3]과 같다. 즉, 각료회의(Ministerial Conference)를 정점으로 하여 일반이사회(General Council), 상품무역이사회(Council for Trade in Goods), 서비스무역이사회(Council for Trade in Services), 지식재산권이사회(Council for TRIPS) 등을 운영하고 있다.

산하기관으로서 분쟁해결기구(Dispute Settlement Body : DSB)와 무역정책검토기구(Trade Policy Review Body : TPRB)를 두고, 또 필요에 따라 수자간 무역협정기구(Plurilateral Trade Agreement Bodies)도 둘 수 있게 하였다.

이와는 별도로 WTO의 기능을 효과적으로 수행하기 위하여 무역환경위원회, 무역개발위원회, 국제수지위원회, 예산재정운영위원회, 그리고 WTO의 사무를 총괄하는 사무국(Secretariat) 등으로 구성되어 있다.9)

특히 WTO 사무국은 각료회의에서 임명하는 사무총장을 최고책임자로 하여 사무총장이 임명하는 다수의 직원을 두고 있다(설립협정 제6조 1항~3항).

(2) WTO 협정의 기본원칙

WTO 협정은 과거의 GATT 체제의 한계를 극복하기 위하여 새로이 체결된 것이지만, 이를 전면적으로 부정하는 협정이 아니라 무역자유화를 위한 GATT

9) 대외경제정책연구원, WTO 출범과 신교역질서, 1994. 7, pp. 17~19.

체제의 기본원칙을 승계하고 오히려 그 내용을 확충·발전시킨 협정이다.

가. 최혜국대우의 원칙(most-favoured nation treatment)

최혜국대우(MFN) 원칙은 어느 국가가 관세와 동종의 과징금에 있어서 특정 국가로부터의 상품에 대하여 부여하는 최고의 혜택, 즉 이익·특전·면제 등을 다른 모든 국가의 동종의 상품(like product)에 대하여도 즉시 그리고 무차별적으로 부여해 주어야 한다는 원칙이다(GATT 제1조 1항).

이 원칙은 WTO 체제하에서도 이어져 상품의 원산지국에 관계 없이 어느 정부의 관세적·비관세적 혜택을 모든 회원국에 대하여 획일적으로 적용함으로써 교역국들이 공정한 경쟁을 할 수 있는 기회를 주고 있다. 왜냐하면 어느 국가가 특정국가에만 최고 유리한 혜택을 주는 경우, 수혜국가의 상품은 다른 국가의 상품보다 훨씬 우월한 경쟁력을 갖게 되기 때문이다.[10]

나. 내국민대우의 원칙(national treatment)

내국민대우(NT) 원칙은 외국인을 내국인과 똑같이 대우하여야 한다는 의미로서, 이는 어느 국가가 자국내의 과세나 기타 규제와 절차에 관하여 수입품을 국산품보다 불리하게 대우하지 아니하여야 한다는 원칙이다(GATT 제3조).

이는 수입국내에서의 수입품과 국산품간의 공정한 경쟁을 할 수 있도록 보장하는데 목적이 있다.[11] 즉, WTO 회원국은 수입품에 대하여 세금이나 법령, 정책 등에 있어서 동종의 국산품보다 차별적인 대우를 하여서는 아니된다.

다. 시장접근보장의 원칙(market access)

시장접근보장의 원칙은 관세나 조세를 제외한 상품과 서비스의 공급에 대한 일체의 수입제한(restrictions)을 철폐하여야 한다는 원칙이다. 관세나 조세는 수입가격을 조절하는 간접적인 제한수단이지만, 기타 수입쿼타와 같은 각종 비관세적 수단은 수입품의 국내반입 자체를 직접적으로 제한한다. WTO 체제하에서는 GATT에서와 같이 이러한 수량제한을 철폐하여야 한다는 것이다.

라. 투명성의 원칙(transparency)

투명성의 원칙은 각 회원국의 행정부나 사법기관의 의사결정 또는 법령적용, 제도운용이 합리적이며 예측가능하여야 하고, 그러한 결정에 관한 이유를 고지

---

10) Hans Van Houtte, *The Law of International Trade*, Sweet & Maxwell, 1995, p. 59.

11) John H. Jackson and William J. Davey, *Legal Problems of International Economic Relations*, West Publishing Co., 1986, pp. 483~486.

하고, 또 결정의 기초가 되는 모든 법령과 자료를 투명하게 공개하여야 한다는 원칙이다. 다만 국가안전보장에 관계되는 내용, 법집행에 위해가 되는 사항, 영업상의 비밀정보 등 특정한 경우에는 그 예외를 인정하고 있다.

(3) WTO 협정의 구성

WTO 협정은 1994년 4월 마라케쉬 UR 각료회의에서 서명된 UR 최종협정문의 주요내용을 포괄적으로 일컫는 말이다. UR 최종협정문은 제1부 UR 무역협상의 결과를 구체화시킨 '최종의정서', 제2부 '세계무역기구 설립협정', 제3부 '각료회의 결정 및 선언문' 등으로 구성되어 있다.

① UR 최종협정문의 핵심은 '세계무역기구 설립협정'(Agreement Establishing the World Trade Organization)이다. WTO 설립협정은 전문과 16개 조항의 본문 및 6개의 부속서(Annex)로 구성되어 있다.[12] 설립협정의 본문은 회원국간의 무역관련 활동에 대한 공통의 제도적 틀을 제공하는 것이다.

WTO 설립협정에 첨부된 부속서는 협상 분야별로 제도적 틀을 제공하는 것으로서 이는 〈표 1-2〉에서 보듯이 17개의 다자간무역협정(Multilateral Trade

표 1-2 WTO 협정문의 구성

구분	내용
본 문	◦ WTO 설립협정
부속서 1A	◦ 상품무역협정(MTA)(13개): - GATT 1994 협정 - 농산물협정, 섬유 및 의류협정 - 기술장벽협정, 반덤핑협정, 관세평가협정, 수입허가절차협정, 보조금 및 상계관세협정 - 위생검역조치협정, 무역관련 투자조치협정, 선적전검사협정, 원산지규정협정, 세이프가드협정
부속서 1B	◦ 서비스무역협정(GATS)
부속서 1C	◦ 지식재산권협정(TRIPS)
부속서 2	◦ 분쟁해결협정(DSU)
부속서 3	◦ 무역정책검토제도(TPRM)
부속서 4	◦ 수자간무역협정(PTA)(4개): - 정부조달협정, 민간항공기무역협정, 국제낙농협정, 쇠고기협정

12) 이 책에서는 WTO 설립협정과 21개 부속협정을 모두 합하여 "WTO 협정"이라 한다.

Agreement : MTA)과 4개의 수자간무역협정(Plurilateral Trade Agreement : PTA)으로 구성되어 있다(설립협정 제2조 1항).

② '다자간무역협정'(MTA)은 WTO 협정의 일부로서 이에 비준·서명한 전체 회원국들에게 적용하는 협정이다(제2조 2항). 따라서 MTA는 WTO 설립협정을 비롯하여 부속서 1, 부속서 2 및 부속서 3까지의 모든 협정을 말한다.

즉, 부속서 1은 부속서 1A 상품무역협정(GATT 1994 협정[13] + WTO로 복귀한 농산물, 섬유·의류협정 + 동경 라운드 MTN 협정 중 다자화된 5가지 협정 + 다자간 협정에 새로 도입된 5가지 협정), 부속서 1B 서비스무역협정, 부속서 1C 지식재산권협정 등으로 구성되어 있다. 부속서 2는 분쟁해결협정(DSU)이며, 또 부속서 3은 무역정책검토제도(TPRM)에 관한 규정이다.

③ '수자간무역협정'(PTA)은 WTO 협정의 일부이기는 하나 이에 비준·서명한 일부 회원국에게만 적용하는 협정이다(제2조 3항). 이에 속하는 협정들은 모두 WTO 설립협정의 부속서 4로 구분되어 민간항공기무역협정, 정부조달협정, 국제낙농협정, 쇠고기협정 등의 4가지가 있다.

상기 협정들간의 우선적용순위는 다음과 같다. 즉, WTO 설립협정과 이에 부속된 MTA의 조항이 충돌하는 경우에는 WTO 설립협정상의 조항이 우선한다(제16조 3항). 또 GATT 1994와 부속서 1A에 포함되어 있는 다른 MTA가 충돌하는 경우에는 다른 MTA의 조항이 우선한다(협정부속서 1A(1)).

요컨대 WTO 체제하에서 유효한 협정들간의 우선적용순위는 WTO 설립협정 〉 MTA 〉 GATT 1994 〉 PTA 라고 표시할 수 있다.

(4) WTO의 DDA 협상

DDA (Doha Development Agenda : 도하개발아젠다)는 2001년 카타르의 도하에서 개최된 제4차 WTO 각료회의에서 개도국의 요청으로 출범한 제9차 다자간 무역협상을 말한다. DDA는 WTO 출범 후 첫 번째의 다자간 무역협상으로서 시장개방과 관련하여 농업, 서비스, 비농산물(공산품, 임수산품) 등의 분야를 의제로 하고, 규범과 관련하여 반덤핑, 보조금, 지역협정, 분쟁해결 등 기존 협정의 개정과 무역자유화를 위한 신규범의 제정을 의제로 하였다. 특히 환경, 지식재산권 문제와 함께 개도국 개발문제를 별도로 검토하기로 하였다.

DDA는 모든 의제에 대한 논의를 동시에 진행하여 참가국들이 협상결과를

13) WTO 설립협정에 부속되어 있는 GATT 1994는 1947년 10월 채택되어 지금까지 개정되어 온 소위 GATT 1947과는 법적으로 다른 협정이다.

모두 수용하는 '일괄타결방식'(single understanding)을 택하고 있는데, 회원국간의 이해관계가 복잡하여 타결이 쉽지 않고 현재에는 중지된 상태이다.

우리나라는 무역의존도가 80%를 넘어선 현실에서 자유무역이 우리에게 유리하다는 판단 하에 DDA 협상에 적극적으로 임하고 있다. 다른 나라에 대하여는 무역장벽을 억제시키고 공산품, 서비스 분야의 실질적인 시장개방을 확대해 왔으며, 이에 대비한 국내제도의 개혁과 소비자의 후생 확대, 농업 등 국내적으로 어려운 분야의 자유화 속도를 적절히 조절하여 점진적인 관세감축을 해 나간다는 입장이고, 아울러 FTA를 동시에 추진하기로 결정하였다.

(5) WTO의 새로운 과제

1995년 1월 1일 WTO가 출범한 이후 새로운 국제경제질서가 전개되고 있다. 그러나 아직 상품무역에 있어서도 농산물시장은 겨우 개방의 문을 열기 시작한 정도이고, 서비스·지식재산권·자본시장 등에서는 자유화와 규범체계가 미완성된 채로 남아 있으며 지금도 그 후속협상들을 계속 진행하고 있다.

최근에는 무역과 연계하여 환경(Green Round : GR)·노동(Blue Round : BR)·기술(Technology Round : TR)·경쟁정책(Competition Policy Round : CR)·인터넷 전자상거래(Internet Round: IR) 등에 관한 분야까지도 새로운 통상문제로 논의하고 있다. 흔히 "뉴라운드"(New Round)라고 하는 이러한 분야들에 관한 문제는 아직 WTO 체제 속에 규범화되어 있지 않다.

따라서 국제표준의 환경기준, 노동조건, 기술정책기준, 경쟁정책기준, 전자상거래 과세기준 등을 마련하고 그러한 기준에 미달되거나 또는 지나치는 국내조치를 취하는 국가에 대하여는 상품수출입에 제한을 가하자는 것이다.

국제경제의 상호의존성이 심화되면서 종래에는 별로 문제시되지 않았던 각국의 환경규제나 노동조건, 기술정책, 경쟁규제 또는 인터넷 상품과세와 같은 비관세장벽이 새로운 이슈로 등장하고 있는 것이다.

궁극적으로 국제시장에서 공정한 경쟁조건을 유지하기 위하여는 각국이 시행하는 경쟁규범, 환경규범, 노동규범, 기술정책규범, 전자상거래규범 등에 관한 조화와 통합을 이루어야 한다는 취지이다.[14]

(6) 국가간 FTA의 추진

FTA (Free Trade Agreement : 자유무역협정)는 특정한 국가간의 배타적인

---

14) 서헌제, 국제경제법, 율곡출판사, 1996, p. 10.

무역특혜를 상호주의에 입각하여 부여하는 협정으로서, 지역경제통합의 초기단계에 해당한다. 지역경제통합은 지리적으로 인접하거나 경제적으로 공동의 이익을 도모하고자 하는 국가간에 국내거래의 경우처럼 무역, 금융, 산업 등 모든 분야의 거래를 동일하게 추구하려는 과정이나 상태를 말한다.

FTA는 WTO의 최혜국대우(MFN) 원칙에 위배되지만, WTO 협정에서는 예외적으로 ① 실질적으로 모든 무역을 대상으로 하고, ② 관세와 기타 상업적 제한이 합리적인 기간내에 철폐되고, ③ 역외국가에 대한 관세와 기타 상업적인 제한이 협정 전보다 후퇴하지 아니할 경우에는 이를 인정하고 있다.

최근 FTA는 상품분야의 무역자유화나 관세인하에서 그 적용범위가 점차 확대되고 있다. 즉, 상품의 관세철폐 이외에도 서비스와 투자 자유화, 지식재산권, 정부조달, 경쟁정책, 무역구제제도 등으로 대상 폭이 넓어지고 있다.

우리나라는 세계적인 FTA 확산추세에 대응하여 이미 칠레('04.4.1.발효), 싱가폴('06.3.1.발효), EFTA('06.9.1.발효), ASEAN('07.6.1.상품 발효), 미국('07.4.타결), 인도(CEPA '10.1.1.발효), EU('11.7.1.발효), 페루('11.8.1.발효) 등과 협정을 체결하고, 캐나다, 멕시코, 일본, 중국 등 40여개 국가와 협상을 진행 중이다.

FTA는 지역주의가 확산되는 시점에 FTA 역외국가로서의 피해를 최소화하고 이러한 변화에 적극 대응하며, 새로운 시장 확보를 위하여는 불가피하다. 또 FTA는 능동적인 시장개방과 자유화를 통해 국가 시스템을 선진화하고 경제체질을 강화하기 위하여도 필요한 것이다. 특히 FTA는 WTO의 상품과 서비스 및 지식재산권 관련 협정에 달하는 높은 수준의 협상을 지향하여 다자주의를 확보하고 국내제도의 개선과 선진화를 도모해 나갈 필요가 있다.[15)]

2. 주요국가의 무역관리제도

국제기구의 다자간무역협정이나 세계 각국의 무역관리제도를 주도하는 것은 역시 주요 선진국들의 무역관리제도이다. 이 책에서는 우리나라의 주요 교역상대국인 미국·EU·일본 등의 무역관리제도에 대하여 살펴 보고자 한다.

15) 한미FTA체결지원위원회, 한미 FTA, 궁금하십니까?, 2006. 10, p. 38.

(1) 미국의 무역관리제도

가. 미국 통상법의 발전

미국은 원칙적으로는 자유무역주의를 주창하지만 국내법의 흐름은 보호주의적인 입장을 고수하고 있다. 대표적인 것이 바로 미국의 통상법인데, 이러한 통상법이 발전해 온 역사를 살펴보면 이를 쉽게 이해할 수 있다.[16)]

① 미국 통상법의 출발은 1929년 대공황에 따른 '1930년 관세법'(Tariff Act)으로부터 시작되었다. 1930년 관세법 제337조는 덤핑과 보조금지급 이외의 불공정한 방법으로 수입되는 상품에 대한 제재조치를 규정하고 있다.

② 미국의 대외통상정책은 대통령에게 강력한 권한을 부여하여 공격적인 관세인하교섭을 추진해 나가도록 전환되었다. 이 일환으로 '1934년 호혜통상협정법'(Reciprocal Trade Agreement Act)을 마련하였다. 그러나 이러한 법이 마련되었더라도 해당조항을 제외한 종래의 법은 계속 효력을 유지된다.

③ 제2차 세계대전이 끝난 후 의회에서는 대통령의 대외통상정책에 대한 권한을 제한하고 자유무역을 표방하는 통상법의 제정을 추진해 왔으며, 이는 '1962년 통상확대법'(Trade Expansion Act)으로 실현되었다.

④ 의회중심의 대외통상입법은 '1974년 통상법'(Trade Act)으로 이어졌다. 이 법은 미국과 공산권과의 교역, 개도국에 대한 GSP 공여, 대통령의 협상에 대한 신속처리절차, 통상법 301조의 도입, 지금의 USTR(United States Trade Representative : 미국통상대표부)을 신설하는 등 어느 때보다 획기적이었다.

⑤ GATT의 동경 라운드가 타결됨에 따라 '1979년 통상협정법'(Trade Agreements Act)이 제정되었다. 이 법은 반덤핑·상계관세, 기술장벽, 정부조달, 관세평가, 수입허가절차 등 동경 라운드의 모든 협정을 수용하였다.

⑥ 1980년대에 들어 각국의 비관세장벽에 대응하기 위하여 '1984년 통상관세법'(Trade and Tariff Act)이 마련되었다. 이 법은 개도국에 대한 GSP 공여문제, 이스라엘과의 자유무역협정, 이외에도 반덤핑·상계관세제도, 긴급수입제한제도, 국제투자 관련규정의 개정 등을 주요내용으로 하고 있다.

⑦ 누적되는 무역적자와 재정적자의 해결을 위하여 '1988년 종합통상경쟁법'(Omnibus Trade and Competitiveness Act)이 제정되었다. 이 법은 반덤핑·상계관세, 긴급수입제한, 지식재산권에 관한 불공정무역 등의 규정을 대폭 개정하고, 국내산업의 경쟁력 제고를 위한 각종 조치를 규정하고 있다.

---

16) Pietro S. Nivola, *Regulating Unfair Trade,* The Brookings Institution, 1993, p. 91.

⑧ 1993년 12월 우루과이 라운드의 수용을 위하여 '1994년 WTO 협정이행법'(Uruguay Round Agreements Act)이 제정되었다. 이 법은 WTO 협정과 일치하지 아니하는 모든 국내법을 개정하여 WTO 협정을 이행하기 위한 것이다. 다만 이 법은 WTO 협정을 반영하고 있으나, 만약 WTO 협정이 미국의 국내법과 상충되는 경우에는 미국법을 우선한다는 단서를 두고 있다.

나. 통상법 301조 및 개정법

통상법 301조는 미국과 불공정무역을 행하는 국가에 대한 대통령(USTR)의 보복조치권을 규정한 것으로서, 이는 1974년 통상법에서 등장한 후 1979년, 1984년 및 1988년 종합무역법을 거치면서 여러 차례 수정되어 왔다.

즉, 미국과의 통상협정을 위반하거나, 또는 미국의 교역에 부담 또는 제한을 가하는 부당한 행위, 불합리한 행위 또는 차별적인 행위를 하는 외국에 대하여 미국 대통령은 적절하고 필요한 모든 조치를 취할 수 있도록 하고 있다.

여기서 ① "부당한"(unjustifiable) 행위라 함은 국제적으로 인정된 미국의 권리침해, 예컨대 내국민대우나 최혜국민대우에 반하는 행위 등을 말한다. ② "불합리한"(unreasonable) 행위란 협정위반이나 위법은 아니지만 불합리하거나 형평의 원칙에 위반하는 행위로서, 예컨대 외국정부가 사기업의 반경쟁적 행위를 허용하는 등이 포함된다. ③ "차별적인"(discriminatory) 행위라 함은 내국민대우 또는 최혜국대우원칙을 부정하는 등의 부당한 행위를 말한다.

특히 종합무역법상의 "슈퍼 301조"는 한시적이지만 보복조치권을 대통령으로부터 USTR로 옮겨 놓은 것으로서, 이는 이해관계자의 신청에 의하거나 또는 USTR의 직권으로 우선협상대상국가(priority foreign countries : PFC)를 지정하여 의회에 보고서를 제출하고 조사를 개시하여야 한다.

또 지식재산권(intellectual property) 분야에 대하여는 소위 "스페셜 301조"라 하여 이 분야의 적절한 보호, 그리고 공정하고 타당한 시장접근의 기회를 제공하지 아니하는 국가를 우선감시국가로 지정하여 USTR에서 의무적으로 통상법 301조 조사를 개시하고 필요한 조치를 취하도록 신설하였다.

다. 미국의 무역관리기관

미국의 대외통상문제는 헌법상의 3권 분립정신에 입각하여 의회·대통령·연방법원 등이 각각 역할을 나누어 견제와 균형 속에서 다루어지고 있다.

① 연방의회는 헌법 제1조 8항의 규정에 따라 대외통상에 관한 규제와 관세 및 기타 수입과징금의 부과 등에 관한 권한을 갖는다. 이에 따라 미국의회는

국제경제정책의 수립과 집행을 위한 정부예산안의 승인이나 대외통상에 관련된 법률의 제정, 국제조약의 비준 등과 같은 권한을 행사하고 있다.

② 행정부는 미국의 국제통상정책을 집행하는 기관으로서, 대통령을 수반으로 하여 상무부·미국무역대표부·국제무역위원회 등이 관여하고 있다.

i) 미국의 대통령(President of U.S.)은 대외통상문제에 관한 주도적인 위치에 있다. 즉, 대통령은 국제통상협상을 수행하고 통상문제에 관련된 외교를 담당하고 있으며, 헌법적인 권한에 의거하여 외국과 통상에 관한 행정협정도 체결할 수 있다. 나아가 대통령은 의회로부터 권한의 광범위한 위임에 의하여 통상문제에 관련하여 보다 더 큰 권한을 행사하고 있다는 점이다.

ii) 상무부(Department of Commerce : DOC)는 통상문제에 관하여 가장 포괄적인 권한을 갖고 있다. 특히 상무부는 반덤핑 또는 상계관세의 부과조치를 담당하고 있다. 이 밖에도 대상품목과 소관업무에 따라 재무부·농무부·국방부·노동부·국무부 등이 수평적으로 통상문제에 관한 권한을 행사하고 있다.

iii) 미국무역대표부(United States Trade Representative : USTR)는 대통령의 직속하에 있는 통상협상의 전담부서이다. USTR은 1974년 통상법 이후 각료급으로서, 외국과의 통상문제에 관한 대통령 특사의 역할도 수행한다.

iv) 국제무역위원회(International Trade Commission : ITC)는 준사법적 독립기관으로서 수입으로 인한 산업피해의 조사와 판정, 통상법 제337조의 절차에 따른 구제조치 등에 중심적인 역할을 수행한다. 즉, ITC는 수입급증으로 인한 산업피해 여부의 조사와 판정, 이에 따른 구제조치를 대통령에게 건의하며, 무역과 관세에 관한 연구, 수입수준에 대한 감시 등의 업무를 수행한다.

③ 연방법원은 통상문제에 관한 한 사법심사에 의한 개입을 자제하는 입장이다. 그러나 현재 통상문제 중에 반덤핑·상계관세의 부과조치와 같은 부문에 대하여는 국제무역법원(Court of International Trade : CIT)이 행정부의 국제무역위원회나 상무부의 결정에 대해 엄격한 사법적 심사를 하고 있다.

(2) EU의 무역관리제도

가. EU(유럽연합)의 탄생

EU (European Union)는 1992년 2월 네덜란드의 마스트리히트에서 개최된 EU 12개국의 외무장관 회의에서 체결된 '유럽연합조약'(Treaty on European Union : "마스트리히트조약"이라 함.)이 1993년 11월에 발효되면서 탄생되었다.

그 주요내용은 단일통화의 실시를 위한 통화동맹, 공동의 외교안보정책을 중심으로 한 정치통합, 사법·내무·환경 등의 협력강화로 구성되어 있다.

특히 EU 회원국들은 2001년 1월 1일부터 단일통화(EURO)의 채택과 유럽중앙은행을 설립함으로써, 완전통합을 이룩하였다. 현재의 회원국은 모두 15개국으로 늘어나 총 3억 8천만 인구에 세계교역량 40%를 차지하는 세계 최대의 단일시장이 되었고, 우리나라와는 2011년 7월 1일부터 FTA가 발효되어 있다.

나. EU의 무역관리법규

EU의 통상법은 역내무역법과 역외무역법으로 나누어진다. 특히 역외무역법과 관하여는 EU 집행위원회의 대외통상권한, 역외무역에서 회원국의 통상협정·수입과징금·차별적인 내국세·수량제한 등의 통상규제가 문제가 된다.

EU는 1968년에 역외무역법의 통합적 운용을 합의하였으며, 1970년 1월부터는 당시 EC 집행위원회에 의하여 공동 대외통상정책을 수행하여 왔다. 이후 회원국들은 개별적으로 국제협정을 체결하지 못하게 되었다.

특히 1984년에는 미국의 통상법 301조를 모델로 하여 EC 이사회규칙 제2641/84호 '신통상정책수단'을 제정하여 비회원국 정부의 불공정관행에 대항하는 장치를 마련하였다. 그 내용은 외국의 위법한 통상관행에 대항하고 이로 인하여 발생한 EU 산업 또는 회원국에 대한 실질적 손해를 제거하기 위한 절차, 제3국의 통상관행과 관련한 EU의 권리실현절차 등으로 구성되어 있다.

"위법한 통상관행"이라 함은 당사자인 2국간 통상협정·기타 확립된 국제관습법 등의 규범과 일치하지 않는 외국정부의 통상관행을 말하는 것으로서, 외국정부의 이러한 관행이 EU 산업이나 회원국에 실질적 손해를 주거나 실질적 손해를 줄 우려가 있는 경우 보복조치를 취할 수 있게 하였다.

외국정부의 위법한 통상관행에 대한 조사는 EU 집행위원회에서 행하고, 보복조치는 각료이사회가 한다. 외국정부에 대한 조사결과 위법한 통상관행으로 판정하는 경우에는, 보복조치에 앞서 EU 집행위원회는 상대국과의 협의 등 WTO의 분쟁해결절차에 따라 문제해결을 시도하여야 한다.

WTO의 분쟁해결절차에 의해서도 위법한 통상관행이 조정되지 아니할 경우에는, EU 각료이사회는 최종적으로 양허정지·관세인상·과징금부과·수입수량제한 등의 일정한 보복조치를 결정하게 된다.

다. EU의 무역관리기관

EU의 대외통상문제는 집행위원회·각료이사회·유럽의회·유럽재판소 등이

각각의 주어진 권한의 범위내에서 상호 협조 하에 처리하고 있다

① EU 집행위원회(Commission of EU)는 각료이사회에서 결정한 사항을 집행하고 이사회에 대하여 각종 법안을 제출하며, 또 대외통상의 협상권과 긴급조치권을 행사하는 집행기관이다. 예컨대 집행위원회는 상대국에 대한 덤핑조사절차의 개시와 중단이나 잠정적인 반덤핑·상계관세의 부과 등에 관한 권한을 행사하고 각료이사회에 통상규제조치를 제안한다.

② 각료이사회(Council of Ministers)는 EU의 실질적인 입법기관이면서 최고의 정책결정기관이다. 특히 대외통상문제에 관련하여 각료이사회는 반덤핑·상계관세 등에 대하여는 최종적인 보복조치의 결정권을 가지며, 또 긴급수입제한조치에 대하여는 집행위원회의 결정에 대한 재심권을 가지고 있다. 나아가 신통상정책수단에 의한 보복조치도 이사회의 권한에 속한다.

③ 유럽의회(European Parliament)는 대외통상문제에 관한 의사결정권을 갖지는 못하지만 EU 집행위원회가 제출하는 법률안과 예산안을 심의·수정하고, 또 각료이사회의 주요 정책결정에 대한 자문을 하는 유럽시민 전체의 대변기관이다. 특히 유럽의회는 회기 중에는 집행위원회를 상대로 각종 구두질의나 서면질의를 통하여 집행위원회의 통상정책수립에 상당한 영향을 미치고 있다. 평상시에도 의회내의 상임위원회를 중심으로 의정활동이 이루어지고 있는데, 대외통상문제에 관련된 위원회로는 대외경제관계위원회가 있다.

④ 유럽재판소(European Court of Justice)는 그 독립성과 중립성을 유지하여 이 재판소에 직접 제출된 소송(직접소송)과 각 회원국의 국내법원에 제출하여 유럽재판소의 선결을 받도록 회부된 소송(선결소송)에 대한 관할권을 가지며, 또 EU 집행위원회의 대외협상권한이 문제가 될 경우에는 이에 대한 사법심사를 하여 유권해석을 내릴 권한도 가지고 있다.[17]

(3) 일본의 무역관리제도

일본의 대외통상정책에 관련된 정부부처는 외무성, 대장성, 농림수산성, 통상산업성, 경제기획청, 공정무역위원회 등이 있고, 무역관계법은 외환 및 대외무역관리법·수출입거래법·관세법 등의 제정법과 각종 행정지도가 있다.

가. 외환 및 대외무역관리법

외환 및 대외무역관리법은 1949년 12월에 제정된 후 1980년에 와서 외환과

17) 로마 조약 제173조 내지 제177조.

대외무역 및 여타의 국제거래를 원칙적으로 자유화하는 방향으로 전면적인 개정이 이루어졌으며, 예외적인 경우에 한하여 대외거래에서 최소한의 조정과 통제만을 할 수 있도록 하고 있다. 또 수입에서도 대외무역과 국가경제의 건전한 발전을 위하여 필요한 경우에는 수입허가를 받도록 하고 있으나, 기타의 모든 외환 및 대외무역거래는 자유화를 원칙으로 규정하고 있다.

나. 수출입거래법

수출입거래법은 1952년 8월에 제정된 것으로서, 특허권의 침해, 원산지규정의 위반과 같은 불공정한 수출입거래를 방지하고 수출입거래의 공정한 질서를 확립하는 것을 목적으로 하고 있다. 수출입거래의 질서유지를 위하여 민간기업은 당사자간에 상품의 가격, 수량 또는 기타의 거래조건을 정한 수출입계약을 체결하고 이를 통상산업성장관에게 통고하거나 승인을 받도록 하고 있다. 이렇게 승인된 수출입계약은 독점금지법의 적용을 받지 아니한다.

다. 관세법

일본에 있어서 수출입관세는 세관법, 관세법, 잠정관세조치법 등에 의거하여 부과하고 있다. 관세에 관하여는 국제적으로 체결된 조약이나 협정상에 특별히 규정하고 있는 경우에는 이를 따르도록 하고 있으므로, 사실상 WTO 협정에 의거하여 양허된 관세율 이상을 부과할 수 없다. 또 최혜국대우의 관세율을 적용하는 잠정관세율의 경우에도 대장성이 매년 다른 부처와 협의를 거쳐 관세율을 심의·조정하고 관세위원회의 자문을 얻어 이를 집행하고 있다.

라. 행정지도

일본은 국제무역규범이 정하는 범위내에서 정부의 정책을 수립하고 집행하기 위하여 "행정지도"라는 방법을 사용하고 있다. 물론 행정지도는 법률로서의 구속력을 가지고 있지 아니하지만, 정부의 국제경제 및 무역관련 정책을 집행하는데 있어서 효과적인 수단으로 사용되고 있다.

3. 우리나라의 무역관리제도

(1) 무역관리법규

우리나라의 무역거래는 대외무역법·외국환거래법·관세법 등의 3대 기본법규를 비롯한 각 분야의 여러 가지 특별법규에 의하여 관리하고 있다. 특히 대외무역법, 외국환거래법 및 관세법에 대하여 살펴보면 다음과 같다.

가. 대외무역법

대외무역법은 무역관리의 기본법으로서, 자유롭고 공정한 무역과 산업의 능률을 높이기 위하여 과거의 무역거래법 등의 미흡한 내용을 보완하여 1986년 12월에 제정·공포되어 지금까지 여러 차례의 개정을 거쳐 내려오고 있다.

대외무역법령의 체계는 대외무역법→ 대외무역법시행령→ 대외무역관리규정으로 이어진다. 이 법은 총칙, 통상의 진흥, 수출입거래, 수입에 의한 산업피해조사 등, 수출입의 질서유지, 보칙 및 벌칙 등에 관하여 규정하고, 세부내용은 시행령·관리규정·고시와 공고 등에 위임하고 있다.

특히 대외무역의 대상이 국가간의 물품거래뿐만 아니라 소프트웨어 거래나 운송·보험·금융 등의 서비스거래, 투자, 지식재산권의 보호문제 등으로까지 확대되어 감에 따라, 개정 대외무역법은 유체물의 수출입뿐만 아니라 일부 '전자적 형태의 무체물'에 대한 수출입도 관리대상에 포함시키고 있다.[18]

소프트웨어 등이 CD·디스켓·음반과 같은 유체물의 형태로 거래되는 경우에는 당연히 대외무역법상의 수출입개념을 적용하고, 국경을 넘어 정보통신망을 이용한 거주자와 비거주자간의 인터넷거래도 수출입개념에 포함시키고 있다. 대외무역법이 이러한 형태를 수출입개념에 포함시킨 것은 전자무역[19] (electronic trade)을 활성화하려는 조치이다. 인터넷거래는 국경이 따로 없어 통관절차가 불필요하므로, 수출입실적과 확인업무는 한국무역협회나 한국소프트웨어산업협회가 담당하도록 하고 있다(관리규정 제3-6-6조).

또 무역업체에 관하여는 무역업고유번호의 부여를 통하여 수출입실적을 인정받도록 하고 있으며, 거래대상인 물품 등에 관하여는 수출입공고제도, 수출입승인과 인정제도, 수출입의 거래형태와 가격 등에 관한 관리조항 등을 두고 있다. 이외에 종합무역상사 등의 무역진흥조치도 담고 있다.

대외무역법의 법체계상 지위는 민법이나 상법과 같은 일반사법에 대하여는 특별법이지만, 대외무역거래에 관하여는 가장 기본적인 일반법(상위법)으로서의 위치를 갖는다. 또 한편으로 대외무역법은 국제간의 무역거래를 대내적인 측면에서 규율한다는 점에서 국제통상법적 특성을 지니고 있다.

---

18) "전자적 형태의 무체물"이라 함은 물품의 형태를 갖추고 있지 않은 것으로 소프트웨어, 영상물, 음향·음성물, 전자서적 또는 데이터베이스 등을 말한다(시행령 제2조의 2).

19) "전자무역"이라 함은 무역의 전부 또는 일부가 컴퓨터 등 정보처리능력을 가진 장치와 정보통신망을 이용하여 이루어지는 거래를 말한다(대외무역법 제2조 6호).

나. 외국환거래법

외국환거래법은 외국환과 그 거래 기타 대외거래의 자유를 보장하고 시장기능을 활성화하여 대외거래의 원활화, 국제수지의 균형 및 통화가치의 안정을 도모함으로써, 국민경제의 건전한 발전에 이바지함을 목적으로 하고 있다. 이 법은 1961년 12월에 외국환관리법으로 제정·공포되어 여러 차례의 개정과정을 거쳐 지금의 외국환거래법으로 발전되어 온 것이다.

외국환거래법령의 체계는 외국환거래법 → 외국환거래법시행령 → 외국환거래규정으로 이어지고, 이 법의 주요내용은 환율제도, 선물환거래, 외국환은행, 지급과 영수의 지급방법 등에 관하여 규정하고 있다.

현행 외국환거래법은 종전의 외국환관리법과는 달리 외국환의 대외거래에 대하여 Positive List System에서 Negative List System으로 전환하여 그 제한을 최소한의 범위 내에서만 행하도록 하고 있다.

또 대외지급에 대하여는 신고제를 폐지하고 허가제는 제한적으로만 운영하도록 하여 국민과 기업의 외국환거래의 편의를 제고하고 은행의 업무부담을 줄여 나가고 있다. 자본거래에 대하여도 신고제와 허가제를 병용하고 있지만, 허가제의 경우 그 대상을 최소한으로 줄이고 이러한 제한도 한시적으로 운영하도록 하여 자본거래를 대폭 자율화하고 있다(동법 제18조).

다. 관세법

관세법은 관세의 부과, 징수 및 수출입물품의 통관을 적정하게 하여 국민경제의 발전에 기여하고 관세수입의 확보를 기한다는 목적으로 1967년 11월에 처음 제정·공포된 후 여러 차례의 개정과정을 거쳐 오늘에 이르고 있다.

관세법령의 체계는 관세법 → 관세법시행령 → 관세법시행규칙으로 이어지며, 이 법의 주요내용은 과세와 징수, 국제관세협력, 운송기관, 보세구역, 통관, 관세사, 세무공무원의 직권 등에 관하여 규정하고 있다. 특히 과세절차에 관련한 관세감면·관세환급·관세평가제도 등을 살펴보면 다음과 같다.

① 관세감면제도는 시설투자와 시설확대에 따른 산업자금부담을 경감시킴으로써 시설기계류의 효율적인 도입과 산업의 고도화를 위하여 특정의 관세납부자에게 관세의 일부 또는 전부를 면제해 주는 제도를 말한다. 예컨대 외교관, 기술개발주도산업, 방위산업용품, 학술연구용품, 특정물품, 재수출용품, 정부용품 등을 감면대상으로 하고 있다(동법 제27조~제34조).

② 관세환급제도는 이미 징수한 관세가 관세법상의 특정한 요건에 해당하는

경우에는 그 전부 또는 일부를 환급해 주는 제도를 말한다. 관세환급은 정액환급과 개별환급으로 나누어진다. 정액환급은 수출물량을 기준으로 일정금액을 정액환급율표에 따라 환급하는 것이며, 또 개별환급은 원자재의 수입시 납부한 각각의 세액에 따라 별도로 산출한 금액을 환급하는 것이다.

③ 관세평가제도는 수입물품의 과세가격을 정하는데 있어서 정상거래가격을 파악하여 저가 또는 고가신고를 막기 위한 제도를 말한다. 우리나라의 현행 관세제도하에서는 WCO (World Customs Organization : 세계관세기구)의 정상도착가격주의를 도입하여 CIF 가격을 과세가격으로 하고 있다.[20]

(2) 무역관리기관

우리나라 대외무역관리의 사령탑은 지식경제부장관이 맡고 있으며, 관리업무를 신속하고 능률적으로 운용하기 위하여 권한의 일부를 대통령령이 정하는 바에 따라 소속기관의 장, 시·도지사에게 위임하거나, 관계행정기관의 장, 세관장, 한국은행총재, 한국수출입은행장, 외국환은행의 장 기타 대통령령이 정하는 법인 또는 단체에 위탁하고 있다(대외무역법 제53조 1항).

가. 지식경제부

지식경제부는 우리나라의 무역관리를 총괄하는 중앙행정기관이다. 지식경제부는 최고의 무역관리주체이지만 모든 업무를 독자적으로 집행하지 않고 관계부처와 협조하기도 하며, 또 효율적인 대외무역관리를 위하여 대부분의 업무를 관련기관에 위임·위탁하고 이들 수임기관을 지휘·감독한다(동조 2항).

무역관리의 협조행정기관으로는 외국환업무나 외자도입에 관하여는 재정경제부, 양곡이나 농약에 관하여는 농림부, 마약이나 의료기기에 관하여는 보건복지부, 해외통상협상과 조약에 관하여는 외교통상부(통상교섭본부) 등이 있으며, 지식경제부는 이들 부처와 소관업무에 관하여 협의하여 운영하고 있다.

나. 무역위원회

지식경제부에는 미국의 ITC(국제무역위원회)에 비교되는 기관으로서 특정한 물품 등의 수입증가 등에 의한 국내산업피해의 조사·판정, 구제조치의 건의 등을 수행하기 위하여 무역위원회를 두고 있다(동법 제32조 1항).

우리나라 무역위원회의 기능은 특정물품 등의 수입증가 등에 의한 국내산업피해조사 여부의 결정, 한시적·잠정적 수입제한의 건의, 불공정한 수출입행위

20) 김우규, "국제서비스무역의 과세평가기준에 관한 연구", 박사학위논문, 1999. 12, p. 147.

의 금지의 건의, 덤핑방지관세·상계관세의 조사, 구제조치의 건의 등에 관하여 심의·의결하는 역할을 담당하고 있다(동법 제35조).

무역위원회의 구성은 위원장 1인을 포함한 위원 9인 이내로 하되, 위원장과 위원은 산업·무역·통상·법률 또는 회계분야의 학식과 경험이 풍부한 자 중에서 지식경제부장관의 제청으로 대통령이 임명한다. 위원장과 위원의 임기는 3년으로 하되 연임할 수 있으며, 위원장이 부득이한 사정으로 직무를 수행할 수 없을 때에는 상임위원이 그 직무를 대행한다(동법 제33조).

다. 권한의 위임·위탁

대외무역법에 따른 지식경제부장관의 일부 권한이 대통령령이 정하는 바에 의하여 소속기관의 장, 시·도지사에게 위임되는 사항과 관계행정기관의 장, 세관장, 한국은행총재, 한국수출입은행장, 외국환은행의 장 기타 대통령령이 정하는 법인 또는 단체에 위탁되는 사항에 관하여는 대외무역법시행령 제116조에서 따로 정하고 있다. 그 주요내용을 요약하면 〈표 1-3〉과 같다.

표 1-3 권한의 위임·위탁 사항

기 관	주요 수임업무	권한
중앙행정기관의 장	외화획득용 원자재 수입, 전략물자수입증명서 발급 등	위탁
국립기술품질원장	외화획득이행 여부에 대한 사후관리 등	위임
시·도지사 (자유무역지역관리원장)	외화획득용 원자재의 목적변경 등 (자유무역지역안의 입주업체 별도)	위임
세관장	수출입승인면제 확인, 원산지표시의 확인 등	위탁
한국무역협회 (한국소프트웨어산업협회)	무역업고유번호 부여·관리 등 전산관리체제 개발·운영 (전자적 형태의 무체물의 수출입확인) 등	위탁
관세청장	원산지표시의 사전판정, 세관장 위탁사무 지휘·감독 등	위탁
관계기관·단체 장	수출입승인대상물품 등의 승인, 승인변경 등	위탁
한국기계산업진흥회	산업설비수출의 승인, 승인변경 등	위탁
한국수출입은행	연불금융지원에 의한 산업설비수출의 승인 등	위탁
대한상사중재원	무역분쟁에 대한 조정·알선 등	위탁
대한상공회의소,법인	원산지증명서 발급업무 등	위탁
외국환은행의 장	구매확인서 발급 및 사후관리 등	위탁

(3) 무역업체의 관리

2000년 12월에 개정된 대외무역법을 계기로 하여 종합무역상사의 지정·관리를 제외하면[21], 무역업자의 직접적인 관리제도는 없어지게 되었다.

다만 지식경제부장관은 물품 등의 수출입거래가 질서 있고 효율적으로 이루어질 수 있도록 전자문서교환체제(EDI) 등 과학적 무역업무의 처리기반을 구축하기 위하여 노력하여야 하며(동법 제18조 1항), 이를 위하여 무역거래자별 무역업고유번호의 부여와 관리 등 수출입통계 데이터베이스의 구축을 위한 전산관리체제를 개발·운영하도록 하고 있다(시행령 제30조 1항).

무역업고유번호를 부여받고자 하는 자는 소정양식의 우편·팩시밀리·전자메일·EDI 등의 방법으로 한국무역협회장에게 신청하여야 하고, 그 즉시 고유번호를 부여받을 수 있다. 또 고유번호의 승계를 통하여 수출입실적 등의 승계가 가능하다. 다만 무역업고유번호를 부여받은 자의 인적 변동사항이 발생한 경우에는 20일 이내에 한국무역협회장에게 통보하여야 한다.

무역거래자는 무역업고유번호가 임의사항이라 하더라도 수출(입)신고시 반드시 무역업고유번호를 수출(입)자의 상호명과 함께 기재하여야 하고(관리규정 제3-5-1조 6항), 수출입실적 확인도 무역업고유번호에 따른 전산관리체계에 의하여 관리·운영하기 때문에, 이 고유번호를 갖고 있어야 한다.

(4) 무역상품의 관리

지식경제부장관은 헌법에 의하여 체결·공포된 조약과 일반적으로 승인된 국제법규에 의한 의무의 이행, 생물자원의 보호 등을 위하여 필요하다고 인정하는 경우에는 물품 등의 수출입을 제한할 수 있다(동법 제14조 1항).

대외무역법상 수출입물품 등의 관리는 자체의 수출입공고와 수출입별도공고, 각종 관계법령에 의한 제한내용의 통합공고에 의하여 이루어진다. 이들 공고에는 수출입승인에 필요한 절차와 요령을 구체적으로 명기하고 있다.

가. 수출입공고

수출입공고는 지식경제부장관이 대외무역법에 의거하여 물품 등의 수출입의 제한과 절차 등에 관하여 정할 목적으로 하는 공고를 말한다. 따라서 수출입공고에는 승인대상 물품 등의 품목별 수량·금액·규격, 수출입지역 등의 제한과

---

21) 종합무역상사는 전년도 수출통관액이 우리나라 전체의 2% 이상인 경우에 지정이 가능하고 2년 이상 그 기준에 미달된 때에는 지정을 취소할 수 있다(동법 제9조의 2).

그러한 제한에 따른 수출입에 관한 승인 등의 절차를 담고 있다.

따라서 이 공고에 명시된 품목을 수출입하고자 할 경우에는 각 품목별 수출입요령에 의거한 해당 승인기관의 승인을 받아야만 수출입을 할 수 있다. 다만 수출을 목적으로 한 외화획득용 원료와 제품의 수입에서는 비록 수입제한품목일지라도 별도의 제한 없이 수입승인을 받을 수 있다(동법 제19조 1항).

수출입공고상의 품목기재는 HS 방식에 따라 Negative List System을 사용하여 별표 1(수출제한품목)과 별표 2(수입제한품목)에 승인 또는 금지품목만을 명기하고 있다. 우리나라는 1967년 7월부터 수출입품목 관리체계를 Positive List System에서 Negative List System으로 전환하였다.

따라서 수출입공고상에 특정의 품목을 열거하여 수출입을 제한하거나 금지하지 아니하는 한, 모두 자유롭게 수출입을 허용하고 있다.

나. 수출입별도공고

수출입별도공고는 승인대상품목 중의 일부에 대하여 지식경제부장관이 수출입공고와는 별도의 특정 사안별로 수출입요령을 적용할 수 있도록 공고하는 제도를 말한다. 따라서 수출입별도공고에는 승인대상품목 중 수출입공고상에서 제외된 물품 등의 수출입승인의 요령과 절차를 담고 있다.

현재에는 무역자유화의 추진으로 인하여 수출입별도공고에 따라 수입제한을 받고 있는 품목은 항공기와 그 부분품, 산업피해조사품목 등에 불과하다.

다. 통합공고

통합공고는 대외무역법 이외의 다른 법령에 물품 등의 수출입요령과 절차를 정하고 있는 경우 지식경제부장관이 이들 법령에서 정한 수출입요령을 통합하여 공고하는 제도를 말한다(동법 제15조 2항).

통합공고는 개별법령에 의하여 국민보건이나 환경보호, 사회질서유지, 규격과 안정성 확보 등의 경제외적 목적에서 제한하는 조치이다. 예컨대 향정신성의약품관리법에 의하여 지정된 품목을 수출입하고자 할 경우에는 식품의약품안전청장의 허가를 받아야 하고, 방위산업특별조치법에 의한 방산물자의 수출입은 국방부장관의 허가를 받도록 공고하고 있다.

라. 상품분류방법

관세나 무역통계 등을 위한 수출입공고상 품목분류기준은 역사적으로 SITC 방식 → BTN 방식 → CCCN 방식 → HS 방식으로 발전되어 왔다.

① SITC (Standard International Trade Classification) 방식은 1950년 UN 경제사회이사회에서 선포된 후 1959년까지 주로 경제분석과 상품별 무역통계자료에 사용되었으며, 총 45,000여개의 품목을 구분하였다.

② 1959년 9월부터는 관세협력이사회(CCC)에서 발행한 BTN (Brussels Tariff Nomenclature) 방식에 따라 품목을 분류하여 오다가 1976년 6월부터 이를 CCCN (Customs Cooperation Council Nomenclature) 방식으로 명칭을 변경하여 총 60,000여개의 상품을 분류해 왔다.

③ CCC는 품목분류의 국제적 통일과 전산화를 위하여 HS (Harmonized Commodity Description and Coding System) 방식을 제정하여 1988년 1월부터 우리나라를 포함한 세계 130여개국에서 이를 사용하고 있다.

HS 방식은 CCCN을 골격으로 하여 만든 신국제통일상품분류법으로서, 그 구조는 21부(Section), 97류(Chapter), 1,241호(Headings), 5,113소호(Sub-heading)로 구성되어 있다. 우리나라의 HS 방식은 세계 공통의 6단위 분류기준에 국내의 사정을 감안하여 자체 분류 4단위를 추가하여 모두 10단위를 가지고 있는데, 이를 HSK (Harmonized System of Korea : 한국통일상품분류법)라고 한다. 현재의 관세율표상 HSK 10단위의 품목 수는 총 11,170여개이다.[22)]

HSK 방식은 i) 관세부분에는 관세율 책정, 할당관세 등 탄력관세운용, 관세감면과 관세환급제도 등에 활용되며, ii) 무역부분에는 수출입공고, 통합공고 등 수출입품목관리를 위한 공고체계운용에 활용되고, iii) 통계부분에는 수출입 통계작성, 물가지수표작성 등에 통일적으로 활용되고 있다.

(5) 수출입승인과 인정

무역거래자가 승인대상 물품 등, 즉 지식경제부장관이 헌법에 의하여 체결·공포된 조약과 일반적으로 승인된 국제법규에 의한 의무의 이행, 생물자원의 보호 등을 위하여 지정하는 물품 등을 수출입하고자 할 경우에는 지식경제부장관의 승인을 얻어야 한다(동법 제14조 2항).

가. 수출입승인절차

수출입승인기관은 원활한 무역관리를 위해 연불금융지원에 의한 산업설비수출 이외에는 수출입공고, 수출입별도공고 등으로 지식경제부장관이 지정·고시한 기관이나 단체의 장에게 위탁되어 있다(관리규정 제3-1-1조).

수출입승인을 얻고자 하는 자는 ① 수출입승인신청서 〈별지 제3-1호 참조〉,

22) 정용화·홍영선, 관세율표·상품학, 박영사, 2000, pp. 16~17.

② 수출신용장·수출계약서 또는 주문서(수출의 경우), ③ 수입계약서 또는 물품 등의 매도확약서(수입의 경우), ④ 수출입대행계약서(수출입자가 공급자나 실수요자와 다른 경우), ⑤ 수출입공고 등에서 규정한 요건을 충족한 서류 등을 구비하여 수출입승인기관의 장에게 신청하여야 한다(관리규정 제3-1-2조).

수출입승인기관의 장은 승인신청서가 접수되면, ① 수출입승인 신청인이 승인을 얻을 자격이 있는지, ② 물품 등이 수출입공고 등과 대외무역관리규정에 의한 승인요건을 충족하고 있는지, ③ 물품 등이 품목분류번호(HS)의 적용이 적정한지의 여부를 확인하여야 한다(관리규정 제3-1-3조).

수출입승인의 유효기간은 1년을 원칙으로 하되, 국내의 물가안정·수급조정·물품 등의 인도조건 기타 거래상 특성에 따라 필요한 경우에는 1년 이내 또는 20년 범위내에서 유효기간을 달리 정할 수 있다(시행령 제26조).

나. 수출입인정절차

지식경제부장관이 정하여 고시한 특정거래형태의 수출입[23]으로서, ① 수출입제한을 면탈할 우려가 있거나 산업보호에 지장을 초래할 우려가 있는 경우, ② 외국에서 외국으로 물품 등이 이동하고 대금결제상황 확인이 곤란한 경우, ③ 대금결제가 수반되지 아니하고 물품 등의 이동이 있는 경우에 대하여는 지식경제부장관의 인정을 받도록 하고 있다(시행령 제28조).

수출입인정을 받고자 하는 자는 ① 특정거래인정신청서, ② 거래요약서, ③ 계약서 등 거래사실입증서류, ④ 승인요건충족입증서류(승인대상품목의 경우), ⑤ 타법령에 의한 허가 등의 사실입증서류(필요한 경우) 등을 구비하여 지식경제부장관에게 신청하여야 한다(관리규정 제3-4-2조).

지식경제부장관은 수출입인정의 신청일로부터 7일 이내에 인정 여부를 신청자에게 통보하여야 하고, 인정유효기간은 신청일로부터 1년으로 한다.

23) 대외무역법상 "특정거래형태의 수출입"이라 함은 위탁판매수출·수탁판매수입, 위탁가공무역·수탁가공무역, 임대수출·임차수입, 연계무역, 중계무역, 외국인수수입·외국인도수출, 무환수출입 등의 거래를 말한다(관리규정 제3-4-1조).

[별지 제3-1호 서식]

수출승인(신청)서
Export License (Application)

처리기간 : 1일 Handling Time : 1 Day

<table>
<tr><td colspan="2">①수출자 (Exporter) 무역업고유번호 (Identification No.)

상호,주소,성명
(Name of Firm, Address, Name of Representative)

(서명 또는 인)
(Signature)</td><td colspan="3">④구매자 또는 계약당사자
(Buyer of Principal of Contract)

⑤신용장 또는 계약서 번호(L/C or Contract No.)</td></tr>
<tr><td colspan="2">②위탁자 (Requester) 사업자등록번호 (Business No.)

상호,주소,성명
(Name of Firm, Address, Name of Representative)

(서명 또는 인)
(Signature)</td><td colspan="3">⑥금 액(Total Amount)

⑦결제기간(Period of Payment)

⑧가격조건(Terms of Price)</td></tr>
<tr><td colspan="2">③원산지(Origin)</td><td colspan="3">⑨도착항(Port of Arrival)</td></tr>
<tr><td>⑩HS 부호
(HS Code)</td><td>⑪품명 및 규격
(Description / Size)</td><td>⑫단위 및 수량
(Unit / Quantity)</td><td>⑬단 가
(Unit Price)</td><td>⑭금 액
(Amount)</td></tr>
<tr><td colspan="5">⑮승인기관 기재란(Remarks to be filled out by and Approval Agency)</td></tr>
<tr><td colspan="5">⑯유효기간(Period of Approval)</td></tr>
<tr><td colspan="5">⑰승인번호(Approval No.)</td></tr>
<tr><td colspan="5">⑱승인기관 관리번호(No. of Approval Agency)</td></tr>
<tr><td colspan="5">⑲위의 신청사항을 대외무역법 제14조제2항 및 동법 시행령 제26조제1항의 규정에 의하여 승인합니다.
(The undersigned hereby approves the above-mentioned goods in accordance with Article 14(2) of the Foreign Trade Act and Article 26(1) of the Enforcement Decree of the said Act.)

년 월 일

승인권자 (인)</td></tr>
<tr><td colspan="5">※승인기관이 2 이상인 경우 ⑮ - ⑱의 기재사항은 이면에 기재하도록 합니다.
※이 서식에 의한 승인과는 별도로 대금결제에 관한 사항에 대하여는 외국환거래법령이 정하는 바에 따라야 합니다.</td></tr>
</table>

4. 무역거래의 국제상사법규

무역거래는 오랜 동안 축적된 국제상관습과 법규에 따라 진행된다. 이에 국제상사법규(international trade law and practice)는 무역거래의 진행과정에 따라 크게 무역계약법규, 무역결제법규, 무역운송법규, 무역보험법규, 무역클레임법규 등 5개 영역으로 나눌 수 있으며, 영역별 주요 법규는 다음과 같다.

(1) 무역계약법규

무역계약법규라 함은 매매계약에 관련된 국제규칙이나 협약 및 이에 대한 법리적 기초를 제공하는 준거법규 등을 말한다. 무엇보다도 무역계약은 정형거래조건에 따라 체결되는 경우가 많으므로, 국제상업회의소(ICC)가 1936년에 제정하고 개정해 온 Incoterms® 2010의 영향이 크다. 이는 상인들의 전통적인 매매관습을 통일한 것으로서, 오늘날 모든 무역관습의 기초를 이루고 있다.

또 무역계약성립과 매매에 관한 준거법 채택의 불확실성을 해소하고자 유엔국제무역법위원회(UNCITRAL)에서 1980년에 제정한 '국제물품매매계약에 관한 유엔 협약'(United Nations Convention on Contracts for the International Sale of Goods : CISG)이 있으며, 기타 국제사법통일협회(UNIDROIT)에서 2004년에 개정한 '국제상사계약에 관한 UNIDROIT 원칙'(UNIDROIT Principles of International Commercial Contracts), 영국의 '물품매매법'(Sale of Goods Act 1979: SGA)과 미국의 '통일상법전'(Uniform Commercial Code: UCC) 제2편 등이 있다. 특히 영국의 물품매매법은 1893년에 제정되고 1979년에 개정된 것으로서, 물품매매에 관한 가장 전통적인 준거법으로 인정되고 있다.

(2) 무역결제법규

무역결제법규라 함은 매매대금결제에 관련된 국제규칙이나 주요 국가의 준거법규 등으로서, 이는 매매계약에 대한 대금결제의 중요성을 고려하여 여기에 우선적으로 소개하고자 한다. 특히 신용장결제에 관하여는 ICC가 1933년에 제정한 이래 2007년에 개정한 '신용장 통일규칙'(Uniform Customs and Practice for Documentary Credits: UCP 600), '신용장서류심사에 관한 국제표준은행관습'(ISBP 681), '전자식 제시를 위한 UCP 보칙'(eUCP 1.1) 등이 있다.

기타 ICC의 '추심통일규칙'(Uniform Rules for Collections 1995: URC 522)과 '요구불보증 통일규칙'(Uniform Rules for Demand Guarantees 2010

: URDG 758), UNCITRAL의 '독립적 보증서와 보증신용장에 관한 유엔 협약'(United Nations Convention on Independent Guarantees and Stand-by Letters of Credit 1995)과 '국제환어음과 약속어음에 관한 유엔 협약'(United Nations Convention on International Bills of Exchange and International Promissory Notes), 미국의 '통일상법전' 제5편, 영국의 '환어음법' 등이 있다.

(3) 무역운송법규

무역운송법규라 함은 화물의 해상 · 항공 · 육상 또는 복합운송에 관련된 국제규칙이나 협약을 말한다. 무역운송의 중심은 해상운송이며 이에 관한 최초의 준거법규는 1924년 '헤이그 규칙'(International Convention for the Unification of Certain Rules of Law Relating to Bills of Lading : Hague Rules)이고, 그 일부조항을 개정한 것이 1968년 '비스비 규칙'(Visby Rules)이며, 이들을 기초로 하여 1978년 유엔에서 제정한 '함부르크 규칙'(United Nations Convention on the Carriage of Goods by Sea : Hamburg Rules), 2009년 유엔에서 제정한 '로테르담 규칙'(United Nations Convention on Contracts for the International Carriage of Wholly or Partly by Sea : Rotterdam Rules) 등이 있다.

기타 항공운송에 관한 1929년 '바르샤바 협약'(Convention for the Unification of Certain Rules Relating to International Transportation by Air : Warsaw Convention)과 이를 개정한 1955년의 '개정의정서'(Hague Protocol), 복합운송에 대비하여 1980년 유엔에서 제정한 '국제화물복합운송에 관한 유엔 협약'(United Nations Convention on International Multimodal Transport of Goods), 1992년에 UNCITRAL과 ICC가 공동으로 제정한 '복합운송서류규칙' (UNCTAD/ICC Rules for Multimodal Transport Documents) 등이 있다.

(4) 무역보험법규

무역보험법규라 함은 해상보험 등에 관련한 국제규칙과 준거법 및 표준약관 등을 말한다. 특히 1906년 영국의 '해상보험법'(Marine Insurance Act : MIA)은 해상보험뿐만 아니라 다른 손해보험에 이르기까지 국제적으로 가장 권위있는 준거법으로 인정되고 있다. 또 런던 국제보험업협회(IUA)와 로이즈시장협회(LMA)의 합동적하위원회(JCC)가 1982년에 제정하고 2009년에 개정한 '협회적하약관'(Institute Cargo Clause : ICC)의 (A), (B), (C) 조건 등이 있다.

기타 선박보험에서 가장 기본이 되는 1995년 '협회기간약관(선박)'(Institute Time Clauses – Hulls)과 공동해손에 관하여 국제해사위원회(CMI)가 마련한 2004년 '요크-앤트워프 규칙'(York and Antwerp Rules) 등이 있다.

(5) 무역클레임 법규

무역클레임 법규라 함은 무역클레임의 조정이나 중재에 관련된 국제협약과 중재규칙 및 국가간의 중재협정 등을 말한다. 각국이 외국중재판정의 승인과 집행에 관한 법규를 통일하고자 1958년 체결한 '외국중재판정의 승인과 집행에 관한 유엔 협약'(United Nations Convention on the Recognition and Enforcement of Foreign Arbitral Awards : New York Convention)은 국제적으로 기초가 되는 중재협약이다. 또 상사중재법규의 조화와 통일을 위하여 UNCITRAL이 1976년에 제정한 '유엔국제무역법위원회의 중재규칙'(UNCITRAL Arbitration Rules)은 각국에서 널리 인용되고 있으며, 또 UNCITRAL은 1985년에 '유엔국제무역법위원회의 표준국제상사중재법'(UNCITRAL Model Law on International Commercial Arbitration)도 제정한 바 있다.[24)]

다른 한편으로 ICC는 자체내에 중재재판소를 설치하고, 1975년부터 국제상사분쟁의 조정 또는 중재에 적용할 '임의적인 조정규칙'(Rules of Optional Conciliation)과 '국제상업회의소의 중재규칙'(ICC Arbitration Rules)을 제정해 두고 있으며, 기타 각국은 질서 있는 상사중재를 위해 중재규칙의 적용에 관한 '쌍무적 중재협정'(mutual arbitration agreement)을 체결해 둔 경우도 많다.

제 3 절 국제무역거래의 종류

무역거래의 종류는 국가의 경제적인 여건과 정치·사회적인 요소, 부존자원, 지리적인 위치나 무역관리의 방향에 따라 다양하게 나타날 수 있겠으나, 이 책에서는 대외무역법령을 중심으로 수출입의 거래형태를 알아보고자 한다.

---

24) 양영환·서정두, 국제무역법규, 제4판, 2003, pp. 6~8.

1. 정상거래방식의 수출입

대외무역법상 승인절차가 필요 없는 정상거래방식에는 취소불능 화환신용장방식, 신용장 없이 계약서 베이스의 화환어음만으로 대금을 청구하는 추심방식, 수출입이 있기 전에 무역대금을 외화로 영수(지급)하는 송금방식 등이 있다.

(1) 화환신용장방식

오늘날 화환신용장을 이용한 무역방식은 모든 무역거래의 기초가 되고 있다. "화환신용장"(documentary credit)이라 함은 국제간의 무역거래에 따른 대금결제를 원활히 하기 위하여 은행이 일정한 조건의 선적서류가 제시되면 수입상을 대신하여 독자적인 판단으로 수출상에게 무역대금을 지급하겠다는 조건부의 지급확약서(conditional undertaking of payment)를 말한다.

즉, 화환신용장은 신용장조건에 일치한 서류가 제시되면 은행이 지급, 인수 또는 매입한다는 약속증서이다. 또 신용장을 통하여 수출상과 수입상의 중간에 자금력 있는 은행이 개입하므로, 수입상은 직접 수출상에게 대금을 선지급하지 아니하고 은행의 지급확약으로 이에 갈음할 수 있다.

따라서 화환신용장은 수출상에게는 대금의 지급거절에 대한 신용위험(credit risks)을 제거시켜 주고 지급담보로서의 기능을 하며, 수입상에게는 자신의 지급을 대신하는 지급보완 내지 무역금융의 기능을 한다는 장점이 있다.[25]

국제적으로는 신용장의 당사자간에 발생할 수 있는 분쟁에 대비하여 ICC가 '화환신용장 통일규칙'(UCP 600)과 '전자식 제시보칙'(eUCP)을 제정해 두고 있다. 신용장거래와 이들 통일규칙에 관한 상세한 내용은 후술하기로 한다.

(2) 추심결제방식

"추심"(collection)이라 함은 은행이 어떠한 지시에 따라 지급 · 인수, 서류의 지급인도 · 인수인도, 기타의 서류인도를 목적으로 하여 환어음 · 약속어음 · 수표, 기타 지급청구를 위한 증권 등의 금융서류나 송장 · 운송서류 · 권리증권, 기타 금융서류가 아닌 모든 상업서류를 취급하는 것을 말한다.[26]

---

25) Harry M. Venedikian and Gerald A. Warfield, *Export-Import Financing*, 3rd ed., John Wiley & Sons, 1992, pp. 341～342.

26) "Collection" means the handling by banks of documents as defined in (b) below, in accordance with instructions received, in order to 1) obtain payment and/or acceptance, or 2) deliver documents against payment and/or against acceptance, or 3) deliver documents on other terms and conditions (URC 522 Art. 2 (a)).

무역거래에서 추심방식은 신용장 없이 무역계약서(sales note)만을 베이스로 하여 수출상이 먼저 무역계약에 일치한 물품 등을 선적하고 선적서류와 함께 수입상 앞으로 추심환어음을 발행한다. 이를 국내의 거래은행에 추심의뢰를 하면, 이 은행이 수입상의 거래은행에게 다시 추심을 요청하고 최종적으로 수입상이 선적서류와 추심환어음을 받고 대금을 결제하는 방식이다.

추심방식은 후지급을 전제하기 때문에, 수입상과 수출상의 상호 신용이 깊은 경우에만 가능하므로, 가끔 거래하는 당사자들보다는 상당한 거래실적이 있는 오랜 거래처나 또는 본사・해외지사간의 무역거래에 자주 이용한다.

추심방식에는 지급인이 어음대금을 지급하여야 서류를 인도해 주는 D/P 방식과 지급인이 어음을 인수서명하면 서류를 인도해 주는 D/A 방식이 있다.

① D/P (documents against payment : 지급인도) 방식은 수출상이 무역계약에 따라 물품을 선적하고, 선적서류와 일람출급 환어음(sight bill)을 발행하여 추심요청은행과 추심은행을 통하여 수입상에게 제시하고 수입상이 그 대금을 즉시 지급하여야 선적서류를 인도하는 조건의 추심을 말한다.

② D/A (documents against acceptance : 인수인도) 방식은 대금을 추심하는 과정은 D/P 방식과 같으나, 수출상이 기한부 환어음(usance bill)을 발행하고 이를 추심요청은행과 추심은행을 통하여 수입상에게 제시하고 수입상이 인수서명을 하면 선적서류를 인도하는 조건의 추심을 말한다.

D/P 방식과 D/A 방식의 차이점은 D/P 방식에서는 수출상이 일람출급 환어음을 발행하는데 비하여, D/A 방식에서는 수출상이 기한부 환어음을 발행함으로써 수입상에게 환어음의 지급만기일만큼 D/P 방식보다 더 오랫동안 신용을 공여한다는 것이다. 만약 어음상에 D/P 또는 D/A 방식의 구분이 없을 경우에는, 이는 D/P 방식의 추심환어음으로 본다(URC 522 제7조 b항).

국제적으로는 환어음의 추심으로 인한 분쟁에 대비하여 ICC가 '추심통일규칙'(URC 522)을 제정하여 1996년 1월 1일부터 사용하고 있다.[27] 다만 추심의뢰서에는 "Subject to Uniform Rules for Collections, 1995 Revision, ICC Publication No. 522"라는 등의 준거문언을 삽입하고 있어야 한다.

(3) 송금방식

송금방식(remittance)에 의한 무역거래는 추심방식이나 신용장방식과 대조

27) ICC, *Uniform Rules for Collections*, Publication No. 522, 1995, p. 6.

되는 개념으로서, 수출상이 물품을 선적하기 전에 수입상이 수입대금의 전액을 송금하거나, 또는 수출상이 물품이나 서류를 인도할 때 수입상이 스스로 대금의 전액 또는 일부를 송금하여 수출입대금을 결제하는 방식을 말한다.

송금방식은 수출상이 소액의 상품견본이나 시험용품을 수출하거나, 수입상이 인터넷으로 소량의 잡화품을 주문하는 전자상거래에 주로 이용한다.

송금방식에는 ⅰ) 수출상이 선적 전에 수입상이 미리 대금의 전액을 외화로 지급하는 '사전송금방식'(advance remittance)과 ⅱ) 수출상이 물품이나 서류를 인도할 때나 이를 인도한 후에 수입상이 대금의 전액 또는 일부를 외화로 지급하는 '사후송금방식'(COD · CAD 포함) 등의 2가지가 있다. 특히 송금방식으로서 COD와 CAD 방식은 무역거래의 현장에서 자주 이용하는 형태이다.

① COD (cash on delivery : 현물상환급) 방식은 물품이 목적지에 도착하면 수입상이 이 물품과 상환으로 대금을 지급하는 방식을 말한다.

② CAD (cash against documents : 서류상환급) 방식은 수출상이 물품을 선적하고 이를 증명하는 선적서류를 수입상에게 제시할 때 수입상이 이 선적서류와 상환으로 대금을 지급하는 방식을 말한다.

또 송금방식은 송금수단에 따라 수입상 개인의 수표송금(personal check base), 은행의 송금수표(demand draft : D/D), 우편환(mail transfer : M/T), 전신환(telegraphic transfer : T/T) 등이 이용되고 있다.

우편환은 수수료가 적게 들지만 분실이나 도난의 위험이 높고, 전신환은 전신료의 부담이 있지만 송금환의 분실이나 도난 또는 환율변동의 위험이 거의 없다. 따라서 오늘날 대부분의 송금은 전신환으로 이루어진다.

국제적으로는 최근에 국가간 자금거래가 급증함에 따라 유엔에서 1992년 5월에 '유엔국제무역법위원회의 표준국제자금이체법'(UNCITRAL Model Law on International Credit Transfers)을 제정해 두고 있다. 유엔은 각국에 이 표준법을 바탕으로 국제자금이체에 관한 법률을 마련할 것을 권장하고 있다.

2. 특정거래방식의 수출입

대외무역법은 지식경제부장관의 인정대상이 될 수 있는 '특정거래형태의 수출입'을 대외무역관리규정에 11가지로 나누어 규정하고 있으며, 기타 허가대상인 전략물자수출입, 승인대상인 산업설비수출 등을 규정하고 있다.

다만 특정거래형태의 수출입은 ⅰ) 수출입제한을 면탈할 우려나 산업보호에 지장을 초래할 우려가 있는 경우, ii) 외국에서 외국으로 물품 등이 이동하고 대금결제상황 확인이 곤란한 경우, iii) 대금결제가 수반되지 아니하고 물품 등의 이동이 있는 경우에만 지식경제부장관의 인정을 요한다(시행령 제28조).

(1) 위수탁판매수출입

① 위탁판매수출(export on consignment): 위탁판매수출은 물품 등을 무환으로 수출하여 당해 물품 등이 판매된 범위 안에서 대금을 결제하는 계약에 의한 수출을 말한다(관리규정 제1-0-2조 4호).

물품 등이 수출되더라도 그 소유권은 위탁자에게 있고, 위탁자는 운임이나 기타 목적지까지의 운송경비를 부담하여야 한다. 반면 수탁자는 계약조건에 따라 판매대금에서 수수료와 경비를 제외한 금액과 재고를 반송하여야 한다.

위탁판매수출은 신제품이나 시장개척에 주로 이용하지만, 대금회수불능의 위험이 따르므로 본·지사간이나 오랜 거래선일 때 활용하는 것이 좋다.

② 수탁판매수입(import on trust sales): 수탁판매수입은 물품 등을 무환으로 수입하여 당해 물품 등이 판매된 범위 안에서 대금을 결제하는 계약에 의한 수입을 말한다(동조 5호).

이는 위탁판매수출을 수탁자의 입장에서 본 거래이다. 수탁자는 판매에 따른 위험부담 없이 수입할 수 있고 수입자금도 전혀 소요되지 아니한다.

(2) 위수탁가공무역

① 위탁가공무역(improvement trade on consignment): 이는 가공임을 지급하는 조건으로 외국에서 가공(제조·조립·재생·개조 포함)할 원료의 전부 또는 일부를 거래 상대방에게 수출하거나 외국에서 조달하여 이를 가공한 후 가공물품 등을 수입하거나 외국으로 인도하는 수출입을 말한다(동조 6호).

가공무역은 국제적으로 가장 많이 이루어지고 물량 면에서도 수출입의 대종을 이루고 있다. 특히 위탁가공무역은 인건비와 세금부담이 상대적으로 적은 외국에 공장을 설립하고 원자재를 수출하여 임가공할 때 주로 이용한다.

② 수탁가공무역(improvement trade on trust): 수탁가공무역은 가득액을 영수하기 위하여 원자재의 전부 또는 일부를 거래 상대방의 위탁에 의하여 수입하여 이를 가공한 후 위탁자 또는 그가 지정하는 자에게 가공물품 등을 수출하는 수출입을 말한다. 다만 위탁자가 지정한 자가 국내에 있음으로써 보세공장과 자유무역지역에서 가공한 물품 등을 외국으로 수출할 수 없는 경우 관세

법에 의한 수탁자의 수출·반출과 위탁자가 지정한 자의 수입·반입 및 사용은 이를 대외무역법에 의한 수출·수입으로 본다(동조 7호).

수탁가공무역은 국내에 진출한 선진국 첨단기업들이 비교적 저렴한 고급인력을 이용하기 위하여 본국의 모회사와 국내 자회사간에 주로 이용한다.

(3) 임대차수출입

① 임대수출 : 임대수출은 임대(사용임대 포함) 계약에 의하여 물품 등을 수출하여 일정기간 후 다시 수입하거나 그 기간의 만료 전 또는 만료 후 당해 물품 등의 소유권을 이전하는 수출을 말한다(동조 8호).

임대수출은 임대인이 자기 소유의 물품 등을 제공하기 때문에 수입물량이나 가격 등의 계약조건을 유리하게 결정할 수 있다. 최근 우리나라도 기술후진국을 상대로 한 임대수출이 꾸준히 늘어나는 추세이다.

② 임차수입 : 임차수입은 임차(사용임차 포함) 계약에 의하여 물품 등을 수입하여 일정기간 후 다시 수출하거나 그 기간의 만료 전 또는 만료 후 당해 물품 등의 소유권을 이전받는 수입을 말한다(동조 9호).

임차수입은 첨단기술제품을 생산하고자 할 때 시설기재나 R&D 비용부담이 클 경우 해외의 시설기재나 기술력을 빌려서 사용하고 그 기간 동안 임차료만 지급하는 방식이다. 이는 시설기재의 자금부담이 없고 해외의 신기술에 대한 기술 습득이 가능하고 임차시설로 생산한 제품의 해외시장확보가 쉽다.

(4) 연계무역

연계무역(counter trade)은 물물교환·구상무역·대응구매·제품환매 등의 형태로 수출과 수입이 연계되어 이루어지는 수출입을 말한다(동조 10호).

① 물물교환(barter trade)은 수출대금을 외국환으로 받지 아니하고 수입시장으로부터 등가의 상품이나 서비스를 제공받는 방식이다.

② 구상무역(compensation trade)은 수출입대금을 외국환으로 결제하되 수출과 수입의 액수를 균등하게 맞추는 방식이다.[28]

③ 대응구매(counter purchase)는 수출시 계약조건상에 일정기간 내의 대응수입을 의무화하는 방식이고, 기타 ④ 제품환매(buy back)는 시설기재를 수출하는 경우 수출대금은 그 공장에서 생산된 제품으로 회수하는 방식이다.

---

28) 구상무역은 무환구상무역과 유환구상무역으로 구분하는 경우도 있으나, 수출입의 균형을 맞추기 위하여 수출대금을 그에 상응하는 수입대금으로 상계한다는 점이 특징이다.

이들 연계무역은 최근에 선진국과 개도국간의 무역불균형을 보전하기 위하여 활발하게 이루어지고 있으며, 교역형태도 단순한 물물교환에서 벗어나 복잡한 기술이전이나 합작투자에까지 확대 발전하고 있다.

기타 양국의 무역불균형을 커버하는 방법으로서 두 나라의 중간에 특수관계에 있는 제3국을 개입시켜 3국간의 무역협정하에 수출과 수입이 연계되는 경우도 있다. 이를 "삼각무역"(triangular trade)이라고 한다.

(5) 중계무역

중계무역(intermediate trade)은 수출할 것을 목적으로 물품 등을 수입하여 관세법상의 보세구역, 보세구역 외의 허가된 장치장 또는 자유무역지역 이외의 국내에는 반입하지 아니하고 수출하는 수출입을 말한다(동조 11호).

중계무역은 일명 "통과무역"이라고도 하며, 물품 등은 국내에 수입하되 원형 그대로 수출하여 지급액과의 차액인 중계수수료를 취득하는 방식이다. 이는 무역업자가 물품 등을 외국의 공급업자로부터 조달하여 외국의 수요자에게 직접 판매하고 자신은 중개수수료만 취득하는 '중개무역'과는 다른 개념이다.

(6) 외국인수도수출입

① 외국인수수입: 이는 수입대금은 국내에서 지급하지만 수입물품 등은 외국에서 인수하는 수입을 말한다(동조 12호). 외국인수수입은 외국에서 필요한 기자재, 원자재, 해외건설사업의 시설 또는 원료기재, 해외투자를 위한 현물투자분, 선박용품 등의 물품을 외국에서 구매하고자 할 때 이용한다.

② 외국인도수출: 이는 수출대금은 국내에서 영수하지만 국내에서 통관되지 아니한 수출물품 등을 외국으로 인도하는 수출을 말한다(동조 13호). 외국인도수출은 해외의 현지에서 사용한 물품, 선박, 중고시설기재, 원자재 또는 해외투자수익의 현물회수분 등을 외국에 판매하고자 할 때 이용한다.

특히 대외무역법은 특정거래형태의 수출입으로서, 외국에서 외국으로 물품 등이 이동하고 대금결제상황의 확인이 곤란한 경우에 대하여 지식경제부장관의 인정을 받도록 하고 있다(시행령 제28조 1항 2호).

(7) 무환수출입

무환수출입은 외국환거래가 수반되지 아니하는 물품 등의 수출과 수입을 말한다(관리규정 동조 13-1호). 특히 대외무역법은 특정거래형태의 수출입으로서,

대금결제가 수반되지 아니하고 물품 등의 이동이 있는 경우에 대하여는 지식경제부장관의 인정을 받도록 하고 있다(시행령 동조 1항 3호).

(8) 전략물자수출입

"전략물자"라 함은 국제평화와 안전유지, 국가안보를 위하여 필요하다고 인정하여 지식경제부장관이 별도로 정하여 공고하는 물품 등을 말한다. 즉, 군사용으로 전용될 가능성이 있는 일반 산업용물자, 무기류 등 방위산업물자, 플루토늄 등 핵관련 장비와 물자로서 공산권국가에 대한 코콤(COCOM)이 정한 수출금지목록상의 148개 품목군 약 1,200여개 품목을 말한다.

전략물자를 수출하고자 하는 자는 지식경제부장관이 정하는 바에 따라 전략물자를 관장하는 관계 행정기관장의 수출허가를 받아야 한다.

또 지식경제부장관은 전략물자를 수입하고자 하는 자가 그 수입증명서의 신청을 하는 경우에는 이를 발급할 수 있다(대외무역법 제21조 1항).

(9) 산업설비수출

"산업설비수출"이라 함은 농업, 임업, 어업, 광업, 제조업, 전기·가스·수도사업, 운송, 창고업과 방송·통신업을 영위하기 위하여 설치하는 기계, 장치 및 기타의 대외무역법시행령이 정한 산업설비[29], 이러한 하드웨어(hardware)의 설치에 따른 소프트웨어(software)의 일괄수주방식에 의한 수출을 포함하는 포괄수출로서, 일명 "플랜트 수출"(plant exporting)이라고도 한다.

산업설비에 해당하는 수출을 하고자 하는 자는 대외무역법시행령이 정하는 바에 따라 지식경제부장관의 승인을 받아야 한다(동법 제22조 1항).

3. 기타거래방식의 수출입

(1) 중장기 연불방식수출

중장기 연불방식의 수출은 물품대금의 전부나 일부를 상당한 기간에 걸쳐 분할하여 받는 조건부계약에 의한 수출을 말한다. 이는 주로 금액이 큰 기계설비, 선박이나 항공기, 대형 플랜트 등의 수출입에 이용한다.

---

29) 대외무역법시행령이 정한 산업설비에는 철강재구조설비, 수상구조설비, 공해방지설비, 용수처리설비 및 해수담수화설비, 냉동 및 냉장설비, 공기정화설비, 저장탱크 및 저장기지설비, 송유설비, 정치식 운반하역설비, 정치식 건설용설비, 시험연구설비 등 모두 11종이 있다. 다만 해외건설공사의 일괄수주방식으로 수출하는 설비는 제외된다.

수출상은 수입상이 자금한도 때문에 일시에 대금을 전액 지급하지 못하므로 대개는 이러한 장비를 수출하는 나라의 무역금융기관으로부터 장기저리의 융자를 받아 수출하게 된다. 우리나라도 중화학공업제품이나 선박 및 플랜트 수출에 대하여는 한국수출입은행의 장기저리융자가 가능하다.

(2) 팩토링 방식수출

"팩토링"(factoring)이라 함은 제조업자가 구매자에게 물품 등을 외상으로 판매한 후 발생하는 매출채권을 팩토링 회사(factor)가 매입하면서 제조업자에게 대금회수, 채권관리, 전도금융 등의 혜택까지 제공하는 서비스를 말한다.

국제적으로도 세계 각국의 팩토링 회사가 수입상의 무역대금지급을 보증해 주고, 수출상에 대하여도 전도자금을 제공함으로써 수출대금회수를 보장하고 자금부담을 덜어주는 금융기법을 사용하고 있다.

즉, 팩토링 방식수출은 수출상이 자국의 수출팩터와 팩토링 거래약정을 체결하여 수입상에 대한 신용조사를 부탁하고 수출팩터는 수입팩터와의 거래약정을 통하여 수입상의 신용조사를 의뢰하고 그 결과를 바탕으로 수출상은 수입상과 체결한 계약물품 등을 선적한 후 수출채권을 발행·양도하면 수입상이 그 만기일에 수입대금을 지급하는 방식이다.

팩토링 방식은 수출상에게는 대금회수에 관한 신용위험이 없고 필요시 팩토링 회사로부터 전도자금과 다양한 정보서비스를 받을 수 있으며, 수입상에게도 신용장개설에 따른 수입담보금 등의 예치부담을 덜 수 있는 장점이 있다.

(3) 포페이팅 방식수출

"포페이팅"(forfaiting)이라 함은 현금을 지급받는 대가로 채권을 포기 또는 양도한다는 뜻으로서, 수출거래에서는 화환어음이나 약속어음을 이전 소지인에게 소구함이 없이 고정이자율로 할인하는 금융기법을 말한다.

따라서 수출상은 수입상과의 매매계약에 따라 선적한 후 연지급어음을 채권매입업자(forfaiter)에게 할인 매각하여 현금화하면, 어음소구권 행사가 금지되므로 나중에 수입상이 지급불능되더라도 수출대금을 환불할 염려가 없다.

(4) OEM 방식수출

OEM (original equipment manufacturing) 수출은 주문자의 상표를 붙여 생산하고 수출하는 방식을 말한다. OEM 수출은 수출국의 입장에서는 수출확대와 기술축적의 계기가 될 수 있으나, 수출국의 상품에 대한 고유의 브랜드 이미지를 제고하거나 독자적인 수출시장의 개척이 어렵다는 단점도 있다.

(5) BWT 방식수출

BWT (bonded warehouse transaction : 보세창고거래) 수출은 수출상이 자신의 위험과 비용으로 현지정부의 허가를 받아 설치한 보세창고[30]에 물품 등을 무환으로 반입한 후 현지의 지점이나 출장소 또는 대리점을 통하여 판매하는 방식을 말한다. 물품은 수입지에서 수입통관하지 않으므로 관세나 내국세의 부담이 없고 현지의 시장상황에 따라 고객을 골라 수시로 판매할 수 있다.

(6) 녹다운 방식수출

녹다운(knock-down) 수출은 완제품을 수출하는 것이 아니라 조립할 수 있는 시설과 능력을 가지고 있는 거래처에 부분품이나 반제품의 상태로 수출하고 실수요국에서 제품을 완성하도록 하는 현지조립방식의 수출을 말한다.

녹다운 방식은 자동차·전자제품 등 주로 기계류 수출에서 볼 수 있는데, 특히 수입국에서 완제품에 대한 수량제한이나 높은 수입관세를 부과할 때 이를 피하여 시장에 침투할 수 있는 방편으로 이용하기도 한다.

(7) 기술수출

기술수출(export of technology)은 거래대상이 물품이 아니고 기술의 국제적 이전을 수출이라는 관점에서 본 개념이다. 즉, 기술료(royalty)의 취득을 목적으로 외국 거래처와 라이센스계약을 체결하고 특허권(patent), 상표권(trademark), 의장권(design), 실용신안권(utility model), 노하우(know-how), 저작권(copyright) 등의 각종 지식재산권을 판매하는 수출을 말한다.

기술수출은 WTO 출범 후 산업기술이나 노하우 등이 하나의 독립된 국제거래의 대상으로 관리·부상함에 따라 점차 중요한 의미를 가지고 있다.[31]

---

30) 우리나라는 현재 파나마의 Colon, 네덜란드의 Rotterdam 등에 이러한 BWT 수출목적의 보세창고시설을 허가받아 설치·운영하고 있다.

31) 기술수출에 관하여는 이 책의 제3편 제1장에서 상세히 설명하고자 한다.

CHAPTER 3

해외시장조사와 무역협상

제 1 절 해외시장조사

1. 해외시장조사의 의의

물품 등의 수출입을 위하여는 해외시장조사(overseas market research)가 필수적이다. '지피지기백전백승'(知彼知己百戰百勝)이라는 말이 있듯이 무역거래를 성공적으로 수행하기 위하여는 상대방에 대한 철저한 분석이 필요하다.

해외시장조사는 무역업체가 해외시장의 환경과 동향을 조사하고, 고객이 원하는 바를 파악하는 시장조사를 말한다. 즉, 해외의 어디에 잠재구매력을 가진 고객이 있으며, 그들은 어떠한 상품을 선호하는지를 조사하는 것이다.

해외시장조사의 목표는 자신의 물품 등을 어느 때에 어느 곳에서 어떻게 판매하여야 유통비용을 최소화하고 가장 비싼 값을 받고 가장 많이 판매할 수 있는지 등을 과학적으로 조사·연구·분석하는 것이다.

즉, 물품 등의 수출입을 위하여는 먼저 목적시장부터 찾아야 한다. 목적시장을 찾기 위하여는 해외 여러 지역의 가능성이 있는 시장을 대상으로 거래와 관련된 항목을 서로 비교·검토하는 절차가 선행되어야 한다.

그러나 해외시장조사는 지리적인 위치, 상관습, 언어·문화 등의 차이로 인하여 국내시장에 비하여 많은 어려움이 있으므로, 누가 더 충실하고 정확한 조사를 하느냐에 따라 시장진출의 성공과 거래의 성사 여부가 가려진다.

결국 시장조사를 통하여 목적시장을 결정하고 그 시장에서 상대할 거래처를 선정하게 된다는 점에서 해외시장조사는 수출입거래의 성공 여부를 가늠할 수 있는 첫 단계로서 그 중요성이 매우 크다고 할 수 있다.

2. 조사항목과 조사방법

(1) 시장조사항목

해외시장조사는 마케팅 활동의 기초가 되기 때문에, 조사내용도 목표시장의 정치·경제·사회적 항목에 대한 일반조사를 하고, 예상지역의 고객·상품·판매경로·결제방식 등의 항목에 대한 세부조사를 실시해 나가야 한다.

가. 일반적 조사항목

해외시장에 관한 정보자료는 불완전하고 신빙성이 떨어지는 경우가 많으나, 소수의 자료를 기초로 여러 국가의 시장상황을 비교·분석하는 것이기 때문에 우선 간결한 조사항목을 지정하여 개괄적인 검토가 필요하다.

① 대상국가의 지리·자연적 조건을 파악하여야 한다. 즉, 대상국가의 위치, 면적, 기후, 거리, 도시의 분포상황 등을 조사한다.

② 정치·경제적 조건을 조사해 보아야 한다. 대상국가의 정치적 위험도와 재정·금융사정, 국민소득, 국제수지, 조세체제, 주요자원, 산업구조, 국내외 투자현황 등의 경제적 조건에 관하여 조사한다. 특히 대상국가의 대외무역에 관한 사항, 즉 품목별·지역별 수출입규모, 수출입규제, 외환관리, 관세율, 환율, 항만·운수사정, 상관습 등의 실태를 파악해 두어야 한다.

③ 사회적 조건에 대한 조사가 필요하다. 대상국가의 시장을 형성하고 있는 주민의 생활습관, 풍습, 총인구와 인구증가율, 종교와 인종, 언어와 교육정도, 정보화의 수준 등에 관하여도 조사·검토하여야 한다.

이상의 지리적 조건, 정치·경제적 조건, 사회적 조건 등에 관련된 여러 가지의 기초자료는 목적시장의 잠재적 구매력을 측정하고 이를 상호 비교·검토하여 목적시장의 적합성을 판단하는데 도움을 준다. 대상국가가 해당 물품의 목표시장으로서 적합한가는 이들 기초자료만으로도 짐작할 수 있다.

나. 특수조사항목

해외시장조사의 다음 단계는 주로 상품의 판매효과에 관한 조사이다. 즉, 목적시장에서 특정 물품이 갖는 품질·가격·납기·결제·유통경로 등의 적합성 내지 판매경쟁력에 대하여 더 세밀하게 조사·분석해 보아야 한다.[1)]

① 목적시장에 적합한 품질(quality)에 관하여 조사한다. 물품의 사용효과와 편의성 등을 검토하여야 한다. 물품의 사용목적, 사용계층과 미래의 개량방향

1) 양영환·오원석, 무역상무론, 법문사, 2002, pp. 37~42.

등을 파악하기 위하여 물품의 크기 · 모양 · 중량 · 상표 · 색상[2] · 포장 등에 대한 적합성과 함께 상품화 계획의 적응화에 관한 조사이다.

② 목적시장에 적합한 가격(price)에 관하여 조사한다. 수출상의 가격경쟁력은 목적시장까지의 물품이동에 따른 비용요소를 산출해 보면 된다. 즉, 해상운임과 보험료, 내륙운송비, 내국세와 수입관세, 창고료 등을 고려하여 경쟁제품과 비교해 봄으로써 가격경쟁력의 유무를 확인할 수 있다.

③ 적합한 납기(validity)에 관하여 조사한다. 특히 주문생산방식의 경우에는 기존의 규격이나 색상으로 그 취미 · 기호를 맞추기가 어렵다. 주문생산으로 선적하는 경우에는 납기조건이 위탁판매 등에 의한 인도시기와는 큰 차이가 있기 때문에 이에 대한 조사를 하여 납기적합성을 점검하여야 한다.

④ 적합한 결제방식(payment)에 관하여 조사한다. 목적시장에 따라 L/C 방식, D/A나 상호계산(open account) 중에 어느 것이 유리하고 관습적으로 적합한 지를 조사하여야 한다. 수출상의 입장에서는 자신의 결제방식을 고집하지 말고 객관적이고 냉정하게 목적시장의 관습이나 경쟁자의 결제조건 등을 조사 · 검토하여 그 시장에 적응가능한 결제방식을 선택하여야 한다.

⑤ 적합한 유통경로(channel of distribution)에 관하여 조사한다. 목적시장에서 수출상과 수입상 본인의 직접거래(principal), 또는 대리점(agent) · 판매점(distributor) · 특판점(franchise holder) 등 여러 가지의 유통경로 중에 어느 것이 시장적응성이 있는지 조사하여야 한다.

목적시장에서 수출상의 경쟁력은 수입상, 판매점, 도매상, 소매상 및 최종소비자가 물품의 우수성을 인정할 때 비로소 확립될 수 있다. 이러한 의미에서 목적시장에 대한 유통기반의 확립은 바로 판매증진의 기반이 된다.

이상의 조사내용에 대한 결과를 바탕으로 검증절차를 거치는 것이 좋다. 즉, 현장에서의 시험주문(trial order)이나 견본주문(sample order)을 통하여 시장테스트를 해 본다. 실험조사는 과학적 방법이나 기준 등이 검토되어야 한다.

(2) 시장조사방법

해외시장조사는 무역업자가 자사의 해외지점이나 주재소의 직원을 파견하여 직접 정보를 수집하여 조사하는 직접조사, 무역유관기관이 발행하는 조사자료 등을 수집하여 조사하는 간접조사, 해외의 전문조사기관에 위탁하여 조사하는

2) 예컨대 회교국가에서는 노랑(yellow)을 금기하지만 남미국가에서는 노랑을 좋아하고 중국에서도 노랑과 빨강을 좋아하며, 동남아에서는 흰색과 청색을 슬픔으로 여긴다.

위탁조사, 그리고 인터넷 검색엔진을 이용한 인터넷 조사 등이 있다.

가. 직접조사

직접조사의 한 방법은 ① 무역업자의 해외지점·출장소·주재소 등을 이용하여 현지의 신문·잡지·TV 등에 보도되는 시장정보를 입수하거나 상대방과 꾸준히 접촉하도록 하여 신속하고 기민한 정보를 얻는 것이다.

② 상대국의 목적시장에 직접 방문하는 출장조사가 있다. 이는 조사비용이 많이 들기는 하지만, 무역업자의 입장에서 주관적이고 감각적인 시장정보를 직접 얻을 수 있는 가장 정확한 방법이라고 할 수 있다.

출장조사에는 i) 한 회사만의 단독출장조사, ii) 업계에서 파견하는 시장조사단에 참가하는 공동출장조사, iii) 해외에서 개최하는 국제무역박람회(international trade fair) 등에 참가하는 전시출장조사 등으로 나눌 수 있다. 특히 국제무역박람회의 참가는 거래를 원하는 대상물품 등과 관련이 깊은 전세계의 동종업자들과 접촉할 수 있기 때문에 정보를 직접 입수할 수 있다.

목적시장의 조사방문시에는 현지의 대사관, 공관 또는 무역관에 최대한 협조를 구하고 목적지역의 상업회의소나 유관기관의 협조를 받는 것도 바람직한 방법이다. 이 방법은 현지의 유력한 수입상이나 도매상을 직접 방문하여 조사하는 과정에서 거래관계가 형성될 수도 있는 이점이 있다.

③ 해외거래처를 이용한 시장조사가 있다. 무역거래는 상호 이익의 의존관계에서 성립하는 것이기 때문에 거래상대방의 정보제공에 대하여 이쪽에서도 상대방에게 필요한 정보를 제공하여야 할 것이다.

나. 간접조사

간접조사의 한 방법은 ① 주한 외국대사관이나 영사관 또는 외국에 주재하는 우리나라의 공관, 외국의 상업회의소 또는 우리나라의 대한상공회의소나 한국무역협회 등에 의뢰하여 목적시장의 정보를 입수하는 방법이 있다.

② KOTRA를 통하여 시장조사를 하는 방법이 있다. KOTRA는 세계 각국에 무역관과 사무소를 두고 있으므로, 시장조사의 정확·신속성에 정평이 있고, 해외정보나 시장조사의 결과를 각종 간행물, 보고서나 자료로 공표하고 있다. 해외에 지점이나 주재소가 없는 중소업체의 경우 이용도가 매우 높다.

해외시장조사에 필요한 기초자료는 한국무역협회나 관세청 또는 KOTRA의 자료실에 비치된 '무역통계', 지역별로 구분된 '무역동향' 등을 활용하면 대상지역의 개괄적인 시장정보를 입수할 수 있을 것이다.

③ 해외의 광고회사를 통하여 시장조사를 할 수 있다. 만약 조사대상지역의 광고회사가 국내의 광고회사와 업무제휴로 사업을 하고 있을 경우 국내의 광고회사에 현지시장조사를 의뢰할 수 있다.

④ 국내외의 각종 무역통계자료, 예컨대 UN의 'Yearbook of International Statistics', IMF의 'International Financial Statistics', OECD · IBRD 등의 일반경제통계, 관세청의 '무역통계연보' 등을 이용한 조사방법도 있다.3)

다. 위탁조사

국내외의 전문조사기관에 조사항목을 명시하여 비용부담을 조건으로 시장조사를 위탁하는 방법으로서, 특정시장이나 특정물품에 대한 전문적이고 철저하며 상세한 시장조사를 기대할 수 있다. 외국의 전문조사기관으로는 ① Booz Allen & Hamilton, ② Mckinsey & Co., ③ Dun & Bradstreet 등이 있다.

라. 인터넷 조사

해외시장조사에 인터넷 검색엔진(search engine)을 활용하면 보다 정확하고 많은 양의 유익한 정보를 짧은 시간내에 효율적으로 얻을 수 있다. 인터넷 시장조사에 관하여는 이하 인터넷 마케팅 항목에서 상세히 살펴보고자 한다.

3. 인터넷 마케팅

해외 파트너의 발굴은 앞서 본 바와 같은 전통적인 마케팅조사뿐만 아니라, 인터넷을 이용한 자료검색과 광고기법을 병행하면서 파트너를 찾는다면 보다 정확하고 효율적인 정보를 바탕으로 무역거래를 성사시킬 수 있을 것이다.

(1) 인터넷 검색

검색엔진(search engine)은 인터넷에 무수히 널려 있는 정보를 찾아주는 도구이다. 그러나 검색엔진을 사용하는 자가 각 검색엔진에 익숙해 있지 아니하면 인터넷을 통하여 자신이 원하는 정보를 찾을 수 없으므로, 검색엔진을 사용하여 원하는 정보를 찾으려면 다음과 같은 순서에 따라 접근하여야 한다.

먼저 대상정보를 선정하고 익숙한 검색엔진을 작동시킨다. 여기에 주제어를 입력하여 검색결과를 확인한다. 그런데 검색된 사이트가 너무 많으면 의미가 없으므로, 검색어를 한정할 필요가 있다. 단어 하나보다는 몇 개의 검색어로

---

3) 강원진, 국제상무론, 법문사, 2000, pp. 14~15.

접근하고, 여러 검색엔진보다는 몇 개의 검색엔진만을 잘 이용하는 것이 바람직하다. 검색엔진의 일반적인 유형을 간단히 알아보면 다음과 같다.

① 주제별 검색엔진으로서 이는 디렉토리 서비스라고도 한다. 주제별 검색엔진은 인터넷에 산재되어 있는 정보를 큰 영역의 주제로 나누어 원하는 정보를 찾을 수 있게 하므로 초보자들에게 사용하기가 편하다.

② 단어별 검색엔진으로서 원하는 정보를 가지고 찾아가는 방법으로, 이는 주로 검색 로봇을 이용하여 웹사이트에 관한 많은 정보를 찾아내어 주기 때문에 다량의 정보를 빠르게 찾을 수 있다.

③ 문장 검색엔진으로서 단어의 개념을 넘어 문장으로 원하는 정보를 검색할 수 있는 서비스이다. 즉, 문장으로 검색어를 입력하면 로봇이 문장을 인식하고 각 검색엔진에서 관련정보를 가져와 사용자에게 제공해 준다.

④ 메타 검색엔진으로서 자체적으로는 웹사이트의 정보를 가지고 있지 아니하지만, 메타 검색로봇을 이용하여 다른 검색엔진의 정보를 가져와 검색결과를 나타내는 방식이므로 여러 검색엔진을 돌아다닐 필요가 없어 좋다.

특히 해외시장에 관련된 정보, 무역업 관련정보, 수출입통계, 무역거래관습 등은 관련기관이나 업계의 웹사이트를 이용하면 쉽게 알아 볼 수 있다.[4)]

〈기업정보 사이트〉

1. 국내외 종합편

www.123link.com
www.quicken.com
www.worldpages.com
www.manufacturing.net
www.kinds.or.kr
www.comfind.com
www.wsdinc.com
www.newspage.com
www.wisedb.co.kr

2. 미주 지역

www.bigbook.com
www.classifieds2000.com
www.edgar-online.com
www.hoovers.com
www.companylink.com
yp.yahoo.com
www.bigyellow.com
www.databaseamerica.com
superpages.gte.net
www.marketguide.com
www.switchboard.com
www.ctidirectory.com

4) 서정두, 국제무역계약, 삼영사, 2001, pp. 544~545.

3. 유럽 지역

www.europages.com
www.milfac.co.uk
www.ukpages.co.uk
www.euromktg.com
www.thebiz.co.uk
www.gelbe-seiten.de/btbs.htm

4. 아시아 지역

www.jwindow.net
www.nyp.com
townpage.pearnet.org
www.dragonweb.com

(2) 무역중개 사이트

해외시장의 파트너를 찾는 방법으로서 각국의 수출입중개 사이트 또는 유즈넷에 자사의 제품이나 회사를 홍보하는 방법, 자사의 제품을 원하는 사람들의 사이트를 찾아내거나 유명 사이트에 Banner 광고를 하거나 웹사이트상의 사이버 박람회 등에 스폰서로 적극 참여하는 방법 등을 생각해 볼 수 있다

〈수출입중개 사이트〉

1. 포탈서비스형

www.silkroad21.com(무역투자진흥공사)
home.smipc.or.kr(중소기업진흥공단)
www.cytra.co.kr
www.tradepost-chat.com
www.asiansources.com
www.sinosource.com
www.imex.com
www.planetbiz.com
www.ibf.com
www.onlineleads.com
www.wtdb.com
www.ec21.net(한국무역협회)
www.ecplaza.net(한국무역정보통신)
www.tpage.co.kr
www.tradetoday.co.kr
www.chinabig.com
www.tradezone.com
www.digilead.com
www.atnworld.com
www.trade-express.com
www.wbc.com
www.golden-trade.com

2. 지역 · 품목특화형

www.wtvusa.com
www.asiannet.com
www.frenchfoodfinder.com
www.egtrade.com
www.webindia.com
www.fashiontextile.com

3. Agent of Agent

www.leadsgrabber.com
www.golden-trade.com
www.digilead.com
www.yellowpage.com.tw

특히 무역중개 사이트는 해외 바이어들이 연간 200만 명 이상 방문하는 등 대성황을 이루고, 중소기업의 해외시장개척에 큰 도움을 주고 있다.

EC 21은 한국무역협회에서 국내업체들의 효율적인 거래처 발굴과 제품홍보를 돕기 위하여 마련하였다. KOTIS도 역시 무역협회에서 제공하는 무역/비즈니스 정보서비스 전문사이트로서, 국내의 수출입 동향과 무역통계, 무역실무정보 등 종합적인 무역관련 정보를 데이트 베이스로 구축하고 있다.

Silkroad 21은 KOTRA와 지식경제부 등의 무역관련기관이 우리나라의 종합 무역포탈사이트를 구축하기 위하여 만든 사이트이다. 특히 이 사이트는 중국과 일본의 무역중개 사이트와 통합하여 동아시아 무역포탈사이트로 출범시키고자 하는 CJK 프로젝트에도 주도적으로 참여하고 있다.

(3) 인터넷 광고

인터넷 광고는 웹사이트를 통하여 자신의 상품을 알리는 광고를 말한다. 이를 위하여는 웹사이트 자체를 홍보하거나 다른 웹사이트에 광고를 게재하여야 한다. 즉, 오프라인 미디어인 신문·잡지·TV 등의 광고란을 이용하거나, 온라인상의 Banner 광고 또는 e-Mail을 활용한 광고방법 등을 생각할 수 있다.

가. 배너(Banner) 광고

Banner 광고는 널리 알려진 웹사이트에 광고문안을 올려놓음으로써 광고효과를 얻고자 하는 것을 말한다. 웹사이트를 통한 광고효과를 높이기 위하여는 누구나 방문의욕이 생기도록 웹사이트를 잘 디자인하여야 한다. 이러한 것을 지향하는 웹사이트가 포탈사이트이다. 여기에서는 다양한 서비스를 제공하기 때문에 한 번 방문하면 종합적인 정보서비스를 받을 수 있다.

또 인터넷을 서핑하다 보면 페이지가 바뀌는 순간 광고페이지가 팝업되는 경우가 있는데, 이것은 기존의 Banner 광고의 한계가 공간 부족으로 충분한 정보를 전달할 수 없다는 단점을 보완하기 위하여 생긴 광고기법이다.

나. 이메일(e-Mail) 광고

e-메일은 무역업무를 위해 반드시 이용하여야 한다. e-메일은 상품광고에서

부터 파트너에게 연락하고 무역계약으로까지 성사시킬 수 있는 획기적인 수단이다. 문제는 목적하는 파트너들의 e-메일 주소를 확보하는 일이다.

거래가능성이 큰 사람들의 e-메일 주소를 알아낼 수 있는 방법은 먼저 관련 사이트를 찾아내어 각각의 e-메일 주소를 알아내거나, 또는 각국의 무역관련 기관을 통하여 e-메일 주소를 입수하는 방법을 생각해 볼 수 있다.

확보한 주소들의 메일링 리스트(mailing list)를 만들어 관리하면서 동일한 내용의 광고를 e-메일로 여러 파트너들에게 동시에 발송하면 그만큼 시간과 비용을 절감하면서 효과적인 마케팅을 할 수 있을 것이다.

e-메일 광고는 목적하는 파트너에게 가장 확실히 전달된다는 장점이 있다. 최근에는 웹상의 ID를 검색하는 프로그램을 개발하여 Target 광고를 하기도 한다. 그러나 e-메일 광고는 스팸 메일로 법적 제재를 받을 수 있다.

다. 뉴스그룹(NG) 광고

가장 적은 비용으로 광고하여 거래 파트너를 찾아내는 방법은 바로 뉴스그룹 또는 유즈넷(use net)을 활용하는 것이다. 유즈넷은 전세계에 광범위하게 분포된 사람들을 연결하여 특정주제에 관심이 있는 사람들끼리 공개토론을 하면서 만들어 가는 동호인 모임과 토론방을 합쳐 놓은 개념을 말한다.

뉴스그룹의 특징은 특정주제를 가진 사람들만이 모여 공동체를 만들어 가고 있다는 점이다. 따라서 뉴스그룹에 글을 올리는 것은 불특정 다수를 대상으로 정보를 교환할 수 있으므로, 인터넷을 이용하여 마케팅을 할 경우 판매와 구인 정보뿐만 아니라 시장조사 등과 같은 다양한 용도로 사용할 수 있다.[5)]

제 2 절 거래처 선정과 무역협상

해외시장조사를 통하여 목적시장이 결정되면 그 시장에서 믿을 만한 거래처(counter party)를 선정하여야 하고, 대상기업에 대한 신용조사(credit inquiry)를 거쳐 양호하다고 판단되면 직접 거래형태와 조건에 대한 무역협상(negotiation)을 시작하여 합의된 사항은 양해각서(MOU) 등의 기록으로 보존한다.

5) R. Kalakota & A.B. Whinston, *Electronic Commerce*, Addison-Wesley, 1997, p. 75.

1. 거래처의 선정

해외거래처를 선정하는 방법으로는 상공인명부 · 해외광고 · 국내외 공공기관 등의 이용, 해외출장과 각종 행사의 참가, 구매권유서의 발송 등을 모색해 볼 수 있으며, 또 최근에는 인터넷을 활용한 발굴방법도 많이 이용하고 있다.

(1) 상공인명부의 이용

거래처를 선정하는 가장 쉬운 방법은 상공인명부(directory)를 이용하는 것이다. 상공인명부에는 업종별 · 품목별로 업체명, 주소, 전화 · 팩스번호, 인터넷 홈페이지 등이 명시되고 거래지역과 영업실적 등이 포함된 것도 있다.

즉, 세계적인 Trade Directory나 Yellow Page 등의 간행물을 통하여 해당 품목을 취급하는 업체명단을 입수하여 그 중에 몇몇 잠정적인 후보거래처를 지정한 다음 거래제의서와 홍보물을 발송하여 거래관계를 갖는다.

현재 전세계적으로 가장 널리 이용하고 있는 상공인명부로는 ① Kelly's Directory of Merchants, Manufacturers & Shippers of World (London), ② Dun & Bradstreet Reference Book (N.Y.), ③ World Marketing Guide, ④ Kompas Register, ⑤ Stores of the World, ⑥ Bottin Mondial, ⑦ Maiers Addressbuch der Exporteure und Importeure 등이 있다.

(2) 해외광고의 이용

해외거래처를 선정하기 위한 기초단계로 해외홍보용 제품 카탈로그(catalog) 또는 리플렛(leaflet)을 제작하여 예상되는 거래처에 배포하거나 국내의 해외홍보매체 등에 자사 상품을 게재하여 거래처를 물색할 수 있다.

카탈로그 또는 리플렛의 제작은 세심한 사전계획에 따라 광고전문가의 도움을 받아 제작하여야 하며, 내용도 상품의 정확한 규격 · 용도 · 재질 등 제품의 차별성에 주안점을 두고 구매욕구를 자극할 수 있도록 하여야 한다.

또 홍보효과의 극대화를 위하여는 적정 배포처를 선정하는 것이 중요하다. 적정 배포처는 지역별 상공인명부, 주한 외국공관의 Buyer List, 한국무역협회나 KOTRA의 거래알선목록 등을 활용하여 선정하는 것이 바람직하다.

특히 국내에서 발행하는 수출유관기관의 해외홍보매체를 통한 상품광고는 홍보비용의 절감과 홍보의 효율성 면에서 상당한 효과를 얻을 수 있다. 대표적인 해외홍보매체로는 한국무역협회의 Korea Export, Korea Trading Post

등, KOTRA의 Korea Trade, Korea Trade Business 등이 있으며, COEX 사나 Buyers Guide 사가 발행하는 홍보매체도 이용할 수 있다.

(3) 공공기관의 이용

WTCA (World Trade Center Association : 세계무역센터협회), 무역관련기관, 각국의 상업회의소 등에 의뢰하여 거래처를 소개받는 방법이 있다.

즉, 무역관련 국내기관으로서 한국무역협회의 거래알선 서비스를 받는 방법, 세계 각국에 무역관을 운영하고 있는 KOTRA에 의뢰하여 거래처를 소개받거나, ICC (International Chamber of Commerce : 국제상업회의소)에 가입되어 있는 대한상공회의소를 이용하거나, 기타 우리나라의 재외공관 등에 알선협조를 의뢰하여 거래처를 소개받을 수 있다.

(4) 해외출장과 행사참가

해외의 목적시장에 직원이 직접 출장을 나가거나 무역관련기관이 주선·파견하는 각종 민간무역사절단, 해외박람회 또는 전시회 등에 참가하는 방법으로 거래처를 물색하거나 예상거래처와의 관계를 더욱 공고히 할 수 있다.

해외출장시에는 현지에서 배포할 제품 카탈로그, 견본, 구매권유서, 청약서(offer sheet), 담당자 명함(name card) 등을 충분히 준비하여야 한다.

특히 한국무역협회가 총괄하여 파견하는 민간무역사절단 또는 KOTRA에서 주관하여 참가하는 해외박람회나 전시회는 각종 경비의 지원뿐만 아니라 현지 무역관의 사전홍보를 통한 거래처와의 상담혜택도 받을 수 있다.

(5) 거래제의서의 발송

후보거래처를 지정한 경우에는 대상업체 앞으로 거래제의서(business proposal)를 발송하는 방법도 효과적이다. 거래제의는 불특정다수에게 광고형식으로 하는 경우도 있지만, 통상 후보업체 앞으로 개별적인 구매권유서(circular letter)의 형식으로 작성하여 발송하는 방법을 많이 활용하고 있다.

예시 1-1 거래제의서(Business Proposal)

SEOUL TRADING CO., LTD.

11th August, 20XX

Gentlemen :

We have learned through the U.S. Embassy in Korea that you wish to deal with exporters of ceramic wares in this country.

We take this opportunity to inform you of our position in the trade and express our desire to establish business connections with you.

We can state that for more than 30 years we have been engaged in shipping various kinds of ceramic wares, and have a considerable number of customers in your country.

Our wide and close connections with the best sources of supply of this country give us confidence that we can meet any requirements.

The particulars of our terms and conditions will be provided upon request.

Enclosed is our latest catalog. We are always willing to forward you samples and quotations.

For any information you require regarding our business status, please contact the Commercial Bank of Korea, Seoul.

Awaiting your reply as soon as possible.

Very truly yours,

거래제의서는 면식이 없는 외국업체에 자사를 소개하는 만큼 좋은 인상으로 거래를 시작할 수 있도록 정중하게 충분한 내용을 포함하고 있어야 한다.

즉, 〈예시 1-1〉과 같이 ① 상대방을 알게된 경위와 거래관계의 희망, ② 자사의 취급품목과 영업실적 및 신용상태, ③ 제공가능한 기본거래조건, ④ 자사의 신용조회처(credit reference)와 회신요망사항 등을 포함하고 있어야 한다.

2. 신용조사

(1) 신용조사의 의의

후보거래처의 신용상태(credit standing)에 관한 확인은 정식계약관계를 맺기 전에 반드시 거쳐야 할 중요한 항목이다. 왜냐하면 무역거래는 국내거래와 비교할 수 없을 만큼 신용위험이 크기 때문이다. 예컨대 수입상이나 지급은행의 파산에 의한 지급불능, 전쟁·천재지변·동맹파업 등의 비상위험, 수입상의 불법행위나 고의적 부도 또는 지급거절 등도 예상할 수 있다.

물론 이러한 신용위험(credit risks)에 대하여 신용장제도나 무역보험제도 등의 대비책이 있고, 대리점을 통한 계약체결의 경우 대리점과 지급보증계약을 체결하여 신용위험을 대리점에게 전가시키는 방법도 있다.

그러나 이러한 보장제도는 근본적인 해결책이 될 수 없다. 가장 근본적인 대책은 거래처를 선정하는 단계부터 재정상태나 평판 및 영업능력 등에 관한 신용조사를 철저히 하여 문제가 없는 상대방과 거래를 시작하는 것이다. 물론 신용조사는 거래관계의 성립 후에도 정기적으로 실시하는 것이 좋다.

무역거래는 거리나 제도·법률 등의 여러 가지 사정에 어려움이 있으며, 심지어 고의로 클레임을 제기할 생각으로 거래를 시작하는 Claims Hunter도 허다하다. 신용조사는 이러한 악덕상인을 미리 파악하는데 도움이 된다.

특히 대금회수가 어느 정도 안전한 L/C 방식보다 D/P 또는 D/A 계약서 베이스로 거래할 경우에는 신용조사의 필요성이 더욱 크다고 할 수 있다.

(2) 신용조사항목

신용조사(credit inquiry)에서 필수적인 조사항목으로 인식되는 것은 대상기업의 도덕성(character)·자본(capital)·경영능력(capacity) 등의 3가지이다. 이들을 일컬어 신뢰도 측정요소로서의 영문 첫 글자를 빌어 3 C's 라고 한다.

가. 도덕성(character)

개인에게 인격이 중요하듯이 영리를 목적으로 하는 기업에게도 개성(personality), 성실성(integrity), 평판(reputation), 영업태도(attitude toward business), 채무변제의 이행의지(willingness to meet obligation), 기업윤리나 기업의 사회적 책임 등의 도덕성이 기업의 중요한 신용척도가 된다.

무역거래에 빈번한 마켓클레임(market claims)이 악의적 상도덕에서 비롯되기 때문에, 도덕성은 신용조사의 가장 중요한 항목으로 보고 있다.

특히 대금결제에 대한 성의는 기업의 자금상태나 영업실적보다 경영진의 도덕성과 성실성에 의존하는 경우가 많으므로 이 항목에 중점을 두어야 한다.

나. 자본(capital)

이는 대상업체의 재정상태(financial status), 즉 수권자본(authorized capital)

과 납입자본(paid-up capital), 자본과 부채의 비율, 영업결과에 따른 이익과 손실 등 현재 또는 미래의 자본력을 점검하는 항목을 말한다.

기업의 자본상태를 조사하기 위하여는 일반적으로 재무제표(financial statements)를 확인하게 되는데, 그 대표적인 것이 대차대조표(balance sheet)와 손익계산서(income statement)이다. 그렇지만 경우에 따라서는 이러한 자료의 입수가 곤란할 수 있고 자료 자체의 신빙성이 떨어지는 경우도 있다.

다. 경영능력(capacity)

이는 대상업체의 연간매출액(turn-over), 기업의 형태, 취급업종, 연혁 내지 경력, 영업권(goodwill), 장래성 등의 영업능력에 관한 항목을 말한다. 현재에는 건실하고 양호한 재정상태에 있다고 하더라도, 장래성이 없는 업종이나 경영진의 경영능력이 떨어진다면 장기적인 기업전망이 밝다고 할 수 없다.

이상의 3 C's 이외에도 시장상황(condition), 담보능력(collateral), 거래통화(currency), 소속국가(country) 중에 한 두 항목을 추가하여 4 C's 또는 5 C's 라고 한다. 최근에는 수출무역의 경우 이들 중에 특히 Condition에 대한 검토의 필요성이 강조되어 4 C's가 일반적인 신용조사의 항목이 되고 있다.

이는 대상기업이 소재하는 국가의 정치적 불안, 경제 · 재정 · 금융정책상의 장해요인, 법률적 규제, 통관 · 운송시설 등을 점검하는 항목을 말한다.

예시 1-2 신용조사의뢰서(Credit Inquiry)

SEOUL TRADING CO., LTD.

1st April, 20XX

Gentlemen :

Your bank was given as a credit reference by Messrs Abdul Waheed Schiek of Bonfield Lane, Calcutta, who have offered their services as our agents in India.

We would appreciate it if you inform us of their financial standing and reputation.

Any information provided by you will be treated as strictly confidential, and expenses will be paid by us upon receipt of your bill.

Your prompt reply will be appreciated.

Yours truly,

(3) 신용조사방법

신용조사는 은행조회처나 동종업자를 이용하는 방법, 저명한 상업흥신소를 이용하는 방법, 신용조사기관인 신용보증기금·한국무역보험공사·KOTRA 등을 이용하는 방법이 있으며, 나아가 신용조사도 인터넷을 통하여 할 수 있다.

가. 은행과 동종업자의 이용

상대방의 은행조회처(bank reference)나 자사와 오랜 거래관계의 동종업자(trade reference)를 통하여 신용조사를 하는 것이 가장 보편적이다. 상대방으로부터 받은 Trade Inquiry(상품조회)에 스스로 신용조회처를 명기하는 경우가 있고, 때로는 Letterhead(서두)에 거래은행이 인쇄되어 있는 경우도 있다.

그러나 현실적으로 해외은행에 신용조사를 의뢰하여도 만족할 만한 신용정보를 얻을 수 없는 경우가 많다. 왜냐하면 이들 은행이 대상업체의 정보파일을 가지고 있어도 잘 알지 못하는 타국의 조사의뢰인에게 비밀사항에 관한 신용보고서를 보내는 것을 원하지 않기 때문이다.

따라서 은행을 통한 신용조사는 조사의뢰인이 우선 국내은행을 통하여 상대국가의 은행조회처에 의뢰하는 방법을 취하는 것이 효과적이다. 이러한 방법은 2개의 은행이 개입하기 때문에, 조사의뢰인과 대상업체의 신용상태를 모두 파악할 수 있어서 은행의 입장에서도 안심하고 조사보고에 응할 수 있다.

나. 상업흥신소의 이용

상업흥신소(commercial agency)는 신용조사를 전문으로 하는 회사로서, 국내와 세계 전역에 통신원이나 조사원을 주재 또는 파견하여 현지조사를 하고 각국의 조사업체들과 정보를 교환하면서 전적으로 신용조사만 담당한다.

세계적으로 유명한 상업흥신소는 ① Dun & Bradstreet International(미국), ② Standard & Poor's(미국), ③ J.P. Morgan(미국), ④ Bradstreet British Ltd.(영국), ⑤ Auskunft W. Schimmelpfung(독일), ④ Tokyo Mercantile Agency(일본) 등이 신용조사 내지 신용평가기관으로 활동하고 있다.

특히 세계 최대의 정보회사인 Dun & Bradstreet International은 세계적인 신용평가기관인 Moody's Investors Service 등 20여개의 자회사를 거느린 정보 서비스회사로서 155년의 역사를 자랑하고 있다. 기업정보 분야에서는 독보적인 위치를 차지하고 있으며, 전세계 5,000만개 기업의 데이터 베이스와 120여개 국가의 리포트를 보유, 이를 지속적으로 관리하고 있다.

그런데 상업흥신소를 이용한 신용조사는 상당한 시일과 높은 조사비용이 소요되므로, 중소 무역업자들이 쉽게 이용할 수 있는 방법은 되지 못하고 주로 국제기업간의 M&A, 합작투자 등을 위한 신용조사에 이용한다.

다. 신용조사기관의 이용

국내에서 해외신용조사를 전문으로 제공하는 공공기관으로는 신용보증기금 · 한국무역보험공사 · KOTRA 등이 활동하고 있다.

특히 신용보증기금(Korea Credit Guarantee Fund)은 현재 미국의 Dun & Bradstreet International을 비롯한 전세계의 95개 신용조사 전문기관과 업무제휴를 통하여 최신의 정보를 제공하고 있다. 신용보증기금은 비영리공익법인으로서 국내기업의 신용보증업무, 무역업자의 해외신용조사, 중소기업의 경영지도와 투자정보, 신용자료의 종합관리 등을 주업무로 하고 있다.

또 한국무역보험공사의 무역신용정보센터는 국내 무역업자들이 필요로 하는 각종 해외 신용정보자료를 수집하여 제공하고 있다. 회원가입신청서를 기재하여 제출하면 무역신용정보센터 회원증을 교부받을 수 있다. 회원에게는 무역보험공사의 해외사무소, 해외건물신용조사기관, KOTRA 등과의 업무제휴를 통하여 입수한 해외의 수입상과 금융기관 등에 관한 정보를 제공한다.

나아가 국내외의 신용조사기관이나 정보회사의 인터넷 사이트를 이용하면, 의뢰인이 원하는 내용에 따라 무료 또는 유료로 신용조사를 제공받을 수 있다.

〈신용조사 사이트〉

www.shinbo.co.kr(신용보증기금)
www.sci.co.kr(서울신용정보)
www.nice.co.kr(한국신용정보)
www.beri.com
www.fitchibca.com
www.moodys.com
www.bankwatch.com
www.ksure.or.kr(한국무역보험공사)
www.kisline.co.kr(한국신용평가정보)
www.ac.com
www.dcrco.com
www.jpmorgan.com
www.standardandpoors.com
www.jcr.co.jp

3. 무역협상과 MOU 교환

(1) 무역협상의 의의

신용조사의 결과 만족스러우면 상대방이 취급하는 상품의 가격 · 품질 · 선적 · 결제 등의 거래조건에 대한 구체적인 문의, 즉 〈예시 1-3〉과 같은 상품조회(trade inquiry)를 하게 되는데, 상품조회는 무역협상의 시작이다.

협상은 우리 인간이 사회적인 삶을 영위하는 가운데 발생하는 문제와 갈등을 해결하는데 있어서 필수적인 과정이다. 이러한 맥락에서 국제거래도 당사자간의 협상결과로 이루어지며, 무역계약은 이러한 협상의 산물이다.

그러나 협상은 항상 만족스러운 결과를 가져오는 것은 아니다. 무역협상에서도 더 좋은 결과를 얻기 위하여는 협상기법과 철저한 준비가 필요하다.

"협상"(negotiation)이라 함은 어떠한 특정사안에 대하여 둘 이상의 당사자들간에 이해가 충돌할 때 상호간의 양보와 타협과 조정을 통하여 합의를 도출함으로써 문제를 해결해 나가는 과정을 말한다.[6)]

협상이 진행되기 위하여는 둘 이상의 협상당사자와 이해관계의 충돌인 협상대상이 존재하여야 하고, 협상당사자간의 상호 양보(yield)·교환(exchange)·타협(compromising)에 의한 문제해결을 원하는 공통인식이 있어야 한다.

최근 국제거래에서도 WTO 출범을 전후로 하여 무역협상의 중요성이 부각되고 있다. 무역협상의 당사자는 국가이든 기업이든 제한이 없지만, 여기서는 기업간의 각종 상거래조건에 관한 협상에 대하여만 살펴보고자 한다.

무역협상은 당사자 모두에게 이익을 가져올 수 있고 무역을 활성화시킨다는 점에서 의의가 있으며, 또 협상기술이 부족한 당사자에게는 항상 불리한 협상결과를 감수하여야 하기 때문에 그 중요성은 날로 더해 가고 있다.

예시 1-3 상품조회서(Trade Inquiry)

Gentlemen :

We have seen your advertisement in 'The Long Life' and are interested in your metal boxes and knives of all kinds.

Please quote us for the supply of the item listed on the enclosed query form, giving your prices FOB Busan. Will you please also state your earliest delivery date, your terms of payment, and discounts for regular purchases.

As our annual requirements in metal sundries of all kinds are considerable, perhaps your would also send us your catalog and details of your specifications.

Yours truly,

6) "Negotiation"이란 말은 라틴어인 negotiatus(상거래)에서 유래된 것으로서, 이는 경우에 따라 bargaining(타협)과 유사한 의미로 사용하기도 한다.

(2) 무역협상의 기법

협상은 게임이론과 같다. 게임이론에는 협조적 게임과 비협조적 게임이 있다. 협조적 게임은 상호 이익을 극대화하기 위하여 당사자들이 협조적인 태도로 합의를 도출하는 과정을 말하고, 반면 비협조적 게임은 각자 자신의 이익만을 극대화하는데 관심을 갖고 전략을 분석한다는 이론이다.

무역협상은 당사자간의 상호 이익과 오랜 동안의 계약관계를 유지하는데 목적이 있기 때문에 협조적 게임이론으로 접근하는 것이 바람직하다.[7)]

가. 협상의 접근방법

무역협상의 시작은 그 이익추구의 특성, 협상의제의 범위, 협상의 진행순서 등에 따라 다음과 같은 여러 가지의 접근방법을 활용할 수 있다.[8)]

① 협상은 이익의 특성에 따라 분배적 협상 또는 통합적 협상이 있다. 분배적(distributive) 협상은 한 쪽이 이익을 보면 다른 한 쪽은 손해를 보는 경우로서, Zero-Sum 협상을 말한다. 반면 통합적(integrative) 협상은 상호 협조하면 쌍방이 모두 이익을 볼 수 있는 경우로서, Win-Win 협상을 말한다.

② 협상은 의제의 범위에 따라 개별적 협상과 포괄적 협상이 있다. 개별적(independent) 협상은 의제를 하나하나씩 놓고 협의하는 방법이고, 포괄적(comprehensive) 협상은 여러 개의 의제를 동시에 접근하는 방법을 말한다. 협상을 성공적으로 이끌기 위하여는 의제를 다양하게 하는 방법도 좋다.

③ 협상은 이를 진행하는 순서에 따라 i) 촉매단계 → ii) 협상전단계 → iii) 협상단계 → iv) 협상후단계 → v) 재협상단계로 나누어 접근할 수 있다.

우선 촉매단계(catalyst stage)에서는 상호간의 만남을 통하여 개인적인 친분과 이해의 폭을 넓히고 협상의 필요성과 협상의제 등에 대한 폭넓은 의견을 교환하며 당사자간에 협조적인 관계를 구축하여야 한다.

협상전단계(pre-negotiation stage)에서는 협상의 개시 여부, 협상의제 · 참가자 · 방법 · 장소 · 기간 등을 정하고 협상정보를 수집하여야 하며, 또 본 협상단계(negotiation stage)에 임하여는 구체적인 제안, 대안의 제시, 타협과 양보의 협상기술과 전략이 필요한 데 협상시 고려사항은 후술하기로 한다.

협상이 타결된 협상후단계(post-negotiation stage)에서는 협상결과를 실행에 옮겨 약속을 지키는 자세가 중요하며, 그 후에도 당사자 모두에게 이익이

---

7) 강인수 외 7인, 국제통상론, 박영사, 1999, pp. 565~570.
8) 허브 코헨(강문희 역), 협상의 법칙, 청년정신, 2001, p. 206.

된다면 재협상(re-negotiation stage)을 벌이는 것도 생각해 보아야 한다.

나. 협상시의 고려사항

협상을 성공으로 이끌려면 최선의 대안 · 상대방의 관심사항 · 선택대안 · 의사소통 · 인간관계 · 정당성 · 약속이행 등의 요소를 갖추고 있어야 한다.9)

① 협상실패시 제시할 최선의 대안(best alternative to negotiated agreement : BATNA)을 설정해 두어야 한다. 예컨대 수입상이 제품가격을 흥정할 때 경쟁사의 가격을 먼저 파악하고 협박하는 경우의 대안이 있어야 한다.

② 상대방의 관심사항(interests)을 정확히 파악하여야 한다. 흔히 협상에 임할 때 상대방의 관심사항이나 이해관계를 충분히 파악하지 아니하고 자신의 입장에만 집착하다가 협상이 실패하는 경우가 많이 있다.

③ 다양한 선택대안(options)을 개발하는 것이 중요하다. 다양한 선택대안을 개발하는 것은 협상당사자의 철저한 사전준비와 창의력이 요구된다.

④ 정확하고 원활한 의사소통(communication)이 필요하다. 국제거래는 문화와 관습 등이 다르기 때문에 의사전달의 착오나 인식차이가 있을 수 있다.

⑤ 좋은 인간관계(relationship)가 중요하다. 특히 무역협상에 있어서 당사자들간의 개인적인 친분이나 신뢰관계는 협상에 영향을 미칠 수 있다.

⑥ 상대방을 설득하기 위하여는 정당한 사유(legitimacy)가 있어야 하는데, 예컨대 국제규범과 관행, 국내법규, 과거의 사례 등이 참고가 될 수 있다.

⑦ 협상에서 약속이행(commitment)은 결정적이다. 협상상대방이 어느 정도 의사결정의 권한이 있고 구속력과 이행의지가 있는지 파악하여야 한다.

(3) 양해각서(MOU) 교환

무역협상이 타결되면 계약체결을 확실히 하기 위하여 합의사항을 계약의향서나 양해각서, 일반거래조건협정서 등으로 기록해 두는 것이 바람직하다.

① LOI (letter of intent : 계약의향서)는 계약체결에 앞서 당사자 일방의 의사표시나 쌍방의 의사합치를 표시하는 예비문서를 말한다. LOI는 계약의 최종적인 협상과정에서 실무진의 합의사항을 문서로 정리하여 은행대출이나 정부인가 등의 구비서류로 활용하고자 할 때 필요한 것으로서, 주로 플랜트수출이나 합작투자 · M&A 등 중대한 무역거래의 초기단계에서 작성한다.

이때 유의할 점은 LOI도 계약의 주요소를 규정하고 권한 있는 자의 서명이

---

9) H. Raiffa, *Art and Science of Negotiation*, Harvard Univ. Press., 1982, pp. 56~65.

있는 한, 신의성실의 원칙에 따라 법적 구속력을 가질 수 있다는 것이다. 따라서 이를 작성할 때에는 유효기한과 책임 있는 내용만을 기재하여야 한다.

② MOU (memorandum of understanding : 양해각서)는 〈예시 1-4〉와 같이 특정사안에 관하여 본 계약 전에 당사자간의 예비적 합의사항이나 이면적 합의사항을 비공식으로 기록한 비망록을 말한다. MOU도 계약의 주요소를 갖추고 권한 있는 자의 서명이 있는 한, 법적 구속력을 갖는다.

따라서 MOU에 본 계약의 내용과 상충되는 이면적 합의사항을 기재할 때에는, 효력의 우선순위에 관하여 명시적으로 표시하고 본 계약의 완전합의조항에도 불구하고 유효하도록 작성일자를 그 이후로 조정하여야 할 것이다.

예시 1-4 양해각서(MOU)

MEMORANDUM OF UNDERSTANDING

On behalf of ABC Mr. ___ visited XYZ, and finally agreed upon several factors to carry out the project between ABC and XYZ.

NOW, THEREFORE, it is hereby agreed and declared by and between the parties concerned hereto, as follows :

1. ABC is willing to set up a shoe manufacturing company in Seoul, Korea under XYZ's cooperation such as Machinery Supplying, Technical Transfer Assistance and Marketing.

2. ABC shall get an Industrial License within maximum forty-five (45) days after applying it for the prompt progress of this project. The commercial production shall be started within the end of 20XX.

3. ABC and XYZ agreed that the company will be named as ___.

4. ABC will sell all their products except rejected shoes through XYZ for the minimum period of ten (10) years.

5. ABC shall open a Letter of Credit for Machineries and Equipments regarding this project within six (6) months after signing this MOU.

6. XYZ shall dispatch the drafts of Marketing Agreement, Technical Assistance Agreement and Machinery Contract soon by DHL.

IN WITNESS WHEREOF, the parties concerned hereto have caused this MOU to be executed original in duplicate by their duly authorized representative on October 25, 20XX.

③ GA (general agreement on business terms and conditions : 일반거래조건협정서)는 당사자간의 거래형태, 물품의 품질 · 가격 · 수량 · 선적 · 결제 · 보험 · 포장 등 거래의 기본조건과 오퍼와 주문의 방법, 불가항력과 선적지연의 처리문제, 클레임과 중재, 정형거래조건의 해석기준, 준거법의 선택 등에 관한 방침을 확정하는 포괄계약서(master contract)를 말한다. GA는 본 계약의 발주시 오퍼(offer)나 주문서의 이면약관으로 인쇄해 두는 경우가 많다.[10)]

(4) 거래관계의 설정

무역협상에서 가장 중요한 것은 거래상대방에게 어떠한 기능과 권한을 부여하여 거래관계를 설정할 것인가이다. 거래관계는 상대방을 대리점이나 판매점으로 지정하거나, 기타 직거래 또는 합작투자 등의 형태를 모색할 수 있다.

① 대리점거래는 수출상의 현지 수입 · 판매를 대리할 대리점계약(agency agreement)을 체결하는 거래를 말한다. 특히 현지 거래처가 수출상의 판매대리업무를 독점적으로 가질 경우 독점대리점(exclusive agent)이 된다.

대리점은 본사의 이름으로 현지에서 오퍼를 발행하고, 본사는 그 오퍼발행 서비스에 대하여 판매수수료를 지급한다. 따라서 대리점과 수입상과는 직접적인 법률관계가 없으며, 비록 대리점이 발행한 오퍼를 수입상이 승낙하더라도, 계약은 본사인 수출상과 수입상간에 성립하게 된다.

② 판매점거래는 제조업자나 수출상이 도매상을 겸하는 해외의 수입상에게 특정시장에서의 독점판매권(sole distributorship)을 부여하는 거래를 말한다. 판매점거래에서 판매점은 제조업자나 수출상과 법률상 대등하고 독립된 지위에 있으며, 판매점은 현지시장에서 자신의 위험과 비용부담으로 판매하여 얻은 금액과 수입원가와의 차액을 자신의 이윤으로 취득한다.

판매점은 자신의 계산하에 본인(principal)으로서 물품을 수입하기 때문에 강력한 판매능력을 가져야 하며, 현지사정에 밝아야 할 뿐만 아니라 물품을 수입하고 재고를 처분하며 신용공여를 위한 설비와 금융능력이 있어야 한다.

③ 대리점이나 판매점을 거치지 않고 수출상이 해외의 소비자와 직거래로 수출하는 형태로서, 선박이나 항공기와 같은 특수물품의 매매 또는 백화점이나 슈퍼마켓에서의 직거래코너를 개설하는 경우가 대표적이다.

이러한 경우 수출상은 해외판매대표부(travelling representative abroad)를 설치하였다가 어느 정도 판로가 확보되면 현지공장을 설립하거나 현지기업과

10) GA의 기재내용에 관하여는 이 책의 제2편 제1장 제3절에서 설명하고자 한다.

공동으로 합작회사를 설립하여 거래처를 확대해 가는 것이 바람직하다.[11]

11) Carole Murray et al., *Schmitthoff's Export Trade,* Sweet & Maxwell, 2007, p. 720.

제 2 편

국제물품거래관습

CHAPTER 1

국제매매계약의 본질

제 1 절 국제매매계약의 의의

국제매매계약은 무역계약의 한 형태로서 물품매매(sale of goods)를 목적으로 하는 계약을 말한다. 그러나 무역거래의 요체가 물품매매이기 때문에, 흔히 무역계약이라고 하면 대표적으로 국제매매계약을 지칭하는 것으로 인식된다.

1. 무역계약의 개념

(1) 무역계약의 정의

무역거래는 전통적인 물품의 수출입뿐만 아니라, 기술·서비스·자본 등의 수출입까지도 포함하고 있으며, 또 거래방식에서도 과거의 종이서류 시대에서 전자문서에 의한 인터넷 거래방식 등으로 확산되어 가고 있다.

따라서 "무역계약"(international business contract)이라 함은 서로 다른 국가의 당사자들 사이에 체결되는 모든 상거래계약을 포함한다. 무역계약이 특별한 취급을 받는 것은 그 계약체결과 이행 등이 다수의 서로 다른 주권국가와 법체계에 관련이 있는, 즉 국제성(internationality)을 띠고 있기 때문이다.

국제성을 띠는 계약이란 1980년 '국제물품매매계약에 관한 유엔 협약'(United Nations Convention on Contracts for the International Sale of Goods : 이하 "CISG" 또는 "비엔나 협약"이라 함.)에 의하면 당사자들이 서로 다른 국가에 그 영업소(places of business)를 갖고 있는 경우의 계약을 말한다.[1]

1) "This Convention applies to contracts of sale of goods between parties whose places of business are in different States : ⋯."(CISG Art. 1(1)).

즉, 국제규범이 추구하는 이념으로 볼 때, 무역계약의 개념은 당사자들의 국적을 불문하고 '서로 다른 국가에 영업소를 갖고 있는 당사자들 사이에 체결되는 모든 형태의 상거래계약'이라고 정의하는 것이 합당하다.

이 중에 국제매매계약(international contract of sales)은 서로 다른 국가에 영업소를 갖고 있는 당사자들 사이에 체결되는 물품매매계약만을 가리킨다. 여기서 "물품매매계약"(contract for sales of goods)이라 함은 매도인이 대금이라는 금전상의 약인(consideration)을 대가로 하여 매수인에게 물품의 소유권을 이전하거나 또는 이전하기로 약정하는 계약을 말한다.[2](SGA 제2조 1항).

따라서 국제매매계약은 '서로 다른 국가의 당사자들 사이에 체결되는 물품의 소유권이전을 목적으로 하는 계약'이라고 정의할 수 있다. 여기서 "소유권"(property)이라 함은 물품에 대한 절대적 권리(general property), 즉 물품을 소비·폐기·보관·매각·처분할 수 있는 최고의 권리를 말한다.[3]

물품의 소유권은 당사자의 의사표시에 의하여 이전하지만, 무역거래는 대부분 불특정물(unascertained goods)에 대한 계약이므로 그 소유권은 물품이 계약에 무조건 충당되어 특정되기까지 이전하지 아니한다(동법 제18조).

이하 이 책에서 "무역계약"이란 표현은 물품거래에 관하여는 국제매매계약의 의미로 사용하고, 물품외거래에 있어서도 같은 표현을 사용하고자 한다.

(2) 무역계약의 법적 성질

무역계약은 기존 법체계상의 관점에서 보면 낙성계약·쌍무계약·유상계약·불요식계약 등에 속하는 법적 성질을 지니고 있다.

① 낙성계약(consensual contract): 이는 당사자 일방의 청약과 상대방의 승낙, 즉 당사자간의 합의에 의하여 성립하는 계약을 말한다. 무역계약은 당사자간의 합의만 있으면 그 자체로 계약이 성립하기 때문에, 이를 일명 "합의계약"이라고도 한다. 반대로 이러한 계약은 그 성립요건으로 목적물의 인도, 소유권의 이전 등의 행위를 필요로 하는 요물계약[4]과 구별된다.

② 쌍무계약(bilateral contract): 이는 계약의 성립과 동시에 당사자 쌍방

2) 물품매매계약의 개념에 대하여는 각국의 입장이 같다. "매매는 금전상의 대가를 받고 매도인으로부터 매수인에게 권리를 이전하는 것"(UCC 제2-106조 1항), "매매는 당사자 일방의 재산권을 상대방에게 이전할 것을 약정하고 상대방이 그 대금을 지급할 것을 약정함으로써 그 효력이 생긴다."(민법 제563조).

3) P.S. Atiyah, J.N. Adams & H. MacQueen, *The Sale of Goods*, Longman, 2001, p. 309.

4) "요물계약"이라 함은 당사자간의 합의 이외 물건의 인도, 소유권의 이전과 같은 법률사실이 있어야만 성립하는 계약으로서, 소비대차·사용대차·임치 등이 이에 속한다.

에게 일정한 채무가 발생하는 계약을 말한다. 예컨대 무역계약이 성립하면 매도인은 물품인도의무를, 매수인은 대금지급의무를 각각 부담하여야 한다. 이러한 계약은 당사자 일방에게만 채무를 부담하게 하는 편무계약과 구별된다.

③ 유상계약(remunerative contract) : 이는 계약당사자가 서로 대가적 채무, 즉 매도인의 물품인도라는 급부에 대하여 매수인이 금전적 반대급부의 채무를 부담하는 계약을 말한다. 이러한 계약은 당사자 일방의 급부에 대한 금전적 대가채무가 발생하지 아니하는 무상계약과 구별된다.

④ 불요식계약(informal contract) : 이는 계약의 성립이 일정한 법적인 요식행위(어음이나 수표, 선화증권, 보험증권 등)에 의하지 아니하고, 구두·전화·서면 등 어떠한 형식의 내용으로도 그 성립이 가능한 계약을 말한다.

나아가 무역계약은 전보나 텔렉스를 포함한 전자문서(electronic message), 예컨대 EDI, 전자우편, 인터넷 등을 이용한 전자적·광학적 수단으로 작성, 송·수신 또는 저장되는 정보자료에 의하여도 입증할 수 있다.

CISG에서도 "매매계약은 서면에 의하여 체결되거나 입증되어야 할 필요가 없으며, 또 형식에 관하여도 어떠한 다른 요건에 따라야 하지 아니한다. 매매계약은 증인을 포함하여 여하한 수단에 의하여도 입증할 수 있다."라는 명시규정을 두고 있다(제11조). 이러한 계약은 특정한 형식으로의 전달 내지 표시에 의하여야만 계약의 효력이 발생하는 요식계약과 구별된다.

2. 무역계약의 특수성

무역계약은 언어·문화·관습, 화폐와 법제도 등이 서로 다른 국가간의 국경을 넘어 거래된다는 특수한 상황하에 체결되기 때문에 국내계약에 비하여 다음과 같은 여러 가지의 특수성을 지니고 있다.

① 무역계약은 여러 주권국가의 법이 복합적으로 관련될 수 있고 그 적용을 위한 통일된 기준도 없기 때문에 법적용의 불확실성을 안고 있다. 물론 각국은 섭외적 사법관계를 규율하는 법률을 갖고 있으나 섭외사법 자체도 국가마다 그 내용이 다르며, 또 국제적인 법률관계로 인해 상사분쟁이 야기되었을 때 관할법원을 어디로 할 것인가 하는 문제에 대하여도 각 주권국가의 개별적 판단에 따를 뿐 국제적으로 통일된 원칙이 확립되어 있지 않다.

② 무역계약에서는 법적용의 불확실성 때문에 국내계약에서보다 계약자유의 원칙과 상관습을 더 존중하고 있다. 일반적으로 무역계약에서는 그 계약에 관

련하여 야기될 여러 가지 상황을 자유로이 규정하고 있을 뿐만 아니라 오랜 세월 동안 반복된 거래를 통하여 많은 상관습과 관습법이 형성되고 있으며, 이것은 당사자간의 약정이 불명확할 때 중요한 해석기준이 된다.

③ 무역계약은 각기 다른 국가의 주권적 간섭을 피할 수 없다. 각국은 국제무역에 대하여 자국의 경제질서의 유지와 보호를 위해 적당하다고 생각하는 주권적 간섭을 하고 있다. 우리나라의 경우 수출입거래를 규율하는 대외무역법과 관세법, 외환거래를 규율하는 외국환거래법, 외국자본이나 기술도입을 규율하는 외국인투자촉진법, 무역계약의 시장경제적 효과를 규율하는 공정거래법이나 독점금지법 등이 주권적 차원의 간섭이라고 볼 수 있다.

④ 무역계약의 당사자간에 상사분쟁이 발생할 때에는 국내계약에 비하여 그 분쟁해결이 매우 곤란하다. 특히 법원의 소송에 의한 해결방법은 더욱 어려워진다. 왜냐하면 국가간에는 재판관할권을 결정하는 문제뿐만 아니라 소송이 외국에서 진행될 때의 비용과 불편이 매우 크기 때문이다.

따라서 무역계약에 관한 분쟁해결은 신의성실의 준수에 관하여 당사자들이 합의한 제3자의 중재(arbitration)에 의하는 경우가 많다.[5] 그러나 중재도 이러한 무역계약의 분쟁해결을 위한 완벽한 방법이라고는 말할 수 없다.

⑤ 무역계약의 형태가 통일화 내지 정형화되어 가는 추세이다. 오늘날 무역계약이 성행하고 거래량이나 건수가 늘어나며 계약의 간소화에 대한 요구가 커짐에 따라 무역계약의 내용들이 점차 정형화 내지 부합계약화되어 가고, 나아가 보통거래약관이 일반화되는 추세에 있다.

대표적인 예로 국제상업회의소의 인코텀즈(Incoterms® 2010), 신용장 통일규칙(UCP 600 + eUCP 1.1), 유엔국제무역법위원회의 비엔나 협약(CISG 1980), 국제사법통일협회의 국제상사계약원칙(2004) 등의 형성을 들 수 있다.[6]

3. 무역계약의 관련법규

무역계약의 관련법규라 하면 물품매매 등을 위한 무역계약의 성립과 효력 또는 계약방식에 영향을 미치는 국제규칙이나 협약 및 이에 대한 법이론의 기초를 제공하는 주요국가의 매매법규 등을 포함한다. 다만 이 책에서는 무역계약

5) Alina Kaczorowska, *International Conventions and Their Effectiveness : Present and Future*, Kluwer Law International, 1995, pp. 116~117.

6) 이태희, 국제계약법, 학연사, 1989, pp. 5~7.

의 준거법규로서 많이 인용하는 대표적인 법규들을 소개하고자 한다.

(1) 무역계약의 준거법원

무역계약의 성립과 효력 또는 계약방식 등에 관하여는 당사자간의 합의가 우선적인 규범력을 가지며, 이러한 계약이 오랜 동안 반복되어 국제관습이나 관습법이 형성되고, 또 이러한 관습들은 국제협약이나 조약으로 정착된다.

① 국가간의 무역계약은 획일적인 법령에 의한 통제가 어렵다는 점에서 당사자간의 합의가 가장 우선한다. 당사자들은 합의하고자 하는 바대로 거의 모든 사항을 약정할 수 있고, 이는 분쟁이 발생하였을 때에도 우선적인 규범력을 갖는다.[7] 다만 계약자유의 원칙(freedom of contract)은 무한정으로 인정하는 것이 아니라, 이에 관계된 주권국가의 법질서 안에서만 허용한다.

② 국제관습과 관습법은 당사자간의 명시규정이 없는 사항 또는 당사자약정의 해석에 있어서 문제가 발생할 경우 그 해석기준을 제공하는 무역계약법의 주요한 준거법원이 된다(국제사법 제28조). 당사자는 그들이 합의한 모든 관행과 당사자간에 확립된 모든 관습에 구속된다(CISG 제9조).

여기서 "관습법"(customary law)이라 함은 동일한 지역의 동일한 직업 내지 동일한 계급에 속하는 사람들 사이에 일정한 행위가 오랜 동안 반복되어 공서양속에 반하지 아니하는 범위 안에서 하나의 사회규범으로 발생·합의 또는 확립되고, 법적 효력을 인정할만한 가치가 있어 국가가 법률 또는 판례에 의하여 그 법적 효력을 인정한 경우를 말한다(민법 제1조).

이에 비하여 아직 관습법의 경지에 이르지 못한 경우를 "관습"(customs) 또는 "관행"(usage)이라고 한다.[8] 예컨대 국제상업회의소의 인코텀즈·신용장 통일규칙·추심통일규칙 등이 국제적으로 많이 인용하는 관습 내지 관행이다.

③ 무역계약에서 당사자간의 합의에 의한 지정준거법이 있는 경우 이를 우선적으로 고려한다. 대부분의 계약당사자는 그 적용할 준거법(governing law)을 계약조항에 명시적으로 규정하고 있다. 이처럼 지정준거법이 있는 경우, 지정된 법률은 당해 계약을 규율하는 강력한 규범이 된다.

④ 무역계약에 지정준거법이 없거나 당사자의 의사표시가 분명하지 아니할 경우에는 그 법률관계의 성질에 따라 법정지의 국제사법(private international law)이 정하는 법정준거법을 적용한다. 우리나라의 경우 국제사법 제9

7) F. Enderlein and D. Maskow, *International Sales Law*, Oceana Pub., 1992, p. 99.

8) C.M. Bianca and M.J. Bonell, *Commentary on the International Sales Law*, Giuffrè · Milan, 1987, pp. 106~107.

조 단서에 법률행위의 성립과 효력에 관하여 "당사자의 의사가 분명하지 아니한 때에는 행위지법에 의한다."라는 법정준거법 규정을 두고 있다.

⑤ 당사자간의 유효한 준거법이 있더라도, 관련국가의 법질서를 보호하기 위한 강행규정(mandatory rules)이 있는 경우에는 이 강행규정은 당사자간의 합의나 국제관습, 관습법 등을 배척하고 적용할 수 있다. 또 무역계약에 관련하여 당사국 사이에 조약이나 협정이 있는 경우에는, 이러한 조약이나 협정도 무역계약에 적용하는 강행적 준거법으로서의 기능을 한다.

결국 무역계약의 성립과 효력 또는 계약방식 등에 관련한 준거법원(source of law)의 우선 적용순위를 정리해 본다면, i) 관련국법 내지 국제조약상의 강행규정 〉 ii) 당사자간의 합의 〉 iii) 국제관습 및 관습법 〉 iv) 상사법상의 임의규정 〉 v) 민사법상의 임의규정 등의 순이라고 할 수 있다.

(2) 유엔 통일매매법(CISG, 1980)

유엔 통일매매법은 '국제물품매매계약에 관한 유엔 협약'(United Nations Convention on Contracts for the International Sale of Goods : CISG)을 말한다. CISG는 1978년 UNCITRAL(United Nations Commission on International Trade Law : 유엔국제무역법위원회)에 의하여 성안되어, 1980년 3월 비엔나의 외교회의에서 만장일치로 통과된 국제물품매매법의 통일을 위한 국제협약으로서, 일명 "비엔나 협약"(Vienna Convention)이라고도 한다.[9)]

CISG의 목적은 기본적으로 국제물품매매계약에 관하여 국제적으로 통일된 상관습을 성문화함으로써, 무역거래의 법률적인 장벽을 제거하는데 공헌하고 국제무역의 발전을 증진시키기 위하여 제정된 것이다.[10)]

CISG는 1980년 4월부터 각국의 서명을 위하여 개방된 후 제10번째의 국가가 가입과 비준을 마친 1988년 1월 1일부터 발효되었으며, 지금까지 60개국 이상이 이에 가입을 마쳤다. 우리나라는 2004년 2월 17일 이에 가입하였으며, 경과규정에 따라 12개월 후인 2005년 3월 1일부터 적용을 받고 있다.

CISG는 Incoterms와 함께 무역계약의 성립과 매매에 관련한 준거법 채택의 불확실성을 해소해 줄 수 있는 중요한 국제법규로 평가되고 있다.

---

9) *ibid.*, pp. 3~7.

10) John O. Honnold, *Uniform Law for International Sales under the 1980 United Nations Convention*, Kluwer Law & Taxation Publishers, 1991, p. 37.

(3) 국제상사계약에 관한 UNIDROIT 원칙(2004)

'국제상사계약에 관한 UNIDROIT 원칙'(UNIDROIT Principles of International Commercial Contracts)은 1994년에 UNIDROIT(International Institute for the Unification of Private Law : 국제사법통일협회)에 의하여 제정되고, 2004년에 개정된 국제상사계약을 위한 일반원칙을 말한다.

UNIDROIT는 유럽을 중심으로 1971년에 국제상사계약에 관한 일반원칙을 제정하기로 결정하였으며, 이후 이탈리아 로마 대학의 M.J. Bonell 교수를 의장으로 한 작업부에 의하여 총 7장 119개 조항의 초안을 작성하여 1994년 5월에 이른바 '국제상사계약에 관한 UNIDROIT 원칙'을 제정하였다.[11)]

UNIDROIT 원칙은 그 자체가 구속력 있는 협약이나 조약이 아니라, 단지 현재의 일반적인 계약실무관행, 즉 국제상사계약에 관한 일반원칙을 집적한 하나의 재기술(restatement)로서의 성격을 지니고 있다.

앞서 언급한 CISG가 매매계약만을 대상으로 하는데 비하여, UNIDROIT 원칙은 매매계약을 포함한 모든 국제상사계약을 적용범위로 하고 있다. 또 CISG는 자체 규정으로 해결이 어려운 문제를 이 협약이 기초하고 있는 일반원칙(general principles)에 따르도록 하고 있기 때문에(제7조 2항), UNIDROIT 원칙은 그러한 문제를 해결하는데 보완적으로 적용이 가능하다.

(4) 인코텀즈(Incoterms® 2010)

무역거래는 당사자간의 상호 합의에 의하여 의무사항을 정하지만, 매번 계약시에 의무내용을 일일이 합의한다는 것은 상당히 번거롭고 부정확할 수 있다. 따라서 상인들은 오래 전부터 FOB(본선인도)나 CIF(운임・보험료포함인도) 조건과 같은 정형의 무역거래조건을 개발하여 그 불편을 극복해 왔다.

여기서 "무역거래조건"(trade terms)이라 함은 물품의 운송과 수출입수속을 비롯하여 모든 비용과 위험부담의 당사자를 구분해 주는 국제매매계약의 주요소를 말한다. 그런데 무역거래조건도 국가나 지역별로 상관습과 법체계가 달라 종종 그 해석상의 오해와 분쟁이 야기되기도 하였다.

인코텀즈(Incoterms)는 이러한 무역거래조건을 사용하는 매매계약에 있어서 당사자간의 의무사항에 대한 불확실성을 해소하기 위하여 국제상업회의소(ICC)가 제정한 무역거래조건해석에 관한 국제규칙을 말한다. ICC는 2010년부

---

11) M. J. Bonell, *An International Restatement of Contract Law : The UNIDROIT Principles of International Commercial Contracts*, Transnational Juris, 1994, pp. 17~24.

터 이를 상표로 등록하여 "Incoterms® 2010"으로 표기하고 있다.

인코텀즈는 그것이 어떠한 강행규정이 아님에도 불구하고, 오늘날 세계 무역상인들의 범세계적인 인정을 받고 있다. 그 이유는 인코텀즈 자체의 편리성뿐만 아니라 국제적인 보편성과 거래당사자간의 형평성을 바탕으로 하여 확립된 전통적인 표준상관습을 규정한 것이기 때문이다.

ICC가 1936년에 인코텀즈를 제정한 이래 무역환경의 시대적인 변화에 따라, 이 규칙은 1953년, 1967년, 1976년, 1980년, 1990년, 2000년 및 2010년에 각각 정기적으로 개정·추보되어 왔다. 현행의 Incoterms® 2010은 2010년 9월에 최종안을 공포하여 2011년 1월 1일부터 시행하고 있다.

특히 Incoterms 2000 이후 세계적으로 관세자유구역의 지속적인 확대, 국제무역에서의 전자통신의 사용증가, 9.11 테러 등을 겪으면서 물품이동에 따른 보안문제의 고취된 관심, 운송관습 등의 상당한 변화가 있었다.

ICC는 인코텀즈가 변화된 무역관습들을 보다 명료하고 정확하게 반영하기 위하여 모든 상거래분야 전문가들의 의견과 사용자들에 대한 철저한 조사를 거쳐 개정작업을 진행시켰다.[12] 따라서 이번 Incoterms® 2010은 어느 때보다 전세계 무역상인들의 많은 반응을 총합시킨 결과라고 할 수 있다.

(5) 주요국가의 매매관련법

문명국가가 승인한 법의 일반원칙이나 주요 국가법을 당사자들이 원용함으로써 국내법이 국제규범의 중요한 법원으로서 역할을 하는 경우가 있다. 많이 인용되는 국내법에는 영국 물품매매법, 미국 통일상법전(매매) 등이 있다.

가. 영국 물품매매(개정)법(SGA, 1995)

불문법 국가인 영국에서 물품매매법의 기초법안은 M. Chalmers 경에 의하여 1603년 이후의 판례를 바탕으로 하여 1888년에 처음으로 작성되었으며, 이 법안은 1893년에 '물품매매에 관한 법률을 규정한 법'(An Act to consolidate the Law relating to the Sale of Goods : SGA)으로 제정되었다.

SGA는 1894년 1월 1일부터 시행된 후 수차례의 개정과정을 거쳐 1995년에 내용을 전반적으로 보완한 '물품매매(개정)법'(Sale of Goods (Amendment) Act 1995)으로 공포되고, 1995년 9월 19일부터 현재 사용 중에 있다.[13]

12) Jan Ramberg, *ICC Guide to Incoterms® 2010*, Publication No. 720E, 2011, p. 16.

13) M.D. Chalmers, *The Sale of Goods Act 1893*, Butterworth & Co., 1920, p. 7 ; M. Bridge ed., *Benjamin's Sale of Goods*, 8th ed., Sweet & Maxwell, 2010, p. 2427.

SGA는 총 7편의 64개 조항으로 구성되어 있고, 그 주요내용은 이 법을 적용하는 계약, 계약의 성립, 계약의 효력, 계약의 이행, 지급받지 못한 매도인의 권리, 계약위반에 대한 소송 및 보칙 등을 규정하고 있다.

SGA는 영국의 국내법으로 공포되어 있지만 무역계약의 연구에 중요한 근원이 되는 전통적인 법원으로서, 특히 계약의 형식, 소유권의 이전, 처분권의 유보, 물품의 인도, 매도인의 유치권(lien), 운송유지권(stoppage in transit), 매도인과 매수인의 구제 등에 관하여 이론적인 기초를 제공하고 있다.

나. 미국 통일상법전(UCC) - 매매

미국은 1906년 하버드 대학의 윌리스톤(Williston) 교수에 의하여 영국의 SGA를 참고한 '통일매매법'(Uniform Sales Act : USA)을 제정한 바 있다. 그러나 USA가 제정된 후 오랜 세월이 지나 경제환경의 변화에 맞는 '통일상법전'(Uniform Commercial Code : UCC) 제정의 필요성이 대두되었다.

이에 통일주법전국위원회(The National Conference of Commission on Uniform State Law : NCCUSL)와 미국법률연구소(The American Law Institute)가 1952년 9월에 총 10편으로 구성된 UCC의 최종안을 확정하였다.

UCC는 1953년 4월 펜실베니아 주에서 최초로 채택된 후 수차례의 개정과정을 거쳐 현재의 총 11편으로 구성되어 있으며, 현재 미국의 50개 주 가운데 루이지애나 주를 제외한 49개 주에서 이를 채택하고 있다.[14)]

특히 UCC 제2편의 매매(sales)에 관한 규정에는 약칭 · 일반구성과 목적물, 계약의 형식 · 성립과 조정, 물권 · 채무자와 선의구매자, 계약이행, 계약위반 · 이행거절과 변명 및 권리구제에 대하여 세부적으로 규정하고 있다. 또 주목할 것은 FOB[15)], CIF, C&F 및 Ex Ship 조건과 같은 정형의 무역거래조건에 대하여 규정하고 있는 최초의 성문법이라는 점에서 의의가 있다.

요컨대 UCC는 매매계약의 약인이론, 청약과 승낙, 명시담보와 묵시담보, 물품인도와 대금지급에 관련된 채권과 채무, 계약위반과 권리구제 등에 관하여 규정하고 있으므로, 이는 미국의 국내법이지만 미국의 국제적 지위 등을 고려할 때 국제적인 무역계약에도 커다란 영향을 미치고 있다.

---

14) James J. White and Robert S. Summers, *Uniform Commercial Code*, 4th ed., Vol. 2, West Publishing Co., 1995, pp. 1~3.

15) UCC상의 FOB 조건은 ① FOB (place of shipment), ② FOB (place of destination), ③ FOB (vessel, car or other vehicle) 등 3가지의 유형으로 규정하고 있다.

제 2 절 국제매매계약의 성립

1. 무역계약의 성립요건

(1) 의사표시의 합치

무역계약은 당사자간의 청약과 승낙이라는 의사표시의 합치에 의하여 성립한다.[16] 청약과 승낙은 먼저 그 자체적으로 의사표시로서의 법적 효력을 인정받아야 하고, 이로써 서로 대응관계에 있어서 구속력을 갖게 되는 것이다.

계약은 관습적으로 약속(promise)을 의미하는데, "약속"이라 함은 어떤 자가 다른 자에 대하여 어떠한 사항의 존재 또는 장래의 일정한 작위 또는 부작위의 의사를 선언 또는 보증하던가, 또는 상대방에게 이를 청구할 권리를 부여하는 것을 말한다.[17] 완전한 의미의 약속은 약속자와 수약자간의 합의에 도달한 경우를 말한다. 무역계약도 계약성립의 일반원칙에 따라 당사자간의 합의를 필요로 한다. 이러한 합의는 당사자 일방의 청약과 상대방의 승낙이 있어야 하며, 이 중의 어느 하나라도 법적으로 결여된 경우 계약은 성립하지 못한다.

(2) 계약의 성립시기

CISG에는 "계약은 청약에 대한 승낙이 이 협약의 규정에 따라 효력을 발생한 때에 성립한다."라는 규정을 두고 있다(제23조). 협약상 청약에 대한 승낙은 청약자에게 도달한 때에 효력이 발생하므로(제18조 2항), 무역계약은 승낙의 의사표시가 청약자에게 도달한 때에 성립한다(도달주의).

표 2-1 의사표시의 효력발생시기

구분 \ 준거법		한국법	영국법	미국법	독일법	CISG
일반원칙		도달주의	도달주의	도달주의	도달주의	도달주의
청 약		〃	〃	〃	〃	〃
승낙	대화자간*	〃	〃	발신주의	〃	〃
	격지자간**	발신주의	발신주의	〃	〃	〃

* 대화자간 : 구두·전화·텔렉스·팩스·EDI 등. ** 격지자간 : 우편·전보·특송 등.

16) 이하 무역계약의 성립과 효력 등에 관하여는 CISG를 중심으로 살펴보고자 한다.

17) A.G. Guest ed., *Anson's Law of Contract*, 26th ed., Oxford, 1984, p. 21.

다만 물품의 발송이나 대금의 지급과 같은 피청약자의 일정한 행위에 의하여 청약에 대한 동의를 표시하도록 한 경우에는, 승낙의 효력은 그러한 행위를 한 때에 발생하므로, 무역계약은 그러한 행위가 완성된 때에 성립한다.

계약의 성립시기는 당사자의 권리의무와 법률관계의 형성에 관한 시간적 기준이 된다. 예컨대 CISG에서는 운송 중에 매각된 물품의 위험부담은 계약이 성립된 시점에 매수인에게 이전하는 것으로 하고 있다(제68조).

(3) 계약의 방식

CISG는 계약방식에 관하여 원칙적으로 불요식의 낙성계약을 택하고 있다. 즉, 무역계약은 서면(writing)에 의하여야 할 필요가 없으며, 또 어떠한 다른 요건을 구비하여야 할 필요가 없다. 따라서 무역계약은 증인의 증언(witness)을 포함하여 어떠한 수단에 의하여도 이를 입증할 수 있다(제11조).

다만 매매계약에 관하여 서면에 의할 것을 요구하고 있는 국가에 영업소가 있는 당사자는 무역계약에 관한 의사표시를 서면으로만 하여야 한다(제12조 1문). 여기서 "서면"이라 함은 전보와 텔렉스를 포함한다(제13조).

실무상 무역계약은 단순히 오퍼나 주문만으로 종결하는 것보다 다음과 같은 방식 중의 적절한 서면형식으로 정식계약을 체결하는 것이 바람직하다.

① 포괄계약방식(master contract)으로서 동일한 거래처와 계속적으로 거래가 이루어질 경우 일반거래조건협정(general agreement)을 체결하여 장래 거래시 적용할 수 있는 기본원칙을 합의한 후 매 건의 거래내용은 포괄계약에서 정한 범위내에서 간단한 오퍼나 주문서를 교환하여 계약을 확정한다.

② 개별계약방식(case by case contract)으로서 오퍼나 주문을 확정한 후 매 건별로 무역계약서를 작성하는 방식이다. 이는 최초의 거래 또는 1회의 거래만 있는 경우 또는 중장기 연불방식수출입 등 거래내역이 복잡할 경우에 주로 이용한다. 계약당사자는 사전에 계약내용을 협의한 후 어느 일방이 계약서 초안을 2부 작성하고 쌍방이 서명·교부하여 각각 1부씩 보관한다.

2. 청약의 의사표시

계약을 위한 청약(offer)은 당사자 일방이 상대방의 승낙에 의하여 법적으로 구속력을 갖는 일정한 내용의 계약을 성립시킬 것을 기대하고 행하는 확정적인 의사표시를 말한다. 청약의 개념에 관하여 CISG는 "1인 또는 2인 이상의 특정인을 향하여 한 계약체결의 제의는 그 내용이 충분히 확정적이고 또한 승낙이 있을 경우 구속받겠다고 하는 청약자의 의사를 표시하고 있는 경우에는 이를 청약으로 한다."라는 규정을 두고 있다(제14조 1항).

(1) 청약의 법적요건

청약의 의사표시는 계약성립을 위한 제의이기 때문에, i) 상대방에 대한 특정성, ii) 내용상의 충분한 확정성 등의 요건을 갖추고 있어야 한다.

① 청약은 특정인(specific persons)을 상대로 한 의사표시이어야 한다. 따라서 카탈로그의 우송·배포, 광고, 정찰가격이 부착된 상품의 진열, 경매에의 신청 등 불특정 다수인을 향한 제의는 그것이 청약임을 명확히 표시하고 있지 아니하는 한, 단순히 청약의 유인(invitation)으로 볼 수 있다.

② 청약은 청약자의 제의내용이 충분히 확정적이어야 한다. 즉, 청약의 목적물과 그 수량 및 대금이 확정되어 있어야 청약으로서 인정한다. 어떠한 제의가 물품명세와 그 수량 및 대금을 명시적 또는 묵시적으로 정하는 조항을 두고 있는 경우에 이는 내용이 충분히 확정되어 있는 것으로 본다. 물품과 수량 및 대금의 3가지 항목은 청약을 구성하는 최소한의 요건이다.[18)]

(2) 청약의 종류

청약의 종류는 다음과 같이 그 발행의 주체·장소·유효성·방향·특수조건 등의 분류기준에 따라 여러 가지로 나눌 수 있다.

① 청약의 발행주체에 따라 매도청약(selling offer)과 매수청약(buying offer)으로 나눈다. 매도청약은 매도인이 물품의 품질, 수량, 가격 기타 조건을 제시한 판매의사로서, 무역거래의 대부분은 매도청약이다. 매수청약은 매수인의 구매의사로서, 구매주문서(purchasing order) 등의 형식으로 이루어진다.

② 청약의 발행지에 따라 국내발행청약(domestic offer)과 국외발행청약(overseas offer)으로 나눈다. 국내발행청약은 해외의 물품공급자나 본사를 대리하여 국내에서 발행하는 판매의사로서, 소위 '오퍼상'이 발행하는 물품매도확약서(offer sheet)가 이에 속한다. 국외발행청약은 계약당사자인 물품공급자가 직접 국외에서 발행하는 판매의사를 말한다.

③ 청약의 유효성에 따라 확정청약(firm offer)과 불확정청약(free offer)으

18) 다만 대금(price)을 확정하지 아니한 제의도 계약체결시에 유사한 환경의 동종거래가 있는 경우에는 청약으로서 유효성이 인정될 수 있다(CISG 제55조).

로 나눈다. 확정청약은 거래조건을 확정적으로 제시하고 승낙의 유효기간도 설정한 것으로서, 일단 발행되면 유효기간내에 그 내용을 변경, 취소 또는 철회할 수 없으며, 상대방이 이를 승낙하면 바로 계약으로 성립한다. 불확정청약은 이러한 거래조건과 유효기간을 확정하고 있지 아니하여 언제든지 그 내용을 변경 또는 취소할 수 있으며, 이는 청약의 유인으로 볼 수 있다.

④ 청약의 방향에 따라 원청약(original offer)과 대응청약(counter offer)으로 나눈다. 원청약은 최초의 거래제의를 말하고, 대응청약은 피청약자가 청약내용을 변경하여 새로운 조건을 제의하는 경우를 말한다. 대응청약은 원청약에 대한 거절이 되고, 동시에 피청약자의 새로운 청약을 구성한다.

⑤ 교차청약(cross offer)으로서 계약당사자 쌍방이 우연히 동일한 내용으로 동시에 제의하여 교차된 경우를 말한다. 이러한 경우 청약과 승낙을 구분하기 어려우나, 우리나라에서는 계약이 성립한 것으로 본다(민법 제533조).

⑥ 청약내용에 단서가 있는 조건부청약(conditional offer)으로서 피청약자가 승낙하더라도 다시 청약자의 최종확인이 있어야 계약이 성립한다.[19] 예컨대 무확약청약(offer without engagement), 선착순판매조건청약(offer subject to prior sale), 재고잔류조건청약(offer subject to being unsold), 점검판매청약(offer on approval), 반품허용조건청약(offer on sale or return) 등이 있다.

⑦ 청약의 유인(invitation to offer)으로서 계약체결을 위한 예비적 교섭과 준비단계에서 상대방이 자신에게 청약을 하도록 유도하는 행위를 말한다. 이는 청약과 달리 상대방이 승낙하더라도 유인제시자의 최종확인이 있어야 계약이 성립한다. 예컨대 광고나 불특정 다수인에게 카탈로그를 송부·배포하거나, 물품에 가격을 붙여 전시장에 진열하거나, 또는 교섭과정에서의 단순한 거래제의는 청약으로 볼 수 없고 청약의 유인에 불과한 것이다.

(3) 청약의 효력발생

계약은 청약과 승낙의 의사표시로 성립하기 때문에, 무엇보다도 청약은 피청약자에게 전달되어 피청약자가 이를 알 수 있는 상태가 되어야 한다. 즉, 계약을 위한 청약은 그것이 피청약자에게 도달한 때에 효력이 발생한다.

청약의 효력발생시기에 관한 도달주의는 CISG(제15조 1항)와 우리나라의 민

19) 조건부청약은 "청약"이라는 용어가 사용되어 형식상 불확정청약으로 볼 수 있으나, 엄격한 의미에서 이는 청약이 아니고 일종의 청약의 유인(invitation)에 지나지 않는다.

법(제111조 1항)을 비롯하여, 세계 각국의 법률이 일치하고 있다. 청약은 승낙을 구하여야 하기 때문에 발신주의를 취할 수 없다.

여기서 "도달"(reach)이라 함은 청약, 승낙의 선언 또는 기타 모든 의사표시가 상대방에게 구두로 통지되거나, 기타 모든 수단에 의하여 상대방 자신에게, 상대방의 영업소 또는 우편송부처, 또는 이것이 없는 경우에는 그 일상적인 거주지에 전달되었을 때를 말한다(CISG 제24조). 청약이 전자문서로 이루어진 경우에는, 데이터가 수신자의 정보시스템에 진입한 때를 도달시기로 본다.[20]

따라서 청약은 상대방에게 도달하여 효력이 발생하기 전까지는 이를 철회할 수 있다(CISG 제15조 2항). 이는 청약이 취소불능인 경우도 마찬가지이다.[21]

(4) 청약의 효력소멸

청약은 그 효력이 발생하여 승낙적격의 상태에 있는 한, 청약자가 임의로 그 효력을 소멸시킬 수 없다. 다만 청약의 유지가 무의미할 경우 청약자의 취소 또는 피청약자의 거절 또는 기타의 실효사유로 그 효력이 소멸할 수 있다.

① CISG는 청약의 효력이 발생하여 계약으로 체결되기 전까지는 청약의 취소(revocation)를 허용하고 있다. 즉, 청약은 피청약자의 승낙통지가 발송되기 전에 피청약자에게 먼저 도달하는 한, 이를 취소할 수 있다(제16조 1항).

다만 청약은 i) 승낙기간을 명시하고 있거나 기타의 방법으로 그것이 취소불능임을 표시하는 경우, 또는 ii) 피청약자가 청약을 취소불능이라고 믿는 것이 합리적이고 이를 신뢰하여 행동한 경우에는 취소할 수 없다(동조 2항).

② 청약은 피청약자가 이를 거절하면 그 효력이 상실된다(제17조). 청약은 그 거절통지가 청약자에게 도달한 때부터 효력을 잃는다. 따라서 피청약자가 청약의 거절통지를 발송한 후 보다 빠른 통신수단으로 승낙의 의사표시를 청약자에게 도달시킨 때에는 계약은 유효하게 성립한다(제22조).

③ 청약은 기간의 경과, 당사자의 사망, 행위능력의 상실, 후발적 위법 등의 일정한 사유에 의하여 그 효력이 소멸할 수 있다. 즉, 청약의 승낙을 위한 일정한 기간이 경과하거나, 당사자의 사망[22] 또는 행위능력의 상실, 청약 후 계약이행이 위법이 된 경우 등도 청약의 실효사유가 될 수 있다.[23]

---

20) 유엔국제무역법위원회의 표준전자상거래법 제15조 2항.
21) 우리나라 민법은 계약의 청약은 철회하지 못하도록 하고 있다(제527조).
22) 우리나라 민법은 당사자의 사망을 청약의 실효사유로 하지 않고 있다(제111조 2항).
23) 임홍근 · 이태희, 국제물품매매계약에 관한 UN협약상의 제문제, 삼지원, 1991, p. 96.

3. 승낙의 의사표시

승낙(acceptance)은 피청약자가 청약에 대하여 그 내용 또는 조건을 모두 수락하고 계약을 성립시키겠다는 무조건적·절대적인 의사표시를 말한다. 승낙의 개념에 관하여 CISG는 "청약에 대한 동의를 나타내는 뜻을 표시한 피청약자의 진술 또는 기타의 행위는 이를 승낙으로 한다. 침묵 또는 무위 그 자체는 승낙으로 되지 아니한다."라는 규정을 두고 있다(제18조 1항).

(1) 승낙의 법적요건

승낙은 계약성립을 목적으로 하는 것이기 때문에, i) 청약에 대한 동의표시의 전달, ii) 청약내용에 대한 일치성 등의 요건을 갖추고 있어야 한다.

① 승낙의 의사표시는 청약자에게 반드시 전달하여야 한다. 피청약자는 계약을 성립시킬 의사가 있으면 그 뜻을 적극적으로 청약자에게 표시하여야 한다. 승낙의 전달방식에 관하여 CISG는 피청약자의 동의를 나타내는 '진술 또는 기타의 행위'를 규정하고 있다(제18조 1항).

이는 서면에 의한 형식적 통지 외에 기타의 행위에 의한 동의도 승낙의 방법에 포함시키는 것이다. 여기서 "기타의 행위"라 함은 청약의 성질상 또는 당사자간에 확립된 관습이나 관행에 따라 피청약자가 어떠한 통지 없이 물품의 발송 또는 대금의 지급과 같은 행위를 하는 것을 의미한다(동조 3항).

단순한 침묵 또는 무위 그 자체만으로는 승낙이 될 수 없다. 다만 청약의 성질 또는 당사자간에 확립된 관습이나 관행에 따라 침묵 또는 무위가 승낙으로 인정되기에 충분한 사유 또는 사정이 있는 경우에는 예외로 한다(제9조).

② 승낙은 청약의 모든 세부사항 내지 조건이 마치 거울에 비친 상과 같이 완전히 일치하여야 한다. 이를 이른바 "mirror image rule"(완전일치의 원칙)이라 한다. 따라서 승낙의 통지에 청약내용의 변경을 포함하고 있는 경우에는 청약에 대한 거절이고 새로운 청약(대응청약)이 된다(제19조 1항).

다만 승낙이 부가적 또는 상이한 조건을 포함하고 있더라도 청약조건을 실질적으로(materially) 변경하는 것이 아닌 한, 이를 승낙으로 본다. 청약조건을 실질적으로 변경하는 것은, 예컨대 대금의 지급, 물품의 품질과 수량, 인도의 장소와 시기, 상대방에 대한 당사자의 책임범위 또는 분쟁해결 등에 대한 부가적 또는 상이한 조건이 포함된 경우를 말한다(동조 3항).

문제는 당사자간의 수차례 교섭과정을 거치는 동안 계약서식의 불일치에 따른 분쟁, 즉 'battle of forms'(계약서식의 교전)가 발생할 수 있다는 점이다. 이러한 문제에 대하여는 아직 이론이 분분하기 때문에, 각 당사자는 소위 'last shot principle'(후발유지의 원칙)과 'first blow principle'(선투유지의 원칙) 중에 자신에게 유리한 어느 방향으로도 주장을 펼 수 있다.[24)]

(2) 승낙의 효력발생

승낙은 그 유효기간내에 청약자에게 도달한 때에 효력이 생기고, 계약으로 성립한다. 승낙의 효력발생에 관하여 CISG는 다음과 같이 규정하고 있다.

① CISG는 승낙의 효력발생시기에 관하여 도달주의를 취하고 있다. 즉, 승낙은 승낙기간내에 청약자에게 도달하지 아니하면 그 효력이 발생하지 아니한다(제18조 2항). 구두청약에 대하여는 특별한 사정이 없는 한, 즉시 승낙이 이루어져야 하며(동조 2항 3문), 또 청약의 성격상 또는 당사자간에 확립된 관습이나 관행에 따라 청약자에게 물품의 발송, 대금의 지급과 같은 일정한 행위로써 승낙하는 경우, 그러한 행위가 승낙기간내에 이루어져야 한다(동조 3항).

② 승낙기간의 기산일은 전보의 경우 발신을 위하여 교부된 때부터, 서신의 경우 지정된 일자 또는 일자의 지정이 없는 경우에는 봉투에 기재된 일자로부터 기산한다(제20조 1항 1문). 그러나 격지자간의 거래라고 하더라도 전화, 텔렉스 기타의 동시적 통신수단의 경우, 승낙기간의 기산일은 청약이 피청약자에게 도달한 때로부터 기산한다(동조 1항 2문).[25)]

또 승낙기간의 만기일이 청약자의 영업소에서의 공휴일 또는 휴업일에 도래하여 승낙의 통지가 일정한 기간내에 청약자의 주소지에 도달하지 못한 경우에는, 승낙기간은 이어지는 최초의 영업일까지 연장된다(동조 2항).

③ 승낙기간이 경과한 후에 도달하는 지연된 승낙의 경우에는, 청약자가 이를 유효한 것으로 취급할 선택권을 갖는다. 즉, 지연된 승낙의 경우 청약자가 이를 인정한다는 뜻을 지체 없이 피청약자에게 통지한 때에는 그 효력을 유지한다(제21조 1항). 또 지연된 승낙이 통상적으로 전달된 경우라면 적시에 도달할 수 있었던 사정에서 발송되었다는 것이 인정되는 경우에는, 그것도 승낙으로서의 효력을 유지한다(동조 2항).

---

24) Carole Murray et al., *Schmitthoff's Export Trade*, Sweet & Maxwell, 2007, p. 72.

25) CISG는 격지자간의 전보나 서신에 의한 승낙의 경우를 제외하고(발신주의), 계약의 청약과 승낙의 모든 의사표시의 효력발생시기에 관하여 도달주의를 취하고 있다.

(3) 승낙의 효력상실

승낙은 그 의사표시가 청약자에게 도달하여 일단 효력이 발생하면 이를 소멸시킬 수 없으며, 그 효력이 발생한 때에는 이미 계약으로 성립된다(제23조).

그러나 CISG는 승낙의 의사표시가 효력을 발생하기 전, 즉 승낙의 통지가 도달하기 전 또는 그와 동시에 그 철회(withdrawal)의 의사표시가 청약자에게 도달하면 승낙은 철회할 수 있도록 하고 있다(제22조).

4. 무역계약서의 작성

무역계약은 불요식계약이지만, 무역클레임을 예방하고 계약내용을 확실히 하기 위하여는 합의사항을 문서로 작성하여 증거를 남겨두어야 한다.

예컨대 동일한 거래처와 반복하여 거래할 경우에는, 〈예시 2-1〉과 같이 당사자간의 기본합의사항은 포괄계약형식(master contract)의 GA[26](general agreement : 일반거래조건협정서)로 확정해 두고, 매 건의 거래내용은 sales note 나 offer sheet, order 나 purchase note 등의 약식계약서로 교부하는 것이 좋다.

또 최초의 대형거래시, 1회의 거래만 있거나 또는 중장기 연불방식수출입 등 거래내역이 복잡할 경우에는, 〈예시 2-2〉와 같이 합의사항을 개별계약형식(case by case contract)의 sales agreement로 작성·교환하는 것이 좋다.

(1) 무역계약서의 구성요소

무역계약서는 국제상거래의 형태와 종류만큼이나 다양하겠지만, 일반적으로 볼 때 〈표 2-2〉와 같은 요소로 구성되어 있다. 물론 아래에 설명하는 조항은 거래의 성격과 사정에 따라 생략하거나 세분화할 수도 있다.

표 2-2 무역계약서의 구성요소

① 계약서의 서두				② 계약서의 본문			③ 계약서의 말미		부록
표제	당사자	전문	약인표시	정의조항	특정조항	일반조항	말미문언	서명란	첨부물

26) GA의 기재항목에 관하여는 이 책의 제1편 제3장 제2절에서 설명한 바 있다.

가. 계약서의 서두

계약서의 서두에는 계약서 표제(title) · 서명일(date) · 계약당사자(parties), 계약에 이르기까지의 경위, 기본적 의도를 표시한 전문(whereas clause), 그리고 영미법상 계약의 주요소인 약인표시(consideration)를 기재한다.

계약서의 서두는 법적 구속력이 없는 부분이긴 하지만, 국내계약과 달리 무역계약서의 형식(style) 면에서 중요시하는 요소이다.

나. 계약서의 본문

계약서의 본문은 정의조항 · 특정조항 · 일반조항 등으로 나누어 볼 수 있다.

① 정의조항(definition clause)은 이하 계약서에 사용하는 용어나 문구의 뜻과 범위를 구체적으로 정하는 부분으로서, 용어나 문구의 통일적 의미와 해석이 부족할 수밖에 없는 국제계약에서는 대단히 중요한 항목이다.

② 특정조항(specific clause)은 각 거래의 실제적인 내용을 규정하는 부분으로서, 이 부분은 거래의 종류나 당사자간의 사정에 따라 다양하므로 획일적으로 말할 수 없다. 물품매매의 경우에는 물품의 품질 · 수량 · 가격 · 선적 · 포장 · 보험 · 결제 · 검사 · 클레임 조건 등이 특정조항에 포함된다.

③ 일반조항(general clause)은 어떠한 종류의 계약서든지 공통적으로 나타나는 조항들로 구성되는데, 이 부분은 비교적 정형화된 문구나 표현으로 작성하고, 표현의 형식도 상당히 법률적이다.

예컨대 계약의 기간, 계약의 종료, 비밀유지, 담보책임과 보증, 불가항력, 준거법과 분쟁해결방법, 계약의 수정 · 비포기 · 통지 · 완전합의 등이 포함된다.

다. 계약서의 말미 및 부록

계약서의 말미문언(in witness whereof)과 서명란(signature)은 극히 형식적인 부분으로서 그 의미를 이해하고 사용하기만 하면 된다. 또 계약서의 부록(appendix) 부분은 본문에서 처리하기 곤란한 개별적이고 구체적인 사항을 별도의 양식으로 첨부 · 추가하는 곳인데, 이것도 계약서의 일부로 본다.

(2) 무역계약서의 작성요령

스피드 경영시대에는 기업내의 무역업무에 관여하는 모든 담당자가 무역계약서의 작성요령을 알고 있어야 한다. 계약내용이 비교적 간단한 경우에는 현업부서에서 직접 처리하여도 되지만, 그 내용이 지극히 중요하거나 복잡한 경우에는 여전히 전문가의 도움을 받는 것이 바람직하다.[27]

① 계약서식집이나 표준예문을 잘 활용한다.

무역계약서는 기존의 적절한 계약서식집이나 표준예문을 잘 활용하여 이를 작성하는 것이 훨씬 수월하고 효율적인 방법일 수 있다. 다만 기존의 서식집이나 예문을 참조할 때 다음과 같은 사항에 유의하여야 한다.

i) 자신과 동일한 입장에서 작성한 서식이나 예문인지를 확인하여야 한다. 계약서식은 당사자의 어느 일방에게 유리하게 작성한 경우가 있다.

ii) 특수한 사정에 기초하여 작성한 계약서식은 회피하여야 한다. 예컨대 당사자간의 힘 관계에서 양보를 거듭하여 체결한 서식은 피하는 것이 좋다.

② 기재할 사항을 정리하여 전체구조를 만든다.

계약서의 전체구조는 유사한 거래의 선례나 예문이 있는 경우, 이를 기초로 하여 적절히 가감하면 된다. 선례나 예문이 없더라도 계약서의 전체구조를 만들고자 할 경우에는, i) 기재할 사항을 생각나는 대로 모두 정리하고, ii) 이들을 주제별로 분류하고 통합시키고, iii) 알기 쉽도록 논리적으로 배열하고, iv) 누락되거나 상충되는 사항이 있는지 확인하고, v) 비중이 크거나 특단의 사항은 별도의 독립조항으로 배려하여 계약서 초안을 잡아 본다.

③ 권리 의무의 관계로서 문장의 골격을 작성한다.

계약서의 전체구조가 만들어지면, 각 조항별로 수식어 없이 권리 의무를 나타낼 문장의 기본골격을 작성하고, 골격문장에 당사자의 권리 의무의 뜻을 담은 동사나 조동사와 결합시켜 계약적 문장으로 나타내 본다. 예컨대 골격문장에 권리는 may, be entitled to 등의 표현을, 의무는 shall 등을 각각 결합시켜 나타내고, 부정이나 부작위는 may not, shall not 등의 표현을 사용한다.

④ 골격문장에 구체적 내용과 조건을 붙인다.

골격문장은 권리 의무의 원칙만을 표시하는 것에 불과하므로, 구체적인 살을 의미하는 수식내용이나 조건을 붙여 계약실행을 가능하도록 하여야 한다.

골격문장에 구체적인 권리 의무의 내용이나 조건을 붙이는 요령은 육하원칙에 따라 i) Who 나 Whom 등의 주체적 요소, ii) When 에 관계되는 시간적 요소, iii) Where 등의 장소적 요소, iv) What 에 관계되는 객체적 요소, v) How 에 관계되는 수단적 요소, vi) If 에 관계되는 조건이나 가정[28] 등의 요소로 문

27) 서정두, 국제무역계약, 삼영사, 2001, pp. 199~208.

28) 'If' 적 요소에는 이 밖에도 in the event, in case, provided that, subject to, unless, upon terms and conditions, on the following terms and conditions 등의 표현을 사용한다.

장에 살을 붙이는 방법을 생각할 수 있다.

⑤ 하나의 조문에는 하나의 사항만 규정한다.

당사자간의 오해나 분쟁의 소지를 없애고 계약서를 이해하기 쉽게 하기 위하여는, 하나의 조항에는 하나의 사항만을 규정하는 것이 바람직하다. 특히 조문의 내용이 길고 주체가 상이한 경우에는 몇 개의 독립된 문장으로 분철하여 소항목으로 처리하는 것이 보다 명확하고 이해하기 쉽다. 많은 조건들을 하나의 문장 속에 표시하다 보면 내용이 애매모호하고 복잡하게 된다.

⑥ 정확히 알고 있는 용어와 용법을 사용한다.

무역계약은 언어 · 문화 · 관습 · 제도 등의 환경이 서로 다른 국가의 당사자들간에 체결되기 때문에, 합의사항을 문서화할 때 당사자들이 정확히 알고 있는 용어와 용법을 사용하는 것이 중요하다.

예컨대 i) 각종 지시어나 지시문구는 지극히 명확한 경우를 제외하고 그 근원을 풀어서 사용하고, ii) 당사자간에 의미를 달리 해석할 수 있는 용어는 반드시 정의(definition)를 두고 사용하고, iii) 국가나 문화권별로 의미가 달라질 수 있는 용어는 가급적으로 그 사용을 피하는 것이 좋다.

⑦ 가능한 한 능동태의 문장으로 작성한다.

계약서에는 당사자간의 권리 의무의 주체를 보다 명확히 나타내는 것이 중요하므로, 그 주체가 자칫 숨겨져 버리기 쉬운 수동태의 문장보다는 능동태의 문장으로 표현하는 것이 바람직하다.

다만 국제거래에서 당사자간의 모든 예상문제를 명확히 하기가 쉽지 아니할 수도 있으므로, 예외적으로 수동태의 문장이 당해 거래의 진행에 도움이 되는 경우도 있다. 예컨대 의도적으로 주체를 간접화법으로 표현하여 협상의 여지를 남겨두고자 할 경우에는 다소 불명확하지만 수동태의 문장을 쓴다.

⑧ 자명하고 당연한 사항도 조문화하여 둔다.

국제사회의 특성상 어느 국가나 문화권에서는 자명하거나 상식적인 사항일지라도, 상대방의 국가나 문화권에 따라 전혀 자명하지도 아니하고 상식적이지도 아니한 사항들이 있을 수 있다.

자신의 기준으로 볼 때 지극히 당연하므로 상대방에게도 그대로 통할 것으로 짐작하여 계약서의 항목에서 누락시킨다면 이는 장래에 큰 문제로 야기될 수 있기 때문에, 계약서에는 상식적인 사항도 조문화해 두는 것이 좋다.

⑨ 원칙을 먼저 기술하고 예외는 잇달아 붙인다.

무역계약은 각 당사자의 기본입장에서 출발하여 상호 양보가능한 예외를 가미함으로써 창출해 가는 과정이라고 할 수 있다. 따라서 계약내용을 계약서에 적절히 수용하기 위하여는, 일단 원칙을 먼저 기술하고, 이에 대한 조건들을 문장의 중간에 삽입하고 말미에 예외를 붙인다. 원칙에 대한 예외는 통상적으로 'provided, however, that …' 등의 방식으로 표현하고 있다.

⑩ 동일한 의미에는 일관성 있는 표현을 사용한다.

계약서의 전반에 걸쳐 동일한 의미에는 일관성 있는 동일한 용어나 표현을 사용하여야 한다. 하나의 계약서에 서로 달리 해석될 가능성이 있는 용어나 표현을 혼용할 경우에는, 당사자간의 합의내용이 왜곡될 수 있고 장래의 분쟁가능성도 상존하게 된다. 예컨대 계약서의 정의조항에 계약제품을 "the Products"라고 표현하고, 본문에는 products를 혼용하거나 goods, equipments 등과 구별 없이 사용하는 것은 잘못이다.

⑪ 용어나 표현의 정의는 필요·충분하게 한다.

계약서에서 정의조항(definition)은 i) 긴 문구나 표현을 간략하게 축약하여 나타내고자 할 경우, ii) 반복된 표현을 회피하고 이를 약칭으로 나타내고자 할 경우, iii) 중요한 단어나 용어의 의미를 명확히 하거나 강조하고자 할 경우, iv) 용어의 의미나 범위 등에 해석의 차이가 있을 수 있는 경우 등에 필요하다.

즉, 계약서 작성시에는 용어나 표현의 정의는 필요·충분할 정도로 하여야 한다. 특히 당사자간의 이해관계가 대립되는 부분은 더욱 그러하다.

⑫ 계약서의 초안은 일반양식에 맞추어 작성한다.

계약서의 초안은 일반양식에 따라 작성요령을 숙지하여 순서대로 작성한다.

계약서의 서두에서 i) 표제(title)를 선정하고, ii) 머리말(heading)은 전형적인 부분이므로 좋은 예문을 참조하여 계약일자와 장소, 당사자와 설립근거법 등을 삽입하여 작성하되 편의상 당사자의 약칭도 미리 표시해 둔다.[29] 이어 iii) 머리말과 전문을 연결하는 WITNESSETH(증명하다), iv) WHEREAS(전문) 조항을 작성하고, v) 약인표시도 좋은 예문을 참조하여 삽입한다.

---

29) 이하 당사자의 약칭표시는 "hereinafter referred to as Seller" 등으로 나타낸다.

예시 2-1 매매계약서(Sales Note)

ABC INDUSTRY CO., LTD.
SEOUL, KOREA

11th August, 20XX

SALES NOTE NO. E 124

Paterson Yarns, Inc.
10 Elizabeth Street
Paterson, N.Y., U.S.A.

We as Seller confirm having sold you as Buyer the following goods on the terms and conditions as stated below and on the back hereof.

QUANTITY	DESCRIPTION	PRICE (per lb.)	SHIPMENT
40,000 lbs.	Call No. AK 220 Machine Knitting Yarn, 2/20 natural Turbo Bulky, Worsted System : made of 100% Acrylic Staple Fibre 6 denier, dull, in about 80-82 inch skeins Shrinkage about 23%	C.I.F. New York $ 2.30	20,000 lbs. each in October and November, 20XX Total Amount US $ 92,000.-

PAYMENT : Under irrevocable L/C at 90 days after sight
INSURANCE : Seller to cover 110% of the C.I.F. value against All Risks including War and S.R.C.C. Risks
PACKING : In seaworthy bales
DESTINATION : New York, U.S.A.
SHIPPING MARK : PY-2248

Please sign and return the duplicate.

(BUYER)

(SELLER)
ABC INDUSTRY CO., LTD.
(signed)
Kil-Dong Hong
Export Manager

☞ Note : *General Agreement on Business Terms and Conditions.*

General Agreement on Business Terms and Conditions

This Agreement made and entered into between XYZ & Co., New York (hereinafter called "Buyers") and ABC Ind. Co., Ltd., Seoul (hereinafter called "Sellers") witnesses as follows :

Business : All business transactions entered into between the parties shall be as Principals to Principals.

Quality : All shipments shall be conforming to samples in regard to description, quality and state at the place of destination.

Prices : Unless otherwise specified in cables or letters, all prices by Sellers or Buyers shall be quoted in U.S. Dollars on the basis of C.I.F. New York.

Quantity : An order shall be accepted so long as the quantity exceeds 1,000 lbs.

Delivery : (a) Shipment : All the goods sold shall be shipped within the time stipulated in each contract. The date of bills of lading shall be taken as a conclusive proof of the date of shipment. Unless specially arranged, the port of shipment shall be at Seller's option. Sellers shall not be responsible for late shipment caused by the delay of arrival of a Letter of Credit.

(b) Force Majeure : Sellers shall not be responsible for any delay in shipment due directly or indirectly to force majeure, such as fires, floods, earthquakes, tempests, strikes, lockouts, wars, riots, civil commotions, hostilities, blockades, requisition of vessels, embargoes, and to any other causes beyond the control of Sellers. In the event of any of these accidents or contingencies which prevent shipment within the stipulated time, Sellers shall inform Buyers of its occurrence or existence and furnish a certificate substantiated by the Korea Chamber of Commerce and Industry.

Payment : Draft(s) shall be drawn at sight, documents attached, for the full invoice amount under an Irrevocable Credit which shall be established within 10 days after the conclusion of the contract. Business against D/P draft without L/C should be subject to Seller's previous consent in each case.

Insurance : Sellers shall effect marine insurance on all shipments on ICC (B) including War Risks for 110% of the invoice amount. Risks of theft, pilferage and non-delivery or any other additional insurance if required, shall be covered by Sellers for account of Buyers. Insurance Policies or Certificates shall be made out in U.S. currency, and claims payable in New York.

Firm Offer : Unless otherwise stipulated, all firm offers shall be valid for 72 hours from the time dispatched, excluding Sunday and national holiday.

Order : Except in cases where firm offers are accepted, no orders shall be binding until acceptance is cabled by Sellers. All orders shall be confirmed in writing, and orders thus confirmed shall not be cancelled unless by mutual consent.

Trade Terms : Unless specially stated, the trade terms under this agreement shall be governed and interpreted by the latest Incoterms.

Choice of Law : The validity, formation and performance of the contract of sale shall be governed by United Nations Convention on Contracts for the International Sale of Goods (1980).

Claims : Buyer's claims, if any, shall be made by cable or E-mail within 20 days after arrival of the goods at destination. Certificates by recognized surveyors shall be sent by mail without delay. All claims which can not be amicably settled between Sellers and Buyers shall be settled by Arbitration in Seoul, in accordance with the rules of the Korean Commercial Arbitration Board, whose award shall be final and binding upon Sellers and Buyers.

Please acknowledge by signing and returning the separate sheet, retaining the original for you.

(Buyers) XYZ & Co.	(Sellers) ABC Ind. Co., Ltd.
(signed)	*(signed)*

계약서의 본문에서 vi) 정의조항은 필요 · 충분할 정도로 기술하고, vii) 특정조항은 필요한 항목들을 정하여 합의내용에 맞추어 다듬고 보완하여야 하고, viii) 일반조항은 좋은 예문이나 서식집을 이용하고 당해 계약에서 특별히 달리 작성할 일반조항이 있는 경우에는 신중하게 문맥을 잡는다.

끝으로 계약서의 ix) 말미문언과 서명란은 좋은 예문을 참조하여 작성한다.

예시 2-2 매매계약서(Sales Agreement)

SALES AGREEMENT

This Sales Agreement ("Agreement"), made this [1st] day of [March, 20XX] by and between [ABC Corp.], with its registered office at [140 West 51st Street New York, N.Y., U.S.A.] ("Buyer") and [Han Kook Co., Ltd.], with its registered office at [36, Yeouido-dong, Youngdungpo-gu, Seoul, Korea] ("Seller")

WITNESSETH :

WHEREAS, the Buyer desires to purchase from the Seller and the Seller desires to sell to the Buyer [five million sets of TV] during a period of [5] years.

NOW, THEREFORE, in consideration of the premises and covenants contained herein, the parties hereto agree as follows :

Article 1. Sale of Goods

1.1 The Buyer shall purchase from the Seller and the Seller shall sell to the Buyer newly manufactured [TV Set] ("Goods") subject to the terms and conditions provided herein.

Article 2. Quantity, Specification and Quality

2.1 For [5] years commencing [March 1, 20XX], the Buyer shall purchase from the Seller and the Seller shall sell to the Buyer [one million (1,000,000) pieces] of the Goods per year to make the total quantities of the sale of the Goods [five million (5,000,000) pieces] during [March 1, 20XX] to [February 28, 20XX].

2.2 Specification and Quality : The specification of the Goods shall be prescribed and specified in Specification attached hereto as Exhibit [I].

Article 3. Price

3.1 The agreed unit price of each Goods ("Price") is [Two Hundred United States Dollars (US$ 200)] on [CIF New York] basis.

3.2 The Price is fixed and effective up to shipments performed on or before [the end of September, 20XX] and thereafter the Price shall be readjusted every [6] months according to Seller's request.

Article 4. Payment

4.1 Except otherwise agreed by the parties, all the payment for the Goods shall be made in United States Dollars by an irrevocable letter of credit in favor of the Seller, [confirmed by first class international bank designated by the Seller]. The letter of credit shall be established by the Buyer at least [two months] prior to each scheduled shipment date to be stipulated in Exhibit [II] and to be negotiable at sight against draft and to be valid for no less than [thirty (30) days] after the latest date allowed for the shipment. The Buyer shall bear all banking expenses associated with the establishing of the letter of credit. Partial shipment, transhipment and partial negotiations of letter of credit shall be permitted and the letter of credit shall be worded accordingly.

4.2 Delay by the Buyer in establishing the letter of credit shall extend the time for performance of this Agreement by the Seller to such extent as may be necessary to enable it to make delivery in the exercise of reasonable diligence after such letter of credit has established. Should opening the letter of credit be delayed for causes for which the Buyer is liable, the Buyer shall pay the Seller amount equal to [two-tenth of one percent (0.2%)] of the amount of relevant letter of credit per each full week as liquidated damages net cash or sight draft within [three days] from receipt of relevant bill from the Seller.

However, the total amount of liquidated damages shall not be more than [one percent (1%)] of the amount of relevant letter of credit. Should opening of letter of credit be delayed by more than [five (5) full weeks], the Seller may terminate the Agreement without prejudice to the Seller's right under the Agreement, including claim of said liquidated damages.

Article 5. Shipment of the Goods

5.1 The Goods shall be delivered by the Seller to the Buyer at [any Korean port] in accordance with the Shipment Schedule attached hereto as Exhibit [II] ("Shipment Schedule").

5.2 The Seller shall arrange the suitable vessel of any flag, subject to freight being available, to transport the Goods to the destination, [New York, U.S.A.] or other seaport designated by the Buyer on relevant letter of credit provided that CIF price is not increased.

The Seller shall notify by E-mail or facsimile, the Buyer of necessary information at least [7] days before each shipment so that the Buyer may make arrangement for receipt and inland transportation, if necessary, of the Goods.

Article 6. Late Delivery

6.1 In the event that the Seller delays shipment of the Goods in accordance with the Shipment Schedule for reasons solely attributable to the Seller, the Buyer shall grant the Seller [seven days] grace, without liquidated damages on each specified delivery.

After that [seven days] grace, the Buyer have the right to claim [one percent (1%)] of the contract price of the Goods of which shipment shall have been delayed, per each full week from [seven days] after the scheduled delivery date until actual shipping date thereof.

The total amount of the liquidated damages under the Agreement shall be limited to [six percent (6%)] of the contract price of the Goods delayed.

6.2 If the aforesaid delay of delivery exceeds [six (6) full weeks], the Buyer have the right to cancel the Agreement, without prejudice to Buyer's right under the Agreement, including claim of said liquidated damages.

6.3 In the event of Force Majeure, liquidated damages for late delivery shall not be applied.

Article 7. Packing and Marking

7.1 The Goods shall be packed and marked in the manner customary for exporting. In case special instruction are necessary, the Buyer shall furnish the Seller with such instructions in time for preparation or shipment of the goods.

Article 8. Insurance

8.1 Seller shall effect marine insurance on all shipments on [ICC (B)] for 110% of the invoice amount.

Article 9. Warranty

9.1 Each goods supplied by the Seller is hereby expressly warranted to be free from defect in materials and workmanship under normal use and service.

9.2 This Warranty shall be limited to a period of [12 months] after delivery thereof to the Buyer under storage in a roofed warehouse.

9.3 The above warranty shall not apply to the Goods, which is used for a purpose for which it was not designed or which has been subject to normal wear and tear, damage caused by accident, misuse, abuse, damage occurring during shipment.

9.4 The Seller's liability under this Warranty shall be *in lieu of all other liabilities of the Seller* for defect in materials or workmanship of the Goods or *any other warranties, express or implied*, statutory or at common law *which the Buyer hereby waives*. In no event shall the Seller be liable for consequential or indirect damages regarding the Goods.

Article 10. Claims

10.1 Any claims by the Buyer of whatever nature arising under this contract shall be made by cable within [thirty (30) days] after arrival of the goods at the destination specified in the bills of lading. Full particulars of such claims shall be made in writing, and forwarded by registered mail to the Seller within [fifteen (15) days] after cabling. Buyer must submit with particulars sworn surveyor's reports when the quality or quantity of the goods delivered is in dispute.

Article 11. Force Majeure

11.1 Except for the payments due for the Goods delivered by the Seller, any party ("Affected Party") hereto shall not be responsible to the other party ("Non- Affected Party") for non-performance [either in whole or in part] or delay in performance of the terms and conditions of the Agreement, due to war, war-like operation, Acts of God, riot, strikes, sabotage or other labor disturbances in the manufacturing plant, lockout of the manufacturing plant, epidemics, floods, earthquakes, typhoon, embargoes, laws and regulations of the Buyer's country or Seller's country, or any other causes beyond the control of the parties. In case of any such event the terms of this Agreement relating to time and performance shall be suspended during the continuance of the event.

11.2 Within [five (5) days] from the date of commencement of the event, the Affected Party shall advise the Non-Affected Party by E-mail, facsimile or cable of the date when such delay in performance commenced, and the reasons therefor as enumerated in this Agreement ; likewise, within [five (5) days] after the delays ends, the Affected Party shall advise the Non-Affected Party by E-mail, cable or facsimile of the date when such delay ended, and shall also specify the redetermined time by which the performance of the obligation hereunder is to be completed.

Article 12. Breach and its Indemnity

12.1 In the event either party breaches an obligation under this Agreement or toward a third party delays or interferes with the other party in the performance of this Agreement, it shall be liable to the other party for any reasonable direct damages thereby sustained by the other party. In the event a third party commences any proceeding for which a party hereto intends to claim indemnity, such party shall promptly notify the other party and allow suitable participation in all stages of the proceeding and settlement thereof. Failure to promptly notify or allow equitable participation by the other party shall reduce the right of indemnity by the extent of actual resultant prejudice.

12.2 It is specifically understood and agreed by both parties that the Buyer shall be solely responsible for observance of any restriction against importation of the Goods imposed by any [federal or local authority in U.S.A.] and shall defend and save harmless the Seller from any liabilities and obligations under the restriction or any claims arising out of the infringement of the restriction.

Article 13. Taxes, Duties and Contingent Charges

13.1 Any duties, tariffs for import and export or other taxes or charges which are now assessed or imposed, or which may hereafter be assessed or imposed by [U.S.A.] government or other competent authorities other than [Korea] in connection with the Goods and/or transactions thereof shall be borne and paid by the Buyer.

13.2 Increase in freight, insurance premiums and/or surcharge, due to war, threat of war, warlike conditions, port congestion or other emergency or contingency unforeseen or not existent at the time of concluding the Agreement, shall be for the Buyer's account.

Article 14. After-sales Service

14.1 The Seller may, upon request of the Buyer and consent of the Seller, dispatch some experienced technicians to some places in [U.S.A.] for the purpose of rendering effective after-service in connection with the Goods.

Article 15. Infringement

15.1 The Buyer shall be liable for and hold the Seller harmless from and against all losses and damages incurred and suits and claims brought by third party due to possible infringement of trademark, patent, copyright or other proprietary right of the third party in connection with the Seller's manufacture and sale of the Goods according to the Specification attached hereto as Exhibit [I].

Article 16. Termination

16.1 The Agreement may be terminated upon occurrence of any of the following events :

i) By agreement in writing of the parties ;

ii) By the non-defaulting party, upon default by the other party in the performance of any of its obligations under the Agreement, if not remedied within [30 days] after receipt of written notice from the non-defaulting party ;

iii) By the other party, upon either party's (a) making an assignment for the benefit of creditors, being adjudged bankrupt, or becoming insolvent ; (b) having a reasonable petition filed seeking its dissolution or liquidation not stayed or dismissed within [sixty (60) days] ; or (c) ceasing to do business for any reason ;

iv) By the Seller, if the Buyer fails to open relevant letter of credit by more than [five (5) full weeks] as stipulated in Article 4.2 hereof ;

v) By either party, if a force majeure condition under Article 11 hereof makes it unreasonable to proceed with the Agreement in the foreseeable future.

16.2 Upon termination of the Agreement, neither party shall be discharged from any antecedent obligations or liabilities to the other party under the Agreement unless otherwise agreed in writing by the parties.

16.3 Nothing in the Agreement shall prevent either party from enforcing the provisions thereof by such remedies as may be available in lieu of termination.

Article 17. Arbitration

17.1 All disputes, controversies, or differences which may arise between the parties, out of or in relation to or in connection with this contract or for the breach thereof, shall be finally settled by arbitration in Seoul, Korea in accordance with the Commercial Arbitration Rules of the Korean Commercial Arbitration Board. The award rendered by the arbitrator(s) shall be final and binding upon both parties concerned.

Article 18. Trade Terms and Governing Law

18.1 The trade terms under this Agreement shall be governed by and interpreted under the provisions of the latest Incoterms.

18.2 This Agreement shall be governed by and construed in all respects under and by the laws of Korea.

18.3 In the event of conflict between the laws of Korea and the latest Incoterms, this latest Incoterms shall prevail and govern.

Article 19. Assignment

19.1 Either party shall not assign this Agreement to any other person without the other parties' prior consent in writing. In the event of assignment with the written consent of the other, the one shall not be relieved from its obligations under this Agreement and shall be held responsible for its performance.

Article 20. Non-Waiver

20.1 No claim or right of either party under this Agreement shall be deemed to be waived or renounced in whole or in part unless the waiver or renunciation of such claim or right is acknowledged and confirmed in writing by such party.

Article 21. Notice

21.1 Unless otherwise agreed by the parties, all notices, invoices and communications under this Agreement shall be sent to the parties at their addresses set forth in the initial paragraph of the Agreement. All notices shall be sent by registered airmail and where circumstances require, notices may be sent by cable, facsimile or E-mail which shall be confirmed by registered airmail.

Article 22. Entire Agreement

22.1 This Agreement constitutes the entire agreement between the parties, all prior representations having been merged herein, and may not be modified except by a writing signed by a duly authorized representatives of both parties.

Article 23. Effective Date and Term

23.1 This Agreement shall become effective upon signing of the duly authorized representatives of both parties and remain in full force and effect up to [February 28, 20XX] unless terminated earlier pursuant to Article 16.

IN WITNESS WHEREOF, the parties hereto have executed this Agreement as of the day and year first above written.

[ABC Corp.] ____________________ [Han Kook Co., Ltd] ____________________

☞ [**주해**] •(전문) witnesseth (= withness) 증명하다 • premises and covenants 약속 • (제1조) sale of goods 물품매매 • (제2조) quantity, specification and quality 수량 · 명세 · 품질 • (제3조) price 가격 • (제4조) payment 지급 • (제5조) shipment of the goods 물품의 선적 • (제6조) late delivery 인도지연 • (제7조) packing and marking 포장과 화인 • (제8조) insurance 보험 • (제9조) warranty 담보책임 • (제10조) claims 클레임 • (제11조) force majeure 불가항력 • (제12조) breach and its indemnity 계약위반과 그 배상 • (제13조) taxes, duties and contingent charges 세금 · 관세 · 부수비용 • (제14조) after-sales service 판매사후 봉사 • (제15조) infringement 권리침해 • (제16조) termination 계약종료 • (제17조) arbitration 중재 • (제18조) trade terms and governing law 무역거래조건과 준거법 • (제19조) assignment 계약의 양도 • (제20조) non-waiver 권리비포기 • (제21조) notice 통지 • (제22조) entire agreement 완전합의 • (제23조) effective date and term 효력발생일과 기간 • (말미) in witness whereof… 위의 입증을 위하여.

제 3 절 국제매매계약의 기본조건

무역계약은 기본조건을 합의하여야 성립하는데, 물품매매의 경우 물품자체에 관한 조건(품질 · 수량 · 가격 · 포장), 계약이행조건(선적 · 보험 · 결제), 계약불이행에 관한 조건(불가항력 · 중재 · 준거법), 기타 조건들로 구성된다.[30] 이들 조건은 일반거래조건협정서(GA)나 개별계약서(sales agreement)에 기재한다.

1. 품질조건(Quality)

무역거래에서 물품의 품질은 당사자간에 중요한 관심대상이기 때문에 이와 관련한 클레임이 가장 많이 발생한다. 따라서 계약시에는 물품에 대한 품질의 결정방법과 결정시기 및 그 증명방법 등에 관하여 명확히 합의해 두어야 한다.

(1) 품질의 결정방법

물품에 대한 품질결정방법으로는 그 기준을 무엇으로 정하느냐에 따라 견본매매 · 표준품매매 · 상표매매 · 규격매매 · 명세서매매 등으로 나눌 수 있다.

30) 양영환 · 오원석, 최신 무역상무론, 법문사, 2002, p. 101.

가. 견본매매(sale by sample)

견본매매는 매도인이나 매수인이 제시한 견본과 동질의 물품을 인도한다는 전제하에 계약을 체결하는 것을 말한다.[31] 예컨대 "*Quality* : All shipments shall be conforming to samples in regard to quality."(모든 선적품은 품질에 관하여 견본과 일치하여야 한다.)라고 명시된 경우가 이에 해당한다. 무역은 격지 거래이고 선물거래가 대부분을 이루기 때문에 매수인은 계약시에 물품 전체의 품질을 점검할 수 없다. 따라서 견본매매는 가장 많이 이용하는 방법이다.

흔히 견본이라 하면 매도인 견본(seller's sample)을 말하는데, 실제 매매될 물품의 일부를 취하여 그 전부의 품질을 대표하고, 장차 매수인이 수령할 물품의 품질을 알리기 위하여 매도인이 제시하는 것이다.

또 매수인이 매도인에게 주문하는 매수인 견본(buyer's sample)이 있는데, 이는 품질기준을 약정하기 위한 원견본이 된다. 매수인 견본에 대하여 매도인이 제작하여 보내는 견본을 대응견본(counter sample)이라고 한다.

견본은 분쟁을 피하려면 최소한 3개 이상을 제작하여 그 중의 하나는 매수인용(original sample)으로 보내고, 또 하나는 자사보관용(duplicate sample)으로 하고, 나머지는 제조업체용(triplicate sample)으로 하여야 할 것이다.

기타 매수인의 요청으로 생산 완료된 물품이 선적품과 동일한 품질의 것임을 알리기 위하여 실제로 선적할 물품 중에서 일부를 견본으로 보내는 경우 이를 선적견본(shipping sample)이라고 한다.

나. 표준품매매(sale on standard)

표준품매매는 미수확 농산물이나 목재 등과 같이 정확한 견본의 제시가 어려울 경우 과거 수확물의 표준품을 기초로 계약을 체결하고 그와 유사한 수준의 물품을 인도하도록 하는 방법을 말한다. 표준품의 표시방법에는 평균중등품질조건 · 판매적격품질조건 · 통상품질조건 등의 3가지가 있다.

① FAQ (fair average quality : 평균중등품질) 조건은 곡물이나 과일과 같은 상품의 선물거래에서 계약은 생산지의 전년도 수확물의 평균중등품을 기준으로 삼고, 실제로 상품의 인도는 당년도 수확물의 평균중등품으로 하는 조건을 말하며, 이는 표준품매매의 가장 일반적인 방법이다.

② GMQ (good merchantable quality : 판매적격품질) 조건은 목재나 냉동식

31) "견본"(sample)이라 함은 품질, 모양, 컬러, 디자인, 모델 등을 모두 포함하는 광의의 의미이나, 특히 품질을 중시하여 'quality sample'이라고도 한다. 그 밖에 의장이나 도안의 경우에는 'pattern', 규격이 균등한 물품의 경우에는 'specimen'이라는 용어도 쓰인다.

품과 같이 외관상으로 부식 또는 잠재하자의 여부를 알 수 없는 경우 매도인이 수입지에서의 판매적격성(merchantability)을 보증하는 조건을 말한다. 상품이 판매부적격할 경우 매수인은 손해배상을 청구할 수 있다.

③ USQ (usual standard quality : 통상품질) 조건은 어떠한 공인검사기관이나 표준기관이 인증한 통상적인 품질을 표준품으로 결정하는 조건이다. 예컨대 우리나라에서 수출하는 인삼이나 오징어 등의 경우 정부가 지정한 검사기관이나 수출조합에서 품질등급을 판정 받아 구분해 주도록 하는 조건이다.

다. 상표매매(sale by trade mark or brand)

상표매매는 어떤 물품의 상표(trade mark)나 브랜드(brand)가 국제적으로 널리 알려져 있는 경우, 견본의 송부 없이 상표나 브랜드를 품질의 결정기준으로 삼는 방법을 말한다. 예컨대 *Adidas* 스포츠화, *Samsung* 휴대폰, *Johnie Walker* 양주, *Dunhill* 라이터, *Lancome* 화장품 등이 대표적인 품목이다.

또 외국의 주문자 상표를 부착하여 수출하는 국제하청생산에 의한 수출인 OEM 방식도 이 범주에 속하는 거래라고 할 수 있다. 이 방식은 국제적인 지명도가 높은 외국상표를 부착하므로, 안정적인 수출주문의 확보와 기술축적의 계기가 될 수 있고 선진국의 수입규제를 피할 수 있는 장점이 있으나, 우리 고유상표에 의한 시장개척이나 국제경쟁력의 제고에 도움이 되지 못한다.

라. 규격매매(sale by type or grade)

규격매매는 상품의 규격이 국제적으로 통일되어 있거나 수출국가의 공적인 규격이 인증되어 있는 경우, 이러한 규격에 의하여 상품의 품질을 결정하는 방법을 말한다. 예컨대 국제규모의 ISO (international standardization organization : 국제표준화기구), 영국의 BSS (British standard specification), 일본의 JIS (Japanese industrial standard), 우리나라의 KS (Korean standard) 등이 그것이다. 이 방법은 전기, 전자제품 등과 같은 공산품에 주로 이용한다.

마. 명세서매매(sale by specification)

명세서매매는 선박이나 중장비, 의료기기, 화학약품 등과 같이 견본이 의미가 없는 거래에서 대상제품의 소재, 구조, 성능 및 기타 자세한 명세서를 첨부하거나 제품에 대한 설명서, 청사진, 설계도 등에 의하여 그 품질기준을 정하는 방법을 말한다. 이는 일명 "설명서매매"(sale by description)라고도 한다.

바. 점검매매(sale by inspection)

점검매매는 매수인이 전시장에서 현물을 직접 점검하고 이를 인수·인도하는 매매로서 국내거래에서의 점두매매가 그 전형적인 형태라고 할 수 있다. 확인매매(sale on approval)도 여기에 해당하지만 대량의 무역거래에서는 거의 행하여지지 아니한다. 다만 BWT (bonded warehouse transaction : 보세창고거래)의 경우에는 그 성질상 점검매매가 일부 행하여지기도 한다.

(2) 품질의 결정시기

무역은 장기간의 원거리운송을 필요로 하는 경우가 많으므로, 동일한 물품이라도 수출국에서의 품질과 수입국에서의 품질이 서로 달라질 수 있다. 따라서 추후의 무역 클레임을 피하기 위하여는 계약시에 품질의 결정시기를 선적시 또는 양륙시의 어느 시점으로 할 것인가를 명시적으로 약정할 필요가 있다.

가. 선적품질조건

선적품질조건(shipped quality terms)은 인도물품의 품질이 약정된 품질과 일치하는지의 결정을 수출국에서의 선적시로 정하는 방법으로서, 이는 일반 공산품 등에 널리 이용하고 있다. 매도인은 운송 중에 변질된 품질에 대하여는 책임을 지지 아니한다. 일반적으로 FOB·CFR·CIF 등(선적지인도규칙)은 별도의 합의가 없는 한, 선적품질조건에 따르는 것으로 본다.

나. 양륙품질조건

양륙품질조건(landed quality terms)은 인도물품의 품질이 약정된 품질과 일치하는지의 결정을 수입국에서의 양륙시로 정하는 방법이다. 매도인은 운송 중에 변질된 품질에 대하여 책임을 져야 한다. 일반적으로 DAT·DAP 등(도착지인도규칙)은 별도의 합의가 없는 한, 양륙품질조건에 따르는 것으로 본다.

이들 방법 외에 곡물류의 거래관습에 있어서 선적시와 양륙시의 품질 차이에 대한 책임자를 가리는 방법으로서, 영국 런던의 곡물시장에서 발달된 T.Q.(tale quale), R.T.(rye terms), S.D.(sea damaged) 조건 등이 있다.[32]

---

32) ① T.Q.(tale quale) : 선적품질조건으로서 매도인은 약정한 물품의 품질을 선적시까지만의 상태로(such as it is) 책임을 진다는 조건이다.
② R.T.(rye terms) : 양륙품질조건으로서 호밀(rye) 거래에 사용하면서 물품의 도착시 손상된 경우에는 그 손해에 대하여 매도인이 변상하는 관례에서 생긴 것이다.
③ S.D.(sea damaged) : 선적품질조건을 원칙으로 하지만, 해상운송 중에 발생한 해수 등의 조류 또는 응고 등에 기인한 품질손해에 대하여는 매도인이 변상하는 이른바 양륙품질조건을 절충한 조건부의 선적품질조건이라고 할 수 있다.

(3) 품질조건의 유의사항

품질조건을 약정할 때에는 정확한 품질표시뿐만 아니라 품질불량시의 검사기관과 증명방법 및 불량품의 처리문제 등에 관하여도 대비하여야 한다.

가. 정확한 품질표시

품질표시는 물품의 성질에 맞게 표시하여야 한다. 예컨대 품질을 표시하는 용어로서 'in conformity with …', 'same as', 'to be fully equal to …' 등은 정밀한 제조공정을 거쳐 대량생산되는 완전한 규격품에 한하여 사용하여야 한다.

특히 농산물이나 임산물과 같이 견본과 완전 일치하기 어려운 제품에 대하여는 'similar to…', 'as being about equal to …' 등과 같은 다소 융통성 있는 표현을 사용하는 것이 클레임을 줄일 수 있는 방법이다.

나. 품질불량시의 검사기관과 증명방법

물품의 품질불량시에는 매수인으로 하여금 그러한 품질불량에 대하여 국제적인 공인검사기관[33]의 증명을 받도록 약정할 필요가 있다. 수입국에 그러한 검사기관이 없을 경우에는 수입지에 주재하는 수출국의 영사관이나 수입지의 상업회의소에 검사기관의 선택을 일임하고 그로 하여금 검사보고서(surveyor's report)를 작성하여 제시하도록 하는 것이 매수인의 부당한 트집을 방지할 수 있는 좋은 방법이다. 이러한 사항은 클레임 조건에 삽입하기도 한다.

다. 불량품의 처리문제

물품이 검사기관에 의하여 품질불량으로 증명되어 매수인이 인수거절한 경우에는 이를 반송하도록 하거나 다른 처리방법을 강구하여야 한다. 그러나 물품을 반송하는 것은 비용이 많이 소요되므로 신중히 생각하여야 한다.

따라서 물품의 가격을 조정하거나 또는 위탁판매로 처분하는 등의 방법이 더 바람직할 수 있다. 불량품의 처리문제는 각 사정에 따라 다를 수 있겠으나, 어느 정도까지의 처리방법은 무역계약서에 미리 기재해 두는 것이 좋다.

2. 수량조건(Quantity)

수량조건은 앞의 품질조건 못지 않게 클레임이 많이 발생할 수 있는 사항이므로, 계약시에는 수량의 단위·결정시기·증명방법, 과부족의 허용 여부 등에

33) 국제적으로 권위있는 검사기관으로는 Lloyd's Surveyor, Lloyd's Agent, SGS (Societe Generale de Surveillance S.A.) 등이 있다.

대하여 명확히 약정하여야 한다. 예컨대 수량조건은 "*Quantity* : An order shall be accepted so long as the quantity exceeds 1,000 lbs."(수량 : 주문품은 1,000 파운드를 초과하는 수량에 한하여 승낙하는 것으로 한다.) 등으로 표기한다.

(1) 수량의 단위

수량의 단위는 물품의 성질에 따라 중량(weight) · 용적(measurement) · 개수(piece) · 포장(package) · 길이(length) · 면적(square) 등으로 구분할 수 있다. 특히 수량에 관한 단위는 물품의 성질뿐만 아니라 국가나 지역의 관습에 따라 도량형의 차이가 있으므로 이 또한 명확히 기재하여야 한다.

① 중량단위로는 kg, lb (pound), ton 등을 사용한다. 이 중에 ton의 경우에는 long ton (L/T), short ton (S/T), metric ton (M/T) 가운데 어떤 ton으로 할 것인가를 명시하여야 한다. 영국계의 long ton은 2,240 lbs (약 1,016 kgs), 미국계의 short ton은 2,000 lbs (약 907 kgs), 프랑스계의 metric ton (kilo ton)은 약 2,204 lbs (1,000 kgs)를 각각 나타낸다.

또 영국과 미국에서 사용하는 hundred weight (cwt)라는 단위는 1 ton의 1/20을 말하며, 따라서 영국에서는 112 lbs가 되고 미국에서는 100 lbs가 된다. 이와 같은 중량톤(weight ton : W/T)에 비하여 용적톤(measurement ton : M/T)은 주로 선박회사가 화물의 운임을 계산할 때 사용하는 단위로서, 1 M/T는 40 cft (cubic feet) 또는 1 m^3 (cubic meter : CBM)를 말한다.

② 용적단위로는 liter, gallon, barrel, cubic meter (cbm), cubic foot (cft) 등이 있고, 액체나 목재 등을 측정할 때 사용한다. 용적단위의 경우에도 ton과 마찬가지로 동일한 gallon이라도 액체의 경우 미국에서는 wine gallon이라 하여 3.7853 liter이고, 영국에서는 imperial gallon이라 하여 4.546 liter인 것과 같이 물품의 성질이나 국가에 따라 차이가 있다는 것에 주의하여야 한다.

한편 목재의 경우 super foot (S/F)를 사용하는데 1 S/F는 1 square (1 $foot^2$) × 1 inch이고, 480 S/F가 1 용적톤(M/T)이 된다.

③ 개수단위로는 전자제품과 같은 일반 상품의 경우에는 piece 나 set로, 연필과 양말 등은 dozen (12 개), 핀(fin)이나 조화(artificial flower) 등 값싼 잡화품의 경우에는 gross (12×12=144 개), small gross (12×10=120 개), great gross (12×12×12=1,728 개)를 단위로 한다. 개체품목(individual item)이나 포장물의 경우에는 구체적인 수량을 약정한다.

④ 포장단위로는 carton, bale, bag, case, can, drum, container 등이 있

고 면화, 시멘트, 비료, 통조림, 유류 등을 나타낼 때 사용한다. 무용기 포장물의 경우에는 bundle, coil 등의 단위도 사용한다. 특히 container 단위는 폭과 높이 8 ft×8 ft짜리의 길이에 따라 TEU(20 ft), FEU(40 ft) 등으로 나누어진다.

⑤ 길이단위로는 meter, yard, inch, foot 등이 있고, 이는 전선, 원사, 원단 등의 길이를 표시할 때 사용한다.

⑥ 면적단위로는 square meter (m^2), square foot (sft) 등이 있고, 이는 유리, 합판, 타일(tile) 등의 넓이를 표시할 때 사용한다.

(2) 수량의 결정시기

수량조건에서도 품질조건과 마찬가지로 어느 시점의 수량을 검사하여 계약수량과 일치하는지의 여부를 결정할 것인가가 문제될 수 있다. 수량의 결정시기는 선적수량조건과 양륙수량조건으로 구분하여 볼 수 있다.

가. 선적수량조건

선적수량조건(shipped quantity terms)은 선적시점에 계측한 수량이 계약상에 명시한 수량과 일치하면 운송 중에 수량의 증감이 있더라도 매도인은 이에 대하여 아무런 책임을 부담하지 아니하는 조건으로서, 선적시의 수량을 최종적으로 하는 것이다. 일반적으로 FOB나 CIF와 같은 선적지인도규칙의 경우 별도의 합의가 없는 한, 선적수량조건에 따르는 것으로 본다.

나. 양륙수량조건

양륙수량조건(landed quantity terms)은 목적항에서 양륙시점에 계측한 수량이 계약수량과 일치하여야 하는 조건으로서, 만약 운송 중에 수량의 증감이 있는 경우에는 매도인이 책임을 부담하게 된다. 일반적으로 DAT나 DAP와 같은 도착지인도규칙의 경우 별도의 합의가 없는 한, 양륙수량조건에 속한다.

(3) 수량의 검증방법

선적수량 또는 양륙수량이 계약수량과 일치하는지의 여부는 선적지 또는 양륙지에서 상대방이 승인한 검사기관(surveyor) 또는 공인된 검량업자(public weigher)의 검사를 받아 그가 발행하는 중량증명서나 용적증명서(certificate of weight or measurement)에 의하여 입증한다.

수량의 검사방법으로는 일반 화물의 경우에는 일일이 실물을 측정하여야 하지만, 무포장의 살화물(bulk cargo) 상태로 대량 선적하는 곡물, 광산물 등의 경우에는 본선에 적재한 채로 본선의 흘수(draft)에 의하여 계산하기도 하는데, 이를 "흘수중량"(draft weight)이라고 한다.

(4) 과부족허용조항

곡물이나 광산물과 같은 살화물 또는 유류와 같이 휘발성이 있는 물품의 경우에는 장기간의 운송 중에 부득이 과부족이 예견되거나 정확한 계약수량을 선적하기가 곤란할 때가 있다. 이 때 과부족을 허용하려면, 특약에 의한 '과부족허용조항'(more or less clause : M/L Clause)을 두거나 또는 신용장 거래시 통일규칙상의 과부족규정에 따르는 방법을 생각할 수 있다.

① 특약으로 과부족허용조항을 규정할 경우에는 물품의 성질에 따라 얼마만큼의 범위에서 과부족을 허용할 것인지와 과부족의 선택권자를 누구로 할 것인지에 대하여 계약상에 명시해 두는 것이 좋다.

예컨대 "Quantity shall be subject to a variation of 3% more or less at seller's option." 또는 "Seller shall have the option of shipping the merchandise with a variation of more or less 3% of the quantity contracted, unless otherwise agreed."(별도의 합의가 없는 한, 매도인은 계약수량의 3% 과부족된 변경을 전제로 상품을 선적할 선택권을 갖는 것으로 한다.) 등과 같이 약정하면 된다.

특히 D/P, D/A 추심방식이나 송금방식 등의 무신용장거래인 경우 과부족이 생기기 쉬운 살화물에 대하여는 과부족허용조항을 설정해 두는 것이 중요하다.

수량의 과부족을 약정할 때 최소허용수량(minimum quantity acceptable), 최대허용수량(maximum quantity acceptable) 등과 같이 막연한 표현보다는 정확한 수량과 함께 오차허용범위를 명시하는 것이 바람직하다.

② 신용장거래인 경우 과부족이 생기기 쉬운 살화물에 대하여는 신용장에서 신용장 금액(amount), 수량(quantity) 또는 단가(unit price)의 표시 앞에 '약'이라는 의미로 about, approximately 등의 용어를 사용하면, 이는 10%를 초과하지 아니하는 과부족을 허용하는 것으로 본다(UCP 600 제30조 a항).

신용장상에 과부족금지의 문언이 없는 한, 적어도 5%까지의 과부족은 항상 허용된다. 다만 신용장에서 수량을 포장단위 또는 개별품목의 개수로 명시하고 있는 경우에는, 어떠한 과부족도 허용되지 아니한다(UCP 600 동조 b항).

3. 가격조건(Price)

가격조건은 당사자의 이익과 직결되기 때문에 가장 첨예한 부분이다. 따라서 계약시에는 가격의 산정기준·구성요소, 통화단위 등에 관하여 명확히 합의하여야 한다. 예컨대 가격조건은 "*Prices* : Unless otherwise specified, all prices by Sellers or Buyers shall be quoted in U.S. Dollars on the basis of C.I.F. New York."(가격 : 별도의 명시가 없는 한, 매도인 또는 매수인의 모든 가격은 뉴욕 도착 운임·보험료포함조건에 기초한 미국 달러화로 산정하여야 한다.) 등으로 표기한다.

(1) 가격의 산정기준

물품의 가격은 비용·수요·경쟁자·소비자의 심리 등 여러 가지의 요인에 의하여 결정될 수 있겠으나, 이를 산정하는 기초는 비용(cost)이다. 즉, 매매가격은 매도인의 비용부담의 한도와 물품의 인도장소에 따라 달라지며, 또 이에 따라 물품에 대한 위험 또는 소유권의 이전시점이 확정된다.

무역거래의 물품가격은 오랜 상관습에 의하여 형성된 여러 가지 정형의 무역거래조건(trade terms)에 따라 산정된다. 각종 무역거래조건의 해석에 관한 오해와 분쟁을 극복하고자 ICC(국제상업회의소)의 '무역거래조건해석에 관한 국제규칙'(Incoterms)이 제정되어 있으며, Incoterms[34]는 국제적으로 통일된 물품인도의 기준뿐만 아니라 가격산정의 기준을 제공해 주고 있다.

이 밖에 가격산정의 기준은 1990년 '개정미국외국무역정의'(Revised American Foreign Trade Definition 1990)에도 규정하고 있다. 이는 미국관습을 반영하여 국제성은 없으나, 간혹 미국과의 무역에서 사용되기도 한다.[35]

또 1932년 ILA(국제법협회)가 제정한 'CIF 계약에 관한 와르소·옥스포드규칙'(Warsaw-Oxford Rules for C.I.F. Contract 1932)도 CIF 조건에 관한 당사자간의 권리의무로서 가격산정의 기준을 제공해 주고 있다.

특히 Incoterms는 국제적으로 가장 널리 사용하는 가격산정기준이 될 뿐만 아니라, 당사자간의 권리와 의무 등 법률관계를 규정하고 있기 때문에 계약시에 어느 거래조건이 적합한 것인지를 판단할 수 있게 해 준다.

---

34) "Incoterms"란 용어는 International Commercial Terms 의 두문자를 조합한 것이다.

35) 개정미국외국무역정의는 FOB 조건을 6가지로 구분·규정하고 있으며, 이외에 EXW·FAS·CFR·CIF·DEQ 조건에 대하여도 규정하고 있다.

표 2-3 무역거래조건별 비용부담의 한계

O - 매도인부담 X - 매수인부담		제조원가 →	포장검사 →	적재비용 →	반출운송 →	수출허가 →	수출통관 →	주운임 →	보험료 →	수입허가 →	수입통관 →	반입운송 →	양하비용
모든 운송 방식용 규칙	EXW	o	o	x	x	x	x	x	x	x	x	x	x
	FCA	o	o	o	o	o	o	x	x	x	x	x	x
	CPT	o	o	o	o	o	o	〔o〕	x	x	x	x	〔o〕
	CIP	o	o	o	o	o	o	〔o〕	〔o〕	x	x	x	〔o〕
	DAT	o	o	o	o	o	o	o	o	x	x	x	o
	DAP	o	o	o	o	o	o	o	o	x	x	o	〔o〕
	DDP	o	o	o	o	o	o	o	o	o	o	o	〔o〕
해상·내수로운송용 규칙	FAS	o	o	o	o	o	o	x	x	x	x	x	x
	FOB	o	o	o	o	o	o	x	x	x	x	x	x
	CFR	o	o	o	o	o	o	〔o〕	x	x	x	x	〔o〕
	CIF	o	o	o	o	o	o	〔o〕	〔o〕	x	x	x	〔o〕

* 위의 〔o〕 부분은 매도인이 기본운임과 최소담보 보험료만을 부담한다는 의미이다.

Incoterms® 2010 상의 11가지 규칙은 크게 선적지인도규칙(8개)과 도착지인도규칙(3개)으로 나눌 때, 각 규칙은 비용요소가 다르므로 가격수준이 다르게 나타난다.36) 수출입품의 비용요소는 기본가격으로서 제조원가와 이윤 이외에 포장・검사비, 내륙반출비, 수출허가・통관비, 선적비, 목적지까지의 운송비와 보험료, 도착지에서의 하역비, 수입허가・통관비, 최종목적지까지의 내륙반입비, 기타 수출입에 따른 금융비용, 통신비용, 잡비 등이 있다.

가. 선적지인도가격

① EXW(공장인도) : EXW (Ex Works) 규칙은 매도인의 영업장구내에서 물품을 인도하는 것으로서, 그 가격구성은 상품의 제조원가와 이윤, 품질・수량 등의 각종 검사비와 관습적 포장비까지를 포함한 금액이 된다.

그러나 매수인의 수거용 차량적재비를 비롯하여 이후의 어떠한 비용도 이에 포함하지 아니한다. 따라서 EXW 규칙은 인코텀즈상의 11가지 규칙 중에 매도인의 비용부담한계, 즉 가격수준이 가장 낮게 책정된다.

② FCA(운송인인도) : FCA (Free Carrier) 규칙은 매수인이 지정한 운송인(carrier)에게 물품을 인도하는 것으로서, 그 가격구성은 EXW 가격에 추가하

36) 인코텀즈에 관한 상세한 내용은 이 책의 제2편 제2장에서 논하고자 한다.

여 매도인이 수출허가와 통관절차 등 수출수속을 마친 후 지정된 운송인에게 물품을 인도할 때까지 일체의 비용을 포함한 금액이 된다.

운송인에 대한 인도는 그것이 i) 매도인의 영업장구내에서 이루어질 경우와 ii) 기타 모든 지정장소에서 이루어질 경우의 2가지로 나눈다. 인도장소가 매도인의 영업장구내인 경우에는 매도인이 차량적재의 비용을 부담하지만, 기타의 지정장소인 경우에는 매도인이 운송인에게 양하책임을 부담하지 아니한다.

③ CPT(운송비지급인도): CPT (Carriage Paid to) 규칙은 매도인이 운송인에게 물품을 인도하되 목적지까지의 운송비를 지급하는 것으로서, 그 가격구성은 매도인이 운송인에게 물품을 인도할 때까지 수출허가와 통관비를 포함한 FCA 가격 이외에 지정된 도착지까지의 물품수송비, 운송계약시 수송비에 포함되는 도착지에서의 양하비(unloading costs) 등을 추가한 금액이 된다.

④ CIP(운송비·보험료지급인도): CIP (Freight or Carriage and Insurance Paid to) 규칙은 매도인이 운송인에게 물품을 인도하되 목적지까지의 운송비와 보험료(insurance premium)를 지급하는 것으로서, 그 가격구성은 매도인이 지정된 운송인에게 물품을 인도할 때까지의 FCA 가격 이외에 지정된 도착지까지의 물품수송비, 운송계약시 수송비에 포함되는 도착지에서의 양하비, 도착지까지의 보험료[37] 등을 추가한 금액이 된다.

⑤ FAS(선측인도): FAS (Free Alongside Ship) 규칙은 선적항에서 본선의 선측에 물품을 인도하는 것으로서, 그 가격구성은 매도인이 선적항의 본선 선측에서 물품을 인도할 때까지 일체의 비용을 포함한 금액이 된다. 따라서 이 가격은 선적항까지의 내륙반출비, 부두사용료, 창고료, 본선 선측까지의 운반비, 수출허가와 통관비, 수출국 정부당국의 선적전검사비 등이 포함된다.

⑥ FOB(본선인도): FOB (Free on Board) 규칙은 선적항에서 본선의 갑판상에 물품을 인도하는 것으로서, 그 가격구성은 매도인이 선적항의 본선상에 물품을 인도할 때까지 일체의 비용을 포함한 금액이 된다. 따라서 이 가격은 FAS 가격 이외에 선측에서 본선상으로의 화물적재비 등이 포함된다.

⑦ CFR(운임포함인도): CFR (Cost and Freight) 규칙은 선적항의 본선 갑판상에 물품을 인도하되 목적항까지의 운임(freight)을 지급하는 것으로서, 그 가격구성은 매도인이 선적항의 본선상에 물품을 인도할 때까지의 FOB 가격 이외에 도착항까지의 해상운임, 제3국으로의 통과비용, 정기선 운송계약시 부과

37) CIP 조건에 있어서 최소담보보험료의 기준은 CIF 조건의 경우와 같다.

될 수 있는 도착항에서의 양륙비 등을 추가한 금액이 된다.

⑧ CIF(운임·보험료포함인도): CIF (Cost, Insurance and Freight) 규칙은 선적항의 본선 갑판상에 물품을 인도하되 목적항까지의 운임과 보험료를 지급하는 것으로서, 그 가격구성은 CFR 가격 이외에 도착항까지의 보험료를 추가한 금액이 된다. 여기서 "보험료"라 함은 협회적하약관(ICC) 중에 담보범위가 가장 낮은 ICC(C) 조건으로 계약금액의 110% 이상 부보한 때를 말한다.

나. 도착지인도가격

⑨ DAT(터미널인도): DAT (Delivered at Terminal) 규칙은 목적항 또는 목적지의 터미널에서 운송수단으로부터 양하하여 인도하는 것으로서, 그 가격구성은 매도인이 지정된 도착지의 터미널에서 물품을 매수인에게 인도할 때까지 일체의 비용을 합산한 금액이 된다. 따라서 이 가격은 목적지에서의 양하비 등이 추가되지만, 물품의 수입허가와 통관비, 목적지의 터미널에서 다른 장소로 물품을 이동하는 비용, 후속되는 운송비 등은 매수인의 부담에 속한다.

⑩ DAP(착지인도): DAP (Delivered at Place) 규칙은 지정된 목적지의 운송수단상에서 물품을 인도하는 것으로서, 그 가격구성은 매도인이 자신의 비용과 위험부담으로 물품을 운반하여 지정된 목적지의 운송수단상에서 매수인에게 인도할 때까지 제3국으로의 통과비용을 포함한 일체의 비용을 합산한 금액이 된다. 따라서 이 가격은 앞의 CIP 가격과 비슷하지만, 매도인의 선택에 따라 운임과 보험료의 조절이 가능하다는 점이 다르다.

⑪ DDP(관세지급인도): DDP (Delivered Duty Paid) 규칙은 수입통관을 필하고 최종목적지까지 물품을 운반하여 인도하는 것으로서, 그 가격구성은 수입허가와 통관비를 포함하여 매도인이 수입국내의 지정장소에 물품을 운반하여 매수인측에 인도할 때까지 일체의 비용을 합산한 금액이 된다. 다만 최종목적지에 도착하는 운송수단으로부터의 양하비는 매수인의 부담에 속한다.

따라서 DDP 가격은 인코텀즈상의 11가지 규칙 중에 매도인의 비용부담한계, 즉 제품의 단위당 가격수준이 가장 높게 책정된다.

(2) 가격의 표시통화

물품의 수출입대금을 결제하는 데는 화폐가 필요하며, 어느 국가의 통화단위로 결제하느냐 하는 문제는 환율의 변동에 따르는 환위험(exchange risk)을 회피하는데 중요하다. 즉, 수출입거래를 자국통화로 표시하면 환위험이 없겠으나, 이를 외국통화로 표시할 경우에는 환위험이 따르게 마련이다.

통화표시에서는 통화의 명칭이 서로 같은 국가가 있다는 점에 주의하여야 한다. 통화의 명칭이 같다 하더라도 통용지역이 어느 국가인가에 따라 대외가치가 서로 다르다. 예컨대 "달러"(Dollar)라는 명칭은 미국·캐나다·호주·싱가폴 등에서 사용하고 있으나, 각각의 대외가치는 전혀 다르다.

따라서 가격에 통화단위만 표시하면 어느 국가의 것인지 알 수 없으므로, 구체적으로 US $, Canada $, Hong Kong $ 등으로 반드시 통화단위 앞에 국명을 함께 붙여 대외가치의 혼란을 피하여야 할 것이다.

4. 선적조건(Shipment)

선적은 물품의 인도(delivery) 그 자체이거나 인도의 대표적인 방법이다.

무역계약에서 선적조건은, 예컨대 "*Shipment* : All the goods sold shall be shipped within the time stipulated in each contract. The date of bills of lading shall be taken as a conclusive proof of the date of shipment. Unless specially arranged, the port of shipment shall be at Seller's option. Sellers shall not be responsible for late shipment caused by the delay of arrival of a Letter of Credit."(선적 : 모든 선적품은 각 계약상에 약정된 기간내에 선적하여야 한다. 선화증권의 일자는 선적일자의 결정적인 증거로 본다. 별도의 약정이 없는 한, 선적항은 매도인이 선택하는 것으로 한다. 매도인은 신용장의 도착지연으로 야기되는 선적지연에 대하여 책임을 지지 아니한다.) 등으로 표기한다.

선적조건에서는 선적의 의미, 선적시기의 결정, 분할선적, 환적, 불가항력조항 등에 대하여 합의하여야 하므로 이에 대하여 살펴 보기로 한다.

(1) 선적의 의미

"선적"(shipment)이라 함은 단지 선박에의 적재(loading on board)만을 의미하지 아니하고, 발송(dispatch), 운송을 위한 인수(accepted for carriage), 우편수령(post receipt), 접수(pick-up) 또는 이와 유사한 표현, 그리고 복합운송을 요구하거나 허용하는 경우에는 운송인에게의 수탁(taking in charge) 등을 포괄하는 의미로 광범하게 사용하고 있다(UCP 500 제46조 a항).

따라서 오늘날의 선적에 관한 의미는 해상화물을 선적항의 지정선박에 적재하는 행위뿐만 아니라, 계약물품의 도로·철도·항공·우편·속달·복합운송 등이 이루어지고 신용장상에 운송서류를 요구하는 경우 물품을 운송인에게 인도하는 행위를 모두 포함하는 개념으로 확장되었다.

무역계약에서의 선적조건은 물품을 어느 시기에 어떠한 방법으로 선적하도록 할 것인가를 약정하는데 목적이 있다. 그러므로 엄격히 말하여 선적조건은 인도조건과 구별하여 사용하는 것이 좋다.

더구나 영미법에서 물품의 "인도"라 함은 특정인이 타인에게 점유를 자발적으로 이전(voluntary transfer of possession)하는 것이므로[38], 물품을 인도·인수하는 장소가 선적지인지 또는 도착지인지에 대한 오해의 소지가 있다.

따라서 당사자간에는 인도시기, 인도장소 및 인도방법에 대한 약정도 필요하다. 예컨대 인도장소는 FOB Busan일 경우 부산항이 선적항임을 쉽게 알 수 있으나, CIF New York일 경우 뉴욕은 인도장소가 아니라 단지 비용이 연장되는 장소를 가리키므로, 정확한 인도장소에 관한 별도의 약정이 필요하다.

또 인도방법은 서류에 의한 상징적 인도(symbolic delivery)인가 또는 물품의 현실적 인도(actual delivery)인가에 따라 소유권의 이전문제가 결부되므로, 이는 결제조건과 가격조건 등을 종합적으로 고려하여 정하여야 한다.

아울러 인도시기는 선적지인도규칙인 경우 선적지에서 선적하는 시기를 명확히 약정하면 된다. 특히 CIF 조건의 경우에는 매수인은 인도시기를 수입항 도착일로 오해할 가능성이 있기 때문에 선적시기를 명확히 하여야 한다.

(2) 선적시기의 결정

선적시기는 특정한 달 또는 일정한 기간내로 약정하는 것이 일반적이며, 이를 특정월선적·즉시선적·조건부선적의 경우로 나누어 살펴 볼 수 있다.

① 무역거래의 선적시기는 특정일[39]을 기준으로 정하는 경우보다 June shipment와 같이 단월선적으로 정하거나, June/July/August shipment와 같이 연월선적으로 정하는 경우가 많다. 전자는 매도인이 6. 1.~6. 30.까지, 그리고 후자는 6. 1.~8. 31. 사이의 어느 시기에 선적하여도 된다는 조건이다.[40]

---

38) Sale of Goods Act (England) Sec. 61(1).

39) "On or about September 10"과 같이 특정일에 선적하도록 하는 경우도 있으나, 이는 양단일을 포함하여 전후 각각 5일 기간내를 의미한다(UCP 600 제3조).

40) 선적일자에 관련된 용어에 사용하는 to, until, till, from, between 등은 당해 일자를 포함하고, before, after 등은 당해 일자를 제외하는 것으로 본다(UCP 600 제3조).

② 선적시기를 약정할 때 prompt, immediate, as soon as possible, without delay 등 즉시선적의 문언을 사용하는 경우가 있다. 이러한 문언은 국가와 사람에 따라 1주 내지 1개월 등으로 달리 해석할 수 있기 때문에, 그 사용을 피하는 것이 좋다. 특히 신용장거래에서 선적시기에 관하여 이러한 문언을 사용한 경우에는, 은행은 이를 무시하여야 한다(UCP 600 제3조).

③ 선적시기를 약정할 때 특정조건을 전제로 하여 그 조건이 완성된 후 선적하도록 하는 조건부선적으로서, 예컨대 "Shipment during May and June, subject to seller's receipt of L/C by May 15."와 같은 경우가 있다.

또 선복획득조건부(subject to ship's space being available)로 선적시기를 정하는 것은 선복을 획득하는 경우에 한하여 약정시기에 선적하고 그렇지 아니하면 기간내에 선적을 못해도 매도인의 책임이 없다는 조건이다.

(3) 선적일자의 증명

선적시기와 더불어 고려할 사항은 선적일자의 증명방법이다. 선적이 약정된 시기에 행하여졌는지의 여부, 즉 선적일자(date of shipment)가 언제였느냐 하는 것은 선화증권의 일자(B/L date)로 입증하는 것이 관례이다.

실제로 계약서에는 선적일자에 관하여 "The date of bill of lading shall be final as the date of shipment." 또는 "The date of bill of lading shall be taken as conclusive proof of the day of the shipment."(선화증권의 일자를 선적일자의 결정적인 증거로 본다.) 등으로 표시하고 있다.

신용장거래의 경우 선적일자는 운송서류에 따라 그 기준을 달리 해석하고 있다.[41] 즉, UCP 600 상의 운송서류별 선적일자의 해석은 다음과 같다.

① 복합운송서류(multimodal transport document)는 물품의 발송일(date of dispatch), 수탁일(date of taking in charge) 또는 본선적재일(date of loading on board)이나 선적일(date of shipment)을 선적일자로 본다. 다만 복합운송서류상에 스탬프 또는 기타의 방법으로 물품의 발송, 수탁 또는 본선적재를 표시하고 있는 경우에는 그러한 일자가 결정적인 증거가 된다(제19조).

② 해상운송 선화증권(bill of lading)은 지정선박에 본선적재 또는 선적되었다는 인쇄문언이 있으면 선화증권의 발행일(date of issuance)을 선적일자로 보고, 기타 모든 경우 선화증권에 표시된 본선적재일(date of loading on board) 또는 선적일(date of shipment)이 결정적인 증거가 된다(제20조).

41) UCP 600 제19조~제25조.

비유통성 해상화물운송장(non-negotiable sea waybill)이나 용선계약부 선화증권(charter party bill of lading)도 위와 마찬가지로 결정된다(제21조).

③ 항공운송서류(air transport document)는 신용장이 실제의 발송일을 요구하고 있으면 운송서류상에 명시된 발송일(date of dispatch), 기타 모든 경우 항공운송서류의 발행일(date of issuance)을 각각 선적일자로 본다(제23조).

④ 도로·철도·내수로 운송서류(road, rail or inland waterway transport document)는 각 운송서류상에 물품의 수령 스탬프가 찍혀 있으면 수령 스탬프 일자(date of reception stamp), 기타 모든 경우 각 운송서류의 발행일(date of issuance)을 각각 선적일자로 본다(제24조).

⑤ 특사수령증(courier receipt)은 물품의 접수일(date of pick-up) 또는 수령일(date of receipt)을 선적일자로 보며, 또 우편수령증(post receipt)이나 우송증명서는 선적지 또는 발송지에서 스탬프 또는 기타의 방법으로 인증되고 일부가 있을 때 그 일부된 날을 선적일자로 본다(제25조).

(4) 분할선적조항

무역계약에서 선적조건과 관련하여 분할선적(partial shipment)의 허용 여부, 이를 허용할 경우에는 분할횟수, 수량 및 각 분할분의 선적시기 등을 미리 정해두어야 한다. 분할선적의 허용 여부는 보통 'partial shipments allowed' 또는 'partial shipments prohibited' 등으로 약정하면 된다.

특히 신용장거래에서는 신용장상에 분할선적을 금지하는 문언이 없는 한, 분할선적은 허용하는 것으로 본다. 그러나 신용장에서 할부선적(shipment by instalment)을 요구한 경우, 수출상이 각 할부선적분 중 어느 할부분에 대하여 소정의 기간내에 선적을 이행하지 못하면, 당해 할부분은 물론이고 그 이후의 모든 할부분에 대하여도 신용장이 무효가 된다.

또 동일운송수단(same means of conveyance)과 동일항해(same journey)에 이루어진 선적은 동일한 목적지를 명시하고 있는 한, 본선적재를 표시하는 운송서류상에 상이한 선적일자를 나타내거나 상이한 선적항, 수탁지 또는 발송지를 표시하고 있을지라도 이를 분할선적으로 보지 아니한다(UCP 600 제31조).

(5) 환적조항

환적(transhipment)은 일단 선적된 물품을 내려 다른 선박이나 기타 운송수단에 이적하거나 재적하는 것을 말한다. 환적작업은 물품에 대한 멸실이나 손상의 위험이 크므로, 계약시에 환적허용 여부를 미리 약정해 두어야 한다. 환적허용 여부는 보통 'transhipment allowed' 또는 'transhipment prohibited' 등으로 약정하면 된다. 유리 그릇이나 도자기류 등 깨어지기 쉬운 물품은 가급적 직항로를 이용하고 환적을 금지하는 것이 바람직하다.

특히 신용장에서 해상선화증권을 요구한 경우 신용장상에 환적금지가 없는 한, 물품이 환적될 것이라고 명시한 선화증권은 인수되며, 다만 전체의 해상운송이 단일 및 동일한 선화증권에 의하여 커버하고 있어야 한다.

비록 신용장상에 환적금지가 있더라도, 화물을 컨테이너, 트레일러, 라쉬(LASH) 선에 선적하고 그것이 선화증권상에 입증되어 있는 한, 환적될 것이라고 명시한 선화증권 또는 운송인이 환적권을 유보한다고 표기한 선화증권은 은행에서 인수된다. 이들 내용은 비유통성 해상화물운송장, 복합운송서류, 항공운송서류, 도로·철도·내수로 운송서류에도 동일하게 적용된다.[42]

(6) 불가항력조항

불가항력조항(force majeure clause)은 매도인이 통제할 수 없는 불가항력적인 사태로 인하여 약정기일내에 선적할 수 없을 때 수출국에 주재하는 수입국의 영사관이나 또는 상공회의소의 증명에 따라 선적기일을 유예받거나 선적의무를 면제받기 위하여 약정하는 조항을 말한다.

여기서 불가항력적인 사태라 하면 천재지변(Act of God), 즉 낙뢰·폭풍우·지진·홍수 등의 자연력에 의한 사태뿐만 아니라, 동맹파업(strike), 직장폐쇄(lock-out), 내란(insurrection), 소요(civil commotion), 전쟁(war), 테러 및 정부간섭 등의 인위적인 사태도 포함하고 있으며, 나아가 계약시에 예견치 못한 생산기계의 고장, 운송수단의 부족, 원자재의 부족 등 돌발적인 사태까지도 포함하여 매도인이 통제할 수 없는 모든 사정을 포괄하는 개념이다.[43]

매도인은 이러한 사태의 발생으로 계약의무의 이행이 불가능할 때를 대비하여 불가항력조항을 계약서에 삽입하는 것이 바람직하다.

예컨대 불가항력조항은 "*Force Majeure* : Sellers shall not be responsible for any delay in shipment due directly or indirectly to force majeure, such as fires, floods, earthquakes, tempests, strikes, lockouts, wars, terrorism, riots, civil commotions, hostilities, blockades, requisition of

42) UCP 600 제19조~제24조.

43) Carole Murray et al., *Schmitthoff's Export Trade,* Sweet & Maxwell, 2007, p. 134.

vessels, embargoes, and to any other causes beyond the control of Sellers. In the event of any of these accidents or contingencies which prevent shipment within the stipulated time, Sellers shall inform Buyers of its occurrence or existence and furnish a certificate substantiated by the Korea Chamber of Commerce and Industry."(불가항력 : 매도인은 화재, 홍수, 지진, 폭풍우, 동맹파업, 직장폐쇄, 전쟁, 테러, 소요, 내란, 적대행위, 봉쇄, 선박의 압수, 금수조치, 기타 매도인의 통제를 벗어난 모든 원인 등의 불가항력에 직접 또는 간접적으로 기인하는 모든 선적지연에 대하여는 책임을 지지 아니한다. 약정된 기일내의 선적을 방해하는 이들 사건 또는 사고 중의 어느 것이 발생한 경우에는, 매도인은 매수인에게 그 발생 또는 존재에 관하여 통지하여야 하고 대한상공회의소가 입증하는 증명서를 제공하여야 한다.) 등으로 표기한다.

5. 보험조건(Insurance)

물품의 운송 중에는 선박의 좌초, 침몰, 충돌 등과 같은 해상고유의 위험(perils of the seas)이나 화재, 전쟁 등과 같은 인위적 위험에 직면할 가능성이 있으며, 이에 대비하기 위하여는 적하보험(cargo insurance)에 부보하여야 한다. CIF · CIP, DAT · DAP · DDP 등의 인도규칙은 매도인이, FOB · FCA · CFR 등의 인도규칙은 매수인이 각각 보험계약을 체결하여야 한다.

무역계약시 보험조건(insurance)에서는 부보금액, 목적물의 성질이나 운송사정 등에 따른 담보조건을 지정하는 것이 무엇보다 중요하다.

예컨대 보험조건은 "*Insurance* : Sellers shall effect marine insurance on all shipments on ICC (B) including War Risks for 110% of the invoice amount. Risks of theft, pilferage and non-delivery or any other additional insurance if required, shall be covered by Sellers for account of Buyers. Insurance Policies or Certificates shall be made out in U.S. currency, and claims payable in New York."(보험 : 매도인은 모든 선적품에 대하여 전쟁위험을 포함한 협회적하약관 (B) 조건에 따라 송장금액의 110% 한도의 해상보험에 부보하여야 한다. 도난, 발하 및 불착위험 또는 기타 모든 추가위험이 필요한 경우에는, 이는 매수인의 계산으로 매도인이 부보하는 것으로 한다. 보험증권 또는 보험증명서는 미화로 작성하고 보험금은 뉴욕에서 지급할 수 있도록 하여야 한다.) 등으로 표기한다.

(1) 해상보험의 개념

"해상보험계약"(contract of marine insurance)이라 함은 이 계약에 합의된 방법과 범위내에서 해상손해, 즉 항해사업에 부수하는 손해를 보험자가 피보험자에게 보상할 것을 약정하는 계약을 말한다(MIA 제1조).

해상보험에서의 손해는 항해사업(marine adventure)에 부수하는 것이어야 하고, 모든 합법적인 항해사업은 해상보험계약의 목적이 될 수 있다(동 제3조). 다만 항해사업에 부수하는 손해도 계약상에 합의된 방법과 범위내에서만 보상한다. 여기서 합의된 방법과 범위는 보험증권과 약관에 명시하고, 만약 약관상에 문제가 있으면 이는 영국의 법률과 관습에 따른다(ICC 제19조).

해상보험계약은 보험자가 일정한 기간이나 구간내의 항해 중에 발생하는 우연한 사고로 인한 손해를 보상할 것을 약속하고, 보험계약자가 이에 대한 보험료를 지급할 것을 약속하는 계약으로서, 궁극적으로는 피보험자가 입게 될 경제상 또는 재산상의 이해관계를 보호하는데 목적이 있다.

(2) 보험계약의 성립요건

해상보험계약은 계약당사자 · 피보험이익 · 해상위험과 해상손해 등의 주요요건, 보험가액과 보험금액 · 보험기간 · 보험료 · 보험증권과 약관 · 고지의무와 담보 등의 부수요건에 관한 명시적인 약정이 있어야 유효하게 성립한다.

가. 계약당사자

보험계약의 직접당사자는 보험자와 보험계약자 또는 피보험자이다. ① 보험자(insurer)는 보험료를 지급받고 보험사고가 발생하면 보험금액을 지급할 것을 약속하는 자이고, ② 보험계약자(policy holder)는 보험자와 보험계약을 체결하고 보험료를 지급하는 자이며, ③ 피보험자(assured)는 손해보험의 경우 피보험이익의 소유자, 즉 손해를 입고 보험금액을 지급받는 자이다.

기타 보험중개인, 보험대리인, 재보험자, 보험모집인, 보험외무원 등이 있다. 보험중개인(insurance broker)은 보험계약을 중개하는 외부기관, 즉 보험자의 통제 밖에 있으면서 고객을 위하여 보험자와 보험요율을 협상하고 고객에게 보험가입을 주선하는 자로서, 대표적으로 로이즈 보험중개인이 있다.

이와는 달리 보험대리인(insurance agent)은 보험회사로부터 직접 위탁을 받아 보험계약자를 모집하는 업을 하는 자이고, 재보험자(reinsurer)는 고객으로부터 인수한 보험자의 보험책임을 인수하는 보험자이다(MIA 제9조).

나. 피보험이익

보험계약은 보험목적에 대하여 특정인이 갖는 보험사고로부터의 이해관계 또는 경제상의 손해를 보호하는 것으로서, 보험목적에 대하여 특정인이 갖는 이해관계를 "피보험이익"(insurable interest)이라고 한다(동법 제5조).

피보험이익이 성립되기 위하여는 반드시 금전적으로 평가할 수 있는 재산적인 가치가 있어야 하고(경제성), 일체의 적법한 것이어야 하며(적법성), 또 보험계약시에 다른 물질과 현저하게 구별되는 확정적인 것이어야 한다(확정성).

다. 해상위험과 해상손해

보험계약에서 "위험"(risks)이라 함은 손해(loss or damage)의 원인으로서, 그 발생이 우연한 것만을 포함한다. 특히 해상위험은 항해사업(marine adventure)에 관련된 위험, 즉 항해에 기인하거나 부수하는 위험을 말한다. 해상위험의 특정방법에는 크게 포괄책임주의와 열거책임주의가 있다.

또 해상손해는 해상위험으로 인하여 피보험이익의 전부 또는 일부가 소멸함으로써 생기는 피보험자의 경제상 또는 재산상의 불이익을 말한다.

라. 보험가액과 보험금액

보험가액(insurable value)은 일정한 피보험이익에 대하여 발생가능한 경제적인 손해의 최고한도액을 말한다. 보험가액은 화폐가치의 변동, 물가의 변동에 따라 보험기간 중에 부단히 변하게 마련이므로, 계약당사자가 임의로 합의한 보험가액을 "협정보험가액"이라 한다. 보험계약시에 보험가액을 약정하지 아니한 경우에 법으로 정해 둔 표준가액을 "법정보험가액"이라고 한다.[44)]

한편 보험금액(amount insured)은 보험자가 계약에 따라 피보험자에게 보상하는 손해보상의 최고한도액을 말한다. 따라서 보험가액에 비하여 보험금액이 낮을 때를 일부보험(partial insurance), 양자가 일치할 때를 전액보험(full insurance), 보험금액이 높을 때를 초과보험(over insurance)이라고 한다.

마. 보험기간

보험기간(duration of cover)은 보험자의 담보책임이 존속하는 기간을 말하며, 이는 보험계약기간과 반드시 일치하는 것은 아니다. 보험기간을 결정하는

---

44) 법정보험가액은 선박보험의 경우 위험이 개시할 당시의 선박가액, 의장선구, 선원용의 식료품과 소모품, 선원급료의 전도금, 선박내항성을 위한 지출비용, 이들 총액에 대한 보험비용 등을 합산한 금액이 되고, 적하보험의 경우 피보험재산의 원가, 선적비용과 그 부수비용, 이들 총액에 대한 보험비용 등을 합산한 금액이 된다. 기타 보험의 경우 피보험자의 위험에 속하는 가액에 보험비용을 합산한 금액이 된다(MIA 제16조).

기준은 공간적인 구간을 단위로 정하는 항해보험, 시간적인 기간을 단위로 정하는 기간보험, 양자를 병용하는 혼합보험 등이 있는데(MIA 제25조), 대체로 적하보험이 항해보험이 되고 선박보험이 기간보험이 된다.

보험기간의 시기와 종기를 보면 적하에 대한 항해보험의 경우 화물을 선박에 적재한 때부터 도착항에 안전하게 양륙한 때까지(RCP 제4조), 또는 화물의 선적에 착수한 때부터 도착항에서 화물을 양륙한 때까지가 된다(상법 제699조).

바. 보험료

보험료(insurance premium)는 보험자가 피보험위험을 담보하고 보험사고로 인하여 손해가 발생할 경우 피보험자에게 보상할 것을 약속한 대가로서, 보험계약자가 지급하는 금전상의 약인(consideration)을 말한다.[45)]

보험료는 별도의 합의가 없는 한, 피보험자나 그 대리인이 보험증권을 발급받는 즉시 지급하여야 하고, 보험중개인을 통할 경우에는 그 중개인이 보험료의 지급에 대한 직접적인 책임을 진다(MIA 제52조와 제53조).

그러나 보험계약상에 일정한 사유가 발생한 경우에는, 명시적인 합의에 따라 보험료 또는 그 비례부분은 피보험자에게 환급하여야 한다. 또 보험료의 지급에 대한 약인이 소멸하거나 계약이 취소된 경우에도 피보험자측에 사기나 위법이 없는 한 보험료 또는 그 비례부분은 환급하여야 하고, 기타 중복보험으로 초과보험이 된 경우에도 각 보험료의 비례부분은 환급하여야 한다. 다만 보험자가 이를 알고 있는 경우에는 예외이다(동법 제83조와 제84조).

사. 보험증권

보험계약은 보험증권(insurance policy)에 의하여 구현되고, 보험증권상에는 보험자나 그 대리인의 서명이 있어야 한다(동법 제22조와 제24조). 보험증권내용의 해석에 관하여는 영국 해상보험법 제1부칙 '보험증권해석규칙'(Rules for Construction of Policy : RCP)을 적용하고, 이 외에도 수기문언의 우선원칙, 판례와 당사자의사의 존중원칙, '평이하고 통상적이며 통속적인 해석'(plain, ordinary and popular : POP)의 원칙, 합리적인 해석원칙 등을 적용한다.

(3) 보험계약의 체결절차

해상보험계약은 법률적으로 낙성계약에 속하므로, 보험계약자의 청약과 보험자의 승낙에 의하여 계약이 성립한다. 그러나 실무적으로는 피보험자나 이를

45) E.R. Hardy Ivamy, *Marine Insurance*, 4th ed., Butterworths & Co. Ltd., 1985, p. 80.

대신하는 보험계약자 또는 보험중개인이나 대행자가 보험회사의 보험청약서 양식에 주요기재사항을 기재하여 이를 보험료와 함께 제출하고, 보험자가 소정의 보험증권이나 보험증명서를 발행함으로써 계약이 체결된다.

보험계약의 청약은 보험중개인이나 보험대리인을 통하거나, 피보험자가 직접 보험자와 보험계약을 체결할 수 있다. 영국의 경우, 특히 로이즈 보험에 있어서는 반드시 로이즈 보험중개인을 통하여만 보험청약을 할 수 있다.

보험계약자는 보험자 소정의 '적하보험청약서'(cargo insurance application)에 피보험자명, 선박명과 출항예정일, 출발항과 도착항, 환적항, 피보험화물의 명세, 송장금액과 보험금액, 보험조건 등에 관한 주요기재사항을 정확히 기재하여 보험자에게 제출하여야 한다.

보험계약자가 적하보험청약서를 제출하면, 보험자는 보험요율을 결정하고 '해상적하보험증권'(marine cargo insurance policy)을 발행하여야 한다. 보험증권은 계약성립시나 그 이후에 이를 작성·발행할 수도 있다(MIA 제22조). 해상적하보험증권은 전면의 피보험자명을 비롯한 기재약관·본문약관·중요약관, 배면의 협회적하약관(ICC) 등으로 구성되어 있다.

우리나라에서 사용하는 보험증권은 종전까지는 영국의 보험인수업자인 로이드사가 제정한 Lloyd's S.G. Form이었으나, 1982년과 2009년에 협회적하약관(Institute Cargo Clauses : ICC)이 개정되어 새로운 보험증권양식이 국제적으로 통용됨에 따라 1983년부터 신증권과 구증권을 병행하여 사용하고 있다.

(4) 해상보험조건

"보험조건"이라 함은 보험계약에 따른 보험자의 보상범위를 말한다. 1983년까지의 구협회적하약관(이하 "구약관"이라 함.) 하에서는 보험증권상의 위험조항(perils clause)에 열거된 담보위험으로 인한 손해를 보상하는 것을 기본으로 하고, 여기에 특별약관인 ICC를 첨부하여 보험증권상의 보상범위를 확장 또는 제한하는 형식이었다. 그러나 신협회적하약관(이하 "신약관"이라 함.) 하에서는 이러한 구분 없이 ICC 상에 모든 보상범위를 규정하고 있다.

협회적하약관의 기본조건에는 구약관인 A/R (All Risks : 전위험담보), WA (With Average : 분손담보), FPA (Free from Particular Average : 단독해손부담보) 조건이 있고, 또 신약관인 ICC (A), (B), (C) 조건이 있다.

① 구약관의 A/R(전위험담보) 조건은 법률이나 특약에 따라 면책되는 위험 이외의 모든 손해(all risks)에 대하여 담보하는 보험조건이다. 다만 A/R 조건에

서도 화물 고유의 하자 또는 성질손해, 통상의 손해, 항해의 지연, 전쟁 및 동맹파업 등에 의한 위험은 면책된다.

② WA(분손담보) 조건은 화물의 전손과 공동해손은 물론이거니와 일부의 손해로서 화주의 단독해손에 대하여 담보하는 보험조건이다.

③ FPA(단독해손부담보) 조건은 화물의 전손과 공동해손은 담보하지만 특정의 분손 이외에 단독해손은 담보하지 아니하는 보험조건이다.

한편 신약관은 새로운 보험증권 양식과 함께 기본조건을 ICC (A), (B), (C)로 구분하여 1982년과 2009년에 각각 개정되어 시행하고 있다. 신약관의 경우 ICC (A)는 A/R, ICC (B)는 WA, ICC (C)는 FPA에 각각 비교된다.

신약관은 보험자의 담보위험과 면책위험이 명확하게 구분되어 있고, 각 조건상의 담보범위도 확장되어 있으므로 신약관을 사용하는 것이 바람직하다.

신약관의 ICC (A), (B), (C) 조건은 총 8개 항목의 19개조로 구성되어 있으나, 그 내용은 각 조건의 제1조 위험조항과 제4조 일반면책조항만 서로 차이가 있을 뿐, 나머지 모든 조항의 내용은 동일하다.

기타 보험조건에 관하여 당사자간에 고려가 있어야 하고 약정하여야 할 사항 중 특약에 의하여 담보되는 부가위험이나 확장담보위험 · 전쟁위험 · 동맹파업

가. 담보위험(risks covered) (o : 담보, x : 면책)

조 항	구 분	담 보 위 험	(A)	(B)	(C)
제1조 위험조항	제1항 상당인과관계의 손해	1. 화재 · 폭발	O	O	O
		2. 선박의 좌초 · 교사 · 침몰 · 전복	O	O	O
		3. 육상운송용구의 전복 · 탈선	O	O	O
		4. 선박 등의 타물과의 충돌 · 접촉	O	O	O
		5. 조난항에서의 양하	O	O	O
		6. 지진 · 화산분화 · 낙뢰	O	O	X
	제2항 근인관계의 손해	1. 공동해손희생	O	O	O
		2. 투하	O	O	O
		3. 갑판유실	O	O	X
		4. 선박 등에 해수 · 호수 · 하천수의 침입	O	O	X
	제3항	선적 · 양하작업 중 포장단위당 추락전손	O	O	X
	기타	상기 이외의 일체의 부가적인 위험	O	X	X
제2조 공동해손조항	제4조 내지 제7조의 면책위험 이외의 사유에 의한 공동해손손해 및 구조료		O	O	O
제3조 "쌍방과실충돌" 조항	해상운송계약상의 "쌍방과실충돌" 조항에 따라 피보험자가 분담하는 가액 중에서 이 보험증권으로 보상받는 손해		O	O	O

위험 등을 담보하는 추가보험조건 등이 있는데 이러한 추가보험을 어떻게 할 것인가도 계약서상에 명확히 기재하는 것이 바람직하다.

나. 면책위험(exclusions)

(o : 담보, x : 면책)

조 항	면 책 위 험	(A)	(B)	(C)
제4조 일반면책조항	1. 피보험자의 고의적인 불법행위	X	X	X
	2. 통상의 누손, 중량손, 용적손, 자연소모	X	X	X
	3. 포장의 불완전이나 부적합	X	X	X
	4. 보험목적의 고유의 하자, 성질	X	X	X
	5. 지연	X	X	X
	6. 선주 등의 지급불능, 금전의 채무불이행	X	X	X
	7. 핵무기	X	X	X
	8. 제3자의 불법행위에 의한 고의적인 손상, 파괴	O	X	X
제5조 불내항, 부적합면책조항	1. 선박 등의 불내항성	X	X	X
	2. 선박 등의 보험목적의 안전운송에 부적합성. 다만 피보험자가 이를 알고 있을 때에만 면책된다.	X	X	X
제6조 전쟁면책조항	1. 전쟁위험(8종)	X	X	X
	2. 포획위험(5종)	X	X	X
	3. 유기병기위험(4종)	X	X	X
제7조 동맹파업면책조항	1. 동맹파업자의 위험(5종)	X	X	X
	2. 동맹파업결과의 위험(5종)	X	X	X
	3. 폭력주의자의 위험(2종)	X	X	X

6. 결제조건(Payment)

무역계약에서 물품의 대금지급은 불가결한 조건이다. 따라서 결제조건은 무역계약시에 반드시 약정하여야 하는 기본조건이다. 대금결제의 관련조항에는 결제시기 · 결제방법 · 결제장소 · 결제통화 등을 약정하여야 한다.46)

예컨대 결제조건은 "*Payment* : Draft(s) shall be drawn at sight, documents attached, for the full invoice amount under an Irrevocable Credit which shall be established within 10 days after the conclusion of the contract. Business against D/P draft without L/C should be subject to Seller's previous consent in each case."(결제 : 계약체결 후 10일 이내에 개설하는 취소불능 신용장에 따라 송장금액 전액에 대하여 서류를 첨부한 일람출급어음을 발

---

46) Hans Van Houtte, *The Law of International Trade*, Sweet & Maxwell, 1995, p. 141.

행하여야 한다. 무신용장 지급인도어음거래를 할 경우에는 매번 매도인의 사전 동의를 구하여야 한다.) 등으로 기재한다.

근본적으로 매도인은 물품대금을 가능한 한 일찍 수령하려고 하고, 반면에 매수인은 수입물품을 인수하기 전에는 대금지급을 하지 아니하려고 한다. 따라서 매도인과 매수인간에는 대금결제에 관한 이해관계가 대립된다. 이러한 이해관계의 해결을 위하여도 결제조건을 명확히 하여야 한다. 특히 대금결제의 시기와 방법에 대하여는 각각 다음과 같은 유형으로 나누어 약정할 수 있다.

(1) 대금결제시기

무역계약에서 대금결제시기는 물품의 선적일 또는 인도일을 기준으로 하여 선지급·동시급·후지급의 3가지 중에서 적합한 방법으로 약정할 수 있다.

가. 선지급(payment in advance)

선지급은 매수인이 상품의 주문과 동시에 대금을 미리 송급하는 주문급(cash with order : CWO)을 말한다. 이 조건에서 매수인은 주문과 동시에 대금을 송금하고 매도인은 대금을 영수한 후 물품을 인도하게 되므로(Seller's Market), 이는 수출상에게 가장 유리한 결제조건이라고 할 수 있다.

그러나 선지급방식은 수출상의 신용이 두텁고 거래관계가 빈번하여 신뢰할 만한 경우가 아니면 물품의 선적에 대한 담보가 보장되지 아니한다. 따라서 이 방식은 거액의 무역거래에는 별로 이용하지 아니하고, 현실적으로는 견본구입이나 온라인 결제를 전제한 소액의 전자상거래에 주로 이용한다.

송금시에는 수표(cheque), 은행환어음(banker's draft), 지급지시서(payment order), 국제현금지급지시서(international money order), 우편환(mail transfer : M/T)이나 전신환(telegraphic transfer : T/T) 등을 매도인에게 송부하는 방식을 이용하고 있다. 이중에 가장 많이 이용되는 것은 T/T 방식이다.

선지급방식에는 대금 전액을 송금하는 것 이외에도 일정비율만을 선지급하는 일부선지급(X% advance money) 방식이 있는데, 주문과 동시에 대금의 일부분을 분할하여 송금하고 잔액은 화환어음(documentary bill of exchange) 등에 의하여 선적시 또는 선적후 결제하는 조건이다.

기타 선지급조건에는 송금방식(remittance basis)에 의하여 은행환어음, 우편환, 전신환 등을 선적전이나 인도전에 매도인에게 송부하는 경우가 있고, 선대신용장(packing L/C)을 통하여 선지급하는 방식도 있다.[47]

나. 동시급(cash payment)

선지급과 후지급방식은 매도인과 매수인 상호간에 이해가 상반되므로, 물품의 선적 또는 인도와 동시에 대금을 지급하는 방식이 가장 합리적이고 공평하다고 할 수 있다. 동시급은 현물 또는 이와 동일시 하는 선적서류와 상환으로 대금을 지급하는 것이다. 동시급에는 COD, CAD, At sight L/C 방식 등이 있으며, 특히 COD와 CAD가 대표적인 동시급방식이다.

① COD (cash on delivery : 현물상환급) 방식은 물품을 매수인에게 현실적으로 인도함과 동시에 현금을 수령하는 것으로서, 물품이 목적지에 도착하였을 때 매수인은 직접 물품을 검사하고 수출상이나 그 대리인에게 대금을 지급하는 방식이다. 이는 주로 귀금속과 같은 귀중품의 거래에 많이 이용한다. 그러나 COD 방식은 물품을 목적지에서 인도한 때 대금을 지급받으므로, 이는 선적시 지급이라고 할 수 없고 엄격히 말하여 선적후 지급에 속한다.

② CAD (cash against document : 서류상환급) 방식은 선적완료시 선적지 소재 매수인의 지점이나 대리인 또는 매수인의 계정이 있는 환거래은행에 선적서류를 인도하고 현금을 지급받는 방식이다. 특히 오늘날 국제무역에서 대금결제를 위하여 은행을 개입시켜 환어음과 선적서류를 매입함으로써 대금결제가 이루어지도록 하는 것은 서류상환급의 일종이라고 볼 수 있다.

다. 후지급(deferred payment)

후지급은 물품을 선적하고 일정기간이 경과한 후 대금을 지급하는 방식으로서, 이는 일반적으로 물품을 상징하는 선적서류가 수입지에 도착할 시점이나 그 후 일정기간이 경과하여 지급이 이루어진다. 따라서 이 방식은 매수인의 입장에서 보면 매우 유리하고, Buyer's Market에서 주로 이용한다.

후지급방식에는 환어음이 발행되는 기한부 신용장(usance credit)이나 환어음 발행이 없는 연지급 신용장(deferred payment credit), 신용장 없이 계약서만에 의한 D/P (documents against payment : 지급인도) 또는 D/A (documents against acceptance : 인수인도) 추심환어음, 중장기 연불방식(deferred payment on long or medium term), 위탁판매방식(sale on consignment basis), 상호계산방식(open account) 등이 이 범주에 속한다고 할 수 있다.

연지급 신용장의 경우 매도인은 신용장에 일치하는 운송서류를 지급은행에 제시하면 미래의 특정일에 지급을 약속하는 연지급확약서(deferred payment

---

47) 양영환 · 오원석 · 서정두, 신용장론, 삼영사, 1998, pp. 28~31.

undertaking)를 발급 받고 약정된 지급일에 대금을 회수하는 형식을 취하게 된다(UCP 600 제7조 a항 iii호). 이는 환어음의 발행이 없다는 점이 특징이다.

위탁판매방식은 물품을 무환으로 수출하여 당해 물품이 판매된 범위내에서 대금을 결제하는 것이므로 후지급방식에 속한다. 수출상은 물품의 위탁자로서 물품의 소유권을 유보하고 수출대금은 물품이 판매된 후에 회수하게 된다.

상호계산방식(open account)은 거래관계가 빈번히 이루어지고 상호 신용이 깊은 당사자간에만 이용하는 특수한 형태로서, 거래의 쌍방간에 장부를 기재하여 수출과 수입거래를 상계하고 일정한 기간마다 그 차액만을 정산하는 방식이다. 따라서 이는 일명 "장부결제방식"이라고도 하며, 해외 본・지사간의 거래 또는 모회사와 자회사간에도 많이 이용하고 있다.

라. 혼합방식(hybrid payment)

혼합결제방식은 앞의 선지급・동시급・후지급방식 중 2가지 이상이 결합된 대금결제방식을 말한다. 대표적인 혼합방식으로는 누진지급방식(progressive payment), 할부지급방식(instalment payment) 등이 이용되고 있다.

(2) 대금결제방법

물품대금은 매수인으로부터 매도인에게 직접 입금하는 경우도 있지만, 은행을 통하여 지급하는 것이 일반적이다. 전자의 경우는 주로 우편환 또는 전신환, 수표 등을 이용하여 매매당사자간에 직접 지급하고, 후자의 경우는 은행이 화환어음 추심방식이나 신용장방식으로 지급업무를 대행하는 것이다. 무역거래의 대금결제는 대부분 은행을 통한 화환취결방식을 이용한다.

대금결제에 은행을 개입시키는 이유는 매도인이 물품을 선적 또는 인도함과 동시에 즉시 대금을 회수하거나 또는 금융혜택을 받도록 하는데 목적이 있다. 따라서 은행을 경유하는 지급방식이 가장 확실하다고 할 수 있다.

은행을 통한 수출입대금결제에는 환어음을 많이 이용한다. 환어음은 선적서류의 첨부를 요구하는 화환어음(documentary bill)과 선적서류를 첨부하지 아니하는 무담보어음(clean bill)으로 나누어지며, 화환어음을 이용하는 경우는 다시 신용장 베이스와 계약서 베이스로 나눌 수 있다.

가. 화환신용장방식

화환신용장(documentary credit)은 수입상의 거래은행(개설은행)이 수입상의 요청과 지시에 따라 스스로 수출상(수익자) 앞으로 발행하는 조건부의 지급확약서로서, 수익자가 이 신용장에 기재된 조건과 일치하는 선적서류(shipping documents)를 제시하면 개설은행이 지급을 확약하는 것이다.

신용장이 개설되고 이에 따라 신용장부 화환어음[48](documentary bill with L/C)이 발행되면, 비록 수입상의 지급불능이 발생하더라도 개설은행이 지급확약을 한 것이기 때문에 부도의 염려가 없다. 따라서 수출상은 안심하고 수출환어음을 매입시켜 선적 후 즉시 수출대금을 회수하게 된다.

신용장의 기능은 불확실한 상인의 신용을 확실한 은행신용(bank credit)으로 대체함으로써, 매도인에게는 대금회수를 보장해 주고 매수인에게는 확실한 물품인도를 보장해 준다는 것이다. 따라서 오늘날 무역거래에서는 신용장부 화환어음에 의한 결제, 즉 신용장방식을 가장 많이 이용하고 있다.

신용장방식은 아래의 추심방식에서와 같이 환어음이나 선적서류의 제시를 요구한다는 점에서는 다를 바 없으나, 전자는 은행이 지급을 보장하는 반면에 후자는 수입상의 신용에만 의존한다는 점에서 근본적인 차이점이 있다.

따라서 신용장방식을 선택할 경우에는 당해 거래에 적합하도록 신용장의 종류, 신용장의 기재내용, 신용장의 개설방법과 시기 등에 관하여 미리 무역계약상에 약정해 두는 것이 바람직하다.

나. 화환어음 추심방식

무신용장 화환어음(documentary bill without L/C) 추심방식은 매도인이 선적 후 외국의 매수인 앞으로 환어음을 발행하고 선화증권 등의 선적서류(shipping documents)를 첨부하여 외국환은행에 추심(collection)을 의뢰하는 것이다. 추심을 요청받은 은행은 화환어음을 수입지의 환거래은행(correspondent bank)에 송부하여 추심을 의뢰하고, 수입지의 은행은 화환어음을 매수인에게 제시하여 어음대금을 지급받아 은행망을 통하여 매도인에게 전달한다.

추심방식에는 추심할 때 서류인도조건에 따라 화환어음을 수입상에게 제시하면 즉시 어음금액을 지급하여야만 선적서류를 인도한다는 D/P (documents against payment : 지급인도) 조건과 어음에 인수서명을 하면 선적서류를 인도한다는 D/A (documents against acceptance : 인수인도) 조건이 있다.[49]

요컨대 이상의 두 방식을 비교하면 화환신용장방식은 신용장을 개설하고 통

---

48) 신용장부 화환어음으로는 어음의 만기에 따라 어음을 지급인에게 제시하였을 때 즉시 지급하여야 하는 '일람출급어음'(sight bill)과 어음을 지급인에게 제시한 후 또는 특정일부 후 일정기간 뒤에 지급하는 '기한부어음'(usance bill)이 있다.

49) D/P 또는 D/A 조건에 관하여는 이 책의 제1편 제2장 제3절에 상술한 바 있다.

지하여야 하는 등 화환어음 추심방식보다 거래절차가 복잡하고 이에 따른 비용이 많이 소요되지만, 신용장방식은 개설은행의 확실한 지급보장이 있기 때문에 추심방식보다는 안전한 거래라고 할 수 있다.

다만 화환어음 추심방식 중에 D/P 조건은 수입상이 어음대금을 입금하여야만 선적서류를 인도한다는 점에서 신용장방식과 별 차이 없이 대금지급을 보장받을 수 있다. 따라서 신용 있는 당사자간에는 간편한 거래절차와 비용절감을 위하여는 D/P 방식을 이용하는 것도 무방할 것이다.

7. 포장조건(Packing)

물품이 수출 선적되어지는 형태를 크게 보면, i) 일반용기에 의한 포장화물(packed cargo), ii) 곡물이나 광물과 같은 살화물(bulk cargo), iii) 자동차나 공장설비와 같은 비포장화물(unpacked or naked cargo) 등으로 구분할 수 있다.

(1) 포장의 의의

"포장"(packing)이라고 하면 물품의 운송, 보관, 하역, 진열, 판매 등에 있어서 그 물품의 내용과 외형을 보호하고 상품으로서의 판매가치를 유지하기 위하여 적절한 재료나 용기로 둘러싸는 기술적인 작업과 상태를 포함하는 모든 종류의 포장을 통칭하는 의미로 사용하고 있다.[50)]

특히 수출포장은 적은 비용으로 안전하고 적절히 물품을 포장하여 장기운송중에 상품을 보호하는데 주된 목적이 있다. 수출포장은 충분히 튼튼하게 하되, 화물의 중량이나 용적이 필요 이상으로 크면 운송비부담이 커질 수 있다.

따라서 수출포장시에는 가볍고, 부피가 적고, 튼튼하고, 값싸고, 보기 좋은 것으로 하되 수출상품의 종류, 성질 또는 도착지와 운송 도중의 기후와 환적의 횟수, 수입국의 관련법규와 상관습, 포장비, 운임 등을 충분히 고려하여 가장 합리적이고 안전한 포장으로 하여야 한다.

무역계약시 포장조건의 내용에 대하여는 포장의 종류 또는 방법, 화인 등에 대하여 명시적으로 약정하여야 한다. 예컨대 포장과 화인조건은 "*Packing and Marking* : Packing of the products shall be made in the manner usually effected by the seller in its export of such kind of the products. Shipping marks shall be as follows : …"(포장과 화인 : 제품의 포장은 그러한

50) Packing은 운송을 위해 꾸며진 한 짐짝 또는 꾸러미 등을 표현하는 package와는 구별되는 개념이다. 통상의 package는 포장의 종류 중에 외장의 한 형태라고 볼 수 있다.

종류의 제품 수출에서 매도인이 행하는 통상적인 방법으로 이루어져야 한다. 화인은 다음과 같이 표시하여야 한다.…) 등으로 표기한다.

무역계약에서 포장조건에 관하여 "수출표준포장"(export standard packing)이라는 문언으로 명시하는 경우가 많이 있는데, 이는 위와 같은 제반 사항을 고려하여 포장할 것을 요구하는 의미로 해석할 수 있다. 특히 불완전하거나 부적합한 포장으로 인한 화물의 손상은 운송인이나 보험자 모두에게 면책되므로(ICC 제4조), 수출상에게 포장은 중요한 사항이라 할 수 있다.

(2) 포장의 종류

포장의 종류는 물품의 특성에 따라 개장·내장·외장 등으로 나눌 수 있다.

① 개장(unitary packing)은 하나의 용기에 담을 물품 하나를 보호하기 위하여 그것을 적절한 소용기나 재료로 싸는 포장을 말한다. 따라서 이는 물품의 보전이라는 기능뿐만 아니라, 매점에 진열할 경우 구매자의 주의를 끌고 사고 싶은 욕구를 일으킬 수 있도록 디자인이나 색채에 중점을 두어야 한다.

② 내장(interior packing)은 개장된 물품을 운송 또는 취급하기 편리하도록 적절한 재료로 둘러싸거나 용기에 담는 포장을 말한다. 따라서 이는 내용물이 수분, 습기, 광선, 진동 등에 의하여 손상되지 아니하도록 외장의 내부에 판지, 솜, 플라스틱 등을 채우거나 칸막이를 하는 경우 등이다.

③ 외장(outer packing)은 화물을 운송함에 있어 파손, 변질, 도난 등을 방지하기 위하여 적절한 용기나 재료로 화물의 안전한 보호를 목적으로 하는 포장을 말한다. 일반적으로 외장은 오랜 경험과 연구에 의하여 정형화된 포장격식들이 고안되어 있으며, 대체로 목상자(wooden case), 판지상자(carton), 부대(bag), 드럼(drum) 등을 이용하고 있다.

특히 외장은 내항성(seaworthiness)을 갖추어야 한다. 수송방법이나 외부적인 사정에 불충분하고 부적합한 포장으로 인하여 손해가 발생하더라도, 이는 운송인의 면책사유가 될 뿐만 아니라, 보험부담보의 사유가 된다.[51]

외장은 내용물의 종류, 성질, 형태 등에 적절한 포장이어야 한다. 즉, 물품의 품질을 유지하고 파손, 변질, 습기, 해수 등을 방지할 수 있는 것이어야 하고, 재료의 선정이나 포장방법 등이 합리적이고 소요비용이 적절하여야 하며, 또 매수인이나 소비자의 취향에도 적합하여야 한다.

---

51) International Convention for the Unification of Certain Rules of Law Relating Bills of Lading (1924) Art. 4(2); ICC (A), (B), (C) Art. 4(3).

(3) 포장의 화인

화인(shipping marks)은 수출품을 포장한 후 그 외장상에 특정의 기호, 포장번호, 목적지, 취급주의 문구 등의 각종 표시를 함으로써, 운송인이나 수입상 등에게 다른 화물과의 식별을 용이하게 하도록 하는 것을 말한다.

화인의 주요부분은 기호와 번호(marks and numbers)이며, 이는 선화증권, 송장 등에도 기재하여 다른 화물과의 식별을 용이하게 한다. 기호와 번호를 불완전하게 표시한 포장에 기인한 사고는 매도인의 책임에 속한다.

화인의 표시는 〈예시 2-3〉과 같이 주화인·부화인·도착항·포장번호·중량표시·원산지표시·주의표시 등의 요소를 적절히 나타내고 있어야 한다.

① 주화인(main mark)은 다른 화물과의 식별을 용이하게 하기 위한 특징적인 기호로서, 보통 외장의 측면에 삼각형, 다이아몬드형, 정방형, 마름모형, 타원형 등의 표시를 하고 그 안에 상호의 약자 등을 기재하여 넣는다. 삼각형 등의 그림이 없이 문자나 숫자만으로 된 주화인도 있다.

② 부화인(counter mark)은 주화인에 보조적으로 기재하여 동일한 분량(lot)의 다른 화물과 식별이 용이하게 하기 위한 것으로서, 부화인이 내용물의 품질 또는 등급을 표시할 경우에는 품질표시(quality mark)의 역할을 하게 된다.

③ 중량표시(weight mark)는 화물의 순중량(net weight)과 총중량(gross weight)을 표시한다. 기타 용적(measurement)의 표시가 필요한 경우도 있다.

④ 포장에는 화물의 선적과 양하작업을 용이하게 하고 화물을 잘못 발송하는 일이 없도록 목적항(port mark) 또는 목적지를 표시한다.

⑤ 포장물이 여러 개인 경우 하나의 운송단위인 package에 들어 있는 총 개수를 일련번호(case number)로 표시한다. 다만 무역계약을 체결할 때에는 화인에 관련된 Case Number가 미확정이어서 기재하기가 곤란하므로, C/No. 1-up과 같이 표기하면 이는 1, 2, 3… 순으로 연속번호가 부여됨을 의미한다.

⑥ 포장에는 화물의 원산지(country of origin)를 표시한다. 예컨대 우리나라가 원산지인 경우 MADE IN KOREA 등으로 표시한다.

⑦ 포장의 윗면이나 측면에 화물 취급상의 주의표시(caution mark)를 하고[52], 기타 수입화물의 분류나 통관 등의 편의를 위하여 주문번호(order No.)나 송장번호(invoice No.) 등을 외장에 표시하는 경우가 있다.

52) 취급상의 주의표시로 많이 사용하는 문구에는 HANDLE WITH CARE, KEEP DRY, USE NO HOOKS, THIS SIDE UP, EXPLOSIVE, OPEN HERE, FRAGILE 등이 있다.

예시 2-3 포장의 화인(Shipping Marks)

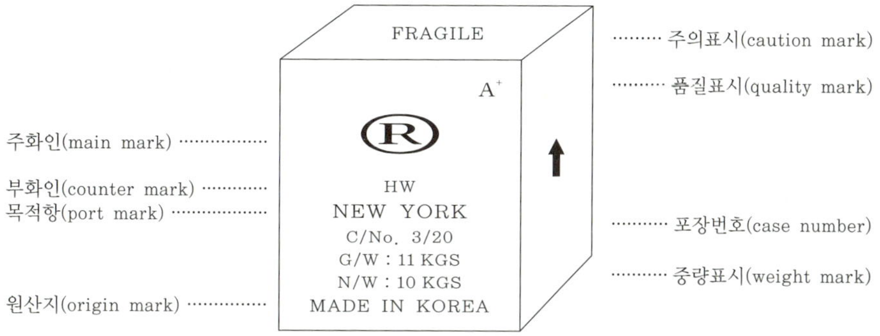

8. 클레임 해결조건(Claims)

무역계약에서는 계약이행과 관련된 기본조건 이외에 계약이행 후에 발생할 수 있는 클레임과 이에 대한 권리구제 등에 대하여도 약정해 두는 것이 중요하다. 클레임 조건은 크게 클레임 제기조항과 분쟁해결조항으로 나눌 수 있으며, 특히 후자의 내용으로는 중재조항, 재판관할조항, 준거법조항 등이 있다.

(1) 클레임 제기조항

무역거래에서 "클레임"(claims)이라 함은 거래당사자가 약정된 계약을 위반하거나 불이행으로 인하여 상대방에게 단순한 불평(complaint)의 정도를 넘어 권리의 회복을 요구하거나 손해배상을 청구하는 것을 말한다.

무역 클레임은 이외에 매수인측의 시장사정이 악화되어 매도인에게 고의적으로 제기하는 이른바 "마켓 클레임"(market claims)도 적지 않다. 따라서 무역계약에 클레임 해결조건을 약정할 때에는 클레임의 제기기간, 클레임 제기의 근거, 클레임의 제기방법 등을 명확히 기재하는 것이 좋다.

예컨대 계약시 클레임 조항은 "*Claims* : Buyer's claims, if any, shall be made by cable or E-mail within 20 days after arrival of the goods at destination. Certificates by recognized surveyors shall be sent by mail without delay."(클레임 : 매수인의 클레임이 발생한 경우에는, 도착지에 물품이 도착한 후 20일 이내에 전신이나 e-메일로 이를 제기하여야 한다. 공인된 감정인의 증명서를 지체 없이 우송하여야 한다.) 등으로 표기한다.

반면에 클레임이 발생하면 이를 신속히 해결하려는 노력이 필요하다. 클레임의 해결방법으로는 피해당사자의 단순한 경고(warning)나 권리포기(waiver), 타협(compromise)이나 화해(amicable settlement), 제3자의 조정(conciliation), 중재(arbitration), 소송(litigation) 등에 의할 수 있다. 클레임은 소송에 의하는 것보다는 중재에 회부하는 것이 더 효과적이며, 또 중재보다는 조정이 그리고 조정보다는 클레임의 예방이 당사자 모두에게 유리하다.[53]

(2) 분쟁해결조항

일반적으로 무역계약상의 클레임 조건에는 클레임의 해결방법도 포함시키는 경우가 있지만, 여기서는 분쟁해결에 관한 조항을 따로 살펴보고자 한다.

가. 중재조항(arbitration)

당사자간에 무역 클레임의 원만한 해결이 이루어지지 아니할 경우 가장 보편적인 해결방법으로서 중재가 이용되고 있다.

중재가 소송에 비하여 널리 채택되는 이유는 ① 단심제이므로 분쟁을 신속히 종결시킬 수 있고, ② 비용이 적게 들어 경제적이고, ③ 무역전문가의 판정이므로 보다 현실적이며 합리적인 해결이 기대되고, ④ 중재심리가 비공개로 진행되므로 당사자의 비밀이 보장되며, ⑤ 중재판정의 결과는 뉴욕 협약[54]에 따라 국제적으로 집행력을 보장받기 때문이다.

중재는 분쟁해결을 중재에 의한다는 중재조항(arbitration clause)으로 계약시에 미리 합의해 두지 아니하거나, 또는 나중에 중재에 의한 분쟁해결을 상호 합의하지 못한다면 이 제도를 이용할 수 없게 된다. 따라서 무역계약을 체결할 때에는 중재조항을 반드시 삽입하고, 이러한 중재조항에는 중재기관과 중재장소 및 준거법 등을 포함시키는 것이 바람직하다.

우리나라의 경우 대한상사중재원에서 다음과 같은 표준중재조항을 제정하여 분쟁발생시에 대비하고 모든 계약서에 이를 삽입하도록 권장하고 있다.

---

53) Murray et al., *Schmitthoff's Export Trade*, Sweet & Maxwell, 2007, p. 545.

54) 뉴욕 협약(New York Convention)이라 함은 '외국중재판정의 승인과 집행에 관한 유엔협약' (United Nations Convention on the Recognition and Enforcement of Foreign Arbitral Awards, 1958)을 말하는 것으로서, 우리나라는 1973년 5월 9일에 42번째 회원국으로 가입하였으며, 회원국간에는 국내외 중재판정의 상호 집행을 보장받게 된다.

All dispute, controversies, or differences which may be arise between the parties, out of or in relation to or on connection with this contract, or for breach thereof, shall be finally settled by arbitration in Seoul, Korea in accordance with the Commercial Arbitration Rules of the Korean Commercial Arbitration Board and under the laws of Korea. The award rendered by the arbitrator(s) shall be final and binding both parties concerned."(이 계약으로부터, 또는 이 계약과 관련하여, 또는 이 계약의 불이행으로 말미암아 당사자간에 발생하는 모든 분쟁, 논쟁 또는 의견차이는 대한민국 서울특별시에서 대한상사중재원의 상사중재규칙과 대한민국의 법률에 따라 중재에 의하여 최종적으로 해결한다. 중재인(들)에 의하여 내려지는 판정은 최종적인 것으로 당사자 쌍방에 대하여 구속력을 갖는다.)

나. 재판관할조항(jurisdiction)

무역계약은 계약자유의 원칙이 존중되므로 분쟁해결을 중재에 의하지 아니하고 법원의 판결에 의하기로 하거나, 뉴욕 협약의 가입국이 아니거나 기타의 사유로 중재합의가 이루어지지 못하는 거래에 대비하여 어느 국가의 관할법원으로 할 것인가에 대한 재판관할조항(jurisdiction clause)을 설정해 두는 것이 좋다. 예컨대 우리나라의 법원을 관할로 할 경우 다음과 같이 표기한다.

"*Jurisdiction* : The courts of the Republic of Korea shall have jurisdiction over all disputes which may arise between the parties with respect to the execution, interpretation and performance of this contract and the parties shall waive any other forum to which they might be entitled by virtue of domicile or otherwise."(재판관할권 : 대한민국 법원은 이 계약의 집행, 해석 및 이행에 관련하여 당사자간에 발생하는 모든 분쟁에 대한 재판관할권을 가지며, 또 당사자는 거주지나 그 밖의 사유로 권한이 있는 기타 모든 법정을 포기하는 것으로 한다.)

다. 준거법조항(governing law)

무역계약은 그 성립과 이행 및 해석에 관련하여 어느 국가 또는 주체의 법을 적용할 것인가 하는 준거법 선택의 문제가 된다. 준거법을 결정하는 문제는 국가나 지역에 따라 법제의 해석기준이 다르기 때문에, 당사자간에 어느 법을 준거법으로 할 것인가를 명확히 약정해 두어야 한다.

예컨대 준거법조항은 "*Choice of Law* : The validity, formation and

performance of the contract of sale shall be governed by United Nations Convention on Contracts for the International Sale of Goods (1980)."(법의 선택 : 매매계약의 효력과 성립 및 이행에 관하여는 국제물품매매계약에 관한 유엔 협약(1980)에 의하여 적용을 받는다.) 등으로 표기한다.

또 FOB나 CIF 등과 같은 무역거래조건(trade terms)을 사용하여 무역계약을 체결할 경우에는, 준거법조항과 함께 또는 이와 별도로 당해 계약상의 무역거래조건은 어느 상관습에 따를 것인가도 약정하여야 한다.[55]

예컨대 준거규칙조항은 "*Trade Terms* : Unless specially stated, the trade terms under this agreement shall be governed and interpreted by the latest Incoterms."(무역거래조건 : 별도의 명시가 없는 한, 이 약정하에서의 무역거래조건은 최근의 인코텀즈에 의하여 적용을 받으며 해석된다.) 등으로 표기한다.

제 4 절 국제매매계약의 효력

무역계약의 성립 그 자체는 매도인과 매수인간의 권리의무를 결정하는 것이다. 국제협약인 CISG[56]는 i) 매도인의 의무로서, 물품의 소유권이전의무 · 물품인도의무 · 서류제공의무 · 물품의 계약적합의무 등을 규정하고 있으며(제30조~제44조), 또 ii) 매수인의 의무로서, 대금지급의무 · 인도수령의무 · 간접의무인 물품검사와 하자통지의무 등을 규정하고 있다(제53조~제60조).

1. 매도인의 의무

CISG에 의하면 매도인은 계약과 이 협약이 정하는 바에 따라 물품을 인도하고, 관련된 모든 서류를 제공하며, 또 물품에 관한 소유권을 이전할 의무가 있다(제30조). 또 매도인은 물품의 수량, 품질과 상품명세, 포장 등의 기본조건에 관하여 계약이 정한 바에 따를 의무가 있다(제35조).

---

55) 오원석, 무역계약론, 삼영사, 1994, pp. 62~64.
56) CISG의 의의와 특징에 관하여는 이 책의 제2편 제1장 제1절에서 상술한 바 있다.

(1) 소유권이전의무

국제매매계약의 궁극적인 목적은 매도인이 대금이라는 금전상의 대가를 받고 매수인에게 물품의 소유권을 이전하는데 있다. 따라서 매도인은 물품의 소유권을 매수인에게 이전할 의무를 부담하는 것이다.

CISG에도 소유권이전의무(transfer of the property)를 매도인의 가장 기본적인 의무로 규정하고 있다(제30조). 그러나 각국의 소유권이전에 관한 이론과 법체계가 너무 다양하여, CISG는 계약과 이 협약이 정하는 바에 따라 매도인이 물품의 소유권을 이전하여야 한다는 총설적인 규정만을 두고 있다.

따라서 CISG는 소유권이전의 구체적인 의무내용에 대한 규정을 두고 있지 아니하며, 오히려 매각된 물품의 소유권에 관한 계약의 효력에 대하여는 이 협약을 적용하지 아니한다고 규정하고 있다(제4조 b호).

결국 매도인은 각 계약에 적용가능한 준거법이 요구하는 방법과 내용에 따라 매수인에게 물품의 소유권을 이전하여야 한다. 대부분 국가의 법률은 물품의 현실적 인도나 물품을 대표하는 서류의 상징적 인도에 의하여 물품의 소유권을 이전하도록 하고 있으므로, 실제적으로 소유권이전의 의무는 물품인도나 서류제공의 의무와 동시에 이행하는 경우가 많다.

(2) 물품인도의무

매도인은 계약과 CISG가 정하는 바에 따라 물품을 인도할 의무를 부담한다(제30조). 물품인도의무(delivery of goods)는 소유권이전의무와는 별개의 의무이다. 따라서 물품의 소유권이 다른 방법으로 매수인에게 이전하더라도, 매도인은 여전히 계약과 이 협약이 정하는 바에 따라 물품인도의 의무를 이행하여야 한다. 물품인도의 장소와 시기 및 이에 수반하는 의무는 다음과 같다.

가. 인도의 장소

물품의 인도장소에 관하여 당사자가 이를 약정하였거나 확립된 관습이 있는 경우에는 특정된 장소에서 인도하여야 하며, 만약 그러한 약정이나 관습이 없는 경우에는 CISG의 규정에 따라 다음과 같이 인도하여야 한다(제31조).

① 계약내용에 물품의 운송조건을 포함하고 있는 경우에는, 매도인은 최초운송인에게 물품을 인도하면 그 의무를 다한다(동조 a호).

여기서 "물품의 운송조건을 포함하고 있는 경우"라 함은 육·해·공을 막론하고 매도인이 매수인에게 물품을 송부하여야 하는 매매형태, 즉 CIF와 같은 송부매매를 의미하며, 또 "최초운송인"이라 함은 당사자가 직영하는 운송수단이나 운송주선인을 제외한 운송업체의 창고나 터미널, 공항 등 어느 장소에서나 최초로 운송을 약정하는 자를 의미한다.

② 계약내용에 물품의 운송조건을 포함하고 있지 아니한 경우로서, 특정물에 관한 계약의 경우에는 물품이 존재하는 장소가 인도장소가 된다. 즉, 매도인은 그 장소에서 물품을 매수인의 임의처분하에 두어야 한다(동조 b호).

여기서 "매수인의 임의처분하에 둔다."는 것은 매도인이 물품을 특정하고 포장하는 등 인도에 필요한 준비를 마친 후 매수인에게 통지한 상태를 말한다.

또 물품이 다수의 재고품 중에서 선정하여야 하거나 또는 새로 제조・생산하여야 할 불특정물(unascertained goods)에 관한 계약의 경우에는 물품이 선정, 제조 또는 생산하는 장소가 인도장소가 된다.

③ 위의 2가지 중 어느 것에도 해당하지 아니하는 모든 경우, 즉 계약내용에 운송조건을 포함하고 있지도 아니하고 당사자가 계약체결시에 특정물의 존재장소나 불특정물의 선정・제조・생산장소를 알지 못한 경우에는, 매도인이 계약체결시에 영업소를 갖고 있던 장소가 인도장소가 된다(동조 c호).

매도인의 영업소가 없는 경우에는 매도인의 일상적인 거주지가 인도장소로 된다. 이 경우에도 매도인은 물품을 매수인의 임의처분하에 두어야 한다.

나. 인도의 시기

CISG는 물품의 인도시기에 관하여 다음 3가지의 경우를 규정하고 있다.

① 인도시기가 계약에서 일자(date)로 지정되었거나 이를 결정할 수 있는 경우에는, 매도인은 그 일자에 물품을 인도하여야 한다(제33조 a호). 또 인도일자를 통상의 관습에 의하여 결정할 수 있는 경우에는 그 일자에 인도하여야 한다(제9조). 인도의 일자는 당사자간의 합의로 변경할 수 있다(제29조).

② 인도시기가 계약에서 기간(period of time)으로 지정되었거나 이를 결정할 수 있는 경우에는, 매도인은 그 기간내의 어느 시기에도 자신이 선택한 일자에 물품을 인도하면 된다. 다만 인도일자를 매수인이 선택하도록 명시하고 있는 사정에서는 그러하지 아니하다(제33조 b호).

CISG는 인도시기를 기간으로 정한 경우에는 원칙적으로 일자의 선택권을 매도인에게 부여하고 있다. 이는 수출통관, 포장, 운송준비 등 복잡한 절차와 사정변경의 여지가 많은 국제매매의 특성을 반영한 것이다.

③ 기타의 모든 경우, 즉 인도시기가 계약에서 지정되어 있지 아니하고 계약

의 해석, 관습 등에 의하여도 이를 결정할 수 없는 경우에는, 매도인은 계약체결 후 상당한 기간내에 물품을 인도하여야 한다(동조 c호). 여기서 "상당한 기간"이라 함은 물품의 종류, 거래형태나 상관습 등에 따라 결정되어 진다.

다. 인도에 수반하는 의무

CISG는 물품인도의무에 수반하여 물품특정의무 · 선적수배의무 · 보험계약에 필요한 정보제공의무 등을 규정하고 있다(제32조).

① 인도할 물품이 불특정물인 경우에는, 매도인은 화인이나 선적서류 등으로 물품을 특정한 후 탁송통지서(notice of consignment)를 작성하여 매수인에게 송부하여야 한다(동조 1항).

② 매도인이 물품의 운송수배를 하도록 정하여진 경우에는, 매도인은 사정에 따라 적합한 운송수단을 선택하여 통상적인 조건으로 지정장소까지 운송계약(contract for carriage)을 체결하여야 한다(동조 2 항).

③ 매도인이 운송보험에 부보할 의무가 없더라도 매수인의 요구가 있을 경우 그러한 보험의 부보에 필요한 모든 가능한 정보(information for insurance)를 제공하여야 한다(동조 3항).

(3) 서류제공의무

매도인은 계약과 CISG가 정하는 바에 따라 물품에 관련된 서류를 제공할 의무를 부담한다(제30조). 그러나 CISG는 "매도인이 물품에 관련된 서류를 제공할 의무가 있는 경우에는, 계약에 의하여 정하여진 시기, 장소 및 방식에 따라 제공하여야 한다."라고 규정하고 있다(제34조 1문).

즉, 매도인의 서류제공의무(handing over of documents)에 관한 구체적인 내용과 방법에 관하여는 전적으로 당사자자치의 원칙에 맡긴다는 것이다.

만약 매도인이 계약상 정하여진 시기 이전에 서류를 제공한 경우에는, 매도인은 그 시기까지 서류상의 모든 하자(lack)를 보완할 수 있다. 그러나 이러한 서류상의 하자보완권의 행사가 매수인에게 불합리한 불편이나 불합리한 비용을 발생하게 하여서는 아니된다(동조 2문).

(4) 계약적합의무

매도인은 물질적인 측면에서 수량 · 종류 · 포장 등에 관하여 계약에 적합한 물품을 인도하여야 하고(물품적합의무), 권리적인 측면에서도 매수인의 권리행사에 아무런 지장이 없는 물품을 인도하여야 한다(권리적합의무). 이러한 의무를 모두 통칭하여 "계약적합의무"(conformity to contract)라고 한다.

즉, CISG는 물품의 계약적합의무에 관하여 매도인은 계약에 의하여 요구되는 수량, 품질 및 상품명세와 일치하는 물품을 계약에 의하여 요구되는 방법으로 포장하여 인도할 것을 규정하고 있으며(제35조 1항), 또 물품의 권리적합의무에 관하여 제3자의 권리 또는 청구권으로부터 자유로운 물품을 인도할 것을 규정하고 있다(제41조).

CISG의 계약적합의무에 관한 규정은 기본적으로 미국 UCC 제2-312조 이하의 담보책임[57](warranty)에 관한 규정과 매우 흡사하다. 우리나라 민법상에도 이와 비교되는 담보책임에 관한 규정이 있는데(제581조 이하), 이는 특정물을 중심으로 한 법정책임만을 다루고 있다는 것이 특징이다.

2. 매수인의 의무

CISG에 의하면 매수인은 계약과 이 협약이 정하는 바에 따라 물품의 대금을 지급하고 물품의 인도를 수령하여야 하며(제53조), 이 외에도 매수인은 물품을 검사하고 하자를 통지하여야 한다(제38조, 제39조 및 제43조).

(1) 대금지급의무

매수인은 계약과 CISG가 정하는 바에 따라 물품의 대금을 지급하여야 한다. 물품에 대한 대금지급의무(payment of price)는 매도인의 소유권이전의무에 상응하는 매수인의 가장 기본적인 의무이다. CISG는 대금의 결정방법, 대금지급의 시기와 장소 등에 관한 규정을 두고 있다.

대금지급의무에는 그 지급을 위한 계약 또는 법령이 정하는 조치를 취하고 또 절차를 준수할 의무도 포함된다(제54조). 대금지급준비의무에는 예컨대 신용장개설신청, 수입승인신청, 외국환거래약정 등의 절차가 포함된다.

57) 담보책임은 크게 명시담보(express warranty)와 묵시담보(implied warranty)로 구분한다. ① 명시담보는 매도인이 매수인과 계약을 체결할 때 물품에 대하여 설명, 약속, 확언을 하거나 매매의 목적물에 대한 견본이나 모형을 제시하고 그러한 설명 등에 대한 매도인의 보증책임을 말하며, 이에 비하여 ② 묵시담보는 매도인의 명시적인 설명이나 제시와는 무관하게 매도인이 특별히 배제 또는 제한하지 아니하는 한, 계약내용의 일부로 보는 보증책임을 말한다(임홍근·이태희, 전게서, p. 117).

가. 대금의 결정방법

물품의 대금(price)은 당사자의 합의에 의하여 정하여지는 것이 원칙이다. 그러나 만약 계약이 유효하게 체결되었는데 명시적 또는 묵시적으로 대금을 약정하지 아니하거나 이를 결정하는 조항을 두지 아니한 경우에는, 반대의 의사표시가 없는 한 계약체결시에 이와 유사한 사정에서 매각되는 동종의 물품에 대하여 일반적으로 청구되는 가격을 그 대금으로 본다(제55조).

또 대금이 물품의 중량에 의하여 결정하도록 정하여진 경우에는, 가격산정의 기준이 되는 중량의 의미가 분명하지 아니하면 순중량[58](net weight)에 의하여 대금을 결정한다(제56조).

나. 대금지급의 장소

대금은 당사자간에 약정된 장소에서 지급하여야 한다. 기타 대금지급을 위한 어느 특정장소가 약정되어 있지 아니한 경우에는, 매수인은 원칙적으로 매도인의 영업소(seller's place of business)에서 이를 지급하여야 한다.

다만 물품이나 서류의 인도와 상환으로 대금을 지급하여야 할 경우에는, 그 인도가 행하여지는 장소에서 대금을 지급하여야 한다(제57조 1항).

다. 대금지급의 시기

대금은 당사자간에 약정된 시기에 지급하여야 한다.[59] 기타 대금지급을 위한 어느 특정시기가 약정되어 있지 아니한 경우에는, 매수인은 매도인이 계약과 CISG에 따라 물품 또는 물품양도증서 중에 어느 것을 매수인의 임의처분하에 인도한 때에 대금을 지급하여야 한다(제58조 1항 1문).

여기서 유의할 사항은 매수인의 대금지급의무는 매도인이 물품을 인도한 시점에 발생한다는 것이 아니라, 물품 또는 양도증서를 매수인의 임의처분하에(at the buyer's disposal) 적치한 시점에 발생한다는 것이다.

그러나 매도인은 대금지급을 물품 또는 양도증서의 인도를 위한 조건으로서 설정할 수 있다(동조 1항 2문). 계약에 물품의 운송조건을 포함하고 있는 경우에는, 매도인은 대금지급과 상환으로 물품 또는 양도증서를 매수인에게 인도한다는 조건을 붙여 물품을 발송할 수 있다(동조 2항). 이러한 경우 물품의 처분권은 대금이 지급될 때까지 매도인에게 유보된다고 할 것이다.

한편 매수인은 당사자간에 합의된 물품인도나 지급절차가 물품검사의 기회

58) 순중량은 총중량에서 포장이나 용기의 무게를 제외한 내용물만의 무게를 말한다.
59) 예컨대 FOB 계약은 선적시, CIF 계약은 서류제공시에 각각 대금지급의무가 발생한다.

를 갖는 것과 모순되지 아니하는 한, 물품검사의 기회를 가질 때까지 대금지급을 유보할 수 있다(동조 3항). 즉, 당사자간에 대금지급의 시기를 따로 합의하지 아니하는 한, 매수인은 물품을 검사한 후 대금을 지급할 수 있다.

또 매수인이 대금을 지급할 경우 매도인측의 청구나 형식구비에 관계 없이 스스로 계약과 CISG에 의하여 지정되었거나 결정될 수 있는 일자에 지급하여야 한다(제59조). 즉, 매수인은 지급기일이 도래하면 매도인의 지급청구나 최고통지가 없더라도 자발적·자동적으로 대금을 지급하여야 하며, 만약 만기에 대금을 지급하지 아니하면 최고통지가 없더라도 곧바로 이행지체가 된다.

(2) 인도수령의무

매수인은 매도인이 물품을 인도하면, 계약과 CISG가 정하는 바에 따라 그 인도를 수령하여야 한다(제53조). 매수인의 인도수령의무(taking delivery)는 다음과 같은 2가지 측면의 의무로 구성된다(제60조 본문).

① 매수인은 물품의 인도수령에 앞서 매도인의 물품인도가 가능하게 하도록 협력의 의무를 다하여야 한다(동조 a호). 예컨대 매수인은 수입통관서류를 준비하고 물품의 보관을 위한 준비를 하는 등 매도인의 물품인도가 가능하게 하기 위하여 합리적으로 요구되는 모든 조치를 취하여야 한다.

② 매수인은 물품을 수령하여야 한다(동조 b호). 즉, 매도인이 물품을 자신의 영업소, 최초운송인 또는 기타의 장소에서 매수인의 임의처분하에 두면, 매수인은 이러한 물품을 수령할 의무가 있다. 매수인은 계약과 CISG가 정하는 바의 합리적인 장소와 시기에 인도된 물품을 수령함으로써, 매도인의 계속적인 이행의 노력으로 인한 비용지출을 방지하여야 한다.

(3) 물품검사의무

매수인은 매도인의 하자담보책임을 묻기 위하여는 수령한 물품이 계약에 적합한지 여부를 검사하고, 하자가 있을 경우 매도인에게 통지할 의무가 있다(제38조, 제39조 및 제43조). 이러한 의무들은 매수인이 자신의 권리를 유지하기 위하여 부담하는 것이므로 간접적인 의무에 해당한다.

특히 매수인은 자신의 권리를 유지하기 위하여는 물품검사의무[60](examination)를 부담하는데(제38조), 물품검사의 시기·장소·방법은 다음과 같다.

---

60) 여기서 "검사"라 함은 물품에 대한 물질적 부적합 여부의 검사만을 의미한다.

① 물품검사의 시기(time)와 관련하여 매수인은 그 사정에 따라 실행가능한 단기간내에 물품을 검사하도록 하여야 한다(동조 1항). 여기서 "사정에 따라 실행가능한 단기간내"라 함은 각 거래의 내용과 물품의 성질, 거래의 관행, 검사의 장소·시설·능력, 검사의 통상적인 기간, 기타 모든 객관적인 사정을 고려하여야 할 것이지만, 그 기간은 '지체 없이'라는 의미로 해석된다.

다만 물품의 운송조건을 포함하는 계약의 경우에는, 매수인은 물품이 도착하여야 합리적인 검사기회를 가질 수 있기 때문에 이러한 경우 물품이 목적지에 도착한 이후까지 검사를 연기할 수 있다(동조 2항).

특히 매수인이 물품의 합리적인 검사기회를 갖기 전의 운송 중에 목적지를 변경하거나 전송하는 경우, 매도인이 계약체결시에 그러한 변경이나 전송을 알았거나 알 수 있었을 때에는, 매수인은 물품이 새로운 목적지에 도착한 이후까지 검사를 연기할 수 있다(동조 3항).

② 물품검사의 장소(place)와 관련하여 CISG에는 명시규정이 없으나, 검사장소는 매도인이 물품을 인도하는 장소가 되어야 할 것이다. 물품의 운송조건을 약정하고 있는 경우에는 물품의 목적지, 그리고 운송 중 목적지를 변경하거나 전송하는 경우에는 새로운 목적지에서 검사가 이루어져야 한다.

③ 물품검사의 방법과 관련하여도 CISG에는 명시규정이 없으나, 제 38 조의 해석상 매수인이 직접 하거나 제3자의 도움을 얻어 할 수도 있는데, 각 사정과 관행에 따라 실행가능한 합리적인 방법으로 행하여야 할 것이다.

(4) 하자통지의무

매수인은 물품하자(lack)의 담보책임을 묻기 위하여는 그 하자를 발견하였거나 또는 발견할 수 있었던 때로부터 상당한 기간내에 매도인에게 하자내용을 통지하여야 한다. 이러한 통지의무를 위반한 경우에는, 매수인은 물품하자에 대한 구제방법에 의존할 수 있는 권리를 상실한다(제39조 1항).

① 하자통지의 대상은 물품의 계약부적합, 즉 물품의 수량·품질·명세서·포장 등의 물질적 하자와 권리상의 하자를 포함하며(제35조, 제41조 및 제42조), 또 서류의 하자에 대하여는 CISG에 명시규정이 없으나 정확한 서류의 제공을 요구하고 있다는 점에서 하자통지의 대상이 된다고 본다(제34조).

② 하자통지의 시기는 매수인이 물품의 계약부적합을 발견하였거나 또는 발견할 수 있었던 때로부터 상당한 기간내에 매도인에게 이를 통지하여야 한다(제39조 1항). 여기서 "상당한 기간"(reasonable time)이라 함은 각 거래의 내

용과 물품의 성질, 거래의 관행, 물품검사의 사정, 매도인의 수리청구권 등을 고려하여 개별적·구체적으로 결정하여야 할 것이다.

그러나 어떠한 경우에도 하자통지의 기간은 매수인이 물품을 인도받은 후 2년을 초과할 수 없다(동조 2항). 2년의 기간은 CISG가 정한 제척기간이나, 이는 강행규정이 아니므로 특약으로 달리 보증기간을 약정할 수 있다.[61)]

③ 하자통지의 방식은 CISG에 별도의 규정이 없으므로, 매수인이 각 거래의 사정에 따라 적절한 방법으로 이를 통지하면 된다(제27조). 다만 그 통지에는 하자의 성질을 명확히 기재하여야 한다(제39조 1항).

한편 하자통지시 매수인은 손해배상청구권(제74조~제77조), 계약해제권(제49조), 대금감액청구권(제50조), 하자보완청구권(제46조) 등의 권리를 행사할 수 있다. 매수인은 하자통지를 발송하면 자신의 귀책사유 없이 하자통지의 불착·지연이 있더라도 권리구제를 위한 의무를 다한 것으로 본다(제27조).

그러나 매수인은 상당한 기간내에 하자통지를 하지 아니하면 물품의 하자에 관련한 모든 권리를 상실한다(제39조 1항).

다만 매수인은 통지불이행의 정당한 이유가 있는 경우에는, 대금감액청구권과 이익손실 이외의 손해배상청구권 등을 행사할 수 있다(제44조). 정당한 이유가 있다는 입증책임은 매수인에게 있으며, 통지불이행에 정당한 이유가 있다 하더라도 2년간의 제척기간은 영향을 받지 아니한다.

반대로 매도인이 인도할 물품의 하자를 알았거나 또는 알 수 있었던 사실을 매수인에게 고지하지 아니한 경우에는, 매도인은 CISG 제38조(물품검사의무)와 제39조(하자통지의무)의 규정을 원용할 수 없다(제40조). 즉, 이러한 경우 매수인은 2년 제척기간의 적용 없이 언제든지 물품을 검사하고 하자를 통지하여 권리구제를 받을 수 있다.

61) 우리나라 상법의 경우는 즉시 발견할 수 있는 하자는 매수인이 물품을 수령한 즉시, 그리고 즉시 발견할 수 없는 하자는 수령 후 6월내에 통지하도록 하고 있다(제69조).

CHAPTER 2 국제매매계약의 정형화

제1절 INCOTERMS의 의의

무역계약의 약정내용은 상인들간에 오랜 동안 발달되어 온 상관습에 의하여 정형의 무역거래조건으로 형성되고, 이에 각국에서 사용하는 무역거래조건의 국제적인 통일을 위하여 인코텀즈(Incoterms)가 제정되어 있다. 현실적으로 무역계약은 정형의 무역거래조건에 의존하는 것이 일반적이므로, 실무가들은 각 무역거래조건의 특성과 이를 규율하는 국제규칙을 숙지하고 있어야 한다.

1. 무역거래조건의 개념

(1) 무역관습의 형성

관습이란 특정의 집단에 속하는 사람들의 오랜 동안 상습적 행위에 의한 전통적인 행동양식이나 사회규범으로서 일반에게 널리 승인되어 있는 것을 말한다. 그것이 상업에 종사하는 모든 사람이 승인하고 준수하려고 하는 거래양식이나 규범인 경우를 "상관습"(mercantile custom), 특히 무역거래에서 관용되고 있는 상관습을 "무역관습"(custom of international trade)이라고 한다.[1)]

무역관습은 어느 시점에서 볼 때에는 고정되어 있는 것처럼 보이지만, 오랜 시일이 지나는 동안에 변화하고 있다. 따라서 당사자들은 무역계약에 관한 법률지식뿐만 아니라 무역관습에 관한 충분한 지식이 있어야 한다.

무역관습, 특히 무역거래조건이 형성되는 이유는 당사자들이 전통적인 영향력을 지닌 관행이나 관례를 선호하는 경향이 있고, 무역거래 그 자체도 규칙적

---

1) 朝岡良平, 貿易賣買と商慣習, 東京布井出版, 1982, p. 40.

이고 단순화된 합리적인 상습적 행위를 요구하고 있기 때문이다.

무역관습의 발달은 이것을 적용하는 영역내에 있어서의 격지거래의 발달정도와 격지거래에 적용하는 법률의 규제정도에 따라 영향을 받는다.

특정영역 내에서 격지거래가 활발하게 진행되면, 무역관습의 발달도 촉진된다. 또 무역거래의 적용법률이 충분하지 못한 경우에는 이를 보완하는 상관습이 필요하고, 특히 무역거래에는 강행적인 국제통일법이 없기 때문에 거래관습에 대한 요망이 강하고 이것이 무역관습의 발달을 촉진시킨다.

정형화된 무역관습도 그 이행에 따른 불편이나 결점을 보완하기 위하여 그 내용이 조금씩 변화하고 있으며, 또 과학기술의 발달로 새로운 운송기법과 통신수단이 등장하면서 무역관습의 변화와 발전이 이루어지고 있다.[2)]

결국 무역관습은 당사자간의 힘의 균형 또는 계약의 체결, 이행 및 분쟁의 해결을 위한 판단의 기준으로서 국제거래에 가장 적합한 형태로 자연히 형성되고 발달해 왔으며, 이에 의하여 국제시장의 질서가 유지되고 있다.

(2) 무역거래조건의 개념

무역거래는 매도인과 매수인의 상호 합의에 의한 매매계약에서 시작되므로, 당사자간의 의무사항은 여러 가지로 구성할 수 있다. 그러나 이러한 의무사항을 매번 계약시에 일일이 합의한다는 것은 상당히 번거롭고 부정확할 수 있다.

특히 당사자간의 물품인도에 관하여는 오래 전부터 확립된 관습이 있다. 즉, 인도의 장소와 방법, 운송·보험계약, 수출입통관, 위험과 비용의 부담 등에 관하여 상인들은 오래 전부터 FOB나 CIF와 같은 부호를 사용해 왔다.

당사자들은 각 부호가 함축하고 있는 계약내용을 통일된 해석규칙에 맡기고, 계약서에는 복잡한 계약내용을 열거함이 없이 단지 이들 부호를 사용함으로써 그들의 계약내용을 간단하고 명료하게 확정할 수 있었다.

이러한 계약부호를 "무역거래조건"(trade terms)이라고 한다. 즉, 이는 물품이 매도인으로부터 매수인에게 이르기까지 운송과 수출입수속을 비롯하여 위험과 비용부담의 당사자를 구분해 주는 국제매매계약의 주요소를 말한다.[3)]

---

2) 상게서, pp. 55~56.

3) Jan Ramberg, *ICC Guide to Incoterms® 2010*, Publication No. 720E, 2011, p. 16.

2. INCOTERMS의 발달

(1) Incoterms의 의의

당사자들이 사용하는 무역거래조건은 국가나 지역에 따라 상관습과 법체계가 달라 그 해석을 둘러싸고 오해와 분쟁이 야기되기도 하였다.

따라서 ICC(국제상업회의소)가 1920년대부터 무역거래조건의 해석에 관한 국제규칙을 제정하는 사업을 추진하였으며, 그 결과 1936년에 탄생된 국제규칙을 "Incoterms"(= International Commercial Terms)라고 한다. ICC는 2010년부터 이를 상표로 등록하여 "Incoterms® 2010"으로 표기하고 있다.[4)]

현행 Incoterms® 2010 (Pub. No. 715E)은 2010년 9월 10일 ICC 상사법무위원회에 의하여 공포되어 2011년 1월 1일부터 전세계적으로 시행하고 있다.

가. Incoterms의 목적

무역거래는 법률, 제도와 관습 등이 서로 다른 국가간에 이루어지므로, 항상 당사자간의 계약조건을 둘러싼 분쟁의 가능성을 내포하고 있다.

즉, 무역거래의 당사자들은 흔히 상대국의 법률과 관습을 잘 모르기 때문에 각자 동일한 무역거래조건을 사용하면서 서로 다른 해석을 한다면, 이로 인하여 당사자간에는 각종의 오해와 분쟁(disputes)이 야기될 수 있으며, 나아가 법원에 소송(litigation)을 제기하는 일도 발생할 수 있다.

따라서 당사자간에 발생할 수 있는 무역 클레임을 예방하고 특정의 무역거래조건에 대한 서로 다른 해석으로 인한 불확실성(uncertainties)을 제거하거나 최소화시켜 무역확대를 도모해 나가야 할 필요가 있다.

인코텀즈는 계약당사자들에게 다같이 공통적으로 적용할 수 있도록 중립적이고 합리적인 국제규칙을 제공함으로써, 각국에서 일반적으로 사용하고 있는 무역거래조건에 대한 상이한 해석으로 인한 오해와 마찰, 기타 예견하지 못한 위험요인을 제거 또는 경감하여 궁극적으로는 시간과 금전상의 낭비를 방지해 나가는데 목적을 두고 있다(Incoterms® 2010 전문).

나. Incoterms의 적용범위

인코텀즈는 컴퓨터 소프트웨어와 같은 무형재를 제외하고, 유형재로서 매각되는 물품(goods)의 인도에 관련한 당사자간의 권리와 의무에 관한 사안에 한하여 적용한다. 인코텀즈는 물품의 매매계약에 따른 매도인과 매수인간의 관계

---

4) ICC, *Incoterms® 2010*, Publication No. 715E, 2010, p. 125.

만을 규정하고 있으며, 기타 이와 관련이 있을 수 있는 운송·보험·결제계약 등에 대하여는 적용하지 아니한다(Incoterms 2000 서문 제1항 3문~6문).

인코텀즈는 당사자간 물품의 인도시기와 위험·비용부담, 수출입수속 등의 의무에 관하여만 규율하고 있으며, 대금의 지급방법, 소유권 이전, 계약위반의 결과 등에 관하여는 전혀 다루지 아니한다. 이러한 문제들은 계약의 명시조건이나 준거법의 선택으로 해결하여야 한다(Incoterms® 2010 서문 제4호).

인코텀즈는 민간기구(ICC)에 의하여 마련된 무역거래조건에 관한 국제적인 해석규칙이므로, 그 자체가 국제통일법이나 조약과 같은 강행력을 갖지 못한다. 이는 오직 당사자들의 상호 합의가 있을 때에만 적용할 수 있다.

따라서 계약당사자들은 무역거래조건으로 계약을 체결할 때 인코텀즈를 적용하고자 원하는 경우에는, 반드시 이 계약이 Incoterms® 2010에 의하여 적용을 받는다는 취지를 명확히 기재하여야 한다(동 서문 제1호).[5]

(2) Incoterms의 제정(1936)

ICC가 1920년에 창설되면서 첫 사업으로 무역거래조건에 대한 각국의 상이한 해석으로 인한 오해나 분쟁을 예방하고 국제무역을 발전시켜 나가기 위하여 무역거래조건의 통일된 해석규칙 등을 제정하는데 목표를 두었다.[6]

첫째, ICC는 본부 내에 무역거래조건위원회(Trade Terms Committee)를 설치하고 각국의 실태보고서를 바탕으로 1923년에 'Trade Terms Definition'(무역거래조건정의) 초판을 발간하고, 여기에 ① FOR/FOT, ② FOB, ③ CIF, ④ Free Delivered 등의 4가지 거래조건을 수록하였다. 또 ICC는 1929년에 20여 개 국가로부터 실태보고서를 받아 위의 무역거래조건에 ⑤ FAS, ⑥ C&F를 추가하여 모두 6가지의 'Trade Terms'(무역거래조건) 제2판을 발간하였다.

둘째, ICC 무역거래조건위원회는 이를 바탕으로 1936년 6월에 '무역거래조건해석에 관한 국제규칙'(International Rules for the Interpretation of Trade Terms)을 제정하고, "Incoterms 1936"이라는 명칭으로 공포하였다.

최초의 인코텀즈는 ① Ex Works, ② FOR/FOT, ③ Free, ④ FAS, ⑤ FOB, ⑥ C&F, ⑦ CIF, ⑧ Freight or Carriage Paid to, ⑨ Ex Ship, ⑩ Ex Quay, ⑪ Free or Free Delivered 등 11가지의 무역거래조건을 수록하였다.

---

5) 예컨대 "*Trade Terms*: Unless otherwise stated, the trade terms under this contract shall be governed and interpreted by the Incoterms® 2010." 등으로 명기한다.

6) 서정두, Incoterms® 2010 인코텀즈 해설, 청목출판사, 2011. 4, pp. 12~15.

표 2-4 Incoterms의 제정 및 개정규칙 비교

Incoterms® 2010	Incoterms 2000	Incoterms 1990	Incoterms 1980	Supplement 1976	Montreal Rules 1967	Incoterms 1953	Incoterms 1936	Trade Terms 2nd ed. 1929	Trade Terms Defin. 1923
EXW	EXW	EXW	EXW	⇤	⇤	Ex Works	Ex Works		
FCA	FCA	FCA	FRC				Free …		
		↑	FOR/FOT	⇤	⇤	FOR/FOT	FOR/FOT	FOR/FOT	FOR/FOT
		↑	FOA	FOB Airport					
FAS	FAS	FAS	FAS	⇤	⇤	FAS	FAS	FAS	
FOB	FOB	FOB	FOB	⇤	⇤	FOB	FOB	FOB	FOB
CFR	CFR	CFR	CFR	⇤	⇤	C&F	C&F	C&F	
CIF	CIF	CIF	CIF	⇤	⇤	CIF	CIF	CIF	CIF
CPT	CPT	CPT	DCP	⇤	⇤	DCP*	DCP*		
CIP	CIP	CIP	CIP						
DAT	DEQ	DEQ	EXQ	⇤	⇤	Ex Quay	Ex Quay		
DAP	DES	DES	EXS	⇤	⇤	Ex Ship	Ex Ship		
↑	DAF	DAF	DAF	⇤	DAF*				
↑	DDU	DDU							
DDP	DDP	DDP	DDP	⇤	DDP*		Free or Free Delivered	Free Delivered	Free Delivered

* 전신부호는 1980년대 이후의 개정본과 비교하여 필자가 소급하여 붙인 것임.

(3) Incoterms 개정사(1953, 1967, 1976, 1980, 1990 및 2000)

인코텀즈는 1936년에 제정된 이후 지금까지 1953년, 1967년, 1976년, 1980년, 1990년, 2000년 및 2010년에 걸쳐 모두 7차례 개정·추보되어 왔다.

첫째, 제2차 세계 대전 후 국제정세의 변화에 따라 1953년 10월에 ICC 무역거래조건위원회는 "Incoterms 1953"라는 개정규칙을 공포하였다. 여기에는 종전의 Free와 Free or Free Delivered 등의 2가지 조건이 무역거래에서 거의 사용되지 아니한다는 등의 이유로 이를 삭제하고 9가지만 수록하였다.

둘째, 1960년대 들어 동서진영간의 냉전이 격화됨에 따라 국경을 사이에 두고 ① Delivered at Frontier 조건이 성행하게 되고, 또 서방국가에서는 컨테이너나 팔레트 화물을 수입국내의 지정목적지까지 반입하는 ② Delivered Duty Paid 조건이 확대됨에 따라 ICC는 1967년에 이들 2가지 거래조건을 추가하여 모두 11가지의 거래조건을 수록한 'Montreal Rules 1967'을 공포하였다.

셋째, 1970년대에는 점보제트기의 상용화로 항공화물운송이 본격적으로 진행되자 ICC는 1976년에 항공운송을 위한 FOB Airport (FOA) 조건을 추가하여 모두 12가지의 거래조건을 수록한 'Supplement 1976'을 공포하였다.

넷째, 1970년대 이후 국제운송시장에는 컨테이너를 이용한 Door to Door 서비스의 육·해·공 복합운송방식이 등장하게 되었다. 따라서 ICC는 1980년에 기존의 내륙운송에만 사용하던 ① DCP를 복합운송에 확대 적용할 수 있도록 수정하고, 또 복합운송에 적합한 ② FRC와 ③ CIP를 신설하여 모두 14가지를 수록한 Incoterms 1980을 공포하였다. ICC는 이때부터 컴퓨터 등에 의한 전신망의 이용을 감안하여 각 거래조건을 3자의 전신부호로 표시하였다.

다섯째, 1980년대 이후 국제적으로 컨테이너, RO-RO 운송방식 등의 운송기법이 지속적으로 발전하고 무역거래에 EDI (electronic data interchange) 방식이 도입되었다.[7] ICC는 1989년 11월에 개정규칙안을 확정하여 13가지 조건을 수록한 Incoterms 1990을 공포하고, 1990년 7월 1일부터 시행하였다.

여섯째, 1990년대 이후에는 시대적으로 관세자유지역의 확대, 무역거래에서 EDI 통신문의 사용증가, 운송관습의 변화 등이 특징적으로 나타났다.[8]

따라서 ICC는 '본선의 난간'을 전제한 전통적인 FOB 지점보다는 오히려 육상의 어느 지점에서 인도되는 경우가 많으므로 1980년부터 FCA를 도입하였고, 무역거래에서 EDI의 사용증가에 대응하기 위한 개선노력이 이루어졌으며, 또

7) 양영환·서정두, 국제무역법규, 제3판, 삼영사, 1998, pp. 22~23.
8) ICC, *Incoterms 2000*, Publication No. 560, 1999. 9, p. 4.

시의적인 무역관습을 보다 명료하고 정확하게 반영하고자 노력하였다.

특히 Incoterms 2000은 종래의 규칙을 더욱 공고히 하면서 지나친 변경은 피하였다. 다만 ① FAS와 DEQ에서 통관과 관세지급의무, ② FCA에서 적재와 양하의무 등에 관한 조항에는 커다란 변경이 있었다.

3. 개정 INCOTERMS® 2010

(1) 개정배경

ICC는 1936년에 인코텀즈를 제정한 이후 국제무역의 발전에 부응하고자 거의 10년을 주기로 개정해 왔다. 이번에도 무역관습의 시대적인 변화와 일부 인코텀즈의 한계, 9.11 테러 등을 겪으면서 물품이동에 따른 보안문제, 운송관습의 변화 등으로 인하여 Incoterms 2000의 개정이 불가피하게 되었다.

① 구규칙은 현실적인 사용관습을 명확하게 반영하지 못한다는 비판이 꾸준히 제기되어 왔다.[9] 예컨대 FOB 등 해상운송규칙상 위험과 비용부담의 분기점은 아직 본선의 난간(ship's rail)을 견지하고 있다는 점, 세계적으로 관세자유구역의 확대와 컨테이너 운송이 보편화되었는데, 터미널 화물취급경비(THC)의 부담자에 대한 구분이 불명확하다는 점 등이 지적되었다.

② 복합운송규칙과 D그룹 규칙의 활용도가 저조하였다. 예컨대 계약당사자들은 복합운송규칙을 사용할 상황에서도 FOB나 CIF 등 전통적인 해상운송규칙을 관행적으로 사용하였다. 또 D그룹의 경우 냉전이 종식되면서 DAF는 유명무실하게 되었고, DAF · DES · DEQ · DDU 등은 내용상 유사한 점이 많기 때문에, ICC는 이를 직시하고 규칙을 재정비할 필요성을 인식하였다.

③ 무역거래에서 전자통신의 사용증가와 물품이동에 따른 보안문제 등에 대한 대응이 필요하였다. 즉, 구규칙의 전자무역 관련 "EDI 통신문"이라는 문언은 다양한 형태의 전자문서를 포괄하기에는 부족하고, 또 9.11 테러 등을 겪으면서 각국에서 화물이동에 따른 보안확보에 대한 관심이 높아졌다.

(2) 주요특징

① Incoterms® 2010은 도착지인도규칙에서 DAT와 DAP 규칙을 신설하고, DAF · DES · DEQ · DDU 규칙을 삭제하였다. 즉, 기존의 DEQ에 대응하여 DAT를, 기존의 DAF · DES · DDU 등에 대응하여 DAP를 신설한 것이다.

---

9) Jan Ramberg, *op. cit.*, p. 9.

② Incoterms® 2010은 총 11가지의 규칙을 운송방식(mode of transport)에 따라 2그룹으로 분류하고 있다. i) "단일이나 복수의 모든 운송방식용 규칙"에 EXW · FCA · CPT · CIP · DAT · DAP · DDP 등 7가지, ii) "해상과 내수로운송 전용규칙"에 FAS · FOB · CFR · CIF 등 4가지를 각각 분류하고 있다.

③ Incoterms® 2010은 국제무역뿐만 아니라, 국내매매에도 적용가능하도록 개정하였다. 즉, EU 등에서는 국경절차가 별로 중요하지 아니하고, 미국의 경우 순수한 국내매매에서도 통일상법전(UCC) 대신에 인코텀즈 규칙을 보편적으로 사용하고 있기 때문에, 이에 적합하도록 규칙을 보완하였다.

④ Incoterms® 2010 전체의 서문(introduction)과 각 규칙의 모두에 수록된 안내문(guidance note)은 사용자가 정확하고 효율적인 규칙을 선택하도록 도움을 줄 수 있으나, Incoterms® 2010 규칙의 일부를 구성하는 것은 아니다.

⑤ Incoterms® 2010은 물품이동에 따른 생명과 재산상의 보안(security)을 확보하기 위하여 여러 규칙에서 당사자간의 보안관련 수속의무나 이에 관한 협조의무를 추가하였으며, 또 2009년 협회적하약관(ICC)을 반영한 최초본으로서, 당사자간에 보험담보에 관한 정보제공의무와 용어를 명확히 하였다.

⑥ Incoterms® 2010은 매도인의 운송계약이 요구되는 규칙[10]에서 운송비용에 포함되는 항구나 컨테이너 터미널의 취급경비(THC)를 매수인이 중복하여 부담하지 아니하도록 각 규칙의 비용조항에서 명확하게 분담시키고 있다.

⑦ Incoterms® 2010은 자가생산품이 아닌 상품매매에서 운송 중에 여러 번 매각되는 "연계매매"(string sales)의 관행을 반영하였다.[11] 즉, 매도인의 선적의무에 대한 대안으로서 선적된 물품의 조달(procure)을 포함시켰다.

⑧ Incoterms® 2010의 본문은 자기완결형으로 의도되었으나, 서문에서 이 규칙의 본문상에 언급된 용어 중 운송인(carrier), 통관절차(customs formalities), 인도(delivery), 인도서류(delivery document), 전자기록이나 처리방법(electronic record or procedure), 포장(packaging) 등의 정의를 담고 있다.

(3) 구성체계

Incoterms® 2010의 11가지 규칙은 용도에 따라 2그룹으로 구성되어 있다.

① 육상 · 해상 · 항공의 어느 운송이든 관계 없이 "단일이나 복수의 모든 운

---

10) Incoterms® 2010 중에서 매도인의 운송계약이 요구되는 선적지인도규칙에는 CPT, CIP, CFR, CIF 등이 있고, 도착지인도규칙은 DAT, DAP, DDP 등 모두가 해당된다.

11) Carole Murray et al., *Schmitthoff's Export Trade,* Sweet & Maxwell, 2007, p. 48.

송방식에 사용할 수 있는 규칙"(rules for any mode or modes of transport)이 있다. 여기에는 EXW, FCA, CPT, CIP, DAT, DAP, DDP 등 7가지가 분류되어 있다. 이들은 해상운송을 포함하지 아니한 경우에도 사용이 가능하다.

② "해상과 내수로운송에만 사용할 수 있는 규칙"(rules for sea and inland waterway transport)이 있다. 여기에는 FAS, FOB, CFR, CIF 등이 있다. 이를 모두 정리하면 다음의 〈표 2-5〉와 같다.

표 2-5 Incoterms® 2010의 구성체계

모든 운송 방식용 규칙	선적지 인도 규칙	EXW	Ex Works(공장인도)
		FCA	Free Carrier(운송인인도)
		CPT	Carriage Paid to(운송비지급인도)
		CIP	Carriage and Insurance Paid to(운송비·보험료지급인도)
	도착지 인도 규칙	DAT	Delivered at Terminal(터미널인도)
		DAP	Delivered at Place(착지인도)
		DDP	Delivered Duty Paid(관세지급인도)
해상·내수로 운송용 규칙	선적지 인도 규칙	FAS	Free Alongside Ship(선측인도)
		FOB	Free on Board(본선인도)
		CFR	Cost and Freight(운임포함인도)
		CIF	Cost, Insurance and Freight(운임·보험료포함인도)

그렇지만 Incoterms® 2010은 인도지역에 따라 선적지인도규칙과 도착지인도규칙으로도 분류하고, 구규칙의 비용중심인 E, F, C 및 D그룹으로 분류하기도 한다. 이러한 분류방법은 당사자들의 의사결정에 중요하기 때문이다.[12)]

또 Incoterms® 2010은 각 규칙별로 매도인과 매수인의 각 상대방에 대한 의무사항들을 〈표 2-6〉과 같은 명칭의 각 10개 조항으로 대칭되게 분류하여 이들을 각각 매도인의 의무와 매수인의 의무 순으로 배열하고 있다.

12) Jan Ramberg, *op. cit.*, pp. 49~62.

표 2-6 Incoterms® 2010 규칙조항명

A. 매도인의 의무	B. 매수인의 의무
A1 매도인의 일반적 의무	B1 매수인의 일반적 의무
A2 허가, 승인, 보안수속 및 기타 절차	B2 허가, 승인, 보안수속 및 기타 절차
A3 운송 및 보험계약	B3 운송 및 보험계약
A4 인도	B4 인도의 접수
A5 위험의 이전	B5 위험의 이전
A6 비용의 분담	B6 비용의 분담
A7 매수인에 대한 통지	B7 매도인에 대한 통지
A8 인도서류	B8 인도의 증거
A9 점검·포장·화인	B9 물품의 검사
A10 정보의 협조 및 관련 비용	B10 정보의 협조 및 관련 비용

제 2 절 선적지인도규칙

일반적으로 물품의 인도가 수출국가에서 이루어지면 "선적지인도규칙"이라 하고 수입국가에서 이루어지면 "도착지인도규칙"이라 하는데, Incoterms® 2010 상의 11가지 무역거래조건 중에 선적지인도규칙에 속하는 것은 EXW·FCA·CPT·CIP, FAS·FOB·CFR·CIF 등 모두 8가지가 있다.

1. EXW(공장인도)

(1) EXW 규칙의 개념

"EXW"(Ex Works)라 함은 매도인이 자신의 영업장구내(at the seller's premises)에서 매수인에게 물품을 인도하는 거래규칙을 말한다. 즉, 매도인은 자신의 영업장구내 또는 기타 지정된 장소내의 공장, 작업장, 창고 등에서 물품을 매수인의 임의처분하에 적치하여야 한다.

그러나 매도인은 물품의 수출수속이나 매수인의 수거용 차량에 적재할 책임이 없으며, 물품이 인도된 이후의 모든 절차는 매수인의 위험과 비용부담으로 이를 행하게 된다. 이러한 거래규칙을 영국에서는 일명 "Loco"(현지인도) 또는

"On spot"(현장인도)라고도 부르며, 미국에서는 "Ex... point of origin"(지정원산지인도), "FOB factory"(공장본선인도) 등으로 부르기도 한다.

EXW는 매도인의 입장에서는 수출적합포장과 제품점검비용을 비롯한 기타 부대비용을 부담하는 것을 제외하면 국내매매와 동일하다고 볼 수 있다. 따라서 이 규칙은 순수한 국내매매(미국 등)나 외국무역에 익숙치 못한 국내의 생산업자가 직접 수출에 참여할 경우, 또는 수입상이 수출국내에 구매대리점이나 출장소를 설치하여 수출지의 사정을 잘 아는 경우에 주로 사용된다.

다만 수출국가의 법령에 따라 외국의 매수인이 수출수속을 이행할 수 없을 때에는 EXW 규칙을 사용할 수 없으며, 이러한 경우에는 FCA 규칙이 더 적합하다. 그러나 FCA 규칙으로 전환할 경우에는, 물품의 차량적재(loading)에 대한 책임은 매도인의 부담에 속한다는 점에 유의하여야 한다.

(2) 위험 · 비용부담의 분기점

EXW 규칙하에서 물품에 대한 위험[13]과 비용부담의 분기점은 물품이 합의된 시기에 매도인의 영업장구내에서 매수인의 임의처분하에 적치된 때이다.

따라서 매도인은 물품의 제조원가와 이윤, 수출포장의 비용, 품질 · 수량점검비용, 기타 자신의 영업장구내에서 물품을 인도할 때까지의 부대비용을 가산한 요소비용만을 부담할 뿐이며, 그 후에 물품을 매수인의 수거용 차량에 적재하고 수입국의 최종목적지까지 운반하는데 따른 일체의 비용과 위험은 매수인이 이를 부담하여야 한다. 다만 출발시에 물품의 차량적재에 대한 책임을 매도인에게 전가시키려면, 그 취지를 매매계약상에 명확히 기재하여야 한다.[14]

결국 EXW 규칙은 Incoterms® 2010 상의 11개 무역거래조건 중에서 매도인에 대하여는 최소한의 의무(minimum obligation)를, 그리고 매수인에 대하여는 최대한의 의무(maximum obligation)를 나타내는 것이다.

(3) 매매당사자의 주요의무

EXW 규칙하에서 매도인은 ① 매매계약에 일치하는 물품을 자신의 영업장구내에서 매수인에게 인도하여야 하고, ② 계약에 일치함을 입증하는 상업송장[15]

---

13) Incoterms® 2010 규칙하에서 "위험"이라 함은 물품의 부적합한 포장이나 화인과 같이 당사자의 과실에 의한 물품의 멸실 또는 손상의 위험은 포함되지 아니한다(제A9조).

14) 예컨대 "EXW loaded" 또는 "EXW cleared for export"라는 문언을 추가하여야 한다.

15) 상업송장은 매도인의 입장에서는 수출품 적송명세서와 대금청구서인 반면에, 매수인의 입장에서는 수입품 매입서로서의 기능을 한다.

(commercial invoice), 품질 · 수량 등의 검사증명서 또는 이와 동등한 전자기록을 제공하여야 한다. 또 매도인은 ③ 매수인의 요청과 비용 및 위험부담으로 보안관련 정보를 포함하여 원산지증명서, 영사송장 등 수출, 수입 또는 제3국의 통과에 필요한 서류를 취득하는데 협조하여야 한다.

반면 EXW 규칙하에서 매수인은 ① 매도인의 영업장구내에서 물품을 수령하고 이 사실을 입증하는 물품수령증(buyer's receipt)을 제공하여야 하고, ② 자신의 위험과 비용부담으로 물품을 최종목적지까지 운반하기 위한 모든 조치, 예컨대 수출입수속과 선적전검사[16] 및 운송계약 등을 이행하여야 한다.

2. FCA(운송인인도)

(1) FCA 규칙의 개념

"FCA"(Free Carrier)라 함은 매도인이 물품의 수출수속을 이행하고, 지정된 장소에서 매수인이 지정한 운송인에게 이를 인도하는 거래규칙을 말한다. 따라서 매수인은 물품의 인도지점을 정확히 지정하여야 하며, 그렇지 아니할 경우 매도인은 지정된 장소 내에서 가장 적합한 지점을 선택할 권리가 있다.

여기서 "운송인"(carrier)이라 함은 철도 · 도로 · 항공 · 해상 · 내수로 또는 복합운송 등에서 화주와 운송계약을 체결하고 직접 운송계약의 이행을 약속하는 본인(principal) 또는 그 이행을 조달하는 운송대리인(shipping agent)을 의미하므로, 매도인은 이러한 자격의 운송인에게 물품을 인도하여야 자신의 인도의무를 다하는 것이다. 다만 매수인이 운송주선인[17](freight forwarder) 등 운송인 이외의 자에게 물품을 인도하도록 지시한 경우에는, 매도인은 이러한 기타의 자에게 물품을 인도하여도 자신의 인도의무를 다한 것으로 본다.

FCA는 매도인이 지정된 장소(named place)에서 지정된 운송인에게 인도하는 것을 제외하면, 이는 선적항의 본선에서 물품을 인도하는 해상전용의 FOB 규칙과 동일하다. 원래 FCA 규칙은 Incoterms 1980에서 정형화된 복합운송전용의 FRC에 종래의 철도운송용 FOR/FOT와 항공운송용 FOA를 통합하여 Incoterms 1990 때부터 명명된 것으로서, 이는 복합운송뿐만 아니라 철도 · 도로 · 해상 · 항공 · 내수로운송 등 모든 운송방식에 사용할 수 있다.

---

16) EXW 규칙하에서 매수인은 수출국가 당국이 지정한 검사의 비용도 부담하여야 한다.

17) "운송주선인"이라 함은 자기의 명의로 물품운송의 주선을 업으로 하는 자로서(상법 제114조), forwarding agent, shipping agent, air-freight agent 등을 총칭하는 개념이다.

(2) 위험 · 비용부담의 분기점

FCA 규칙하에서 물품에 대한 모든 위험과 비용부담의 분기점은 매도인이 합의된 시기에 지정된 장소에서 지정된 운송인 또는 기타의 자에게 물품을 인도한 때이다. 만약 매수인의 요청이 있거나 상관습에 따라 매도인이 운송계약을 체결하는 경우에는, 이는 매수인의 위험과 비용부담으로 하는 것이다.

현실적으로 "운송인"이라고 하면 철도 · 도로 · 내수로 · 해상 · 항공 또는 복합운송에 따라 다르므로, 운송인에 대한 인도의 완성시점도 운송방식의 사정에 따라 다르게 나타날 수 있다. 그러나 Incoterms® 2010의 FCA 규칙에서는 인도가 매도인의 영업장구내에서 이루어질 경우와 기타 모든 지정장소에서 이루어질 경우의 2가지로만 구별하여 인도의 완성시점을 규정하고 있다.

따라서 물품에 대한 위험과 비용부담의 분기점도 운송방식에 따라 달리 적용될 수 있겠으나, 크게 다음과 같은 2가지의 경우로 나누어진다.

① **매도인 영업장구내인 경우 :** 물품이 매도인의 영업장구내에서 매수인에 의하여 제공된 운송수단상에 적재된 때부터 그 물품에 대한 위험과 비용부담의 책임은 매수인에게 이전한다.

② **기타 모든 지정장소인 경우 :** 물품이 지정된 장소에서 양하할 준비를 갖춘 매도인의 운송수단상에서 운송인이나 기타 자의 임의처분하에 적치된 때부터 그 물품에 대한 위험과 비용부담의 책임은 매수인에게 이전한다.

(3) 매매당사자의 주요의무

FCA 규칙하에서 매도인은 ① 매매계약과 일치하는 물품을 지정된 장소에서 매수인이 지정한 운송인에게 인도하고, ② 자신의 비용부담으로 수출수속과 관세, 조세 등의 경비[18]를 지급하고, ③ 계약에 일치함을 입증하는 상업송장과 관습적인 경우 운송인에게 물품을 인도한 통상적인 증거서류를 제공하여야 한다. 이것이 운송서류가 아닐 경우, 매수인의 요청과 위험 및 비용부담으로 운송계약을 체결하고 운송서류를 취득하는데 협조하여야 한다.

여기서 "운송서류"라 함은 해상 · 내수로 · 항공 · 철도 · 도로 또는 복합운송의 운송방식에 따라 다를 수 있다. 예컨대 유통성 선화증권(negotiable bill of lading), 비유통성 해상화물운송장(non-negotiable sea waybill), 내수로 운송서류(inland waterway document), 항공화물운송장(air waybill), 철도화물

18) 여기서 "경비"(charges)라 함은 사적인 당사자가 부과하는 보관료 등은 제외하고, 수출입에 의한 필수적인 결과로서 수출입법규에 따라 지급하여야 하는 것만을 의미한다.

탁송장(railway consignment note), 도로화물탁송장(road consignment note), 복합운송서류(multimodal transport document) 등이 있으며, 이러한 모든 서류는 당사자간의 합의나 관습에 따라 각각 전자기록으로 대체할 수 있다.

반면 FCA 규칙하에서 매수인은 ① 매도인의 물품인도를 위한 운송인을 지정하고 운송방식과 물품의 인도기일 및 장소의 지점을 통지하여야 하며, ② 매도인에게 특별히 운송계약을 요청하지 아니하는 한 지정장소로부터 물품의 운송을 위한 운송계약을 체결하고 운송비를 지급하여야 한다.

3. CPT(운송비지급인도)

"CPT"(Carriage Paid to)라 함은 매도인이 지정된 목적지까지 운송계약을 체결하고 물품의 운송비(carriage)를 지급하되, 물품에 대한 모든 위험과 추가적인 비용은 물품이 선적지에서 자신의 운송인(carrier)에게 인도된 때에 매도인으로부터 매수인에게 이전하는 거래규칙을 말한다.

여기서 "운송인"이라 함은 운송계약에 따라 철도·도로·해상·항공·내수로 또는 복합운송을 이행하거나 또는 그 이행을 조달할 것을 약정하는 모든 자를 의미한다. 따라서 목적지까지 여러 운송인에 의하여 운송되는 복합운송의 경우에는, 위험은 물품이 최초운송인에게 인도된 때에 이전한다.

CPT는 매도인이 물품의 수출수속을 이행하여야 하며, 이는 복합운송을 포함하여 모든 운송방식에 사용할 수 있다. 또 CPT는 매도인이 목적지까지 운송계약을 체결하고 운송비를 지급한다는 점에서 기본적으로 CFR 규칙과 같지만, 물품을 선박이 아닌 운송인에게 인도한다는 점에서 이와 구분된다.

CPT 규칙하에서 매도인은 CFR 규칙에서와 같은 운송서류를 반드시 제공하여야 하는 것이 아니라, 해당되는 운송방식에서 관습적이거나 매수인의 요청이 있는 경우에만 통상적인 운송서류를 제공하면 된다는 점이 특징적이다.

CPT는 원래 Incoterms 1953에서 내륙운송에 대비한 "Freight or Carriage paid to"라는 명칭으로 처음 도입된 후 Incoterms 1980에서는 복합운송에 적합한 'Freight or Carriage Paid to'(DCP)로 보완되었다가, Incoterms 1990 때부터 모든 운송방식에 사용할 수 있도록 개정된 것이다.

기타 CPT 규칙하에서 위험과 비용부담의 분기점, 당사자의 주요의무 등에 관한 내용은 보험료(insurance) 항목을 제외하면 뒤의 CIP와 성격이 같다.

4. CIP(운송비 · 보험료지급인도)

(1) CIP 규칙의 개념

"CIP"(Carriage and Insurance Paid to)라 함은 매도인이 지정된 목적지까지 운송 · 보험계약을 체결하고 물품의 운송비(carriage)와 보험료(insurance premium)를 지급하되, 물품의 모든 위험과 추가적인 비용은 물품이 선적지에서 자신의 운송인(carrier)에게 인도된 때에 이전하는 거래규칙을 말한다.

특히 CIP는 매도인이 단지 런던의 협회적하약관(ICC)이나 이에 준하는 약관의 최소담보조건(C)으로 부보하고 매도인이 물품의 수출수속을 이행하여야 하며, 이 규칙은 복합운송을 포함하여 모든 운송방식에 사용할 수 있다.

CIP는 매도인이 목적지까지 운송 및 보험계약을 체결하고 이에 따른 운송비와 보험료를 지급한다는 점에서 기본적으로 해상전용의 CIF 규칙과 같지만, 물품을 선박이 아닌 운송인에게 인도한다는 점에서 이와 구분된다. 또 이 규칙하에서 매도인은 CIF 규칙에서와 같은 운송서류를 반드시 제공하여야 하는 것이 아니라, 해당되는 운송방식에서 관습적이거나 매수인의 요청이 있는 경우에 한하여 통상적인 운송서류를 제공하면 된다는 점이 특징적이다.

CIP는 원래 Incoterms 1980에서 복합운송에 대비하여 FRC와 함께 처음 도입된 후 1990년부터 모든 운송방식에 사용할 수 있도록 개정되었다.[19]

(2) 위험 · 비용부담의 분기점

CIP는 선적지인도규칙의 하나로서 매도인이 자신의 운송인에게 물품을 인도하면 그 인도의무를 다하도록 규정하고 있지만, 이 규칙하에서 물품에 대한 모든 위험과 비용부담의 분기점은 일치하지 아니하는 면이 있다.

① CIP 규칙하에서 매도인은 물품이 운송인에게 인도된 때까지 물품의 멸실과 손상의 모든 위험을 부담하기 때문에, 위험부담의 분기점도 선적지에서 물품이 운송인에게 인도된(delivered to the carrier) 때가 된다.

따라서 물품이 운송인에게 인도된 때부터 물품에 대한 모든 위험은 매수인이 부담하여야 한다. 예컨대 운송인에게 물품의 인도가 완성된 이후 운송 중에 화물이 멸실되었다 하더라도 이는 매수인측의 책임에 속한다.

다만 운송 중인 물품의 연계매매(string sales)에서는 물품에 대한 위험은 매매계약시에 매수인에게 이전한다. 이러한 매매에서도 보험계약의 체결 등 특별

19) *Schmitthoff's op. cit.*, p. 55.

한 사정이 있다면, 매도인이 물품의 멸실 또는 손상을 알 수 없는 한, 위험은 물품이 운송인에게 인도된 때에 매수인에게 이전한다(CISG 제68조).

② CIP 규칙하에서 매도인은 물품이 운송인에게 인도된 때까지의 물품에 관련된 모든 비용에 목적지까지의 운송비와 보험료를 별도로 부담하여야 한다. 반면에 매수인은 목적지까지의 운송비와 보험료를 제외하고, 물품이 운송인에게 인도된 때부터 기타 관련된 모든 추가적인 비용을 부담하여야 한다.

결과적으로 CIP 규칙에 있어서 비용부담의 분기점(critical point)은 장소적인 측면에서 보면 선적지에서 물품이 운송인에게 인도된 때가 되지만, 비용한도의 측면에서 보면 매도인이 FCA 규칙하에서의 모든 비용에 목적지까지의 운송비와 보험료를 합산한 금액을 지급한 때가 된다.

즉, 매도인은 물품을 운송인에게 인도하기까지 일체의 수출비용, 물품의 적재비(loading costs)를 포함하여 목적지까지의 운송계약에 따른 비용(costs)과 운송비(carriage), 그리고 운송계약시에 부과되는 목적지에서의 양하비(unloading costs) 등을 부담하여야 한다. 아울러 매도인은 목적지까지의 적하보험에 부보한 보험료(insurance premium)까지 부담하여야 한다.

(3) 매매당사자의 주요의무

CIP 규칙하에서 매도인은 ① 자신의 비용부담으로 약정품의 운송에 통상적인 경로와 관습적인 방법으로 목적지까지 물품의 운송계약을 체결하고, ② 매매계약에 일치하는 물품을 운송인이나 최초운송인에게 인도하고, ③ 자신의 비용부담으로 물품의 수출수속과 관세, 조세 등의 경비를 지급하여야 한다.

특히 매도인은 ④ 자신의 비용부담으로 평판이 좋은 보험자와 목적지까지의 운송에 수반되는 보험계약을 체결하고 보험료를 지급하여야 한다. 이때 보험계약은 런던 보험시장의 협회적하약관(ICC)이나 이와 유사한 약관의 최소담보조건(C)을 택하여 적어도 물품대금의 110% 한도까지 계약상의 통화단위로 부보하여야 한다. 물론 매수인의 요구가 있을 경우에는 매수인의 비용부담으로 조달가능한 전쟁위험, 동맹파업위험 등의 추가적인 보험에 부보하여야 한다.

또 매도인은 ⑤ 계약에 일치함을 입증하는 상업송장과 관습적인 경우에는 통상적인 운송서류(유통성 선화증권, 해상화물운송장, 내수로 운송서류, 항공화물운송장, 철도화물탁송장, 도로화물탁송장 또는 복합운송서류 등)와 양도가능한 양식의 보험서류(보험증권, 보험증명서 등)를 제공하여야 하며, 이러한 모든 서류는 당사자간의 합의나 관습에 따라 전자기록으로 대체할 수 있다.

나아가 매도인은 ⑥ 물품의 적재비(loading costs)뿐만 아니라 운송계약의 체결시 운송비에 포함될 수 있는 목적지에서의 양하비(unloading costs)도 지급하여야 한다. 즉, 매도인은 물품의 적재비는 운송비에 포함되어 있든 없든 당연히 지급하여야 하며, 정기운송의 경우와 같이 운송계약시 목적지에서의 양하비가 운송비에 포함되어 있으면 이것도 지급하여야 한다.

반면 CIP 규칙하에서 매수인은 ① 물품이 운송인에게 인도되고 상업송장, 보험서류 및 관습적인 경우의 운송서류가 자신에게 제시되면 물품이 운송인에게 인도된 때에 이를 접수하고 목적지에서 물품을 수령하여야 하고, ② 목적지에서의 양하비가 운송비에서 누락된 경우에는 양하비를 지급하여야 한다.

또 매수인은 ③ 매도인에 대한 통지불이행으로 인하여 물품의 인도가 지연되어 발생하는 모든 위험과 추가적인 비용을 지급하여야 한다.

5. FAS(선측인도)

(1) FAS 규칙의 개념

"FAS"(Free Alongside Ship)라 함은 매도인이 물품의 수출수속을 이행하여 선적항에서 본선의 선측(부두 또는 바지선상)에 인도하는 거래규칙을 말한다. 따라서 물품이 선적항의 본선 선측에서 인도된 때부터 물품에 대한 모든 비용과 멸실 또는 손상의 위험은 매수인이 부담하여야 한다.

여기서 "본선의 선측"(alongside the vessel)이라 함은 본선이 부두에 접안하고 있든 외항에 정박하고 있든 이를 불문하고 본선이 상용하는 양하기(winch), 양하구(tackle), 기타의 선적용구가 도달할 수 있는 장소를 말하므로, 이러한 의미의 선측은 인도의 이행장소가 되고 당사자간의 책임분기점이 된다.

그러나 물품이 부두상에 적치되었더라도 본선의 선적용구가 도달하지 못하는 곳에 있거나 또는 본선의 도착 전에 인도된 때에는 매도인은 그 책임을 다하였다고 볼 수 없다. 또 본선이 외항에 정박하고 있을 때에는 매도인은 해안에서 본선이 있는 곳까지의 부선료(lighterage)를 부담하여야 한다.

FAS는 FOB나 CIF 규칙과 함께 해상운송 또는 내수로운송에만 사용할 수 있다. 이 규칙은 일반화물의 거래시보다는 본선에 적재하는데 비용이 많이 드는 원목, 원면, 곡물 등의 대량화물(bulky cargo)의 거래에 주로 사용된다. 특히 FAS는 매도인이 물품의 수출수속을 이행하여야 하므로, 매수인에 의한 수출수속을 원하는 경우에는 매매계약상에서 이를 명확히 하여야 한다.

(2) FAS의 역사적 배경

오늘날 FAS, FOB, CIF 등의 해상매매조건은 영국에서 유래되었으며, 이는 세계 여러 국가의 상관습과 인코텀즈의 발전에 영향을 주었다. 지금도 영국과 미국은 인코텀즈 규칙만큼이나 전통적인 상관습을 중시하고 있다.

① 영국계 FAS는 인코텀즈의 FAS와 본질적으로 같다. 따라서 선적항의 부두사용료(dock dues), 사정에 따라 본선이 외항에 정박하고 있는 경우에 본선의 선측까지 부선료를 지급하는 것은 매도인의 부담에 속한다. 다만 'free on lighter' 조건으로 계약을 체결한 경우에는, 매도인이 부선료를 부담하지 아니한다. 또 선박에 대한 항만세(port rates)는 매수인이 부담하는 것이 원칙이다. 그러나 항만세의 부과는 항구의 관습에 따라 다르기 때문에, 계약시 "FAS London (excluding port rates)"라는 등의 뜻을 분명히 하여야 한다. 반면에 영국계 FAS 하에서 수출수속은 매도인이 이행하여야 한다.[20)]

② 미국계 FAS는 개정미국외국무역정의(1990) 제3장과 통일상법전(1952) 제2-319조 2항에 규정되어 있다. 매도인은 항해선박의 선측에서 선박의 선적용구가 도달할 수 있는 범위내에 물품을 적치하고 이를 입증하는 무고장의 부두수령증(dock receipt)을 제공하여야 한다. 반면에 매수인은 부두에서의 체선료(demurrage)와 창고료(storage), 목적항까지의 운송 및 보험계약을 체결하고 수출수속을 이행하여야 한다. 이러한 관습은 인코텀즈의 FAS와 다르다.

(3) 위험 · 비용부담의 분기점

인코텀즈의 FAS 규칙하에서 물품의 위험과 비용부담의 분기점은 물품이 선적항의 지정된 적재장소에서 본선의 선측(부두나 바지선상)에 적치된 때이다.

매도인은 이때까지의 물품에 대한 모든 위험과 비용을 부담하여야 한다.[21)] 즉, 매도인은 물품의 제조원가와 포장 · 제품점검비용을 비롯하여 선적항까지의 반출운송비(pre-carriage), 항만세(port dues), 부두사용료(wharfage), 부두인부임(stevedorage), 창고료(storage), 본선 선측까지의 운반료(porterage), 부선료(lighterage) 등을 부담하고, 특히 매도인은 수출수속을 이행하여야 한다.

반면 매수인은 물품이 본선의 선측에 적치된 이후의 모든 위험과 비용, 예컨

---

20) *Schmitthoff's op. cit.*, p. 15.

21) M. Bridge ed., *Benjamin's Sale of Goods*, 8th ed., Sweet & Maxwell, 2010, p. 1819.

대 선적전검사비(PSI), 본선적재비(loading costs), 창내적부 · 정돈비(stowage and trimming charges), 해상의 운임(freight)과 보험료(insurance premium), 목적항에서의 양륙비(unloading costs), 수입통관비 등을 부담하여야 한다.

(4) 매매당사자의 주요의무

인코텀즈의 FAS 규칙하에서 매도인은 ① 매매계약에 일치하는 물품을 선적항의 본선 선측에서 인도하여야 하고, ② 계약에 일치함을 입증하는 상업송장, 포장명세서, 검사증명서를 비롯하여 무고장 선측인도를 증명할 수 있는 부두수령증(dock's receipt), 본선수령증(mate's receipt) 또는 이와 동등한 전자기록이나 처리방법을 제공하여야 하고, ③ 자신의 위험과 비용부담으로 수출허가와 기타 공적인 승인을 취득하고 수출통관절차를 이행하여야 한다.

또 매도인은 ④ 매수인의 요청과 비용 및 위험부담으로 영사송장, 원산지증명서 등 수입 또는 제3국으로의 통과에 필요한 통관서류와 유통성 선화증권, 비유통성 해상화물운송장 등의 운송서류를 취득하는데 협조하여야 한다.

반면 FAS 규칙하에서 매수인은 ① 자신의 위험과 비용부담으로 수입허가, 수입통관과 기타 공적인 승인을 취득하고 적용가능한 경우 제3국으로의 통과에 요구되는 통관절차를 이행하여야 하고, ② 자신의 비용부담으로 목적항까지 물품의 운송계약을 체결하고 선박명, 적재장소와 시기를 통지하여야 하고, ③ 매도인에 대한 통지불이행, 선박의 입항지연이나 물품의 수령불이행 등이 있을 경우 합의된 인도기일로부터 모든 위험과 비용을 지급하여야 한다.

6. FOB(본선인도)

(1) FOB 규칙의 개념

"FOB"(Free on Board)라 함은 매도인이 선적항에서 본선의 갑판상에(on board the vessel) 물품을 인도하는 거래규칙을 말한다.

즉, FOB는 본질적으로 선적항의 본선상에서 인도를 이행하는 계약조건이므로, 물품이 선적항에서 본선의 갑판상에 적치되거나 그렇게 조달된 때부터 물품에 대한 모든 비용과 멸실 또는 손상의 위험은 매수인이 부담하여야 한다.

FOB는 FAS, CFR, CIF 규칙과 함께 해상운송 또는 내수로운송에만 사용할 수 있다. 이 규칙은 매도인이 물품을 수출통관하여 본선의 갑판상에서 인도할 것을 요구하고 있으므로, roll on-roll off 운송이나 컨테이너 운송의 경우에는 부적합하다. 이러한 경우 FCA 규칙을 사용하는 것이 바람직하다.

FOB는 Incoterms® 2010의 11개 무역거래조건 중에 CIF와 더불어 가장 고전적이지만, 오늘날 국제무역에서 가장 많이 사용되고 있다. 따라서 FOB의 개념과 본질에 대하여도 각국의 상관습에 따라 많은 논의가 있어 왔다.

(2) FOB 규칙의 본질

FOB 규칙은 매도인이 선적항에서 물품을 본선의 갑판상에 인도하는 것이기 때문에, 본질적으로는 다음 3가지의 특징을 지니고 있다.[22)]

① FOB 규칙에서는 물품의 선적지가 계약당사자간의 물품에 대한 위험과 비용부담의 분기점이 되고, 선적지에서 물품의 인도가 이루어지며, 또 물품의 소유권도 그 곳에서 이전되기 때문에 이는 선적지매매계약에 속한다.

따라서 매수인은 선적지에서 물품의 인도를 수령하여야 하되, 현실적으로 선적지에서의 인도수령이 거의 불가능하므로 운송계약의 체결에 의하여 운송인이 매수인의 수탁자로서 선적지에서 인도를 수령하게 된다. 즉, 운송인은 매도인과의 당사자관계에서 매수인의 이행보조자가 되는 것이다.

② FOB 규칙은 해상운송만을 전제하기 때문에 해상매매계약에 속하며, 특히 매도인이 선적항에서 매수인에 의하여 지정된 본선의 갑판상에 물품을 적재하여 인도하기 때문에 본선인도계약이라고 한다. FOB 규칙하에서 인도는 매도인이 선적항에서 본선상에 물품을 적재함으로써 완성되는 것이다.

물론 물품에 대한 위험과 비용부담의 책임은 물품이 본선의 갑판상에서 매수인에게 이전하게 된다. 본선의 갑판은 법률적으로나 실무적으로 다같이 중시되는 경계선이다. 즉, 본선의 갑판은 당사자간의 다른 의사가 없는 한 물품의 인도, 소유권의 이전과 위험의 이전이 이루어지는 분기점이 된다.

③ FOB 규칙은 매도인의 인도대상이 서류가 아닌 물품의 현실적인 인도(actual delivery)이어야 하기 때문에 이는 현물인도매매계약에 속한다. 즉, 매도인이 매수인이나 운송인에게 물품의 물리적인 점유를 이전하였을 때에 계약상의 인도의무가 완성된다. 물품의 인도와 대금의 지급은 동시이행조건(concurrent condition)이다. 그러나 FOB 거래에서 매도인과 매수인은 국가를 달리하고 멀리 떨어져 있기 때문에 동시이행조건의 실행은 거의 불가능하다.

따라서 매도인은 CIF 계약의 경우처럼 신용장에 의거한 선적서류와 상환으로 대금을 회수하는 '화환특약부 FOB' 계약을 체결하는 것이 일반화되어 있다.

---

22) *Benjamin's op. cit.*, p. 1695.

이러한 경우에도 대금지급의 의무는 물품의 인도시에 발생하며, 선화증권이 적법하게 배서되어 매수인에게 송달되었다 하더라도 물품의 현실적인 인도가 완성되지 아니한 경우에는, 물품에 대한 권리는 이전하지 아니한다.

(3) FOB 규칙의 종류

역사적으로 FOB 계약은 CIF 관습과 함께 18세기 말부터 19세기 초에 영국에서 발생된 것으로 알려져 있으며, 이는 오늘날 영국에서 '고유의미 FOB'와 이를 보완한 '추가의무부 FOB'로 발전되어오고 있다.[23)]

영국에서 ① "고유의미 FOB"(Classical FOB)라 함은 매도인이 매수인에 의하여 지정된 선박에 물품을 적재하면 그 후 모든 비용과 위험은 매수인에게 이전하는 것을 말한다. 다만 1951년 영국 수출협회(Institute of Export)의 발표에 의하면, 고유의미 FOB 규칙하에서 매도인은 물품을 본선에 적재할 의무만 부담하고 있으며, 그 물품의 수출허가와 통관절차 그리고 목적항까지의 운송 및 보험계약은 모두 매수인의 의무에 속하는 것이 주요 특징이다.

또 영국에서는 외국의 매수인이 직접 수출절차와 운송계약을 체결하기가 어려울 경우에 대비하여 ② "추가의무부 FOB"(FOB with additional duties)가 생겨났다. 이는 고유의미 FOB 규칙하에서 매수인의 책임인 수출수속, 운송 및 보험계약 등을 매수인 부담으로 매도인이 직접 이행하는 것이 특징이다.

한편 미국에서는 영국의 FOB를 도입하여 해상운송뿐만 아니라 광대한 내륙운송에도 사용할 수 있도록 이를 다양화하여 1990년 개정미국외국무역정의(Revised American Foreign Trade Definitions)상에 6개를 규정하고 있다.

① "FOB (named inland carrier at named inland point of departure)"(국내지정출발지점에서 국내지정운송인에의 본선인도)는 매도인이 국내출발지에서 지정운송인에게 물품을 인도하는 것으로서, 이는 인코텀즈의 FCA에 대비된다.

② "FOB (named inland carrier at named inland point of departure) Freight prepaid to (named point of exportation)"(지정수출지점까지 운임선지급하여 국내지정출발지점에서 국내지정운송인에의 본선인도)는 매도인이 국내출발지에서 운송인에게 인도하되 수출지까지의 반출운임을 선지급하는 것이다.

③ "FOB (named inland carrier at named inland point of departure) Freight allowed to (named point of exportation)"(지정수출지점까지 운임공제하여 국내지정출발지점에서 국내지정운송인에의 본선인도)는 매도인이 국내출발지에

---

23) *Schmitthoff's op. cit.*, p. 18.

서 운송인에게 인도하되 수출지까지의 반출운임을 공제하는 것이다.

④ "FOB (named inland carrier at named inland point of exportation)"(국내지정수출지점에서 국내지정운송인에의 본선인도)는 매도인이 자신의 비용부담으로 수출지까지 물품을 반출하여 화차내에서 운송인에게 인도하는 것이다.

⑤ "FOB Vessel (named port of shipment)"(지정선적항에서 선박에의 본선인도)은 매도인이 선적항에서 본선상에 물품을 현실적으로 적재하여 인도하되 수출수속은 매수인의 부담에 속하는 것으로서, 인코텀즈의 FOB에 대비된다.

⑥ "FOB (named inland point in country of importation)"(수입국가의 국내지정지점에의 본선인도)는 매도인이 물품을 수출 및 수입통관하고 수입국내의 지정지점까지 반입하는 모든 비용과 위험을 부담하여 인도하는 것으로서, 이는 오히려 인코텀즈의 DDP에 대비되는 도착지인도규칙에 속한다.

결과적으로 영국계의 고유의미 FOB와 추가의무부 FOB, 그리고 미국계의 6개 FOB 계약관습은 인코텀즈 FOB 규칙의 성립에 기초를 이루었으나, 어느 하나도 인코텀즈의 FOB 규칙과 정확히 일치하는 것은 없으므로 이들 지역으로 FOB 무역계약을 체결할 때에는 항상 유의하여야 할 것이다.

(4) 위험 · 비용부담의 분기점

인코텀즈의 FOB는 매도인이 선적항에서 본선의 갑판상에 물품을 적치하거나 그렇게 조달함으로써 인도의무를 다하기 때문에, 이 규칙하에서 물품에 대한 위험과 비용부담의 분기점은 물품이 본선의 갑판상에 적치된 때가 된다.

즉, 매도인은 물품이 본선의 양하기(winch), 양하구(tackle) 등의 선적장치에 의하여 본선의 갑판상에 적치된 때까지 모든 위험과 비용을 부담하여야 한다. 예컨대 매도인은 물품의 수출수속비를 포함한 FAS 경우의 비용 이외에 물품의 선적전검사비(PSI), 본선적재비(loading costs) 등을 부담하여야 한다.

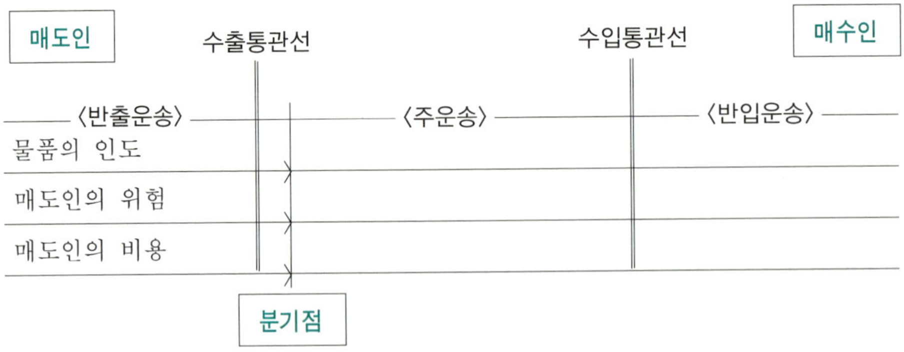

반면 매수인은 물품이 본선의 갑판상에 적치되거나 조달된 때부터 물품에 대하여 발생하는 모든 위험과 비용을 부담하여야 한다. 예컨대 본선에서 물품의 창내적부·정돈비(stowage and trimming charge)를 비롯하여 목적항까지의 해상운임과 보험료, 수입수속 관련의 비용 일체를 부담하여야 한다.

(5) 매매당사자의 주요의무

인코텀즈의 FOB 규칙하에서 매도인은 ① 매매계약에 일치하는 물품을 선적항의 본선 갑판상에서 인도하고, ② 자신의 비용부담으로 물품의 수출수속을 이행하고 이에 따른 경비를 지급하고, ③ 계약에 일치함을 입증하는 상업송장과 본선상에 물품인도를 입증하는 통상적인 무고장 본선수령증(mate's receipt)을 제공하여야 한다. 이것이 운송서류가 아닐 경우, 매도인은 매수인의 요청과 비용부담으로 운송계약을 체결한 후 선화증권, 해상화물운송장, 내수로 운송서류, 복합운송서류 등의 운송서류를 취득하는데 협조를 다하여야 하며, 이러한 모든 서류는 당사자간의 합의나 관습에 따라 전자기록으로 대체할 수 있다.

또 매도인은 ④ 본선적재비(loading costs)가 운임에 포함되어 있지 아니할 경우에는, 항구의 관습에 따라 이 적재비용을 지급하여야 한다. 이는 주로 부정기선에 의한 용선운송계약에 해당되는 일이며, 기타 정기선에 의한 개품운송계약에서는 대체로 본선적재비와 양륙비 모두가 운임 속에 포함되는 'liner term'을 사용하기 때문에 그 비용은 매수인이 부담하는 것이 보통이다.

반면 FOB 규칙하에서 매수인은 ① 자신의 비용부담으로 목적항까지 물품의 운송계약을 체결하고 선박명, 적재장소와 시기를 매도인에게 통지하여야 하고, ② 본선적재비(loading costs)가 운임에 포함되어 있을 경우에는 이 적재비용 그리고 목적항에서의 양륙비(unloading costs)를 지급하여야 한다.

또 매수인은 ③ 매도인에 대한 통지불이행, 지정선박의 입항지연이나 물품의 수령불이행 등으로 인한 모든 위험과 추가적인 비용을 지급하여야 한다.

7. CFR(운임포함인도)

"CFR"(Cost and Freight)이라 함은 매도인이 목적항까지 물품을 운반하는데 필요한 운임(freight)을 지급하되, 물품에 대한 모든 위험과 추가적인 비용은 물품이 선적항에서 본선의 갑판상에(on board the vessel) 적치되거나 그렇게 조달된 때에 매도인으로부터 매수인에게 이전하는 거래규칙을 말한다.

CFR은 매도인이 물품의 수출수속을 이행하여야 하며, 또 이는 FAS, FOB, CIF 규칙과 함께 해상운송 또는 내수로운송에만 사용할 수 있다. 그러나 CFR은 매도인이 물품을 본선의 갑판상에서 인도할 것을 요구하고 있으므로, 본선의 갑판이 전혀 의미가 없는 roll on-roll off 운송이나 컨테이너 운송의 경우에는 부적합하다. 이러한 경우 CPT 규칙을 사용하는 것이 바람직하다.

CFR은 매수인이 선적항을 지정하지 아니하며, 매도인이 목적항까지 운송계약을 체결하고 운임을 지급한다는 점에서 FOB 규칙과 다르지만, 기타 추가적인 비용과 물품의 멸실 또는 손상의 모든 위험은 물품이 선적항에서 본선의 갑판상에서 매수인에게 이전한다는 점에서 FOB 규칙과 성격이 같다.

또 CFR은 매도인이 목적항까지의 보험료를 부담하지 아니한다는 점에서 CIF 규칙과 다르지만, 목적항까지의 운임이 포함된 복합가격을 형성하고 또 서류에 의한 상징적 인도규칙이라는 점에서 CIF 규칙과 본질적으로 같다.

기타 CFR 규칙하에서 위험과 비용부담의 분기점, 당사자의 주요의무 등에 관한 내용은 보험료(insurance) 항목을 제외하면 뒤의 CIF와 성격이 같다.

8. CIF(운임 · 보험료포함인도)

(1) CIF 규칙의 개념

"CIF"(Cost, Insurance and Freight)라 함은 매도인이 목적항까지의 운임(freight)과 보험료(insurance premium)를 지급하되, 물품에 대한 모든 위험과 추가적인 비용은 물품이 선적항에서 본선의 갑판상에(on board the vessel) 적치되거나 그렇게 조달된 때에 매수인에게 이전하는 거래규칙을 말한다.

특히 CIF는 반대의 명시적인 합의가 없는 한, 매도인이 단지 런던 보험시장의 협회적하약관(ICC)이나 이에 준하는 약관의 최소담보조건(C)으로 부보하고 매도인이 물품의 수출수속을 이행하여야 하며, 또 이 규칙은 FAS, FOB, CFR 규칙과 함께 해상운송 또는 내수로운송에만 사용할 수 있다.

그러나 CIF는 매도인이 물품을 본선의 갑판상에서 인도하여야 하기 때문에, 본선의 갑판이 전혀 의미가 없는 roll on-roll off 운송이나 컨테이너 운송의 경우에는 부적합하다. 이러한 경우 CIP 규칙을 사용하는 것이 바람직하다.

CIF는 매도인이 지정된 목적항까지 운송계약과 보험계약을 체결하고 운임과 보험료를 지급한다는 점에서 FOB 규칙과 구별되지만, 기타 추가적인 비용과 물품의 멸실 또는 손상의 모든 위험은 물품의 선적시에 매수인에게 이전한다는 점에서는 FOB나 CFR 규칙과 성격이 같다.[24] 또 CIF는 매도인이 목적항까지의 운임 이외에 보험료도 부담한다는 점에서 CFR 규칙과 구별된다.

(2) CIF 규칙의 본질

역사적으로 CIF 계약은 19세기 초 영국에서 유래된 것으로 전해지고 있으며, 오늘날 여러 무역거래조건 중에 가장 발전된 것으로 평가된다. 따라서 CIF 규칙은 다음과 같은 여러 가지의 복합적인 특징을 지니고 있다.[25]

① CIF 규칙은 FOB나 CFR 규칙과 함께 해상운송만을 전제하기 때문에 해상매매계약에 속한다. 즉, 이 규칙하에서 매도인은 합의된 시기에 선적항에서 본선에 물품을 선적하고 무고장 선화증권(bill of lading), 매수인을 위한 보험증권(insurance policy) 등을 제공함으로써 그 의무를 다하게 된다.

② CIF 규칙하에서 매도인은 목적항까지의 운임과 보험료를 지급하지만, 물품에 대한 위험과 추가적인 비용부담은 선적항에서 인도가 완성된 때에 매수인에게 이전하며, 그 후 목적항에서의 도착을 목적으로 하는 것이 아니기 때문에 이는 선적지매매계약에 속한다. 따라서 매도인은 선적후 물품이 멸실되어 목적항에 도착하지 아니하였더라도, 선적항에서 계약에 일치하는 물품의 선적을 입증하는 선적서류를 제공하는 한 대금을 지급받을 수 있다.

③ CIF 규칙하에서 대금청구를 위한 매도인의 인도방식은 물품의 현실적인 인도(actual delivery)가 아닌 서류에 의한 상징적인 인도(symbolic delivery)의 방식을 취한다는 특징을 지니고 있다. 즉, CIF 규칙하에서 매도인의 위험부담은 FOB 규칙에서처럼 선적시에 끝나지만, 물품에 대한 권리는 이를 상징하는 서류를 제공함으로써 매수인에게 이전하며 이때부터 매수인은 대금지급의 의무를 진다. 따라서 물품이 정상적으로 인도되었더라도 계약에 불일치한 선적서류를 제공한 경우에는, 매도인은 대금을 지급받을 수 없게 된다.

그렇지만 CIF 규칙은 단순히 서류매매계약이라고 할 수 없으며, 엄격히 말하여 이는 '서류인도로 이행되는 물품매매계약'(contract for the sale of goods to be performed by the delivery of documents)으로 보아야 한다.[26]

④ CIF 규칙은 매도인의 비용구간인 선적시까지의 물품가격에 매수인의 비용구간인 목적항까지의 운임과 보험료가 합산된 복합가격조건이다. 즉, 이는

24) *Benjamin's op. cit.*, p. 1703.
25) David M. Sassoon, *C.I.F. and F.O.B. Contracts*, Sweet & Maxwell, 1995, pp. 4~7.
26) *Schmitthoff's op. cit.*, p. 34.

DDP 등 도착지규칙에서 매도인의 과중한 가격부담과 EXW 등 선적지규칙에서 매수인의 과중한 가격부담을 균등하게 조화시킨 것이라고 할 수 있다.

결과적으로 CIF 규칙을 사용할 경우 매도인은 다음과 같은 이점을 누릴 수 있다. i) 매도인은 선적항에서의 선적과 동시에 약정품에 대한 모든 위험으로부터 면제된다. ii) 매도인은 목적항에 물품이 도착하기 전에 선적서류와 상환으로 미리 물품대금을 회수하여 현금화할 수 있다. iii) 국내에 경쟁력 있는 선박회사나 보험회사가 있을 때 유리한 비용조건으로 운송·보험계약을 체결할 수 있다. iv) 수출국가의 차원에서도 CIF 규칙은 FOB에 비하여 운송·보험계약에 따른 운임과 보험료만큼 외화수입을 가져올 수 있다.

다만 CIF 규칙을 사용하면 매도인은 해상운임과 보험료를 과학적으로 정확히 계산하여야 하고, 당초 예상치 못한 요소비용을 감당하여야 하며, 또 선복의 수배와 복잡한 부보절차를 직접 이행하여야 하는 어려움이 있다.

(3) CIF 선적서류의 요건

CIF 규칙이 서류에 의한 상징적 인도이므로, 선적서류(shipping documents)는 격지자간에 의무이행을 확실하게 하여 거래의 안전과 합리화를 꾀할 수 있는 역할을 한다. 주요 선적서류는 상업송장·선화증권·보험증권 등이 있다.

가. 상업송장(commercial invoice)

CIF 거래에서 상업송장은 필수적인 제출서류에 속한다. 송장은 매도인의 입장에서는 수출품의 적송장 겸 명세서이고 수출품의 계산서 겸 청구서이며, 또 매수인의 입장에서는 수입품의 매입서로서의 기능을 한다.

상업송장은 외국환은행의 지급, 인수 또는 매입과 수출입통관에 필요하고, 또 운송 중 물품의 멸실이나 손상에 대하여 선박회사에 손해배상을 청구하거나 보험회사에 보험금을 청구할 때에도 제공서류의 하나로서 필요하다.

CIF 거래에서 요구하는 상업송장은 선적품의 명세, 종류, 품질, 등급, 포장과 화인, 개수, 중량, 용적 등과 선적품의 단가, 제비용, 총액 및 다른 서류에 기재되지 아니한 사항 등에 대한 증거가 될 수 있는 서류이어야 한다.

상업송장의 요건에 관하여는 UCP 600에서도 ① 신용장에 별도의 명시가 없는 한, 수익자가 개설의뢰인 앞으로 발행하되 서명을 필요로 하지 아니하고, ② 신용장상에 허용된 금액(통화)을 초과하지 아니하여야 하며, ③ 송장상의 물품명세는 신용장명세와 일치하여야 함을 규정하고 있다(제18조 a항~c항).

나. 선화증권(bill of lading)

CIF 거래에서 유효한 선화증권은 다음과 같은 요건을 갖추고 있어야 한다.

① 선화증권은 계약에 합치되는 물품의 명세 · 종류 · 수량 등을 기재하고 있어야 하며, 특히 신용장거래인 경우 신용장조건과도 일치하여야 한다.

② 선화증권은 물품이 본선적재된 사실을 표시하고 있어야 한다. 선화증권은 원칙적으로 선적선화증권이어야 하고, 수령선화증권인 경우 물품의 본선적재(on board)에 관한 사실을 부기하여 완전한 서류로 제공하여야 한다.

③ 선화증권은 무고장한 것이어야 한다. 무고장 선화증권(clean B/L)은 물품이나 포장[27]의 상태에 대한 결함을 명시한 하자적요조항이 없는 것을 말한다.[28] 그러나 물품의 포장이나 내용에 관하여 운송인면책을 주장하는 부지조항(unknown clause) 등이 있는 경우는 고장부 선화증권으로 보지 아니한다.

④ 선화증권은 유통성 선화증권, 즉 배서나 기타의 방법으로 매수인의 지시인에게 인도한다는 뜻을 명기한 지시식 선화증권(order B/L)이어야 한다.

⑤ 별도의 약정이 없는 한, 선화증권은 운임선지급(freight prepaid)이 입증되어 있어야 한다. 즉, 운임착불(freight collect)로 선적한다는 뜻의 명시적인 합의가 없는 한, 매도인은 이러한 조건으로 선적하여서는 아니된다.

선화증권상에 'freight prepaid'라는 표시가 있으면 이는 운임선지급의 증거로 보지만, 기타 'freight to be prepaid' 또는 'freight prepayable' 등의 표시는 운임을 지급하였다고 볼 수 없으므로 별도의 영수증을 첨부하여야 한다.

⑥ 선화증권은 목적항까지의 직항선박을 원칙으로 하고, 운송 중에 환적(transhipment)이 예상되는 경우에는 환적에 관한 특약조항이 있어야 한다.

선화증권상에 환적면책조항을 기재하고 있더라도 선화증권이 전항해를 커버하는 한 이는 유효한 것이 되고, 물품이 목적항에 무사히 도착된 후에는 매수인은 이러한 조항만을 이유로 선화증권을 거절할 수 없다(ISBP 제104항).

다. 보험증권(insurance policy)

CIF 거래에서 보험서류는 양도가능한 양식의 보험증권이어야 한다. 매도인이 보험증권 대신에 다른 양식으로 제공할 수 있는지가 문제이다. 물론 보험중개인이 발행한 보험인수증(cover note)은 인정하지 아니하지만, 보험증명서(certificate of insurance)에 대하여는 관습에 따라 달리 해석하고 있다.

---

27) 인코텀즈® 2010 규칙하에서 "포장"(packaging)이라 함은 계약요건의 준수를 위한 포장과 운송에 적합한 포장을 말하며, 컨테이너나 운송수단 안으로의 적부는 제외한다(서문).

28) "A clean transport document is one bearing no clause or notation expressly declaring a defective condition of the goods or their packaging."(UCP 600 Art. 27).

영국에서는 보험증명서가 단순히 보험계약이 존재한다는 사실만을 표시하고 있는 경우에는, 매매당사자간에 그것을 인정하는 특약이 없는 한, CIF 계약에 있어서는 이러한 보험증명서를 합법적으로 제공할 수 없다.[29)]

반면 미국에서는 보험계약을 체결하였다는 단순한 사실 이상의 양도가능한 양식의 보험증명서는 보험증권과 동등하게 취급하고 있으며(UCC 제2-320조 2항 c호), 기타 'CIF 계약에 관한 와루소-옥스포드규칙'(규칙 제12조 2항), '개정미국외국무역정의'(CIF 매도인의무 제5항), Incoterms® 2010(CIF 제A3조 b항), UCP 600(제28조 a항) 등에서도 보험증명서의 제공을 정당하게 인정하고 있다.

(4) 위험 · 비용부담의 분기점

인코텀즈의 CIF 규칙은 매도인이 선적항에서 물품을 본선의 갑판상(on board)에 인도하면 그 인도의무를 다하도록 규정하고 있지만, 이 규칙하에서 위험과 비용부담의 분기점은 상호 일치하지 아니하는 면이 있다.

① CIF 규칙하에서 매도인은 물품이 선적항에서 본선의 갑판상에 인도한 때까지 물품의 멸실 또는 손상의 모든 위험을 부담하기 때문에, 위험부담의 분기점도 선적항에서 물품이 본선의 갑판상에 적치된 때가 된다.

따라서 물품이 본선의 갑판상에 적치된 때부터는 물품에 대한 모든 위험을 매수인이 부담하여야 한다.[30)] 예컨대 물품이 선창의 적부작업과정에서 사고가 발생하더라도, 이는 매도인측의 책임이 아니라 매수인측의 책임에 속한다.

다만 운송 중인 물품의 연계매매(string sales)에서는 물품에 대한 위험은 매매계약시에 매수인에게 이전한다. 이러한 매매에서도 보험계약의 체결 등 특별한 사정[31)]이 있다면, 매도인이 물품의 멸실 또는 손상을 알 수 없는 한, 위험은 물품이 본선의 갑판상에 인도된 때에 매수인에게 이전한다(CISG 제68조).

② CIF 규칙하에서 매도인은 선적항에서 물품을 본선의 갑판상에 인도한 때까지의 물품에 관련된 모든 비용과 목적항까지의 운임과 보험료를 별도로 부담하여야 한다. 반면에 매수인은 목적항까지의 운임과 보험료를 제외하고, 물품이 본선상에 인도된 때부터 모든 추가적인 비용을 부담하여야 한다.

---

29) Sassoon, *op. cit.*, p. 178.

30) *Benjamin's op. cit.*, p. 1580.

31) John O. Honnold, *Uniform Law for International Sales under the 1980 United Nations Convention*, Kluwer Law & Taxation Publishers, 1991, pp. 468~470.

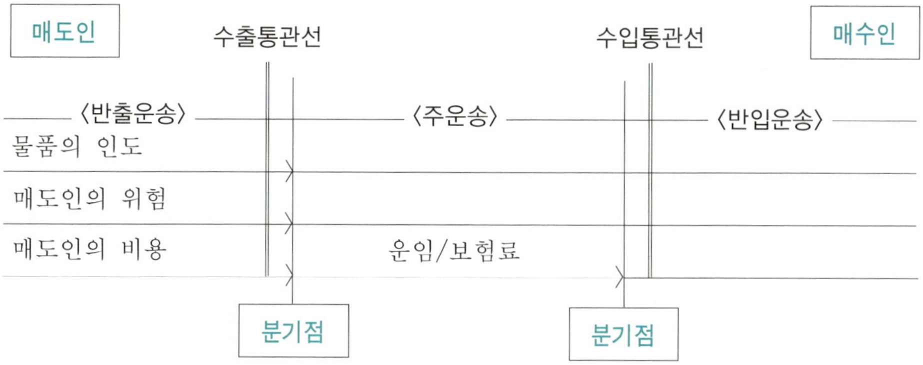

결과적으로 CIF 규칙하에서 비용부담의 분기점은 장소적인 측면에서 보면 선적항에서 물품이 본선의 갑판상에 적치되거나 그렇게 조달된 때가 되지만, 비용한도의 측면에서 보면 매도인이 FOB 규칙하에서의 모든 비용에 목적항까지의 운임과 보험료를 합산한 금액을 지급한 때가 된다.

즉, 매도인은 물품을 본선에 적재하기까지의 일체의 수출비용(export costs), 본선의 창내적부・정돈비(stowage and trimming charge)를 포함하여 선적항으로부터 목적항까지의 운송계약에 따른 비용(costs)과 운임(freight), 정기선 운송의 경우 목적항에서의 양륙비(unloading costs)뿐만 아니라, 목적항까지의 해상보험에 부보한 보험료(insurance premium) 등을 부담하여야 한다.

(5) 매매당사자의 주요의무

CIF 규칙하에서 매도인은 ① 자신의 비용부담으로 약정품의 운송에 통상적인 조건과 선박 및 항로로 목적항까지 물품의 운송계약을 체결하고, ② 매매계약에 일치하는 물품을 선적항의 본선의 갑판상에서 인도하고, ③ 자신의 비용부담으로 물품의 수출수속을 이행하고 이에 따른 경비를 지급하여야 한다.

특히 인코텀즈의 CIF 규칙하에서 운송계약은 통상적인 조건으로 체결하여야 하고, 매각되는 물품운송에 일반적으로 사용되는 종류의 선박과 통상적인 항로에 따라야 한다. 예컨대 컨테이너 운송에 부적합한 선박으로 컨테이너 화물에 대한 갑판적 운송계약을 체결하여서는 아니된다. 또 계약물품이 살화물인 경우에, 이는 대체로 컨테이너나 기타 flat, pallets 등의 단위로 용선계약에 의하여 운송되며, 운송인은 해상운송뿐만 아니라 수출국가의 내륙지점에서 수입국가의 내륙지점까지 운송을 책임지고 운송비를 징수하는 것이 보통이다. 이러한 경우에는 CIF 규칙보다 CIP 규칙을 사용하는 것이 바람직하다.

물품이 정기선운송 또는 용선운송 중의 어느 것에 적합한지 불분명한 경우에는 매매계약시에 이를 지정해 두는 것이 좋으며, 만약 용선운송계약을 선택한다면 기본운임 외에 적재비(loading costs)와 양륙비(unloading costs)의 부담에 관한 문제도 명확히 정하여야 한다. 운송계약관습상 적재비와 양륙비의 부담문제는 다음과 같은 4가지의 계약조건 중에 하나로 결정된다.

i) 'Berth terms'(or liner terms)로 약정한 경우에는 적재비와 양륙비는 모두 선주가 부담하게 되는데, 이는 정기선운송에 많이 이용되고 있다.

ii) 'FI clause'(free in)로 약정한 경우에는 적재비는 선주가 면책되고 기타 양륙비는 선주가 부담하므로, 화주는 적재비를 별도로 지급하여야 한다.

iii) 'FO clause'(free out)로 약정한 경우에는 반대로 양륙비는 선주가 면책되고 기타 적재비는 선주가 부담하므로, 화주는 양륙비를 지급하여야 한다.

iv) 'FIO clause'(free in and out)로 약정한 경우에는 적재비와 양륙비는 모두 선주가 면책되기 때문에, 화주가 이들 비용을 별도로 지급하게 되는데 이는 용선운송에 많이 이용되고 있다. 그러나 용선운송계약을 체결하더라도 적재비와 양륙비를 선주가 부담하는 'berth terms'를 이용하면 편리하다.

또 매도인은 ④ 자신의 비용부담으로 평판이 좋은 보험자와 목적항까지의 운송에 수반되는 보험계약을 체결하고 보험료를 지급하여야 한다. 이때 보험계약은 런던 보험시장의 협회적하약관(ICC)이나 이와 유사한 약관의 최소담보조건(C)을 택하여 적어도 물품대금의 110% 한도까지 계약상의 통화단위로 부보하여야 한다. 물론 매수인의 요구가 있을 경우에는 매수인의 비용부담으로 조달가능한 전쟁위험, 동맹파업위험 등의 추가적인 보험에 부보하여야 한다. 즉, 인코텀즈의 CIF 규칙하에서 요구되는 부보조건을 정리하면 다음과 같다.

i) 매도인은 선박의 좌초, 충돌, 화재 등의 주요위험에 대비한 협회적하약관 중의 최소담보조건(minimum cover)으로 부보하면 충분하다. 즉, 로이즈시장협회(LMA)와 국제보험업협회(IUA)의 합동적하위원회(JCC)가 개정한 2009년 협회적하약관(Institute Cargo Clauses)의 기본약관은 A, B 및 C조건으로 구성되어 있는데, 이중에 C조건이나 이와 유사한 약관이 최소담보조건이다.

ii) 매도인은 평판이 좋은 보험업자나 보험회사와 보험계약을 체결하여야 하며, 또 매수인이나 피보험이익을 갖고 있는 기타 모든 자가 보험자로부터 직접 보험금을 청구할 수 있는 양도가능한 양식의 보험증권(insurance policy) 또는 기타 보험담보의 증명서류를 매수인에게 제공하여야 한다. 왜냐하면 물품이 계약에 따라 선적된 때부터 모든 위험은 매수인에게 이전되기 때문이다.

iii) 매도인은 매수인의 요구 시 자신에게 필요한 모든 정보를 매수인에게 제공한다는 전제하에 매수인의 비용부담으로 협회적하약관의 A 또는 B조건, 협회전쟁약관, 협회동맹파업약관 등과 같은 추가적인 담보를 제공하여야 한다.

iv) 부보금액은 계약에 약정된 통화로 표시하여 최소한 물품대금의 110% 이상이어야 한다. 여기서 10%의 가산금은 정상적인 거래에서 매수인이 누릴 수 있는 물품에 대한 최소한의 희망이익을 보장하여야 한다는 의미이다.

v) 보험담보의 기간은 물품이 지정된 인도지점(갑판상)으로부터 적어도 지정된 목적항에 도착한 때까지 계속하여 담보되도록 부보하여야 한다.

vi) 기타 매도인은 매수인의 요청 시 매수인의 위험과 비용부담으로 매수인이 다른 추가적인 보험을 조달하는데 필요한 정보를 제공하여야 한다.

또 매도인은 ⑤ 계약에 일치함을 입증하는 상업송장과 목적항까지의 무고장 운송서류(유통성 선화증권, 해상화물운송장, 내수로 운송서류 등)와 양도가능한 보험서류(보험증권, 보험증명서 등)를 지체 없이 제공하여야 하며, 이러한 서류는 당사자간의 합의나 관습에 따라 전자기록이나 처리방법으로 대체할 수 있다.

나아가 매도인은 ⑥ 물품의 본선적재비(loading costs)뿐만 아니라 운송계약의 체결시 정기선조건에 의하여 운임에 포함될 수 있는 목적항에서의 양륙비(unloading costs)도 지급하여야 한다. 즉, 매도인은 선적항에서의 본선적재비는 운임에 포함되어 있든 없든 당연히 지급하여야 하며, 정기선운송의 경우 목적항에서의 양륙비가 운임에 포함되어 있으면 이것도 지급하여야 한다.

반면 CIF 규칙하에서 매수인은 ① 상업송장, 운송서류 및 보험서류가 자신에게 전달되면 물품이 선적항에서 본선의 갑판상에 인도된 때에 이를 접수하고 목적항에서 운송인으로부터 물품을 수령하여야 하고, ② 목적항에서의 양륙비가 운임에서 누락된 경우에는 양륙비를 지급하여야 하고, ③ 매도인에 대한 통지불이행으로 인한 모든 위험과 추가적인 비용을 지급하여야 한다.

제 3 절 도착지인도규칙

Incoterms® 2010 상의 11가지 무역거래조건 중에 수입국가에서 물품의 인도와 이에 따른 모든 위험과 비용, 소유권, 점유권 등이 매수인에게 이전하는 소위 "도착지인도규칙"에 속하는 것은 DAT, DAP, DDP 등 모두 3가지가 있다.

1. DAT(터미널인도)

(1) DAT 규칙의 개념

"DAT"(Delivered at Terminal)라 함은 매도인이 물품의 수입수속을 하기 전에 목적지의 터미널에서 운송수단으로부터 양하하여 매수인의 임의처분하에 인도하는 거래규칙을 말한다. 이는 종래의 해상전용 DEQ(부두인도)를 확대하여 목적지의 터미널에서 물품을 양하한 후 인도하는 것이므로, 복합운송을 포함하여 모든 운송방식에 사용할 수 있는 도착지인도규칙에 속한다.

여기서 "터미널"(terminal)이라 함은 목적항의 부두, 창고, 컨테이너 야적장뿐만 아니라 도로, 철도 또는 항공화물 터미널 등의 모든 장소를 포함한다. 따라서 DAT 규칙은 매도인이 물품의 수출수속과 목적지까지 물품을 운반하고 이를 양하하는데 관련된 모든 위험을 부담하도록 하지만, 물품의 수입수속은 매수인이 이를 이행하도록 하고 있다. 이는 각 통관수속의 사정을 잘 아는 현지 거주자가 그 의무를 이행하게 하는 것이 보다 적절하기 때문이다.

만약 물품의 수입시에 지급되는 비용을 매도인이 지급하도록 하려면, 매매계약상에서 이를 명확히 하여야 한다. 예컨대 부가가치세(VAT)를 포함시키고자 할 경우에는, "DAT (VAT paid)"라는 문언을 추가로 기재하여야 한다. 또 터미널에서 다른 장소로 물품을 운반하고 취급하는데 따른 위험과 비용을 매도인이 부담하도록 하려면, DAP나 DDP 규칙을 사용하는 것이 적합하다.

(2) 위험 · 비용부담의 분기점

DAT 규칙은 매도인이 목적지의 지정된 터미널(terminal)에서 물품을 매수인의 임의처분하에 적치함으로써 그 인도의무를 다하는 것이기 때문에, 이 규칙하에서 물품에 대한 위험과 비용부담의 분기점(critical point)도 물품이 목적지의 지정된 터미널에서 매수인의 임의처분하에 적치된 때가 된다.

즉, 매도인은 목적지에 도착한 물품을 터미널에서 매수인의 임의처분하에 적치할 때까지 물품에 대한 모든 위험과 비용을 부담하고, 지정된 터미널에서 물품이 인도된 때부터의 모든 위험과 비용은 매수인이 부담하여야 한다.

예컨대 매도인은 선적지에서의 수출수속비, 화물적재비와 창내적부 · 정돈비(stowage and trimming charge), 목적지까지의 운임과 보험료는 물론이며,

목적지에서의 양하비(discharging costs)를 부담하여야 한다. 특히 매도인은 운송계약상에 양하비가 포함된 경우에는, 목적지에서 인도하기까지의 항구나 컨테이너 터미널 시설 내에서 물품의 취급경비(THC)도 부담하여야 한다.

반면 매수인은 목적지에서의 수입수속비, 터미널에서 자신의 임의처분하에 인도된 후 부두사용료(wharfage), 최종목적지까지의 반입운송비(on-carriage), 수입국 당국이 요구하는 선적전검사비(PSI), 기타 물품의 수령불이행이나 매도인에 대한 통지불이행으로 인하여 발생한 비용 등을 부담하여야 한다.

(3) 매매당사자의 주요의무

DAT 규칙하에서 매도인은 ① 매매계약에 일치하는 물품을 목적지의 지정된 터미널에서 매수인의 임의처분하에 인도하여야 하고, ② 자신의 비용부담으로 선적지에서 물품의 수출수속을 이행하여야 하고, ③ 목적지에서 양하기나 양하장비에 의한 양하비(THC 포함)를 지급하여야 한다.

또 매도인은 ④ 계약에 일치함을 입증하는 상업송장과 매수인이 목적지의 터미널에서 물품을 수령하는데 필요한 서류인 인도지시서(delivery order)나 통상적인 운송서류(transport documents)인 유통성 선화증권, 해상화물운송장, 내수로 운송서류, 복합운송서류 등을 제공하여야 한다. 이러한 서류는 당사자간의 합의나 관습에 따라 전자기록이나 처리방법으로 대체할 수 있다.

반면 DAT 규칙하에서 매수인은 ① 목적지의 터미널에서 자신의 임의처분하에 인도된 물품을 수령하여야 하고, ② 목적지에서 물품의 수입수속을 이행하고 이에 따른 비용과 최종목적지까지의 반입운송비를 지급하여야 한다.

2. DAP(착지인도)

(1) DAP 규칙의 개념

"DAP"(Delivered at Place)라 함은 매도인이 지정된 목적지까지 물품을 운반하여 수입수속을 하기 전에 양하준비를 갖추어 도착하는 운송수단상에서(on the means of transport) 매수인의 임의처분하에 인도하는 거래규칙을 말한다.

DAP는 구규칙의 DAF, DES, DDU 등을 대체하여 목적지에서 양하할 준비를 갖추어 도착하는 운송수단상에서 물품을 인도하는 것이므로, 복합운송을 포함하여 모든 운송방식에 사용할 수 있는 도착지인도규칙에 속한다.

DAP는 현실적으로 매도인이 목적지까지 운송 및 보험계약을 체결하고 운임과 보험료를 부담한다는 점에서 CIP 규칙과 유사하다. 그러나 CIP는 선적지의 서류인도규칙인데 반면에, DAP는 도착지의 현물인도규칙에 속한다. 또 CIP는 매도인이 매수인을 위하여 보험에 부보하는 반면에, DAP는 매도인이 자신의 이익을 위하여 보험에 부보한다는 점이 다르다.

따라서 DAP 규칙은 매도인이 선박회사와 보험회사를 보유하여 목적지까지 유리한 조건으로 물품을 운송할 수 있거나, 또는 매수인이 국내의 정치적·경제적인 사정으로 운송화물에 대한 항해 중의 모든 책임을 피하면서 수입지에 도착된 보세구역의 물품을 직접 구매하고자 할 경우에 주로 이용된다.

(2) 위험 · 비용부담의 분기점

DAP 규칙은 매도인이 목적지의 운송수단상에서 물품을 매수인의 임의처분하에 적치함으로써 그 인도의무를 다하는 것이므로, 이 규칙하에서 물품에 대한 위험과 비용부담의 분기점(critical point)도 물품이 지정된 목적지의 운송수단상에서 매수인의 임의처분하에 적치된 때가 된다.

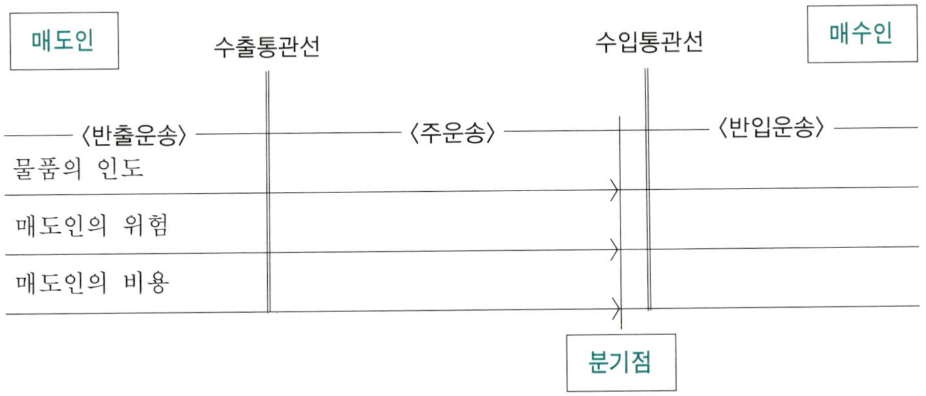

즉, 매도인은 목적지에 도착한 물품을 운송수단상에서 매수인의 임의처분하에 적치할 때까지 물품에 대한 모든 위험과 비용을 부담하고, 운송수단상에서 물품이 인도된 때부터 모든 위험과 비용은 매수인이 부담하여야 한다.

예컨대 매도인은 선적지에서의 수출수속비, 화물적재비와 창내적부·정돈비는 물론이고 목적지까지의 운임과 보험료를 부담하여야 한다.

반면 매수인은 목적지에서의 수입수속비, 목적지의 운송수단으로부터 양하기나 양하장비에 의한 양하비(discharging costs)와 각종 부두사용료, 컨테이너 터미널 취급경비(terminal handling charges : THC), 최종목적지까지의 반입운송비(on-carriage), 수입국 당국이 요구하는 선적전검사비, 기타 물품의 수령불이행 또는 매도인에 대한 통지불이행으로 인한 비용을 부담하여야 한다.

(3) 매매당사자의 주요의무

DAP 규칙하에서 매도인은 ① 매매계약에 일치하는 물품을 지정된 목적지의 운송수단상에서 매수인의 임의처분하에 인도하고, ② 자신의 비용부담으로 물품의 수출수속과 이에 따른 관세, 조세 등의 경비를 지급하여야 한다.

또 매도인은 ③ 계약에 일치함을 입증하는 상업송장과 매수인이 목적지의 운송수단상에서 물품을 수령하는데 필요한 인도지시서(delivery order)나 통상적인 운송서류(transport documents)인 유통성 선화증권, 해상화물운송장, 내수로 운송서류, 복합운송서류 등을 제공하여야 한다. 이러한 서류는 당사자간의 합의나 관습에 따라 전자기록이나 처리방법으로 대체할 수 있다.

반면 DAP 규칙하에서 매수인은 ① 지정된 목적지의 운송수단상에서 자신의 임의처분하에 인도된 물품을 수령하여야 하고, ② 자신의 비용부담으로 물품의 수입허가와 수입통관 등의 수입수속을 이행하고 이에 따른 경비를 지급하여야 하고, ③ 목적지의 운송수단상에서 물품을 수령한 후 양하비를 포함하여 터미널 취급경비(THC), 최종목적지까지의 반입운송비를 지급하여야 한다.

3. DDP(관세지급인도)

(1) DDP 규칙의 개념

"DDP"(Delivered Duty Paid)라 함은 매도인이 물품의 수입수속을 이행하고, 지정된 목적지까지 운반하여 양하준비를 갖추어 도착하는 운송수단상에서 매수인의 임의처분하에 인도하는 거래규칙을 말한다.

DDP는 그동안 전통적으로 사용되어 온 'Franco' 또는 개정미국외국무역정의의 'FOB (named inland point in country of importation)' 계통의 거래조건 중에서 매도인이 수입관세를 포함하여 수입국내의 지정장소까지 모든 비용과 위험을 부담하는 조건을 Montreal Rules 1967 때부터 정형화한 것이다.

즉, DDP는 매도인이 수입수속과 이에 따른 관세, 조세 등의 경비를 부담하고 물품을 최종목적지까지 운반하여 매수인에게 인도하여야 한다. 따라서 이 규칙은 매수인에 대한 최소한의 의무(minimum obligation)를 나타내는 반면에, 매도인에 대한 최대한의 의무(maximum obligation)를 나타낸다.

DDP는 수입지에 매도인의 지점이나 수입대리점이 있을 경우에 사용이 적합한 규칙이지만, 매도인이 수입지에서 수입수속을 이행할 수 없는 경우에는 사용할 수 없다. 이러한 경우에는 DAP를 사용하여야 한다. 기타 수입시에 지급되는 부가가치세(VAT) 등을 매도인의 의무에서 제외시키려면, "DDP (VAT unpaid)" 등의 문언으로 매매계약상에 그 취지를 명확히 하여야 한다.[32)]

(2) 위험 · 비용부담의 분기점

DDP 규칙은 매도인이 물품의 수입수속을 이행하고, 물품을 목적지에 도착하는 운송수단상에서 양하하지 아니한 상태로 매수인에게 인도함으로써 그 의무를 다하는 것이므로, 물품에 대한 위험과 비용부담의 분기점도 물품이 지정된 목적지의 운송수단상에서 매수인의 임의처분하에 적치된 때가 된다.

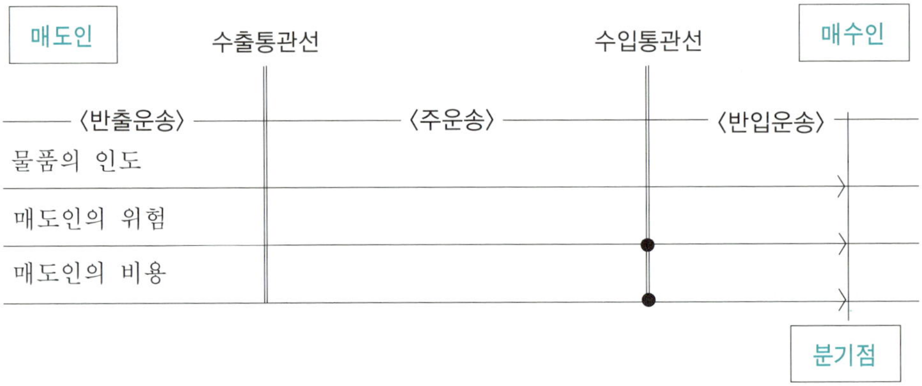

즉, 매도인은 수입수속의 비용과 위험을 포함하여, 물품을 목적지의 운송수단상에서 매수인에게 인도할 때까지의 모든 위험과 비용을 부담하여야 하며, 물품이 인도된 때부터의 위험과 비용은 매수인이 부담하여야 한다.

예컨대 매도인은 선적지에서의 수출수속비, 적재비와 창내적부 · 정돈비, 수입지까지의 운송계약에 따른 운송비와 보험료는 물론이며, 수입수속비, 수입국내의 최종목적지까지 반입운송비(on-carriage)를 모두 부담하여야 한다.

반면 매수인은 최종목적지에서 물품이 자신의 임의처분하에 적치된 후 운송수단으로부터 물품의 양하비(unloading costs), 창고료(storage), 수입국 당국이 요구하는 선적전검사비(PSI), 기타 최종목적지에서 물품의 수령불이행 또는

32) *Schmitthoff's op. cit.*, p. 57.

매도인에 대한 통지불이행으로 인한 비용을 부담하여야 한다.

(3) 매매당사자의 주요의무

DDP 규칙하에서 매도인은 ① 매매계약에 일치하는 물품을 목적지에서 매수인의 임의처분하에 인도하여야 하고, ② 자신의 비용부담으로 물품의 수출입수속[33](export and import clearance)을 이행하고 이에 따른 경비를 지급하여야 하며, ③ 수입지에서 목적지까지의 반입운송비를 지급하여야 한다.

또 매도인은 ④ 계약에 일치함을 입증하는 상업송장과 매수인이 지정된 목적지에서 물품을 수령하는데 필요한 인도지시서나 통상적인 운송서류인 유통성 선화증권, 해상화물운송장, 내수로 운송서류, 항공화물운송장, 철도화물탁송장, 도로화물탁송장, 복합운송서류 등을 제공하여야 한다. 이러한 서류는 당사자간의 합의나 관습에 따라 전자기록이나 처리방법으로 대체할 수 있다.

반면 DDP 규칙하에서 매수인은 지정된 최종목적지에서 자신의 임의처분하에 인도된 물품을 수령하고 운송수단으로부터 이를 양하하여야 한다.

33) "수출입수속"이라 함은 수출과 수입에 필요한 허가(licence)나 승인(authorization), 통관수속(customs clearance), 보안수속(security clearance) 등을 포함하며, 또 Incoterms® 2010 규칙하에서 "통관절차"(customs formalities)라 함은 어떠한 통관규정을 준수하기 위한 당면요건으로서, 서류나 보안, 정보 또는 물리적인 검사의무를 포함한다(서문).

CHAPTER 3

화환신용장과 통일규칙

제1절 신용장의 의의와 특성

국제매매의 형태는 물품인도와 대금결제방식에 따라 결정되는 것이 일반적이다. 특히 대금결제방식 중에 가장 기본이 되는 것은 화환신용장이고, 무역계약 후 당사자간에 가장 먼저 이행할 의무사항은 신용장을 개설하는 일이다.

1. 국제매매의 이해관계

(1) 국제매매의 위험요인

국제매매는 언어 · 문화 · 관습 · 법률 등이 다르고, 정치 · 경제 · 사회적 배경을 달리하는 서로 다른 국가의 당사자간에 이루어진다. 따라서 국제매매는 국내매매에 비하여 많은 위험요인과 복잡한 거래특성을 지니고 있다. 국제매매에 영향을 미칠 수 있는 위험요인으로는 여러 가지가 있을 수 있다.

① 국제매매는 대금결제에 관한 신용위험(credit risks)이 크다. 수출상이 대금을 회수하지 못할 신용위험은 계약 후 물품가격이 하락하여 수입상이 다른 업체로부터 싼 가격으로 구매하고자 하거나, 또는 수입상이 지급불능되거나 사소한 이유로 무역 클레임을 제기하여 지급거절할 경우에 발생한다. 이러한 위험은 화환신용장을 이용하거나 무역보험으로 커버할 수 있다.[1)]

② 국제매매는 물품인도에 관한 상업위험(mercantile risks)이 크다. 수입상은 계약조건에 일치한 물품이 약정된 기일내에 정확히 선적되지 아니할 경우 큰 손해를 입을 수 있다. 이러한 위험은 수입상이 안전한 화환신용장을 제공하

---

1) H.C. Gutteridge & Maurice Megrah, *The Law of Bankers' Commercial Credits*, 7th ed., Europa Publications Ltd., 1984, pp. 1~2.

여 거래하면 어느 정도 커버할 수 있을 것이다.

③ 국제매매는 환율변동에 의한 환위험(exchange risks)이 따른다. 대금지급의 통화를 외화로 표시한 경우 환율변동의 위험은 수출상이 부담하여야 한다. 이러한 위험은 선물환시장이나 환변동보험으로 커버할 수 있다.

④ 국제매매는 전쟁·동맹파업 등 비상사태의 발생으로 인한 비상위험(contingency risks)이 크다. 수입국내의 비상사태로 인한 외환지급제한 등의 위험은 무역보험의 일종인 수출어음보험에 부보하면 커버할 수 있다.

⑤ 국제매매는 화물의 장기간 격지이동으로 인한 운송위험(transportation risks)이 크다. 물품을 장기간 육상·해상·항공 또는 이들 복합운송으로 이동할 때, 운송 중에 멸실 또는 손상의 위험에 직면한다.[2] 운송 중의 위험은 손해보험의 일종인 해상보험제도를 이용하면 커버할 수 있다.

⑥ 전자무역의 경우 보안위험(security risks)이 크다. 전자문서의 진정성이나 무결성 위험은 전자서명이나 인증기관을 이용하면 커버할 수 있다.

(2) 이해대립관계의 조화

국제매매의 위험요인 때문에, 수출상은 대금회수불능을 염려하여 물품을 선적하기 전에 대금을 지급받고자 할 것이고, 수입상은 물품에 대한 상업위험을 염려하여 물품을 수령 검사한 후에 대금을 지급하고자 할 것이다.

① 수입상이 물품의 선적 전에 대금을 선지급하는 경우에는, 수출상은 물품을 생산 또는 구매하는 자금을 쉽게 조달할 수 있으므로 유리하겠지만, 수입상은 수출상이 선적기일을 경과하거나 계약조건과 불일치한 물품을 선적할 때에는 이에 따른 불이익을 감수하여야 한다.

② 수출상이 물품의 인도 후에 대금을 지급받을 경우에는, 수입상은 물품을 수령하기까지 자금혜택뿐만 아니라 수출상에게 무역 클레임이나 지급거절할 수도 있는 유리한 입장에 서게 되지만, 수출상은 수입상의 대금감액요구, 지급지연 또는 지급거절 등에 따른 불이익을 감수하여야 한다.

③ 수출상과 수입상간에 대립되는 이해관계를 균등하게 보장해 줄 수 있는 가장 이상적인 방법은 물품인도와 대금지급을 동시에 이행하도록 하는 현물상환결제의 방법일 것이다. 그러나 국제매매는 당사자들이 서로 멀리 떨어져 있기 때문에 이러한 방법은 현실적으로 어려운 일이다.

따라서 역사적으로 보면 오래 전부터 상인들간의 관습에 의하여 국제매매에

2) M. Bridge ed., *Benjamin's Sale of Goods*, 8th ed., Sweet & Maxwell, 2010, p. 1126.

존재하는 이해대립관계의 조화를 위한 여러 가지의 방법을 창안해 왔다.

① 격지자간의 물품인도와 대금지급의 이해대립관계를 조화시킬 수 있는 전형적인 방법은 CIF(운임·보험료포함인도) 거래이다. CIF 거래는 물품의 선적 후 서류를 제공할 때 대금결제가 이루어지므로, 수출상은 목적항까지 물품을 직접 인도함이 없이 계약에 일치한 선적서류를 제공하는 즉시 대금을 회수할 수 있고, 수입상은 도착지에서 서류를 확인하고 대금을 지급하여도 된다.

② 물품인도와 대금지급의 이해대립관계를 조화시키기 위한 가장 발전된 방법은 CIF 거래의 본질에 은행이 대금지급을 확약하는 신용장(letter of credits : L/C) 제도를 결합한 거래형태이다. 신용장에 의한 국제매매는 수입상의 거래은행이 수출상 앞으로 독자적인 대금지급의 확약을 제공해 주는 방법이다.

따라서 신용장을 받은 수출상은 대금회수위험으로부터 안전하고 거래은행에서 금융편의도 받을 수 있으며, 수입상도 물품이 도착할 때까지 대금지급을 연기할 수 있고 신용장은행으로부터 수입금융의 편의도 받을 수 있다.

즉, 신용장에 의한 국제매매는 당사자간에 대립되는 이해관계를 극복하여 현물상환결제와 같은 효과를 얻을 수 있다는 데 의의가 있다. 이러한 이유로 신용장은 오늘날 국제매매의 가장 기본적인 방식으로 자리잡고 있다.[3)]

신용장방식은 선적서류나 환어음과 상환으로 대금을 지급받기 때문에 서류상환급의 일종에 속하며, 또 이는 외견상 후지급방식을 취하고 있으나 매매당사자 모두에게 공평한 동시급의 효과를 볼 수 있다.

요컨대 신용장은 국제매매에 있어서 최대의 장애인 무역위험을 제거하여 상품의 흐름을 원활하게 한다는 점에서 '국제상거래의 활력소'(the life blood of international commerce)라고 아니할 수 없다.

신용장의 거래규칙은 오랜 동안의 국제적인 은행관습을 바탕으로 하여 ICC (국제상업회의소)가 제공해 온 '화환신용장 통일규칙 및 관례'(Uniform Customs and Practice for Documentary Credits : UCP 600 + eUCP 1.1)에 전반적으로 수록되어 있으며, 이들 규칙에 관하여는 후술하기로 한다.

3) Carole Murray et al., *Schmitthoff's Export Trade*, Sweet & Maxwell, 2007, p. 184.

2. 신용장의 개념과 효용

(1) 신용장의 정의

신용장의 기원은 고대 그리스·로마시대에서 유래되었다는 설이 있으나[4], 실제의 기록에 남아 있는 것은 17세기 경으로 상인이 외국에서 물품구매나 자금조달의 방편으로 사용한 오늘날의 여행자 신용장(traveller's credits)과 유사한 형태의 것이었다. 즉, 신용증서를 소지한 상인은 외국에 여행하면서 현지의 매도인에게 이를 제시하고 자금조달을 받을 수 있었다. 이러한 증서는 은행이 발행하는 현대적인 상업신용장(commercial credits)과는 다른 점이 많다.

은행이 신용장의 발행인으로 등장한 것은 19세기 후반으로 이러한 은행신용장(banker's credits)은 대부분 영국의 Merchant Bank에 의하여 개설되었다. 당시에는 신용장의 어떠한 표준양식이 없어 편지와 같은 형식을 벗어나지 못하였으며, 환어음의 담보서류인 선적서류의 첨부도 요구되지 아니하였다.

드디어 19세기 말부터 CIF 거래와 은행의 신용장제도가 결부되면서 오늘날과 같이 환어음에 선적서류를 첨부하는 관습이 발달되었다. 즉, 유럽이나 미국에서의 근대적인 신용장의 역사는 CIF 관습의 발달과 더불어 약 100년 정도라고 할 수 있으며, 특히 1~2차 세계대전을 계기로 크게 발전하였다.

오늘날의 신용장(letter of credits)은 은행이 특정인 앞으로 개설하여 일정한 조건에 따라 신용장금액을 지급하겠다는 조건부의 지급약속이다. 현대적인 신용장의 개념은 UCP 600 제2조에 명문화되어 있다.

즉, "신용장"이라 함은 그 명칭이나 표현에 관계 없이 취소불능하면서 또 이에 일치하는 제시를 수리한다는 개설은행의 일정한 확약을 구성하는 모든 약정을 말한다. 여기서 "수리"(honour)라 함은 신용장에서 금전을 지급하거나 교부한다는 개설은행의 확약을 이행하는 것을 말한다(UCC 제5-102조).

① 은행은 물품에 대한 권리증권, 선급자금 또는 상환약속 등의 묵시담보가 있으면 그 대가로 대금지급의 책임을 지게 된다.[5] UCP 600에서는 신용장을 개설할 수 있는 주체를 은행(banker) 당사자만으로 제한하고 있다.[6]

② UCP 600에서 정의한 신용장은 화환신용장(documentary credits)뿐만

---

4) William F. Spalding, *Banker's Credits*, 3rd ed., London, 1930, p. 3.

5) Gutteridge and Megrah, *op. cit.*, pp. 1~2.

6) 다만 미국법의 경우 은행 또는 기타의 자에 의한 약정까지를 포괄하고 있기 때문에, 비은행(non-banker) 당사자가 개설하는 신용장도 이를 인정하고 있다(UCC 제5-103조).

아니라 적용가능한 범위내에서 보증신용장(standby credits)과 아직 발달과정에 있는 전자신용장(electronic credits) 등을 포함하는 것으로 본다.

③ 신용장은 일정한 조건이 갖추어지면 은행이 독자적으로 지급채무를 이행하겠다는 약속이기 때문에, 비록 매매계약과 신용장 개설약정에 따라 개설되었더라도 주계약에 종속되는 지급보증서(guarantees)와는 다르다.

④ 신용장은 문면상 신용장조건에 일치하는 소정의 서류가 제시되어야 지급한다는 조건부의 약정이며, 또 지급의 상대방도 수익자로서 지정된 자 또는 그 지시인에 대하여 한정적으로만 적용되는 것이다.

(2) 신용장의 효용성

신용장은 수출상과 수입상 사이에 은행이 개입한 지급확약으로서 무역거래를 원활하게 하는 기능과 함께 각 당사자에게 주는 효용성이 크다.

가. 수출상이 갖는 효용

① 수출상은 신용장 개설은행으로부터 지급보장을 받기 때문에 수입상의 신용상태에 대하여 불안함을 느끼지 않고 주문상품을 조달할 수 있다.

② 수출상은 물품을 선적한 즉시 선적서류를 갖추면 일시에 수출대금의 전액을 회수할 수 있다. 즉, 신용장을 이용하면 수출상은 물품운송에 따른 위험과 관계없이 선적한 후 곧 바로 수출대금을 회수할 수 있다.

③ 수출상은 신용장을 담보로 선적 전에 무역금융혜택을 누릴 수 있다. 즉, 신용장을 받은 수출상은 이를 담보로 금융기관에서 수출자금을 융자받거나 무역어음을 발행하여 필요한 수출자금을 조달하기가 용이하다.

④ 취소불능 신용장의 경우 어느 당사자 일방에 의하여 취소되거나 변경될 위험이 없으므로 수출상은 안심하고 수출물품의 준비에 임할 수 있다.

⑤ 수출상은 외국정부가 외환관리규정에 따라 대외지급을 금지 또는 규제하더라도 이로 인한 외환이전위험을 어느 정도 피할 수 있다. 대부분의 국가에서는 비상사태나 외화부족 등의 이유로 외환규제를 하더라도 이미 개설된 신용장거래에 대하여는 수입규제나 외환지급제한을 하지 아니한다.

나. 수입상이 갖는 효용

① 수입상은 신용장을 제공하는 대신에 수출상과 계약협상을 할 때 제품의 가격, 품질, 인도 또는 기타 계약조건을 유리한 쪽으로 요구할 수 있다.

② 신용장은 그 조건에 엄격히 일치한 서류와 상환으로 대금결제가 이루어지

므로 계약조건에 일치한 물품이 선적되었는지를 확인할 수 있다.

③ 수입상은 선적시부터 대금지급시까지 은행이 자동적으로 금융을 부담하기 때문에, 수입자금을 융자받는 것과 같은 효과를 누릴 수 있다. 특히 기한부 신용장(usance credit)의 경우에는 선적서류를 인수하여 물품을 수령한 후 판매된 대금으로 어음만기일에 결제할 수도 있다.

④ 신용장은 유효기일과 최종선적기일이 있기 때문에 수입상이 원하는 일자에 물품을 입수할 수 있다. 특히 계절상품의 경우 운송기간을 고려하여 최종선적기일을 정하면 수입상이 원하는 적기에 물품을 입수할 수 있다.

⑤ 수입상은 현금이 없더라도 은행의 신용으로 신용장을 개설할 수 있고 선적서류가 도착한 때에는 대도(trust receipt : T/R)에 의하여 은행에서 선적서류를 대출받아 물품을 입수한 후 이를 판매하여 대금을 결제할 수 있다.

다. 은행이 갖는 효용

① 신용장 개설은행은 수익자에게 독자적으로 지급확약을 하므로 위험이 따를 수 있으나, 신용장을 개설할 때 수입상으로부터 수입금액의 입금을 요구하거나 담보차입증을 받기 때문에 이러한 위험을 전가시킬 수 있다.

또 개설은행은 수입상이 제출하는 신용장 개설약정서에 의거하여 모든 위험과 비용을 수입상에게 전가시킬 수 있으며, 필요할 경우 선화증권을 개설은행의 지시식으로 발행하도록 규정하여 운송 중인 화물의 담보권을 확보할 수 있으므로, 안전하게 신용장거래의 금융이익을 취할 수 있다.

② 신용장 매입은행은 신용장조건에 일치하는 서류를 매입하는 한 개설은행으로부터 대금회수를 확약받고 있으므로 안심하고 서류의 매입업무에 임할 수 있다. 또 매입은행은 선화증권을 첨부한 환어음을 매입하므로 언제든지 운송화물의 담보권을 확보할 수 있다.

특히 매입은행의 경우에는 수출상이 발행하는 환어음의 선의소지인(bona fide holder)으로서 그 어음이 지급거절 또는 인수거절된 때에는 최초의 발행인인 수출상에게 상환청구권(recourse)을 행사할 수 있다.

(3) 신용장제도의 한계

신용장제도는 매매당사자나 거래은행에게 여러 가지의 경제적 효용을 주지만, 당사자들의 모든 문제를 해결할 수 있는 절대적인 대안은 아니다.

특히 수출상의 입장에서 신용장은 현금이나 어음·수표와 같은 절대적이고 독립된 지급수단으로서의 혜택을 주지 못한다. 신용장은 지정된 자가 그 조건에 일치한 서류를 기일내에 제시하여야 은행이 지급한다는 제한적인 조건부의 지급약정에 불과하다. 따라서 신용장 그 자체는 배서에 의하여 유통되는 어음·수표와 같은 유가증권(negotiable instruments)의 수준이 될 수 없다.

한편 수입상의 입장에서 신용장은 상업위험을 전적으로 피할 수는 대안이 될 수 없다. 서류가 선적품과 다르게 작성된 경우에는, 그 위험은 수입상이 부담하여야 한다. 예컨대 수출상이 고의적으로 신용장조건과 문면상 일치한 허위서류를 제시할 때 은행은 주의를 다하여 심사하는 한, 신용장의 독립성 원칙에 의하여 보호를 받기 때문에 최종위험은 수입상이 부담하여야 한다.

따라서 수입상은 신용장거래의 이러한 한계성을 극복하려면 신용장을 개설할 때마다 다음과 같은 몇 가지 점에서 유의하여야 할 것이다.[7)]

① 수입상은 무역계약을 체결하기 전에 상대방의 신용상태를 면밀하게 조사하여 인격성(character)을 갖춘 상대방을 선정하여야 한다.

② 무역계약을 체결할 때에는 물품의 품질조건과 관련하여 품질기준, 결정시기, 증명방법 등을 명확히 규정하여 수출상이 물품의 품질 등에 허점이 없도록 하고 이를 이행하지 아니할 경우에도 대비하여야 한다.

③ 신용장조건에 물품의 선적전검사(PSI)를 하여 검사증을 첨부하도록 명시하는 방법이다. 수입상의 대리인이 본사를 대리하여 선적항에서 품질을 확인하는 방법을 택하면 서류거래에 따른 미비점을 보완할 수 있다.

④ 수입상은 선적 전에 선적견본(shipping sample)을 먼저 받아 확인한 후에 매입하도록 하는 특별조건을 L/C 상에 규정하는 방법을 택할 수 있다.

3. 신용장거래의 특성

(1) 신용장의 독립·추상성

가. 신용장의 독립성

신용장이 개설되면, 신용장은 그 기초가 된 매매계약이나 기타의 계약관계로부터 완전히 독립되어 자체적으로 별도의 법률관계를 형성하게 되는데, 이를 "신용장의 독립성"(independency of the credit)이라고 한다.

신용장상에 그러한 계약에 관한 참조사항을 두고 있다 하더라도 신용장의 당사자는 이에 영향이나 구속을 받지 아니한다. 독립성의 원칙은 오래 전부터 판

---

7) 양영환·오원석·서정두, 신용장론, 삼영사, 2002, pp. 60~61.

례로 인정되어 왔으며[8], UCP 600에도 명문화되어 있다(제4조 a항).

① 신용장은 매매계약과 독립되어 있다. 신용장이 개설되면 은행은 수입상과 수출상간의 매매계약과 전혀 무관하며, 또 이에 구속되지 아니한다. 은행은 신용장의무에 있어서 독립성의 원칙에 따른 보호를 받아야 할 당사자이다.

신용장거래에서 은행은 무역대금결제에 개입하지만 은행이 매매계약의 내용을 확인한다는 것은 현실적으로 불가능하다. 따라서 수입상과 수출상은 자신들의 계약관계를 원용하여 은행에 어떠한 청구권이나 항변을 할 수 없다.

② 신용장은 수입상과 개설은행간의 신용장 개설계약과도 독립된 별개의 거래이다. 따라서 수입상이나 수출상은 신용장 개설의뢰인과 개설은행의 계약관계를 원용하여 은행의 지급의무에 대한 청구권 또는 항변을 할 수 없다.

나. 신용장의 추상성

신용장거래의 모든 관계당사자는 서류만으로 거래하는 것이지, 결코 이에 관련되는 물품을 거래하지 아니한다. 즉, 신용장은 추상증권적인 특수성을 지니고 있다. 이를 "신용장의 추상성"(abstraction of the credit)이라고 한다.

서류가 신용장조건과 일치하는 한, 모든 관계당사자는 서류와 원인관계에 있는 물품과 그 품질에 관하여는 면책된다. 추상성의 원칙은 오래 전부터 판례로 인정되어 왔으며[9], UCP 600에도 명문화되어 있다(제5조와 제14조 a항).

신용장거래를 물품거래가 아닌 서류거래로 규정한 것은 물품에 대하여 잘 알지 못하고 국제결제에 참여하는 은행을 보호하기 위함이다. 신용장거래에서 은행이 물품에 대한 책임을 져야 한다면, 은행은 이러한 거래에 개입하기를 원하지 않을 것이다. 추상성의 원칙에 의하여 실물거래에 지식이 없는 은행도 신용장거래에 참여할 수 있고, 결국 무역거래는 원활하게 이루어질 수 있다.

특히 매입은행의 입장에서는 수익자의 화환어음을 매입할 때 이것이 개설은행으로부터 이의 없이 인수 또는 지급된다는 보장이 필요하다.

(2) 서류의 엄격일치성

가. 엄격일치성의 의의

신용장거래의 모든 서류는 신용장조건과 문면상 엄격히 일치하여야 한다. UCP 600에서도 은행은 제시된 서류만에 기초하여 서류가 문면상 신용장조건,

8) *Urquhart, Lindsay & Co., Ltd. v. Eastern Bank Ltd.* (1922) 9 Ll. L. Rep. 572.

9) *Basse and Selve v. Bank of Australasia* (1904) 90 L.T. 618.

이 규칙의 적용가능한 규정과 국제표준은행관습 등에 일치하는 제시를 구성하는지의 여부를 심사할 의무가 있음을 규정하고 있다(제2조와 제14조 a항).

즉, 은행은 신용장조건과 문면상 일치한 서류만을 인수하고, 신용장조건과 문면상 일치하지 아니한 서류는 인수거절하여야 한다. 신용장거래의 이러한 특성을 "엄격일치성의 원칙"(doctrine of strict compliance)이라고 한다.

엄격일치성의 원칙은 Sumner 경이 "서류가 거의 같거나 정당하여야 함에는 다른 여지가 없다."(There is no room for documents which are almost the same, or which will do just as well.)라고 천명한 때부터 확립되었다.[10)]

신용장거래에서 매입은행은 개설은행의 특별대리인(special agent)이며, 또 개설은행은 수입상의 특별대리인이다. 대리인이 주어진 권한 이상을 행사할 경우 본인(principal)은 대리인의 행위를 부인하게 되고, 따라서 대리인 자신은 모든 거래의 상업적인 위험을 감수하여야 한다.[11)] 즉, 은행이 주어진 조건으로부터 이탈하는 한, 그는 자신의 위험부담으로 행동하는 것이다.

따라서 수입상이 서류를 인수거절하더라도 은행은 특정의 무역매매나 관행에 전문지식이 없기 때문에 문면상 엄격일치한 서류를 거래하는 한 보호를 받을 수 있으며, 이것이 바로 엄격일치성의 원칙을 추구하는 목적이다.

그러나 엄격일치성의 원칙을 너무 경직되게 운용할 경우 부작용이 따를 수 있다. 예컨대 서류의 하자가 사소하거나 부수적이어서 매매당사자간에 이미 거래가 완결되었는데 수출상이 신용장대금을 회수하지 못하거나, 또는 은행이 문면상 일치한 서류를 인수하였는데 사기서류로 인한 피해를 볼 수 있다.

나. 엄격일치성의 완화

UCP 600에서는 엄격일치성의 부작용에 대비하여 "서류상의 자료는 신용장, 서류 자체 및 국제표준은행관습의 상호관계를 기준으로 볼 때 당해 서류, 기타 모든 규정된 서류 내지 신용장상의 자료와 반드시 동일할(identical to) 필요는 없으나, 결코 이와 모순되어서는(conflict with) 아니된다."라는 규정을 두고 있다(제14조 d항). 이는 서류심사기준을 완화한 것으로 볼 수 있다.

실무적으로 서류와 신용장조건은 일어일구까지 일치하기 어렵다. 따라서 은행은 일치성 여부를 판단할 때 UCP 600 등에 반영되어 있는 국제표준은행관습(ISBP)에 따라 결정하여야 할 것이다. 예컨대 상업송장의 물품명세는 신용장명

10) *Equitable Trust Co. of New York v. Dawson Partner* (1927) 27 Ll. L. Rep. 49 at 52.
11) Carole Murray et al., *Schmitthoff's Export Trade*, Sweet & Maxwell, 2007, p. 185.

세와 일치하여야 하지만, 기타 모든 서류상의 물품명세는 신용장명세와 모순되지 아니하는 일반용어로 기재하여도 일치한 제시로 본다(제18조 c항).

은행은 서류의 하자가 사소하거나 부수적이어서, 제시된 서류만으로도 신용장조건이 의도하는 목적을 충족하는 경우에는 이를 인수할 수 있다. 이를 흔히 "상당일치성의 규칙"(rule of substantial compliance)이라고 한다.

각국의 판례도 엄격일치성의 원칙에서 상당일치성의 규칙으로 점차 완화되는 추세에 있다. 그러나 다수설은 여전히 엄격일치성의 원칙에 있다. 왜냐하면 서류의 엄격일치성은 신용장제도의 본질이며, 그 부작용보다는 순기능이 더 크기 때문이다.[12] 즉, 엄격일치성의 원칙은 선의의 수입상이나 은행의 입장에서 상업적인 위험을 안전하게 커버해 주는 바람직한 규칙이라고 할 수 있다.

(3) 사기예외규칙

신용장의 본질은 매매계약이나 기타 계약과 독립된 서류거래이지만, 이러한 원칙에 예외가 있다.[13] 즉, 서류가 신용장조건과 일치하더라도 그것이 위조 또는 사기로 작성되었음이 밝혀지는 한, 은행은 이를 인수할 의무가 없다. 이를 흔히 "사기예외규칙"(fraud exception rule)이라고 한다. 신용장거래의 사기예외규칙은 그동안 각 법계의 판례를 통하여 확립되어 가고 있다.

사기예외규칙은 미국에서 가장 발전되어 있다. 즉, 1941년의 *Sztejn v. J. Henry Schroder Banking Corporation* 사건[14]에서 Shientag 판사는 "매도인의 사기가 존재한 경우에는, 신용장에 따른 은행의무의 독립성에 대한 원칙은 파렴치한 매도인을 보호하는데까지 확대되어서는 아니된다."라고 판시한 바 있으며, 이러한 예외규칙은 통일상법전에도 명문화되어 있다(제5-109조).

요컨대 신용장서류가 명백한 사기로 밝혀지는 한, 은행은 서류가 문면상 신용장조건과 일치하더라도 이에 대하여 지급하여서는 아니되며, 이때 어떠한 당사자도 신용장의 독립성에 관한 권리를 주장할 수 없다.

국내 법원에서는 1980년의 *신화산업 v. 조흥은행* 사건(대판 1980.1.15, 78다1015), 국방부의 *무기도입사기* 사건(서울민지판 1996.7.26, 94가합34802) 등을 통하여 사기예외규칙을 인정하는 판례가 대세를 이루고 있으나, 아직 견해가 분분하다.

---

12) John F. Dolan, *The Law of Letters of Credit*, A.S. Pratt & Sons, 2005, p. 6.7.
13) James E. Byrne, *UCP 600 : An Analytical Commentary*, IIBLP, Inc., 2010, p. 299.
14) 31 N.Y.S. 2d 631 at p. 634 (1941).

4. 신용장실무와 내용구성

(1) 신용장의 거래경로

신용장거래는 개설의뢰인(매매계약에 따라 신용장개설요청), 개설은행(신용장개설과 지급확약), 통지은행(개설은행의 지시로 신용장통지), 수익자(신용장의 수령과 편익) 등의 당사자간에서 이루어지는데, 거래경로는 [그림 2-1]과 같다.

① 수출상과 수입상은 물품 대금결제를 화환신용장방식(documentary letter of credits)에 의한다는 결제조건으로 매매계약을 체결한다.

② 수입상(개설의뢰인)은 매매계약에 약정된 결제조건에 따라 자신의 거래은행에 담보를 제공하고 신용장개설을 요청한다.

③ 신용장 개설의뢰인의 지시를 받은 은행(개설은행)은 신용장 개설약정서에 합의한 대로 수출상 앞으로 신용장을 개설하여 수출상의 소재지에 있는 환거래은행에게 전신 또는 우편으로 신용장의 통지를 지시한다.

④ 개설은행의 지시를 받은 환거래은행(통지은행)은 도착된 신용장의 외관상 진정성(authenticity)을 확인한 후 이를 수출상에게 통지한다.

⑤ 신용장을 받은 수출상(수익자)은 신용장의 제조건에 따라 물품을 선적하고 선화증권을 비롯한 모든 규정된 선적서류를 구비한다.

그림 2-1 신용장의 거래경로

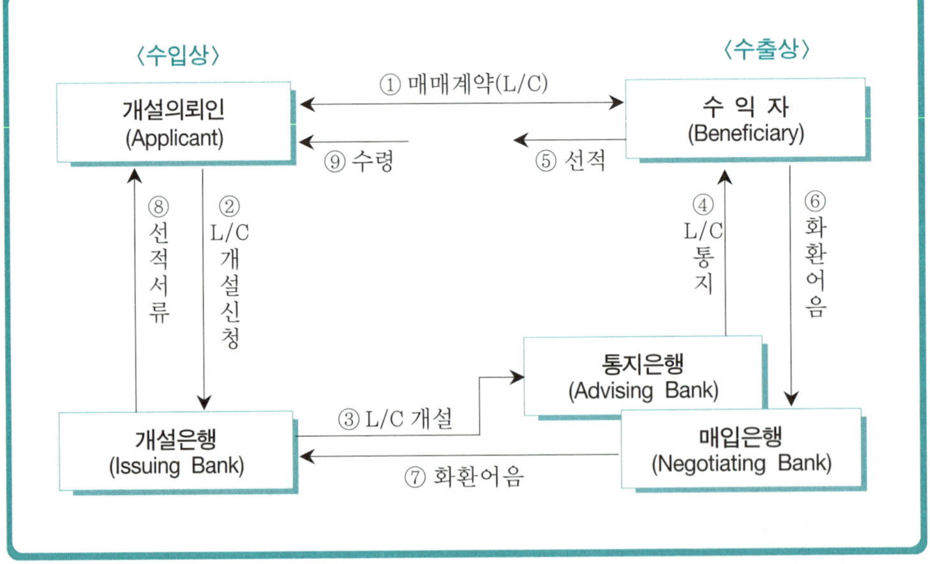

⑥ 선적을 완료한 수익자는 선적서류를 첨부한 환어음을 발행하거나 또는 선적서류를 신용장의 지정은행에 제시하여 지급, 인수 또는 매입을 요구한다. 이때 지정은행은 제시된 서류를 심사한 후 수출대금을 지급한다.

⑦ 수익자에게 화환취결을 마친 지정은행(지급·인수·매입은행)은 선적서류와 환어음을 개설은행에 송부하고 개설은행으로부터 대금을 보상받는다.

⑧ 개설은행은 신용장 개설의뢰인으로부터 신용장대금이 입금되면 수출국가에서 송부되어 온 선적서류를 개설의뢰인에게 인도한다.

⑨ 신용장 개설의뢰인인 수입상은 약정대금으로 교부받은 선적서류를 운송회사에 제시하고 수입물품을 수령함으로써 모든 거래과정이 끝난다.

(2) 신용장의 개설신청

신용장거래는 수입상의 신용장 개설신청에 의하여 시작된다. 수입상이나 수출상이 외국환은행과 신용장거래를 하기 위하여는 사전에 외국환거래에 관한 책임범위에 대하여 약정하고 신용장업무를 시작하여야 한다.

① 외국환거래약정은 수입상의 입장에서는 신용장의 개설, 환어음의 인도와 결제, 그리고 수출상의 입장에서는 환어음의 매입(추심), 내국신용장의 개설, 내국신용장 환어음의 매입 등을 위하여 필요한 사전조치이다.

은행실무에서는 모든 대외여신행위에 공통으로 적용되는 '외국환거래약정서'를 사용하고 있다. 여기에는 수출거래와 수입거래, 내국신용장 개설거래, 내국신용장 환어음매입거래 등의 공통사항, 수출거래 특약사항, 수입거래 특약사항, 내국신용장 개설특약사항, 내국신용장 환어음매입 특약사항이 기재된다.

외국환거래약정을 통하여 은행과 수출입상간의 권리와 의무, 즉 개설은행과 수입상의 법률관계, 매입은행과 수출상의 법률관계가 형성된다.

② 수입상은 다음과 같은 서류와 담보를 준비하여 외국환은행에 신용장개설을 신청하여야 한다. 서류양식은 은행의 소정양식을 이용하는 것이 좋다.

1. 취소불능화환신용장 발행신청서
2. 수입계약서 또는 물품매도확약서(offer sheet)
3. 보험서류(수입상이 부보책임을 지는 FOB, CFR, CPT 등의 경우)
4. 기타 은행이 필요하다고 인정하는 서류

특히 수입제한품목의 경우에는 수입추천 주무기관으로부터 수입승인(import licence)을 받아야 하고, 제출시기는 세관에 수입신고하기 전까지이다.

예시 2-4 취소불능 화환신용장

XXX BANK

C.P.O BOX 126 SEOUL, KOREA
HEAD OFFICE 203 1-GA HOEHYON-DONG CHUNG-GU SEOUL, KOREA
SEOUL

ORIGINAL
TEL : (02)2002-4275/6
TELEX : K23823
SWIFT : XXBKKRSE

출력점 : 강남북지점 Date : 2008.08.19 Page : 1

ADVICE OF
IRREVOCABLE DOCUMENTARY CREDIT

*Advice No : AD101-208-17311
*Credit No : LC10200800290

---

*Issuing Bank : COMMCNSHWHN
BANK OF COMMUNICATIONS
WUHAN

*Applicant :
HUBEI GREEN WORLD ENVIRONMENTAL
PROTECTION TECHNOLOGY
JOINT-STOCK CO., LTD

*Beneficiary :
ACE PACK CO LTD WUDO BLDS. RM
189, POIDONG, GANGNAMGU, SEOUL
KOREA TEL : 82-2-25743711

*Amounts : USD 102,200.00

*Expiry Date : 2008.10.15

DEAR SIR(S)

We are pleased to inform you, without any responsibility on our part, that we have received a telegraphic message dated 20080816 from BANK OF COMMUNICATIONS reading as follows :

MT S700 Issue of a Documentary Credit
Sequence of Total *27 : 1/1
Form of Doc. Credit *40 A : IRREVOCABLE
Doc. Credit Number *20 : LC10200800290
Date of Issue *31 C : 080814
Expiry *31 D : Date 081015 Place IN WUHAN
Applicant *50 : HUBEI GREEN WORLD ENVIRONMENTAL
PROTECTION TECHNOLOGY JOINT-STOCK
CO., LTD
Beneficiary *59 : ACE PACK CO LTD WUDO BLDG. RM
NO.402, 189, POIDONG, GANGNAMGU, SEOUL
KOREA TEL : 82-2-25743711
Amount *32 B : Currency USD Amount 102200.00
Available with ... By ... *41 D : ANY BANK IN BENEFICIARY'S COUNTRY
BY NEGOTIATION
Drafts at ... 42 C : AT SIGHT FOR 95 PCT OF INVOICE VALUE
Drawee 42 A : COMMCNSHWHN
*BANK OF COMMUNICATIONS
*WUHAN
Partial Shipment 43 P : NOT ALLOWED
Transshipment 43 T : ALLOWED
Loading in Charge 44 A : MAIN KOREA PORT
For Transport to ... 44 B : WUHAN, CHINA
Latest Date of Ship. 44 C : 080918
Description of Goods 45 A :
PAPER CUP FORMING M/C
4 SETS (NO MOULD) USD 102200.00
SHIPPING MARK : GW
CIF WUHAN PORT

----- to be continued on page 2

W XXX BANK

C.P.O BOX 126 SEOUL, KOREA
(02)2002-4275/6
HEAD OFFICE 203 1-GA HOEHYON-DONG CHUNG-GU SEOUL, KOREA

ORIGINAL
TEL :
TELEX : K23823 SEOUL
SWIFT : XXBKKRSE

출력점 : 강남북지점 Date : 2008.08.19 Page : 2

This is constituent and integral part of *Advice No : AD101-208-17311
*Credit No : LC10200800290

Documents required 46 A :
95 PCT OF INVOICE VALUE WILL BE EFFECTED
ON THE FOLLOWING DOCUMENTS :
+SIGNED COMMERCIAL INVOICE IN 6 COPIES INDICATING L/C NO. AND CONTRACT NO. HBGW02081A.
+2/3 SET OF ORIGINAL CLEAN ON BOARD OCEAN BILLS OF LADING MADE OUT TO ORDER AND BLANK ENDORSED MARKED "FREIGHT PREPAID" NOTIFYING APPLICANT.
+INSURANCE POLICY/CERTIFICATE IN 3 COPIES BLANK ENDORSED FOR 110 PCT OF THE INVOICE VALUE SHOWING CLAIMS PAYABLE IN CHINA IN CURRENCY OF THE CREDIT COVERING ALL RISKS, ADDITIONAL RISKS : WATER RISK.
+PACKING LIST/WEIGHT MEMO IN 6 COPIES SHOWING QUANTITY/GROSS AND NET WEIGHT FOR EACH PACKAGE AND PACKING CONDITION.
+CERTIFICATE OF QUALITY IN 3 COPIES ISSUED BY MANUFACTORY, INDICATING DETAILED AND DEFINITE INSPECTION RESULTS.
+CERTIFICATE OF QUANTITY/WEIGHT IN 3 COPIES ISSUED BY MANUFACTORY, INDICATING THE ACTUAL SURVEYED QUANTITY/ WEIGHT OF SHIPPED GOODS AS WELL AS THE PACKING CONDITION.
+BENEFICIARY'S CERTIFIED COPY OF FAX DISPATCHED TO APPLICANT WITHIN 24 HOURS AFTER SHIPMENT INDICATING NAME OF VESSEL, DATE, QUANTITY, WEIGHT AND VALUE OF SHIPMENT.
+BENEFICIARY'S CERTIFICATE CERTIFYING THAT ONE SET OF ORIGINAL SHIPPING DOCUMENTS (B/L, INVOICE, PACKING LIST) HAVE BEEN SENT TO BUYER WITHIN 48 HOURS AFTER SHIPMENT.
THE REMAINING 5 PCT OF INVOICE AMOUNT WILL BE PAID ON RECEIPT OF SIGNED CARGO ACCEPTANCE BY BUYER AND SELLER.

Additional Conditions 47 A :
+PLEASE ADVISE THIS L/C TO BENEFICIARY UPON YOUR CHARGES ARE COLLECTED.
+ALL DOCUMENTS TO BE DESPATCHED TO ISSUING BANK IN ONE LOT BY COURIER SERVICE THROUGH YOUR BANKER.
+A COPY OF COMMERCIAL INVOICE, TRANSPORT DOCUMENTS AND INSURANCE POLICY/CERTIFICATE (IF ANY) SHOULD BE PRESENTED FOR OUR FILE.
+FOR DISCREPANT DOCUMENTS, NOTICE OF DISHONOUR WILL BE SENT TO THE PRESENTER AND UNLESS INSTRUCTIONS TO THE DISPOSAL OF DOCUMENTS HAVE BEEN RECEIVED BY THE ISSUING BANK PRIOR TO THE APPLICANT'S ACCEPTANCE AND/OR PAYMENT TO THE DOCUMENTS, SUCH DOCUMENTS WILL BE RELEASED TO THE APPLICANT WITHOUT ANY RESPONSIBILITY AND LIABILITY ON THE PART OF THE ISSUING BANK.
IN SUCH A CASE, THE PRESENTER SHALL NOT LODGE ANY CLAIM AGAINST THE ISSUING BANK.
+A DISCREPANCY FEE OF USD 50.00 WILL BE DEDUCTED FROM THE

----- to be continued on page 3

XXX BANK ORIGINAL

C.P.O BOX 126 SEOUL, KOREA TEL :
(02)2002-4275/6
HEAD OFFICE 203 1-GA HOEHYON-DONG CHUNG-GU SEOUL, KOREA TELEX : K23823 SEOUL
SWIFT : XXBKKRSE

출력점 : 강남북지점 Date : 2008.08.19 Page : 3

This is constituent and integral part of *Advice No : AD101-208-17311
*Credit No : LC10200800290

PROCEEDS ON EACH SET OF DOCUMENTS PRESENTED WITH DISCREPANCIES, EVEN IF THE L/C INDICATES THAT ALL BANKING CHARGES ARE FOR ACCOUNT OF APPLICANT.
+ALL DOCUMENTS MUST BE MADE IN ENGLISH.
+CONSOLIDATION AND SHIPMENT TO BE EFFECTED BY SINOKOR MERCHANT MARINE CO. IS ACCEPTABLE. IN THE EVENT OF SHIPMENT NOT BEING EFFECTED BY SINOKOR MERCHANT MARINE CO., A CHARGE OF USD 50.00 IS TO BE DEDUCTED FROM THE INVOICE VALUE FOR EACH CONTAINER SHIPPED.
+APPLICANT'S ADDRESS SHOULD BE READ "GUANNAN INDUSTRY AREA OR DONGHU NEW-TECH DEVELOPMENT AREA, WUHAN, CHINA. TEL : 86 27 87407031."

Details of Charges	71 B	: ALL BANKING CHARGES OUTSIDE ISSUING BANKING ARE FOR BENEFICIARY'S ACCOUNT.
Presentation Period	48	: DOCUMENTS TO BE PRESENTED WITHIN 15 DAYS AFTER THE DATE OF ISSUANCE OF THE TRANSPORT DOCUMENTS BUT WITHIN THE VALIDITY OF THE CREDIT.
Confirmation	49	: WITHOUT
Instructions	78	:

ON RECEIPT OF DOCUMENTS CONFORMING TO THE TERMS OF THIS DOCUMENTARY CREDIT, WE SHALL REIMBURSE THE NEGOTIATING BANK IN ACCORDANCE WITH THEIR INSTRUCTIONS.
THIS IS THE OPERATIVE CREDIT INSTRUMENT AND NO AIRMAIL CONFIRMATION WILL FOLLOW.
ISSUING BANK ADDRESS IS NO. 847 JIANSHE AVE WUHAN 430015 CHINA.

This advice constitutes a documentary credit by the above mentioned bank and must be presented with the documents/draft for negotiation/payment/acceptance.

Please note that we assume no responsibility for any errors and/or omissions in the teletransmission and/or translation of the message.

Except so far as otherwise expressly stated, this documentary credit is subject to the "Uniform Customs and Practice for Documentary Credits" (2007 revision) International Chamber of Commerce Publication No. 600.

YOURS FAITHFULLY

AUTHORIZED SIGNATURE
AD101-208-17311

③ 신용장 개설은행은 수수료와 전신료를 징수하고 신용장을 개설한다. 신용장을 개설하는 방법은 우편과 전신이 있는데, 대부분 전신으로 개설하며 Cable, FAX, e-Mail, SWIFT 망을 이용한 EDI 방식으로 통지한다.

특히 EDI 방식은 통신수단과 컴퓨터의 결합으로 보안기능까지 갖추어져 있기 때문에 앞으로 그 이용이 더욱 늘어날 것으로 예상된다.

(3) 신용장의 기재내용

신용장의 기재내용은 크게 신용장 자체에 관한 사항, 환어음과 서류에 관한 사항, 물품과 선적에 관한 사항, 기타 부가조건 등으로 구성되어 있다.

가. 신용장 자체에 관한 사항

① 개설은행(issuing bank): 신용장의 상단에는 개설은행명, 주소, 전화번호, 전신약호 등이 인쇄되어 있고 하단에는 개설은행의 서명이 있다.

② 개설일자(date of issue): 이는 date and place of issue 란에 표시한다. 신용장상에 유효기일의 기산일이 별도로 없으면, 개설일자를 기산일로 본다.

③ 신용장종류(form of credit): 신용장의 상단에 보통 "irrevocable"이라고 표시하여 이것이 취소불능 신용장임을 나타내는데, 여기에 revocable의 반대표시가 명시적으로 없으면 모두 취소불능(irrevocable)의 신용장이 된다.[15]

④ 신용장번호(credit number): 이는 개설은행이 부여한 신용장의 고유번호로서 수익자의 제출서류와 환어음에도 그대로 표시하여야 한다. 또 신용장번호와 함께 통지은행의 통지번호(advice number)를 기재하는 경우도 있다.

⑤ 유효기일과 장소(date and place of expiry): 신용장의 유효기일과 장소를 예컨대 "Expiry Date June 10, 20XX - Place Seoul, Korea"라고 표시하면, 신용장은 지정장소에서 유효기일이 끝난다는 의미이므로 유의하여야 한다.

⑥ 개설의뢰인(applicant): 개설의뢰인은 수입상으로서 applicant 또는 for account of … 란에 기재하기도 한다.

⑦ 수익자(beneficiary): 이는 신용장의 수신인으로서 처음에 수익자명과 주소를 명기하고 이하 모든 문장에는 you 또는 your 라고 표시한다.

⑧ 통지은행(advising bank): 통지은행은 개설의뢰인이 특별히 지정하지 아니하는 한, 개설은행의 해외 본·지점이나 거래은행이 되는 것이 보통이다.

⑨ 신용장금액(credit amount): 신용장금액은 currency code and amount

15) UCP 600 제2조.

란에 통화단위와 함께 금액변조를 막기 위하여 숫자와 문자금액으로 병기한다.

⑩ 지정은행(nominated bank)과 사용방법(availability): 지정은행과 신용장의 사용방법은 available with … by … 란에 기재한다. 지급/인수/매입신용장의 경우 지급, 인수 또는 매입은행명과 장소를 기재하고, 사용방법도 payment, deferred payment, acceptance, negotiation 등으로 표기하여야 한다. 이러한 구분이 없는 신용장은 개설은행 창구에서 지급에 의하여만 사용할 수 있다.

나. 환어음과 서류에 관한 사항

① 환어음(draft): 신용장에서 환어음을 요구하는 경우에는, "Your drafts in duplicate for … drawn at … sight on …" 등으로 표시한다. 여기서 환어음의 발행인(drawer)은 you, 즉 수익자가 되고, 어음금액(amount)은 for … 이하에 표시하되, 대개 상업송장의 금액과 동일하게 기재한다.

또 환어음의 지급기일(tenor)은 at … sight의 일자 수에 따라 달라지며, 어음지급인(drawee)은 drawn on … 란에 명기된 자로서 통상 개설은행이 된다. 신용장에서 어음지급인을 개설의뢰인으로 기재한 경우에는 무효로 본다.[16)]

한편 신용장에는 환어음에 첨부할 서류(document required), 즉 선적서류(shipping documents)를 명기하여야 한다. 선적서류는 기본서류와 부가서류로 구별할 수 있는데, i) 기본서류에는 상업송장·운송서류·보험서류[17)] 등이 있고, ii) 부가서류에는 포장명세서·원산지증명서·수익자진술서 등이 있다.

② 상업송장(commercial invoice): 상업송장은 "Signed commercial invoice in triplicate" 등으로 표시한다. 상업송장은 물품명세를 포함한 판매내역을 표시하는 서류로서 매도인이 매수인 앞으로 발행하는 대금청구서의 기능을 한다.

③ 운송서류(transport documents): 운송서류에는 복합운송서류, 선화증권, 비유통성 해상화물운송장, 용선계약부 선화증권, 항공운송서류, 도로/철도/내수로 운송서류, 특사/우편수령증 등이 있다.[18)] 예컨대 선화증권의 경우, 신용장에는 "Full set of clean on board ocean bill of lading made out to order of XXX bank marked freight prepaid notify applicant" 등으로 표시한다.

④ 보험서류(insurance documents): CIF/CIP 계약에 따른 신용장인 경우에는 보험증권이나 보험증명서를 기재한다. 예컨대 신용장에는 "Insurance policy

16) UCP 600 제6조 c항.

17) 다만 FCA, FOB, CFR 등 수입상이 부보책임을 지는 경우 보험서류는 제외된다.

18) UCP 600 제19조~제25조.

or certificate in duplicate blank endorsed for 110% of the invoice value covering Institute Cargo Clauses (A) including Institute War Clauses and Strike Clauses" 등으로 표시한다. 특히 부보금액은 당사자간에 별도의 약정이 없는 한, CIF/CIP 가액 또는 송장가액의 110% 이상으로 기재한다.

⑤ 기타서류(other documents): 신용장에는 이외에 개설의뢰인의 요청에 따라 포장명세서(packing list), 원산지증명서(certificate of origin), 영사송장(consular invoice), 검사증명서(inspection certificate), 세관송장(customs invoice), 수익자진술서(beneficiary statement) 등의 서류를 기재할 수 있다.

다. 물품과 선적에 관한 사항

① 물품명세(description of goods): 신용장에서 물품명세는 description of goods and/or services 란에 기재한다. 여기에는 대개 품명(description) · 수량(quantity) · 단가(unit price) · 가격(price term) 등을 표시한다. 신용장명세는 장차 상업송장의 물품명세와 일치하여야 하기 때문에 정확히 기재하여야 한다.[19]

② 선적지(place of shipment): 선적지는 shipment from … 또는 loading / dispatch/taking charge at/from … 란에 기재한다. 여기에는 선적항뿐만 아니라 내륙운송이나 우편발송 등의 경우 수탁지나 발송지(place of taking in charge or dispatch) 등을 기재할 수도 있다.[20]

③ 최종목적지(place of destination): 최종목적지는 shipment to … 또는 for transportation to … 란에 기재한다. 복합운송의 경우 이는 양륙항과 구별된다.

④ 선적기일(date of shipment): 최종선적기일은 보통 shipment not later than … 또는 latest date of shipment 란에 기재한다. 선적기일이 지정되지 아니한 경우에는, 신용장 유효기일을 최종선적기일로 보며, 선적기일은 유효기일이 은행휴업일이어서 연장되더라도, 이에 따라 연장되지 아니한다.

⑤ 분할선적(partial shipment)과 환적(transhipment): 분할선적과 환적은 이를 허용하는 경우에는 "allowed", "permitted" 등으로 표시하고, 이를 금지하는 경우에는 "not allowed", "prohibited" 등으로 표시한다.

신용장에서 분할선적과 환적의 언급이 없으면 이를 허용하는 것으로 보며, 복합운송서류는 환적이 금지된 경우도 인수할 수 있다. 또 동일선박과 동일항

19) UCP 600 제18조 c항.

20) 신용장에서 사용하는 "선적"(shipment)이란 용어는 본선적재, 발송, 운송을 위한 인수, 우편수령일, 접수일, 수탁 등의 의미를 포괄한다(UCP 500 제46조 a항).

해의 경우 선적지와 선적일이 다르더라도 분할선적으로 보지 아니한다.[21]

라. 기타의 부가조건(additional conditions)

① 은행수수료(charges): 수수료에 관하여 신용장 개설국가 밖에서 발생하는 모든 은행비용을 수익자 부담으로 하고자 할 때에는 그 취지를 "all banking charges outside Korea are for account of beneficiary" 등으로 기재한다.

② 서류제시기일(period for presentation): 신용장에서 서류제시기일은 예컨대 "Documents to be presented within 10 days from the date of shipment" 등으로 기재한다. 이러한 경우 서류는 선적일자로부터 10일 이내와 신용장 유효기일내에 매입은행에 제시하여야 한다. 제시기일에 관한 언급이 없을 경우, 서류는 유효기일내와 선적일자로부터 21일 이내에 제시하여야 한다.[22]

③ 지급확약문언(engagement clause): 개설은행의 확약문언은 instruction to the pay/accept/negotiate bank 란에 기재하는데, 지급신용장의 경우 "We hereby agree with you that …", 매입신용장의 경우 "We hereby agree with the drawers, endorsers and bona fide holders that …" 등으로 표시한다.

④ 서류발송방법(dispatching instruction): 서류발송방법은 "All documents must be forwarded in two sets by consecutive airmail" 등으로 표시한다.

⑤ 대금보상방법(reimbursement method): 매입대금의 보상방법은 "For your reimbursement, please claim from XYZ Bank" 등으로 표시한다.

⑥ 준거법규문언(governing law): 신용장 통일규칙(UCP)의 준거문언은 신용장의 하단이나 난외에 인쇄한다. 신용장상의 준거문언은, 예컨대 "This credit is issued subject to Uniform Customs and Practice for Documentary Credits, 2007 Revision, ICC Publication No. 600" 등으로 표시한다. 이러한 준거문언이 신용장에 삽입되어 있는 한, 당해 신용장은 UCP 600의 적용을 받으며, 이 통일규칙은 신용장의 모든 관계당사자를 구속한다.[23]

---

21) UCP 600 제19조 b항과 제31조 b항.

22) UCP 600 제14조 c항.

23) "The *Uniform Customs and Practice for Documentary Credits, 2007 Revision*, ICC Publication No. 600 ("UCP") are rules that apply to any documentary credit ("credit") (including, to the extent to which they may be applicable, any standby letter of credit) when the text of the credit expressly indicates that it is subject to these rules. They are binding on all parties thereto unless expressly modified or excluded by the credit."(UCP 600 Art. 1).

(4) 신용장의 조건변경

신용장은 개설된 후 관계당사자의 요청에 따라 다음과 같은 범위내에서 원신용장의 조건을 변경(amend) 또는 취소(cancel)할 수 있다.

① 취소불능 신용장의 경우 조건변경은 개설은행 · 수익자 · 확인은행(있을 경우) 전원의 합의가 있어야 가능하다.[24] 다만 취소가능 신용장의 경우 조건변경은 개설은행이 수익자에게 사전통고 없이 언제라도 가능하다.

② 신용장의 조건변경은 신용장 유효기일내에 행하여야 한다. 신용장의 조건변경을 위하여는 개설은행에 '신용장조건변경신청서'를 제출하여야 하며, 조건변경의 통지는 원신용장의 통지방법에 준하고 동일은행의 서비스를 이용하되[25], 전신에 의한 조건변경의 경우 Full Cable로 하는 것이 보통이다.

③ 취소불능 신용장의 조건 일부 또는 전부를 취소할 경우에도 조건변경시의 절차와 마찬가지로 관계당사자 전원의 합의가 있어야 가능하다.

조건변경의 주요내용은 i) 신용장금액의 증감(amount increased by … to …), ii) 선적기일/유효기일의 연장(latest shipment and expiry date extended to …, respectively) 등이 기재된다. 다만 선적기일을 연장하면 유효기일은 자동으로 연장되지만, 유효기일을 연장하더라도 선적기일은 자동으로 연장되지 아니한다. 기타 iii) 선적항/도착항의 변경, iv) 환적/분할선적 등 선적방법의 변경, v) 물품명세/단가/무역거래조건의 변경 등이 주로 이루어진다.

조건변경시 유의할 사항은 i) 조건변경통지서에 여러 변경내용이 기재되어 있을 경우 그 일부만 승낙하는 것은 허용되지 아니하고, ii) 변경내용에 대한 수익자의 동의는 명시적인 승낙의 의사표시가 있어야 유효하며, 이를 접수한 수익자가 어떠한 의사표시 없이 침묵하고 있는 것은 조건변경을 승낙한 것으로 보지 아니한다. 또 iii) 확인신용장의 경우 확인은행은 변경내용에 확인을 연장할 수도 있으나, 확인의 연장을 포기할 수도 있다.[26]

---

24) UCP 600 제10조 a항.
25) UCP 600 제9조 d항.
26) UCP 600 제10조 b항.

제 2 절 신용장 당사자간의 계약관계

1. 신용장의 관계당사자

신용장거래의 관계당사자는 기본당사자와 기타당사자로 나눌 수 있다.

기본당사자는 신용장거래의 직접적인 권리와 의무를 부담하는 자로서, 개설의뢰인 · 개설은행 · 수익자 · 확인은행(있을 경우) 등이 이에 속한다.[27]

기타당사자는 신용장의 원활한 거래를 위하여 간접적으로 협조하거나 참여하는 자로서, 통지은행, 지급 · 인수 · 매입은행, 보상은행 등이 이에 속한다.

(1) 기본당사자

① 신용장의 개설의뢰인(applicant)은 자신의 거래은행(개설은행)에 수출상 앞으로 신용장개설을 요청하거나 지시하는 자로서, 보통 매수인(buyer), 수입상(importer), 환어음의 지급인(drawee), 대금의 채무자(accountee), 화물의 수화인(consignee), 개설은행의 고객[28](customer) 등으로도 부른다.

그러나 개설의뢰인은 반드시 수입상이나 매수인일 필요가 없다. 제3자가 수입대행을 하면서 개설의뢰인이 되는 경우가 있으며, 또 신용장거래에서 환어음의 지급인은 개설의뢰인이 아닌 개설은행이 되는 경우가 많다.

② 개설은행(issuing bank)은 개설의뢰인의 요청과 지시에 따라 신용장을 개설하고 수익자의 서류나 환어음을 인수 또는 지급할 것을 확약한 은행을 말한다. 개설은행은 신용장에 따른 최종적인 지급의무를 지는 자로서, opening bank, establishing bank, grantor 등으로도 부르며, 개설은행은 자신의 신용장에 따른 지급, 인수 또는 매입의무를 타은행에게 수권하는 경우도 있다.

③ 수익자(beneficiary)는 신용장의 편익을 누리는 자로서, 신용장조건에 일치한 서류를 제시하는 한, 은행에 대하여 지급청구권을 갖는다. 보통 수익자는 매도인(seller), 수출상(exporter), 환어음의 발행인(drawer), 신용 수혜자(accreditee), 신용장의 수신인(addressee), 어음대금의 수취인(payee), 신용장의 사용자(user), 화주(shipper)나 송화인(consignor) 등으로도 부른다.

---

27) 엄격한 의미에서 신용장의 직접당사자는 개설은행과 수익자, 확인은행(있을 경우) 등이고, 개설의뢰인은 신용장 당사자라기보다 이를 위한 개설계약의 당사자일뿐이다.

28) UCC 제5-103조 1항.

양도가능 신용장(transferable credit)의 경우 원수익자(original beneficiary)를 제1수익자(first beneficiary)라고 하고, 신용장을 양도받은 양수인을 제2수익자(second beneficiary)라고 한다. 제2수익자는 여러 명이 될 수 있다.[29)]

④ 확인은행(confirming bank)은 개설은행의 요청으로 취소불능 신용장의 수익자에게 지급, 인수 또는 매입의 은행확약을 추가하는 자를 말한다. 확인은행은 수익자에 대하여는 개설은행과 동일한 입장에 있으므로, 서류가 신용장조건과 일치하게 제시되는 한 지급이행의 의무를 져야 한다.

확인은행은 개설은행의 파산이나 지급불능, 수입국가의 내란이나 전쟁 등으로 대외지급이 정지 또는 지연될 우려가 있을 경우, 수출상의 필요에 따라 개설은행이 해외 본·지점이나 환거래은행에게 지급확약을 추가하도록 요청함으로써 지정되는데, 신용장에는 확인은행이 "We hereby add our confirmation to this credit." 등과 같은 확인문언을 추가하여 수익자에게 교부한다.

(2) 기타 당사자

① 신용장의 통지은행(advising bank)은 개설은행의 지시에 따라 수익자에게 신용장이 개설된 사실과 그 신용장의 내용을 통지하는 은행으로서, 일명 notifying bank, transmitting bank 등으로도 부른다.

통지은행은 상당한 주의를 다하여 신용장의 외관상 진정성을 확인하고 이를 통지할 뿐이며 기타 지급, 인수 또는 매입에 관한 책임을 지지 아니한다. 통지은행의 책임한계에 관하여는 UCP 600에 명시규정을 두고 있다.[30)]

② 지급은행(paying bank)은 수익자가 발행한 환어음에 대하여 지급하도록 수권된 은행으로서, 보통 개설은행의 본·지점이나 개설은행이 지정한 예치환거래은행 또는 개설은행이 대금 전액을 위탁해 둔 은행이 된다. 지급은행은 수익자에게 지급하는 즉시 개설은행에 대하여 대금보상을 청구할 수 있다.

수익자의 환어음이 지급은행 앞으로 발행되었더라도 신용장에 대한 최종책임은 개설은행에게 있으므로, 지정은행이 신용장대금을 지급하지 아니한 경우에는, 개설은행이 대금 전액과 모든 비용을 부담하여야 한다.

③ 인수은행(accepting bank)은 신용장조건에 따라 수익자가 발행한 기한부환어음(usance bill)을 인수하도록 수권된 은행으로서, 환어음을 인수한 경우에는 어음만기일에 반드시 지급할 의무를 진다.

---

29) UCP 600 제38조 d항.

30) UCP 600 제9조 a항~f항.

다만 개설은행에 의하여 지정된 인수은행이 명시적으로 동의하지 아니하는 한, 반드시 인수의 의무를 지는 것은 아니다. 따라서 인수은행이 환어음을 인수하지 아니한 경우에는, 개설은행이 최종책임을 져야 한다.

④ 매입은행(negotiating bank)은 매입신용장이 개설된 경우 환어음이나 서류를 매입[31]하도록 수권된 은행을 말한다. 매입신용장에서 매입은행을 지정하지 아니한 경우에는 모든 은행이 매입은행이 될 수 있다.

매입은행은 환어음이나 서류를 정당하게 매입하는 한, 선의소지인(bonafide holder)으로서, 개설은행의 확약문언에 따라 대금을 보상받을 수 있다.

신용장에서 매입행위를 제한하지 아니한 경우에는, 모든 은행이 수익자의 환어음이나 서류를 매입하여 다른 은행에 재매입할 수 있는데 이때 재매입하는 은행을 재매입은행(renegotiating bank)이라고 한다.

⑤ 연지급 확약은행(deferred payment undertaking bank)은 연지급 신용장이 개설된 경우 환어음 없이 신용장조건에 따라 수익자에게 지급만기일을 기재한 연지급 확약서를 발급하고 만기일에 지급하는 은행을 말한다.

⑥ 보상은행(reimbursing Bank)은 개설은행의 지시에 따라 지급・인수・매입은행(청구은행)에 신용장대금의 보상업무를 대행하는 은행으로서, 보통 제3국에 있는 개설은행의 본・지점이나 예치환거래은행이 되는데, 이를 일명 결제은행(settling bank), 상환은행 등으로도 부른다.[32]

보상은행이 청구은행에 대하여 보상하지 못할 경우에는 최종책임은 개설은행에게 있다. 개설은행은 보상은행의 비용과 이자의 손실을 부담하여야 한다.

2. 매수인과 매도인간의 관계

(1) 대금결제조건(payment term)

매수인과 매도인간의 계약관계는 매매계약상의 대금결제조건에 따라 결정된다. 즉, 매매계약에서 대금결제를 신용장방식으로 합의한 경우에는, 매수인은 먼저 계약조건과 일치한 신용장을 제공하여야 한다. 신용장의 개설은 주계약인 매매계약을 이행하기 위한 정지조건[33](condition precedent)이다.

---

31) "매입"(negotiation)이라 함은 지정은행에게 보상이 이루어져야 할 은행영업일의 당일 또는 이전에 지정은행이 (동 지정은행 이외의 은행 앞으로 발행된) 환어음 및/또는 일치하는 제시하의 서류에 대하여 수익자에게 자금을 선지급하거나 또는 선지급에 합의하는 방법으로 구매하는 것을 말한다(UCP 600 제2조).

32) 이하 reimbursement와 recourse를 구분하여 전자를 '보상', 후자를 '상환'이라 한다.

그러나 매수인이 매도인에게 신용장을 제공하였다 하더라도 매매계약에 따라 부담하는 대금지급의 주채무가 면제되는 것은 아니다. 신용장의 개설은 매수인의 주채무를 갈음할 정도의 절대적인 지급수단이 될 수 없으며, 매도인이 은행으로부터 대금을 회수하지 못할 경우에는 매수인에게 직접 청구할 수 있는 조건부의 지급수단(conditional payment)에 불과하다.

(2) 매수인의 의무

매수인은 계약에 일치한 신용장을 개설하고 은행이 부도된 때에는 직접 대금을 지급할 의무를 진다. 다만 매수인 자신이 이행불능된 때에는 예외이다.

① 매수인은 매매계약에 약정된 기간내에 신용장을 개설해 주어야 한다. 그러나 신용장의 개설시기를 '즉시'(immediately)라고 약정하거나, 또는 그 개설시기를 전혀 약정하지 아니하였거나 '수주일내'(within a few weeks)로만 약정한 경우에는, 상당한 기간내에 신용장을 개설하여야 한다.[34)]

요컨대 신용장은 늦어도 매도인이 선적기간의 초기에 신용장을 사용할 수 있도록 상당한 기간내에 이를 개설해 주어야 한다. 다만 신용장개설을 위한 매도인의 가송장이나 선적준비의 통지가 전제된 경우에는 예외이다.

② 매수인은 계약상에 약정된 종류, 개설장소, 개설은행, 금액한도, 통화단위 등과 일치한 내용의 신용장을 개설해 주어야 한다. 예컨대 신용장을 런던에서 개설하기로 하고 이를 제네바에서 개설하는 것은 계약위반이 된다.[35)]

그러나 계약상에 신용장내용에 관한 약정이 불명확한 경우에는, 해당 지역의 관습이나 당사자간의 거래관행에 따른 내용으로 신용장을 개설하여야 한다.

③ 매수인은 신용장 개설은행이 부도되거나 지급불능 또는 기타의 이유로 대금을 지급하지 못할 경우 최종의 지급책임을 져야 한다. 개설은행이 지급불능되었더라도 매매당사자 사이의 채무관계에는 아무런 변함이 없다.

즉, 매도인의 입장에서는 개설은행의 파산이나 지급거절 등으로 지급받지 못한 경우에는, 매수인에게 손해배상을 청구할 수 있다. 다만 매수인이 이미 은행에 신용장대금을 입금한 경우에는, 개설은행의 지급불능시 매도인은 먼저 부도은행의 청산과정에 참여하여 청구권을 주장하여야 한다.[36)]

---

33) 계약에서 "정지조건"이라 함은 계약의 해제조건(condition subsequent)과 반대되는 개념으로서, 당해 조건이 완성되어야 계약의 효력이 개시되는 것을 말한다.

34) *Garcia v. Page & Co.* (1936) 55 Ll. L. Rep. 391.

35) *Enrico Furst & Co. v. W.E. Fischer* (1960) 2 Lloyd's Rep. 340 at p. 350.

36) *Vivacqua Irmaos S.A. v. Hickerson* 193 Lsa. 495 (1939).

그러나 계약체결시에 당사자가 예견하지 못했던 기초적으로 상이한 사태, 즉 이행불능, 계약목적의 달성불능(frustration), 사정변경이 발생한 경우에는 당해 계약은 소멸되고 당사자 쌍방은 이후의 모든 의무를 면제받는다.

즉, 매수인이 매매계약에서 신용장개설을 약정하고 이를 전후하여 이행불능된 경우에는, 매도인과의 신용장거래에 직접 영향을 미치게 된다.

(3) 매도인의 의무

매도인은 매매계약에 따라서 신용장이 개설되어 그 사용을 완료할 때까지 매수인에 대하여 다음과 같은 계약이행의 의무를 진다.

① 매도인은 매수인이 신용장을 개설할 수 있도록 최선의 협조를 다하고 또 이에 필요한 지시를 하여야 한다. 예컨대 계약시에 확정하지 못한 사항이 있을 때에는, 신용장의 개설시한까지 이를 결정하여 통고해 주어야 한다.

② 매도인은 신용장개설에 앞서 매수인이 계약이행의 담보(은행보증장 등)를 요구해 올 경우 이에 관한 충분한 담보를 제공하여야 한다.

③ 매도인은 선적서류를 지정은행에 하자 없이 적기에 제시하여야 한다. 계약상에 선적기일과 제시기일이 약정되어 있으면, 이는 매도인의 주채무에 해당한다. 이를 해태한 경우 매수인의 계약해제와 손해배상으로 이어진다.[37]

결국 매도인은 계약조건에 따른 신용장의무를 위반한 경우에는, 신용장에 관한 매매계약상의 모든 권리를 포기(waiver)한 것으로 본다.

3. 개설은행과 개설의뢰인간의 관계

매수인이 은행에 신용장개설을 의뢰하고 은행이 승낙함으로써, 당사자간에는 신용장 개설약정이라는 계약이 성립한다. 이는 당사자간의 법률관계를 결정하는데, 실무에서는 신용장 개설신청서와 외국환거래약정서로 대체하고 있다.

(1) 신용장 개설약정

신용장 개설약정은 매매계약과는 전적으로 독립되어 있으며, 이는 개설은행과 개설의뢰인 사이에 존재하는 하나의 상사계약, 즉 당사자간의 약정으로부터 발생하는 모든 법적 권리와 의무를 의미하는 것이다.

즉, 신용장 개설약정은 기존의 법체계에 따라 대리·고용·도급·위임 또는

37) Johannes C.D. Zahn, *Zahlung und Zahlungssicherung im Aussenhandel*, 5th ed., Walter de Gruyter & Co., 1976, SS. 38~39.

사무처리계약 등의 입장에서 해석하는 것이 일반적이다. 그러나 신용장 개설약정은 기존의 전형계약에 바탕을 두고 있으나, 어음·수표가 기존의 상법으로부터 분리되어 독자적인 법체계를 갖추고 있듯이 신용장제도에서도 이미 고유의(*sui generis*) 규칙이 적용되고 있기 때문에, 이를 위한 신용장 개설약정도 특수한 형태의 상사계약의 하나로 보는 것이 타당하다.

(2) 개설은행의 의무

① 신용장의 개설은행은 신용장 개설약정에 합의된 내용에 따라 신용장을 개설하여야 한다. 즉, 개설은행은 신용장을 개설하고 수익자에게 이를 통지할 의무를 개설의뢰인에 대하여도 부담한다는 것이다.

신용장 개설약정에 신용장의 개설시기가 불명확한 경우에는, 상당한 기간내에 이를 개설하여야 한다. 즉, 개설은행은 수익자가 물품을 선적하고 신용장에 의한 지급을 보장받을 수 있는 충분한 기간내에 이를 개설하여야 한다.

다만 개설은행이 신용장개설의 전제조건으로 매수인에게 일정한 보증금의 적립이나 다른 담보물의 제공을 지정한 경우에는 예외이다.

② 개설은행은 합의된 신용장 개설약정에 따라 개설의뢰인의 대리인(agent)으로서, 개설의뢰인의 모든 지시사항을 엄격히 준수하여야 하며, 은행은 결코 독자적인 판단으로 이를 불이행하거나 위반할 수 없다.

그러나 개설의뢰인의 지시사항이 불명확한 경우에는 은행의 책임을 면하게 한다. 다만 불명확한 지시를 받은 은행은 수익자에게 사전통지할 때 그것이 통지은행의 책임 없이 단순한 정보로서 제공된다는 것을 밝혀야 한다.[38)]

특히 은행은 개설의뢰인의 지시사항에 따라 취소불능 신용장이 개설된 이후에는 그 지시사항을 일방적으로 변경하거나 취소할 수 없다.

③ 개설은행은 신용장 개설약정에 따라 신용장서류의 명세와 그 정규성을 심사하여야 한다. 은행의 의무는 서류의 문면상 일치성(conformity on their face)을 확인하는 것만을 의미한다. 즉, 은행은 서류의 형식적인 심사의무만을 부담하는 것이며, 서류의 실질적인 심사의무까지 부담하는 것은 아니다.

은행은 서면표시로 거래할 뿐이며, 결코 사실로써 거래하지 아니한다. 즉, 은행은 '서류만에 기초하여'(on the basis of the documents alone) 서류가 신용장조건에 일치하는가를 심사하여야 한다. 물품이 선적되었는지의 여부는

---

38) Boris Kozolchyk, *Commercial Letters of Credit in the Americas*, Matthew Bender & Co., 1976, pp. 215~216 ; ISBP 681 Para. 2 and UCP 600 Art. 9(f).

은행의 위험이 아니다. 개설의뢰인은 서류 이외의 사유로 지급거절할 수 없다.

한편 은행은 다음과 같이 서류의 효력, 서류의 송달, 업무 중의 불가항력, 타 은행의 지시불이행 등에 관하여는 책임을 지지 아니한다.[39]

① 서류의 효력과 관련하여 은행은 서류의 형식, 충분성, 정확성, 진정성, 위조 또는 법적 효력, 서류상의 조건, 물품의 명세, 수량, 품질, 상태, 포장, 인도, 가치 또는 존재 여부, 기타 당사자의 성실성, 작위와 부작위, 지급능력, 채무이행 또는 재정상태 등에 대하여 면책된다.

② 은행은 서신, 전신 또는 서류의 송달에 따른 사고에 대하여 아무런 의무 또는 책임을 지지 아니하며, 또 신용장상의 용어들을 수익자 국가나 기타 통지 국가의 언어로 번역함이 없이 송달할 수 있다.

③ 은행은 천재지변, 전쟁, 동맹파업, 테러(terrorism) 등의 불가항력에 의한 은행업무의 중단에 대하여 아무런 의무 또는 책임을 지지 아니한다. 은행이 업무를 재개하더라도 업무중단 동안에 만기된 신용장은 효력을 갖지 못한다.

④ 개설은행이 개설의뢰인의 지시를 이행하기 위하여 타은행의 서비스를 이용할 때 그 비용과 위험은 개설의뢰인의 부담으로 한다. 또 신용장의 개설과 관련하여 외국의 법률과 관행에 따른 모든 책임은 은행이 이를 부담하지 아니하며, 이는 궁극적으로 개설의뢰인의 부담에 속한다.

(3) 개설의뢰인의 의무

신용장 개설의뢰인은 개설은행과 체결한 신용장 개설약정에 따라 개설은행에게 지급 또는 인수의 담보(security), 은행의 서비스와 금전의 대여에 대한 각종 수수료와 이자를 지급하고 수입대금 등을 보상할 의무를 진다.

① 개설의뢰인은 약정된 대로 신용장개설을 위한 담보이익을 제공하여야 한다. 개설의뢰인이 개설은행에게 담보이익을 제공하는 방법은 여러 가지가 있을 수 있다. 즉, 사전에 일정액의 현금 또는 담보물(collateral)을 예치하거나 기타의 폐쇄계정(blocked account)에서 이를 이체하는 방법, 또는 사후에 물품에 대한 권리증권이나 저당증서를 제출하는 방법 등이 있다.

② 개설의뢰인은 개설은행이 신용장업무를 수행한 서비스와 신용을 공여한 대가로 은행수수료와 이자를 지급하여야 한다.

여기서 "은행수수료"(banking charges)라 함은 개설의뢰인의 지시를 이행할 목적으로 신용장을 개설·변경·확인·통지하거나, 또는 수익자의 환어음을

39) UCP 600 제34조~제37조.

지급 · 인수 · 매입하는 사무처리의 모든 경비를 포함하는 것이고, 또 "이자"라 함은 개설은행이 신용을 공여한 때부터 개설의뢰인이 최종적으로 대금보상을 완료한 때까지의 은행금리를 적용하여 환산한 모든 금액을 말한다.

③ 개설의뢰인은 개설은행에 대금을 보상하고 선적서류를 인수하여야 한다. 개설의뢰인이 부담할 대금보상의 한도는 신용장금액의 전액에 수수료, 이자, 확인은행의 추심료, 채무발생일로부터 지급일까지의 환율변동비용뿐만 아니라, 기타 은행의 환위험회피(hedging) 수수료 등을 포함하는 것이다.

따라서 개설은행이 정당하게 지급한 후 개설의뢰인이 지급불능되거나 일방적으로 신용장의 취소 또는 대금보상을 거절하는 경우에는, 개설은행은 채권회수를 위하여 자신의 점유하에 있는 담보물을 처분할 수 있다.

4. 개설은행과 수익자간의 관계

신용장거래에서 가장 중심에 있는 당사자는 개설은행과 수익자이다. 이들간의 계약관계는 신용장(L/C) 자체에 기초하여 결정된다. 수익자는 이외의 은행 상호간 또는 개설의뢰인과 개설은행간에 존재하는 계약관계를 원용하여 개설은행에 대항할 수 없으며, 이는 개설은행의 경우도 마찬가지이다.

특히 취소불능 신용장(irrevocable credits)이 개설된 경우에는, 개설은행의 확약은 절대적인 구속력을 갖는다. 따라서 이 책에서는 취소불능 신용장을 중심으로 그 법적 성질과 당사자간의 의무사항에 관하여 논하고자 한다.

(1) 취소불능 신용장의 본질

취소불능 신용장은 개설은행에 의한 계약관계의 청약으로서, 그것이 수익자에게 통지된 때에는 이를 철회할 수 없다. 그러나 취소불능 신용장이 어떠한 성질의 계약관계를 성립시키는가에 관하여는 논란이 있을 수 있다.

즉, 취소불능 신용장의 법적 성질에 관하여는 여러 가지의 해석이 있어 왔다. 예컨대 신용장을 보증설, 제 3 자를 위한 계약설, 금반언설(estoppel), 계약청약설, 권리보류설 등의 다양한 입장에서 이해하고자 한 경우가 있었다.

그러나 주목받는 학설은 신용장을 상관습에 기초하여 해석하고자 한 상업적 날인증권설(mercantile specialty)이다. 이 학설은 미국의 Finkelstein이 주창한 것으로서, 신용장을 어음 · 수표와 같이 약인을 요하지 아니하는 무인의 유통증권, 즉 상업적 날인증권의 일종으로 본다.[40] 어음 · 수표가 고유의 규칙을 갖고 있는 특수계약인 것처럼 신용장도 무인의 특수계약이라는 것이다.

신용장에 관한 법조직은 이미 실정법에서 독립하여 고유의(*sui generis*) 법리가 형성되었거나 형성되고 있기 때문에, 신용장을 신종의 상업적 날인증권으로 보는 해석이 당사자간의 계약관계를 가장 명확하게 규명하면서 기존 또는 미래의 법률과 적절히 조화를 이룰 수 있을 것이다.

어음·수표가 그 경제적인 필요에 따라 독립된 법조직을 갖추고 있듯이 신용장도 거래의 특수성을 갖고 발전되어 온 만큼 기존의 법조직으로부터 분리·독립된 고유의 법률관계에서 이해하는 것이 바람직하다.

(2) 개설은행의 의무

신용장은 그 조건과 일치하게 발행된 환어음이나 서류를 수리한다는 개설은행의 확약이다. 서류가 신용장과 일치하게 제시되는 한, 개설은행은 이를 수리하고 지급이행할 의무가 있다. 신용장에 의거한 개설은행의 의무는 일반적인 계약관계에 의거한 채무자의 경우와는 달리 그 고유의 특수성을 지닌다.

① 개설은행은 수익자에게 신용장을 개설·통지하여야 한다. 수익자는 약정된 대로 신용장을 통지받지 못하면 매매계약에 따라 개설의뢰인에게 손해배상을 청구하게 되고, 개설의뢰인은 신용장 개설약정에 따라 개설은행에게 지시불이행에 대한 손해배상을 청구하는 결과로 이어질 수 있다.

② 개설은행은 수익자의 서류가 신용장조건과 일치하는 한, 기타 계약의 이행 여부와는 관계 없이 이에 지급이행하여야 한다.[41] 개설은행은 수익자에 대하여 자신의 확약문언에 따른 지급의무를 이행하여야 한다. 즉, 수익자의 입장에서는 선적서류나 환어음을 신용장조건과 일치하게 제시하는 한, 은행에 대하여 절대적인 지급청구권을 행사할 수 있다.

그러나 서류가 외관상 신용장조건과 일치하지만 그것이 사기성(fraudulence)을 갖고 있는 경우에는 예외이다. 이 경우 수익자의 사기는 명백한 증거로 입증되어야 한다. 개설은행은 단순히 수익자의 사기에 대한 의혹만으로는 지급의무를 거절할 수 없으며, 또 개설은행은 수익자가 서류의 사기에 대하여 전혀 몰랐을 경우에도 이에 지급의무를 이행하여야 한다.[42]

40) H.N. Finkelstein, *Legal Aspects of Commercial Letters of Credit*, N.Y., 1930, p. 289.
41) UCP 600 제4조 a항과 제7조 c항.
42) *Sztejn v. J. Henry Schroder Banking Corporation* 31 N.Y.S. 2d 631 (1941).

(3) 수익자의 의무

수익자의 청구권은 신용장조건을 엄격히 이행하는 것을 전제로 한다. 다만 수익자의 의무사항은 어디까지나 자신의 청구권을 행사하기 위하여 준수하는 것이기 때문에, 이는 소위 간접의무에 속한다고 할 수 있다.

① 수익자는 지급청구에 있어서 이후 모든 관계당사자에게 신용장조건에 엄격히 일치한 서류와 환어음을 제시한다는 것을 담보할 책임이 있다.

즉, 수익자는 물품을 적기에 선적하고 선적서류와 환어음을 하자 없이 은행에 제시하여야 한다. 이러한 담보책임(warranties)을 위반한 경우에는, 수익자는 신용장에 따른 어떠한 청구권도 갖지 못한다.

② 수익자는 신용장대금을 회수한 후에도 은행이 지급금에 대한 상환청구권(recourse)을 행사할 때 이를 보증하여야 할 경우가 있다. 예컨대 인수된 서류가 수익자의 사기 또는 허위로 입증된 경우 등이다.

개설은행의 서류 수리가 최종적이라고 하지만, 서류가 수익자의 명백한 사기이거나 또는 수익자의 하자보상장을 받고 이루어진 경우에는, 예외적으로 은행의 상환청구권이 인정되고 수익자는 이러한 청구권을 보증할 의무가 있다.

5. 중간은행들의 법적 지위

개설은행이 신용장의 통지에서 수익자의 서류를 수리완료하기까지 중간은행의 서비스를 이용한 경우에는, 통지은행과 매입은행은 각각 신용장거래와 관련하여 개설은행, 수익자 등에 대하여 일정한 법률관계를 형성하게 된다.

(1) 통지은행의 법적 지위

통지은행은 신용장의 통지업무에 임하여는 신용장의 외관상 진정성을 확인하기 위한 상당한 주의를 다하여야 하며, 또 확인은행을 겸할 경우에는 수익자에 대하여 개설은행과 동일한 지급확약을 추가하여야 한다.

① 통지은행은 개설은행에 대하여는 위탁·대리관계 또는 지시관계에 있다. 즉, 통지은행은 개설은행의 지시를 수익자에게 안전하고 정확하게 전달할 의무가 있다. 그러나 개설은행의 지시가 불완전하거나 불명료한 경우에는, 아무런 책임 없이 이를 단순한 정보사항으로 수익자에게 예고할 수 있다.[43]

또 통지은행이 개설은행으로부터 환어음 지급지시나 확인의 추가를 요청받

43) UCP 600 제9조 a항과 f항.

고 그 지시를 완수한 경우에는, 개설은행에 대하여 보상청구권을 갖는다.

② 통지은행은 수익자에 대하여는 신용장상의 지급채무를 부담하지 아니하지만, 정확한 내용의 신용장을 전달할 의무를 진다. 즉, 수익자가 통지은행의 부주의로 잘못 전달된 정보에 따라 서류를 제시하여 개설은행으로부터 수리거절된 경우에는, 통지은행은 이에 대한 책임을 져야 한다.[44]

③ 통지은행은 개설의뢰인에 대하여는 아무런 계약관계에 있지 아니한다. 즉, 통지은행의 지정에 개설의뢰인이 적극 개입하였더라도, 이들 양자간에는 어떠한 법적인 계약관계도 성립하지 아니한다.

(2) 매입은행의 법적 지위

신용장조건에 따라 서류나 환어음을 유가로 소지하고 있는 은행을 매입은행이라고 하는데, 매입은행은 당해 신용장과 유통증권법에 따라 어음소지인으로서 개설은행, 수익자 등에 대하여 일정한 권리를 갖는다.

① 매입은행은 신용장조건에 따라 환어음을 매입한 경우에는 어음지급인인 개설은행에 대하여 일정한 계약관계를 갖는다. 즉, 매입은행은 문면상 일치한 서류를 제시하는 한, 개설은행에게 대금보상을 청구할 수 있다.

② 매입은행은 신용장조건에 따라 환어음을 매입한 경우에는 어음발행인인 수익자에 대하여도 일정한 권리를 행사할 수 있다. 즉, 매입은행은 소지한 환어음이 부도된 경우 발행인에 대한 상환청구권(recourse)을 갖는다.

③ 매입은행과 개설의뢰인간에는 어떠한 계약관계도 존재하지 아니한다. 따라서 매입은행은 개설의뢰인과 개설은행간에 존재하는 계약관계를 원용하거나 이에 따를 의무가 없으며, 개설의뢰인의 경우도 마찬가지이다.

제 3 절 신용장의 종류

신용장은 오랜 상관습에 따라 여러 가지의 형태로 변화 발전되어 왔다. 따라서 상업신용장은 그 기능과 성격 및 용도 등을 기준으로 하여 다양하게 분류할 수 있으며, 하나의 신용장에도 여러 가지의 성격이 복합되어 있다.

44) *Hedley, Byrne & Co. v. Heller & Partners Ltd.* (1964) A.C. 645.

1. 취소불능 신용장

신용장은 개설은행이 일방적으로 그 조건을 변경하거나 취소할 수 있느냐에 따라 취소불능 신용장과 취소가능 신용장으로 나누어진다. UCP 600부터는 신용장상에 취소가능 여부의 명시의무가 삭제되었으므로(제3조), 신용장은 그것이 취소가능하다는 특별한 명시가 없는 한, 당연히 취소불능한 것이 된다.

① "취소불능 신용장"(irrevocable credit)이라 함은 신용장조건에 일치한 서류가 제시되면 이에 대금을 지급하겠다는 개설은행의 확약(definite undertaking)으로서 개설은행, 확인은행(있을 경우) 및 수익자 전원의 합의 없이는 결코 그 조건을 변경하거나 취소할 수 없는 신용장을 말한다.[45]

따라서 개설은행은 취소불능 신용장을 개설한 경우에는 일방적으로 이를 변경하거나 취소할 수 없으며 수익자에 대하여 절대적 지급채무를 지게 되고, 수익자는 개설은행에 대하여 독립·추상성에 의한 청구권을 갖게 된다.[46]

② "취소가능 신용장"(revocable credit)이라 함은 개설은행이 수익자에게 사전통고 없이 언제라도 그 조건을 변경하거나 취소할 수 있는 신용장을 말한다. 오늘날 이러한 신용장은 의미가 없으며, 실무에서도 사용되지 아니한다.

2. 확인신용장

① "확인신용장"(confirmed credit)이라 함은 개설은행 이외의 제3은행이 개설은행의 요청에 따라 별도로 수익자에게 지급, 인수 또는 매입의 확약을 추가한 신용장을 말한다. 확인은행의 확약 추가는 개설은행의 확약을 단순히 보증하는 것이 아니라 개설은행의 확약과는 독립된 지급약속을 구성한다.

신용장의 확인은 대부분 수출국에 있는 개설은행의 환거래은행이 개설은행의 요청에 따라 신용장을 통지하면서 이를 추가하게 된다. 통지은행이 확인을 추가하여 신용장을 통지하게 되면, 이로 인하여 통지은행은 환어음의 발행인, 배서인 및 선의소지인에 대하여 개설은행과 동등한 책임을 지게 된다.

② 제3은행의 확인을 추가함이 없이 개설은행의 확약만으로 통지되는 모든 신용장은 "무확인신용장"(unconfirmed credit)이라고 한다. 또 신용장에서 제

---

45) "Except as otherwise provided by article 38, a credit can neither be amended nor cancelled without the agreement of the issuing bank, the confirming bank, if any, and the beneficiary."(UCP 600 Art. 10(a)).

46) 小峯 登, 信用狀 統一規則 - 逐條解說とその問題点(上), 外國爲替貿易硏究會, 1977, p. 179.

3은행의 확인 여부가 불명확한 경우에도 이를 무확인신용장으로 보며, 실무에서는 화환신용장의 약 90%가 무확인신용장의 형태로 개설되고 있다.

3. 매입신용장과 지급신용장

신용장에 의한 대금결제방법에는 지급(payment), 연지급(deferred payment), 인수(acceptance), 매입(negotiation) 등이 있는데, 이러한 대금결제방법에 따라 신용장은 크게 매입신용장과 지급신용장으로 나눌 수 있다.

① "매입신용장"(negotiation credit)이라 함은 수익자가 발행한 환어음이 매입될 것을 예상하여 개설은행이 수익자뿐만 아니라 배서인과 선의소지인에게도 지급확약을 확대한 신용장을 말한다. 매입신용장에는 매입은행에 대한 제한 여부에 따라 제한매입 신용장과 자유매입 신용장 등이 있다.

i) 제한매입 신용장(restricted or special credit)은 환어음의 매입은행으로서 어느 특정은행을 지정해 둔 신용장을 말한다. 이러한 경우 지정은행만이 수익자의 환어음을 매입하고 개설은행에게 대금보상을 청구할 수 있다.

ii) 자유매입 신용장(freely negotiable credit)은 수익자가 매입은행을 자유로이 선택할 수 있도록 매입은행의 제한을 두지 아니한 신용장을 말한다. 이때 환어음을 매입한 모든 은행은 개설은행에게 대금보상을 청구할 수 있다.

② "지급신용장"(straight credit)이라 함은 배서인이나 선의소지인에 대한 약정 없이 단지 수익자가 개설은행이나 지정은행에 직접 환어음을 제시하면 지급하겠다는 약정만이 있는 신용장을 말한다. 지급신용장에는 지급기일을 정하는 방법에 따라 일람출급 신용장과 연지급 신용장 등이 있다.

i) 일람출급 신용장(sight credit)은 수익자가 신용장조건과 일치하는 서류를 신용장에서 지정한 지급은행에 제시하면 즉시 이와 상환으로 지급하도록 약정된 신용장을 말하는데 이에 관한 상세한 내용은 후술하기로 한다.

ii) 연지급 신용장(deferred payment credit)은 신용장조건과 일치하는 서류를 신용장에서 지정한 연지급은행에 제시하면 만기일에 지급한다고 약정된 신용장을 말한다. 연지급 신용장에서는 환어음의 발행을 요하지 아니한다.

4. 일람출급 신용장과 기한부 신용장

일반적으로 신용장은 지급기간의 만기일을 결정하는 방법에 따라 일람출급

신용장, 기한부 신용장, 할부지급 신용장 등으로 나눌 수 있다.

① "일람출급 신용장"(sight credit)이라 함은 수익자가 일람출급 환어음이나 선적서류를 개설은행, 확인은행 또는 지정은행에 제시하면 이를 일람한 즉시 지급한다고 약정된 신용장을 말한다.

일람출급 신용장은 환어음이나 선적서류의 일람출급이 있기 이전에 제3은행이 이를 매입할 수 있도록 허용하는 경우도 있고 이를 허용하지 아니하는 경우도 있다. 무역거래에서 가장 빈번하게 사용하고 있는 형태는 일람출급 환어음(sight draft)의 매입을 허용하는 신용장이다.

② "기한부 신용장"(usance credit)이라 함은 수익자가 선적서류와 함께 기한부 환어음을 제시하면 이를 인수하고 그 만기일에 지급한다고 약정된 신용장을 말한다. 기한부 신용장에는 환어음의 인수은행이 지정된 인수신용장과 환어음의 매입이 허용된 기한부 매입신용장 등이 있다.

i) 인수신용장(acceptance credit)의 경우 수익자가 지정은행에게 선적서류와 함께 기한부 환어음을 제시하면, 인수은행은 이를 인수하고 만기일에 지급하여야 한다. 이에 따라 발행된 환어음은 제3은행이 매입할 수 없다.

ii) 기한부 신용장은 어음기간에 대한 신용공여(usance)를 누가 부담하느냐에 따라 shipper's usance와 banker's usance로 나누어지는데, 전자는 어음기간의 이자를 수출상이 부담하고 후자는 개설은행이 부담한다. 특히 후자의 경우 수출상은 일람출급조건처럼 은행에서 수출대금을 즉시 회수할 수 있다.

③ 할부지급 신용장(payment by instalment credit)이라 함은 기한부 신용장의 일종으로 신용장에서 지급만기일을 각각 지정한 복수의 기한부 환어음을 요구하는 신용장을 말한다. 이 때 환어음은 각각의 만기일이 도래하여야 지급되므로 수회에 걸쳐 할부방식으로 대금지급이 이루어지는 것이다.

5. 양도가능 신용장

"양도가능 신용장"(transferable credit)이라 함은 원수익자가 지정은행에 대하여 신용장의 전부 또는 일부를 제2수익자에게 양도하도록 요청할 수 있게 허용된 신용장을 말한다.[47] 이러한 허용문언이 없는 신용장을 "양도불능 신용

47) "Transferable credit means a credit that specifically states it is "transferable". A transferable credit may be made available in whole or in part to another beneficiary ("second beneficiary") at the request of the beneficiary." (UCP 600 Art. 38(b)).

장"(non-transferable credit)이라 한다. 신용장의 양도조건은 제한되어 있다.

① 신용장을 양도하기 위하여는 신용장상에 반드시 "transferable"이라는 명시가 있어야 하며(UCP 600 제38조 b항), 기타 divisible, fractionable, assignable, transmissible 등의 유사한 용어로는 양도가능 신용장이 되지 못한다.

② 신용장의 양도는 지급, 인수 또는 매입하도록 수권된 은행(양도은행)만이 취급할 수 있으며, 양도은행이 동의한 범위와 방법에 따라서만 가능하다.

③ 신용장의 양도는 1회에 한하고 제2수익자는 이를 다른 자에게 재양도할 수 없다. 제2수익자가 양도분을 원수익자에게 반환하는 것은 무방하다.

④ 양도신용장의 조건은 원신용장의 조건과 동일하게 양도하여야 한다. 다만 신용장금액, 단가, 유효기일, 서류의 제시기일, 선적기일 등은 감액 또는 단축할 수 있고, 각 양도분에 대한 부보금액은 원신용장만큼 증액할 수 있으며, 개설의뢰인의 명의도 제1수익자의 명의로 대체할 수 있다.

⑤ 신용장의 양도에 소요된 양도은행의 모든 경비는 별도의 합의가 없는 한, 제1수익자의 부담에 속한다.

반면에 제1수익자는 제2수익자의 송장을 자신의 송장으로 대체하고 차액을 향유할 수 있으며, 양도신용장의 매입기일과 장소를 선택할 수 있다. 다만 제1수익자의 송장대체권은 양도은행이 요구한 즉시 행사하여야 한다.

6. 내국신용장

"내국신용장"(local credit)이라 함은 수출상이 외국에서 받은 원신용장을 견질로 하여 국내은행에 별도로 요청하여 개설된 신용장을 말한다. 내국신용장은 domestic credit, secondary credit, subsidiary credit 이라고도 하며, 이때의 원신용장은 master credit, original credit, prime credit 이라고 한다.

내국신용장은 수출용 원자재의 국내조달을 촉진시키기 위한 제도로서 앞의 양도가능 신용장과도 유사한 면이 있으나, 이와 본질적으로 다르다.

즉, 내국신용장은 수출상이 받은 원신용장을 견질로 개설되지만 이와는 독립된 별개의 신용장이고, 국내 공급업자는 수입국의 개설은행으로부터 지급확약을 받는 것이 아니라 수출국의 국내은행으로부터 지급확약을 받을 뿐이다.

따라서 내국신용장을 개설할 때에는 양도가능 신용장과는 달리 원신용장의 조건을 임의로 변경하여 새로운 신용장을 공급업자에게 제공할 수 있다. 다만

우리나라 내국신용장의 거래도 국제규칙인 UCP 600에 따라야 한다.[48]

수출상의 입장에서는 국내 공급업자(수출실적으로 인정됨.)에 대하여 대외거래의 비밀을 유지하고 수출마진을 위하여는 양도가능 신용장을 이용할 때 보다 내국신용장을 이용하여 수출품을 조달하는 것이 더 편리할 수 있다.

7. 보증신용장

"보증신용장"(standby credit)이라 함은 고객이 해외의 자금대출이나 건설공사 등의 대규모 프로젝트 분야에서 현지은행이나 채권자 앞으로 채무불이행에 대한 보증용으로 요청하여 본국의 거래은행이 개설하는 신용장을 말한다.

즉, 보증신용장은 개설은행이 신용장 유효기일내에 일람출급 환어음과 고객의 채무불이행을 입증하는 진술서(certificate of default)를 제시하면 수익자(채권자)에게 신용장대금을 지급할 것을 확약하는 증서를 말한다.[49]

보증신용장은 화환신용장(documentary credit)과 대비되는 개념으로 이해할 수 있다. 화환신용장은 개설은행이 수익자의 환어음에 선적서류(선화증권 등)를 첨부한 화환어음의 제시를 요구하고 있지만, 보증신용장은 선적서류 대신에 수익자의 채무불이행 진술서의 제시를 요구하고 있다.

보증신용장은 은행보증서(bank guarantee)와 유사하지만 법률상으로는 주채무와 독립된 확약이라는 점에서 차이가 있으며, 이 제도는 1970년대 중반부터 전세계적으로 확산되고 관련 국제규칙과 협약이 마련되어 있다.

대표적으로 ICC는 UCP 600에서 보증신용장을 그 적용범위에 포함시켰고, 별도의 '요구불보증 통일규칙'(Uniform Rules for Demand Guarantees 2010: URDG 758)을 두고 있으며, 또 UNCITRAL에서는 1995년 12월에 '독립적 보증서와 보증신용장에 관한 유엔 협약'(United Nations Convention on Independent Guarantees and Stand-by Letters of Credit) 등을 제정·공포하였다.

---

48) 외국환거래약정서 양식 제1조와 제8조.

49) B. Wunnicke, D.B. Wunnicke and P.S. Turner, *Standby and Commercial Letters of Credit*, 2nd ed., John Wiley & Sons, 1996, pp. 16~17.

8. 특수신용장

(1) 상환청구불능 신용장

"상환청구불능 신용장"(without recourse credit)이라 함은 수익자의 환어음이 개설은행에 의하여 수리거절되더라도 이를 소지한 매입은행이 그 발행인(수익자)에게 상환청구권을 행사할 수 없도록 개설된 신용장을 말한다.

상환청구불능 신용장은 반드시 "without recourse"의 문언을 기재하여야 하며, 기타 모든 경우는 상환청구가능 신용장(with recourse credit)으로 본다.

상환청구가능 신용장은 환어음이 개설은행에 의하여 거절되면 매입은행이 수익자에게 상환청구권을 행사할 수 있는 신용장을 말한다. 다만 이러한 경우에도 개설은행이나 확인은행의 상환청구권은 인정하지 아니한다.[50)]

우리나라의 경우 어음법에서 어음소지인은 항상 상환청구권(소구권)을 행사할 수 있도록 하고 있다(제9조). 즉, 국내에서는 실정법상 상환청구불능의 신용장을 인정하지 아니하고 있으므로, 매입은행은 신용장상에 상환청구를 금지하는 문언이 있더라도 부도된 환어음의 상환청구권을 행사할 수 있다.

(2) 회전신용장

"회전신용장"(revolving credit)이라 함은 수출상과 수입상이 동종의 물품을 상당기간 반복하여 거래할 경우 처음 1회 신용장을 개설한 후 일정한 기간이 지나면 동일한 내용으로 효력이 갱생(회전)하도록 개설된 신용장을 말한다.

회전신용장은 물품을 선적하면 다음의 신용장금액이 자동으로 갱생되기 때문에 신용장의 반복개설에 따르는 비용, 시간과 노력을 절약할 수 있다.

회전신용장은 신용장금액의 미사용 잔액을 차기에 이월하도록 하고 있는지의 여부에 따라 누적 회전신용장(cumulative revolving credit)과 비누적 회전신용장(non-cumulative revolving credit)으로 나눌 수 있다.

신용장의 갱생기간을 정하는 방법은 ① 개설은행의 환어음 지급통지가 있을 때, ② 환어음 매입후 상당기간이 경과하여도 부도통지가 없을 때, ③ 월력상의 일정기간이 경과한 때 자동적으로 갱생되도록 하는 방법 등이 있다.

(3) 선대신용장

"선대신용장"(packing credit)이라 함은 매입은행으로 하여금 수출상에게 선

---

50) UCP 600 제7조 a항과 제8조 a항 ii호.

적전에 수출대금을 선대할 수 있도록 수권하는 문언이 기재된 신용장으로서, 이러한 문언이 적색으로 표시된다고 하여 "red clause credit"이라고도 한다.

선대신용장은 수입상이 물품 수요가 많아서 수출상에게 물품의 생산, 집화 또는 포장에 필요한 자금을 미리 제공하고자 할 경우에 주로 사용한다. 이러한 신용장조건에 따른 선대금 회수불능의 위험은 수입상이 부담한다.51)

(4) 연장신용장

"연장신용장"(extended credit)이라 함은 ① 수출대금을 선적 전에 선지급하도록 하는 조건과 ② 선적서류를 매입하면 신용장금액이 자동으로 갱생하도록 하는 조건이 기재된 신용장을 말한다. 즉, 연장신용장은 선대신용장(packing credit)과 회전신용장(revolving credit)의 특성을 결합한 형태의 신용장이다.

(5) 대응신용장

"대응신용장"(back to back credit)이라 함은 수출신용장을 담보로(backed) 하여 수익자가 자신의 거래은행에게 물품 공급업자 앞으로 이에 대응하는 제2의 신용장을 개설하는 것을 전제조건으로 하는 신용장을 말한다.

대응신용장은 수입상과 수출상간의 구상무역에 사용하기도 하고, 물품 공급업자가 수출국내에 있을 경우에는 내국신용장처럼 사용한다. 이 신용장은 미국에서 많이 사용하고 있으나, 현실적으로 제1신용장과 제2신용장의 거래조건을 조화시키는데 어려움이 있으므로 영국에서는 일반화되지 않고 있다.52)

(6) 기탁신용장과 토마스 신용장

① "기탁신용장"(escrow credit)이라 함은 국가간의 무역불균형을 해소할 목적으로 수출상이 물품을 선적한 후 수출대금을 직접 지급받는 것이 아니라 이를 기탁계정에 기탁하여 두었다가 수입상으로부터 다른 물품을 수입할 때의 결제대금으로만 사용할 수 있도록 지정한 신용장을 말한다.

② "토마스 신용장"(TOMAS credit)이라 함은 구상무역에 이용하지만 양측이 동시에 신용장을 개설하도록 하는 것이 아니라, 한쪽이 먼저 신용장을 개설하고 상대방은 일정기간 후에 동액의 신용장을 개설하겠다고 보증서를 발급하는 것을 전제조건으로 하는 신용장을 말한다. 즉, 상대방이 일정기간 후에 동액의 신용장을 개설하겠다는 보증서를 발급해 주어야 효력이 발생한다.

---

51) *Oelbermann v. National City Bank of New York*, 79 F. 2d 534 at p. 537 (1935).

52) Gutteridge and Megrah, *op. cit.*, p. 14.

(7) 통과신용장

"통과신용장"(transit credit)이라 함은 수입국과 수출국간에 환거래계약이 없고 양국이 사용하는 통화가 국제결제통화가 아닌 경우 양국의 은행과 동시에 환거래계약을 맺고 있는 제3국의 신용도가 높은 은행에서 제3국의 국제통화로 개설하고 대금결제도 제3국을 통하도록 기재한 신용장을 말한다.

따라서 신용장에서 환어음은 제3국의 은행 앞으로 발행하도록 하지만, 선적서류는 수입국의 은행으로 직송하여 수입상이 물품을 찾을 수 있도록 한다.

(8) 보상신용장

"보상신용장"(reimbursement credit)이라 함은 개설은행이 자신의 예금구좌가 있는 예치환거래은행(depositary correspondent bank)을 매입은행에 대한 보상은행(reimbursing bank or settling bank)으로 지정하여 매입은행으로 하여금 지정된 보상은행에 보상청구하도록 개설된 신용장을 말한다.

제 4 절 신용장 통일규칙(UCP) 등

1. UCP의 의의와 연혁

(1) UCP의 의의

화환신용장은 매도인과 매수인간의 물품인도와 대금지급을 원활히 할 수 있도록 은행이 중간에 개입한 지급확약서를 말하며, 신용장거래에 관하여 ICC(국제상업회의소)가 제공한 국제적인 통일규칙을 "UCP"(Uniform Customs and Practice for Documentary Credits : 화환신용장 통일규칙 및 관례)라고 한다.

최근에는 국제운송시장에 컨테이너와 복합운송방식이 정착되고 무역거래의 모든 분야에서 컴퓨터와 혁신적인 통신기술이 활용됨으로써, 21세기는 본격적인 EDI(전자자료교환) 전자무역의 시대를 맞이하고 있다.

특히 세계 190여개국의 7,000여 외국환은행이 신용장 등에 관한 모든 금융통신업무를 SWIFT (Society of Worldwide Interbank Financial Telecommunications : 세계은행간금융전신망)에 의하여 처리하고 있다.

ICC 은행위원회는 이러한 시대변화에 부응하여 2003년부터 UCP의 제6차 개정작업에 착수한 후 2006년 10월에 'UCP 600'을 공포하고 2007년 7월 1일부터 이를 시행하고 있으며[53], 또 UCP 600을 보충하기 위한 eUCP(전자식제시보칙)와 ISBP(국제표준은행관습) 등도 개정하여 동시에 시행하고 있다.

(2) UCP의 제정 및 개정

근대무역이 시작된 후 신용장의 이용도가 높아지면서, 유럽과 미국을 중심으로 신용장의 통일화 운동이 전개되었으며, 각국은 신용장규약을 마련하였다. 각국의 신용장규약은 국제규칙인 UCP를 탄생시키는 바탕이 되었다.

① ICC(국제상업회의소)는 산하에 은행위원회(Banking Committee)를 설치하여 1933년 5월에 UCP 초안을 작성하고, 동년 6월 비엔나 총회를 거쳐 UCP를 제정하였다. 당시의 규칙은 주로 유럽 지역의 관습을 집약한 것이어서, 이를 채택한 국가는 독일과 프랑스를 비롯한 40여개국에 지나지 않았다.

② 2차 세계대전 후 국제무역에 일반적으로 적용할 통일규칙의 필요성과 미국 위원의 제안을 반영하여 UCP는 1951년에 제1차 개정이 이루어졌다. 그러나 영국이 이를 채택하지 않았으며, 실무적용상 많은 문제점을 노출하였다.

③ 1962년에 영국 관습을 조화시켜 UCP의 제2차 개정이 이루어졌다. 제2차 개정규칙은 영국과 미국 및 대륙국가들의 이해관계를 모두 조화시킨 명실상부한 범세계적 통일규칙이 되었으며, 그 채택국가도 175개국에 달하였다.

④ 1970년대부터 컨테이너에 의한 복합운송체제의 등장과 동서간의 무역거래가 진전됨에 따라 1974년에 UCP의 제3차 개정이 이루어졌다.

⑤ 1980년대에는 통신수단·수송기술과 정보처리기술 등의 발달로 컨테이너에 의한 복합운송이 대량화물의 고속수송을 가능케 하였고, 기업내 사무처리의 전산화와 전기통신에 의한 정보전달방식이 전통적인 서류작성과 운송방식을 대체하게 됨에 따라 1983년에 제4차 개정(UCP 400)이 이루어졌다.

⑥ 1990년대에는 국가간의 자유무역협정(FTA)과 상호의존성이 심화됨에 따라 세계무역량이 급증하였으며, 신속하고 경제적인 운송수단과 통신기술이 발달함에 따라 1993년 4월에 제5차 개정(UCP 500)이 이루어졌다.

UCP 500은 각국의 새로운 무역관행을 충분히 수용하고 진부한 조항들을 대폭 삭제하였고, 은행의무조항을 중심으로 신용장의 신뢰도를 보다 강화하였고, 참여은행의 보호를 위해 지시당사자의 책임을 강화하고 서류심사시 국제표준은행관습에 따른 은행재량권의 범위를 확대하였으며, 기타 보증신용장과 EDI

53) ICC, *Commentary on UCP 600*, ICC Publication No. 680, 2007, pp. 7~8.

신용장에도 적용할 수 있도록 관련조항을 충분히 보완한 것이 특징이다.[54)]

2. UCP 600의 배경과 특징

(1) UCP 600의 배경

① UCP 500 이후 세계무역시장에는 운송 및 전자상거래 분야의 획기적인 발전이 있었으며, 은행 · 운송 · 보험산업 등의 변화를 반영할 필요가 있었다.[55)] 그동안 ICC는 은행위원회의 많은 의견서(Opinions), '신용장대금보상 통일규칙'(URR), '신용장분쟁 전문가의견규칙'(DOCDEX), '국제보증규칙'(ISP98), '전자제시보칙'(eUCP), '국제표준은행관습'(ISBP) 등을 제정 · 발표한 바 있다.

② UCP 개정작업을 시작할 무렵에는 세계적으로 신용장서류의 약 70%가 하자로 인하여 최초 제시에서 거절되는 등 신용장제도의 신뢰성이 심각한 타격을 받고 있었다. 따라서 국제무역에서 인정받아온 결제수단으로서, 신용장의 시장 점유율과 신뢰성을 회복하기 위한 UCP의 재점검이 불가피하였다.

③ UCP 500 이후 DOCDEX의 판정(decisions)이 60건 이상 보고되는 등 각종 신용장분쟁과 기타 관심사항을 반영한 개정의 필요성이 제기되었다.

④ 기타 UCP 조문의 일관성 없는 적용과 해석을 유발하는 애매한 문언을 제거하고, 전체적으로 사용되는 표현과 문체를 재정리할 필요가 있었다.

결국 ICC는 2003년 5월부터 UCP 600 초안그룹(Drafting Group)을 설치하고, UCP 600 초안그룹은 ICC 은행위원회의 500여개 의견서(Opinions), 4개의 입장서(Position Papers), '원본서류'에 관한 2개의 판정서(Decisions), DOCDEX 사건의 판정서(Decisions) 등을 검토하여 약 3년 이상 작업한 최종개정안을 마련하였으며, 이는 2006년 10월의 ICC 은행위원회에서 총 91명 위원의 만장일치에 의한 승인을 득한 후 2007년 7월 1일부터 시행해 오고 있다.

(2) UCP 600의 주요특징

UCP 600은 기존의 7개장 49개조를 장별 구분 없이 다른 ICC 규칙의 배열방식과 조화를 이루어 정의 · 해석 · 통지 · 일치하는 제시 등 4개조를 신설하고 기타 통폐합하여 총 39개조로 축약하였으며, 그 주요특징은 다음과 같다.

---

54) 양영환 · 서정두, 신용장사례연구, 삼영사, 1995, pp. 66~103.

55) ICC, *Uniform Customs and Practice for Documentary Credit*, 2007 Revision, ICC Publication No. 600, 2006, pp. 11~15.

① 서류심사기간을 제5은행영업일로 단축하였다(제14조 b항). 즉, 서류심사기간을 "수령익일로부터 제7은행영업일을 경과하지 아니한 범위내의 상당한 기간"에서 "제시의 익일로부터 최대한 제5은행영업일"로 수정 단축하였다.

② 연지급신용상도 인수신용장의 경우처럼 만기 이전의 할인을 허용하였다(제12조 b항). 즉, 영국의 *Banco Santander S.A. v. Banque Paribas* 사건[56]을 계기로 하여 UCP 600은 연지급신용장도 인수신용장과 동일하게 지정은행이 연지급확약 후 만기 이전에 할인하면 개설은행이 보상하도록 하였다.

③ 불명확한 문언을 삭제하고 정의와 해석조항을 두었다(제2조와 제3조). 즉, 구규칙의 "reasonable care", "reasonable time", "on its face" 등 불명확한 문언을 삭제하고, 여러 난해한 표현들을 이해하기 쉽고 간단·명료하게 수정하여 새로운 문체와 구조를 가졌으며, 또 전체에 반복적으로 사용되는 용어와 애매한 문언이나 표현에 대한 명확한 정의 내지 해석조항을 신설하였다.

④ 기타 서류심사과정에서 야기된 많은 분쟁을 줄이고자 노력하였다. 예컨대 제14조 d항에서 서류상의 자료는 신용장·서류 자체·국제표준은행관습을 기준으로 판단하여 반드시 서로 동일할 필요는 없으나 결코 모순되지 아니하도록 완화하였으며, 또 동조 g항에서 요구되지 아니한 서류는 이를 무시하고 반송하도록 하고, 동조 j항에서 수익자와 개설의뢰인의 주소는 신용장과 동일한 국가에 위치하는 한 모두 동일하지 아니하여도 무방하도록 규정하였다.

3. UCP 600의 적용범위

UCP 600은 적용가능한 범위내에서 보증신용장을 포함하여 모든 화환신용장에 적용할 수 있다. 다만 이 규칙의 준거문언을 신용장의 본문에 삽입하고 있어야 함을 전제로 하며, 그러한 경우 별도의 규정이 없는 한, 이 규칙은 모든 관계당사자를 구속한다(제1조). 이는 다음과 같은 의미를 갖는다.

① UCP 600은 모든 화환신용장(documentary credits)에 적용할 수 있다. 다만 신용장에는 이 규칙에 관한 준거문언을 삽입해 두어야 한다. 심지어 각국에서는 신용장에 준거문언이 없더라도 UCP를 우선하는 경향이 많다.

② UCP 600은 별도의 규정이 없는 한, 적용가능한 범위내에서 모든 보증신용장(standby credits)에도 적용할 수 있다.

---

56) K.T. Fung, *Leading Court Cases on Letters of Credit*, ICC Publication No. 658, 2004, pp. 38~44; 채동헌, 국제거래와 법, 청림출판, 2004, pp. 37~111.

③ UCP 600은 EDI 등 전자신용장(electronic credits)에도 적용할 수 있도록 개방되어 있다. 물론 전자신용장에서도 UCP 준거문언이 있어야 한다. 다만 SWIFT 신용장의 경우 자체 업무규약에 따라 자동으로 UCP가 적용된다.

UCP 600의 준거문언은 대체로 "Subject to Uniform Customs and Practice for Documentary Credit, 2007 Revision, ICC Publication No. 600"이라고 기재하며, 이때 구속당사자는 준거문언을 삽입하는 거래양식에 따라 결정된다.

4. eUCP · ISBP · URR · URDG

(1) 개정 eUCP 1.1 (2007)

기존의 UCP는 종이서류를 중심으로 한 것이므로, 전자무역에 적용하기에는 한계가 있다. 이러한 점에서 전자식 규칙의 제정이 필요하게 되었다.

ICC 은행위원회는 2000년 5월에 전자식 신용장규칙을 위한 작업부를 설치하여 2001년 11월에 총 12개조로 구성된 'eUCP 1.0'(Supplement to UCP 500 for Electronic Presentation : 화환신용장 통일규칙 전자식제시보칙)을 제정하였다.

그 후 UCP 600을 기초하는 과정에서 eUCP가 존속되어야 한다는 각국의 의견에 따라 2006년 6월에 단지 용어와 문체에 관련하여 UCP 600의 변화된 부분을 반영하는 정도로 개선된 'eUCP 1.1'을 UCP 600과 함께 발표하였다.

eUCP 1.1의 모든 조항은 특별히 전자식 제시에 관련된 문제를 제외하고, UCP 600에 일치시켰다. 다만 UCP 조항과 eUCP 조항간의 혼란을 피하고자, eUCP 조항은 각 조항번호 앞에 'e'를 붙여 번호가 부여되어 있다.[57]

eUCP 1.1은 종이서류와 대등한 전자식 제시를 수용하기 위하여, UCP 600과 함께 이에 필요한 보충적인 규칙을 제공하는데 목적이 있다. 예컨대 UCP 600상의 용어가 eUCP 1.1상에도 있으면, 이는 별도의 기재가 없는 한 UCP 600상에 규정된 모든 내용이 전자식 제시에도 적용되는 것이다(제e3조 a항).

다만 eUCP 1.1은 신용장상에 eUCP 1.1에 따른다는 준거문언이 있는 경우에, UCP 600의 보칙으로서 이에 적용된다(제e1조 b항). 이때 신용장상에는 반드시 eUCP의 적용가능한 규칙번호가 명시되어야 하며, 그러한 명시가 없는 경우 신용장의 개설 또는 변경당시 유효한 규칙번호에 따른다(동조 c항).

eUCP 신용장의 경우는 UCP 600에 관한 별도의 명시가 없더라도 UCP 600의 규정이 자동으로 적용되며, eUCP 1.1과 UCP 600의 규정이 상충될 경우

57) ICC, *Supplement for Electronic Presentation Version 1.1*, Pub. No. 600, 2006, p. 51.

eUCP 1.1이 우선한다(제e2조 a항과 b항). 그러나 신용장이 UCP 600에 따른다는 사실만 있는 UCP 600 신용장의 경우는 eUCP가 자동으로 적용되지 아니한다.

(2) 개정 ISBP 681 (2007)

UCP 600 제14조 d항에는 "서류상의 자료는 신용장, 서류 자체 및 국제표준은행관습(international standard banking practice: ISBP)의 상호관계에서 판단할 때, 반드시 당해 서류, 기타 모든 규정된 서류나 동 신용장상의 자료와 동일할 필요는 없으나 결코 모순되어서는 아니된다."라는 규정이 있다.

ISBP 681(International Standard Banking Practice for the Examination of Documents)은 UCP 600상의 이러한 일반원칙을 보충하는 실무상의 보완서로서, ICC 은행위원회에 의하여 2002년 10월에 제정되고, 2007년 4월에 개선 배포된 '화환신용장 서류심사를 위한 국제표준은행관습'을 말한다.[58)]

즉, ICC 은행위원회는 각국의 조사자료, ICC 은행위원회의 Opinions, Decisions, Position Papers, DOCDEX 판정 등을 바탕으로 하여 2002년 10월에 200개 조항의 'ISBP 645'를 발표하였으며, 이를 개선하여 2006년 10월에 185개 조항의 'ISBP 681'를 발표하고 2007년 7월 1일부터 사용하도록 배포하였다.

ISBP 681의 내용은 대부분 ISBP 645에서 변경되지 않았으며, UCP 600과의 조화를 위해 보완한 정도이다. ISBP 681은 UCP 600에 규정된 일반원칙과 신용장 실무가들의 일상업무 사이에 부족한 공백을 충족시켜 주기 위한 것이다. 따라서 ISBP와 UCP 600은 전체를 하나의 규칙으로 이해하여야 한다.

일부 국가에서는 이와 다른 취지의 판례도 있으나, 대체로 ISBP 681은 해당 국가의 강행규정에 저촉되지 아니하는 한, 신용장상에 이를 삽입하지 아니하여도 UCP 600과 함께 신용장거래의 일상업무에 널리 인용되고 있다.

기타 ICC 은행위원회는 신용장분쟁의 공평하고 독립되며 신속한 해결장치로서 1996년 11월부터 '신용장분쟁 전문가의견규칙'(Documentary Credit Dispute Expertise Rules : "DOCDEX 규칙")을 제정 · 운영하고 있다.

DOCDEX 규칙은 신용장에서 UCP 준거문언이 있는 경우에만 적용되며(제1조), UCP와 URR 등에 의거한 신용장조건의 전문가의견절차를 규정하고 있다.

---

58) ICC, *International Standard Banking Practice*, ICC Publication No. 681, 2007. 6, p. 3.

(3) 개정 URR 725 (2008)

오늘날 은행간 대금보상(bank-to-bank reimbursements)의 거래규모가 급증하면서, 신용장의 대금보상관습은 복잡하고 특이하게 발전되고 있다. 따라서 UCP 600 제13조에서 신용장 대금보상에 관한 규정을 두고 있다.

그러나 국제적으로 이 문제에 관한 보다 구체적이고 명확한 통일규칙의 필요성이 높아짐에 따라, ICC 은행위원회는 1995년 5월에 총 17개 조항으로 구성된 'URR 525'(Uniform Rules for Bank-to-Bank Reimbursements under Documentary Credits : 은행간 신용장대금보상 통일규칙)를 제정하였다.

그 후 URR 525는 UCP 600 체제에 맞도록 기술적인 변화만 기해 'URR 725'로 개정되었으며, 이는 2008년 4월에 ICC 은행위원회의 승인을 얻어 동년 10월 1일부터 발효되었다. 내용은 종전과 같이 총칙과 정의, 의무와 책임, 수권 · 변경 · 청구의 형식과 통지, 잡칙 등 총 17개 조항으로 구성되어 있다.[59)]

다만 UCP 600에 준거한 신용장상에는 대금보상에 관하여 그 개설당시에 유효한 URR에 따르는지의 여부를 반드시 기재하여야 하며(제13조 a항), 이러한 기재가 없는 경우에는 UCP 600 동조 b항과 c항의 규정만 적용된다.

결국 URR 725의 적용을 받으려면, 신용장과 보상수권서상에 "Subject to URR 725"라는 등의 준거문언이 있어야 한다. 이 경우 URR의 명시적인 수정이나 배제가 없는 한, 모든 관계당사자를 구속한다. 다만 URR 725는 UCP 600에 우선하거나 이를 변경하고자 하는 것은 아니다(제1조 3문).

(4) 개정 URDG 758 (2010) 등

UCP 600은 적용가능한 범위내에서 보증신용장에도 적용할 수 있다. 그러나 UCP 600은 모든 보증신용장에 완전히 적용할 수 있기 때문에, 독립적인 국제보증에 관련하여 URDG 758, ISP98, 유엔 보증협약 등이 제정되어 있다.

① URDG 758 (Uniform Rules for Demand Guarantees)은 1978년의 URCG (Uniform Rules for Contract Guarantees : 계약보증 통일규칙)의 한계를 극복하고자, ICC 은행위원회와 국제상관습위원회가 공동으로 1991년 10월에 제정한 후 2010년 7월 1일부터 개정 · 시행한 '요구불보증 통일규칙'을 말한다.[60)] 이번 URDG 758은 2011년 7월에 UNCITRAL 총회의 공식 승인을 득하

59) ICC, *Uniform Rules for Bank-to-Bank Reimbursements under Documentary Credits*, ICC Publication No. 525, 1995, p. 9 and Publication No. 725, 2008, p. 1.

60) 오원석 · 허해관 · 김중년(Roy Goode 저), 청구보증통일규칙 가이드, 두남, 2008, p. 23. 이하 상세한 내용에 관하여는 이 책의 제2편 제5장 제4절에서 논하고자 한다.

였다.

여기서 "요구불보증"이란 일정금액의 지급확약으로서, 지급청구서와 기타 보증서에 명시된 서류가 보증기간 내에 여타 보증조건에 일치하게 보증인에게 제시되는 것을 조건으로 하는 서면상의 확약을 말하며(제2조 a항), 그 법적성질은 보증신용장처럼 독립·추상성, 서류의 문면상 일치성 등이 인정된다.

다만 URDG 758은 보증인이 지시를 받아 개설하는 요구불보증이나 변경으로서, 이 규칙에 따른다는 명시가 있는 확약에만 적용되며, 이에 보증서나 변경서상에 별도의 명시가 없는 한 모든 당사자를 구속한다(제1조).

② ISP98 (International Standby Practices 1998)은 계약불이행, 대출금·선급금 지급불이행, 사건의 발생이나 미발생에 대한 대금지급을 목적으로, ICC 은행위원회가 1998년 4월에 제정하여 1999년 1월 1일부터 시행한 '국제보증규칙'을 말한다.[61] 다만 ISP98은 UCP 600과 달리 보증신용장(계약이행·금융·직접지급 보증신용장 포함)에만 적용하도록 고안된 것이다(제1.01조 a항과 b항).

③ 유엔 보증협약(United Nations Convention on Independent Guarantees and Stand-by Letters of Credit)은 UNCITRAL이 국제적으로 보증신용장의 이용을 확대하고 각국에 모델법을 제공하고자, 1990년부터 6년간의 작업을 거쳐 1995년 12월에 제정·공포한 '독립적 보증서와 보증신용장에 관한 유엔 협약'을 말한다.[62] 즉, 이 협약은 국제적으로 독립적 보증서나 보증신용장으로 알려져 있는 확약으로서, 의무불이행 등으로 인한 확약조건과 일치하는 청구시 수익자에게 지급한다는 보증인/개설인의 독립적인 약속에 적용된다(제2조 1항).

---

61) ICC, *International Standby Practices 1998*, ICC Publication No. 590, 1998, Note.

62) B. Wunnicke, D.B. Wunnicke and P.S. Turner, *Standby and Commercial Letters of Credit*, 2nd ed., John Wiley & Sons, Inc., 1996, pp. 151~152. 이 협약은 2008년 1월 현재 미국 등 8개국이 가입하였으나, 우리나라는 아직 이에 가입하지 않았다.

CHAPTER 4

국제물품운송과 통관

제 1 절 국제매매와 해상운송

국제매매의 주요소는 물품인도와 대금결제이다. 특히 무역계약에 따른 당사자간의 인도의무를 이행하기 위하여는 국제물품운송과 통관절차를 거쳐야 하는데, 국제물품운송은 육상 · 해상 · 항공 또는 이들의 복합방식으로 가능하다.

1. 해상운송의 특성과 실무

(1) 매매계약과 해상운송

국제매매는 서로 다른 국가에 위치한 격지자간의 물품매매로서, 물품인도가 대금결제의 전제가 된다. 매매계약의 거래조건이 ① EXW, FCA · FAS · FOB인 경우는 매수인이 운송계약을 체결하고, ② CPT · CIP · CFR · CIF, DAT · DAP · DDP인 경우는 매도인이 운송계약을 체결하여야 한다.

국제매매의 물품인도에는 운송계약이 필연적이므로, 국제매매와 운송산업의 발달은 상호 촉진관계에 있다. 물품운송은 철도 · 도로 · 해상 · 내수로 · 항공 또는 복합운송 등의 매우 다양한 운송방식으로 이루어진다.

국제물품운송이 육상 · 해상 · 항공 중 하나의 운송방식으로 이루어지면 이를 단일운송(unimodal transport)이라고 하고, 둘 이상의 운송방식이 결합하여 이루어지면 이를 복합운송(multimodal transport)이라고 한다.

국제물품운송에서 가장 역사가 오래되고 주축을 이루는 것은 해상운송이다. 근년에 대륙간 철도 · 도로운송이 활성화되고 점보기에 의한 항공운송이 늘어나고 있으나, 아직도 해상운송이 운송시장의 대종을 이루고 있다.[1]

---

1) 오원석, 국제운송론, 박영사, 1994, pp. 43~44.

(2) 해상운송의 특성

해상운송은 선박을 이용하여 화물이나 사람을 수송하고 그 대가로 운임을 지급받는 상행위를 말한다. 오늘날 조선술과 항해기술의 진보 및 통신수단의 발달로 운송의 경제성과 안전성이 어느 정도 확보되었다. 특히 해상운송은 육상이나 항공운송과 비교하여 몇 가지의 특성을 지니고 있다.

① 해상운송은 대량수송이 일반적이다. 항공이나 철도운송의 경우 수송량이 극히 제한되지만, 선박의 경우 수십 만 톤의 화물을 일시에 수송할 수 있다.

② 해상운송은 수송비가 저렴하다. 해상운송은 인공의 도로시설이나 초고속의 정교한 수송수단을 필요로 하지 아니하고, 1회에 대량수송이 가능하기 때문에 상대적으로 단위당 수송원가가 저렴하게 마련이다.

③ 해상운송은 대양을 횡단하는 원거리수송에 주로 이용한다. 항공이나 철도운송도 원거리수송에 투입하는 경우가 있지만, 해상운송은 오대양과 육대주를 연상하듯 주로 대륙을 잇는 원거리수송에 이용하고 있다.

④ 해상운송은 수송로의 이용이 자유롭다. 국제법상 공해자유론에 의하면 거의 모든 바다는 누구든지 자유롭게 항해할 수 있다. 이러한 점이 곧 해상운송의 발달에 유리한 조건의 하나로 작용하고 있다.

⑤ 해상운송은 국제성을 지닌다. 해상운송에서는 입·출항구의 국적이 서로 다르고 주된 항로가 공해상이므로 특정국가의 성격을 벗어난다. 따라서 해상운송은 공해상에서 타국의 상선대와 경쟁할 수 있다.

⑥ 해상운송은 저속성을 지적할 수 있다. 해상운송은 수송속도가 느리기 때문에 저운임과 대량수송으로 독자적인 영역을 구축하고 있으며, 1980년대부터는 고속 화물선이 등장하여 이러한 문제도 상당히 해소되고 있다.

(3) 해상운송의 실무절차

매매계약에서 물품운송의 조달을 책임지는 당사자는 ① 선박의 전부 또는 일부를 용선할 것인지, 아니면 다른 화물과 혼적할 것인지를 결정하고 운송주선인에게 운송 선복(ship's space)을 확보하도록 지시한다.

② 운송인은 선적중개인을 통하여 적재화물을 인수하고 송화인에게 화물을 운송할 선박명, 화물을 적재할 장소와 시기 등을 통지한다.[2)]

③ 송화인은 화물을 부두에 반입한 후 운송인에게는 화물의 특성을 기재한 선적지시서(shipping instructions)를 보내고, 부두의 관리책임자에게는 화물

2) E.R. H. Ivamy, *Carriage of Goods by Sea*, Butterworths, 1985, pp. 1~2.

의 반입과 화물의 특성 및 예정선박명을 기재한 선적통지서를 보낸다.

운송인에게 물품을 인도하는 방법과 장소는 당사자간의 합의나 항구의 관습에 따른다. 이러한 합의나 관습이 없는 경우, 송화인은 물품을 선측이나 본선의 양화기가 다을 수 있는 곳에 인도하여야 한다. 물품을 인도하면 항구의 다른 관습이 없는 한, 송화인은 본선수령증(mate's receipt : M/R)을 받는다.

④ 송화인이 약정된 운임과 함께 선화증권(bill of lading : B/L) 양식을 준비하면, 운송인이나 그 대리인은 선화증권 양식의 기재사항이 본선수령증과 일치하는 한 이에 서명하여 송화인에게 다시 교부한다.

선화증권은 통상 동일한 내용과 날짜의 3통을 한 조로 하여 발행한다. 그 중의 한 통이 사용되면 다른 원본은 무효가 된다. 신용장방식인 경우 매도인은 선화증권의 전통을 거래은행을 통하여 보내지만, 무신용장방식인 경우 선화증권의 원본은 신속하고 안전한 항공편으로 매수인에게 보내진다. 이 경우 최소한 한 통의 원본은 물품이 도착하기 전에 매수인의 수중에 있어야 한다.

⑤ 도착항에서 운송인은 선화증권을 제시하는 자에게 물품을 인도한다. 운송인은 선화증권 원본이 없는 한 물품을 인도하지 아니하며, 수화인이 정당한 권리자가 아니라면 운송인의 위험부담으로 이를 인도하는 것이다.

별도의 합의나 관습이 없는 한, 운송인은 선박의 도착과 화물의 양륙준비를 수화인에게 통지할 의무가 없으므로, 수화인이 이를 확인하여야 한다.

물품에 대한 운송인의 책임은 선화증권과 준거법에 규정된 바와 같이 선박이 목적항에 도착하여 물품을 수화인에게 정히 인도한 때에 종료한다.

통상적으로 선화증권상에는 물품의 인도방법과 운송인 책임의 종료에 관한 규정을 두고 있으며, 선화증권의 한 양식을 보면 〈예시 2-5〉와 같다.

예시 2-5 선화증권(Bill of Lading)

<table>
<tr><td colspan="3">Shipper
Haesung Industrial Co., Ltd.
C.P.O. Box 7917 Seoul, Korea</td><td colspan="3" rowspan="4">B/L No. : *GCS1004*
◆ *K.S. LINE*
KOREA SHIPPING CORPORATION
COMBINED TRANSPORT BILL OF LADING
Received in apparent good order and condition, unless otherwise stated herein, the total numbers or quantity of containers or packages or units enumerated below for transportation from the port of loading to the final destination subject to the terms thereof (see terms of carriage and other terms on reverse).</td></tr>
<tr><td colspan="3">Consignee
To the order of
Chase Lincoln First Bank N.A.</td></tr>
<tr><td colspan="3">Notify party
Wilson & Co. Inc. 50 Liberty Street,
New York N.Y. 10005, U.S.A.</td></tr>
<tr><td>Pre-carriage by</td><td colspan="2">Place of receipt</td></tr>
<tr><td>Ocean vessel
KAJA-HO</td><td colspan="2">Voyage No.
V-27</td><td colspan="2">Flag</td><td>Place of delivery</td></tr>
<tr><td>Port of loading
Busan, Korea</td><td colspan="2">Port of discharge
New York</td><td colspan="3">Final destination</td></tr>
<tr><td>Seal No.
Marks & No.</td><td>No. of containers
or pkgs</td><td colspan="2">Description of goods</td><td>Gross weight</td><td>Measurement</td></tr>
<tr><td>*DES*
NEW YORK
LOT NO
C/NO.1-62
MADE IN KOREA</td><td>*62 Cartons*</td><td colspan="2">*3,539 KGS OF 100% POLYESTER*
SATIN CREPE WOVEN FABRIC
PLAIN DYED
SIZE 44/45 INCH x ABT 25 MTR
L/C NO. IMP20748

* *FREIGHT COLLECT* *</td><td>*3,679 KGS*</td><td>*24.5 CBM*</td></tr>
<tr><td colspan="6">Total No. of containers or
Packages (in words)</td></tr>
<tr><td>Freight & Charges</td><td>Revenue tons

AS
ARRANGED</td><td>Rate</td><td>Per</td><td>Prepaid</td><td>Collect</td></tr>
<tr><td>Freight prepaid at
Seoul</td><td colspan="2">Freight payable at</td><td colspan="3">Place of issue *Seoul, Korea*</td></tr>
<tr><td>Total prepaid</td><td colspan="2">No. of original B/L *(3)*</td><td colspan="3">Date of issue *March 3, 20XX*</td></tr>
<tr><td colspan="3">Laden on board the vessel
Date *January 9, 20XX*
By</td><td colspan="3">In witness whereof the agent or carrier has signed Bill of Lading all of this tenor and date one of which being accomplished the others to stand void.

KOREA SHIPPING CORPORATION
(signature)</td></tr>
</table>

2. 해상운송계약과 운임

(1) 해상운송계약의 종류

해상운송계약은 운송인이 운임을 지급 받고 화물을 해상으로 운송할 것을 약정하는 계약으로서, 이는 개품운송계약과 용선운송계약으로 나눌 수 있다.

가. 개품운송계약

개품운송계약(contract of affreight in a general ship)은 운송인이 운임을 대가로 개개의 화물운송을 인수하는 운송계약을 말한다. 개품운송계약은 선박의 개성을 중요시 하지 아니하므로 주로 대형의 정기선[3]을 사용한다.

개품운송계약은 운송인이 제시한 선화증권의 기성약관에 송화인이 동의하여 계약을 체결하는 '부합계약' 방식으로 이루어진다. 계약당사자는 화물운송을 위탁하는 송화인(shipper)과 이를 인수하는 운송인(carrier)이다.

운송계약의 청약은 송화인이 선복신청서를 제시함으로써 이루어지고, 그 승낙은 운송인이 선적지시서(shipping order)를 교부함으로써 이루어진다.

운송인은 운송계약의 증거로서 선화증권을 발행하여야 하며, 선장 또는 기타의 대리인에게 선화증권상의 서명과 교부 또는 수령선화증권상의 선적표시를 위임할 수 있다. 선화증권상의 서명은 육필, 팩시밀리, 천공, 타인 또는 부호로 하거나 기타의 기계적 또는 전자적인 수단으로 할 수 있다.

나. 용선운송계약

용선운송계약(contract of affreight by charter party)은 송화인이 선주로부터 선복의 전부 또는 일부를 빌려 화물을 운송하는 경우에 체결하는 운송계약이다. 용선계약은 주로 부정기선[4]에 의하며, 선주와 용선자는 대등한 위치에서 계약내용을 결정하여 용선계약서(charter party)를 작성하게 된다.

용선계약은 선박의 개성을 중요시 하므로 선박은 주로 자동차, 석탄, 철광석, 비료, 곡류, 원유 등의 수송에 적합한 특수전용선을 사용한다. 용선운송은 계약의 단위에 따라 항해용선계약과 기간용선계약으로 나눌 수 있다.

① 항해용선계약(contract by voyage charter)은 일정한 항해구간에 선주가 선복의 전부 또는 일부를 제공하여 화물을 운송하게 하고 용선자가 용선료를

---

3) 정기선(liner)은 일정항로를 화물의 수량에 관계 없이 규칙적으로 반복 운항하는 선박으로서, 물량이 없어도 정기적으로 운항하고 해운동맹에 의하므로 운임이 높게 책정된다.

4) 부정기선(tramper)은 고정된 운항일정과 항로 없이 수시로 운항하는 선박으로서, 항로의 선택이 자유롭고 정기선에 비해 운임률이 낮아서 대량의 살화물운송에 적합하다.

지급할 것을 약정하는 운송계약을 말한다.[5]

항해용선계약의 표준서식은 1922년 발틱국제해운동맹(Baltic & International Maritime Conference : BIMCO)이 제정한 'GENCON' 서식을 주로 사용한다.

항해용선계약에서는 선주가 운송행위에 대한 모든 경비를 부담하고, 항로나 화물 및 기간 등은 용선자와 협의하여 결정하는 것이 원칙이다. 그러나 용선계약시 하역비, 항비 등의 운항비를 어느 쪽이 부담하느냐에 따라 Gross Term, Net Term, FIO Charter 등으로 나눌 수 있다.

i) 'Gross Term'은 부선료 · 체선료 · 휴일하역비 등 특수한 항비를 제외하고 일체의 경비를 선주가 부담하는 방식으로 일명 'Berth Term'이라고 한다.

ii) 'Net Term'은 용선자가 하역비뿐만 아니라 하역준비완료시부터 양하종료시까지의 항비 일체를 부담하는 방식이다.

iii) 'FIO (free in and out) Charter'는 선주가 항비를 부담하고 용선자는 적하와 양하의 하역비를 부담하는 방식이다.

② 기간용선계약(contract by time charter)은 선주가 선원과 항해장비를 갖춘 선복의 전부 또는 일부를 일정한 기간 동안 사용하게 하고 용선자가 그 기간 동안의 용선료를 지급할 것을 약정하는 운송계약을 말한다.

기간용선계약의 경우 용선자는 선박의 공적운임톤수(DWT)에 따라 정한 용선료를 정기적으로 지급하고, 선주는 선원비 · 수선비 · 감가상각비 · 보험료 등 선박의 재산적 가치보존을 위한 비용을 전적으로 부담한다.

기간용선계약의 표준서식은 1939년 발틱국제해운동맹이 제정한 'Baltime Form'(Uniform Time Charter)과 1913년 뉴욕 물품거래소가 제정한 'New York Produce Exchange Form'(Produce Exchange Charter)을 주로 사용한다.

(2) 해상운임과 해운동맹

운임(freight)은 운송서비스에 대한 가격으로서, 화물의 안전한 운송에 대하여 운송인에게 지급하는 화폐액을 말한다. 실제로 운임은 화물의 특성에 따라 중량 · 용적 · 가격(ad valorem) 기준 중에 적절한 방법으로 산정한다.

운임지급의 당사자는 통상 매매계약의 체결시에 결정된다. 예컨대 FOB 조건에서는 매수인이, CIF 조건 등에서는 매도인이 각각 운임을 지급한다. 그러나 운임지급의 당사자에 관한 명시조항이 없는 경우에는 문제될 수 있다.

운송계약자가 ① 송화인인 경우 송화인이 운임지급의 책임을 지고, ② 수화

5) N.J. Lopez, *Bes' Chartering and Shipping Terms*, Barker & Howard, 1992, p. 158.

인을 대신하여 운송계약을 체결하는 경우 수화인이 운임지급의 책임을 진다. 기타 ③ 소유권을 목적으로 선화증권을 양도받은 양수인은 운임지급의 책임이 있고, 매도인이 운송유지권을 행사하는 경우 운임지급의 책임이 있다.[6)]

특히 정기선운송의 경우 운임료율은 해운동맹의 공표요율(tariff rate)을 적용하고, 동맹선사의 운임료율은 비동맹선사보다 낮은 것이 일반적이다.

여기서 "해운동맹"(shipping conference)이라 함은 특정의 정기선항로에 배선하고 있는 선사들이 서로 과당경쟁을 피하고 항로의 독점적 확보와 상호간의 이익증진을 위하여 운임, 적하량, 배선, 기항항, 기타 영업조건 등에 관하여 상호 협정을 체결하는 국제해운 카르텔을 말한다.

해운동맹은 선사간의 협정을 통한 운임안정뿐만 아니라, 정기운송의 유지, 양질의 운송서비스 등 무역업자에 대하여도 많은 경제적 이점이 있다.

해운동맹은 내부적으로는 과당경쟁을 막기 위하여 운임률을 공표하고 일정기간 고수하는 운임협정, 배선협정, 공동계산협정 등의 방법을 채택하고 있으며, 외부적으로는 비동맹선사에 공동으로 대항하기 위하여 충실의무계약, 운임거치할인제도, 이중운임제도 등에 의하여 화주를 묶어 두기도 한다.

그러나 해운동맹은 해운선진국들이 주축을 이루는 독점적 성격이 강하므로, 운임과 클레임의 독단적인 결정, 운임원가보다 과대한 이윤추구, 계약운임제도나 운임거치할인제도 등의 남용으로 화주를 필요 이상으로 구속하고, 나아가 개방식동맹보다는 폐쇄식동맹(closed conference)을 결성하여 후발해운국들의 신규가입을 규제하는 등의 많은 문제점을 노출하고 있다.

따라서 해운동맹은 운송의 컨테이너화로 말미암아 비동맹선사들의 Door to Door 서비스에 밀려 서서히 경쟁력을 잃어가고 있으며, 또 화주들도 자신의 권익을 보호하기 위하여 화주협회를 결성하기 시작하였다. 우리나라도 1972년에 한국화주협의회를 발족하여 한국무역협회내에 사무국을 두고 있다.

3. 선화증권과 전자식 서류

(1) 선화증권의 의의

선화증권(bill of lading : B/L)은 해상운송계약의 증거로서 운송인이 송화인으로부터 운송화물을 수령하여 선박에 선적하였음을 증명하고, 목적항에서 수화인에게 화물을 인도할 것을 약정하는 권리증권을 말한다.[7)]

6) Carole Murray et al., *Schmitthoff's Export Trade,* Sweet & Maxwell, 2007, p. 281.

즉, 해상운송에서 선화증권은 다음과 같이 운송인과 송화인 사이에 운송계약과 화물수령의 증거, 화물에 대한 권리증권 등의 기능을 한다.

① 선화증권은 운송계약(contract of carriage)의 증거이다. 운송계약을 입증하는 별도의 서류를 발행하지 아니하는 한, 선화증권은 운송계약의 증거가 된다. 선화증권이 정당하게 양도된 때에는, 이를 소지한 모든 자는 계약당사자의 입장에서 운송인을 상대로 화물에 대한 권리를 주장할 수 있다.

② 선화증권은 기재된 내용과 동일한 화물을 수령하였다는 추정적 증거가 된다. 따라서 운송인은 수화인에게 화물을 인도할 때에도 선화증권상에 기재된 대로의 화물을 인도하여야 한다. 다만 운송인이 내용물을 알 수 없을 때에는 선화증권상에 부지조항(unknown clause)을 두어 책임을 면할 수 있다.

③ 선화증권은 화물을 대신하는 권리증권(document of title)으로서의 기능을 한다. 선화증권을 정당하게 소지한 자는 화물의 청구권과 처분권을 가지며, 운송인은 정당한 선화증권을 제시하는 자에게만 화물을 인도하여야 하고 기타의 자에게 화물을 인도하여 문제가 생기면 그 책임을 면할 수 없다.

(2) 선화증권의 법적 성질

선화증권은 중세의 한자동맹(Hanseatic League) 시대부터 유럽의 해상법에 등장한 후 지금까지 독자적으로 발전되어 오면서 여타의 유가증권[8]에 비하여 독특한 법적 성질을 갖게 되었는데, 이들을 정리하면 다음과 같다.

① 선화증권은 실정법에 규정된 법정기재사항을 갖추어야 유효하므로 요식증권에 속한다. 부실기재된 선화증권은 화물의 청구권을 발생하지 못한다.

② 선화증권은 화물수령이라는 원인이 있어야 발행하는 것이기 때문에 요인증권에 속한다. 즉, 선화증권은 운송인의 실질적 화물수령이라는 원인이 없는 상태에서 발행한 경우에는 법적으로 무효가 된다.

③ 선화증권은 권리의 내용이 증권상의 문언에 의하여 결정되기 때문에 문언증권에 속한다. 운송인은 선화증권상에 기재된 문언에 관하여만 책임을 지고, 그 소지인도 증권상의 문언의 범위내에서만 권리를 주장할 수 있다.

④ 선화증권은 배서나 인도에 의하여 권리가 이전하는 유통증권에 속한다. 선화증권을 정당한 소지인에게 인도하는 것은 이에 기재된 화물을 인도하는 것

---

7) A.N. Yiannopoulos, *Ocean Bills of Lading*, Kluwer Law International, 1995, pp. 4~5.

8) "유가증권"(negotiable instruments)이라 함은 재산적 가치가 있는 사권이 표창되어 있는 증권으로서, 권리의 발생, 행사 및 이전이 증권에 의하여 이루어지는 것을 말한다.

과 동일한 효력이 있다. 따라서 이를 인도증권이라고도 한다.

⑤ 화물에 관한 처분권은 선화증권으로만 행사하여야 하기 때문에, 선화증권은 처분증권에 속한다.

⑥ 화물의 인도는 선화증권과의 상환으로만 청구할 수 있기 때문에, 선화증권은 상환증권에 속한다. 또 선화증권의 제시가 있어야만 운송인이 화물을 인도하기 때문에, 이를 제시증권이라고도 한다.

관습적으로 목적항에 선화증권보다 화물이 먼저 도착하여 수화인이 은행으로부터 수입화물선취보증서(letter of guarantee : L/G)를 발급받아 화물을 수령하더라도, 이 보증서는 선화증권과 같은 상환증권성을 지니지 못한다.

⑦ 선화증권은 송화인과 운송인 사이에 해상운송계약이 체결되었으며, 또 증권상에 기재된 대로의 화물이 운송인에게 인도되었음을 추정적으로 증명한다는 의미에서 증거증권성이 있다.

⑧ 선화증권은 운송인이 정당한 선화증권을 제시하는 자에 대하여 운송화물을 인도함으로써 그 운송채무를 면하게 된다는 점에서 면책증권으로서의 법적 성질을 갖는다고 할 수 있다.

(3) 선화증권의 기재사항

운송인이 화물을 수령하고 송화인의 요구에 따라 선화증권을 발행할 경우에는, 화물이 적재되었다는 사실과 서명이 포함된 선적선화증권을 발행하여야 하며, 주요 필수기재사항과 임의기재사항을 포함하고 있어야 한다. ① 필수기재사항은 준거법규[9]에 따라 다소 차이가 있겠으나 주된 내용은 다음과 같다.

1. 운송인 또는 선박의 명칭 · 국적 · 톤수
2. 화물의 종류 · 개수 · 중량 · 용적과 포장 및 기호
3. 화물의 외관상태가 양호한지의 여부
4. 용선자(용선계약의 경우) 또는 송화인의 성명 또는 상호
5. 수화인 또는 통지수령인의 성명 또는 상호
6. 선적항과 양륙항
7. 운임
8. 선화증권의 발행장소와 발행일자
9. 여러 통으로 작성한 선화증권의 원본 통수

② 임의기재사항으로는 선박의 항해번호와 항해방향, 화물의 도착통지처, 최

9) 헤이그 규칙 제3조 3항; 함부르크 규칙 제15조 1항; 상법 제814조 1항.

종목적지, 화물에 대한 비고(remarks), 화물에 대한 송화인의 신고사항, 그리고 운송계약의 일반거래약관과 운송인의 각종 면책약관 등이 포함된다.

(4) 선화증권의 종류

가. 선적선화증권과 수령선화증권

① 선적선화증권(shipped B/L)은 화물이 적재된 후에 발행하는 것으로서, 증권면에 'shipped on board', 'laden on board' 등의 문언을 기재한다. 모든 선화증권은 선적선화증권으로 발행하여야 하는 것을 원칙으로 한다.

② 수령선화증권(received B/L)은 운송화물의 선적 전에 발행하는 것으로서, 증권면에 'received for shipment' 등의 문언을 기재한다.

컨테이너운송의 경우와 같이 화물을 컨테이너부두에서 CY나 CFS 관리책임자에게 인도하면, 운송인은 화물수령의 증거로 수령선화증권을 발행한다. 이러한 선화증권은 본선적재 후 'on board' 표시를 하면 선적선화증권이 된다.

나. 무고장 선화증권과 고장부 선화증권

① 무고장 선화증권(clean B/L)은 선화증권의 비고란에 물품이나 포장의 하자상태를 명시적으로 나타내는 부가조항이나 단서가 없는 것을 말한다.

대체로 선화증권은 외관상 양호한 상태로 적재되었다는 인쇄조항이 있기 때문에 비고란에 별도의 명시가 없으면 자동적으로 무고장 선화증권이 된다.

② 고장부 선화증권(dirty or foul B/L)은 물품이나 포장의 하자상태에 관한 부가적인 기재가 있는 것을 말한다. 신용장거래에서는 무고장 선화증권만이 유효하므로, 고장부 선화증권이 발행된 경우에는 송화인은 손상화물보상장(letter of indemnity : L/I)을 제출하고 무고장 선화증권으로 교체하여야 한다.

다. 기명식 선화증권과 지시식 선화증권

① 기명식 선화증권(straight B/L)은 수화인(consignee) 란에 특정인을 기명한 경우로서, 이에 기명된 자 외에는 누구도 화물을 수령할 수 없다. 기명식 선화증권은 유통에 제한을 받으며, 지명된 자의 배서로만 양도할 수 있다.

② 지시식 선화증권(order B/L)은 수화인란에 특정인을 기명하지 아니하고 'to order', 'order of A bank' 등으로 표시한 경우로서, 지시에 따라 양도된 선화증권의 모든 소지인은 화물청구권을 갖는 담보물권적 기능을 발휘한다.

통상 신용장거래에서는 선화증권의 수화인란에 개설은행의 지시식인 'to the

order of issuing bank' 등으로 기재할 것을 요구한다. 이는 개설은행이 대금결제시까지 수화인의 물품수령을 제한하여 담보를 확보하기 위한 방법이다.

라. 기타의 특수선화증권

① 통선화증권(through B/L) : 이는 운송화물을 다른 선박에 환적하거나 해상·육상·항공운송을 교대로 이용할 경우 최초운송인이 전구간에 대하여 책임을 지고 발행하는 것으로서, 일반적으로 통운송계약에 사용한다.

② 복합운송 선화증권(combined B/L) : 이는 화물을 육상·해상·항공 중 2가지 이상의 복합운송방식에 의하되 단일 증권으로 각 운송인이 연계 운송하는데 사용하는 것으로서, 컨테이너화물의 운송에 주로 사용한다.

③ 하우스 선화증권(house B/L) : 이는 운송주선인이 여러 화주로부터 화물을 수집할 경우 각 화주 앞으로 발행하는 것으로서, 전체 화물에 대하여 선주가 운송주선인 앞으로 발행하는 선화증권은 'Groupage B/L'이라고 한다.

운송주선인이 발행하는 House B/L은 은행에서 인수거절되므로, 신용장상에 'House B/L acceptable'이라는 문언을 삽입하거나, 이를 발행하는 운송주선인이 운송인 또는 그 대리인의 자격으로 발행한 것이어야 유효하다.

④ 용선계약부 선화증권(charter B/L) : 이는 선주와의 용선계약에 따라 용선자가 화물을 운송하면서 화주 앞으로 발행하는 것이다. 용선자와 화주간의 운송계약은 선주와 용선자간의 용선계약에 영향을 받을 수 있기 때문에, 신용장거래에서는 용선계약부 선화증권의 인수요건을 한정하고 있다.[10]

⑤ 약식선화증권(short form B/L) : 이는 선화증권의 필수요건을 갖추고 있으나 이면약관이 생략된 것으로서, 신용장거래에서는 이를 인수하도록 하고 있으며, 분쟁이 발생하면 정식선화증권(long form B/L)의 약관을 따르게 된다.

⑥ 적색선화증권(red B/L) : 이는 선화증권과 보험증권을 결합시킨 것으로서, 선사에서 일괄 보험에 부보하기 때문에 화주가 따로 부보할 필요가 없다.

⑦ 권리포기 선화증권(surrender B/L) : 이는 선사가 선화증권의 원본 없이도 수화인이 확인되면 화물을 인도할 수 있게 허용한 것으로서, B/L상에는 선사의 'surrendered' 날인이 있다. 이는 화물이 B/L보다 먼저 도착할 경우 L/G 대신에 사용하는데, B/L 사본으로도 화물을 수령할 수 있다. 이 경우 수화인의 대금부도를 막기 위하여 수령인을 개설은행으로 지정할 수 있다.

⑧ 제3자 선화증권(third party B/L) : 이는 선화증권상의 송화인이 신용장

10) UCP 600 제22조 a항.

수익자가 아닌 제3자로 표시된 경우를 말한다. 이러한 선화증권은 양도가능 신용장거래나 중계무역에서 찾아 볼 수 있으며, 이는 은행에서 인수된다.

⑨ 기간경과 선화증권(stale B/L) : 이는 발행 후 일정한 제시기일이 경과한 경우의 선화증권을 말한다. 신용장에서 제시기일의 지정이 없는 경우에는, 선적 후 21일이 경과하면 Stale B/L이 되며, 신용장상에 'stale B/L acceptable' 이란 문언이 없는 한 이러한 서류는 인행에서 인수거절된다.

⑩ 볼레로 선화증권(Bolero B/L) : 이는 세계 주요국가의 운송업자·은행·통신업자 등이 참여하여 발족한 Bolero (Bill of Lading Electronic Registry Organization) 시스템에 의하여 발행하는 전자식 선화증권을 말한다.

(5) 해상화물운송장

해상화물운송장(sea waybill : SWB)은 해상운송에서 운송인이 송화인 앞으로 전통적인 선화증권 대신에 발행하는 비유통성의 운송서류이다.

운송기술의 발달과 신속하고 경제적인 운송수단이 등장하면서 선화증권의 처리보다 화물이 목적지에 먼저 도착하는 경우가 빈번히 발생하고 있다.

따라서 1970년대 후반부터 영국선주협회의 권고로 선사들은 물품인도의 신속성과 유통성 선화증권의 분실에 따른 위험의 회피, 사무처리의 합리화 등을 목적으로 비유통성의 SWB을 사용하기 시작하였다.[11)]

SWB은 운송계약의 증거로서 화물수령에 대한 증거증권이라는 점에서는 선화증권과 법적 성격이 같지만, 이는 전통적인 해상법규와 국제관습상으로 볼 때 선화증권과는 달리 다음과 같은 독특한 성질을 갖고 있다.[12)]

① SWB은 유가증권이 아니다. 선화증권은 물품에 대한 재산적 가치가 표창되어 있는 유가증권인데 비하여, SWB은 단순한 물품발송의 통지서에 불과하다는 점에서 선화증권과는 근본적으로 다르다.

② SWB은 비유통성을 지닌다. 선화증권은 유통증권으로 발행하는 것이 원칙이지만, SWB은 그 표면에 'non-negotiable'이라고 명시한 비유통성의 증권으로만 발행된다. 따라서 운송 중에 화물의 전매가 필요 없거나 상호 긴밀한 업체간의 거래에만 사용하는 것이 바람직하다.

즉, SWB은 운송계약의 증거이고 화물수령증으로서의 기능을 하지만, 이는 화물에 대한 권리증권이 아니기 때문에 그 이용에 있어서 문제점이 있을 수 있

11) SWB은 대서양항로에서는 주류를 이루며, 일본에서도 그 사용량이 증가추세에 있다.
12) Paul Todd, *Modern Bills of Lading*, Mackays of Chatham, 1990, pp. 251~252.

다. 수화인의 입장에서는 물품지배권을 포함한 운송계약상의 권리자가 되지 못하고, 국제해사법규상의 보호를 받지 못하여 왔다.

따라서 국제해사위원회(Comité Maritime International : CMI)는 각국의 국내해사위원회의 의견을 수렴하여 1990년 6월 '해상화물운송장에 관한 통일규칙'(Uniform Rules for Sea Waybills)을 채택하고 이를 공포하였다.[13]

SWB을 이용할 경우 CMI 통일규칙을 준거법규로 삽입하면, 이에 관한 법률상의 불확실성을 회피할 수 있다. 영국의 1992년 개정 '해상화물운송법'(COGSA)에서도 SWB을 공식적으로 인정하고 있다(제1조 1항).

CMI 통일규칙에 따르면, i) 운송계약의 당사자는 송화인만이 될 수 있으며(제3조 1항), ii) 화물지배권(right of control)도 송화인만이 가지고, 송화인은 화물이 수화인에게 인도되기 전까지 언제라도 수화인을 변경할 수 있다(제6조 1항). 이러한 경우 정당한 서류와 상환으로 대금결제를 마친 수화인은 화물을 수령하지 못할 수 있으므로, 송화인의 화물처분권을 제한하기 위하여는, 처분권제한조항[14](no disposal clause)을 합의해 두는 것이 바람직하다.

또 SWB이 발행된 경우, iii) 운송인은 수화인이 동일성을 증명하는 제시를 하면 수화인에게 화물을 인도할 의무를 진다(제7조 1항).

(6) 전자식 선화증권

전자식 선화증권(electronic B/L)은 전통적인 선화증권 대신에 그 내용을 전자수단으로 작성하고 당사자간에 EDI 통신문으로 송달하고, 개인키[15]를 통하여 물품에 대한 권리를 행사하는 양식의 모든 선화증권을 말한다.

전통적으로 선화증권은 운송계약의 체결과 화물수령의 증거로서, 타인에게 서류를 인도함으로써 운송 중인 화물에 대한 권리를 양도하는 수단이다.

그러나 운송기술의 급속한 발달에 비하여 선적서류의 처리속도가 늦어서 많은 불편이 야기되었다. 이러한 불편함을 극복하고자 선화증권 대신에 SWB을 사용하였고, 또 Incoterms 1990 때부터는 매매당사자간의 합의에 따라 모든 운송서류를 EDI 통신문으로 대체하여 제공할 수 있게 하였다.

이로써 국제무역은 종이 없는 전자무역의 시대를 맞이하고 전자식 선화증권

---

13) Jan Ramberg, *ICC Guide to Incoterms® 2010*, Publication No. 720E, 2011, p. 208.

14) 예컨대 "By acceptance of this waybill the shipper irrevocably renounces any right to vary the identity of the consignee of goods during transit."라고 규정할 수 있다.

15) "개인키"(private key)라 함은 전송의 진정성과 완전성을 보증하기 위하여 당사자가 합의한 기술적으로 적절한 모든 형식, 예컨대 숫자나 문자의 조합을 말한다.

이라는 새로운 형식의 운송증권을 사용할 수 있게 되었다.

EDI를 이용한 전자식 선화증권은 종이서류의 거래에 따른 시간과 비용을 절약하고, 격지자간의 거래를 원활히 하며, 거래의 중간당사자를 생략함으로써 궁극적으로는 정보통신의 속도와 표준화를 촉진시킨다는 이점이 있다.[16)]

그러나 전자식 선화증권의 발행이 권리증권(document of title)으로서의 법적 성격을 갖추고 있는가 하는 논란이 제기됨에 따라, 그 양도성을 보장하기 위하여 국제해사위원회(CMI)는 1990년 6월 '전자식 선화증권에 관한 규칙'(Rules for Electronic Bills of Lading: "CMI 규칙")을 제정·공포하였다.

이로써 매매당사자간의 합의가 있는 한, 전통적 선화증권 대신에 EDI를 이용한 양도가능 또는 양도불능의 전자식 선화증권을 발행 전송하고 이에 CMI 규칙을 준거법으로 채택할 수 있게 되었다.

CMI 규칙상 전자식 선화증권이 발행되면, 그 소지인은 운송인에 대하여 화물의 인도청구권, 수화인 지정·변경권, 타인에게 화물의 지배·처분권의 이전 등 전통적인 선화증권의 소지인과 마찬가지의 권리를 갖는다(제7조 a항).

즉, 전자문서는 서면(writing)과 동등한 효력을 갖는다.[17)] 운송인과 송화인 및 이 규칙의 절차를 이용하는 모든 자는 컴퓨터 기억장치에 내장되어 있는 전자기록이 인간의 언어로 표현되거나 출력됨으로써 전송하고 확인할 수 있음을 합의하고, 기타 반대의 항변을 제기하지 못한다(제11조).

전자식 선화증권의 대표적인 예는 볼레로 선화증권(Bolero B/L : BBL)이다. BBL은 Bolero 시스템[18)]의 중앙신호처리소(core messaging platform : CMP)를 통하여 발행하는 것으로서, 이는 선화증권의 본문내용(text)과 소지인의 ID인 권리등록기록(title registry record)을 포함하고 있다.

따라서 BBL은 소지인의 ID에 의하여 양도할 수 있다. 즉, 송화인이 대가를 지급받고 BBL을 양도할 경우에는, CMP를 통하여 디지털서명으로 권리변경지시를 하면 자신의 ID는 폐기되고 양수인에게 새로운 ID가 부여된다. 이러한 과정에서 전자문서의 진정성과 무결성도 확인된다.

BBL의 양도를 위한 디지털서명은 비대칭암호화(non-symmetric encryption) 방식을 사용하고 있다. 이 시스템의 사용자는 한 쌍의 키, 즉 모든 사용자에게

---

16) Yiannopoulos, *op. cit.*, pp. 20~21.

17) Stewart C. Boyd, Andrew S. Burrows and David Foxton ed., *Scrutton on Charter-parties and Bills of Lading*, 20th ed., Sweet & Maxwell, 1996, p. 184.

18) 이 시스템은 1999년 6월 SWIFT와 TT 클럽의 합작으로 설립된 Bolero International 사에 의하여 운영되고 사용자들의 모든 권리 의무는 Bolero Rulebook의 규정에 따른다.

알려지는 공개키(public key)와 자신만이 아는 개인키(private key)를 등록하고, 운송물에 대한 권리이전도 이들 비대칭암호에 의하여 이루어진다.

4. 해상운송인의 책임과 면책사유

해상운송인의 책임문제는 해상운송계약과 그 준거법규에 따라 결정되는데, 여기서는 해상법의 기초가 된 헤이그 규칙을 중심으로 논하고자 한다.[19]

해상운송계약에서 별도의 약정이 없는 한, 운송인은 화물의 적재, 취급, 운송, 보관, 관리 및 양륙에 관하여 이 협약이 규정한 책임을 진다(헤이그 규칙 제2조).

(1) 해상운송인의 책임기간

해상운송인은 화물이 선박에 적재된 순간부터 양륙된 때까지 책임을 져야 한다(헤이그 규칙 제1조 e호). 즉, 운송인의 책임은 화물이 선적항에서, 운송 중에 그리고 양륙항에서 운송인의 관리하에 있는 기간 동안 커버된다.

구체적으로 운송인은 선적항에서 송화인으로부터 화물을 수령한 시점부터 시작하여 양륙항에서 이를 수화인[20]에게 인도한 때까지 책임을 져야 한다. 다만 수화인이 화물을 수령하지 아니하는 경우에는, 계약 또는 양륙항에서 적용하는 법률이나 거래관행에 따라 화물을 수화인의 임의처분하에 적치함으로써 그 책임을 면할 수 있다(함부르크 규칙 제4조 2항).

(2) 해상운송인의 책임원칙

해상운송인은 선박의 내항능력과 화물에 관한 주의의무를 다하지 못하여 발생하는 화물의 손해에 대하여 책임을 져야 한다(헤이그 규칙 제3조 1항).

즉, 운송인은 화물의 손해가 운송인의 관리하에 있는 기간 동안에 발생한 경우에는 이에 대하여 책임을 져야 한다. 다만 그 결과를 방지하기 위한 모든 조치를 취한 경우에는 예외이다(함부르크 규칙 제5조 1항).

국제법규상 해상운송인의 책임원칙은 상당주의의무 또는 손해방지의무의 위반에 대한 운송인의 상업상의 과실책임주의를 취하고 있다.

① 선박의 내항능력(seaworthiness)에 관련하여 운송인은 선박의 발항시 항해 중에 예상되는 통상의 위험을 극복하고 화물을 목적항까지 안전하게 운송할 수 있게 하기 위하여 상당한 주의를 다하여야 한다.

---

19) 헤이그 규칙, 헤이그-비스비 규칙, 함부르크 규칙 및 로테르담 규칙은 후술하기로 한다.

20) "운송인" 또는 "수화인"이라 함은 각각의 사용인 또는 대리인의 의미를 포함한다.

예컨대 i) 선박이 안전하게 항해할 수 있게 하고, ii) 필요한 선원의 승선, 의장과 선용품을 적절히 갖추고, iii) 화물을 적재할 선박의 모든 부분을 화물의 수령, 운송 및 보존에 적합한 상태에 두어야 한다.

② 화물의 운송의무에 관련하여 운송인은 적절하고 신중하게 화물을 취급하여야 한다. 즉, 운송인은 각 화물의 취급과정을 상식과 관습에 벗어나지 아니하는 건전한 방식에 의하여 각 분야의 상당한 자격을 가진 자로부터 합리적이고 정당하게 기대되는 어떠한 기준 이상의 주의를 기울여야 한다.[21]

③ 운송인의 책임한도에 관련하여 헤이그 규칙은 물품 1포장 또는 1단위당 100 파운드, 함부르크 규칙은 멸실이나 손상의 경우 1포장 또는 1선적단위당 835 SDR과 총중량의 1 kg당 2.5 SDR 중에 보다 높은 금액으로 하고 있다.

(3) 해상운송인의 면책사유

해상운송인은 항해상의 과실, 화재 등 17개 항목의 면책 카탈로그(catalog of exceptions)의 사유로 인한 화물의 손해에 대하여 책임을 면할 수 있다.[22]

① 운송인은 항해상 선장, 선원, 도선사 또는 사용인의 행위, 태만 또는 과실로 인하여 발생한 화물의 손해에 대하여 책임을 지지 아니한다.

즉, 운송인은 선박 자체에 관한 상업상의 과실이 아닌 선박의 기술적 취급에 관한 항해상의 과실(errors in the navigation)에 대하여는 면책된다.

② 운송인은 선박의 화재(fire)로 인하여 발생한 화물의 손해에 대하여 책임을 지지 아니한다. 다만 운송인의 사실상의 과실이나 고의로 인하여 발생한 화재는 제외된다. 화재로 인하여 손해가 발생한 경우, 운송인의 과실이나 고의가 없었다는 주장에 대한 입증책임은 운송인 측에게 있다.[23]

③ 운송인은 기타의 다음과 같은 면책사유로 인하여 발생한 화물의 멸실이나 손상에 대하여도 책임을 지지 아니한다.

즉, 운송인은 해상고유의 위험[24], 천재지변, 전쟁행위, 공적의 행위, 군주·통치자 또는 인민에 의한 억류·강제 또는 재판상의 압류, 검역상의 제한, 송화인·화주 또는 그 대리인의 행위, 동맹파업·직장폐쇄·노무정지나 방해, 소요와 내란, 해상에서의 인명이나 재산의 구조, 화물고유의 하자, 포장의 불충

---

21) *Albacora S.R.L. v. Westcott & Lawrence Line Ltd.* (1966) 2 Lloyd's Rep. 53.

22) 헤이그 규칙 제4조 2항 a호~q호; 함부르크 규칙 제5조 1항~6항.

23) 이균성, 국제해상운송법연구, 삼영사, 1984, pp. 33~34.

24) 여기서 "해상고유의 위험"(perils of the seas)이라 함은 바다에서의 우연한 사고나 재해로서, 선박의 침몰·좌초·충돌 등이 이에 속하고, 풍파의 통상적인 작용은 제외된다.

분성, 화인의 불충분성 또는 부적당성, 상당한 주의로 발견할 수 없는 화물의 잠재적 하자, 기타 운송인의 과실 또는 고의로 인하여 발생하지 아니한 모든 원인 등에 대하여는 책임을 지지 아니한다(헤이그 규칙 제4조 2항 c호~q호).

5. 해상운송관련 국제법규

일찍이 해상교역에서 화주가 운송인에게 화물운송을 위탁하면서 해상운송계약을 입증하는 선화증권이 등장하였으며, 화물의 손해에 대한 운송인의 책임과 면책사유에 대한 기준을 설정하기 위하여 준거법규의 제정이 시작되었다.

(1) 영미계의 해상법

선화증권에 관한 최고의 해상법은 1681년 루이 14세에 의하여 공포된 프랑스의 '해사조례'(French Maritime Code)이지만, 현대적인 것은 1855년 영국의 '선화증권법'(Bill of Lading Act)이 제정되면서부터이다. 이는 처음으로 선화증권의 양도에 관하여 규정하였으나, 운송인의 면책범위가 너무 광범하였다.

반면에 미국에서는 1893년 선박의 면책범위를 대폭적으로 규제한 '하터 법'(Harter Act)을 제정하였다. 이 법은 선원의 과실이나 부주의 등 상업과실에 대한 운송인의 면책특약을 금지하고 있어서(제1조), 화주국들을 중심으로 운송인의 면책약관에 대한 제한운동을 국제적으로 확산시키는 계기가 되었다.

(2) 헤이그 규칙(Hague Rules 1924)

국제법협회(International Law Association : ILA)는 1921년 9월 헤이그 회의에서 통일된 선화증권 협약초안을 상정하고, 1924년 8월에 26개국의 서명으로 '선화증권에 관한 법규의 통일을 위한 국제협약'(이하 "헤이그 규칙"이라 함.)이 성립되고[25], 이는 1931년부터 국제적인 효력을 발생하였다.

헤이그 규칙은 운송인의 상업과실에 대한 면책약관을 선화증권상에 삽입하는 것을 금지하고, 기타 선장, 해원 및 도선사의 항해과실의 결과에 대하여는 운송인이 당연히 면책된다는 것을 주요내용으로 하고 있다.

헤이그 규칙은 미국의 1936년 '해상화물운송법'(Carriage of Goods by Sea Act : COGSA), 영국의 1971년과 1992년 '해상화물운송법', 우리나라의 '상법'(해상편) 등을 비롯한 각국의 현대적 해상법 제정에 기초가 되었다.

25) 영문명칭은 'International Convention for the Unification of Certain Rules of Law Relating to Bills of Lading'이다.

헤이그 규칙은 운송환경의 변화에 따라 일부가 개정되어 1968년 2월 '선화증권에 관한 법규의 통일을 위한 국제협약의 개정의정서'(Protocol to Amend)로 채택되고, 이를 "헤이그-비스비 규칙"(Hague-Visby Rules)이라고 한다.

(3) 함부르크 규칙(Hamburg Rules 1978)

헤이그 규칙이 해운선진국 중심으로 입안되었다는 비판이 제기됨에 따라, 개도국들이 주축이 된 UNCTAD(유엔무역개발회의)에서는 이를 개정하여야 한다는 주장이 강력히 대두되었으며, 또 UNCITRAL(유엔국제무역법위원회)에서는 1975년 2월 해상화물운송에 관한 유엔 협약 초안을 작성하였다.[26]

결국 1978년 3월에 78개국이 참석한 함부르크 유엔해상운송회의에서 '해상화물운송에 관한 유엔 협약'(이하 "함부르크 규칙"이라 함.)이 성립되었다.[27]

함부르크 규칙은 20번째 국가가 가입한 12개월 후인 1992년 11월 1일부터 효력을 발생하였다. 그러나 지금까지 이 협약에 가입한 국가는 대부분 개도국들이고, 미국과 영국 등 해운선진국들과 우리나라는 이에 가입하지 않고 있다.

(4) 로테르담 규칙(Rotterdam Rules 2009)

헤이그 규칙과 함부르크 규칙이 이분화 되고 오랜 세월이 흘러 새로운 운송환경에 대응하지 못한다는 비판에 따라, 2001년 12월에 CMI의 주도로 이를 대체할 해상운송법 초안이 발간되고, 2002년 4월부터 UNCITRAL 작업반에서 새로운 국제협약의 논의를 시작하여 2008년 1월에 협약초안이 발표되었다.

결국 2008년 12월 11일 제63차 유엔총회에서 '전부 또는 일부의 국제해상화물운송에 관한 유엔 협약'(이하 "로테르담 규칙"이라 함.)이 성립되고[28], 2009년 9월 23일 로테르담에서 미국, 덴마크 등 16개국이 참가하여 서명식을 가졌다.

로테르담 규칙은 20번째 국가가 비준한 12개월 후에 발효되지만(2011. 1. 현재 스페인만 비준), 적용범위를 해상운송뿐만 아니라 해상운송을 수반한(maritime plus) Door to Door 복합운송에까지 확대하였다는 점에서 환영할만하다.

---

26) UNCTAD, *The Economic and Commercial Implications of the Entry into force of the Hamburg Rules and the Multimodal Transport Convention*, 1991, p. 27.

27) 영문명칭은 'United Nations Convention on the Carriage of Goods by Sea'이다.

28) 영문명칭은 'United Nations Convention on Contracts for the International Carriage of Wholly or Partly by Sea'이다.

제 2 절 국제항공운송과 육상운송

1. 항공운송의 특성과 실무

(1) 항공운송의 특성

항공운송(air transport)은 항공기를 이용하여 화물이나 여객을 탑재하고 어느 공항에서 공로를 따라 다른 공항까지 운항하는 수송 시스템을 말한다.

항공운송은 민간항공기의 개발로 가능해졌고, 1970년에 점보제트기가 등장하면서 대량수송의 시대를 열었으며, 세계가 단일 생활권화됨에 따라 신속하고 안전한 항공기에 의한 수출입화물의 수송이 절실히 요구되고 있다.

최근에는 복합운송 모듈 컨테이너(multimodal module container)가 개발되면서, 항공운송은 해상·육상구간을 연결하는 복합운송의 시대를 맞이하고 있다. 특히 항공운송은 가장 체계화된 유통정보 시스템을 갖추고 완벽한 물류체제로 운용되고 있기 때문에, 현대적인 물류수단으로 각광을 받고 있다.

항공운송은 해상·육상운송과는 달리 신속성, 안전성, 야행성, 비계절성, 편도성 등의 특성을 갖고 있으므로 경제적으로 다음과 같은 이점이 있다.

① 항공운송은 수송기간이 매우 짧다. 특히 납기가 촉박한 긴급상품이나 계절유행상품 등과 같이 시간에 민감하여 기회비용을 가장 중요시 하는 상품은 해상·육상운송보다는 신속한 항공운송을 필요로 한다.

② 항공운송은 재고비용이 절감된다. 즉, 화물이 재고로 묶여 있는 기간이 짧기 때문에 부패성 물질이나 시간이 지나면 가치가 떨어지는 상품, 예컨대 생화·산 동물·신문·상업서류 등의 운송에 적합하다.

③ 항공운송은 수송조건이 양호하다. 즉, 항공기의 안전성 때문에 화물의 손상이나 도난의 위험이 높은 상품, 예컨대 귀금속·뉴스 원고·약품·전자제품·방사능 물질·반도체 제품 등의 운송에 적합하다.

(2) 항공운송의 실무절차

항공화물의 운송은 송화인이 항공운송인이나 운송주선업자에게 목적지까지의 항공노선에 탑재공간예약(plane's space booking)을 하고 화물과 상업송장, 포장명세서, 수출승인서 등의 서류를 항공운송업자에게 전달한다.

항공운송업자는 통관업자와 협의하여 수출통관수속을 마치고 수출신고필증을 송화인에게 교부한 후 항공화물운송장[29](air waybill : AWB)을 발행한다.

항공사는 수령한 화물을 목적지까지 운송한다. 도착지의 항공운송업자가 수화인에게 화물도착통지(arrival notice)를 하면, 수화인은 거래은행이나 송화인에게 수입대금을 결제하고 서류를 수령하여 수입통관수속을 마친 후 항공사에 AWB을 제시하여 물품을 인도받는다.

2. 항공운송계약과 항공화물운송장

(1) 항공화물의 운송업자

항공운송계약의 당사자는 화물운송을 위탁하는 송화인과 이를 인수하는 운송인이다. 실제의 항공운송 책임자는 항공사이고, 기타 항공화물취급업을 할 수 있는 자로는 항공화물운송대리점, 항공화물운송주선업자 등이 있다.

① 항공화물운송대리점(air cargo agent)은 독자적으로 AWB을 발행하지 아니하고 항공사의 운송약관·운임률표·운항시간표에 따라 항공화물을 모으고 항공사의 AWB을 사용하여 운송계약을 대리하는 업을 말한다.

항공화물운송대리점은 Master AWB을 발행하고 수수료를 취득하며, 수출입화물의 육상운송과 통관수속, 창고화물의 반출입업무 등을 대행한다.

② 항공화물운송주선업자(air freight forwarder)는 혼재업자(consolidator)라고도 하는데, 자체의 항공기는 없으나 독자적인 운송약관·운임률표에 따라 항공화물을 모으고 자신의 House AWB을 사용하여 운송계약을 체결한다.

항공화물운송주선업자는 혼재된 화물을 항공사에 인도하면 항공사로부터 Master AWB을 발급받지만, 실제 수출상과 수입상이 수출입대금을 결제하고 목적지에서 화물을 수령하는데 필요한 서류는 House AWB이다.

(2) 항공운송인의 책임원칙

바르샤바 협약에 의하면[30], 항공운송인은 화물의 파괴, 멸실 또는 손상된 경우 그 손해의 원인이 된 사고가 항공운송 중[31]에 발생한 때에는 이에 책임을 지고(제18조 1항), 화물의 연착에 대하여도 책임을 진다(제19조).

---

29) 특히 항공사가 책임 있게 발행하는 항공화물운송장을 'Master Air Waybill'이라고 한다.

30) 바르샤바 협약 등 항공운송관련 국제법규에 관한 해설은 후술하기로 한다.

31) "항공운송 중"이라 함은 화물이 공항이나 항공기 내에서 또는 공항 이외에 착륙한 경우에는 장소의 여하를 불문하고, 운송인의 관리하에 있는 기간을 말한다.

운송인이 면책 또는 바르샤바 협약의 책임한도보다 낮은 한도를 정하는 것은 무효이고, 손해가 운송인의 고의적 악행(wilful misconduct)에 의하여 발생한 경우에는, 이 협약의 책임한도에 관계 없이 책임을 진다.

다만 운송인은 손해방지의 모든 조치 또는 불가피한 사실을 입증한 경우에는 책임을 지지 아니한다. 특히 화물의 손해가 조종, 항공기의 취급 또는 항행상의 과실로부터 발생한 경우에는 면책된다(제20조). 이는 운송인이 무과실을 입증하지 아니하는 한, 면책되지 아니한다는 상업상의 과실추정책임원칙을 기초로 하지만, 항공기의 항행상의 과실에 대하여는 면책을 인정한 것이다.

운송인의 책임한도는 탁송수화물과 화물의 경우 송화인이 운송가격을 특별히 신고하고 종가요금을 지급하지 아니하는 한, 1 Kg당 250 프랑으로 한다(제22조 2항). 즉, 손해배상액은 화물 전체의 중량을 단위로 산정하고, 송화인이 종가요금을 지급한 경우에는 그 신고가격을 운송인의 책임한도로 한다.

(3) 항공화물운송장의 발행

항공화물운송장(AWB)은 항공운송인이 운송화물을 인수할 때에 운송계약서 대신에 교부하는 화물수령증을 말한다. 항공운송계약이 당사자간의 합의에 의한 낙성계약이기 때문에, AWB은 운송계약의 체결, 화물의 인수와 운송조건에 관한 추정적인 증거(*prima facie* evidence)가 된다.[32)]

AWB은 송화인이 작성함을 원칙으로 한다. 통상 송화인은 원본 3통을 1조로 작성하여 운송인에게 제출하되, 제1본에는 "운송인용"(for the carrier)이라 기재하고 송화인이 서명하고, 제2본에는 "수화인용"(for the consignee)이라 기재하고 송화인과 운송인이 서명하여 발송하고, 제3본은 "송화인용"(for the consignor)으로서 운송인이 서명하여 송화인에게 교부한다.

AWB의 기재사항은 ① 출발지와 도착지, ② 기착지(제3국에 있는 경우), ③ 화물의 종류, 중량이나 수량, 포장의 개수, 외관상태, ④ 송화인이 종가요금을 지급한 경우의 신고가격 등을 포함하고 있어야 한다.

특히 신용장거래인 경우 대금회수를 위한 AWB의 기재요건은 ① 운송인의 명의와 서명, ② 물품의 인수사실, ③ 운송서류의 발행일자, ④ 지정된 출발공항과 도착공항, ⑤ 송화인/화주용의 원본, ⑥ 약식 또는 정식의 운송약관, ⑦ 기타 신용장조건을 충족하여 작성한 서류이어야 한다.[33)]

---

32) 항공화물운송장(AWB)의 부존재, 불비 또는 멸실은 운송계약의 존재 또는 효력에는 영향을 미치지 아니한다(바르샤바 협약 제5조 2항).

33) UCP 600 제23조 a항.

송화인은 AWB에 기재된 화물명세와 신고가 정확하다는 것에 대하여 책임을 지고, 또 탁송화물이 세관이나 행정절차를 이행하기 위하여 필요한 정보를 제공하고 필요한 서류도 첨부하여야 한다.

(4) 항공화물운송장의 기능

항공화물운송장(AWB)은 운송인과 송화인 사이의 운송계약서로서, 운송장상에 화물의 취급, 인도 등에 관한 지시를 기재한 경우 송화인의 지시서가 되며, 또 운송인이 화물을 수령하였다는 화물수령증으로서의 기능을 한다.

AWB은 운송인의 운임청구서와 통관을 위한 수출입신고서로 사용하며, 또 도착지에서는 수화인이 화물의 내용 등을 확인하는데 사용한다는 점에서 상업송장으로서의 기능을 하고, 운송인이 도착화물을 인도할 때 수화인의 수령서명을 받는다는 점에서 화물인도증명서로서의 기능도 하게 된다.

나아가 AWB은 운송계약과 화물수령의 증거로서 B/L과 유사하지만 유가증권이나 권리증권이 아니므로, 그 법적 성질을 정리하면 다음과 같다.[34)]

① AWB은 운송계약의 존재, 운송인의 화물수령, 운송조건에 대한 당사자간의 합의 등에 대한 추정적인 증거증권성을 지닌다. 물론 운송계약의 내용은 AWB 이외의 다른 문서에 의하여도 입증할 수 있다.

② AWB은 화물의 재산권을 표창하는 것도 아니고 비유통성의 양식으로만 발행하므로 유가증권이나 유통증권이 아니다. 따라서 화물에 대한 권리이전은 증권의 양도가 아닌 민법상 지명채권의 양도방법에 의할 수밖에 없다.

③ AWB은 처분증권성을 지닌다. 송화인은 운송계약의 이행조건, 예컨대 화물의 회수, 유지(stopping), 수화인의 변경, 화물의 반송 등에 관한 세부사항을 AWB을 통하여 지시할 수 있다. 이를 송화인의 화물처분권이라 한다.

그러나 수화인의 입장에서는 송화인의 화물처분권을 제한하기 위하여는, 처분권제한조항을 운송장상에 명기하도록 요구하는 것이 바람직하다.[35)]

④ AWB은 운송인이 운송장 원본의 정당한 소지인에게 화물을 인도하면, 이에 책임을 면하므로 면책증권성을 지닌다.

⑤ 항공운송계약은 원래 불요식계약이지만, AWB의 발행은 바르샤바 협약이 정한 법정기재사항을 기재하여야 한다는 점에서 요식증권성을 지닌다.

---

34) 바르샤바 협약 제11조~제12조; 최준선, 국제거래법, 삼영사, 1996, pp. 301~305.

35) M. Bridge ed., *Benjamin's Sale of Goods*, 8th ed., Sweet & Maxwell, 2010, p. 1847.

3. 항공운송관련 국제법규

항공운송이 발달하면서 국제적인 업무협조와 통일된 규제를 위하여, 다음과 같은 국제협약이 결성되고 국제항공운송협회의 표준약관도 마련되어 있다.

(1) 바르샤바 협약(Warsaw Convention 1929, 1955)

바르샤바 협약은 1929년 10월 바르샤바 국제회의에서 CITEJA (Comité Internationale Technique d'Experts Juridiques Aériens : 국제항공법전문가위원회)에 의하여 성립된 '국제항공운송에 관한 일부규칙의 통일을 위한 협약'을 말한다.[36)]

바르샤바 협약은 1933년 2월 13일에 발효된 후 항공기술의 급속한 발달에 따라 ICAO[37)](국제민간항공기구)에 의하여 1955년 9월 헤이그 국제항공법회의에서 일부조항이 개정된 '헤이그 의정서'(Hague Protocol)가 채택되었다. 이는 바르샤바 협약의 일부로서 1963년 8월 1일에 발효되었다.

헤이그 의정서는 여객에 대한 책임한도를 바르샤바 협약의 2배(25만 프랑)로 인상하였으나, 미국의 반대로 IATA(국제항공운송협회)에 의하여 1966년 5월에 '몬트리올 협정'(Montreal Agreement)이 채택되었다.

이들 바르샤바 체제는 국제항공운송의 기본법으로서 세계 100여개국에서 시행하고 있으며, 우리나라는 1963년 8월에 1955년 헤이그 의정서로 개정된 바르샤바 협약에 가입함으로써 1967년 10월 11일부터 발효되었다.

(2) 과달라하라 협약(Guadalajara Convention 1961)

바르샤바 협약은 항공기의 임대차(hire), 용기계약(charter) 또는 상호용기운항(interchange)과 같이 계약운송인과 실제운송인이 다른 경우의 운송인 책임에 관한 규정이 없기 때문에, 1961년 8월 맥시코 과달라하라(Guadalajara) 국제항공사법회의에서 '계약운송인 이외의 자에 의하여 이행되는 국제항공운송에 관한 일부규칙의 통일을 위한 바르샤바 협약의 보충협약'이 성립되었다.[38)]

---

36) 영문명칭은 'Convention for the Unification of Certain Rules relating to International Transportation by Air'이다.

37) ICAO는 1945년 시카고 협약에 따라 창설된 정부차원의 유엔 전문기관인 반면에, IATA는 1945년 국제정기항공사들에 의하여 창설된 순수 민간단체를 말한다.

38) 영문명칭은 'Convention Supplementary to the Warsaw Convention for the Unification of Certain Rules relating to International Transportation by Air performed by a Person other than the Contracting Carrier'이다.

과달라하라 협약은 1964년 5월 1일에 발효되어 세계 90여개국에서 시행하고 있다. 우리나라는 아직 이에 가입하고 있지 않으나, 이는 바르샤바 협약과 불가분의 관계에 있으므로 조만간 그 가입문제가 논의될 것으로 본다.

(3) IATA 표준약관(Conference Resolutions Manual 1988)

IATA 회원사의 항공운송계약은 1988년 10월 IATA에 의하여 제정된 '화물용(여객용) IATA 표준약관'{Cargo (Passenger) Services Conference Resolutions Manual}에 따르도록 하고 있는데, 대부분의 항공사는 이 약관을 수용하거나 약간의 수정을 가하여 AWB의 이면에 기재하고 있다.

대한항공의 경우도 1989년 1월 1일 IATA에 가입하고 그 표준약관을 사용하고 있다. IATA 표준약관은 운송인과 송화인의 권리의무를 규정한 운송계약조건으로서, 바르샤바 협약에 반하지 아니하는 범위내에서만 적용한다.

4. 철도운송과 도로운송

철도운송과 도로운송은 전통적인 운송방식으로서, 최근 들어 남북한의 철도와 도로망이 연결되고 대륙국가로의 기업진출이 늘어나면서 국제간의 철도운송과 도로운송 또는 이들을 연계한 복합운송에 대한 관심이 고조되고 있다.

(1) 국제철도운송

가. 철도운송의 특성

철도운송은 대량화물을 일시에 효율적으로 운송할 수 있고, 원거리운송에서 운임이 싸서 경제적이며, 또 이는 궤도운송방식이기 때문에 안전도가 높다.

다만 단거리운송이나 긴급을 요하는 화물운송에는 적합하지 못하고, 대규모의 자본투자를 요하고 자본의 이윤회수가 간단치 않다.

따라서 철도운송은 개인기업이 운영하기에는 부적합하므로, 미국을 제외한 세계 대부분의 국가에서는 철도사업을 국영화하고 있다.

최근 우리나라에서도 남북한의 화해와 경제협력이 활성화되면서 남북한의 철도와 도로망이 연결되고, 정부의 '동북아 비즈니스 중심국가' 계획에 따라 한반도가 동북아 물류의 핵심기지로 부상하고 있다.

특히 남북한 종단철도가 시베리아 횡단철도(trans Siberian railroad : TSR)나 중국횡단철도(TCR) 등과 연결되면, 한반도는 유럽 · 러시아 · 중국 · 일본을 잇는 물류거점으로서 경제적인 효과가 클 것으로 예상된다.

다만 남북한 철도운영시스템의 통일, 철도통과국과의 협정체결, 북한의 낡은 철도시설의 현대화, 중국·러시아의 철도 궤도폭의 불일치에 따른 원스톱 운송 서비스의 한계 등을 극복해 나가야 하는 것이 과제이다.

나. 철도운송 CIM 협약(1980)

철도운송은 주로 유럽제국에서 이용하고 있으므로, 국제간의 철도운송에서도 유럽과 지중해 지역의 국가들을 중심으로 성립된 '철도화물운송에 관한 국제협약'(이하 "CIM 협약"이라 함.)을 적용하는 것이 보통이다.

CIM[39] 협약은 1893년에 제정되어 1970년 추가의정서(additional protocol)로 대체되고 1975년 1월 1일부터 발효되었다. 또 국제철도운송사업본부에 의하여 1980년 5월에 '국제철도운송에 관한 협약'(Convention concerning International Carriage by Rail : 이하 "COTIF 협약"이라 함.)이 제정되어 1985년 5월 1일부터 발효되었다. COTIF 협약은 '국제철도화물운송계약에 관한 통일규칙'을 담고 있는데, 그 내용이 구협약과 같으므로 여기까지 CIM 협약이라고 한다.

CIM 협약은 화물이 적어도 2개국 이상의 체약국간에 국경을 통과하는 철도화물운송에 적용하며, 이 협약에서 인정하는 운송서류는 철도화물탁송장(rail consignment note)으로서 그 내용이 매우 포괄적이지만 권리증권은 아니다.

다. 철도운송인의 책임

CIM 협약에 의하면, 운송인은 화물을 수령한 때부터 인도한 때까지 발생한 화물의 멸실이나 손상 또는 인도지연에 대하여 책임을 진다. 다만 운송인 이외의 관계자에 의한 고의나 과실, 물품고유의 성질 등에 기인하였거나 또는 불가피한 사정에 기인한 손해에 대하여는 그 책임을 면한다.

이 밖에도 운송인은 무개차운송, 불충분한 포장, 화주의 적재작업이나 양하작업 중에 발생하는 손해, 산 동물 등에 대하여 책임을 면한다. 다만 화물의 손해가 이들 면책사유에 기인한 것이라는 입증책임은 운송인에게 있다.[40]

운송인의 책임한도는 멸실이나 손상의 경우 화물의 1 Kg당 50 프랑으로 하고, 인도지연의 경우 실손해가 없는 한 운송기간의 1/10 지연에 대하여 운임의 1/10을 반환하되 그 한도액은 총운임의 1/4로 한다.

---

39) *Convention Internationale concernant le Transport de Marchandises par Chemin de Fer.*

40) D.M. Day, *The Law of International Trade*, 2nd ed., Butterworths, 1993, pp. 104~105.

(2) 국제도로운송

가. 도로운송의 특성

도로운송은 각국의 고속도로와 포장도로의 건설이 확대되면서 국제운송에서 핵심적인 역할을 담당하고 있다. 특히 도로운송은 방방곡곡에 지선도로망을 갖추고 있기 때문에, 해상・항공운송과 결합된 Door to Door 서비스의 시발점과 도착점을 연결하는 국제물류의 중요한 위치를 차지하고 있다.

도로운송은 운송 중에 하역작업이 적고 직송될 수 있기 때문에, 간단한 포장으로도 화물의 파손 없이 안전하고 신속한 운송이 가능하며, 또 발착지 당국의 통제를 받지 아니하므로 부대비용이 적게 든다는 장점이 있다.

운송사업의 측면에서도 도로시설은 사회간접자본으로 건설하기 때문에, 사업자는 거대한 고정자본 없이도 화물수요에 따라 다양한 형태의 차량으로 도로가 있는 곳이면 어디든지 운송서비스를 제공할 수 있다.

그러나 원거리운송에서는 도로운송이 철도운송에 비하여 상대적으로 운임이 비싸고 1회의 운송량도 철도운송에 비교가 되지 못한다.

나. 도로운송 CMR 협약(1956)

국제간의 도로운송에서는 1956년 5월 유럽제국에 의하여 성립된 '국제도로화물운송계약에 관한 협약'(이하 "CMR 협약"이라 함.)을 적용한다.

CMR[41] 협약은 화물의 수령장소와 인도장소가 2개국 이상의 서로 다른 국가에 위치하고 이 중에 적어도 하나가 체약국인 경우의 도로운송이나 또는 차량에 화물을 적재하여 다른 운송방식과 연결되는 운송계약에 적용한다.

다만 화물의 멸실이나 손상 또는 인도지연이 다른 운송방식에 기인한 경우에는, 운송인의 책임은 각 운송방식에 관한 협약에 따라 결정된다.

CMR 협약에서 인정하는 운송서류는 도로화물탁송장(road consignment note)이다. 이 서류는 도로운송계약과 화물수령에 대한 추정적인 증거로서 권리증권은 아니지만[42], 신용장거래의 경우 은행에 매입이 가능한 서류이다.[43]

다. 도로운송인의 책임

CMR 협약에 의하면, 운송인은 화물을 수령한 때부터 인도한 때까지 발생한

41) *Convention relative au Contrat de Transport International de Marchandises par Route.*

42) Alan E. Branch, *Elements of Export Practice*, 2nd, Chapman & Hall, 1985, p. 276.

43) UCP 600 제24조 a항. 즉, 신용장에서 도로화물운송장(road waybill), 도로화물탁송장(road consignment note), 철도화물탁송장(railway consignment note), 내수로 운송서류(inland waterway document) 등을 요구한 경우 그 명칭에 관계없이 매입이 가능하다.

화물의 멸실이나 손상 또는 인도지연에 대하여 책임을 진다. 다만 운송인 이외의 관계자에 의한 고의나 과실, 물품고유의 성질 등에 기인하였거나 또는 불가피한 사정에 기인한 손해에 대하여는 그 책임을 면한다.

이 밖에도 운송인은 무개차운송, 불충분한 포장, 화주의 적재작업이나 양하작업 중에 발생하는 손해, 산 동물 등에 대하여 책임을 면한다. 다만 화물의 손해가 이들 면책사유에 기인한 것이라는 입증책임은 운송인에게 있다.

운송인의 책임한도는 멸실의 경우 화물의 1 Kg당 25 프랑으로 하고, 손상의 경우 화물의 수령장소에서의 정품가격과 손품시가의 차액으로 하며, 또 인도지연의 경우 실손해가 있는 한 운임의 한도내에서 배상책임을 진다.

제 3 절 국제복합운송

1. 복합운송의 의의와 경로

(1) 복합운송의 개념

복합운송은 화물의 수령장소에서 인도장소까지 육·해·공의 적어도 둘 이상의 다른 운송방식(mode of transport)으로 이루어지는 운송형태이다.

복합운송의 형태는 19세기 중반부터 동일화물에 다수의 운송인이 관여하는 통운송(through carriage)에서 유래되었으며, 지금의 복합운송은 1920년 미국의 철도회사가 피기백 방식[44](piggy-back)을 도입하면서부터 시작되었다.

국제적으로 "복합운송"(combined or multimodal transport)이라는 표현은 1929년의 항공운송 바르샤바 협약, 1949년의 ICC 국제화물복합운송증권에 관한 협약초안, 1975년의 복합운송서류에 관한 ICC 통일규칙(이하 "ICC 통일규칙"이라 함), 1980년의 국제화물복합운송에 관한 유엔 협약(이하 "유엔 복합운송협약"이라 함), 1993년과 2007년의 신용장 통일규칙(UCP) 등으로 이어지고 있다.[45]

이들 규범에 의하면, 국제복합운송(international multimodal transport)의 개념은 '복합운송인이 복합운송계약에 따라 서로 다른 국가에 위치한 화물의

44) Piggy-back 운송은 컨테이너를 철도화차에 적재하는 것을 말하고, 컨테이너를 선박에 적재하는 것을 fishy-back, 항공기에 적재하는 것을 birdy-back 이라고 한다.

45) ICC 통일규칙, 유엔 복합운송협약 등의 국제법규에 관한 해설은 후술하기로 한다.

수령장소에서 예정된 인도장소까지 육·해·공의 적어도 둘 이상의 서로 다른 운송방식에 의한 화물운송'이라고 요약할 수 있다(유엔 복합운송협약 제1조 1항).

(2) 복합운송의 특성

복합운송은 복합운송인이 적어도 둘 이상의 서로 다른 운송방식을 이용하여 전구간에 대한 단일운임을 대가로 화물을 수령하고 전체 운송에 대한 책임을 부담한다는데 특성이 있으며, 이를 정리하면 다음과 같다.

① 복합운송은 다양한 운송방식으로 이루어진다. 이 때의 각 구간에 연결되는 모든 운송방식은 각기 다른 법률의 적용을 받게 된다.

② 복합운송은 단일의 운송계약체계로 이루어진다. 복합운송인은 전체 운송에 대한 단일운송계약으로 책임을 인수한다. 그러나 복합운송인은 운송을 직접 실행할 필요가 없으며, 각 구간운송인과 하청계약을 체결할 수 있다.

③ 운송인은 전구간에 대한 단일의 운임청구권을 갖는다. 복합운송의 운임은 Door to Door 서비스에 대한 대가이다. 그러나 운임산정은 전구간에 대한 단일운임기준이나 각 구간의 수단별운임기준을 임의로 적용할 수 있다.

④ 운송계약은 복합운송서류의 발행에 의하여 입증된다. 복합운송인은 화물을 수령하면, 유통성 또는 비유통성의 복합운송서류를 발행하여야 한다.

따라서 복합운송은 기존의 통운송·공동운송·연속운송·협동일관운송 등의 운송형태와는 구별된다. i) 통운송(through carriage)은 동일화물에 동종 또는 이종운송방식의 다수 운송인이 관여하는 것, ii) 공동운송(joint transport)은 하나의 운송계약에 다수 운송인이 연대책임을 지는 것, iii) 연속운송(successive transport)이나 순차운송은 최초운송인이 대표적으로 전구간의 단일 운송증권을 발행하고 후속운송인이 각 구간에 순차적으로 연대책임을 지는 것, iv) 협동일관운송(intermodal transport)은 서로 다른 운송방식의 협동에 의하지만 각 구간의 운송인은 자신의 운송증권을 따로 발행하는 것을 말한다.[46]

(3) 복합운송의 주요경로

복합운송경로는 해·륙복합운송, 해·공복합운송, 해·륙·공복합운송 등의 연결이 가능하다. 특히 해·륙복합운송에서 해→륙→해로 이어지는 중간의 육상구간이 교량역할을 한다고 하여 "랜드 브리지"(land bridge)라고 한다.

랜드 브리지는 기존의 해상운송경로에 대륙횡단경로를 추가함으로써 운송시

46) UNCTAD, *op. cit.*, p. 28 ; 이균성, 전게서, pp. 194~195.

간과 거리 및 비용을 절약할 수 있다는 장점이 있다.

우리나라(극동)를 중심으로 유럽이나 북미항로의 주요 복합운송경로는 시베리아 랜드 브리지, 중국횡단철도, 아메리카 랜드 브리지 등이 개발되어 있다.

① 시베리아 랜드 브리지(Siberia land bridge : SLB)는 우리나라나 일본항에서 선적하여 러시아의 극동연안까지 해상운송 후 시베리아 횡단철도(TSR)를 이용하여 유럽대륙과 중동연안을 연결하는 복합운송경로를 말한다.

② 중국횡단철도(trans China railroad : TCR)는 인천이나 부산항에서 중국의 연안까지 해상운송 후 서안이나 신강역을 거치는 TCR을 이용하여 러시아 접경에서 TSR과 접속하는 옛날의 실크로드와 일치하는 경로이다.

③ 아메리카 랜드 브리지(America land bridge : ALB)는 우리나라나 일본항에서 북미 서해안까지는 해상운송으로 가고 북미대륙을 횡단하여 미국 동해안에서 다시 유럽항까지 해상운송을 이용하는 경로를 말한다.

ALB와 유사한 북미대륙횡단의 복합운송경로는 캐나다 랜드 브리지(Canada land bridge : CLB), 미니 랜드 브리지(mini land bridge : MLB), 마이크로 랜드 브리지(micro land bridge : MCB) 등이 개발되어 있다.

④ 해 · 공복합운송경로에는 우리나라나 일본항에서 북미 서해안까지 해상운송으로 가고 다시 유럽까지 항공운송으로 연결하는 소위 "스카이 브리지"(sky bridge) 방식이 있다. 최근에는 중국의 화물이 인천항까지 해상운송으로 와서 인천국제공항에서 전세계로 항공운송하는 방식이 자리잡아가고 있다.

2. 복합운송계약과 복합운송서류

(1) 복합운송인의 범위

복합운송인(MTO)은 서로 다른 운송방식을 조합하여 송화인으로부터 전구간에 대한 운임을 지급받고 복합운송계약에 따른 책임을 부담하는 자이다.[47)]

복합운송인의 개념에 관하여는 국제규범에 따라 약간의 차이가 있으나, 대체로 '자신의 명의로 송화인과 복합운송계약을 체결하고 복합운송서류를 발행하는 당사자로서, 전구간의 운송에 대한 동일책임체계에 따라 운송을 계획하고 각 운송구간을 적절히 연결하여 전체 운송이 원활하게 이루어지도록 조정하고

47) 복합운송인의 명칭은 CTO (combined transport operator : ICC 통일규칙), MTO (multimodal transport operator : 유엔 복합운송협약), ITO (intermodal transport operator : 미국) 등으로 부르고 있으나, 이 중에 MTO가 가장 보편적으로 사용하는 표현이다.

감독하는 지위에 있는 자'를 말하고 있다(유엔 복합운송협약 제1조 2항).

특히 유엔 복합운송협약은 복합운송인의 범위에 관하여 복합운송인의 사용인(servants)이나 대리인(agents) 또는 계약이행을 위하여 복합운송인이 고용한 기타의 모든 자를 포함하고 있으며, 따라서 복합운송인은 그러한 자의 작위 또는 부작위에 대한 책임을 지도록 하고 있다(동 제14조~제15조).

복합운송인의 자격에 관하여는 각국에서 상당히 제한하고 있는 실정이다. 예컨대 미국 신해운법은 복합운송인의 면허요건으로서, ① 연방해사위원회가 충분한 경험과 자질이 있다고 인정하는 자, ② 화물의 손해배상책임을 위하여 재무장관이 인정하는 보증회사의 보증서를 제출하는 자 등을 명시하고 있으며, 우리나라의 해운법도 복합운송업의 요건을 강화하고 영업보증금의 예치제도 등을 두어 업무능력과 배상책임능력을 갖추도록 하고 있다(동 제36조).

(2) 복합운송과 운송주선인

"운송주선인"(freight forwarder)이라 함은 송화인을 위하여 보수를 받고 자신의 명의로 화물운송의 주선을 업으로 하는 자로서(상법 제114조), 실무에서는 forwarding agent, shipping agent, air freight agent 등으로 불리워지고, 오늘날 선사나 항공사와 더불어 복합운송인의 역할도 수행하고 있다.

즉, 운송주선인은 컨테이너에 의한 복합운송이 발달하면서 고유의 운송주선 업무에만 그치지 아니하고, 서로 다른 운송방식을 유기적으로 결합하여 국제화물의 Door to Door 일관운송 서비스를 제공하기도 한다.

따라서 복합운송인이라고 하면 선박을 보유한 실제운송인(actual carrier)뿐만 아니라, 선박비보유운송인[48](NVOCC), 운송주선인과 같은 계약운송인(contracting carrier), 혼재업자(consolidator) 등도 이에 포함될 수 있다.

특히 국제복합운송에서 소량화물(LCL cargo)의 경우, 운송주선인이 전구간의 일관운송을 책임지는 운송주체로서 자신의 창고에 화물을 보관, 통합, 분배 또는 혼재업무까지 대행하여 주기 때문에, 송화인은 소량화물을 단독으로 운송하는 것보다 안전·신속·저렴한 가격의 이점을 누릴 수 있다.

다만 신용장거래에서는 운송주선인이 운송인이나 복합운송인의 본인 또는 그 대리인의 자격으로 발행한 서류만 은행에서 인수되고, 기타 운송주선인의 자격으로 발행한 서류는 인수되지 아니한다는 것을 유의하여야 한다.

---

48) 선박비보유운송인(non-vessel operating common carrier)은 미국에서 선박과 상관 없이 하청운송인과의 사이에서 자신의 명의로 화물운송계약을 체결하는 자를 말한다.

(3) 복합운송서류

복합운송서류(multimodal transport document : MTD)는 복합운송계약의 증거로서, 복합운송인에 의한 화물의 수령 및 그 계약조건에 따라 복합운송인이 목적지에서 화물을 인도한다는 약정을 증명하는 서류를 말한다.

MTD는 복합운송인과 송화인간의 복합운송계약 및 화물수령의 증거가 되고, 화물에 대한 권리증권(document of title), 즉 유가증권[49]으로서의 기능을 한다. 복합운송인은 화물을 수령한 경우에는 송화인의 선택에 따라 유통성 MTD 또는 비유통성 MTD를 발행하여야 한다.

① 유통성(negotiable) MTD를 발행하는 경우에는, 지시식(order)이나 지참인식(beared)이어야 한다. 지시식 MTD는 배서에 의하여 양도하고, 또 지참인식 MTD는 배서 없이도 양도할 수 있어야 한다.

② 비유통성(non-negotiable) MTD를 발행하는 경우에는, 지정된 수화인을 명시하여야 하고, 복합운송인은 지정된 수화인이나 서면으로 정당하게 지시된 기타의 자에게 화물을 인도하여야 그 의무를 다한다.

한편 MTD의 기재사항은 그 준거법규에 따라 다소 차이가 있겠으나, 대체로 앞서 살펴 본 해상운송증권에서 요구하는 항목들을 포함하고 있어야 한다.

특히 신용장거래의 대금회수를 위한 MTD의 기재요건은 i) 운송인이나 복합운송인의 명의와 서명, ii) 물품의 발송, 수탁 또는 본선적재된 사실, iii) 신용장상에 기재된 발송지, 수탁지 또는 선적지와 최종 목적지, iv) 발행된 원본의 전통, v) 약식 또는 정식의 운송약관, vi) 용선계약의 표시가 없는 것, vii) 기타 신용장조건을 모두 충족하여 작성되어 있어야 한다.[50]

3. 복합운송인의 책임과 면책사유

(1) 복합운송인의 책임체계

복합운송인의 책임에 관한 법제도와 책임한도를 정할 때 각 구간별로 분리시키는 방법과 이를 연결시키는 방법, 그리고 양자를 절충하는 방법이 있다.

① 이종책임체계(network liability system)는 손해발생구간이 확인된 경우와 확인되지 않은 경우로 나누어 각각 다른 책임법제를 적용하는 방법이다.

손해발생구간이 확인된 경우 그 구간에 적용되는 국제협약이나 국내법을 적

49) 복합운송서류가 유가증권이 되기 위하여는 이를 발행한 복합운송인에 대하여 소지인의 화물 인도청구권이 나타나 있어야 한다(민법 제190조, 상법 제133조).

50) 함부르크 규칙 제15조 1항; 유엔 복합운송협약 제8조; UCP 600 제19조 a항.

용한다. TCM 협약초안과 ICC 통일규칙은 이종책임체계를 채택하고 있다.

② 단일책임체계(uniform liability system)는 화물의 손해발생구간을 불문하고 복합운송인이 전구간을 단일책임체계에 따라 책임지는 방법이다.

③ 변형단일책임체계(modified uniform liability system)는 전구간에 대한 단일책임체계를 원칙으로 하되, 이종책임체계를 절충하는 방법이다. 예컨대 유엔 복합운송협약은 어느 특정구간의 손해발생에 대하여 해당 구간의 국제협약이나 국내법이 유엔 협약보다 높은 책임한도를 규정하고 있는 경우에는 해당구간의 국제협약이나 국내법의 규정에 따르도록 하고 있다(제19조).

(2) 복합운송인의 책임원칙

복합운송인은 화물을 자신의 관리하에 수령한 때부터 이를 인도한 때까지 전구간의 운송에 대한 책임을 져야 한다(유엔 복합운송협약 제14조 1항).

즉, 복합운송인은 화물의 손해가 복합운송인의 관리하에 있는 동안에 일어난 경우에 대하여 책임을 져야 한다. 다만 그 결과를 방지하기 위한 모든 조치를 취한 경우에는 예외이다. 결국 국제법규상 복합운송인의 책임원칙은 과실책임주의를 취하고 무과실에 대한 입증책임도 지우고 있다.

한편 복합운송인의 책임한도는 멸실이나 손상의 경우 물품 1포장 또는 1선적단위당 920 SDR과 총중량의 1 kg당 2.75 SDR 중에 보다 높은 금액으로 하고, 인도지연의 경우 지연된 화물 운임의 2.5배로 한다(동 제18조 1항).

(3) 복합운송인의 면책사유

복합운송인은 화물의 손해에 대한 무과실이나 상당주의 또는 손해방지를 위한 조치를 입증하는 한 그 배상책임을 면하며, 기타 다음과 같은 사유로 인한 손해에 대하여는 배상책임을 지지 아니한다(동 제16조와 제24조).

① 인도시 통지되지 아니한 손해 또는 외관상 불명확한 손해에 대하여 면책된다. 즉, 화물의 손해가 인도 전에 발생한 것으로 통지되지 아니한 경우, 또는 외관상 확인되지 아니한 손해가 화물의 인도일로부터 연속하여 6일 이내에 통지되지 아니한 경우에는, 운송서류에 기재한 대로 인도한 것으로 본다.

② 일정기간 인도지연의 회신이 없는 손해에 대하여 면책된다. 즉, 수화인은 화물의 인도예정일로부터 연속하여 60일 이내에 인도지연의 통지를 하지 아니하는 한, 인도지연으로 인한 손해배상청구권을 상실한다.

③ 출소기한(time-bar)이 경과된 손해에 대하여 면책된다. 즉, 화물의 인도일로부터 2년이 경과한 법적절차나 중재절차의 개시는 무효이다.

4. 복합운송관련 국제법규

복합운송은 기존의 운송방식별로 존재하는 법규로는 이를 규율하기에 부적합하여 오래 전부터 복합운송에 적용할 통일규범의 제정운동이 전개되어 왔다.

(1) 유엔 복합운송협약(Multimodal Transport Convention 1980)

복합운송법 제정운동은 1930년대부터 UNIDROIT(국제사법통일협회)에 의하여 시작되었으며, 1965년에 UNIDROIT의 '국제화물복합운송계약에 관한 협약초안'(Bagge Draft), 1969년에 CMI(국제해사위원회)의 '동경규칙'(Tokyo Rules)이 발표되고, 1970년에는 통일된 '로마초안'(Rome Draft)이 발표되었다.

그러나 로마초안이 운송업계의 반대에 부딪치자 UN/ECE(유럽경제위원회)와 IMCO(정부간해사협의기구)가 1971년 11월에 '국제화물복합운송에 관한 협약초안'(TCM[51] 협약초안)을 발표하였다. 이것도 개도국들의 반대에 직면하였다.

한편 UNCTAD는 복합운송협약을 위하여 1973년에 IPG(정부간준비그룹)을 조직하고 1980년 5월에 개최된 유엔 전권대표자회의에 초안을 제출하였으며, 결국 1980년 5월 24일에 총 81개국의 찬성으로 '국제화물복합운송에 관한 유엔협약'(United Nations Convention on International Multimodal Transport of Goods : 이하 "유엔 복합운송협약"이라 함.)이 성공적으로 성립되었다.

유엔 복합운송협약은 1981년 8월 31일 이후부터 가입 개방되어 있으며, 30개국이 가입한 12개월 후에 발효되도록 하고 있다. 그러나 현재의 가입국 수는 극히 미미하여 효력 발생까지는 상당한 기간이 필요할 것으로 본다.

그러나 이 협약은 오늘날 국제복합운송체제의 확장에 따른 복합운송인과 송화인의 책임한계에 대한 중요한 해석기준을 제공하고 있다.

(2) ICC 복합운송 통일규칙(Combined Transport Rules 1975)

정부차원의 TCM 협약초안이 백지화되고 UNCTAD에 의한 복합운송협약도 각국의 이해관계 때문에 진전이 없자, 민간차원의 ICC를 중심으로 복합운송계약에 채택할 수 있는 통일규칙을 제정하려는 운동이 전개되었다.

즉, ICC는 1973년 11월에 '복합운송서류에 관한 통일규칙'(Uniform Rules for a Combined Transport Document : 이하 "ICC 통일규칙"이라 함.)을 제정하고, 그 후 일부 내용을 보완하여 1975년 5월부터 시행하고 있다.

---

51) *Projet de Convention sur le Transport International Combiné de Marchandises.*

ICC 통일규칙은 그 적용을 당사자의 자치에 맡기고 있다. 즉, 복합운송서류상에 이 통일규칙의 준거문언을 기재한 경우에 한하여 적용한다.

(3) UNCTAD/ICC 복합운송규칙(Multimodal Transport Rules 1992)

UNCTAD 해운위원회는 해운관련 국제기구와 긴밀한 협조하에 기존의 헤이그 규칙, ICC 복합운송 통일규칙과 FIATA 복합운송표준약관과 같은 현행 규칙을 기초로 새로운 복합운송서류에 관한 규칙을 제정하기로 하였다.

결국 UNCTAD와 ICC의 합동작업부에서 'UNCTAD/ICC 복합운송서류에 관한 규칙'(UNCTAD/ICC Rules for Multimodal Transport Documents)을 제정하여 1992 년 1 월부터 시행하고 있다. 이 규칙은 당사자간의 합의에 따라 적용하며, 기타 강행적인 국제협약이나 국내법이 있는 경우에는 이를 우선한다.

5. 컨테이너 운송

컨테이너의 출현은 복합운송을 본격적으로 발전시키는 계기를 마련하였다. 즉, 컨테이너 운송은 육·해·공을 초월하여 화물의 Door to Door 서비스를 가능하게 하므로, 컨테이너를 이용한 국제복합운송이 급속도로 발전하게 되었다.

(1) 컨테이너 운송의 특성

컨테이너 운송은 화물의 포장, 운송, 하역과 보관 등의 모든 과정에서 육·해·공을 연결하여 그 경제성과 안전성 및 신속성을 최대한으로 충족시키고 운송 중에 이적 없이 일관운송을 실현시킬 수 있는 혁신적인 운송형태이다.

여기서 "컨테이너"(container)라 함은 화물을 단위화하기 위하여 사용하는 모든 용기, 예컨대 모든 형태의 컨테이너 또는 ISO(국제표준화기구)의 인정 여부와 관계없이 무개차(flats), 트레일러, 스왑보디(swap bodies), 로로(ro-ro) 장비, 이글루(igloos) 등을 포함하는 것이다(Incoterms 1990 FCA 서문).

다만 ISO가 규정한 컨테이너의 요건은 충분한 내구성을 갖추고 운송 중에 화물의 이적 없이 일관운송을 할 수 있고, 운송경로를 바꿀 때의 조작과 화물의 적양이 편리하며, 내부용적이 $1m^3$ 이상으로 설계되어 있어야 한다.

컨테이너 운송은 경제적으로 많은 이점을 갖고 있다. 특히 송화인의 입장에서 컨테이너 운송은 화물의 운송과 하역비, 보관비, 포장비, 보험료 등을 절감하고, 사무절차의 간소화와 기계화에 따른 운송기간과 부대비용을 절감하여 수입상에 대한 운송 서비스의 질을 향상시키고 자금회전을 빠르게 한다.

그러나 컨테이너 운송은 이에 부적합한 화물이 있고 막대한 자본과 기술지원이 필요하며, 또 갑판적화물에 대한 할증보험료 등을 부담하여야 한다.

(2) 컨테이너 화물의 운송형태

컨테이너화물의 운송은 수출지의 송화인과 수입지의 수화인 관계에서 전달되는 유통경로에 따라 다음과 같이 4가지의 운송형태로 구분할 수 있다.

① CY/CY (FCL/FCL; Door to Door) 형태가 있다. 이는 송화인의 공장이나 창고에서 FCL(컨테이너만재) 화물을 수출지 CY(컨테이너야적장) → 수입지 CY를 경유하여 수화인의 창고까지 일관운송하는 Door to Door 서비스이다.

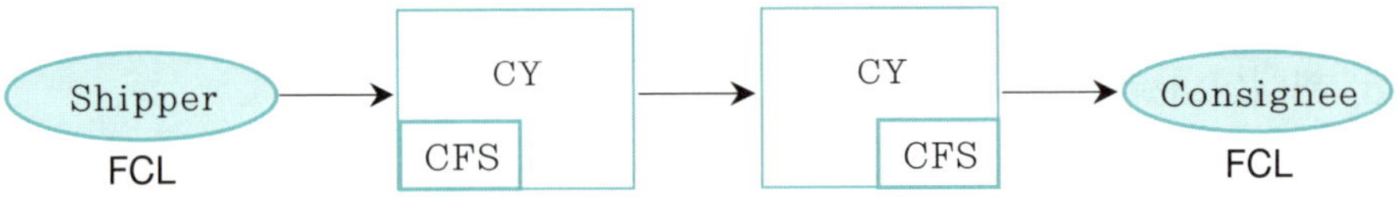

② CFS/CFS (LCL/LCL; Pier to Pier) 형태가 있다. 이는 선적항의 CFS(컨테이너화물집화장)에서 여러 송화인의 LCL(컨테이너미달) 화물을 혼재하여 목적항 CFS까지 운송 후 해체하여 여러 수화인에게 분배하는 경우이다.

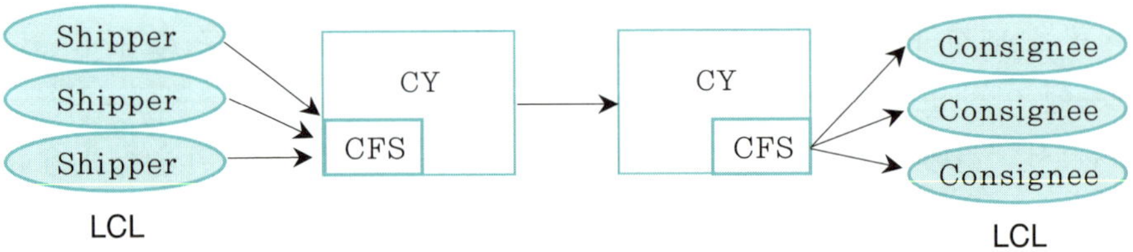

③ CY/CFS (FCL/LCL; Door to Pier) 형태가 있다. 이는 어느 한 송화인의 공장이나 창고에서 출발한 FCL 화물을 목적항 부두의 CFS까지 운송 후 해체하여 여러 수화인에게 분배하는 경우를 말한다.

④ CFS/CY (LCL/FCL; Pier to Door) 형태가 있다. 이는 선적항 CFS에서 여러 송화인으로부터 LCL 화물을 집화·혼재하여 최종목적지의 어느 한 수화인 공장이나 창고, 즉 문전까지 운송하는 경우이다.

(3) 컨테이너와 컨테이너선의 종류

컨테이너는 운송대상물의 성질이나 종류 및 운송여건에 따라 이에 적합한 기능을 할 수 있도록 그 규격과 재질 및 용도가 다양하게 개발되어 있다.

① 컨테이너의 규격은 길이 20 ft(TEU : twenty feet equivalent unit), 40 ft(FEU), 45 ft(High Cubic) 컨테이너가 있으며, 폭과 높이도 8 ft×8 ft, 8 ft×8.6 ft, 8 ft×9.6 ft(High Cubic) 등의 3가지가 있다.

② 컨테이너는 재질에 따라 Steel Container, Aluminium Container, FRP (fiberglass reinforced plastic) Container 등이 있다. 이들은 재질의 강도나 무게 또는 재료비 측면에서 각각 장・단점이 있다.

③ 컨테이너는 용도에 따라 일반잡화물에 적합한 Dry Container, 냉동화물에 적합한 Reefer Container, 산 동물에 적합한 Pen Container, 장척화물에 적합한 Open Top Container, 바닥과 4개의 기둥만 있는 Flat Rack Container, 액체화물에 적합한 Tank Container, 자동차 전용의 Car Container 등이 있다.

④ 컨테이너를 운반하는 선박도 i) 선형에 따라 컨테이너 전용의 Full Container Ship, 재래선의 일부를 개조한 Semi-Container Ship, 전용부선에 화물을 적재한 채 크레인으로 끌어올려 수송하는 LASH (lighter aboard ship) 선 등이 있고, ii) 컨테이너의 하역방법에 따라 트레일러에 의한 RO-RO (roll on/roll off) 선, 수직 크레인에 의한 LO-LO (lift on/lift off) 선, 컨테이너를 적재한 바지선의 크레인에 의한 FO-FO (float on/float off) 선 등이 있다.

(4) 컨테이너 터미널의 구조

컨테이너를 취급하는 컨테이너 터미널(container terminal : CT)은 컨테이너 운송의 목적을 달성하려면 고도의 전문시설과 장비를 갖추고 있어야 한다.

특히 CT가 항만에 위치할 경우에는 컨테이너선이 입항할 수 있는 충분한 수심과 안벽시설, 컨테이너 하역장비 등을 구비하고, 컨테이너 화차가 육상의 도로・철도운송에 쉽게 연결할 수 있는 지점에 건설하여야 한다.

일반적으로 CT의 구조물은 ① 컨테이너선이 접안할 수 있는 'Berth'(안벽), ② 컨테이너 하역을 위한 갠트리 크레인(gantry crane)이 설치되어 있는 'Apron', ③ 에이프론에 인접하여 적재할 컨테이너를 정돈해 두는 'Marshalling Yard'(조화장), ④ 컨테이너를 인수도하고 보관하는 'CY'(container yard), ⑤ CY에 인접하여 LCL 화물을 인수도하고 컨테이너에 적재하거나 혼재화물을 해체하는 'CFS'(container freight station), 기타 ⑥ 통제소(control tower),

출입구(CY gate), 행정사무실(administration office) 등이 갖추어져 있다.

(5) 컨테이너 운송의 국제법규

컨테이너 운송을 규율하는 국제법규에는 대표적으로 다음과 같은 것이 있다.

① UN/ECE(유럽경제위원회)는 1956년에 컨테이너 국경통과시의 관세와 통관 방법 등을 규정한 '컨테이너 통관협약'(Customs Convention on Container : CCC 협약)을 채택하였으며, ② 1959년에는 컨테이너화물의 도로운송차량에 대한 관세법상의 특례를 규정한 'TIR 국제화물운송에 관한 통관협약'(Customs Convention on the International Transport of Goods under Cover to TIR Carnets : TIR[52] 협약)을 채택하였다.

현재 CCC 협약과 TIR 협약은 1972년에 개정되어 세계적으로 확대 적용하고 있으며, 우리나라도 1981년 10월에 이들 협약에 가입하였다.

③ UN/IMO(국제해사기구)는 1972년에 컨테이너의 안전요건을 규정한 '컨테이너 안전을 위한 국제협약'(International Convention for a Safe Containers : CSC 협약)을 채택하였다. 우리나라는 1978년 12월에 이 협약에 가입하였다.

제 4 절 수출입통관과 관세

1. 수출통관절차

수출통관절차는 수출하고자 하는 물품을 수출상의 제조공장이나 세관검사를 받고자 하는 장소에 장치한 후 세관에 수출신고를 하고 수출신고수리를 받아 물품을 외국무역선(기)에 적재하기까지의 일련의 절차를 말한다.[53]

현행 수출통관절차는 수출신고자가 종이서류 없이 관세청의 EDI 통관시스템(UNI-PASS)으로 신고내용을 전송하면 세관에서 컴퓨터 화면으로 확인하고 신고수리 여부를 신고자에게 전신으로 통지하는 것을 원칙으로 하고 있다.

---

52) 이는 'Trailer Interchange Receipt'(트레일러 화물상환증)의 약어이다.

53) 관세법상 "외국무역선(기)"라 함은 무역을 위하여 우리나라와 외국간을 왕래하는 선박이나 항공기를 말한다(제2조 6항~7항).

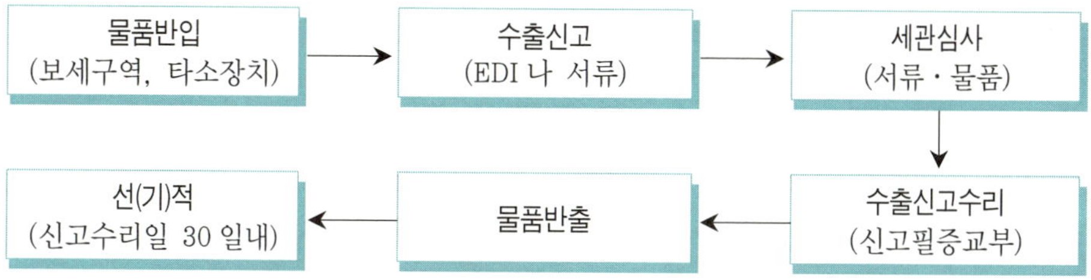

(1) 관세법상 '수출'의 개념

관세법상 "수출"이라 함은 내국물품을 외국으로 반출하는 것을 말한다(제2조 2항). 여기서 "내국물품"이라 함은 ① 우리나라에 있는 물품으로서 외국물품이 아닌 것, ② 우리나라 선박 등에 의하여 공해에서 채포된 수산물 등, ③ 입항전 수입신고가 수리된 물품, ④ 관세법상 기타의 내국물품 등을 말한다.

관세법상 수출이 성립되는 시점은 내국물품을 외국으로 반출하는 시점이 된다. 정상적인 수출의 경우에는 수출신고가 수리되어 물품이 외국무역선(기)에 적재된 때를 수출의 반출시점으로 본다.[54]

(2) 수출신고

수출상은 물품을 선(기)적하기 전까지 물품이 장치된 소재지의 관할세관장에게 수출신고를 하고 수리를 받아야 한다. 다만 선적 후 공인검사기관의 검정서로 수량을 확인하는 물품, 신선도 등의 사유, 자동차전용선에 적재하여 수출하는 신품자동차 등은 선적 후 선상수출신고가 가능하고, 어패류나 원양수산물의 현지판매시에는 수출 후 대금결제전까지 수출신고가 가능하다.

수출신고는 관세사(관세사법인, 통관취급법인 포함), 화주, 완제품공급자 등이 할 수 있다. 수입신고의 경우와 다른 점은 화주에게 수출물품을 제조하여 공급하는 자(완제품공급자)도 신고인이 될 수 있다는 것이다.

수출신고인은 전자문서로 작성한 수출신고자료를 EDI 통관시스템에 전송하여야 한다(서류제출 생략). 다만 수출통관 시스템에서 서류제출대상으로 통보된 물품 등에 대하여는 수출신고자료를 EDI 통관시스템에 전송한 후 별도의 수출신고서와 해당 구비서류를 관할세관장에게 제출하여야 한다.

(3) 수출신고서의 수리

수출신고서의 처리방법에는 자동수리 · 즉시수리 · 검사후 수리 등이 있다. 자

54) 김우규 · 박명섭 · 한낙현, 관세와 통관, 형설출판사, 2002, p. 525.

동수리대상은 서류제출이 면제된 물품으로서 통관시스템에서 자동으로 신고수리된다. 즉시수리대상은 자동수리대상이 아닌 물품 중에 검사가 생략된 물품으로 심사 후 즉시 수리된다. 검사후 수리대상은 검사를 거쳐 수리된다.

수출신고물품에 대한 검사는 생략된다. 다만 신고내용을 심사한 결과 현품을 확인할 필요가 있는 경우에는 현품검사를 할 수 있다. 수출신고물품에 대한 검사는 검사희망일에 행하는 것을 원칙으로 한다. 다만 보세구역에 반입하게 한 물품은 보세구역에 반입완료된 후에 검사를 실시한다.

세관장은 서류제출로 신고된 건을 수출신고수리한 때에는 수출신고필증을 교부하고, 신고인은 세관장으로부터 신고수리된 사실을 전신으로 통보받은 내용과 일치하는 수출신고필증을 발행하여 화주에게 교부한다.

(4) 간이통관의 특례

관세법상 다음에 해당하는 물품은 송품장, 간이통관목록, 우편물목록 등의 제출만으로 수출신고를 갈음할 수 있다(제241조 2항). 즉, ① 유해와 유골, ② 외교행낭으로 반출되는 물품, ③ 외교통상부에서 재외공관으로 발송되는 자료, ④ 외국원수 등이 반출하는 물품, ⑤ 언론기관 보도용품, ⑥ 카탈로그, 기록문서와 서류, ⑦ 환급대상물품이 아닌 FOB 200만 원 이하의 물품 등.

또 해외수출상담이나 전시 등을 위한 여행자의 휴대반출 견본품으로서 세관장이 타당하다고 인정하는 물품(환급대상물품, 귀금속, 지급수단 및 세관장확인대상물품 제외)에 대하여는 구두신고만으로 수출신고를 갈음할 수 있다.

(5) 선(기)적

수출신고물품은 수출신고가 수리된 날부터 30일 이내에 외국무역선(기)에 적재하여야 한다. 다만 출항이나 선(기)적 일정변경 등 부득이한 사유가 있는 경우에는 적재기간의 연장승인을 신청할 수 있다.

세관장은 적재기간 연장승인서를 접수한 때에는 연장승인 신청사유 등을 심사하여 타당하다고 인정하는 경우에는 수출신고 수리일로부터 1년의 범위내에서 적재기간의 연장을 승인할 수 있다.

이 밖에 세관장은 수출신고수리물품의 적재기간이 경과한 물품에 대하여 신고인에게 수출신고수리의 취소예정통보를 한다. 신고인은 취소예정통보일로부터 14일 이내에 적재된 물품의 경우 수출신고 정정을 하여야 한다.

세관장은 미적재 또는 원인을 규명할 수 없는 물품에 대하여 선적관리시스템에서 미적재 여부를 확인한 후 수출신고수리를 취소한다.

2. 수입통관절차

수입통관절차는 외국물품을 적재한 선박이나 항공기가 입항한 전후에 세관에 수입신고를 하고 신고물품에 대한 검사 등을 거쳐 수입신고수리를 받고 장치장소로부터 물품을 반출하기까지 일련의 과정과 절차를 말한다.

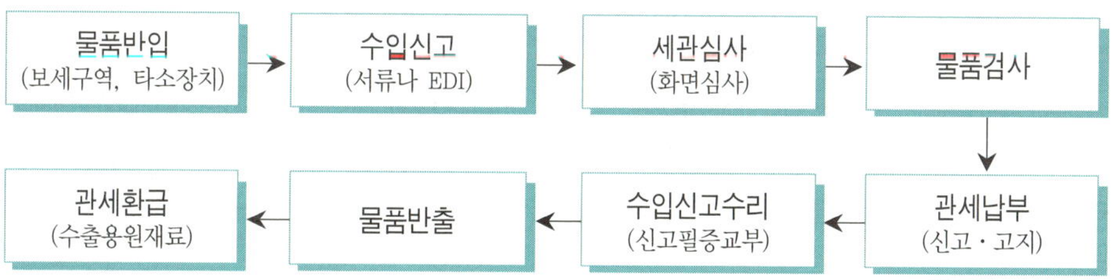

(1) 관세법상 '수입'의 개념

관세법상 "수입"이라 함은 외국물품을 우리나라에 반입(보세구역을 경유하는 것은 보세구역으로부터 반입)하는 것을 말한다(제2조 1항).

여기서 "외국물품"이라 함은 외국으로부터 우리나라에 도착된 물품(외국의 선박 등에 의하여 공해에서 채포된 수산물 등을 포함)으로서 아직 수입신고가 수리되기 전의 것과 수출신고가 수리된 물품을 말한다.

관세법상 수입이 성립되는 시점은 ① 정상적인 수입물품 – 수입신고가 수리된 때, ② 우편물품 – 수취인에게 교부된 때, ③ 세관장이 매각한 물품 – 매각된 때, ④ 선박이나 항공기 – 우리나라 국적을 취득하고 처음 사용한 때와 수입신고 수리된 때 중 빠른 시점, ⑤ 밀수품 – 국내로 양륙된 때가 된다.

(2) 수입신고

수입상은 세관장에게 출항전신고·입항전신고·보세구역도착전신고·보세구역장치후신고 중의 적절한 방법과 시기에 따라 수입신고를 하여야 한다.

수입신고는 관세사[55]나 화주가 물품을 통관하는 세관장에게 하여야 하며, 출항전신고나 입항전신고는 선박 등의 입항예정지의 관할세관장, 보세구역도착전신고나 보세구역장치후신고는 보세구역의 관할세관장에게 신고한다.

55) 관세사법 제17조와 제19조의 규정에 의한 관세사법인과 통관취급법인을 포함한다.

수입신고기간은 수입물품을 지정장치장 또는 보세창고에 반입하거나 타소장치한 경우 반입일로부터 30일 이내에 수입신고를 하여야 한다.

수입신고인은 수입신고서에 다음의 서류를 첨부하여 세관에 제출하여야 한다. ① 송품장, ② 가격신고서, ③ B/L(또는 AWB) 부본, ④ 포장명세서(필요시), ⑤ 원산지증명서(필요시), ⑥ 세관장 확인물품 및 확인방법지정고시 중 신고수리전 구비서류(필요시), ⑦ 관세감면(분납)/용도세율적용신청서(필요시) 등.

상기 첨부서류는 화주가 원본대조필한 사본을 제출할 수 있으며, 또 FAX로 송부한 서류는 이를 재복사하여 제출하여야 한다. 다만 세관장은 필요한 경우 신고수리전 또는 신고수리후 원본의 제출을 요구할 수 있다.

특히 다음 수입물품의 경우 전자서류에 의한 EDI 수입신고(paper-less : P/L 신고)를 할 수 있다.[56] ① P/L 신고 대상업체로 지정된 업체의 수입물품, ② 간이신고특송물품으로 신고납부 대상물품 중 신고수리전 관세납부물품 등.

(3) 수입신고서의 처리

수입신고서를 접수한 세관은 이를 통관시스템에 등록하여 해당 부서에 심사 배부한다. 신고서 배부를 받은 부서는 통관시스템에 조회하여 C/S 결과, 통관심사와 검사에 특별히 주의를 요하는 사항이 있는지를 확인한다.

전자서류에 의한 EDI 수입신고(P/L 신고) 물품의 경우 신고화면을 검토한 결과 신고서에 의한 심사 또는 물품검사가 필요하다고 판단되는 경우에는 신고인에게 신고서와 첨부서류의 제출을 요구할 수 있다.

세관장은 제출서류 상으로 심사사항의 확인이 곤란한 경우에는 신고사항의 보완서류나 자료를 요구하고 이를 통관시스템에 입력하여야 한다.

세관장은 심사결과 ① 신고서의 기재사항이나 제출서류 등 중요한 사항이 미비된 경우, ② 법령에 의한 의무사항을 위반하거나 국민보건 등을 위해할 우려가 있는 경우, ③ 관세범칙혐의로 조사의뢰한 경우, ④ 기타 신고수리에 장시일이 소요되는 경우에는 당해 물품의 수입통관을 보류할 수 있다.

(4) 물품검사

세관장은 수입신고된 물품에 대하여 '수입물품선별검사에관한시행세칙'에 따라 검사대상을 선별한다. 세관장은 검사대상 여부를 결정한 때에는 즉시 이를 수입신고인에게 통보하고 통관시스템에 입력하여야 한다.

---

56) P/L 수입통관제도는 1997년 7월에 도입하여 검증된 업체만을 대상으로 시행하고 있다.

검사대상물품은 단수검사와 복수검사, 전량검사와 발췌검사, 분석검사 등의 방법으로 검사를 실시한다. 복수검사는 우범성 정보가 있는 물품 등의 특정물품의 경우에만 실시하고 기타 모든 대상물품은 단수검사를 실시한다.

(5) 수입신고수리

세관장은 출항전신고나 입항전신고 물품의 경우 적하목록이 제출된 때, 보세구역도착전신고 물품의 경우 보세운송 도착보고된 때 신고수리한다.

다만 세관장은 관세 등[57]의 납부대상물품에 대하여는 관세 등에 상당하는 납세담보가 제공된 경우에 수입신고를 수리한다.

세관장은 수입신고를 수리한 때에는 수입신고필증을 교부한다. 다만 전자서류에 의한 EDI 수입신고(P/L 신고) 건이 신고수리된 때에는 신고인이 신고수리 여부를 전산조회한 후 수입신고필증을 발행하여 화주에게 교부한다.

(6) 관세 등의 산출

수입물품에는 관세와 부가가치세, 특별소비세, 주세, 교육세, 교통세, 농어촌특별세 등의 각종 내국세가 부과된다. 특히 관세는 수입물품에 따라 종가세·종량세·선택세 등의 방법으로 세액을 산출하여 부과한다.

① 종가세 적용품목의 경우 관세는 감정가격(과세가격×과세환율)×관세율을 산출하고 각종 감면액을 공제한 금액이 된다.

② 종량세 적용품목의 경우 수입수량을 기준으로 관세(물품수량×관세율표상 일정액)를 산출하고 감면액을 공제한다.

③ 선택세는 종가세율과 종량세율을 모두 책정해 놓고 그 중 높은 것 또는 낮은 것 중의 어느 한 쪽을 선택적으로 적용하는 방법이다.

3. 관세와 관세평가제도

(1) 관세의 의미

"관세"(tariffs, custom duties)라 함은 일국의 관세영역[58]을 통과하는 수출입화물에 부과하는 일종의 조세로서, 구체적인 의미는 다음과 같다.

① 관세는 조세의 일종으로서 재정수입을 목적으로 국가의 법률(조세법률주의) 또는 조약에 따라 강제적으로 부과·징수한다.

---

57) "관세 등"이라 함은 수입시에 납부한 관세, 부가세, 특별소비세, 주세 등을 포함한다.
58) "관세영역"(customs area)이라 함은 관세법의 효력이 미치는 지리적인 범위를 말한다.

② 관세는 관세영역을 통과하는 화물에 부과하고, 대물세이며 수시세의 성격을 지닌다. 즉, 관세는 수출입화물을 대상으로 부과하고 또 수출입에 따른 과세요건이 발생할 때마다 수시로 징수한다.

③ 관세는 간접세의 일종으로서 납세자와 담세자가 서로 다르기 때문에 이른바 "조세의 전가"(shifting)가 일어난다. 즉, 관세는 화주가 납부하지만 부담은 어떠한 형태로든 도매상→소매상→소비자의 순으로 넘어간다.

(2) 관세의 기능과 효과

관세는 정부의 재정수입과 통상진흥의 기능을 한다. 통상진흥을 위한 관세제도에는 관세환급제도·관세감면제도·보세제도·자유항제도 등이 있다.

관세환급제도는 통관시 일괄 징수한 관세를 사후에 환급하는 면세제도이고, 관세감면제도는 원재료 수입에 대하여 관세를 사전에 감면하는 제도이다.

보세제도는 일정구역을 정하여 수입화물의 관세를 면제하는 것이고, 자유항제도는 영토의 일부를 관세영역 밖에 두어 통상을 진흥시키는 제도이다.

요컨대 관세는 경제적으로 한 나라의 생산·소비·사회후생·교역조건·관세수입·국민소득과 고용 및 국제수지의 변화를 가져온다. 일반적으로 관세의 경제적인 효과는 산업보호효과, 소비효과, 관세수입효과, 소득재분배효과, 교역조건효과, 경쟁효과, 소득효과, 국제수지효과 등으로 나타난다.

(3) 관세의 종류

현재 우리나라에서 시행하고 있는 관세는 i) 일반관세로서 국정관세와 협정관세, ii) 특수관세로서 특혜관세와 차별관세, iii) 탄력관세로서 덤핑방지관세·보복관세·긴급관세·상계관세·편익관세·할당관세 등이 있다.

① 일반관세로서 국정관세는 일국이 독자적으로 정한 기본관세율에 따라 부과하는 관세를 말하고, 협정관세(국제협력관세)는 외국과의 FTA 통상협정이나 관세협약에 의하여 결정된 관세율에 따라 부과하는 관세이다.

우리나라는 협정관세로서 WTO 양허세율, ESCAP와 UNCTAD 개도국간의 양허세율, WTO 개도국간 양허세율, 국가간 FTA 협정관세 등이 있다.

② 특수관세로서 특혜관세는 특정국과의 통상확대를 위하여 해당 국가의 상품에 한하여 저율관세를 부과하는 경우를 말하며, 예컨대 선진국이 개도국의 상품에 대하여 시행하는 일반특혜관세(GSP)가 대표적이다.

차별관세는 특정국가나 상품에 대하여 차별적인 관세율을 적용하는 경우로서, 예컨대 타국적선박 수입화물에 대하여 부과하는 국기할증관세, 해운장려를 위하여 저세율을 적용하는 해운장려관세, 원산지국 이외의 국가에서 수입되는 상품에 대하여 부과하는 간접할증관세 등이 있다.

③ 관세법상 탄력관세로서 덤핑방지관세 · 보복관세 · 긴급관세 · 조정관세 · 상계관세, 편익관세 · 물가평형관세 · 할당관세 등을 운용하고 있다.

덤핑방지관세는 덤핑행위를 막기 위한 관세이고, 보복관세는 자국상품을 차별하는 상대국을 보복하기 위한 관세이고, 긴급관세는 국내산업보호를 위한 관세이고, 조정관세는 무역정책의 부작용을 조정하기 위한 관세이고, 상계관세는 수출국의 보조금 등을 받은 만큼 경쟁력을 상계하기 위한 관세이다.

편익관세는 비체약국에 대하여 체약국간의 협정에 따라 부과하는 관세이고, 물가평형관세는 특정물품의 가격상승을 억제하기 위하여 일정한 기준가격에 평형시키는 제도이고[59], 할당관세는 일정수량까지는 무관세나 저세율을 적용하고 그 이상은 고세율을 적용하는 제도이다.

이상의 관세 중에 관세율 적용순위는 〈표 2-7〉과 같이 국익보호차원의 탄력관세(덤핑방지관세 등) 〉 협정관세 〉 잠정관세 〉 기본관세 등으로 내려간다.

표 2-7 관세율의 우선적용순위

1순위	덤핑방지관세 · 보복관세 · 긴급관세 · 상계관세 · 농림축산물 특별긴급관세
2순위	편익관세 · 협정관세(3순위~7순위보다 세율이 낮은 경우)
3순위	조정관세 · 계절관세 · 할당관세(4순위보다 세율이 낮은 경우)
4순위	일반특혜관세(GSP)
5순위	농림축산물 양허관세(WTO 양허관세규정)
6순위	잠정관세
7순위	기본관세

(4) 과세요건과 과세표준

관세를 부과하기 위하여는 과세요건이 갖추어져 있어야 한다. 과세의 4대 요건으로서 과세물건 · 납세의무자 · 관세율 · 과세표준 등을 들 수 있다.

① 관세의 과세물건은 수입물품이다. 우리나라는 모든 수입물품을 과세물건으로 하는 관세포괄주의를 채택하고 있다. 과세물건의 확정시기는 정상적인 수

59) 물가평형관세에는 차액관세 · 활척관세 · 계절관세 등이 있다.

입신고를 한 때의 성질과 수량을 기준으로 한다.

② 관세의 납세의무자는 국가에 대하여 관세를 납부할 법률상 의무를 지는 자를 말한다. 이는 관세를 실제로 부담하는 소비자와는 다르며, 관세법에 규정된 납세의무자는 과세물건을 수입하는 화주이다.

③ 관세는 세액결정을 위한 관세율에 따라 부과한다. 우리나라의 관세율 계산은 종가세(ad valorem duties)를 원칙으로 하고, 예외적으로 종량세(specific duties)를 정해두고 있다. 또 종가세와 종량세율을 모두 정해두고 그 중에 선택적으로 부과하는 선택세와 양쪽을 합하여 부과하는 복합세가 있다.

④ 과세표준은 세액결정의 기준이 되는 과세물건의 가격이나 수량을 말한다. 과세표준에 관세율을 곱한 금액이 납부할 관세액이 된다.

우리나라는 1968년 7월 '브뤼셀 관세평가협약'(Brussel's Definition of Value)에 가입한 후 WCO(세계관세기구)의 정상도착가격원칙을 도입해 오다가 1986년 1월 'GATT 신관세평가협약'(New Valuation Code)에 가입함으로써, 수입물품의 과세가격은 구매자의 실거래가격을 기준으로 하고 있다.

GATT 신관세평가협약은 1995년 1월 WTO(세계무역기구)의 출범을 계기로 'WTO 관세평가협정'(Agreement on Implementation of Article VII of the GATT 1994)으로 다시 제정되었으나, 실제의 내용구성은 변함이 없다.

현행 관세법상 과세가격 결정방법은 WTO 관세평가협정을 수용하고 있다. WTO 관세평가협정에서 과세가격의 1차적인 결정기준은 당해 물품의 실제 거래가격(CIF 가격)이 된다. 제1방법이 그 요건을 충족시키지 못할 경우에는 제 2, 3, 4, 5 및 6방법을 순차적으로 적용한다. 다만 수입상의 요청이 있는 경우에는 제4방법과 제5방법을 선택적으로 우선 적용할 수 있다.

① 제1방법에서 실제 "거래가격"(transaction value)이라 함은 수입거래에 대하여 그 물품의 수입국에 수출판매되는 때에 구매자가 판매자에 대하여 직접 또는 간접으로 지급하였거나 지급할 금액의 총액을 말한다.

따라서 이 방법은 수입물품에 대하여 실제의 지급금액에 조정요소를 가산하고 운임과 보험료를 가산하여 과세가격(CIF 기준)을 결정하게 된다.

② 제2방법은 수입물품의 동종물품[60]에 대하여 제1방법에 따른 거래가격이 있는 경우 그 가격을 당해 물품의 과세가격으로 정하는 방법을 말한다.

③ 제3방법은 수입물품의 유사물품[61]에 대한 제1방법의 거래가격이 있는 경

60) "동종물품"이라 함은 동일한 국가에서 생산한 것으로서 물리적 특성·품질 및 소비자의 평판 등 모든 면에서 수입물품과 동일한 것을 말한다.

우 그 가격을 당해 물품의 과세가격으로 정하는 방법을 말한다.

④ 제4방법은 제1방법～제3방법으로 과세가격을 정할 수 없을 경우에는 당해 물품을 수입통관한 후에 국내의 판매가격에서 일정한 비용 등을 공제한 가격을 과세가격으로 정하는 방법이다.

⑤ 제5방법은 외국 제조업자의 원가계산서를 보고 수입물품의 생산에 사용된 원재료·기타 가공비용과 수입국에서 판매할 때에 통상적으로 계상하는 수수료·이윤 및 일반경비를 합산한 산정가격을 과세가격으로 하는 방법이다.

⑥ 제6방법은 제1방법～제5방법으로 과세가격을 정할 수 없을 경우에는 각 방법에서 정하는 내용을 확대 해석하여 합리적이라고 판단되는 기준가격을 과세가격으로 정하는 방법이다.

표 2-8 과세표준의 우선적용순위

순 위	과세가격의 결정기준
제1방법	당해 물품의 실제 거래가격(actual transaction value)
제2방법	동종물품의 거래가격(transaction value of identical goods)
제3방법	유사물품의 거래가격(transaction value of similar goods)
제4방법	당해 물품의 공제가격(deductive value)
제5방법	당해 물품의 산정가격(computed value)
제6방법	기타 합리적 기준가격(reasonable value)

4. 관세환급제도

(1) 관세환급의 의의

관세 등에 대한 정부의 수출지원제도에는 수출물품의 세금부담을 덜어주는 방법에 따라 보세공장제도, 자유항, 자유무역지역, 관세자유지역, 경제자유구역, 수출용원재료의 면세제도, 관세환급제도, 상계제도 등이 있다.

이 중에 관세환급제도는 세관에서 일단 징수한 관세 등을 일정한 요건에 해당하는 경우 그 전부 또는 일부를 되돌려 주는 제도를 말한다.

현재 우리나라의 관세환급제도는 관세법상 과오납환급(제46조), 계약내용과 상이한 물품 등에 대한 관세환급(제106조), 관세환급특례법상 수출용원재료에 대한 관세환급 등이 있는데, 통상적인 관세환급은 후자를 말한다.

61) "유사물품"이라 함은 동일한 국가에서 생산된 것으로서, 모든 면에서 수입물품과 동일하지는 않더라도 동일한 기능을 수행하고 대체사용이 가능할 정도의 물품을 말한다.

즉, 관세환급제도는 수출용원재료에 대하여 수입시 관세 등을 일괄 징수하여 사후관리를 간소화하고, 동 원재료로 제조·가공된 물품을 수출 등에 제공한 경우 소요원재료의 수입시에 납부한 관세 등을 되돌려 주는 것이다.

관세환급제도는 수출물품의 원재료 관세장벽을 제거하여 국제경쟁력을 제고시키며, 또 수입원재료에 대하여는 수입시부터 환급시까지 관세 등의 금액만큼, 자금부담을 주므로 국산원재료의 사용·개발을 촉진시키는 효과가 있다.

(2) 관세환급의 실무

관세 등을 환급받으려면 환급신청인(수출상이나 생산자)이 환급대상원재료로 제조·가공한 물품을 환급대상수출 등에 제공한 날로부터 2년 이내에 관세청장이 지정한 관할세관에 전자문서로 환급신청을 하여야 한다.

즉, 환급신청인은 환급신청서를 작성하여 EDI 방식으로 관세청의 환급시스템에 접수한 후 3일내에 환급신청서류를 제출하면, 관할세관에서 제출서류를 확인한 후 환급금을 산출하여 환급신청인의 계좌에 입금한다.

관세 환급금을 산출하는 방법에는 정액환급과 개별환급의 2가지가 있다.

① 정액환급은 정부가 고시한 정액환급율표에 기재된 수출물품의 경우 수출신고필증만 제시하면 이에 기재된 일정금액을 그대로 환급해 주는 방법이다.

특히 연간 환급액이 3억 원 이하의 중소기업이 생산하는 수출물품에 대하여는 정부가 고시한 간이정액환급율표에 의하여 일정금액을 환급한다.[62)]

② 개별환급은 정액환급율표가 적용되지 아니하는 수출물품의 경우 소요량증명서와 환급신청서류 등으로 수출물품제조에 소요된 원재료의 수입시 납부세액을 일일이 확인하여 환급금을 산출하는 방법이다.

요컨대 개별환급은 구비서류가 복잡하고 시간이 많이 소요되는 반면에, 정액환급은 환급절차가 간단하고 환급비용이 절감된다는 이점이 있다.

62) 간이정액환급의 경우 완전히 전산화되었기 때문에 일체의 서류제출이 필요 없다.

CHAPTER 5

국제적하보험과 금융

제1절 국제매매와 해상보험

국제매매는 먼 거래의 서로 다른 국가에 위치한 매도인과 매수인간에 이루어지므로, 물품인도를 위하여 운송인이 개입하게 되고 운송기간 중에 발생하는 선박이나 화물에 대한 운송위험을 커버하기 위한 장치가 해상보험제도이다.

1. 해상보험의 개념

(1) 매매계약과 해상보험

매매계약의 이행에 있어서 해상보험은 중요한 위치를 차지하고 있다. 즉, 운송 중의 위험을 커버하는 해상보험제도가 있기 때문에, 매도인과 매수인 및 운송인이 안심하고 국제간의 매매계약과 운송행위를 할 수 있다.

매매계약의 거래조건이 ① CIP · CIF, DAT · DAP · DDP 규칙으로 체결된 경우에는 매도인이 보험계약을 담당하고, ② EXW, FCA · CPT, FAS · FOB · CFR 규칙으로 체결된 경우에는 매수인이 보험계약을 담당한다.

특히 CIF 계약의 경우 보험조건은 다음과 같다. 즉, i) 보험계약은 평판이 좋은 보험업자나 보험회사와 체결하고 양도가능한 보험증권이나 보험증명서를 제시하여야 하며, 기타 보험중개인의 보험인수증은 무효이다.

또 ii) 담보조건은 최소한 ICC (C) 조건과 물품대금의 110% 이상의 금액으로 부보하고, iii) 보험기간은 물품이 선적항의 본선 갑판상에 적재된 때부터 목적항에 도착한 때까지 계속 담보되어야 한다. 기타 iv) 매수인의 요청과 비용부담이 있는 경우 전쟁위험 · 동맹파업위험 등의 추가보험에 부보하여야 한다.[1)]

---

1) Jan Ramberg, *ICC Guide to Incoterms® 2010*, Publication No. 720E, 2011, p. 200.

(2) 해상보험의 정의

"해상보험"(marine insurance)이라 함은 항해에 관한 사고에 직면하는 재산권을 가진 다수의 경제주체가 각자의 위험정도에 따라 합리적인 기금을 갹출하여 공동준비재산을 형성한 후 항해사고의 발생으로 손해를 입은 자에게 보상함으로써 경제상의 불안을 제거하거나 경감하는 제도를 말한다.[2)]

해상보험의 정의와 관련하여 영국 해상보험법(MIA) 제1조에는 "해상보험계약은 보험자가 피보험자에게 해상손해, 즉 항해사업(marine adventure)에 부수하는 손해를 합의된 방법과 범위내에서 보상할 것을 약정하는 계약이다", 우리나라 상법 제693조에는 "해상보험계약의 당사자는 항해에 관한 사고로 인하여 생길 손해를 보상할 책임이 있다."라는 규정을 각각 두고 있다.

해상보험은 항해위험을 담보하는 보험이지만, 해상항해에 부수하는 내륙위험에 대하여도 담보범위를 확장하여 피보험자를 보호할 수 있다(MIA 제2조 1항). 즉, 하나의 해상보험계약으로 해상구간뿐만 아니라 매도인의 창고에서부터 매수인의 창고에 이르기까지 확장담보가 가능하다(ICC 제9조).

해상보험의 기능은 위험을 비용화하여 해사기업(해운업·무역업)의 경제적인 보장과 발전에 이바지하며, 기타 축적된 자금으로 금융거래를 촉진하고 보험료 상당액의 외화수입에 의하여 국제수지의 개선효과를 기대할 수 있다.

(3) 해상보험계약의 성질

해상보험계약은 그 합의된 방법과 범위내에서 항해사업에 부수하는 해상손해를 보상할 것을 약정하는 계약을 말한다. 즉, 해상보험계약은 항해위험을 대상으로 하여 합의된 방법과 범위에 따라 보상한다.

여기서 '합의된 방법과 범위'는 보험증권과 약관에 명시하고, 만약 약관상에 문제가 있으면 이는 영국의 법률과 관습에 따라 해결한다(ICC 제19조).

해상보험계약은 보험자가 항해 중에 발생하는 우연한 사고로 인한 손해를 보상할 것을 약정하는 계약이므로, 피보험자의 경제적인 이해관계를 보호하는데 목적이 있으며[3)], 또 법률적으로 다음과 같은 성질을 지닌다.

① 해상보험은 보험자가 합의된 방법과 범위내에서 해상손해를 보상하고, 보험계약자는 보험료를 지급하므로 유상계약이고 쌍무계약이다.

---

2) 龜井利明, 海上保險總論, 成山堂書店, 1980, p. 2.

3) 보험보호의 대상이 되는 피보험자의 이해관계를 '보험계약의 목적' 또는 '피보험이익'이라고 하며, 이는 보험의 목적(subject-matter insured) 또는 그 대상물과 구별된다.

② 보험계약자가 보험료로써 청약의 의사표시를 하고, 보험자는 손해를 보상하겠다는 승낙의 의사표시를 하면 계약이 성립하므로 낙성계약이다.

③ 해상보험계약은 구두, 전화 또는 서면의 어떠한 방식으로도 가능하고, 실제의 계약체결은 보험자가 제시한 소정의 보험증권과 표준약관에 보험계약자가 부합하는 방식으로 이루어지므로 불요식계약이고 부합계약이다.

④ 해상보험계약은 당사자간의 최대선의(utmost good faith)에 기초를 두고, 사행이나 도박목적의 어떠한 계약도 무효로 하므로 최대선의계약이다.

⑤ 보험자는 보험증권을 발행하여 영리를 목적으로 하고, 보험계약자는 보험료를 대가로 위험을 보험자에게 전가시키는 특수행위계약이다.

2. 해상보험의 발달과 준거법

(1) 해상보험의 역사

해상보험제도는 고대의 투하(jettison)에 관한 공동해손 등에서 유래되었다는 설이 있으나, 현대적인 해상보험제도는 13세기경 런던 롬바드가에 이주해 온 롬바드(Lombard) 상인에 의하여 시작되었으며, 17세기 말 Edward Lloyd (1648~1713) 씨가 테임즈 강변의 타워가에 커피숍을 개업하여 당시 상인과 선원들의 집합소로 이용되면서부터 로이즈 보험의 발전으로 이어졌다.[4)]

로이즈 보험은 1871년 영국 국회의 '로이즈 법' 제정, 1911년 '신로이즈 법'의 개정 등을 계기로 하여 현대적인 발전을 가져왔다. 1909년에는 로이즈 보험업자협회(Lloyd's Underwriters Association : LUA)가 설립되고 1925년에는 런던 보험업자협회(Institute of London Underwriters : ILU)와 제휴하여 기술·약관위원회를 설치하여 각종 협회약관을 제정하고 있다.

현재 로이즈 보험조합은 그 내부에 로이즈 위원회, 보험인수회원(underwriting members), 비보험인수회원, 사무국 등으로 조직 운영되고 있다.

(2) 영국 해상보험법(Marine Insurance Act 1906)

영국에서의 해상보험은 초기에 한자(Hanseatic) 상인이 주도하였으나, 13세기 중엽부터 롬바드 상인, 17세기 말부터 로이즈 보험이 주도하고 있다.

영국 최초의 해상보험법은 1601년 'An Acte Concerning Matters of Assurances Amongste Merchants'에서 시작되었으며, 그 후 1745년 '해상보

4) 한동호, 해상보험요론, 박영사, 1980, p. 22.

험법'(Marine Insurance Act), 1778년 개정 '해상보험법', 1868년 '해상보험증권법'(Policies of Marine Assurance Act) 등이 제정되었다.

현재의 해상보험법은 1906년 제정된 '해상보험법'(Marine Insurance Act : MIA)이다. 이는 Chalmers 경이 2,000여개의 판례로 내려오던 관습법을 종합하여 초안을 작성하고, Hersell 경이 상원에 제출하여 1900년에 통과되었다.

이 법은 1906년 12월 21일 '해상보험에 관한 법률을 법전화한 법'(법률 제41호)으로 공포되고, 1907년 1월 1일부터 발효되었다.[5] 오늘날 영국의 법률과 관습은 세계 대부분의 보험시장에서 준거법으로 채택하고 있다(ICC 제19조).

(3) 협회적하약관(Institute Cargo Clauses 2009)

협회적하약관(ICC)은 로이즈 보험증권(Lloyd's S.G. Policy)의 특약으로서, 1912년 ICC (FPA : 단독해손부담보) 조건을 필두로 하여, 1921년 ICC (WA : 분손담보) 조건, 1951년 ICC (A/R : 전위험담보) 조건이 각각 제정되었다.

그러나 1960년대 후반부터 종래의 보험증권과 ICC 기본양식을 개정하여야 한다는 주장이 런던 보험시장과 UNCTAD를 중심으로 전개되었으며, 이에 1982년과 2009년에 해상보험증권과 ICC 기본양식이 개정되었다.

즉, 구양식은 문장이 난해한 고어체로 되어 있다는 비판이 제기됨에 따라, 런던 국제보험업자협회(IUA)와 로이즈시장협회(LMA)의 합동적하위원회에서 1981년 7월에 신증권과 ICC(A), (B), (C) 양식을 공포하고[6], 이를 일부 개정하여 2008년 11월에 ICC(A), (B), (C), (War), (Strikes) 등을 공포하였다.

개정 ICC(A), (B), (C) 양식은 2009년 1월 1일부터 전세계적으로 시행되고 있으며, 우리나라는 1983년 3월 1일부터 신·구양식을 병용하고 있다.

(4) 공동해손규칙(York-Antwerp Rules 2004)

공동해손(general average)에 관한 법률의 국제적인 통일운동은 1860년 9월 글라스고우(Glasgow) 국제법회의에서 시작되어, 1864년 9월 '요크규칙'(York Rules 1864)이라는 통일된 공동해손규칙이 제정되고, 1877년 8월 '요크-앤트워프규칙'(York-Antwerp Rules 1877 : YAR)이 채택되었다.

이 규칙은 제2차 세계대전 후 무역환경의 변화에 따라 1949년 9월 국제해사

---

5) Michael J. Mustill and J.C.B. Gilman, *Arnould's Law of Marine Insurance and Average*, 16th ed., Stevens & Sons, 1981, para. 1, n. 2.

6) Robert H. Brown, *Analysis of Marine Insurance Clauses (Book 1) : The Institute Cargo Clauses 1982*, 1st ed., Witherby & Co. Ltd., 1982, pp. 3~4.

위원회(CMI)에 의하여 대폭 개정되었고, 1974년 4월에 일부 개정되었고[7], 1994년 10월에 구조료(salvage) 조항을 포함하여 전면 개정되었으며, 이는 최근에 다시 개정되어 '2004년 요크-앤트워프규칙'으로 채택되었다.

현재의 개정규칙은 2005년 1월 1일부터 시행되고 있으며, 그 특징은 공동해손의 성립요건을 보다 합리화하고 규칙상의 용어 표현을 보다 명확하게 수정하였으며, 또 공동해손의 정산절차를 신속히 할 수 있도록 정리하였다.

3. 해상보험의 특성과 분류

(1) 해상보험의 기본원칙

가. 고지의무(disclosure)

보험계약자나 피보험자는 보험계약의 성립 전에 이에 영향을 미치는 일체의 중요한 사항[8]을 보험자에게 고지할 의무가 있다(MIA 제18조 1항).

즉, 보험계약자나 피보험자는 최대선의원칙에 입각하여 통상의 업무상 당연히 알았어야 할 일체의 중요한 사항(every material circumstance)을 보험자에게 고지하여야 하며, 보험계약이 대리인에 의한 경우도 마찬가지이다.

다만 보험자의 위험을 감소시키는 사항, 보험자가 알았거나 안 것으로 추정되는 사항, 보험자가 통지받을 권리를 포기한 사항, 명시적 또는 묵시적 담보에 해당하는 사항 등에 대하여는 보험자에게 고지할 필요가 없다.

보험계약자나 피보험자가 고의나 중대한 과실로 인하여 불고지 또는 부실고지한 경우에는, 보험자는 보험계약을 취소할 수 있다. 보험계약이 취소되면 보험료는 환급하고 지급한 보험금도 반환청구할 수 있다.

나. 담보(warranty)

보험계약자나 피보험자는 계약상의 담보를 준수할 책임이 있다. 여기서 "담보"(warranty)라 함은 보험계약자나 피보험자가 특정한 일을 행하거나 아니할 것을 약속하거나, 특정의 조건이 충족될 것을 약속하거나 또는 특정한 사실상태의 존재를 긍정하거나 부정하는 것을 말한다(MIA 제33조).

담보에는 명시담보(express warranty)와 묵시담보(implied warranty)가 있

7) D.J. Wilson and J.H.S. Cooke, *The Law of General Average and The York-Antwerp Rules*, 11th ed., Sweet & Maxwell, 1990, p. 58.

8) "중요한 사항"이라 함은 신중한 보험자가 보험료를 산정하거나 위험의 인수 여부를 결정하는 데 있어서 그의 판단에 영향을 미치는 모든 사항을 말한다(MIA 제18조 2항).

다. ① 명시담보는 보험증권에 구현된 보험계약자나 피보험자의 약속으로서, 여기에는 보험목적의 안전담보, 피보험재산의 중립담보 등이 있다. ② 묵시담보는 보험증권에 구현되지 아니하였더라도 묵시적으로 추정되는 약속으로서, 여기에는 선박의 내항성담보, 항해사업의 적법성담보 등이 있다.

담보는 그것이 중요하든 아니하든 정확하게 충족되어야 하고, 이는 문자 그대로 해석하여야 한다.[9] 담보가 정확히 충족되지 아니한 경우에는, 보험자는 담보의 위반일로부터 면책되고 보험료를 환급할 필요가 없다.

다. 근인주의(causa proxima)

피보험자가 손해를 보상받기 위하여는 손해발생과 담보위험 사이에 인과관계가 성립하여야 한다. 특히 보험자는 피보험위험에 근인하여 발생하는 모든 손해에 대하여 보상책임을 진다(MIA 제55조 1항).

근인주의의 본질은 '근인을 보고 원인을 보지 말라.'(causa proxima non remota spectatur)는 법언에 의거 손해보상 여부를 결정한다는 이론으로서, 손해발생에 직접적인 효력을 미친 위험이 무엇인가를 판단하여야 한다.

초기의 근인주의는 시간적으로 손해발생에 가장 가까운 최후의 원인이 담보위험에 속하면 보상한다는 입장이었으나, 오늘날에는 손해발생에 실질적인 영향을 미친 원인이 무엇인가를 규명하려는 입장이므로, 손해발생에 대한 지배력과 효과면에서 가장 비중이 큰 원인을 판단기준으로 보고 있다.[10]

라. 실손보상의 원칙

해상보험은 손해보험의 일종으로서 실손보상의 원칙에 따른다. 보험사고시 보험자는 보험금액의 범위내에서 피보험자가 입은 실손해액만을 보상한다.

즉, 해상보험계약은 항해사업에 부수하는 손해를 보상함으로써, 피보험자가 사고 전과 같은 금전상의 상태로 복귀시키는 것을 목적으로 한다.

보험자는 피보험자가 입은 직접손해에 대하여만 보상하고, 간접손해에 대하여는 책임을 지지 아니한다. 이를 직접손해보상의 원칙이라고 한다.

나아가 보험자는 피보험자에게 보험금을 지급하면 대위(subrogation) 원칙에 따라 보험목적이나 제3자에 대한 권리를 이전받게 되는데, 피보험자가 이러한 권리를 지속하는 한 보험자는 그 이상의 보험금을 지급하지 아니한다.

---

9) Brown, *op. cit.*, p. 91.

10) 근인주의에는 최후조건설·최유력조건설·상당인과관계설 등의 학설이 있다.

(2) 해상보험의 분류

보험은 보험목적(subject-matter insured)이 사람의 생명이나 신체 또는 물적 손해인 여부에 따라 인보험과 물보험으로 나눌 수 있다.

특히 물보험(손해보험)에는 상법상 화재보험 · 운송보험 · 해상보험 · 책임보험 등이 있으며, 기타 특별법에 의한 자동차보험 · 의료보험 · 무역보험 등이 있다. 이 중에 해상보험 · 무역보험 등이 무역거래에 관련된 보험이다.

해상보험은 보험목적이 선박 또는 적하인 여부에 따라 '선박보험'과 '적하보험' 등으로 나누어지고, 보험담보기간이 항해구간 또는 특정기간인 여부에 따라 항해보험과 기간보험 등으로 나눌 수 있다.

(3) 선박보험(hull insurance)

해상보험에서 선박(ship)은 인명이나 화물을 해상운송하는 건조물로서, 선체(hull) · 속구 · 기관 · 연료 · 선원의 식료품과 소모품을 포함한다. 선박보험에서 피보험이익은 선주, 선박임차인, 선박저당권자, 선박중개인 등이 선박에 대하여 향유하는 경제상의 이익을 의미하고, 이들은 모두 보험목적이 된다.

선박은 실제가액이 법정가액이나 협정가액을 초과하는 선박증가액이 발생할 수 있는데, 이를 피보험이익으로 하는 선박증가액보험, 선박의 해상운임에 대한 운임보험, 항해를 위한 선내지출비용에 대한 선비보험 등이 있다.

기타 선주의 손해배상책임(shipowners' mutual protection and indemnity : P & I) · 선박임대료 · 수수료 · 보험비용 등에 대한 선박보험이 있을 수 있다.[11)]

(4) 적하보험(cargo insurance)

해상보험에서 적하(cargo)나 화물(goods)은 상품의 성질을 지닌 해상운송의 객체로서 도착지에 송달되는 목적의 것이어야 하고, 여객의 소지품, 선원의 식료품과 소모품, 갑판적화물이나 산 동물 등은 이에 포함되지 아니한다.

따라서 적하보험의 피보험이익은 적하나 화물을 보험목적으로 하는 화주의 경제상의 이익을 의미하고, 이는 곧 적하보험의 목적이 된다.

적하는 실제가액이 법정가액이나 협정가액을 초과하는 적하증가액이 발생할 수 있는데, 이에 대한 화주의 이익에 대한 적하증가액보험이 있으며, 기타 화

---

11) 특히 P & I 보험은 선주의 제3자에 대한 손해배상책임을 P & I 클럽이라는 선주들로 구성 · 운영되는 비영리의 상호보험조합에 가입하여 손해를 보상받는 제도이다.

물이 목적항에 정상적으로 도착한 때에 화주가 가질 희망이익(expected profit)에 대한 희망이익보험 등이 있을 수 있다.

4. 해상보험계약의 성립요건

해상보험계약이 성립하기 위하여는 i) 일반요건인 계약당사자 등, ii) 주요요건인 피보험이익 · 해상위험 · 해상손해 등, iii) 부수요건인 보험가액과 보험금액 · 항해 · 보험기간 · 보험료 · 보험증권과 보험약관 · 고지의무와 담보 · 보험자 면책 등의 계약사항에 관한 명시적인 약정이 있어야 한다.

(1) 계약당사자(parties concerned)

보험계약의 직접적인 당사자는 보험자와 보험계약자 또는 피보험자이다.

① 보험자(insurer)는 보험료를 지급받고 보험증권이나 보험증명서를 발행하여 보험사고가 발생할 경우 보험금을 지급할 것을 약속하는 자이다.

② 보험계약자(policy holder)는 보험자와 보험계약을 체결하고 보험료를 지급하는 자로서, 피보험자와 반드시 일치하는 것은 아니다. 피보험자(assured)는 피보험이익의 소유자, 즉 손해를 입고 보험금을 지급받는 자이다.

③ 기타 보험계약에 관여하는 당사자는 보험중개인 · 보험대리인 · 보험모집인 · 보험외무원 · 재보험자 등이 있다. 이 중에 보험중개인(insurance broker)은 보험자의 통제 밖에 있으면서 보험자와 보험요율을 협상하고 고객에게 보험가입을 주선하는 자로서, 영국의 로이즈 보험중개인이 대표적인 예이다.

(2) 피보험이익(insurable interest)

보험계약은 보험목적에 대하여 특정인이 갖는 경제상의 이해관계인 손해를 보호하는 것으로서, 이러한 이해관계를 피보험이익이라고 한다.[12]

피보험이익을 구성하기 위하여는 반드시 금전적으로 평가할 수 있는 재산적인 가치를 가져야 하고(경제성), 일체의 적법한 것이어야 하며(적법성), 또 보험계약시에 다른 물질과 현저하게 구별되는 확정적인 것이어야 한다(확정성).

피보험자는 보험계약시에 반드시 피보험이익을 소유할 필요가 없으며, 손해발생시에만 피보험이익을 소유하고 있으면 된다.

---

12) Robert H. Brown, *Marine Insurance (vol. 1) : Principles and Basic Practice*, 5th ed., Witherby & Co. Ltd., 1986, p. 66.

(3) 해상위험과 해상손해

위험은 손해의 원인으로서, 그 발생이 우연한 것만을 포함한다. 특히 "해상위험"이라 함은 항해사업에 기인하거나 부수하는 위험을 말한다. 해상위험을 특정하는 방법에는 크게 포괄책임주의와 열거책임주의가 있다.

"해상손해"라 함은 해상위험으로 인한 피보험이익의 소멸에 의하여 생기는 피보험자의 경제상의 불이익을 말한다. 상세한 내용은 후술하고자 한다.

(4) 보험가액과 보험금액

보험가액(insurable value)은 피보험이익에 대하여 발생가능한 금전적인 손해의 최고한도액을 말한다. 보험가액은 화폐가치나 물가의 변동에 따라 보험기간 중에 부단히 변하므로 보험가액가변의 원칙으로 통한다. 다만 보험가액을 법으로 규정한 경우에는 보험가액불변의 원칙이 적용된다.

보험가액은 계약당사자가 임의로 합의하면 협정보험가액이라고 하고, 이때의 보험을 기평가보험(valued insurance)이라고 한다. 보험계약시 보험가액을 약정하지 아니한 경우에는 법의 규정에 따른 법정보험가액이 적용된다.

예컨대 적하보험의 경우 법정보험가액은 피보험재산의 원가·선적비용과 부수비용·이들 총액에 대한 보험비용 등을 합산한 금액이 된다(MIA 제16조).

보험금액(amount insured)은 보험자가 계약에 따라 피보험자에게 보상하는 손해보상의 최고한도액을 말한다. 따라서 보험금액이 보험가액에 비하여 낮을 때 일부보험(partial insurance), 양자가 일치할 때 전액보험(full insurance), 보험금액이 높을 때 초과보험(over insurance)이 성립된다.[13)]

(5) 항해(voyage)

해상보험에서 "항해"라 함은 단순히 선박의 해상항행뿐만 아니라 보험목적이 되는 해상모험(marine adventure) 그 자체도 포함한다. 따라서 항해가 상당한 기간내에 개시되어야만 보험자의 위험담보가 개시된다.

그러나 보험증권상의 출발항이나 목적항을 변경하여 출항한 경우 보험자의 위험담보는 개시되지 아니하며, 또 위험이 개시된 후에도 항해변경, 이로 또는 항해지연이 발생한 경우 보험자의 담보책임이 해제된다.

---

13) 초과보험의 경우 실손보상의 원칙에 따라 초과부분은 무효이다(상법 제669조 4항).

(6) 보험기간(duration of cover)

"보험기간"이라 함은 보험자의 담보책임이 존속하는 기간을 말한다. 보험기간을 결정하는 기준을 항해구간을 단위로 하면 항해보험, 일정기간을 단위로 하면 기간보험, 양자를 병용하면 혼합보험이라고 하는데, 일반적으로 적하보험은 항해보험이 되고 선박보험은 기간보험이 된다.

예컨대 항해보험으로서 적하보험의 경우 보험기간은 화물을 선박에 적재한 때부터 도착항에 안전하게 양륙한 때까지(RCP 제4조), 또는 화물의 선적에 착수한 때부터 도착항에서 화물을 양륙한 때까지가 된다(상법 제699조).

(7) 보험료(insurance premium)

보험료는 보험자가 보험사고로 인하여 손해가 발생할 경우 피보험자에게 보상할 것을 약속한 대가로 보험계약자가 지급하는 약인(consideration)이다.[14)]

보험료는 보험증권을 발급받는 즉시 지급하여야 한다. 그러나 보험계약상의 일정한 사유가 발생하거나 계약이 취소되거나 또는 중복보험으로 초과보험이 된 경우에는, 보험료 또는 그 비례부분은 피보험자에게 반환하여야 한다.

(8) 보험증권(insurance policy)

보험계약은 보험증권상에 구현되어 있어야 한다. 보험증권의 해석은 MIA 제1부칙인 '보험증권해석규칙'(Rules for Construction of Policy : RCP), 수기문언 우선원칙, 판례와 당사자의사 존중원칙, 평이한·통상적·통속적 해석(plain, ordinary and popular : POP) 원칙, 합리적 해석원칙 등에 따른다.

보험증권은 항해보험증권과 기간보험증권, 기평가보험증권과 미평가보험증권, 선명미상보험증권 등으로 분류하는데, 상세한 내용은 후술하고자 한다.

5. 보험청약과 구상실무

해상보험계약은 법률상 불요식의 낙성계약에 속하므로, 보험계약자측의 청약과 보험자의 승낙에 의하여 계약이 성립되는 것을 원칙으로 한다. 이 책에서는 대표적으로 적하보험계약에 관한 청약과 구상절차를 알아보고자 한다.

---

14) E.R. Hardy Ivamy, *Marine Insurance*, 4th ed., Butterworths & Co. Ltd., 1985, p. 80.

(1) 보험계약의 청약절차

보험계약의 청약은 보험중개인(broker)이나 보험대리인을 통하거나, 또는 피보험자가 직접 보험자와 계약을 체결할 수 있다. 영국의 경우, 특히 로이즈 보험에서는 반드시 로이즈 보험중개인을 통하도록 하고 있다.

① 보험계약자는 소정의 적하보험청약서(cargo insurance application)에 피보험자명, 선박명과 출항예정일, 출발항과 도착항, 환적항, 피보험화물의 명세, 송장금액과 보험금액, 보험조건 등을 기재하여 제출한다.

② 보험자는 적하보험청약서를 받고 보험요율을 결정하여 〈예시 2-6〉과 같은 해상적하보험증권(marine cargo insurance policy)을 발행한다. 보험증권은 계약성립시나 그 이후에 이를 작성 발행할 수 있다. 적하보험증권은 기재약관·본문약관·중요약관·배면의 협회적하약관(ICC) 등으로 구성된다.

(2) 보험요율의 결정

보험료는 보험금액(CIF 가격의 110% 이상)에 보험요율을 곱한 것으로서, 이는 공통적용사항인 순보험료와 부가보험료로 나누어 산출한다.

순보험료는 손해의 빈도와 손해액에 기초하여 확률계산방법으로 산출하는데, 실무에서는 과거 실적을 기초로 산출된 이재율(loss ratio)을 반영하며, 부가보험료는 보험회사의 사업비와 적정이윤을 반영한 보험료 부분이다.

적하보험에서 보험료 산정에 영향을 주는 요소는 화물의 적재선박, 즉 표준규격선박, 표준규격외선박(선령, 목조선, 소형선) 등에 따라 할증료가 결정되고, 기타 항구시설, 환적 여부, 우회항해, 특수지역 등에 따라 할증료가 달라진다.

우리나라의 경우는 대체로 보험개발원에서 발행한 '해상보험요율서' 상에 제시된 협정요율을 기준으로 하여 다음과 같은 공식으로 보험료를 산출한다.

즉, P(보험료) ={C(원가) + F(운임)} × 1.1 × R(보험요율) ÷ {1 − 1.1 × R} 이다.

(3) 보험금의 구상절차

보험손해가 발생하면 피보험자는 다음의 절차에 따라 보험금을 청구한다.

① 사고 통지 : 피보험자는 보험사고의 발생을 안 때에는 즉시 구두나 서면으로 예비이재통지(preliminary loss advice : PLA)를 발송하여야 한다.

② 검정보고서 작성 : 지정된 검정인의 검정보고서(survey report)를 받는다.

③ 운송인 등에 대한 조치 : 피보험자는 보험증권상의 중요약관[15] 절차에 따

15) 중요약관(important clauses)은 손해발생시 피보험자의 조치와 절차 등을 규정하고 있다.

예시 2-6 해상적하보험증권(Insurance Policy)

HYUNDAI MARINE & FIRE INSURANCE CO., LTD.

HYUNDAI BLDG. 178, SEJONGRO, CHONGRO-KU, SEOUL, KOREA CABLE : HYUNDAIMFINSURE
TELEX : HDMFINS K 27270 TEL : (02) 732-1212 FAX : (02) 737-7176

MARINE CARGO INSURANCE POLICY

Assured(s), etc. MESSRS. SUNG IL TIMBER CO., LTD.

Policy No. 92030176BU	Ref. No. M-19D5-203-NU-00018
Claim, if any, payable at: HEAD OFFICE Claims are payable in WON	Amount insured WON212,960,000.- (US$250,000.- X 110% X @774.40)
Survey should be approved by: HEAD OFFICE	Conditions ON-DECK CARGO 20% FPA, JWOB SPECIAL CLAUSE FOR ON-DECK CARGO(LOGS, LUMBER)
Local Vessel or Conveyance	From (interior port or place of loading)
Ship or Vessel called the T. B. D.	Sailing on or about
at and from MALAYSIAN PORT	transhipped at
arrived at KOREAN PORT	thence to

Goods and Merchandises
ABT 1,000M3 OF MALAYSIAN SAWN TIMBER

DUPLICATE
ORIGINAL UNPAID

**IT IS NOTED AND AGREED THAT THE AMOUNT OF CLAIM IS TO BE PAID BY US TO ; HAN IL BANK.

Subject to the following Clauses as per back hereof.
- [x] Institute Cargo Clauses Specified Above
- [ ] Institute Air Cargo Clauses (All Risks)
- [x] Institute Radioactive Contamination Exclusion Clause
- [x] Transit Terminate Clause(10 days)
- [x] Institute Classification Clause
- [ ] On-Deck Clause
- [ ] Special Replacement Clause
- [ ] Custom Duty Clause

Marks and Numbers as per Invoice No. specified above.

Place and Date signed in. No. of Policies issued.

PUSAN, KOREA MAR. 17, 1992 IN DUPLICATE

1. Warranted free of capture, seizure, arrest restraint or detainment, and the consequences thereof or of any attempt thereat; also from the consequences of hostilities or warlike operations, whether there be a declaration of war or not; but this warranty shall not exclude collision, contact with any fixed or floating object (other than a mine or torpedo), stranding, heavy weather or fire unless caused directly (and independently of the nature of the voyage or service which the vessel concerned or, in the case of a collision, any other vessel involved therein, is performing) by a hostile act by or against a belligerent power; and for the purpose of this warranty "power" includes any authority maintaining naval, military or air forces in association with a power.

Further warranted free from the consequences of civil war, revolution, rebellion, insurrection, or civil strife arising therefrom, or piracy.

2. Warranted free of loss or damage

(a) Caused by strikers, locked-out workmen, or persons taking part in labour disturbances, riots or civil commotions;

(b) resulting from strikes, lock-outs, labour disturbances, riots or civil commotions.

3. (a) Should the risks excluded by Clause 1 (F.C. & S. Clause) be reinstated in this Policy by deletion of the said Clause, or should the risks or any of them mentioned in that clause or the risks of mines, torpedoes, bombs or other engines of war be insured under this Policy, Clause (b) below shall become operative and anything contained in this contract which is inconsistent with Clause (b) or which affords more extensive protection against the aforesaid risks than that afforded by the Institute War Clauses relevant to the particular form of transit covered by this insurance is null and void.

(b) This policy is warranted free of any claim based upon loss of, or frustration of, the insured voyage or adventure caused by arrests restraints or detainments of Kings Princes Peoples Usurpers or persons attempting to usurp power.

☞ In the event of loss or damage arising under this Policy, no claims will be admitted unless a survey has been held with the approval of this Company's Office or Agents specified in this Policy.

In case of loss or damage, please follow the "IMPORTANT" clause printed on the back hereof.

501-B-001 (83. 8. 1) 승인

The descriptions to be inserted in the following clauses are shown as above

Be it known That

as well in his or their own Name, as for and in the Name and Names of all and every other Person or Persons to whom the same doth, may, or shall appertain, in part or in all, doth make Assurance, and cause himself or themselves and them and every of them, to be Assured, lost or not lost, at and from upon any kind of Goods and Merchandises, in the good Ship or Vessel called the whereof is Master, for this present Voyage, or whosoever else shall go for Master in the said Ship, or by whatsoever other Name or Names the said Ship, or the Master thereof, is or shall be named or called, beginning the Adventure upon the said Goods and Merchandises from the loading thereof aboard the said Ship as above, and shall so continue and endure during her abode there, upon the said Ship, &c.;and further, until the said Ship, with all her Goods and Merchandises whatsoever, shall be arrived at and upon the Goods and Merchandises until the same be there discharged and safely landed; and it shall be lawful for the said Ship, &c., in this Voyage to proceed and sail to and touch and stay at any Ports or Places whatsoever without Prejudice to this Assurance. The said Goods and Merchandises, &c., for so much as concerns the Assured by Agreement between the Assured and Assurers in this Policy are and shall be valued at

TOUCHING the Adventures and Perils which the said Company are contented to bear and do take upon themselves in this Voyage, they are, of the Seas Men-of-War, Fire, Enemies, Pirates, Rovers, Thieves, Jettisons, Letters of Mart and Countermart, Surprisals, Takings at Sea, Arrests, Restraints and Detainments of all Kings, Princes and People, of what Nation, Condition, or Quality soever, Barratry of the Master and Mariners, and of all other Perils, Losses and Misfortunes that have or shall come to the Hurt, Detriment or Damage of the said Goods and Merchandises, or any Part thereof; and in case of any Loss or Misfortune, it shall be lawful to the Assured, his or their Factors, Servants and Assigns, to sue, labour and travel for, in and about the Defence, Safeguard and Recovery of the said Goods and Merchandises, or any part thereof, without Prejudice to this Assurance; to the Charges whereof the said Company will contribute. And it is especially declared and agreed that no acts of the Assurer or Assured in recovering, saving, or preserving the property assured, shall be con[illegible] as a waiver or acceptance of abandonment. And it is agreed that this writing or Policy of Assurance shall be of as much Force and Effect as [illegible] Writing or Policy of Assurance made in London. And so the said Company are contented, and do hereby promise and bind themselves to the Assured, his or their Executors, Administrators, or Assigns, for the true Performance of the Premises; confessing themselves paid the Consideration due unto them for this Assurance, at and after the rate of as arranged Per Cent.

N.B. -Corn, Fish, Salt, Fruit, Flour and Seed are warranted free from Average, unless general, or the Ship be stranded; Sugar, Tobacco, Hemp, Flax, Hides and Skins are warranted free from Average, under Five Pounds per cent.; and all other Goods, also the Ship and Freight, are warranted free from Average, under Three Pounds per cent., unless general, or the Ship be stranded, sunk or burnt.

All questions of liability arising under this policy are to be governed by the laws and customs of England.

IN WITNESS whereof, I the Undersigned of HYUNDAI MARINE & FIRE INSURANCE CO., LTD. on behalf of the said Company have subscribed my name in to Policies of the same tenor and date, one of Which being accomplished, the others to be void, as of the date specified as above,

For HYUNDAI MARINE & FIRE INSURANCE CO., LTD.

Chung Mong Yun

AUTHORIZED SIGNATORY

라 운송인, 수탁자, 제3자에 대한 사전조치를 필하여야 한다.

④ 보상청구서 제출 : 보험당국의 제반 준수사항에 따라 보상청구서(letter of claim)를 작성하여 보험회사에 제출하면, 사고발생을 통지한 날로부터 10일 이내에 보험금을 지급받을 수 있다(상법 제658조).

제 2 절 해상위험과 해상손해

1. 해상위험과 위험변동

보험계약에서 위험(perils, risks)은 손해의 원인이 되며 그 발생이 우연한 것만을 대상으로 한다. 특히 "해상위험"(maritime perils)이라 함은 항해사업에 기인하거나 부수하는 위험, 즉 해상고유의 위험, 화재, 전쟁위험, 해적, 표도, 강도, 포획, 나포, 군주와 국민의 억류나 억지, 투하, 선원의 악행 및 상기와 동종의 또는 보험증권상에 기재된 기타 일체의 위험을 말한다(MIA 제3조 2항).

(1) 해상위험의 특정

해상위험의 특정방법에는 열거책임주의와 포괄책임주의가 있는데, 역사적으로 보면 위험의 열거책임주의에서 포괄책임주의로 전환되고 있다.

① 열거책임주의는 보험자가 해상위험 중에 보험증권이나 약관에 열거된 위험만을 담보하는 방식을 말한다. 위험열거방식은 다수의 위험을 명기하고 '기타 일체의 위험'(all other perils)이라는 표현을 덧붙인다. 이는 동종제한의 원칙에 따라 앞의 위험과 동종의 위험에 한하여 담보한다는 의미이다.[16)]

열거책임주의는 보험증권상에 열거된 위험만을 담보하므로, 피보험자에게는 불리하지만, 손해발생시 논란의 소지가 없다. 협회적하약관의 ICC (B), (C) 조건은 담보위험과 면책위험의 열거주의를 채택하고 있다.

② 포괄책임주의는 보험자가 일체의 해상위험을 포괄적으로 담보하는 방식을 말한다. 이는 피보험자에게는 유리하지만, 손해발생시 담보위험임을 입증할 책임이 따른다. ICC (A) 조건은 보험자가 이에 열거된 면책위험을 제외한 일체

---

16) 葛城照三, 海上保險講義要綱, 早稻田大學出版部, 1978, p. 48.

의 위험을 담보하는 포괄책임주의를 채택하고 있다.

한편 해상위험은 크게 담보위험(risks covered)과 면책위험(exclusions)으로 나눌 수 있으며, 보험실무에서는 이를 다시 i) 기본약관 담보위험, ii) 특별약관 담보위험, iii) 여하한 경우에도 면책되는 부담보위험 등으로 분류하고 있다.

(2) 기본약관 담보위험

기본약관 담보위험은 보험계약의 기본약관으로도 충분히 담보되는 위험을 말한다. 이들 위험은 자연적 위험과 인위적 위험으로 나눌 수 있다.

① 자연적 위험은 해상고유의 위험(perils of the seas), 즉 선박의 침몰, 파선, 좌초, 교사, 촉초, 충돌, 기타 풍파의 이례적인 작용으로 인한 우연한 사고, 화재 등을 말한다. 이 중에 침몰·좌초·화재·충돌 등을 해상의 주요위험(sinking, stranding, burning & collision : SSBC)이라고 한다.

② 인위적 위험은 선박 내부의 원인으로 발생하는 선원의 악행·투하, 선박 외부의 원인으로 발생하는 해적(pirates), 기타 동종의 위험을 말한다.

가. ICC (A) 조건의 담보위험

적하보험의 기본약관은 ICC (A), (B), (C) 조건을 말한다.[17] 이 중에 ICC (A) 조건은 전위험(all risks)을 담보하는 것이므로, 이하 (B) 조건에 열거된 담보위험과 기타 누락된 해상고유의 위험, 해적, 선원의 악행 등 일체의 해상위험, 공동해손조항과 쌍방과실충돌조항의 위험 등을 담보한다.

① ICC (B) 조건에 열거된 담보위험 : 다음의 (B) 조건에서 논하고자 한다.

② ICC (B) 조건에 누락된 해상고유의 위험 : "해상고유의 위험"이라 함은 바다에서의 우연한 사고나 재해로서 선박의 침몰, 파선, 좌초, 교사, 촉초, 충돌, 기타 풍파의 이례적인 작용[18] 등을 포함하는데, 이중에 ICC (B) 조건에 누락된 해상고유의 위험은 파선, 촉초[19], 기타 풍파의 이례적인 작용 등이다.

③ 해적(pirates)·강도(thieves) : ICC (A) 조건에서는 선내의 폭동을 일으키는 여객이나 선박을 공격하는 해적, 강도 등의 위험을 담보한다.

④ 선원의 악행(barratry) : ICC (A) 조건에서는 해상에서 선주에게 손해를 끼치는 선장이나 선원의 고의에 의한 모든 위법행위의 위험을 담보한다.

⑤ 기타 부가위험(extraneous risks) : ICC (A) 조건에서는 각종 부가위험도

---

17) ICC (A), (B), (C) 조건의 구체적인 위험체계에 관하여는 후술하고자 한다.
18) 다만 풍파의 통상적인 작용은 해상고유의 위험에 포함되지 아니한다(RCP 제7조).
19) 촉초(touch and go)는 선박이 다른 물체에 접촉한 후 즉시 자력으로 항해한 경우이다.

할증료 없이 담보한다. 이들 위험은 특별약관 담보위험편에서 논하고자 한다.

나. ICC (B) 조건의 담보위험

협회적하약관 ICC (B) 조건은 손해와 상당인과관계에 있는 위험(6종), 손해와 근인관계에 있는 위험(3종), 하역작업 중의 포장단위당 추락전손, 공동해손조항과 쌍방과실충돌조항에 열거된 위험 등을 담보한다.

① 화재 · 폭발 : 화재(fire)는 예기치 못한 손해를 가져오는 선상의 연소로서, 그 발생이 우연적이고 불꽃이 존재하며 화상을 이탈한 것이어야 한다.[20] 그러나 적하의 고유하자로 인한 자연발화는 특약으로만 담보한다.

폭발(explosion)은 화재로 인한 폭발, 폭발로 인한 화재, 폭발로 인한 유발 등을 포함하지만, 적하의 고유하자로 인한 자연폭발은 제외된다.

② 선박의 침몰 · 좌초 · 교사 · 전복 : 침몰(sinking)은 선박이 수저에 완전히 가라앉아 항해불능의 상태에 있거나 선체의 상갑판이 수중에 몰하여 조난상태에 있는 경우로서, 선박이 심해에 몰하여 인양이 불가능하면 심몰(foundering at sea), 천해에 몰하여 인양이 가능하면 천몰(submersion)이라고 한다.

좌초(stranding)는 선박이 견고한 물체에 올라앉아 자력으로 단시간내에 인하하여 항해할 수 없는 상태로서, 좌초 후 상당한 시간 동안[21](약 15분 이상) 진퇴가 불가능하고 그 발생이 우연하여야 한다. 다만 해상의 절박한 위험에 직면하여 선장이 임의좌초한 경우에는 공동해손으로 처리한다.

교사(grounding)는 사지 또는 사주와 같은 견고하지 아니한 물체에 올라앉아 단시간내에 인하되지 못한 경우로서, 좌초와 유사하게 처리한다.

③ 육상운송용구의 전복 · 탈선 : ICC에서는 항해사업에 부수하거나 기인하는 위험으로서 육상운송수단의 전복이나 탈선도 담보한다.

④ 충돌 · 접촉 : 충돌(collision)은 선박 또는 물 외의 타물체와 충돌하는 것으로서, ICC에서는 모든 형태의 충돌과 접촉(contact)을 담보한다.

⑤ 조난항에서의 양하 : 조난항에서 양하된 경우의 손해를 담보한다.

⑥ 지진 · 화산분화 · 낙뢰 : ICC (B) 조건에서는 (C) 조건과 달리 해상고유의 위험에 속하지 아니하는 지진(earthquake), 화산분화(volcanic eruption) 또는 낙뢰(lightning) 등 기타의 해상위험을 담보한다.

⑦ 공동해손희생 : 선박이나 화물이 해상에서 공동의 위험에 직면하였을

---

20) D. O'May and J. Hill, *Marine Insurance Law and Policy*, Sweet & Maxwell, 1993, p. 174.

21) *McDougle v. Royal Exchange Association Co.* (1816) 4 Camp. 283.

때, 선장이 이를 피하기 위하여 고의적이고 이례적으로 선박이나 화물을 처분하거나 비용을 지출하는 행위를 공동해손행위라고 하고, 그 때에 발생한 물적 손해를 공동해손희생(general average sacrifice)이라고 한다.

⑧ **투하 · 갑판유실 :** 투하(jettison)는 선박이 항해 중 비상사태에 직면하여 침몰을 면할 목적으로 선장이 고의적으로 화물의 일부를 해상에 던지는 것으로서, 이는 공동해손의 성립요건이 되므로 보험자가 담보한다.

ICC (B) 조건에서는 (C) 조건과 달리 항해 중 폭풍우 등의 작용에 의한 화물의 갑판유실(washing overboard)에 기인한 손해를 담보한다.

⑨ **해수 · 호수 · 하천수의 침입 :** ICC (B) 조건에서는 (C) 조건과 달리 선박이나 운송용구의 침수(sea, lake or river water)를 특약 없이 담보한다.

⑩ **포장단위당 추락전손 :** ICC (B) 조건에서는 (C) 조건과 달리 선박의 하역작업 중 화물의 포장단위당 추락전손(sling loss)을 특약 없이 담보한다.

다. ICC (C) 조건의 담보위험

협회적하약관 ICC (C) 조건도 앞의 (B) 조건과 같은 열거방식에 의하여 손해와 상당인과관계에 있는 위험(5종), 손해와 근인관계에 있는 위험(2종), 공동해손조항과 쌍방과실충돌조항에 열거된 위험 등을 담보한다.

다만 앞의 ICC (B) 조건에 열거된 지진 · 화산분화 · 낙뢰, 갑판유실, 해수 · 호수 · 하천수의 침입, 하역작업 중의 추락전손 등은 담보하지 아니한다.

(3) 특별약관 담보위험

특별약관 담보위험은 보험계약의 기본약관으로는 담보되지 아니하고 할증보험료에 의한 특별약관으로만 담보되는 해상위험을 말한다.

ICC (A) 조건의 경우 전위험을 담보하지만, 일반면책조항의 일부위험과 전쟁위험, 동맹파업위험 등은 특약이 있어야 담보하며, 또 ICC (B)와 (C) 조건의 경우도 담보위험에 포함되지 아니한 위험은 특약이 있어야만 담보한다.

가. 전쟁위험(war risks)

전쟁위험은 ICC에서는 면책위험에 속하지만, 할증보험료를 납부하고 협회적하전쟁약관(Institute War Clauses (Cargo) : IWC)에 부보하면 담보한다.

IWC의 담보위험은 ① 전쟁 · 내란 · 혁명 · 반역 · 반란 · 이에 기인한 내분 또는 일체의 적대행위(전쟁위험), ② 포획 · 나포 · 강류 · 억지 · 억류 · 그러한 행위의 결과나 미수(포획위험), ③ 유기된 기뢰 · 어뢰 · 폭탄 · 기타의 병기(유기병기 위험) 등을 커버하고 있으며, 기타 공동해손·구조료 등도 포함된다.

나. 동맹파업위험(strikes risks)

동맹파업위험도 ICC에서는 면책위험에 속하지만, 할증보험료를 납부하면 협회적하동맹파업약관(Institute Strikes Clauses (Cargo) : ISC)으로 담보한다.

ISC의 담보위험은 ① 동맹파업자, 피직장폐쇄자 또는 노동쟁의·소요·폭동가담자(동맹파업위험), ② 테러범·정치범(폭력주의자위험) 등을 커버하고 있으며[22], 기타 공동해손·구조료 등도 담보위험에 포함된다.

다. 부가위험(extraneous risks)

적하보험에서 할증보험료에 의한 특약으로 담보되는 부가위험은 수 없이 많으나, 널리 이용하고 있는 부가위험약관들을 발췌하면 다음과 같다.

① 갑판적약관(on-deck) : 목재와 같은 대형화물은 그 특수성 때문에 할증보험료를 납부하고 갑판적재의 특약을 체결하여야 담보한다.

② 도난·발하·불착약관(theft, pilferage & non-delivery : TPND) : 도난은 남몰래 포장 채로 훔쳐 가는 것, 발하는 내용물의 일부를 훔쳐 가는 것, 불착은 화물의 포장단위가 목적지에 도착하지 아니하는 것을 말한다.

③ 유류·타물과의 접촉약관(contact with oil & other cargo : COOC) : 선박의 연료나 다른 화물과의 접촉에 의한 파손·오손 등의 위험을 말한다.

④ 파손약관(breakage) : 도자기나 유리제품과 같이 파손되기 쉬운 화물에 대하여 통상의 손해나 고유의 성질손해를 제외한 손해를 담보한다.

⑤ 누손·부족손약관(leakage & shortage) : 입자나 액체로 된 화물의 수량에 대하여 통상의 손해나 고유의 성질손해를 제외한 손해를 담보한다.

⑥ 자연발화약관(spontaneous combustion) : 화물 자체의 화학적인 변화에 의한 발화는 부담보위험에 속하지만, 그 손해가 우연성이 있거나 발화의 원인을 확인할 수 없는 경우에는 특약으로 담보가 가능하다.

기타 오염(contamination), 우수·담수(rain & fresh water damage), 한·열(sweat & heating), 갑판유실(washing overboard), 곡·절손(denting & bending), 구·구공(hook & hole), 오지손해(country damage), 서식·충식(rats & virmin), 곰팡이(mildew & mould), 부식(rust & oxidation), 폐사(mortality), 악의손해(malicious damage), 내륙보관위험연장(inland storage extension : ISE), 내륙운송위험연장(inland transit extension : ITE) 등의 부

22) 동맹파업의 결과로 발생하는 간접손해는 담보하지 아니한다(ISC 제3조 7항).

가위험약관이 있다.

(4) 부담보위험(excluded perils)

"부담보위험"이라 함은 보험계약의 기본약관이나 특별약관의 어느 것으로도 담보될 수 없는 절대적 면책위험을 말한다. 해상위험의 담보 여부에 관한 준거법과 약관은 영국의 법률과 관습에 따르는 경우가 많다(ICC 제19조).

ICC 제4조 일반면책조항(general exclusions)의 열거위험 중에 일부는 특약으로 담보되지만, 대부분은 특약으로도 담보되지 아니하는 것들이다.

즉, ① 피보험자의 고의적 불법행위, ② 통상적 누손, 중량이나 용적의 통상적 부족이나 자연소모, ③ 포장과 준비의 불완전이나 부적합, ④ 적하 고유의 하자나 성질, ⑤ 지연, ⑥ 선주의 지급불능이나 채무불이행, ⑦ 제3자의 불법행위에 의한 고의적 손상과 파괴, ⑧ 핵물질위험 등이 해당된다.

ICC 제5조 불내항·부적합면책조항(unseaworthiness & unfitness exclusion)에 따라 ① 선박의 불내항, ② 선박 등의 부적합은 부담보위험에 속한다.

기타 금지품목의 밀수 등 법령위반, 기타 통상적인 화물고유의 하자, 소손, 영법상의 담보나 조건위반 등의 경우도 부담보위험에 속한다.[23]

(5) 해상위험의 변동

피보험자는 보험계약 후 담보위험의 변동을 유발시킬만한 일체의 중요한 사항을 보험자에게 지체 없이 통지하여 계약효력을 계속 유지시켜 나가야 하는데, 이를 "위험변동의 원리"(doctrine of change of risks)라고 한다.[24] 위험변동은 보험계약 후 보험인수의 기초위험이나 위험사정 또는 위험상태가 변동하는 것을 말하며, 이는 다시 위험의 변경과 위험의 변종으로 나눌 수 있다.

가. 위험의 변경(variation of risks)

위험의 변경은 위험발생률의 정도가 변하는 것으로서, 선박의 이로, 항해지연, 환적과 갑판적, 강제양하, 불완전포장, 항해 중 선박의 내항성상실, 위험지역으로의 항해의 강행 등에 관한 사항이 이에 포함된다.

① 이로(deviation)는 출발항과 도착항의 변경 없이 중간의 항로만을 이탈하는 경우로서, 항로가 지정된 때에는 지정항로를 따르고, 항로가 지정되지 아니한 때에는 통상적이고 관습적인 항로를 따라 항행하여야 한다. 적법한 사유 없

---

23) 제3자의 고의적 손상과 파괴, 소손 등은 ICC (A) 조건에서는 담보위험에 속한다.

24) H.N. Bennett, *The Law of Marine Insurance*, Clarendon Press · Oxford, 1996, p. 167.

이 항로를 이탈한 경우에는 이탈시부터 보험자의 보상책임이 해제된다.

② 항해지연(delay in voyage)은 항해개시 또는 항해계속의 지연을 말한다. 즉, 선박이 적법한 사유 없이 상당한 기간내에 항해를 개시하지 아니하거나, 전 항정을 통하여 상당한 진척으로 항행하지 아니한 경우이다. 항해변경이 발생한 후의 사고에 대하여는 보험자의 보상책임이 해제된다.

③ 환적(transhipment)과 갑판적(on deck)도 위험변경이 된다. 화물이 환적이나 갑판적되지 아니하는 것은 보험계약의 묵시조건이므로[25], 환적되거나 갑판적된 당시부터 보험계약은 종료되고 보험자의 책임이 해제된다.[26]

나. 위험의 변종(alteration of risks)

위험의 변종은 보험계약 체결시의 위험사정이 완전 소멸하고 전혀 별개의 위험사정이 이를 대체하는 경우로서, 이는 당연히 보험계약의 효력을 상실하게 한다. 여기에는 항해변경, 선박변경 등에 관한 사항이 포함된다.

① 항해변경(change of voyage)은 지정된 출발항이나 도착항을 변경하는 경우로서, 이는 피보험항해의 동일성이 상실되므로 위험의 변종이 된다. 다만 우연적이거나 강제력에 의한 항해변경은 예외로 한다. 선박이 항해를 변경할 의지가 명백하여진 당시부터 보험자의 보상책임이 해제된다.

② 선박변경(change of ship)은 화물이 지정된 선박 이외의 선박에 적재되거나 항해 도중에 다른 선박에 환적되는 경우를 말한다. 선박의 불변경은 보험계약의 묵시조건이므로[27], 변경 후의 사고는 면책된다(상법 제703조).

2. 해상손해의 보상문제

(1) 인과관계의 법리

보험계약에서 손해는 위험으로 인한 피보험이익의 소멸에 의하여 발생하는 피보험자의 경제적 불이익을 말하며, '위험'이라는 선행현상과 '손해'라는 후행현상 사이에 구성되는 원인과 결과의 관계를 인과관계(causation)라고 한다.

특히 다수의 위험이 협력하여 손해가 발생한 경우에는 인과관계를 규명하는 일이 매우 중요하지만, 그 해석이 분분하여 합리적인 방향제시가 어렵다.

영국 MIA에서는 "보험자는 피보험위험에 근인하여 발생한 손해에 대하여만

25) Brown, *op. cit.*, pp. 105~106.
26) 한동호, 해상보험요론, 박영사, 1980, p. 155.
27) 加藤由作, 海上危險新論, 春秋社, 1961, p. 938.

책임을 진다."라고 규정함으로써(제55조 1항), 근인설을 채택하고 있다.

근인설에는 최후조건설과 최유력조건설이 있다. 전자는 손해발생에 협력한 다수의 위험 중에 시간적으로 최후의 위험, 그리고 후자는 효과면에서 가장 유력한 위험이 담보위험인 때에만 보험자가 보상한다는 것이다.[28]

역사적으로 보면, 영국은 1918년 *Leyland Shipping Co. v. Norwich Union Fire Insurance Society* 사건[29](이하 "*the Ikaria* 호 사건"이라 함.)을 계기로 하여 최후조건설을 포기하고 최유력조건설을 채택하고 있다.

독일이나 일본에서는 어떠한 결과에 대하여 상당한 조건만을 원인으로 보는 상당인과관계설이 지배적이다. 여기서 "상당한 조건"이라 함은 다른 경우에서도 마찬가지의 결과를 가져왔을 것이라고 인정되는 조건을 말한다.

상당인과관계설은 일반적인 보편성과 객관성을 반영한다는 점에서 설득력이 있으며, 우리나라에서도 통설로 인정되고 다수의 판례가 뒷받침되고 있다.

(2) 해상손해의 분류

해상손해(maritime loss or damage)는 해상위험, 즉 항해사업에 관련된 손해로서, ① 피보험위험과의 인과관계에 따라 직접손해와 간접손해, ② 피보험위험의 종류에 따라 물적손해 · 비용손해 · 책임손해 등으로 나눌 수 있다.

특히 ③ 물적손해는 그 정도에 따라 전손과 분손, ④ 전손과 분손은 각각 그 성격에 따라 현실전손과 추정전손, 단독해손과 공동해손으로 나눌 수 있다.

가. 직접손해와 간접손해

직접손해는 피보험위험과 직접적인 인과관계에 있는 손해를 말하고, 간접손해는 피보험위험이 작용하더라도 간접요인으로 발생하는 손해를 말한다.

보험자는 직접손해만을 보상하고 간접손해를 보상하지 아니하는 것을 원칙으로 하지만, 특별한 약정이 있는 때에는 간접손해도 보상한다.

나. 물적손해 · 비용손해 · 책임손해

물적손해(physical loss)는 특정물에 관하여 발생하는 피보험이익의 소멸을 말하고, 비용손해와 책임손해는 피보험위험의 발생으로 비용지출이 불가피하게 되거나 타인에게 손해배상책임을 져야하는 경우의 손해를 말한다.

---

28) *Pink v. Fleming* (1890) 25 Q.B.D. 396 ; R.J. Lambeth, *Templeman on Marine Insurance : Its Principles and Practice*, 6th ed., Pitman Publishing Ltd., 1986, p. 195.

29) (1918) A.C. 350 ; *ibid.*, pp. 190~191.

예컨대 비용손해는 구조료(salvage charge), 손해방지비용(sue and labour charge), 특별한 경우 연료·선원의 급료 등의 특별비용(particular charge) 등이 있고, 책임손해는 타선박에 대한 충돌손해배상책임(collision liability), 운송화물에 대한 손해배상책임, 공동해손분담책임, 구조료부담책임 등이 있다.

다. 전손과 분손(단독해손·공동해손)

전손(total loss)은 피보험이익이 전부 소멸한 경우이고, 분손(partial loss)은 전손 이외의 손해, 즉 피보험이익이 일부 소멸한 경우를 말한다.

분손 중에 단독해손(particular average)은 공동해손이 아닌 손해, 즉 피보험이익의 일부가 멸실 또는 손상되어 피보험자가 단독으로 부담하는 손해를 말하고, 공동해손(general average)은 피보험이익이 공동의 안전을 위하여 희생되었을 때 이해관계자 모두가 공평하게 분담하는 손해를 말한다.

예컨대 선박의 침몰, 좌초, 충돌이나 선박내의 화재 등 주요위험으로 인하여 화물이 멸실 또는 침수되어 피보험자에게 발생한 손해는 단독해손에 속한다.

(3) 전손과 분손

전손(total loss)은 보험목적이 전부 파괴되거나 회복불능의 상태에 빠져 피보험이익이 소멸한 경우이고, 전손 이외의 손해는 모두 분손(partial loss)이다. 전손은 다시 현실전손과 추정전손으로 나누어 볼 수 있다.

가. 현실전손(actual total loss)

현실전손은 사실적으로나 법률적으로 전손이 발생한 경우를 말한다.[30] 영법상 현실전손의 성립요건은 다음과 같다(MIA 제57조~제58조).

즉, ① 실질적인 파괴(destruction) – 보험목적이 완전히 파괴되거나 소실되어 복구가능성이 없는 경우, ② 본래의 성질상실(alteration of species) – 보험목적이 잔존하되 본래의 물건으로서의 성질을 상실한 경우, ③ 회복가능성이 없는 박탈(irretrievable deprivation) – 보험목적에 대한 점유를 박탈당하여 피보험자의 수중에 돌아올 가능성이 전혀 없는 경우, ④ 행방불명(missing ship) – 선박이 위험에 직면하여 상당한 기간[31] 그 소식을 알지 못한 경우 등이다.

---

30) Templeman, *op. cit.*, p. 212.

31) 우리나라에서는 선박이 3월 이상 행방불명되면 추정전손으로 본다(상법 제711조).

나. 추정전손(constructive total loss)

추정전손은 보험목적이 현실적으로 전멸되지는 않았지만, 법률적으로 현실전손과 같이 위부통지로 전손금청구를 할 수 있는 전손으로서, 일명 "해석전손"이라고도 한다. 영법상 추정전손의 성립요건은 다음과 같다(MIA 제60조).

즉, ① 보험목적의 박탈(deprivation) - 피보험자가 선박이나 화물의 점유를 박탈당하고 그 회복가능성이 없어 보이거나 회복비용이 회복 후의 가액을 초과할 것으로 예상되는 경우, ② 수선비의 초과(over cost of repairs) - 선박이 손상되어 수선비용이 수선 후의 선박가액을 초과할 것으로 예상되는 경우, 또는 ③ 화물이 손상되어 수선비용과 목적항까지의 운송비를 합산한 비용이 도착시의 화물가액을 초과할 것으로 예상되는 경우 등이다.

추정전손의 경우 피보험자는 이를 분손으로 처리할 수도 있고 보험목적을 보험자에게 위부하고 현실전손의 경우에 준하여 처리할 수도 있다.

다. 분손(partial loss)

분손은 전손 이외의 일체의 손해, 즉 피보험이익의 일부 소멸로서, 이는 앞서 본 바와 같이 발생원인에 따라 단독해손과 공동해손으로 나누어진다.

① 단독해손(particular average)은 피보험자가 단독으로 부담하는 분손으로서, 공동해손이 아닌 것을 말한다. 만약 단독해손부담보(free from particular average : FPA)의 조건으로 부보한 경우에는, 선박의 침몰, 좌초 또는 화재를 만났을 때에도 화물의 어떠한 단독해손도 담보하지 아니한다.

② 공동해손(general average)은 이해관계자 모두가 공평하게 분담하는 손해로서, 공동해손손해는 공동해손행위의 직접적인 결과로 발생한 손해를 말하며, 이는 공동해손비용과 공동해손희생을 포함한다. 상세한 내용은 후술한다.

(4) 보험위부와 대위

"위부"(abandonment)라 함은 피보험자가 보험목적에 관한 일체의 권리를 보험자에게 이전하고 보험금액의 전부를 청구하는 단독행위를 말한다. 위부는 추정전손의 경우에만 이루어지고, 보험목적의 전부에 대하여 행사하여야 한다.

가. 위부의 요건

위부의 요건에 관하여 영법은 현실전손이 불가피한 것으로 보이거나(보험목적의 박탈), 보험가액을 초과하는 비용지출 없이는 현실전손을 면할 수 없는 경우로서(수선비 초과), 추정전손에 국한하고 있다(MIA 제60조 1항).

우리나라에서는 위부의 원인에 대하여 선박이 침몰, 행방불명(3월 이상) 또는 수선불능이거나, 또는 선박이나 화물이 포획 또는 관공서에 압수된(6월 이상) 경우 등을 규정하고 있다(상법 제710조).

피보험자는 보험목적을 보험자에게 위부하고자 할 경우에는, 위부통지를 하여야 한다. 위부통지가 없는 손해는 분손으로 처리된다.

위부통지는 서면이나 구두로 할 수 있으며, 통지시기는 손해에 관한 정보를 수령한 후 상당한 주의를 기울여 행하면 되고[32], 피보험자의 권리는 보험자가 위부의 승낙을 거절하였다는 사실로 인하여 해를 입지 아니한다.

나. 위부의 효과

위부가 있는 경우 보험자는 보험목적에 잔존하는 피보험자의 일체의 이익과 보험목적에 부수하는 소유권에 기인한 일체의 권리를 승계하고, 선박보험에 있어서는 그 선박이 수득하게 될 운임까지 취득할 권리가 있다.

즉, 보험자는 보험금액을 전부 지급하는 한, 보험목적 자체의 소유권과 제3자에 대한 손해배상청구권 내지 공동해손분담청구권까지 취득하고, 반면 피보험자는 위부에 의하여 보험금액의 전부에 관한 청구권을 갖는다.

다. 보험자의 대위

"대위"(subrogation)라 함은 보험자가 독자적으로 피보험자에게 보험금액의 전부를 지급하고 피보험자의 지위에 대신하여 손해가 발생한 피보험이익에 관한 피보험자의 일체의 권리와 구제방법을 취득하는 것을 말한다.

대위는 보험목적 자체와 제3자에 대한 청구권에 효력을 미친다. 보험자는 전손과 분손을 불문하고[33] 보험금액의 전부를 지급하는 한, 피보험자의 지위를 승계한다. 이때 피보험자는 제3자에 대한 청구권을 갖고 있어야 한다.

3. 공동해손손해의 보상

"공동해손"(general average)이라 함은 공동의 항해사업에서 위험에 직면한 재산을 보존할 목적으로 선장이 고의적이고 합리적으로 이례적인 희생이나 비용을 지출하고 이를 이해관계자 모두가 공평하게 분담하는 제도를 말한다.

공동해손행위(general average act)는 공동해손희생(general average sacri-

---

32) 우리나라에서는 위부 사유를 안 날로부터 2월 이내에 통지하여야 한다(상법 제713조).

33) 대위는 위부와 달리 분손에도 적용할 수 있다(Arnould, *op. cit.*, para. 1300).

fice) 또는 공동해손비용(general average expenditure)으로 가능하며, 공동해손행위의 직접적인 결과를 공동해손손해(general average loss)라고 하며, 공동해손손해를 해사법에 정하여진 규칙에 따라 이해관계자들이 각각 부담하는 분담액을 공동해손분담액(general average contribution)이라고 한다.

(1) 공동해손행위의 요건

공동해손의 성립과 정산문제는 매우 복잡하므로, 국제적으로 공동해손에 관한 별도의 규칙(York-Antwerp Rules 2004)을 마련하여 규율하고 있다.[34] 국제규칙상 공동해손행위는 위험의 공동성, 그 행위의 고의성과 합리성, 희생이나 비용의 이례성 등의 4가지 요건을 갖추고 있어야 한다(YAR 제A조).

① 공동해손행위는 이해관계자 모두의 재산을 위협하는 공동의 해상위험(common maritime adventure)에 직면하여야 한다. 어느 한 이해관계자만의 보호를 위한 희생이나 비용지출은 공동해손행위로 볼 수 없다.

② 고의적인 행위(intentional act)가 있어야 한다. 즉, 손해를 고의적으로 유발시켜야 하며, 우연한 사고에 의한 손해는 공동해손이 될 수 없다.

③ 합리적인 행위(reasonable act)가 있어야 한다. 공동해손행위는 합리적이고 적정하여야 하며, 불합리한 희생이나 과도한 지출은 보호받지 못한다.

④ 이례적인(extraordinary) 희생이나 비용지출이 있어야 한다. 재산의 희생이나 비용지출은 이례적이어야 하며, 기타의 통상적인 손해는 제외된다.

(2) 공동해손손해의 대상

공동해손손해는 공동해손행위의 직접적인 결과로 발생한 손해이어야 하며, 공동해손제도에 의한 보호대상은 다음과 같다(YAR 제1조~제15조).

즉, ① 공동의 안전을 위한 투하(jettison), ② 선박내의 소화행위손해, ③ 선박의 임의좌초(voluntary stranding), ④ 구조료(salvage), ⑤ 좌초선박을 띄우기 위한 기계·기관의 손상, ⑥ 좌초선박의 중량경감을 위한 손해, ⑦ 불가피하게 연료로 사용된 화물과 선용품, ⑧ 조난항 등에서의 비용과 급료, ⑨ 하역작업 등에서의 손상, ⑩ 공동해손희생으로 인한 선박수선비, ⑪ 공동해손행위에 기인한 화물운임의 손실 등이 공동해손의 보호대상이 된다.

---

34) Wilson and Cooke, *op. cit.*, p. 63 ; 공동해손규칙(YAR)에 관하여는 앞서 논한 바 있다.

(3) 공동해손의 정산규칙

공동해손은 항해사업의 구성요소 일부가 희생됨으로써 공동의 위험을 면한 것이기 때문에, 위험을 면한 이익의 비율에 따라 공평하게 손해를 분담하여 분담청구자를 다른 이해관계자와 동일한 위치에 있도록 정산하여야 한다.

공동해손의 정산은 공동해손행위에 의하여 구조된 모든 재산의 항해종료시의 실제순가액에 공동해손배상액을 추가한 공동해손분담가액(general average contributary value)에 대한 공동해손배상액(amounts made good)이 차지하는 비율을 곱하여 각자의 공동해손분담액을 산출한다.

즉, 공동해손분담액(general average contribution)의 산출방법을 등식으로 나타내면, 《각자의 공동해손분담액 = 공동해손분담률 × 각자의 공동해손분담가액》이 된다. 여기서 공동해손분담률은 공동해손배상액의 총액을 공동해손분담가액의 총액으로 나누어 구하고, 각자의 공동해손분담가액도 공동해손규칙의 관련조항에 따라 결정되는 가액으로 한다(YAR 제17조).

(4) 보험자의 보상한도

공동해손은 해상보험과는 별개의 것이지만, 피보험자는 자신이 지출한 공동해손비용과 공동해손희생, 그리고 다른 당사자에게 지급하는 공동해손분담액을 보험자로부터 회수할 수 있다. 피보험자가 공동해손손해의 전부를 보험자에게 청구한 경우에는, 다른 당사자에 대한 분담청구권은 보험자가 대위한다.

요컨대 공동해손손해에 대한 보험자의 보상한도를 등식으로 나타내면, 《손해보상액 = 보험보상률 × 피보험자의 공동해손분담액》이 된다. 여기서 보험보상률은 보험금액을 피보험자의 공동해손분담가액으로 나누어 산출한다.

제 3 절 해상보험증권과 협회적하약관

1. 해상보험증권의 의의

(1) 보험증권의 의미

해상보험증권(marine insurance policy)은 보험계약의 증거로서, 이를 명확히 하기 위하여 보험계약자의 청구에 따라 보험자가 그 주요내용을 기재하고

서명 · 날인한 후 보험계약자에게 교부하는 증권을 말한다.[35)]

따라서 보험증권상에는 반드시 피보험자나 그 대리인의 성명을 기재하여야 하며, 또 보험목적, 보험기간과 항해, 담보위험, 보험금액, 보험자의 성명 등을 기재하고 보험자나 그 대리인의 서명이 있어야 한다.

기타 필요에 따라 보험료와 그 지급방법, 협정보험가액, 무효와 실권의 사유, 보험계약의 일자, 보험계약자의 주소와 성명 등을 기재하여야 한다.

해상보험증권은 양도금지의 명시가 없는 한, 이를 양도할 수 있다. 다만 보험증권의 양도는 증권상에 명시된 목적과 방법에 따라야 하며, 양도인이 피보험이익의 소유권을 유지하고 있는 경우에만 가능하다.[36)]

(2) 해상보험증권의 발전

해상보험증권의 기원은 중세 지중해시대로 올라간다. 세계 최고의 보험증권은 이탈리아에서 발견된 1379년 Pisa 보험증권으로 알려져 있으며[37)], 그 후 이탈리아에서는 1388년 Firenze 보험증권, 1395년 Venezia 보험증권이 각각 출현하여 15세기까지 지중해를 중심으로 한 해상활동에 기여하였다.

영국에서 해상보험증권의 발달은 13세기경 롬바드상인에 의하여 시작되었다. 영국 최고의 보험증권은 1547년 Santa Maria de Vinetia 호증권이며, 영어로 발행된 최고의 보험증권은 1553년 Sano Antonio 증권으로 알려져 있다.

16세기부터 영국에는 많은 보험증권이 발행되었으며, 17세기부터는 보험증권 양식들이 통일되기 시작하였다. 1613년 Tiger 호증권이나 1657년 Three Brothers 호증권은 지금의 로이즈 보험증권 양식과 거의 일치하였다.

드디어 1779년에 로이즈 총회의 의결을 거쳐 Lloyd's S.G. Policy 양식이 제정되고, 1795년부터 런던 보험시장에서 채택된 후 1982년의 신보험증권으로 대체되기까지 약 200년간 세계보험시장에서 널리 통용되어 왔다.

(3) 해상보험증권의 분류

해상보험증권은 ① 보험목적에 따라 선박보험증권(hull insurance policy)과 적하보험증권(cargo insurance policy)으로 나누어진다. 전자는 선박(선체와 기타) · 선박증가액 · 선박경영이익 등을 목적으로 교부하는 보험증권이고, 후자는

---

35) 보험계약의 증거는 보험증권 이외에 보험증명서(certificate of insurance), 보험인수각서(slip), 보험인수증(covering note) 등으로도 유효하게 교부할 수 있다(MIA 제89조).

36) O'May and Hill, *op. cit.*, pp. 51~52.

37) 木村榮一, ロイズ保險證券生成史, 海文堂, 1979, p. 3.

화물 · 화물증가액 · 희망이익 등을 목적으로 교부하는 보험증권이다.

② 보험기간에 따라 항해보험증권(voyage policy)과 기간보험증권(time policy)으로 나누어진다. 전자는 보험기간을 특정지점 '에서 및 부터' 다른 지점 '까지'로 부보한 보험증권이고, 후자는 일정기간 부보한 보험증권이다.

③ 보험가액에 따라 기평가보험증권(valued policy)과 미평가보험증권(un-valued policy)으로 나누어진다. 전자는 협정보험가액을 미리 기재한 보험증권이고, 후자는 추후에 보험가액을 확정하도록 하는 보험증권이다.

④ 선명미상보험증권(floating policy)으로서, 담보총괄문언만 기술하고 선명과 기타의 세부사항을 추후에 확정 · 통지하도록 하는 보험증권이다.

⑤ 재보험증권(reinsurance policy)으로서, 해상보험계약의 보험자가 자신의 보험책임에 대한 피보험이익을 재보험에 부보한 경우의 보험증권이다.

(4) 해상보험증권의 전면약관

신보험증권은 Lloyd's S.G. Policy 본문약관을 대부분 협회적하약관에 흡수시키고, 단지 보험계약서로서 필수적인 사항인 준거법약관 · 타보험약관 · 약인약관 · 선서약관만을 본문에 남겨 놓음으로써 매우 간소화되었다.

세부사항인 선박명, 출항예정일, 보험목적, 담보조건 등은 직접 기재하는 스케줄(schedule) 방식을 도입하고, 기타의 중요약관은 종래와 같다.

① 준거법약관 : 보험증권의 반대규정에도 불구하고, 이 보험은 보상청구에 대한 책임과 결제에 대하여는 영국의 법률과 관습에 따를 것을 합의한다.

② 타보험약관 : 피보험재산이 타보험증권으로 부보된 경우에는, 이 보험은 그러한 손해를 담보하지 아니한다. 다만 이 보험에 부보하지 아니하였더라면 타보험증권에서 지급되었을 금액을 초과한 금액은 이 보험에서 지급한다.

③ 약인약관 : 보험회사는 보험료를 지급받은 대가로 멸실, 손상, 책임 또는 비용에 대하여 규정된 범위와 방법에 따라 보상할 것을 합의한다.

④ 선서약관 : 이에 본인, 즉 아래 서명자는 보험회사를 대표하여 상기의 장소에서 동일한 발행번호와 일자의 보험증권에 서명하는 바이다.

⑤ 중요약관 : 손해발생시 손해경감조치, 운송인이나 제3자에 대한 클레인 등 사전조치, 사고발생통지, 검정보고서 지침(instructions for survey), 보험금청구시의 구비서류(documentation of claims) 등의 절차를 규정하고 있다.

2. 협회적하약관의 체계와 내용

(1) 협회적하약관의 특징

협회적하약관(Institute Cargo Clauses : ICC)은 1912년 FPA (Free from Particular Average : 단독해손부담보)를 필두로 하여, 1921년 WA (With Average : 분손담보), 1951년 A/R (All Risks : 전위험담보) 조건이 각각 제정된 후 1963년 1월에 일괄 개정되어 1983년 3월 31일까지 사용해 왔다.

FPA 조건은 단독해손부담보 내지 소손해면책에 관한 규정이 있고, WA 조건은 보험자가 전손, 단독해손, 공동해손부담금, 구조료, 손해방지비용 등을 담보하게 되며, 또 A/R 조건은 보험자가 전쟁위험, 동맹파업위험, 피보험자의 불법행위, 항해의 지연, 보험목적의 고유의 하자 또는 성질에 기인한 손해 등을 제외한 일체의 해상위험을 담보하는 것이 특징적이다.

그러나 구약관은 1960년대 후반부터 런던 보험시장과 개도국들의 개혁론에 밀려 1982년과 2009년에 개정되었으며, 신약관의 특징은 다음과 같다.

① 1982년과 2009년의 신약관은 구약관에 비하여 문장이 평이하고 자기완결성을 갖추고 있다. 즉, 신약관은 보험증권과 독립되어 있고 영법(MIA)의 주요 내용을 관련조항에 삽입하여 표현의 번잡성을 피하고자 하였다.

② 위험의 열거책임주의와 포괄책임주의를 병행하였다. 즉, ICC (B), (C) 조건은 담보위험을 일일이 열거하고, (A) 조건은 포괄주의에 따르고 있다.

③ 기존의 단독해손부담보(FPA)이나 분손담보(WA)라는 개념에서 벗어났다. 즉, 신약관은 특정분손의 개념인 ICC (FPA), (WA) 또는 (A/R)의 틀에서 벗어나 담보범위를 구분하기 쉽게 ICC (A), (B), (C)로 규정하였다.

④ ICC (B)와 (C) 조건간의 담보범위의 격차가 종래의 WA와 FPA 조건간의 담보범위의 격차보다 상대적으로 벌어졌다. 예컨대 하역 중의 추락전손은 FPA 조건에서는 담보되었으나, 신약관의 (C) 조건에서는 제외되었다.

⑤ 최근 컨테이너 운송발전에 대응하여 새로운 위험내용을 추가하였다. 예컨대 ICC (B) 조건에 컨테이너나 지게차에의 해수·하천수·호수 침입, (B)와 (C) 조건에서 육상운송용구의 전복·탈선에 관한 담보조항을 두었다.

⑥ 협회전쟁약관과 협회동맹파업약관을 ICC의 기본약관에서 분리·독립시켰다. 전쟁위험과 동맹파업위험에 관한 약관은 별도로 규정하고 있다.

⑦ 해적행위(piracy)는 해상위험으로 분류함으로써 ICC (A) 조건에서는 담보되고, (B), (C) 조건에서는 부담보위험에 속하게 되었다.

(2) 신협회적하약관의 체계

1982년과 2009년의 신약관은 구약관의 구성체계를 대폭 변경하였다. 특히 신약관은 관련조항의 표제를 붙임으로써 보험계약상의 이해를 돕고자 하였다.

즉, 1963년 구약관은 총 14개 조항으로 구성되어 있었는데, 1982년과 2009년의 신약관은 모두 8개 항목의 총 19개 조항과 주의사항으로 구성되어 있다.

① 담보위험(risks covered)
  제1조 위험조항(risks clause)
  제2조 공동해손조항(general average clause)
  제3조 "쌍방과실충돌" 조항("both to blame collision" clause)

② 면책위험(exclusions)
  제4조 일반면책조항(general exclusion clause)
  제5조 불내항·부적합면책조항(unseaworthiness and unfitness exclusion clause)
  제6조 전쟁위험면책조항(war exclusion clause)
  제7조 동맹파업위험면책조항(strikes exclusion clause)

③ 보험기간(duration)
  제8조 운송조항(transit clause)
  제9조 운송계약종료조항(termination of contract of carriage clause)
  제10조 항해변경조항(change of voyage clause)

④ 보험금청구(claims)
  제11조 피보험이익조항(insurable interest clause)
  제12조 계반비용조항(forwarding charges clause)
  제13조 추정전손조항(constructive total loss clause)
  제14조 증액조항(increased value clause)

⑤ 보험의 이익(benefit of insurance)
  제15조 보험이익불공여조항(not to inure clause)

⑥ 손해의 경감(minimising losses)
  제16조 피보험자의무조항(duty of assured clause)
  제17조 포기조항(waiver clause)

⑦ 지연의 회피(avoidance of delay)
  제18조 신속조치조항(reasonable despatch clause)

⑧ 법률과 관습(law and practice)
  제19조 영국의 법률과 관습조항(English law and practice clause)

⑨ 주의사항(note)

(3) 신약관 ICC (A), (B), (C)

1982년과 2009년의 신약관은 ICC (A), (B), (C) 조건으로 나누어진다. ICC (A), (B), (C) 조건은 총 19개 조항 중에 제1조 위험조항과 제4조 일반면책조항만 서로 다를 뿐 기타 모든 조항의 내용은 같다. 이를 요약하면 다음과 같다.

① 담보위험(risks covered) (o : 담보, x : 면책)

조 항	담 보 위 험		(A)	(B)	(C)
제1조 위험조항	제1항 상당인과관계의 손해	1. 화재・폭발	O	O	O
		2. 선박의 좌초・교사・침몰・전복	O	O	O
		3. 육상운송용구의 전복・탈선	O	O	O
		4. 선박 등의 타물과의 충돌・접촉	O	O	O
		5. 조난항에서의 양하	O	O	O
		6. 지진・화산분화・낙뢰	O	O	X
	제2항 근인관계의 손해	1. 공동해손희생	O	O	O
		2. 투하	O	O	O
		3. 갑판유실	O	O	X
		4. 선박 등에 해수・호수・하천수의 침입	O	O	X
	제3항	선적・양하작업 중 포장단위당 추락전손	O	O	X
	기타	상기 이외의 일체의 부가적인 위험	O	X	X
제2조 공동해손조항	제4조 내지 제7조의 면책위험 이외의 사유에 의한 공동해손손해와 구조료		O	O	O
제3조 "쌍방과실충돌" 조항	해상운송계약상의 "쌍방과실충돌" 조항에 따라 피보험자가 분담하는 가액 중에서 이 보험증권으로 보상받는 손해		O	O	O

② 면책위험(exclusions) (o : 담보, x : 면책)

조 항	면 책 위 험	(A)	(B)	(C)
제4조 일반면책조항	1. 피보험자의 고의적인 불법행위	X	X	X
	2. 통상의 누손, 중량손, 용적손, 자연소모	X	X	X
	3. 포장의 불완전이나 부적합	X	X	X
	4. 보험목적의 고유의 하자, 성질	X	X	X
	5. 지연	X	X	X
	6. 선주 등의 지급불능, 금전의 채무불이행	X	X	X
	7. 핵무기	X	X	X
	8. 제3자의 불법행위에 의한 고의적 손상, 파괴	O	X	X

조 항	면 책 위 험	(A)	(B)	(C)
제5조 불내항, 부적 합면책조항	1. 선박 등의 불내항성 2. 선박 등의 보험목적의 안전운송에 부적합성. 다만 피보험자가 이를 알고 있을 때에만 면책된다.	X X	X X	X X
제6조 전쟁면책조항	1. 전쟁위험(8종)* 2. 포획위험(5종)* 3. 유기병기위험(4종)*	X X X	X X X	X X X
제7조 동맹파업면책조항	1. 동맹파업자의 위험(5종)* 2. 동맹파업결과의 위험(5종)* 3. 폭력주의자의 위험(2종)*	X X X	X X X	X X X

* 제6조~제7조 면책위험의 구체적인 내용은 앞의 해상위험편에서 논한 바 있다.

③ 보험기간(duration)

조 항	주 요 내 용
제8조 운송조항	보험은 선적지의 송화인의 창고・보관장소에서 최초로 이동한 때에 개시되어 최종목적지의 수화인의 창고・보관장소에서 양하가 완료된 때, 최종양륙항에 양륙 후 60일이 경과한 때, 또는 최종양륙항에서 제3장소로 계반된 때에 종료된다. 다만 불가항력시에는 보험의 효력이 계속된다.
제9조 운송계약종료 조항	운송계약종료시 보험도 종료된다. 운송계약종료시 통지에 의하여 계속 담보되는 기간은 화물의 매각인도시까지, 양륙 후 60일 경과시까지 또는 양륙 후 60일 이내에 제3장소로 계반된 때까지이다.
제10조 항해변경조항	선박이 보험증권상의 목적지와 다른 목적지를 향하여 출항한 경우에도 피보험자가 이를 알지 못하면 통상시와 같이 보장된다.

④ 보험금청구(claims)

조 항	주 요 내 용
제11조 피보험이익조항	원칙적으로 손해발생시 피보험자는 피보험이익을 소유하고 있어야 한다. 다만 피보험자가 손해발생을 안 경우를 제외하고, 소급보험은 유효하다.
제12조 계반비용 조항	피보험위험에 의한 운송종료 후 증권상 목적지로의 계반비용(forwarding charges)을 보상한다. 다만 이 약관의 면책위험에 의한 경우에는 보상하지 아니한다.
제13조 추정전손조항	보험위부는 현실전손이 불가피한 경우, 또는 보험목적의 수선비가 도착시의 가액보다 큰 경우에 가능하다.
제14조 증액조항	증액보험의 담보액은 총보험금액에 대한 이 보험금액의 비율로 산정한다.

⑤ 보험의 이익(benefit of insurance)

제15조 (보험이익불공여조항) 피보험자는 보험이익을 타인에게 공여하지 아니하도록 모든 조치를 취할 의무가 있다.

⑥ 손해의 경감(minimising losses)

제16조 (피보험자의무조항) 피보험자는 보상손해에 관한 손해방지 또는 경감의 합리적인 조치, 제3자에 대한 권리를 보전하는 조치를 취할 의무가 있고, 보험자는 손해방지 또는 경감의 비용을 보상한다.

제17조 (포기조항) 보험목적의 구조와 보호조치는 위부의 포기와 무관하다.

⑦ 지연의 회피(avoidance of delay)

제18조 (신속조치조항) 피보험자는 자신이 지배할 수 없는 모든 사정에서 화물의 운송과 보험상의 조치를 신속히 할 의무가 있다.

⑧ 법률과 관습(law and practice)

제19조 (영국법률과 관습조항) 이 보험은 영국의 법률과 관습에 준거한다.

⑨ 주의사항(note)

피보험자는 "유령선"(phantom ship)의 사유가 발생한 경우에는 지체 없이 보험자에게 통지할 의무가 있다. 다만 피보험자는 피보험위험의 변동을 유발시킬만한 중요한 사실을 알지 못한 경우에는 계약효력을 보장받을 수 있다.

(4) 신약관의 주요 개정내용

전체적으로 2009년 신약관은 면책조항의 적용범위가 축소되고 피보험자에게 유리하게 개정되었다. 예컨대 포장부적합 면책조항에서 "liftvan"이 삭제되고 컨테이너에의 적부도 제외되었고(제4조 3항, 제5조), 선주 등의 파산면책조항은 피보험자가 알고 있는 경우에 한하고 선의의 양수인도 배제된다(제4조 6항).

또 운송조항에서 보험기간이 확장되었다. 즉, 보험은 창고에서 '최초로 이동할 때' 개시되어 목적지 수하인의 창고에서 '양하 완료시' 종료되며(제8조), 항해변경시에는 피보험자가 이를 알지 못하는 한 보장되고(제10조), 기타 전반적인 용어의 표준화와 추가적인 담보 등에 관한 내용이 개선되었다.

3. 협회적하약관의 확대적용

(1) 항공운송보험에의 적용

항공사고는 그 손해발생의 순간성, 대형성, 전손성 등의 특수한 성격을 갖고 있기 때문에, 항공운송보험은 All Risks(전위험담보) 조건이며, 이에 적용하는 적하보험약관은 1982년과 2009년 신약관 ICC (Air) 조건을 이용하고 있다.

ICC (Air)의 담보위험은 제1조 위험조항에 "보험목적의 멸실 또는 손상의 일체의 위험을 담보한다."라고 명시하고, 면책위험으로서 제2조 일반면책조항, 제3조 전쟁위험면책조항, 제4조 동맹파업면책조항 등을 두고 있다.

ICC (Air) 조건은 ICC (A) 조건과 달리 공동해손조항과 "쌍방과실충돌" 조항이나 불내항·부적합면책조항 등이 없고, 제5조 운송조항에서 보험기간의 종료를 양하 후 60일이 아닌 30일로 제한하고 있다는 점이다.[38)]

기타 항공화물에 대한 전쟁위험과 동맹파업위험은 IWC (Air Cargo), ISC (Air Cargo) 등의 조건으로 커버하고 있으며, AWB(항공화물운송장)에 의한 화주이익보험(Shipper's Interest Insurance) 등도 이용하고 있다.

특히 화주이익보험은 항공사와 보험사가 미리 포괄예정보험계약을 체결하고 송화인이 화물을 항공사에 인도할 때에 AWB 상에 위험담보에 관한 사항을 기재하여 보험료를 납부하면 자동적으로 부보되므로 매우 편리하다.[39)]

(2) 복합운송보험에의 적용

복합운송은 적어도 2가지 이상의 서로 다른 운송방식에 의한 운송형태이므로, 각 운송구간의 위험성격도 서로 다르다. 따라서 복합운송의 운송방식이 어떻게 결합되느냐에 따라 보험증권과 약관의 종류가 달라진다.

① 육상·해상의 복합운송이나 육상·항공의 복합운송에서는 동일한 보험증권과 약관을 적용한다. 즉, 육상·해상의 경우 해상보험증권과 ICC 조건, 육상·항공의 경우 항공운송용 보험증권과 ICC (Air) 조건을 적용한다.

② 항공·해상의 복합운송이나 육상·해상·항공의 복합운송에서는 위험성격이 다르므로 상이한 보험약관을 적용한다. 실무적으로는 최초운송방식의 보험증권과 약관에 후속운송구간의 부가조항을 첨부하는 경우가 많다.

결국 국제운송은 컨테이너화의 진전에 따라 화물의 일관운송이 가능하게 되

---

38) Brown, *op. cit.*, pp. 162~165.

39) Carole Murray et al., *Schmitthoff's Export Trade,* Sweet & Maxwell, 2007, p. 437.

었으나, 적하보험의 현실은 아직 운송구간이나 운송방식에 따라 해상적하보험, 육상운송보험 및 항공적하보험을 각각 별도로 적용하고 있다.

제 4 절 무역보험과 무역금융제도

1. 무역보험제도

(1) 무역보험의 의의

무역보험은 무역거래에서 발생하는 각종 위험에 대비하여 1920년대부터 영국을 비롯한 각국의 정부에서 산업정책의 일환으로 실시하고 있다.

즉, "무역보험"이라 함은 무역이나 그 밖의 대외거래와 관련하여 발생하는 위험을 담보하기 위한 제도를 말한다(무역보험법 제1조). 여기서 그 밖의 대외거래에는 해외투자, 해외자원 확보를 위한 거래, 무역보험을 통한 수출기반의 조성, 외화획득의 효과나 기타 무역증진이 예상되는 거래 등이 포함된다.

무역보험의 특징은 국가가 무역진흥을 위해 운영하는 비영리 정책보험이라는 점이다. 우리나라는 1969년 2월부터 업무를 개시한 후 1992년 7월에 한국수출보험공사를 설립하고, 2010년 7월에 한국무역보험공사로 확대하였다.

무역보험은 무역거래의 신용위험·비상위험·기업위험 등을 커버한다. 신용위험은 상대방의 계약파기·파산 등으로 인한 수출불능이나 대금회수불능 또는 지급지연의 위험을 말하고, 비상위험은 상대국에서의 수출입수량·외환제한, 전쟁·내란·파업 등의 비상사태로 인한 위험을 말하며, 또 기업위험은 해외 기업활동과정에서 예상하지 못한 경영위험을 말한다. 수출상, 수입상 또는 무역금융기관은 이러한 위험으로부터 경제상의 손실을 보상받을 수 있다.

(2) 무역보험의 기능과 운영

무역보험의 기능은 ① 무역거래의 신용위험과 비상위험을 커버함으로써 무역거래의 불안을 제거하여 무역환경을 유리하게 조성해 준다는 것이다.

② 무역대금의 미회수위험을 커버함으로써 금융기관이 무역금융을 용이하게 공여해 줄 수 있도록 하는 금융보완적 기능을 한다.

③ 정부의 무역진흥정책수단으로 실시하므로 무역상은 저렴한 보험료의 부

담으로 손실을 보상받을 수 있어 대외적인 수출입 경쟁력을 강화시킨다.

④ 보험인수조건인 담보위험의 범위와 보험요율 등을 조정함으로써 무역상의 활동을 촉진하거나 제한할 수도 있는 무역관리제도의 기능을 한다.

⑤ 보험사고를 미연에 방지하기 위하여 무역보험공사가 상대방의 신용상태와 상대국의 시장정보를 파악하여 제공하는 시장조사기능을 한다.

한편 무역보험의 운영방식은 개별보험과 포괄보험의 2가지가 있다. 개별보험은 청약시마다 보험자가 내용을 심사하여 인수 여부를 결정하는 방식이고, 포괄보험은 특약에 의하여 거래액의 전량을 의무적으로 인수하는 방식이다.

보상범위도 보험가액의 95%(중소기업 97.5%) 범위내에서 보상한다. 이는 보험가입자의 책임을 부여하고 무역보험제도의 악용을 방지하기 위함이다.

(3) 무역보험상품의 종류

현재 우리나라의 무역보험종목은 i) 수출상이 직접 가입하는 단기수출보험·중장기수출보험·농수산물수출보험·수출신용보증·시장개척보험·해외투자보험·해외공사보험·환변동보험·서비스종합보험 등이 있고, ii) 금융기관이 가입하는 수출어음보험·수출보증보험 등이 있다. 또 iii) 수입상과 금융기관을 위한 수입보험(수입자용)·수입보험(금융기관용) 등이 운영되고 있다.

가. 단기수출보험

단기수출보험은 결제기간 2년 이내의 수출거래를 대상으로 하여 선적전 수출불능의 위험이나 선적후 대금회수불능의 위험을 담보하는 보험이다.

대상거래는 국내에서 생산·가공·집하된 물품(용역 포함)의 일반수출뿐만 아니라 위탁가공무역, 해외지사에 의한 재판매거래, 중계무역 등을 포함한다.

이용절차는 개별보험의 경우 수출상이 보험공사에 ① 수출신용정보센터 회원가입→② 수출상과 수입상의 신용조사의뢰→③ 단기수출보험청약 인수한도를 신청하면(보험청약서, 실적증명서, 거래경위서 첨부), 보험공사가 ④ 수출보험증권을 교부하고, 수출상이 ⑤ 수출통지→⑥ 보험료를 납부하면 된다.

다만 보험공사는 i) 보험계약자 등의 고의나 중과실로 손실이 발생한 경우, ii) 보험계약자가 계약체결시 일체의 중요한 사항을 부실 또는 허위로 고지한 경우, iii) 보험계약자가 법령이나 약관을 위반한 경우 보험금을 지급하지 아니하거나, 기지급된 보험금의 반환 또는 보험계약을 해지할 수 있다.

나. 수출신용보증

수출신용보증(선적후)은 수출거래와 관련하여 외국환은행이 중소기업 수출상에게 수출신용보증서(수탁보증 포함)를 담보로 대출한 후 대금회수불능으로 인한 수출상의 상환채무에 대하여 보험공사가 연대보증하는 제도이다.

수출신용보증(선적전)은 외국환은행이 수출신용보증서를 담보로 대출한 후 채무자의 상환채무에 대하여 보험공사가 연대보증하는 제도이다.

수출상이 외국환은행으로부터 대출받기 위하여 보험공사에 수출신용보증을 신청하면, 보험공사는 수출상으로부터 보증료를 받고 보증서를 발급해 준다.

외국환은행은 이 보증서를 담보로 수출상에게 금융을 제공하고, 만기일에 대출금상환이 이루어지지 않으면 보험공사에 대출금상환을 청구하게 된다.

다. 수출보증보험

수출보증보험은 외국환은행이 해외건설공사계약이나 수출계약 등과 관련하여 보증서를 발급한 경우에 보증상대방으로부터 보증이행청구를 받아 보증금을 지급함으로써 입게되는 은행손실을 보상하는 보험이다.

적용대상은 입찰보증(bid bond), 계약이행보증, 선수금환급보증, 유보금환급보증, 하자보수보증, 보증신용장에 의한 수출보증 등을 포함한다.

외국환은행은 수주자 등이 계약채무를 이행하지 아니할 경우 그 사실을 인지한 날로부터 1월 이내에 보험공사에 위험발생통지를 하고, 보증채무를 이행한 날로부터 1월 이내에 보험사고통지를 하여야 한다.

라. 중장기수출보험

중장기수출보험은 수출대금의 결제기간이 2년을 초과하는 중장기수출계약(산업설비수출, 자본재수출 포함)을 체결한 후 수출이행이 불가능하게 되거나 수출대금을 회수할 수 없는 경우에 입게 되는 손실을 보상하는 보험이다.

적용대상은 원칙적으로 제한하지 아니하지만, 포괄보험의 경우 산업설비, 선박, 철도차량, 기계류와 전기제품, 철도선로 등에만 적용한다.

중장기연불수출은 대상지역이 대부분 개도국이나 후진국이어서 정치·경제적인 불안요인 때문에 신용위험이 매우 크다. 최근 선진국들은 연불수출을 장려하기 위하여 장기저리의 금융지원과 함께 무역보험제도를 실시하고 있다.

마. 기타의 수출보험

① 환변동보험 : 수출업체에 일정환율을 보장해 준 후 수출대금 입금 또는

결제시점 환율과 비교하여 환차손 발생시 보상하고 환차익 발생시 환수하는 보험이다. 이와 유사한 제도로서 수출기업이 원자재가격의 변동위험으로 입게 되는 손실을 보상하고 이익을 환수하는 '원자재가격변동보험'도 있다.

② 수출어음보험 : 외국환은행이 결제기간 2년 이내의 수출환어음을 매입하여 어음만기에 지급받지 못한 금액 또는 화환어음의 상환청구에 의하여 지급한 금액을 보상함으로써 은행을 보호하고자 하는 보험이다.

수출어음보험은 국내에서 생산·가공·집하된 물품의 수출로서, 환어음에 선적서류를 첨부한 화환어음을 매입한 경우에만 부보대상이 된다.

③ 농수산물수출보험 : 농수산물 수출계약을 체결한 후 수출상의 수출불능위험이나 대금회수불능위험 또는 국내가격상승위험을 보상하는 보험이다.

적용대상은 결제기간 2년 이내인 수출거래로서, 국내에서 생산·가공·집하된 농·수·축산물이나 임산물을 수출하거나, 우리나라 선박에 의하여 외국에서 채포된 수산물을 수출하는 경우에 적용한다.

④ 시장개척보험 : 수출상이 수출진흥을 목표로 한 시장개척활동을 전개한 후 회수기간(1년) 내에 수출증가가 당초 목표에 미달하여 활동비용을 회수할 수 없는 경우에 입게 되는 손실을 보상하는 보험이다.

적용대상은 수출진흥을 목표로 한 시장개척활동(무역전시회 참가, 해외공동판매장이나 직매장 설치 등)으로서, 통상 활동기간에 1년을 더한 기간으로 한다.

⑤ 해외공사보험 : 해외공사계약을 체결한 후 그 공사에 필요한 물품의 수출불능위험, 공사대금이나 지출비용의 회수불능위험 또는 현지에서 반입한 장비 등에 대한 권리가 박탈되어 입게 되는 손실을 보상하는 보험이다.

적용대상은 해외건설촉진법이나 엔지니어링기술진흥법에 따른 해외건설공사와 엔지니어링, 해외건설공사 장비 또는 이에 대한 권리, 기술개발촉진법에 따른 기술수출, 소프트웨어개발촉진법에 따른 시스템 통합수출 등에 적용한다.

⑥ 해외투자보험 : 해외투자 후 원리금·배당금 등의 회수불능위험 또는 해외 현지법인에 대한 보증채무이행으로 입게 되는 손실을 보상하는 보험이다.

적용대상은 외국법인의 주식·채권 등의 취득, 해외사업에 사용되는 부동산에 관한 권리, 현지법인의 장기차입금에 대한 보증채무 등에 적용한다.

⑦ 문화수출보험 : 수출이 계획된 문화상품(영화·드라마·게임·공연 등)의 제작과 관련한 투자(영화-펀드 포함) 또는 대출은행의 융자에 대한 손실이나 수출(또는 매출)실적의 부진에 따른 손실을 보상하는 보험이다.

⑧ 수출기반보험 : 금융기관이 국적외항선사 또는 국적외항선사의 해외현지

법인(SPC 포함)에게 상환기간 2년 초과의 선박 구매자금을 대출하고 대출 원리금을 회수할 수 없게 된 경우에 발생하는 손실을 보상하는 보험이다.

바. 수입보험제도의 운용

"수입보험"이라 함은 국내 수입업자의 자금조달을 지원하는 것은 물론 해외 수출업자의 계약불이행 등으로 적기에 화물을 인도받지 못하거나 수입대금의 선급금을 회수하지 못하는 경우의 손실을 보상하는 보험을 말한다.

① 수입보험(수입자용) : 국내 수입업자가 수입대금의 선급금 지급조건 수입거래에서 비상위험 또는 신용위험으로 인해 선급금을 회수할 수 없게 된 경우에 발생하는 손실을 보상하는 보험이다.

② 수입보험(금융기관용) : 금융기관이 보험공사가 인정하는 주요자원 등의 수입에 필요한 자금을 수입업자에게 대출(지급보증)한 후 대출금을 회수할 수 없게 된 경우에 발생하는 손실을 보상하는 보험이다.

(3) 보상절차와 사후관리

무역보험의 보험금액 결정과 보상절차는 보험상품에 따라 차이가 있으나, 대표적으로 단기수출보험의 보상절차와 사후관리에 대하여 알아보고자 한다.

① 사고발생통지 : 피보험자는 대금 결제기일로부터 1월 이내에 서면으로 사고발생통지를 한다. 통지의무 해태로 인한 손실은 피보험자의 책임이다.

② 보험금 청구 : 보험금 청구는 수입상의 지급거절이나 지급불능의 경우는 결제기일, 수입상의 물품 인수거절이나 인수불능의 경우는 사고통지일로부터 1월, 수입상의 지급지체인 경우는 결제기일로부터 2월이 경과한 후에 한다.

③ 보험금 지급 : 보험자는 보험금 지급청구를 받은 날로부터 3월 이내에 보험금을 지급한다. 다만 서류제출의 지연으로 인한 경우는 예외로 한다.

④ 회수금 처리 : 피보험자는 보험금을 지급받기 전에 회수한 대금이 있는 경우에는, 회수금계산서를 회수일로부터 15영업일 이내에 제출한다.

만약 보험금을 지급받은 후에 회수한 대금이 있는 경우에는, 회수금계산서와 함께 해당금액을 회수일로부터 15영업일 이내에 납부하여야 한다.

2. 무역금융과 보증제도

(1) 무역금융의 의의

무역금융은 금융기관에서 외국 무역업자와의 수출입거래 및 이에 관련된 국내거래, 즉 무역상품의 생산·가공·집하·판매 또는 구매거래 및 해외진출법인의 현지거래에 이르기까지 각종 기업활동에 필요한 자금을 관련 지원법령에 따라 다른 일반금융보다 유리한 조건으로 융통하는 제도를 말한다.

외국의 무역업자들은 자금 면이나 금융시장 접근이 국내업자들보다 훨씬 유리한 입장에 있다. 우리나라는 영세한 국내업자들에게 무역상품의 원가절감과 국제경쟁력을 강화시키기 위하여 무역금융제도를 운용하고 있다.

우리나라의 무역금융제도는 1960년대 초에 이를 목적으로 한국수출입은행을 설립하고, 1985년 11월에 이르러 '무역금융규정'을 일원화하여 중소무역업자의 소액·수량수출을 촉진하기 위한 포괄금융제도를 도입하고, 현재는 '한국은행 총액한도 대출관련 무역금융취급세칙'에 따라 무역금융을 실시하고 있다.

무역금융은 일반금융에 비하여 여러 면에서 차이가 있다. ① 금리면에서 유리하다. 시중은행의 수출지원금융에 대하여는 한국은행이 저리의 재할인율을 적용하므로, 외국의 경쟁업자들보다 유리한 자금혜택이 있다.

② 융자한도면에서 일반금융보다 우대하고 있다. 수출지원금융은 융자의 적격성만 갖추면 양적인 제한 없이 융자할 수 있도록 하고 있다.

③ 무역금융의 수혜자격을 제한하고 수출이행의 의무화와 불이행에 대한 제재를 가하고 있다. 따라서 무역금융만 받고 대응수출을 불이행한 무역업자의 경우 특혜이자를 추징하고 수혜자격정지 등의 제재를 받게 된다.

(2) 무역금융의 분류

무역금융은 수출입의 각종 단계에 걸친 융자를 포함하는 것이므로, 그 종류가 다양하고 복잡하지만 융자기간·대상과 기준 등에 따라 분류할 수 있다.

① 수출금융과 수입금융으로 나눌 수 있다. 전자는 수출상품의 제조·가공·집하·선적 등을 위한 단기운전자금, 플랜트나 기자재수출 등을 위한 중장기금융, 해외진출기업의 융자 등을 총칭하는 것이고, 후자는 신용장개설과 수입어음자금이나 수입상품의 재고금융 등을 총칭하는 것이다.

② 단기무역금융과 중장기무역금융이 있다. 전자는 대개 1년 이내에 지원되는 무역금융으로서 수출업자에게 수출대금회수시까지 각종 단기운전자금을 공급하는 것이고, 후자는 수출산업육성을 위한 각종 시설투자자금이나 1년 이상의 중장기연불수출자금 등을 지원하는 것을 말한다.

단기무역금융은 다시 선적전금융과 선적후금융으로 나누기도 한다. 전자는 수출계약 후 물품의 선적시까지 생산·가공·집하에 필요한 자금지원이고, 후자는 선적 후 Usance L/C나 D/A 수출환어음 등의 자금지원을 말한다.

③ 신용장기준금융과 실적기준금융으로 나눌 수 있다. 전자는 융자기준을 수출신용장이나 D/P · D/A 계약서 등을 근거로 결정하는 방식이고, 후자는 과거의 평균수출실적을 기준으로 하여 융자금액을 결정하는 방식이다.

기타 융자대상이 수출품의 생산 · 가공에 관련된 가득액금융과 수출용원자재 조달에 관련된 원자재금융, 융자금액의 표시통화에 따라 원화금융과 외화금융, 대출은행의 소재지에 따라 국내금융과 국제금융 등으로 구분하기도 한다.

(3) 일반수출입금융

일반수출입금융은 물품의 수출과 관련한 원자재의 확보에서 완제품의 선적에 이르기까지 소요되는 각종 무역금융을 지원하는 제도로서, 수출용원자재의 수입신용장과 내국신용장 개설에 대한 지급보증까지도 포함한다.

융자대상은 ① 수출신용장을 받은 자, ② 선수출계약서(D/P · D/A 계약서)로 수출하는 자, ③ 공공기관과의 외화표시물품공급계약서로 수출 · 공급하는 자, ④ 내국신용장으로 수출용 물품을 공급하는 자, ⑤ 상기 4가지 방식에 의한 수출 또는 공급실적을 기준으로 융자받고자 하는 자 등이 해당된다.

융자금액은 다른 무역금융과 달리 자금유용을 방지하고 융자취급상의 편의를 위하여 생산자금(제조 · 가공용), 원자재수입자금(수출용원자재수입용), 원자재구매자금 · 완제품구매자금(내국신용장용) 등으로 구분하여 융자하고 있다.

융자방법은 신용장기준과 실적기준의 2가지 중에 선택할 수 있다.[40] 신용장기준은 소정의 융자한도내에서 수출신용장, 선수출계약서, 외화표시물품공급계약서, 내국신용장 등의 증빙서류를 제시하여 융자금액과 융자기간 등을 정하는 방식이고, 실적기준은 과거 1년간 수출실적을 기준으로 정하는 방식이다.

융자한도는 대상업체의 과거 수출실적을 기준으로 매월 산출하여 관리한다. 이 때의 수출실적은 수출신용장, 선수출계약서, 외화표시물품공급계약서 또는 내국신용장에 의한 수출실적에 한하고 FOB 금액으로 산정한다. 따라서 수출실적이 없거나 불리한 경우에는 현재 신용장기준으로 융자받으면 된다.

특히 중소업체에 대하여는 일반수출금융의 특혜로서 포괄금융제도를 운영하고 있다. 즉, 자가생산 중소수출업자의 경우 수출실적의 일정비율 한도내에서 융자금액의 용도별 구분 없이 일괄적으로 일정액을 융자해 주고 있다.

40) 내국신용장에 의거한 수출용원자재 공급자의 경우 실적기준으로만 융자받을 수 있다.

(4) 건설 · 용역수출금융

건설 · 용역수출금융은 국내외에서 외화대금결제방식으로 외국정부 · 공공기관 · 국제기구 등의 주문에 따라 건설공사를 수주 시공하거나 서비스를 제공하는 자에게 외화획득을 원활히 할 수 있도록 지원하는 금융이다.

융자대상은 ① 해외건설공사나 서비스공급계약을 체결한 자, ② 외국정부 · 공공기관 · 국제기구 등의 주문이나 외국차관자금으로 국제경쟁입찰에 의한 국내건설공사나 서비스공급계약을 체결한 자, ③ 외항 항공 · 해상 · 선박수리업자로서 외화입금실적을 기준으로 융자받고자 하는 자 등이 해당된다.

융자금액의 관리방식이나 융자방법 등은 일반수출입금융의 경우와 유사하며, 융자한도도 자금별로 구분하여 운영하고 있다.

(5) 농수산물 수출준비자금대출

농수산물 수출준비자금대출은 계절성을 지니고 있는 농수산물의 가격안정과 수출증대를 도울 목적으로 수출업자에게 수출용 농수산물의 수집자금과 비축자금을 원활히 공급하기 위하여 제정한 금융이다.

농수산물 수출준비자금의 특징은 다른 무역금융과 달리 ① 수출신용장 이전에 융자하는 수출준비자금이고, ② 대상품목을 지정하여 각 품목의 특성에 따라 융자기간이 다르고, ③ 정부의 수매계획에 의한 융자지원이며, ④ 재원도 한은재할인자금 외에 농수산가격안정기금 등에서 확대 지원하고 있다.

융자대상자는 수집자금의 경우 대상품목을 농어민으로부터 수집하는 자(수집자), 비축자금의 경우 대상품목을 수출용으로 비축하거나 사용하기 위하여 수집자나 농어민으로부터 구입하는 자(비축자) 등이 해당된다.

융자대상품목은 한국은행 총재가 농수산물 수출준비자금대출 대상품목심의회의의 자문을 거쳐 별도 선정하도록 하고 있다. 현재는 김, 양송이, 사과, 배 등의 20여개 품목이 수집자금 또는 비축자금의 융자대상으로 선정되어 있다.

융자금액은 어음대부방식으로 하여 수집자나 비축자 모두 소요자금의 70% 이내로 한다. 또 자금회수는 수집자 융자의 경우 비축자의 융자금액으로 대체결제하도록 하고, 비축자 융자의 경우 융자물자를 가공 생산한 수출상품의 수출신용장에 의한 일반수출입금융으로 대체 결제하도록 하고 있다.

(6) 기타의 무역금융제도

기타 우리나라에서 실시하는 무역금융에는 ① 단기무역금융에 속하는 무역어음 · 내국신용장 · 수입유전스 등, ② 중장기무역금융에 속하는 중장기외화대출 · 중장기연불수출지원외화대출 · 수출입은행자금 · 중소기업특별수출지원자금 · 에너지절약시설자금 · 수출산업특별설비자금 · 해외건설수출지원자금 등, ③ 국제금융에 속하는 연지급수입 · 수출선수금 · 현지금융 등이 있다.

특히 무역어음제도는 수출업자가 수출신용장[41] 등을 근거로 발행한 선적 전의 기한부어음을 금융기관이 할인 · 인수하여 시중에 유통시키고 그 매각자금으로 수출업자를 지원하려는 취지로 1989년 8월부터 시행하고 있다.

이 경우 무역어음을 발행한 수출업자가 결제일에 대금지급을 하지 못하면 어음을 지급보증한 금융기관이 대신 결제하게 된다.

(7) 무역보증규칙의 발전

최근 국내기업들이 건설, 조선, 원자력분야 등의 국제 수주실적이 증가함에 따라 외국 발주업체들로부터 은행발행의 입찰보증이나 이행보증, 요구불보증(demand guarantees) 등 독립적 보증서를 요구받는 경우가 많아지고 있다.

은행의 "요구불보증"이라 함은 일정금액의 지급확약으로서, 지급청구서와 기타 보증서에 명시된 서류가 보증기간 내에 보증조건에 일치하게 보증인에게 제시되는 것을 전제로 하는 서면의 확약을 말한다(URDG 758 제2조).

요구불보증서의 법적성질은 보증신용장처럼 독립 · 추상성, 서류의 일치성 등이 인정된다. 요구불보증서와 보증신용장은 법적으로는 차이가 없다.

ICC는 1991년 10월에 URDG(Uniform Rules for Demand Guarantees : 요구불보증 통일규칙)를 제정하였다. 세계은행은 2002년 4월에 모든 독립적 보증서에 이를 채택하도록 하였고, 이는 2010년에 더 현대적으로 개정되었다.[42]

개정된 URDG 758은 2010년 7월 1일부터 시행에 들어갔으며, 2011년 7월에는 UNCITRAL 총회로부터 국제적 보증규칙으로서 공식 승인을 득하였다.

URDG 758은 보증인이 지시를 받아 개설하는 요구불보증과 그 변경으로서, 이 규칙에 따른다는 명시가 있는 확약에 적용되며, 이에 보증서나 변경서상에 별도의 명시가 없는 한 모든 당사자를 구속한다(제1조). URDG의 적용을 위한 전제조건은 ① 제2조에 정의된 요구불보증이어야 하고, ② 타인의 지시를 받아 개설한 것이어야 하고, ③ 이 규칙에 따른다는 명시가 있어야 한다. 기타 URDG는 제2조에 정의된 역보증(counter-guarantee)에도 적용이 가능하다.

---

41) 내국신용장, 선수출계약서, 외화표시물품공급계약서, L/C 조건부 수출계약서도 가능하다.

42) 오원석 · 허해관 · 김중년(Roy Goode 저), 청구보증통일규칙 가이드, 두남, 2008, p. 23.

보증서의 개설지시는 명확하고 정확하여야 하며(제3조), 당사자들은 준거법에 의하여 허용된 범위내에서 URDG의 적용을 배제하거나 수정할 수도 있다(제1조 단서). URDG는 사기(fraud)나 권리남용 등을 이유로 한 지급금지명령의 청구 등 국내법에서 다루는 것이 적절한 사항은 제외하고 있다.

다만 URDG가 적용되는 요구불보증도 다른 계약에서처럼 그 준거법과 법정지법에 의한 강행규정과 공서양속에 반할 수 없으며, 이는 법정지법에서 외국법을 준거법으로 선택한 경우에도 마찬가지이다. 즉, 해당국의 강행규정과 공서양속은 URDG가 적용되는 요구불보증에 우선적인 효력을 갖는다(제27조).

제 3 편

국제물품외거래관습

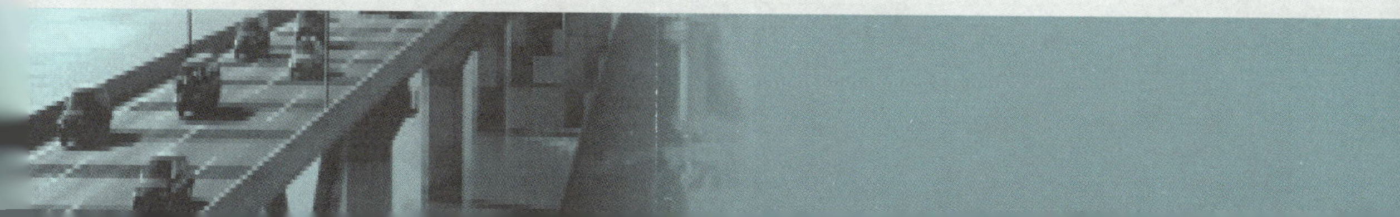

CHAPTER 1

국제기술무역거래

제 1 절 기술무역거래의 의의

국제상거래의 대상은 물품뿐만 아니라 기술과 서비스무역, 국제투자와 자본거래 등도 포함하는데, 후자들을 총칭하여 '물품외거래'라고 하며, 특히 기술무역거래는 1995년 WTO의 출범을 계기로 하여 전세계의 관심사가 되었다.

1. 기술과 기술무역

(1) 기술의 개념

"기술"(technology)이라 함은 제품의 생산이나 생산공정의 사용 또는 서비스의 제공에 필요한 기술적인 지식을 말한다.[1] 구체적으로 기술은 과학적인 지식의 응용을 통하여 자연력이나 자연물을 가공, 개량 또는 변경함으로써 이를 인간생활에 이용할 수 있도록 하는 기술, 즉 과학적인 이론을 이해하고 응용할 수 있는 능력과 가공·개량 또는 변경할 수 있는 힘 등을 함축한다.

예컨대 과학분야에서는 특허를 받을 수 있는 발명이나 그 제품, 즉 항생물질, 컴퓨터, 기타 전기를 응용한 제품, 특수한 기계류 등이 있고, 산업분야에서는 가스액화, 특수제지 등이 있으며, 또 엔지니어링 분야에서는 여러 공장설비의 디자인과 건축기술 등이 있다. 이러한 기술 중에 혁신적인 특성을 가지고 산업에 응용가능한 기술은 각국의 특허법 등에 의하여 보호를 받아 왔다.

그러나 최근 들어 과학의 발달이 생명공학이나 컴퓨터칩과 같은 다양한 분야로 확산되면서, 기술이란 말은 전통적인 산업기술의 개념에 첨단과학산업의 노

1) Hans Van Houtte, *The Law of International Trade*, Sweet & Maxwell, 1995, p. 187.

하우, 영업비밀 등을 포함하는 좀더 넓은 의미로 사용하고, 각국에서는 컴퓨터 소프트웨어나 노하우 등에 관한 새로운 기술보호규범을 마련하고 있다.

(2) 기술무역의 의미

기술은 어느 일정한 효용을 목적으로 구성된 일체의 산업지식으로서, 그 일부 또는 전부는 재산적 가치가 있는 권리로 승화시킬 수 있다. 기술에 대한 재산적 권리(지식재산권) 그 자체를 이전하거나 또는 사용자에게 라이센스를 부여하는 것을 소위 "기술이전"(transfer of technology)이라고 한다.

즉, 기술이전은 경제적·사회적으로 확립된 기술이 특정지역에서 타지역으로 이동하거나 또는 하나의 조직체로부터 다른 조직체로 의도적으로 이동하고 그곳에 정착하여 기술수준을 높여 가는 일련의 과정을 함축하는 것이다.

이러한 기술이전이, 예컨대 특허실시권이나 상표사용권의 양도 또는 설정, 기술적 노하우의 공개 또는 기술지도에 의하여 국경을 넘어 이전 내지 이동하도록 하는 국제거래를 특별히 "기술무역"이라고 한다.

그러나 기술이 점차 고도화되고 기술과정이 매우 복잡해지고 있기 때문에 전통적인 기술무역방식이 변화하고 있다. 즉, 기술무역에 있어서 기술의 소유자는 단순히 특허실시권의 양도나 상표사용권의 설정과 같은 정도에 머무르지 아니하고, 플랜트 수출계약에서와 같이 당해 기술을 사용할 공장도 건설해 주거나 계약상대방의 기술인력을 훈련시키는 책임까지 진다.

즉, 기술무역은 대부분 전통적인 라이센스계약의 형태를 취하고 있지만, 최근에는 특허나 노하우 자체를 양도하거나 턴키베이스의 플랜트 건설계약이나 프랜차이즈계약 등에 혼합되는 경우로 나타나고 있다. 국제간의 기술무역을 통제하는 가장 확실한 방법은 라이센스계약이나 프랜차이즈계약이다.[2)]

특히 "라이센스계약"(license agreement)은 지식재산권의 소유자(licensor)가 타인에게 그 권리의 사용을 허락하고 사용허락을 받은 자(licensee)가 대가로서 로열티를 지급할 것을 약속하는 모든 종류의 계약을 말한다.

내외국인 사이에 특허나 상표의 라이센스계약이 이루어질 때에는 특허법이나 상표법만을 적용하는 것이 아니라, 계약유형에 따라서는 독점규제법에 의거한 공정거래위원회의 심사를 받아야 하며, 또 외국인투자촉진법이 정하는 절차에 따라 지식경제부장관에게 신고하여 계약승인을 받아야 할 경우가 있다.

---

2) 장용식, 기술도입을 위한 국제계약, 법전출판사, 1994, pp. 46~47.

(3) 기술무역거래의 특징

기술무역거래는 일반적인 물품수출입과는 달리 당사자 자치에 대한 제약조건이 많고 이에 관한 법이론도 대륙법계보다 영미법계의 영향이 강하다.

① 기술무역거래는 당사자간의 계약만으로는 그 효력이 발생하지 아니하고, 그 효력발생을 위하여는 정부기관의 승인을 받아야 할 경우가 있다. 계약내용이 공공목적 또는 공공이익에 부적합하거나 강행법규를 위반할 때에는, 정부기관은 계약조항의 수정을 명하거나 삭제를 권고하기도 한다. 따라서 기술무역거래에서는 당사자자치의 원칙이 크게 제약을 받는다고 할 수 있다.

② 우리나라의 법체계는 전통적으로 대륙법계에 속하지만, 계약법, 특히 기술도입계약에 있어서는 영미국가의 법제가 큰 영향을 미치고 있다는 것이 특징적이다. 이는 미국이 정치적으로 강대국이고 기술우위에 있는 현실에서 우리가 주로 미국·일본 등으로부터 기술을 도입해 왔기 때문이다.

제2차 세계대전 후 일본도 세계에서 최고의 기술선진국이었던 미국으로부터 여러 분야의 기술을 도입해 왔고, 그 때문에 미국계의 계약에 친숙하게 되고 계약의 해석에도 영미법적 사고가 작용하였다. 특히 라이센스계약에서는 미국의 반트러스트법이 일본(독점금지법)·한국(독점규제법)의 입법에 직접적인 영향을 미쳤고 계약상의 관행도 영미국가의 계약이론을 따르는 경향에 있다.

2. 기술무역거래의 규제법

기술무역거래는 각국의 일정한 규제를 받는다. 즉, 선진국은 주로 세계평화와 안전 및 국제협약이나 국가간의 협정준수를 위하여, 개도국은 국제수지의 개선과 자국산업의 보호·육성을 위하여 각각 기술무역거래를 관리하고 있다.

(1) 기술무역거래의 국제규제

기술무역만을 전적으로 규제하는 국제협정은 아직 없다. 다만 UNCTAD(유엔무역개발회의)는 기술무역거래에서의 불공정관행을 규제함으로써, 개도국에 있어서의 특허기술·노하우 등의 이전을 촉진시키려는 '국제기술이전행동규범'(Code of Conduct on Transfer of Technology : TOT)을 작성해 두고 있다.

1985년에 채택된 국제기술이전행동규범 초안은 불공정관행에 관한 선진국과 개도국과의 상반된 견해차이로 인하여 아직 의견의 일치를 보지 못하고 있다. 장차 UN 하에서 선진국과 개도국간의 의견이 조정된다고 하더라도 그것은 국가간의 합의에 그치고 사기업을 직접 구속할 수 있는 강행법규로서의 효력을 갖지 못하기 때문에, 어디까지나 권고적인 규제항목에 불과하다.

이처럼 UNCTAD의 국제기술이전행동규범이 제기능을 발휘하지 못하자, 개도국은 우루과이 라운드(UR) 협상에서 이 문제를 다시 제기하였다. 그러나 선진국의 반대에 부딪혀 1995년 WTO/TRIPS(무역관련 지식재산권) 협정에서는 지식재산권의 불공정거래행위에 대한 상세한 규정을 두지 못하였다.

즉, WTO/TRIPS 협정에서는 오로지 지식재산권의 남용규제를 위한 강제실시권 규정(제31조)과 경쟁제한관행의 원칙(제40조)만을 선언하였을 뿐이며, 지식재산권의 남용이나 시장경쟁에 역효과를 초래하는 것으로 여겨지는 기술계약 관행이나 조항들은 자국의 국내법에 일임하고 있는 실정이다.[3)]

우리나라는 근래 '국제계약상의 불공정거래행위의 유형 및 기준'(1995. 3)을 제정함에 있어서 UNCTAD/TOT의 여러 권고조항들을 수용하고 있다.

(2) 미국 · 일본의 기술무역규제

미국의 경우 기술무역거래를 규제하는 법은 반트러스트법(Anti-trust Laws)이고, 일본의 경우 이를 규제하는 법은 외자법과 독점금지법이다.

① 미국의 반트러스트법은 단일법이 아니고 전통적으로 셔만법(Sherman Act), 클레이튼법(Clayton Act), 연방무역위원회법(Federal Trade Commission Act) 등 3가지의 법률을 총칭하는 개념이다. 이 중에 셔만법은 1890년에 제정되어 가장 오래된 법으로서, 그 내용은 카르텔 · 보이코트 등의 거래제한과 독점행위의 금지, 3배액의 손해배상청구권 등을 규정하고 있다.

기타 클레이튼법은 1914년에 제정된 법으로서, 차별가격의 금지, 독점적 조건부거래의 금지, 실질적인 경쟁제한 또는 독점이 생기는 주식지분의 취득제한, 일정한 경우의 공무원의 겸임금지, 3배액의 손해배상청구권 등을 규정하고 있다. 연방무역위원회법도 1914년에 제정된 법으로서, 상거래의 불공정한 경쟁방법과 불공정 · 기만적 행위와 관행을 위법으로 본다는 것을 규정하고 있다.

② 일본은 제2차 세계대전 후 독점금지법을 제정 · 시행하였으며(1947년), 곧이어 경제재건과 선진기술의 도입을 위하여 외자법을 제정 · 시행하였다(1950년). 특히 기술도입에 대하여는 국제수지의 관점에서 규제를 가하였다.

즉, 기술도입대가의 지급기간이 1년을 넘는 것을 갑류기술원조계약으로 하

---

3) 서정두, 국제통상법, 삼영사, 1998, pp. 408~409.

고, 그 지급기간이 1년 이하의 것을 을류기술원조계약으로 하여, 갑류기술원조계약의 경우에는 외자법에 의하여 정부의 외자기관이 인가하고, 을류기술원조계약의 경우에는 외국환관리법으로 처리하는 2분법을 채택하고 있다.

1960년대의 고도성장기를 맞이하여 일본은 1968년에 기술도입계약의 자유화조치를 단행하였다. 즉, 일본은 항공기 · 원자력 · 우주개발 · 전자계산기 등 특수한 분야를 제외한 모든 분야의 기술도입계약에 대하여 심사를 거치지 아니하고 은행에서 자동적으로 승인되는 제도를 채택하고 있다.

또 일본은 1968년에 기술도입계약의 당사자가 독점금지법의 규정에 반하는 계약을 맺지 못하도록 '국제적 기술도입계약에 관한 인정기준'을 공포하였으며, 그 후 1989년에는 이를 대신하는 '특허 · 노하우라이센스계약에 있어서의 불공정거래방법의 규제에 관한 운용기준'이라는 새로운 기준을 공포하였다. 이 운용기준에 의한 규제조항은 특허 · 노하우를 합하여 모두 66개 항목에 이른다.

일본의 불공정거래의 운용기준은 크게 3가지의 패턴으로 나누어 i) 원칙적으로 불공정거래방법에 해당하지 아니한다고 인정하는 사항을 "백색조항", ii) 불공정거래방법에 해당할 염려가 있는 사항을 "회색조항", iii) 불공정거래방법에 해당할 염려가 강한 사항을 "흑색조항"이라고 각각 칭하고 있다.

(3) 우리나라의 기술무역규제

우리나라는 외국인과의 기술무역거래를 규제하는 법으로서 외국인투자촉진법, 독점규제법, 지식재산권사법(특허법 · 실용신안법 · 의장법 · 상표법), 외국환거래법, 부정경쟁방지법 등이 있다. 이 중에 앞의 2법을 상술하면 다음과 같다.

가. 외국인투자촉진법

외국인투자촉진법은 1960년 외자도입촉진법, 1966년 이후의 외자도입법을 개편하여 1998년 9월에 제정된 후 2000년 1월부터 현행법으로 내려오고 있다. 이 법은 외국인투자의 유치를 촉진함으로써 국민경제의 건전한 발전에 이바지함을 목적으로 하는 것으로서(제1조), 기술도입계약에 대한 정부의 규제도 구법의 인가제에서 일부 제한적인 경우만의 신고제로 바뀌었다.

즉, 외국인과 계약기간이 1년 이상인 국제경쟁력의 강화를 위한 고도기술이나 항공기 · 우주비행기기술 또는 방산물자기술 등의 도입계약을 체결한 때에는 지식경제부장관에게 신고하여야 하고, 이 신고가 있으면 지식경제부장관은 원칙적으로 즉시 신고인에게 신고필증을 교부하여야 한다(제25조 2항).

외국인투자촉진법은 기술도입계약에 의하여 지급하는 대가에 대하여는 법인세나 소득세 등을 감면해 주고(제26조), 기술제공자가 취득하는 대가의 대외송금을 보장하고 있다(제3조 1항). 그러나 기술도입계약이 독점판매권의 이용만을 목적으로 하거나, 원자재·부품·부속품의 판매만을 목적으로 하거나, 또는 독점규제법과 기타 법령을 위반하는 경우에는 그 계약은 수리하지 아니한다.

나. 독점규제법

독점규제법(독점규제 및 공정거래에 관한 법률)은 1980년 12월에 제정된 후 여러 차례의 개정을 거쳐 2010년 5월의 현행법으로 내려오고 있다. 이 법은 사업자의 시장지배적 지위의 남용과 경제력의 과도한 집중을 방지하고 부당한 공동행위와 불공정거래행위를 규제하여 공정하고 자유로운 경쟁을 촉진함으로써 국민경제의 균형 있는 발전을 도모함을 목적으로 하는 법률이다(제1조).

특히 공정거래위원회는 독점규제법 제32조 2항에 의거하여 1995년 3월에 10개 항목의 '국제계약상의 불공정거래행위 등의 유형 및 기준'을 고시하고, 1996년부터 이는 대통령령으로 제정되었다. 따라서 모든 기술무역거래는 공정거래위원회가 고시한 불공정거래행위의 유형과 기준에 해당되어서는 아니된다.

3. 기술무역거래의 불공정관행

기술무역 등의 국제계약[4]에 있어서 부당한 공동행위, 불공정거래행위 등에 해당되는 내용으로 이를 체결하는 것을 금지하고 있다(독점규제법 제32조 1항).

공정거래위원회는 국제계약의 내용을 심사하여 이러한 위법행위에 해당되거나 해당될 우려가 있다고 인정하는 때에는 계약당사자에 대하여 계약의 취소, 계약내용의 수정·변경, 기타 시정조치를 명할 수 있다(동법 제34조).

(1) 국제계약의 부당한 공동행위

독점규제법상 계약당사자는 다른 당사자와 공동으로 일정한 거래분야에서 경쟁을 실질적으로 제한하는 부당한 공동행위를 하여서는 아니된다(동법 제19조). 예컨대 특허라이센스계약에서 경쟁관계에 있는 독립기업간의 상호 경쟁을 피하기 위하여 다음과 같은 형태의 협정을 체결하여 가격의 유지·인상·생산량의 제한 등 특허카르텔을 형성하는 것은 부당한 공동행위로 본다.

---

4) 독점규제법시행령은 국제계약으로서 산업재산권·저작권·노하우·프랜차이즈의 도입계약, 공동연구개발협정, 수입대리점계약, 합작투자계약 등을 규정하고 있다(제47조).

① 특허 풀(patent pool) : 이는 몇 사람의 특허권자가 각각의 특허권 또는 그와 관련된 권한을 제3의 수탁자(중핵체)에게 집중시키고 이를 통하여 각자 필요한 라이센스를 받는 방식을 말한다. 이러한 계약방식은 그 자체가 경쟁촉진성을 가지고 있으나, 경쟁관계에 있는 구성원이 수탁자를 통하여 경쟁제한의 의무를 부과하고 있을 때에는 부당행위가 된다.

② 교차 라이센스(cross license) : 이는 특허권자가 타인의 특허권에 대하여 실시허락을 받는 대가로 자신의 특허권에 대하여도 상대방에게 교차하여 실시권을 허락하는 계약을 말한다. 이러한 계약방식은 특허권을 상호 이용함으로써 특허의 이용가치를 높여 주고 기술교류를 촉진하여 경쟁력을 제고시키는 등의 이점이 있으나, 만약 상호간의 계약상에 경쟁제한의 의무를 부과하고 있을 때에는 부당한 공동행위가 되므로 금지된다.

③ 멀티플 라이센스(multiple license) : 이는 1인의 특허권자가 다수의 사용자에게 동일한 특허권에 관하여 실시허락을 하는 계약을 말한다. 이러한 계약방식 자체는 문제되지 않으나, 경쟁관계에 있는 사용자 상호간에 있어서 서로 구속관계가 존재한다고 인정될 때에는 부당행위가 된다.

④ 단독 라이센스(sole license) : 이는 1인의 특허권자가 1인의 사용자에 대하여만 전속적인 라이센스를 행하는 것을 말한다. 이러한 경우 경쟁관계에 있는 당사자간에 사업활동을 상호 구속하는 취지의 의사가 형성되어 있는 때에는 부당한 공동행위로서 금지된다는 것이다.

(2) 불공정거래행위의 유형과 기준

기술무역거래가 국제계약에 관한 독점규제법에 저촉되는지에 대하여는 공정거래위원회의 '국제계약상의 불공정거래행위 등의 유형 및 기준'(1995. 3)에 의거하여 심사한다. 다만 당해 계약이 그 거래분야에서 경쟁에 미치는 영향이 경미하거나 기타 부득이한 사유가 있다고 인정한 때에는 이를 문제삼지 아니한다(동법 제32조 1항). 특히 기술도입계약상의 불공정거래행위 등에 관한 규정은 이 기준의 제3조 1호 내지 10호에 명시하고 있다.

이 기준은 UNCTAD가 유형화한 국제기술이전행동규범(TOT) 초안을 기초로 작성한 것으로서, TOT의 주요내용은 개량기술의 귀속(grant back), 특허의 효력에 관한 권리부쟁조항, 경쟁기술의 도입제한, 응용기술의 개발제한, 끼워팔기, 판매지역과 가격제한, 계약기간종료 후의 제한 등으로 요약된다.[5] 공정거

5) Hans Van Houtte, *The Law of International Trade*, Sweet & Maxwell, 1995, p. 218.

래위원회의가 고시한 10가지의 불공정거래행위는 다음과 같다.

① 원자재 구입처의 제한조항

원자재·부품 등을 기술제공자로부터 구입하도록 제한하는 계약은 불공정행위에 해당한다(기준 제3조 1호). 예컨대 특정한 의약품의 국내제조를 위해 "기술제공자 또는 그가 지정하는 자로부터 원자재를 구입하지 않으면 아니된다."라고 계약을 체결하는 것은 불공정한 조항이 된다. 이러한 경우 "구입할 수 있다."라는 정도의 문언을 사용하면 문제가 되지 않는다.

② 판매(수출) 지역의 제한조항

계약제품에 대하여 판매지역이나 수출지역을 제한하는 계약은 불공정행위에 해당한다(동조 2호). 예컨대 계약조항에 "계약제품을 특정지역에 수출하고자 할 때에는 기술제공자의 사전승낙이나 서면에 의한 동의를 얻어야 한다."라는 방식으로 특정지역에 대한 수출을 제한하고 있는 경우이다. 이러한 경우 "사전에 협의한다."라는 정도의 문언을 사용하면 무방할 것이다.

③ 판매창구(가격)의 제한조항

계약제품에 대하여 판매창구, 판매가격, 수량 등을 제한하는 계약은 불공정행위에 해당한다(동조 3호). 예컨대 계약조항에 "기술제공자가 지정한 해외지점이나 자회사를 통하여 제품을 수출하여야 한다."거나 "제품의 가격은 미화 100 달러로 한다."라는 방식으로 유통경로와 가격 등을 제한하는 경우이다.

④ 경쟁제품의 취급제한조항

경쟁관계에 있는 유사제품의 취급, 유사기술의 사용을 제한하는 계약은 불공정행위에 해당한다(동조 4호). 예컨대 기술제공자가 사용자에 대하여 계약기간 중 또는 계약이 종료된 후 계약제품 또는 계약기술과 경쟁관계에 있는 유사제품의 취급 또는 유사기술의 사용을 제한하는 것은 금지된다.

다만 그 제공기술 또는 상표라이센스가 독점적 라이센스일 경우에는, 사용자에 대하여 유사제품 또는 유사기술의 취급을 제한하는 것이 가능하다.

⑤ 공지기술의 사용제한조항

특허가 만료된 기술 또는 공지화된 노하우에 대하여 기술료를 지급하게 하는 계약은 불공정행위에 해당한다(동조 5호). 즉, 특허권·상표권 등이 무효, 취소, 존속기간의 만료 등으로 권리가 소멸된 후 그 소멸된 권리에 대하여 기술료를 지급하게 하는 계약, 또는 공지화된(known) 노하우에 대하여 기술료를 지급하게 하는 계약은 불공정한 조항에 해당한다는 것이다. 특허권·상표권 등이 무효화되거나 소멸된 경우에는, 계약기간이 종료되면 그 실효된 권리를 기초로 하여 사용자에게 어떠한 제한도 가할 수 없다.

노하우 라이센스계약에 있어서도 노하우가 사용자의 책임 없는 사유로 공지화되어 버린 경우에는, 공지화된 노하우에 대하여 기술료를 지급하게 하는 계약은 불공정행위가 된다. 다만 특허와 노하우의 혼합 라이센스계약인 경우, 특허권이 소멸된 후에도 노하우를 보호할 가치가 있을 때에는 기술제공자는 노하우의 사용에 관한 제한을 가할 수 있을 것이다.

⑥ 기술료의 부당징수조항

계약기술이 아닌 것에 대하여 기술료를 지급하게 하거나, 또는 불필요한 기술을 끼워서 라이센스하는 계약은 불공정행위에 해당한다(동조 6호). 즉, 특허대상의 기술범위에 속하지 아니하는 사용자의 생산제품에 대하여 기술료를 추가로 부과하는 것은 불공정한 조항이다.

또 하나의 라이센스계약에 복수의 특허나 기술을 일괄적으로 끼워 파는 것을 '패키지 라이센싱'(package licensing) 또는 '타이인 라이센싱'(tie-in licensing)이라 하는데, 이러한 경우 사용자는 불필요한 기술료를 지급하여야 한다. 사용자에게 불필요한 기술까지 강제하는 것은 불공정행위가 된다.

⑦ 기술개량의 제한조항

사용자에 대하여 기술개량을 제한하거나, 개량특허를 기술제공자에게 일방적으로 귀속시키는 계약은 불공정행위에 해당한다(동조 7호). 기술제공자가 사용자에게 계약기술의 개량을 부당하게 제한하는 것은 일종의 발명금지이므로, 이는 특허제도의 취지에 반하는 계약이다. 예컨대 사용자에 의한 계약제품의 개량금지, 개량기술에 관한 사용자의 보고의무(feed back)와 개량기술의 출원금지, 사용자가 취득한 개량발명에 대한 특허권의 무상양도(assign back) 또는 무상의 실시권허락(grant back) 등을 요구하는 조항이다.

그러나 이러한 제한행위를 사용자의 일방적인 의무로 하고 있지 아니하고 쌍방의 의무로 하고 있는 경우에는 불공정한 조항이 되지 아니한다.

⑧ 광고선전비의 지출의무조항

과다한 광고선전비를 정하여 사용자에게 지출의무를 부과하는 계약은 불공정행위에 해당한다(동조 8호). 사용자의 광고선전비의 지출 자체는 불공정행위가 아니지만, 그 규모를 과다하게 정하여 지급을 강제하는 계약은 금지된 불공정조항이 된다. 여기서 과다하고 강제하는 것에 관한 명확한 기준은 없으나, 사용자의 의사를 무시하고 기술제공자의 일방적인 조건으로 계약이 체결되었는가에 따라 판단하여야 할 것이다.

⑨ 중재기관 등의 일방적 지정조항

중재기관의 일방적인 지정, 기술료 금액의 일방적인 산정, 일방적인 해제권의 보류를 정하는 계약은 불공정행위에 해당한다(동조 9호). 기술제공자는 기술료의 금액과 요율, 지급방법 등에 대하여 이를 일방적으로 지정하거나 변경할 수 없으며, 계약기간 중에는 일방적으로 계약을 해제할 수 없다.

계약해제는 사용자의 계약불이행이나 계약유지가 어려운 객관적인 사정이 있거나, 당사자가 합의한 해제요건이 충족되어야만 가능하다. 또 기술제공자는 분쟁시의 중재기관이나 준거법에 대하여 이를 일방적으로 지정할 수 없다.

⑩ 권리부쟁의무조항과 면책조항

권리부쟁의무조항과 제3자의 권리침해에 대한 면책조항은 불공정행위에 해당한다(동조 10호). 즉, 라이센스의 대상인 특허 또는 노하우에 관하여 사용자에게 특허의 유효성 또는 노하우의 공지성을 다투지 못하도록 권리부쟁의무를 규정하는 것은 불공정행위가 된다. 사용자에 의한 계약기술의 실시 또는 허가상표의 사용이 제3자로부터 권리침해라고 하여 제소당하더라도 기술제공자가 이에 책임을 지지 아니한다는 면책조항도 불공정행위가 된다.

제 2 절 기술도입계약의 실무

1. 기술도입계약서 작성

우리나라의 실정법상 "기술도입계약"이라 함은 대한민국국민 또는 대한민국법인이 외국인으로부터 산업재산권 기타 기술을 양수하거나 그 사용에 관한 권리를 도입하는 계약을 말한다(외국인투자촉진법 제2조 9호).

기술도입계약서는 당사자간의 권리 의무를 명확히 하는 문서로서, 계약자유의 원칙(freedom of contract)에 따라 그 내용과 형식을 자유로이 정할 수 있다. 다만 계약서에는 독점규제법의 규정, 특히 공정거래위원회의 '불공정거래행위 등에 관한 기준'에 반하는 조항을 두어서는 아니된다.

아래의 〈예시 3-1〉 표준기술도입계약서 양식은 1984년 7월에 당시 재정경제부(원)에서 국내기업이 외국기업으로부터 특정제품의 설계·제작·설치·사용 등에 대한 기술정보나 산업재산권 등의 도입계약을 체결할 때 사용할 수 있도록 제정한 것으로서, 이 표준양식을 채택하는 기술도입계약에 대하여는 공정거래위원회의 계약서 심사를 면제해 주고 있다.

그러나 기술무역거래에서의 계약형식은 강제규정이 아니기 때문에, 실정법의 범위내에서 특허·상표·노하우 등의 계약대상에 따라 당사자가 임의로 필요한 계약사항을 정할 수 있다.[6] 이 책에서는 단지 실무적으로 기술도입계약을 체결할 때 주의를 요하는 계약조항에 대하여만 설명하고자 한다.

예시 3-1 표준기술도입계약서

MODEL TECHNICAL LICENSE AGREEMENT

THIS AGREEMENT, made and entered into on (*date*) of (*month*) 19 (*year*) by and between (*Licensor company name*), a corporation organized and existing under the laws of (*Licensor country*), having its main office and place of business at (*address*) (hereinafter referred to as "Licensor") and (*Licensee company name*), a corporation organized and existing under the laws of the Republic of Korea, having its main office and place of business at (*address*), Republic of Korea (hereinafter referred to as "Licensee").

WITNESSETH ;

WHEREAS, Licensor has long been engaged in the manufacture and sale of (*product names*) (hereinafter referred to as "the Licensed Products") ; and

WHEREAS, Licensor has acquired and possesses valuable technical information on the design, manufacture, construction or assembly and use of the Licensed Products ; and

6) Michael Z. Brooke and John M. Skilbeck, *Licensing*, Gower, 1994, pp. 29～33.

WHEREAS, Licensor has the right to grant a license to use Technical Information (or Industrial Property Rights) in connection with the Licensed Products ; and

WHEREAS, Licensee desires to obtain, and Licensor is willing to grant, the right and license to manufacture, use and sell the Licensed Products utilizing technical information furnished by Licensor.

NOW, THEREFORE, in consideration of premises and covenants hereinafter set forth, the parties hereto agree as follows.

Article 1. Definitions

As used in this Agreement, the following terms have the following meanings respectively ;

1. "Licensed Products" mean as mentioned below. As to details of the Products, the stipulation of Appendix hereto shall apply.

2. "Technical Information" means all the technical knowledge, know-how, standard calculations, data and information developed or otherwise generally used by Licensor pertaining to the manufacture, use and sale of the Licensed Products.

3. "Contract Territory" means the territory subject to the government of the Republic of Korea.

4. "Industrial Property Rights" mean any or all rights under patents, utility models and application therefor, presently owned or hereafter to be acquired by Licensor and/or on which Licensor has or may have the right to control or grant a license thereof during the term hereof and which are applicable to or may be used in manufacture of the Products. (*Omit if there is no Industrial Property Rights*)

5. "Licensed Trademarks" shall mean the trademarks which are specified in Appendix ( ) hereto.

Article 2. Grant of License

1. Licensor hereby grants to Licensee an exclusive (a non-exclusive) right to manufacture, use and sell the Licensed Products using the Industrial Property Rights and Technical Information furnished by Licensor in the Contract Territory.

2. Licensor hereby grants to Licensee an exclusive (a non-exclusive) right to sell the Licensed Products to any country in the world except (Licensor country). (*Omit if not necessary*)

Article 3. Sales Information

1. Upon written request of Licensee, Licensor shall furnish Licensee with

necessary drawings, technical data and price information on a breakdown basis in order to enable Licensee to prepare quotations, in so far as such information is currently available from Licensor.

2. To assist Licensee in selling the Licensed Products, Licensor will furnish Licensee with one complete set of current materials generally used for sales promotion, such as brochures, catalogues and technical data available from Licensor, which cover the entire range of the Licensed Products.

Article 4. Technical Assistance and Services

1. Licensor shall supply Licensee with the following data in order that Licensee may manufacture to the best advantage the Licensed Products without delay.

a) Drawings for designing, manufacturing, and assembling, b) Specifications, c) Materials list, d) General calculation sheet, e) Data for inspections and trial operations, f) Fabrication and assembly procedures, g) Operating & instruction manuals, h) Any other necessary technical data and know-how generally used by Licensor.(*Omit or substitute unnecessary items*)

2. Licensor shall, by request of Licensee, permit a reasonable number of technical personnel designated by Licensee to have opportunity to study the design and manufacture of the Licensed Products at Licensor's place of business. Licensee shall advice Licensor, in advance, of the purposes, numbers, names, qualifications and probable lengths of stay of Licensee's designated personnel desiring to visit Licensor. Licensor shall arrange to make available qualified personnel for consultation with, and training of such Licensee's personnel. Cost for round trips, meals, lodging, and other expenses of Licensee's personnel dispatched for training shall be borne by Licensee.(*Omit in case there is no training*)

3. Upon written request of Licensee, Licensor shall send to Licensee, subject to availability of personnel and to mutual agreement, qualified engineers and/or technicians to render assistance and services to Licensee in connection with the manufacture, sale and operation of the Licensed Products for a reasonable period to be agreed upon by the parties hereto, provided, however, that Licensee agrees to bear the travelling expenses to and from (*Licensor country*) and living expenses in the Republic of Korea incurred by any such engineers and/or technicians. Licensor assures that such engineers and/or technicians are qualified with professional standards and reasonable skill, and will perform the assistance and services with care and diligence.(*Omit in cases where engineers and/or technicians do*

not come to Korea)

Article 5. Improvements

If at any time during the term of this Agreement one party hereto discovers or comes into the possession of any improvements or further inventions relating to the Licensed Products or in connection with the design, manufacture, use and sale of the same, the party shall furnish the other party with information on such improvements or further inventions without any delay and free of charge.

Article 6. Payment

1. In consideration of the Technical Information and the Industrial Property Rights furnished by Licensor to Licensee hereunder, Licensee shall pay to Licensor the following royalties in the amount and in the manner specified below.

a) Initial Payment (*Omit in case of no down-payment*) : Licensee shall pay to Licensor the initial payment in US Dollars equivalent to (*relevant sum*). Payment of the Initial Payment shall be made by means of telegraphic transfer remittance within (　) days from the date of approval of this Agreement by the authorities concerned, the government of the Republic of Korea.

b) Royalty shall be (　) percent of net selling price for each sale of the Licensed Products without initial payment.(*Omit if not necessary*)

c) Net selling price shall be the gross invoice price of the Licensed Products sold or otherwise disposed of by Licensee in normal, bona fide, commercial transaction without any deduction other than the following items of expenses, if any, to the extent to which they are actually paid and included in the gross invoice price.

1) Sales discount, 2) Sales returned, 3) Indirect taxes on sales, 4) Insurance premiums on sales, 5) Packing expenses on sales, 6) Transport expenses on sales, 7) Sales commissions, 8) Advertisement fee, 9) Installation expenses at places where the Licensed Products are to be used, 10) CIF price, and import duties of the raw materials, intermediate goods, parts and other components purchased from Licensor.

d) Royalty shall be computed for six month period terminating the last date of June and December of each year. Licensee shall make payment to Licensor within (　) days after receipt of relevant invoice from Licensor within (　) days after the last date of June and December of each year in the amount specified in Licensee's royalty statement mentioned in Article 8.

2. For the supervision and assistance by Licensor under paragraph 3 of Article 4, Licensee shall pay to Licensor service fees at the rates specified in Appendix ( ) within ( ) days after receipt of an invoice from Licensor.(*Omit in cases where engineers and/or technicians do not come to Korea*)

3. All payments due under this Article shall be made in (*U.S. currency, other currency*) strictly in accordance with this Article converted from Won at the official telegraphic transfer selling rate of exchange prevailing in Seoul, Korea on the expiry date of the immediately preceding ( ) month period for the calculation of the royalties hereunder.

4. All payments made to Licensor hereunder shall be by means of official telegraphic transfer remittance, mail transfer remittance, banker's check or through non-resident foreign currency deposit account established at bank(s) in (*Licensor country, other country*) in the name of Licensee or shall be remitted to the bank designated by Licensor.

Article 7. Supply of components, parts and raw materials (*Omit if there are no supply of components, parts and raw materials*)

1. Upon Licensee's written request, Licensor shall supply components, parts and raw materials to Licensee in due time and at reasonable and competitive prices.

2. Licensee shall open irrevocable Letter of Credit to buy components, parts and raw materials from Licensor.

Article 8. Records, Auditing and Reports

1. Licensee shall send its statement of royalties due for the immediately preceding ( ) month period together with full evidences which Licensor may require, to reach Licensor not later than ( ) days after the expiration of the immediately preceding ( ) month period.

2. At the time of remitting the royalties, Licensee shall submit to Licensor a written report stating the net selling price, overall order price with clients, the number, and the type of the Licensed Products sold or used by Licensee under this Agreement during the ( ) month period ended on June 30th and December 31st each year.

Article 9. Guarantee

1. During the terms of this Agreement, Licensor shall be responsible for damage resulting from defective Technical Information and parts furnished to Licensee by Licensor.

2. Licensor shall not be responsible for consequential damages resulting

from the faulty application of Technical Information by Licensee.

Article 10. Duration and Termination

1. This Agreement shall be effective for an initial period of (　　) years from the effective date of this Agreement. After the end of this period, the agreement shall expire without notice. The parties may agree to extend the term of this Agreement, provided, however, that any extension shall be subject to the necessary approval by government of the Republic of Korea.

2. If either party hereto continues in default of any obligation imposed on it herein for more than (　　) days after written notice has been dispatched by registered airmail by the other party requesting the party in default to remedy such default, the other party may terminate this effect by registered airmail to the first party and this Agreement shall terminate on the date of dispatch of such notice. In the event of bankruptcy, receivership, insolvency or assignment for the benefit of creditors of either party hereto, the other party may terminate this Agreement effective immediately by giving the first party written notice to that effect.

Article 11. Use of Trademark and Brand Name

1. Licensor hereby grants to Licensee, upon the terms and conditions hereinafter specified, an exclusive (a non-exclusive) and non-assignable license to use the Licensed Trademarks during such time as this Agreement subsists in such manner as not to deceive the public, on and in connection with the Licensed Products. Licensor will not grant a License to use the Licensed Trademarks in the Contract Territory to any other third party in Korea during the term of this Agreement.

2. Licensee shall be entitled to use Licensed Trademarks on Licensee's letter headings, invoices and all advertising and promotional materials in such form and in such manner as shall be approved at the first consulting in writing with the Licensor.

3. Each Licensed Trademark shall be used only after it has been duly registered with the Patent Office, and after this Agreement has also been duly registered with the Patent Office.

4. This License to use the Licensed Trademark is provided on a royalty free basis and Licensee shall have the right to use combined trademark on the Licensed Products.

5. If this Agreement is terminated, Licensee shall immediately cease using the Licensed Trademark.

Article 12. Patent Infringement

Should any Licensed Product manufactured by Licensee strictly in accordance with the Technical Information supplied by Licensor under this Agreement partially or totally infringe the patent right belonging to the third party which shall make a claim against Licensee for alleged infringement of such patent right, Licensee shall immediately by cable inform Licensor thereof and transfer the claim with all pertinent details to Licensor, who shall be responsible for handling of the claim and Licensee shall in no respect have any responsibility for the claim from such party.

Article 13. Secrecy

Licensee agrees that it shall not without prior written consent of Licensor sell, assign or divulge the Technical Information disclosed and furnished by Licensor hereunder in any manner to anyone except those of its employees and its sub-contractors who will be using such information in the manufacture and assembly of the Licensed Products.

Article 14. Taxation (*Deleted*)

Article 15. Arbitration

Any dispute arising under or by virtue of this Agreement or any difference of opinion between the parties hereto concerning their rights and obligations under this Agreement, shall be finally resolved by arbitration. Such arbitration proceedings shall take place in (*Seoul, Geneva*) in accordance with the applicable rules of arbitration of (*the Korean Commercial Arbitration Board, the International Chamber of Commerce*), but the proceedings should be conducted in the English language. The decision of the arbitration proceedings shall be final and binding upon both parties.

Article 16. Effective Date

It is clearly understood and agreed by both parties that this Agreement shall be deemed effective when all conditions imposed by the Korean government and the government of (*Licensor country*) shall have been met to the satisfaction of Licensor and Licensee. The date of such government approval shall become the effective date of this Agreement. Licensee and Licensor shall notify in writing to the other party specifying the date of their respective government's approval.

Article 17. Applicable law

This Agreement shall be construed and interpreted in accordance with the laws of the Republic of Korea.

Article 18. Force Majeure

Neither party shall be liable to the other party for non-performance or delay in performance of any of its obligation under this Agreement due to causes beyond its reasonable control including fire, flood, strikes, labor troubles or other industrial disturbances, unavoidable accidents, governmental regulations, riots, terrorism and insurrections. Upon the occurrence of such a force majeure condition the affected party shall immediately notify the other party with as much detail as possible and shall promptly inform the other party of any further development. Immediately after the cause is removed, the affected party shall perform such obligations with all due speed unless the Agreement is previously terminated in accordance with Article 10 hereof.

Article 19. Notices

All communication notices or the like between the parties shall be valid when made by telegraph or cable communication subsequently to be confirmed in writing and addressed to the following addresses.

To Licensee : ____________________ To Licensor : ____________________

Article 20. Language

1. The language to be used in rendering the Technical Information disclosed and furnished to Licensee by Licensor under this Agreement shall be in English.
2. The language for correspondence between the parties and any documentation shall be in English.

Article 21. Entirety

This instrument embodies the entire agreement and understanding between the parties hereto relative to the subject matter hereof ; and there are no understandings, agreements, conditions or representations, oral or written, expressed or implied, with reference to the subject matter hereof that are not merged herein or superseded hereby. No modification hereof shall be of any force or effect unless reduced to writing and signed by the parties claimed to be bound thereby and no modification shall be effected by the acknowledgement or acceptance of any order containing different conditions.

IN WITNESS WHEREOF, the parties have caused this Agreement to be executed by their duly authorized representatives as of the date first above written.

☞ [번역]

표준기술도입계약서

이 계약은 [기술제공국가]의 [기술제공자의 주소]에 본사를 둔 [기술제공자명] (이하 "기술제공자"라 칭함)와 대한민국의 [기술도입자 주소]에 본사를 둔 [기술도입자명] (이하 "기술도입자"라 칭함)간에 [__년] [__월] [__일]자로 체결되었다.

— 증 —

기술제공자는 오랫동안 [제품명] (이하 "계약제품"이라 칭함)을 제조·판매하여 왔다.

기술제공자는 계약제품의 설계, 제작, 설치 및 사용에 대한 기술정보를 취득·소유하고 있다.

기술제공자는 계약제품에 관련하여 기술정보(또는 산업재산권)의 사용권을 허여할 권리를 보유한다.

기술도입자는 기술제공자가 제공한 기술정보를 이용하여 계약제품을 제조, 사용 및 판매할 수 있는 권리와 실시권을 취득하고자 하며, 기술제공자는 이를 허여할 용의가 있다.

이에 양 당사자는 이하 명시된 약속을 약인으로 하여 다음과 같이 합의한다.

제1조 정 의

이 계약서에서 사용하는 아래의 용어는 각각 다음과 같은 의미를 갖는다.

1. "계약제품"이라 함은 아래에 언급된 의미를 갖는다. 계약제품의 세부사항은 이 계약서의 부록에 규정하고 있다.

2. "기술정보"라 함은 계약제품의 제조, 사용 및 판매와 관련하여 기술제공자에 의하여 개발되었거나 기타 일반적으로 사용되고 있는 모든 기술적 지식, 노하우, 표준계산서, 자료 및 정보를 의미한다.

3. "계약지역"이라 함은 대한민국 정부에 속하는 지역을 의미한다.

4. "산업재산권"이라 함은 기술제공자에 의하여 현재 소유 중이거나 또는 소유하게 될, 그리고 계약제품의 제조에 사용 또는 적용되고 이 기간 동안에 실시권을 관리 또는 허여할 수 있는 특허, 실용신안, 출원에 관한 모든 권한을 의미한다.(산업재산권이 없는 경우 삭제)

5. "계약상표"라 함은 이 계약서의 부록 (   )에 명시된 상표를 의미한다.

제2조 실시권의 허여

1. 기술제공자는 기술도입자에게 기술제공자가 제공하는 산업재산권과 기술정보를 사용하여 계약지역내에서 계약제품을 제조, 사용 및 판매할 수 있는 독점적(비독점적) 실시권을 허여한다.

2. 기술제공자는 기술도입자에게 [기술제공국가]를 제외한 전세계의 모든 국가에 판매할 수 있는 독점적(비독점적) 권리를 허여한다.(필요 없는 경우 삭제)

제3조 판매정보

1. 기술도입자의 서면요청에 의거, 기술제공자는 기술도입자가 견적을 준비할

수 있도록 하기 위하여 기술제공자가 현재 사용하는 정보로서 필요한 도면, 기술자료 및 세분한 가격정보를 제공하여야 한다.

2. 기술제공자는 기술도입자의 계약제품 판매를 지원하기 위하여 일반적으로 판매촉진에 사용되는 경상적인 자료, 즉 모든 계약제품을 망라할 수 있는 책자, 제품목록과 기술제공자가 이용가능한 기술자료 등의 완전한 일체를 기술도입자에게 제공하여야 한다.

제4조 기술지원과 용역

1. 기술제공자는 기술도입자가 가장 유리하게 계약제품을 제조할 수 있도록 다음과 같은 자료를 지체 없이 기술도입자에게 공급하여야 한다.

a) 설계, 제작 및 조립용 도면, b) 사양서, c) 재료목록, d) 일반적 계산서, e) 검사 및 시운전용 자료, f) 제작 및 조립과정서, g) 작동 및 안내서, h) 기타 기술제공자가 일반적으로 사용하는 필요한 기술자료 및 노하우(불필요한 항목은 삭제 또는 대체)

2. 기술도입자의 요청에 의거, 기술제공자는 기술도입자가 지명한 적정인원의 기술자가 기술제공자측에서 계약제품의 설계와 제작에 대하여 연구할 기회를 가질 수 있도록 허용하여야 한다. 기술도입자는 그가 지명한 직원의 방문목적, 인원수, 성명, 자격 및 예상 체류기간을 사전에 기술제공자측에 통지하여야 한다. 기술제공자는 그러한 기술도입자 직원의 자문과 훈련을 담당할 유자격자를 배치하여야 한다. 파견되는 기술도입자 직원의 왕복여행비, 숙식비 및 기타 필요경비는 기술도입자가 부담한다.(기술훈련이 없는 경우 삭제)

3. 기술도입자의 서면요청에 의거, 기술제공자는 인력의 파견이 가능하고 상호 합의가 이루어졌을 때 합의된 적정기간 동안 계약제품의 제조, 판매 및 작동에 관한 지원과 용역을 기술도입자에게 제공하기 위하여 유자격 기술자나 기능자를 기술도입자측에 파견하여야 한다. 다만 기술도입자는 파견기술자나 기능자의 [기술제공국가]의 출발부터 도착까지의 여행비와 한국에서의 생활비를 부담할 것에 동의한다. 기술제공자는 파견된 기술자나 기능자가 전문기술을 보유한 숙련자로서 근면성실히 지원과 용역업무를 수행할 수 있는 자임을 보장하여야 한다.(기술자 내한이 없는 경우 삭제)

제5조 개 량

이 계약기간 동안에 당사자 일방이 계약제품이나 또는 동 제품의 설계, 제작, 사용 및 판매에 관련한 개량이나 발명을 하였을 경우에는, 이 당사자는 그러한 개량이나 발명에 대한 정보를 지체 없이 무료로 상대방에게 제공하여야 한다.

제6조 지 급

1. 기술제공자가 기술도입자에게 제공한 기술정보의 대가로 기술도입자는 다음의 기술료를 아래에 기술된 액수와 방법으로 기술제공자에게 지급하여야 한다.

(a) 착수금(착수금이 없는 경우 삭제) : 기술도입자는 [해당 금액] 상당의 착수금을 미화로 기술제공자에게 지급한다. 착수금은 대한민국 정부당국의 승인일로부터

(　　)일 이내에 전신환 송금으로 지급하여야 한다.

(b) 기술료 : 계약제품의 순판매가격의 (　　) %.

(c) 순판매가격은 정상적으로 기술도입자에 의하여 판매 또는 처분된 계약제품의 총 송장가격에서 아래의 사항을 공제한 금액이다.

1) 판매할인, 2) 판매환입, 3) 간접세, 4) 보험료, 5) 포장비, 6) 수송비, 7) 판매수수료, 8) 광고비, 9) 계약제품의 사용장소에 대한 설치비, 10) 기술제공자로부터 구입된 원자재, 중간재, 부품 및 구성품의 운임·보험료포함(CIF) 가격 및 수입관세.

d) 경상기술료는 매년 6월말과 12월말을 만기로 (　　)월 단위로 계산한다. 기술도입자는 제8조에 명시한 기술도입자의 경상기술료 계산서에 규정된 금액을 6월말과 12월말 이후 (　　)일 이내에 발행된 기술제공자의 관련송장 접수 후 (　　)일 이내에 지급하여야 한다.

2. 제4조 3항의 규정에 의거, 기술제공자의 감독 및 기술지원에 대하여 기술도입자는 부록에 규정된 비율의 용역비를 기술제공자가 발행한 송장 접수 후 (　　)일 이내에 지급하여야 한다.(기술자 내한이 없는 경우 삭제)

3. 이 조항에 의거한 모든 지급액은 엄격히 이 조항에 따라 경상기술료의 산정기간인 (　　)월이 되는 만기일에 대한민국 서울에서 적용되는 공정 전신환매도율에 의거하여 원화로 환산한 [미화, 기타 통화]로 지급하여야 한다.

4. 기술제공자에 대한 모든 지급액은 공정 전신환송금, 우편전송금, 은행수표 또는 기술도입자의 명의로 [기술제공국가, 기타 국명]의 은행에 개설된 거주자 외국통화 구좌를 통하여 기술제공자가 지정한 은행에 송금하여야 한다.

제7조 부품류의 공급(부품공급이 없는 경우 삭제)

1. 기술도입자의 서면요청에 의거, 기술제공자는 부품류를 합당하고 경쟁적인 가격으로 기술도입자에게 적기에 공급하여야 한다.

2. 기술도입자는 기술제공자로부터 부품류를 구매하기 위하여 취소불능 신용장을 개설하여야 한다.

제8조 기록, 감독 및 보고

1. 기술도입자는 (　　)월간의 전기에 대한 경상기술료의 계산서와 기술제공자가 필요로 하는 근거자료를 해당기 익월 (　　)일 이내에 기술제공자에게 도착할 수 있도록 송부하여야 한다.

2. 경상기술료를 송금할 때에는 매년 6월 30일과 12월 31일에 종료되는 (　　)월 동안 기술도입자가 판매하고 사용한 계약제품의 순판매가격, 총 주문가격과 고객, 수량 및 유형이 기술된 서면보고서를 기술제공자에게 제출하여야 한다.

제9조 보 증

1. 이 계약기간 동안 기술제공자는 기술도입자에게 제공한 결함있는 기술정보 및 부품으로 인하여 발생한 손해에 대하여 책임을 져야 한다.

2. 기술제공자는 기술도입자가 기술정보를 잘못 사용함으로써 발생하는 결과적인 손해액에 대하여는 책임을 지지 아니한다.

제10조 기간 및 종료

1. 이 계약은 이 계약의 발효일로부터 초기 ( )년 동안 유효하다. 만기 이후에는 당사자 일방의 통지가 없어도 이 계약은 종료된다. 양 당사자는 대한민국 정부의 필요한 승인에 의하여 계약기간을 연장할 수 있다.

2. 결함을 가진 당사자 일방에 대하여 상대방이 그러한 결함의 피해구제를 청구하는 내용의 서면통지를 항공등기우편으로 발송한 후 그 일방이 ( )일이 경과하도록 부과된 의무를 이행하는데 태만히 하는 경우에는, 상대방은 그 일방에 대하여 항공등기우편으로 그 효력을 종료시킬 수 있으며, 이 계약은 그러한 통지를 발송한 날로부터 종료된다. 당사자 일방의 파산이나 법정관리, 지급불능 또는 채권 양도의 경우에는, 상대방은 그 결과에 대한 서면통지를 그 일방에게 함으로써 즉시 이 계약의 효력을 종료시킬 수 있다.

제11조 등록상표와 상품명의 사용

1. 기술제공자는 여기에 특별히 규정된 조건에 따라 이 계약의 유효기간 동안 공중을 기만하지 아니하는 형태로 계약제품에 관하여 계약상표를 사용할 독점적(비독점적) 양도불가능한 사용권을 기술도입자에게 허여한다. 기술제공자는 이 계약기간 동안 대한민국내의 제3자에게 계약지역내에서 계약상표를 사용할 권리를 허여하지 아니한다.

2. 기술도입자는 기술도입자의 편지서두, 송장과 모든 광고·판촉물에 기술제공자로부터 최초로 서면협의를 받은 형식으로 계약상표를 사용할 수 있다.

3. 각 계약상표는 특허청에 합법적으로 등록하고, 이 계약 자체도 특허청에 합법적으로 등록한 후에 사용하여야 한다.

4. 이 계약상표의 사용권은 사용료 없이 제공하고 기술도입자는 결합상표를 사용할 권리를 가져야 한다.

5. 이 계약이 종료되는 경우에는, 기술도입자는 계약상표의 사용을 즉시 중지하여야 한다.

제12조 특허권 침해

이 계약에 의거 기술제공자가 제공한 기술정보에 따라 기술도입자가 제조한 계약제품이 제3자의 특허권을 일부 또는 전체적으로 침해하여 그 특허침해에 대한 클레임을 제기당하였을 경우에는, 기술도입자는 즉시 전신으로 기술제공자에게 이를 통지하고 클레임 처리에 전적으로 책임을 지고 있는 기술제공자에게 모든 관계명세와 함께 클레임을 이송하여야 하며, 기술도입자는 여하한 경우에도 제3자로부터의 클레임에 대한 하등의 책임을 지지 아니한다.

제13조 비밀유지

기술도입자는 기술제공자의 사전 서면동의 없이는 기술제공자가 공개하였거나 제공한 기술정보를 계약제품의 제작과 조립을 담당하는 기술도입자의 직원이나 하청계약자에게 공개하거나 제공하는 것 이외에 여하한 방법으로도 타인에게 판매, 양도 또는 누설하여서는 아니된다는 것에 동의한다.

제14조 과 세(삭제)

제15조 중 재

이 계약으로 인한 양 당사자의 권리와 의무에 관한 양자간의 견해차이로 발생되는 분쟁은 최종적으로 중재에 의하여 해결하기로 한다. 그러한 중재절차는 [대한상사중재원, 국제상업회의소]의 적용가능한 중재규칙에 따라 [서울, 제네바]에서 이루어지고, 영어로 진행한다. 중재절차의 판정은 최종적이며, 당사자 쌍방을 구속한다.

제16조 계약발효일

이 계약은 한국 정부 및 [기술제공국가] 정부가 부과한 조건에 부합한 때에 발효하는 것으로 보는 것에 당사자 쌍방이 분명히 이해하고 동의한다. 어느 정부가 최종적으로 승인한 날이 이 계약의 발효일이 된다. 기술도입자와 기술제공자는 정부의 승인일자를 상호 서면으로 통지하여야 한다.

제17조 준거법

이 계약은 대한민국의 법률을 적용한다.

제18조 불가항력

당사자의 어느 일방도 합리적으로 통제할 수 없는 화재, 홍수, 동맹파업, 노동쟁의나 기타 산업혼란, 재앙, 정부법령, 폭동, 테러, 반란으로 인한 이 계약상의 의무불이행이나 지연에 대하여는 책임을 지지 아니한다. 그러한 불가항력의 상태에 처하였을 때에는, 그 당해자는 즉시 가능한 세부사항과 향후 진전사항을 상대방에게 알려야 한다. 원인이 제거된 직후 당해자는 제10조의 규정에 따라 이 계약이 사전에 종료되지 아니하였다면, 신속히 제반 의무를 이행하여야 한다.

제19조 통 지

양 당사자간의 모든 통신연락은 아래의 주소로 추후에 서면의 확인을 위한 전보나 전기통신에 의해 행하여질 때 유효하다.

기술도입자 주소 : ________________ 기술제공자 주소 : ________________

제20조 언 어

1. 이 계약에 의거 기술제공자가 기술도입자에게 공개하거나 제공하는 기술정보를 전달하는데 사용하는 언어는 영어로 한다.
2. 양 당사자간의 통신용 언어와 모든 서류는 영어로 표기하여야 한다.

제21조 완전합의

이 증서는 주제와 관련된 양 당사자간의 완전한 합의와 양해를 구체화한 것이며, 주제와 관련하여 이 계약에 흡수되거나 이 계약에 의하여 대체되지 아니하고 구두나 서면으로 표현 또는 암시된 양해, 합의, 조건 또는 표시는 존재하지 아니한다. 어떠한 수정사항도 서면으로 작성하여야 하며, 이에 대한 클레임을 받고 있는 어느 당사자에 의하여 고쳐져 서명되지 아니하는 한, 상이한 조건을 포함한 어떠한 주문을 승인 또는 수락할지라도 그 수정은 효력을 갖지 못한다.

이를 입증하기 위하여, 양 당사자는 상기의 서두에 기재된 일자로 각기 정당한 권한을 받은 대표자에 의하여 이 계약을 체결한다.

---

(1) 계약서의 서두(heading)

기술도입계약서의 서두에는 표제 · 계약당사자 · 서명일을 표기하고 이어 전문을 두는 것이 일반적이다. 표제는 계약내용에 따라 '특허실시계약서'(Patent License Agreement), '특허 · 노하우라이센스계약서'(Patent and Know-how License Agreement), '상표사용허가계약서'(Trademark License Agreement), '기술도입계약서'(Technical License Agreement) 등으로 붙일 수 있다.

(2) 용어의 정의(definitions)

모든 계약서에는 이하 사용하는 주요 용어에 대한 당사자간의 해석상 차이가 없도록 용어의 정의조항을 두어야 한다. 주로 정의되는 용어는 계약제품(licensed products), 기술정보(technical information), 계약지역(contract territory), 산업재산권(industrial property rights), 계약상표(licensed trademarks), 특허(patents), 독점지역(exclusive territory), 순판매가격(net selling price), 효력발생일(effective date) 등과 같은 용어들이다.

(3) 라이센스의 허여(grant of license)

라이센스의 허여조항에는 그 대상이 특허, 특허와 노하우 또는 상표의 여부 등을 구분하여 명기하여야 한다. 또 라이센스를 한 권리가 독점적 또는 비독점적인지를 구분하고, 계약지역이 국내로 제한 또는 다른 국가에도 미칠 수 있는지 등을 상세히 정하여야 한다. 예컨대 "기술제공자는 기술도입자에게 기술제공자가 제공하는 산업재산권과 기술정보를 사용하여 계약지역에서 계약제품을 제조 · 사용 · 판매할 수 있는 독점적 라이센스를 허락한다."라고 기재하면 된다. 그러나 계약제품의 해외판매를 제한하는 내용은 불공정행위가 된다.

(4) 기술정보(technical information)

기술정보란 계약제품의 제조 · 사용 · 판매에 필요한 정보로서, 기술제공자가 현재 소유하고 있는 이용가능한 도면, 기술자료, 가격정보 등을 말한다. 기술자료라고 볼 수 있는 것은 설계 · 제작 · 조립용도면, 사양서, 재료목록, 일반적인 설계서, 검사 및 시운전용 자료, 제작 및 조립과정서, 작동 및 안내서, 기타 기술제공자가 사용하는 기술자료 및 노하우 등이 있다. 계약서에는 기술제공자가 제공할 기술정보의 범위, 기술정보의 제공시기와 제공방법 등에 관하여 명기하여야 한다. 또 기술제공자는 계약기간이 만료되거나 해제되었을 때에 기술도입자에게 제공한 기술정보를 반환할 것을 정할 수 있다.

나아가 기술정보의 제공은 문서자료 이외에 기술직원(technical personnel)의 파견이나 초빙에 의하여 이루어질 수 있다. 이러한 경우 기술직원의 여비, 숙박비, 체재비 등을 누가 부담할 것인지를 정하여야 한다.

(5) 기술개량(technical improvements)

기술개량이란 계약기간 중에 어느 일방에 의하여 계약제품과 관련한 기술의 개량 또는 발명이 이루어지는 경우로서, 계약서에는 이러한 개량기술의 처리문제를 명기하여야 한다. 즉, 개량기술을 당초의 계약기술에 포함시킬 것인지, 아니면 이를 별개로 할 것인지를 정하여야 한다. 만약 개량기술을 계약기술에 포함시킬 경우에는, 모든 개량기술은 상대방에게 공개하여야 한다. 그러나 계약서에서 기술도입자가 개량기술을 기술제공자에게 일방적으로 귀속시키도록 하거나(grant back, assign back) 또는 기술도입자의 기술개량을 부당하게 제한하는 조항은 불공정행위로서 금지된다.

(6) 기술료의 지급(payment of royalty)

기술료란 특허·상표 등의 기술이전의 대가로서, 계약서에는 기술료의 금액과 지급방법을 명기하여야 한다. 기술료는 금액의 결정방법에 따라 정액기술료(fixed royalty)와 경상기술료(running royalty)로 나누어진다.

정액기술료는 계약제품의 제조량이나 판매량과는 관계 없이 일정한 금액을 정하는 것으로서, 그 지급방법은 일시급(lump sum)이나 분할급(installment)으로 할 수 있다. 반면 경상기술료는 착수금(initial payment)을 지급하고 계약제품의 제조량이나 판매량에 따라 일정률의 기술료를 정기적으로 지급하도록 정하는 방법이다. 그러나 과다한 기술료의 책정은 불공정행위에 해당할 수 있다.

(7) 부품류의 공급(supply of parts, etc.)

기술도입자의 요청이 있을 때에 기술제공자는 계약제품의 부품류를 적기에 공급하도록 계약조항을 정하는 경우가 있다. 그러나 계약제품의 제조를 위하여

기술제공자나 그가 지정한 자로부터 부품류를 구매하도록 의무화하는 계약조항은 불공정행위가 된다. 다만 기술제공자의 부품류를 사용하지 아니하면 안되는 특수한 사정이 있거나, 또는 다른 업체의 부품류가 가격·품질면에서 불리하는 등의 합리적인 사정이 있는 경우에는 예외이다.

(8) 보증과 면책(guarantee & hold harmless)

계약기간 동안 기술제공자는 자신이 제공한 기술정보 및 부품의 결함으로 인하여 발생한 손실에 대하여 책임을 져야 한다. 기술도입자는 계약을 체결할 때 기술제공자가 제공한 특허의 유효성, 기술정보의 정확성, 계약제품의 품질 등에 대한 보증조항(guarantee)이 있는가를 확인하여야 한다. 반면에 기술제공자는 기술도입자가 기술정보를 잘못 사용함으로써 발생하는 결과적인 손실에 대하여 책임을 지지 아니한다는 면책조항(hold harmless)을 두는 것이 바람직하다. 즉, 기술도입자가 기술정보를 잘못 사용하여 제조·판매한 제품에 대하여 소비자의 클레임이 발생하였다면 이는 기술제공자의 면책사유가 된다.

(9) 계약기간 및 종료(duration & termination)

기술도입계약의 유효기간은 정부의 신고필증을 받은 효력발생일로부터 개시하도록 정하는 것이 바람직하다. 계약기간이 1년 이상인 경우에는 지식경제부장관에게 신고해야 하는 경우가 있다(외국인투자촉진법 제25조 1항). 이와는 별도로 당사자 일방의 귀책사유에 의한 결함, 파산·법정관리·지급불능·채권양도 등의 해제사유로 인한 계약종료(termination)에 관한 조항도 두어야 한다.

(10) 특허권의 침해(patent infringement)

계약서에는 기술제공자가 제공한 기술정보에 의하여 제조한 계약제품이 제3자의 특허권을 침해하였다는 이유로 소송을 당하였거나, 반대로 제3자가 계약기술의 특허를 침해하였을 때 누가 이에 응소할 것인지를 명기하여야 한다.

기술제공자가 제3자의 침해소송에 대하여 담보책임을 지는 경우에는, 기술제공자가 이에 응소하여야 하고, 기술도입자는 피소된 사실을 기술제공자에 보고하면 된다. 반면에 기술제공자가 제3자의 침해소송에 대하여 면책을 규정하는 경우에는, 기술제공자는 이에 일체의 책임을 지지 아니한다. 그러나 기술제공자의 전면적인 면책조항을 규정하는 것은 불공정행위로서 금지된다.

(11) 비밀유지(secrecy)

계약서에는 기술제공자가 제공한 기술정보를 기술제공자의 동의 없이 타인에게 판매 · 양도 · 누설하지 못하도록 비밀유지조항을 둘 필요가 있다. 비밀유지 의무의 대상자는 구체적으로 이를 접할 기회가 있는 사용자, 종업원과 전직자, 자회사, 하청업자, 자재공급자 등으로 명기하는 것이 바람직하다. 기업의 영업비밀은 각국의 실정법에서도 엄격히 보호하고 있다.[7)]

(12) 중재 및 준거법(arbitration & applicable law)

당해 계약에 대하여 발생하는 분쟁은 최종적으로 상사중재(commercial arbitration)에 의한다는 구속문언과 중재장소 · 중재기관 · 중재절차, 그리고 중재나 소송시의 준거법 등에 관한 내용을 합의해 두는 것이 바람직하다. 그러나 당사자간에 분쟁이 발생하였을 경우에, 중재기관 또는 준거법에 관하여 당사자의 일방이 부당하게 불이익이 되도록 하는 조항은 불공정행위가 된다.

(13) 불가항력(force majeure)

당사자의 어느 일방도 합리적인 통제를 벗어난 불가항력의 사유, 예컨대 화재, 홍수, 동맹파업, 노동쟁의나 기타 산업혼란, 재앙, 정부법령, 폭동, 반란, 테러 등으로 인하여 계약상의 의무불이행이나 지연이 발생하는 경우에는 이에 책임을 지지 아니한다. 그러나 계약상에 불가항력조항이 없으면 그 면책을 인정하지 아니하는 국가도 있기 때문에, 이러한 근거규정은 꼭 필요한 것이다. 아울러 불가항력의 발생에 대한 통고의무도 명기하여야 한다.

(14) 완전합의 및 말미(entirety & in witness whereof)

기술도입계약서에는 일반계약서와 마찬가지로 이 문서가 당사자간의 권리와 의무관계의 통합적인 합의로서, 이후에 정당한 권한을 가진 대표자의 서명에 의한 서면작성이 없이는 이 계약을 변경하거나 취소할 수 없다는 완전합의의 문언과 함께, 이를 증명하기 위하여 당사자 쌍방이 각기 정당한 권한을 부여받은 대표자에 의해 서명되어 있다는 맺음말을 기재하여야 한다.

---

7) 서정두, 전게서, pp. 460~463.

2. 기술도입계약의 신고

(1) 기술도입계약의 신고절차

대한민국국민 또는 대한민국법인이 외국인과 대통령령이 정하는 기술도입계약을 체결한 때에는 지식경제부령이 정하는 바에 따라 지식경제부장관에게 신고하여야 한다. 신고한 기술도입계약 내용을 변경한 때에도 또한 같다.8)

기술도입계약의 신고를 하고자 하는 자는 소정의 신고서(외국인투자촉진법 별지서식) 2부에 기술도입계약서를 첨부하여 당해 기술을 도입하는 사업의 주무부장관에게 제출하여야 한다. 변경신고를 하는 경우에도 또한 같다.

다만 기술도입이 ① 국가의 안전과 공공질서의 유지에 지장을 초래하거나, ② 국민의 보건위생 또는 환경보전에 해를 끼치거나 미풍양속에 현저히 반하거나, ③ 대한민국의 법령에 위반되는 등의 경우에는 기술도입을 할 수 없다.

(2) 기술도입계약의 신고대상

기술도입계약의 신고대상거래는 신고일로부터 6월 이내에 발효되는 것이어야 하며, 신고한 기술도입계약이 이 기간내에 발효되지 아니하는 경우에는 그 신고의 효력이 없는 것으로 본다(동법 제25조 3항).

다만 효력발생기간에 관하여 미리 지식경제부장관의 승인을 얻은 경우에는 그러하지 아니하다. 신고인으로부터 기술도입계약의 효력발생기간에 대한 연장 승인신청이 있는 때에는 주무부장관은 3일 이내에 그 승인 여부를 결정하여 그 결과를 신청인에게 통보하여야 한다.

또 신고하여야 할 기술도입계약의 범위는 기술도입대가의 지급기간 또는 계약기간이 1년 이상으로서 다음의 각 호에 해당하는 계약으로 한다. 다만 이미 발효 중인 기술도입계약의 기간을 연장하는 경우 동 기간을 계산함에 있어서는 최초계약과 연장계약의 기간을 합하여 산정한다.

① 조세특례제한법의 규정에 의한 국내산업의 국제경쟁력 강화에 긴요한 고도기술에 해당하여 재정경제부장관에게 조세면제를 신청하는 계약

② 항공우주산업개발촉진법의 규정에 의한 항공기와 우주비행체(지상지원설비 포함) 및 그 부분품에 관한 기술을 도입하는 계약

③ 방위산업에 관한 특별조치법의 규정에 의한 방산물자에 관한 기술을 도입하는 계약 등.

---

8) 외국인투자촉진법 제25조 1항.

(3) 기술도입신고필증의 교부

지식경제부장관은 기술도입계약의 신고가 있는 경우에는 대통령령이 정하는 기간내에 신고인에게 신고필증을 교부하여야 한다(동법 제25조 2항).

기술도입계약의 신고필증은 소정의 신고서를 접수한 즉시 교부하여야 한다. 다만 기술도입계약의 신고와 함께 조세특례제한법의 규정에 의하여 조세면제의 신청을 하는 경우에는 신고필증의 교부기간은 7일을 말한다.

3. 기술도입계약의 당사자관계

기술도입계약의 당사자에 대한 법률관계는 각 계약의 유형에 따른 특수사항과 모든 기술계약의 공통사항이 있는데, 이 책에서는 모든 기술계약의 공통사항을 중심으로 알아 본다. 또 당사자의 의무는 계약상에 규정이 없더라도 당연히 부담하는 본질적 의무와 계약상에 명시규정이 있을 때에만 부담하는 약정의무가 있는데, 여기서는 당사자의 본질적 의무를 중심으로 다루고자 한다.

(1) 기술제공자의 의무

가. 기술제공의무(grant of license)

기술제공자는 기술도입자에 대하여 계약기술을 제공할 의무를 지며, 또 기술도입계약은 매매계약과는 달리 계속적인 채권관계이기 때문에 당해 계약이 존속하는 기간 동안에 이를 유지할 의무를 진다. 라이센스에 의한 기술제공의 방법은 여러 가지가 있을 수 있다. 몇 가지를 예를 들면 다음과 같다.

① 독점적 라이센스(exclusive license)와 비독점적 라이센스(non-exclusive license)가 있다. 전자는 기술제공자가 특정인에게 그 권리를 허락한 경우 제3자에 대하여는 이와 중복되는 권리를 허락하지 아니한다는 것으로서, 기술도입자는 일정한 범위내에서 제3자를 배제하고 계약대상인 특허·상표·노하우를 이용할 수 있다. 후자는 기술제공자가 특정인에게 허락한 것과 동일한 내용의 권리를 제3자에 대하여도 허락할 수 있는 조건의 라이센스를 말한다.

② 단독 라이센스(sole license)로서, 이는 기술제공자가 1인의 기술도입자에게만 라이센스를 주지만, 한정적으로나 일반적으로 이를 실시할 수 있는 권리는 기술제공자가 유보하는 라이센스를 말한다.

③ 명시적 라이센스(express license)와 묵시적 라이센스(implied license)가 있다. 전자는 서면에 의하든 구두에 의하든 관계 없이 명시적으로 허락하는 라

이센스를 말하고, 후자는 명시적으로는 허락하지 아니하였지만 해석에 의하여 당연히 발생하는 라이센스를 말한다.

④ 재 라이센스(sub-license)로서, 이는 기술도입자가 라이센스를 받은 기술을 제3자에게 다시 라이센스하는 것을 말한다. 이러한 재판매의 현상은 독점적 라이센스를 받은 기술도입자가 이를 실시할 수 없는 사정에서 기술제공자의 동의하에 이루어지는 것이 일반적이다.

기술제공의무는 노하우 라이센스의 경우에도 마찬가지이다. 즉, 노하우 라이센스계약이 체결되면, 기술제공자는 기술도입자에게 노하우를 제공할 의무를 지고, 기술도입자는 그 대가로 기술료를 지급하고 노하우의 비밀을 지킬 의무를 진다. 기술제공자의 노하우 제공은 통상 기술자료의 인도, 기술자의 파견 등의 형태로 하게 된다. 제공된 노하우를 사용한 결과, 소기의 효용을 얻지 못하는 경우에 대비하여 계약에서 품질보증의 규정을 두는 경우도 있다.

나. 하자담보책임(warranties)

기술제공자는 제공된 특허 · 상표 · 노하우의 유효성, 제3자의 권리침해, 기술정보 등에 대한 담보책임을 지고, 기타 품질보증도 부담하는 경우가 있다.

① 기술제공자는 계약유형에 따라 자신이 제공한 권리의 유효성, 즉 특허 · 상표 · 노하우에 하자가 없음을 보장하여야 한다. 특허 · 상표 · 노하우에 대한 하자에 의해 그 권리가 무효로 된 경우, 기술제공자는 기술료를 반환하여야 한다. 특히 상표라이센스의 경우에는 거액을 투자하여 계약제품을 선전하기 때문에, 라이센스된 상표가 무효로 되면 막대한 손실이 발생한다.

따라서 보장을 요구하는 기술도입자의 입장과 위험부담을 피하려는 기술제공자의 입장이 대립되는 경우가 있다. 그러나 정부에서는 기술제공자가 기술료를 받는 이상 적어도 계약기술이나 허가상표가 제3자의 권리를 침해하지 아니한다는 것을 보장하도록 행정지도를 하고 있다.

② 기술제공자는 자신이 제공한 특허 · 상표 · 노하우가 제3자의 권리를 침해하지 아니한다는 것을 보장하여야 한다. 기술도입자가 계약제품을 제조 · 판매하는 것이 제3자의 특허 · 상표권을 침해하게 되면, 기술도입자는 계약목적을 달성할 수 없다. 그러나 제3자로부터 특허 · 상표권의 침해소송이 제기되었을 경우, 기술제공자가 그 책임을 전적으로 부담하는 것은 위험부담이 너무 클 수 있다. 따라서 정부에서는 기술제공자가 전면적인 면책규정을 두고 있지 아니하는 한, 제3자의 특허 · 상표권에 대한 비침해의 보장을 하지 아니하는 계약이라

하더라도 이를 허용하고 있다.

③ 기술제공자는 기술도입자에게 제공하는 기술정보가 정확하고 적정한 것이며 제공된 기술정보에 하자가 없다는 것을 보장하여야 한다. 그러나 기술제공자가 정확하고 적정한 기술정보를 제공하였다면, 기술정보의 사용결과는 기술도입자의 기술사용능력, 생산설비, 생산원료, 노동의 질 등에 의하여 그 결과가 달리 나타날 수 있다. 따라서 기술제공자는 기술도입자가 기술정보를 사용한 결과에 대하여 보장할 필요는 없다.

④ 특허・노하우계약에서 기술제공자가 계약제품의 품질을 보증하도록 하는 경우가 있다. 그러나 품질보증은 계약에 의한 약정의무가 될 수 있지만, 법규상의 본질적 의무라고는 볼 수 없다. 왜냐하면 계약제품의 품질은 제조조건, 제조설비, 제조환경, 노동의 질 등에 의하여 결정되는 것이기 때문에, 이러한 제품에 대하여 기술제공자가 품질의 동일성을 보증하는 것은 무리이다.

다. 침해배제의무(protection against infringements)

특허・상표・노하우에 대한 비독점적 라이센스계약의 경우, 기술도입자는 자력으로 침해자를 배제할 수 없기 때문에, 기술제공자는 이를 배제하는데 협조할 의무를 진다. 그러나 독점적 라이센스계약에서는 제3자가 기술도입자의 권리를 침해한 경우에도 기술제공자는 그 침해를 배제할 의무를 지지 아니한다. 간혹 계약에서 기술제공자가 제 3 자의 권리침해를 배제할 의무를 지도록 정할 때도 있으나, 이때는 기술도입자에게 침해감시의무가 부과된다.

독점적 라이센스계약의 경우, 기술도입자에게 독점적 권리가 주어지기 때문에, 침해배제도 기술도입자 단독으로 할 수 있다. 따라서 제3자가 기술도입자의 권리를 침해하였을 때에도, 기술제공자는 이를 배제할 의무가 없다.

(2) 기술도입자의 의무

가. 기술료지급의무(payment of royalty)

기술도입자는 계약에 정한 기술료를 약정된 시기와 방법으로 기술제공자에게 지급하고 일정한 분기마다 기술료의 지급보고서를 제출할 의무를 진다. 기술료는 기술제공 또는 상표사용의 대가이므로, 기술료의 지급의무를 이행하지 아니할 경우 계약해제의 원인이 된다. 계약이 만료된 후에는 기술료의 지급의무를 면하지만, 계약기간 중에 어떠한 이유로 계약이 해지된 경우에는, 그 때까지 지급한 기술료는 적법한 것이므로 이를 반환받을 수 없다.

나. 권리부쟁의무(incontestability)

권리부쟁의무는 기술도입자에게 대상 특허·상표·노하우의 효력을 인정시키고 계약기간 중에는 그 효력을 다투어서는 아니된다는 의무조항을 부과하는 것을 말한다. 권리부쟁조항이 유효한가에 대하여는 의견이 일치하지 않다. 미국에서는 기술도입자가 기술료의 지급의무를 면하기 위해 특허의 효력을 다투는 것은 금반언(estoppel)의 원칙에 반하는 것이라 하여 권리부쟁의무를 인정해 왔으며, 또 대륙법계에서도 이를 인정하는 것이 통설로 되어 있다.

그런데 미국 연방최고법원은 1969년 *Lear, Inc. v. Adkins* 사건[9]에서 "라이센스계약상의 부쟁조항은 무효이고 기술도입자는 부쟁의무를 지지 아니한다."라고 판시하였으며, 그 후 국제적으로 권리부쟁의무의 긍정론이 흔들리고 있다. 우리나라의 경우도 권리부쟁성과 가쟁성에 관한 판례가 공존하고 있으며[10], 실정법에서는 권리부쟁의무를 불공정행위로 규정하고 있다.

다. 비밀유지의무(secrecy)

노하우 라이센스의 경우 기술도입자는 비밀유지의 의무를 진다. 즉, 기술도입자는 계약기간 및 계약종료 후의 일정기간 동안 노하우의 비밀을 제3자에게 누설하였을 경우에는 이로 인한 피해를 배상하여야 한다. 노하우가 일단 공개되면 그 재산적 가치는 소멸하기 때문에 기술도입자의 비밀유지의무는 노하우 라이센스계약의 핵심사항이 된다. 기술제공자는 기술도입자에 일임하여 비밀유지가 잘 되도록 기대하는 것보다 적극적으로 비밀을 지키도록 하는 조치를 마련해 두는 것이 바람직하다.

기업비밀의 누설사건은 대부분이 비밀정보를 취급하고 있는 종업원이나 전직자의 행위에 의하여 발생하고 있고, 종업원 관리상의 결함이 그 대표적인 원인으로 지적되고 있다. 영업비밀의 관리는 고용관리와 밀접한 관계에 있다. 따라서 기술도입자는 노하우의 보유사원을 우대하여 그들의 전직을 방지하는데 힘써야 하고 종업원의 영업비밀누설을 방지하는데 최선을 다하여야 한다.

라. 계약종료후의 의무사항

특허·상표·노하우의 기술도입계약은 계약기간의 만료 또는 만료전의 의무불이행에 의한 계약해지로 종료된다. 계약해지에 의해 계약관계가 종료되었을 경우에는, 기술도입자는 그 때까지의 기술료를 지급하여야 한다.

---

9) 395 U.S. 653 (1969).

10) 대판 1979. 4. 10, 77후49 ; 대판 1980. 3. 25, 79후76.

계약이 종료된 후에는, 기술도입자는 특허·상표·노하우의 사용을 중지하고 노하우의 비밀유지의무를 지켜야 한다. 이 밖에도 계약이 종료되면, 기술도입자는 기술자료를 반환하고 계약제품의 판매를 중지하여야 한다. 판매가 중지된 재고품에 대하여는 이를 기술제공자가 구매하도록 할 것인지, 아니면 나머지의 기술료를 지급하고 판매할 것인지를 협의하여야 한다.

제 3 절 지식재산권 라이센스계약

지식재산권(intellectual property)에 관한 라이센스계약은 그 대상에 따라 특허라이센스계약, 상표라이센스계약, 노하우 라이센스계약, 그리고 특허·상표·노하우 등이 혼합된 혼합 라이센스계약(hybrid contract) 등이 있다.

1. 특허 라이센스계약

(1) 특허 라이센스의 형태

특허라이센스는 라이센스계약의 표본으로서, 다음과 같은 형태로 이루어진다.

① 특허라이센스(patent license)는 독점적 실시허락(exclusive license)과 비독점적 실시허락(non-exclusive license)으로 나누어진다. 전자는 기술제공자가 특정인에게 특허권의 실시허락을 할 때 제3자에게는 이와 중복되는 내용의 허락을 하지 아니할 것을 약속하는 것이고, 후자는 특정인에게 실시허락한 것과 동일한 내용을 제3자에게도 허락할 수 있다는 조건의 계약을 말한다.

우리나라의 경우 특허법에서 이를 전용실시권의 설정과 통상실시권의 허락으로 각각 규정하고 있다. 즉, 특허법 제100조에는 "특허권자는 그 특허권에 대하여 타인에게 전용실시권을 설정할 수 있다. 전용실시권의 설정을 받은 전용실시권자는 그 설정행위로 정한 범위안에서 업으로서 그 특허발명을 실시할 권리를 독점한다."라고 규정하고 있다. 전용실시권의 설정, 이전, 변경, 소멸, 처분 등의 제한에 관한 사항은 이를 등록하여야 효력이 발생한다(제101조). 아울러 통상실시권의 허락에 관하여는 제102조에 규정을 두고 있다.

② 특허라이센스는 소극적 실시허락(negative license)과 적극적 실시허락(positive license)으로 나누어진다. 전자는 단지 특허권의 실시만를 허락할 뿐

이고 기술제공자가 권리침해에 대한 책임을 지지 아니하는 계약이고, 후자는 특허권자가 적극적으로 특허기술을 제공할 의무를 지는 계약을 말한다.

특허권에 대한 소극적 실시허락의 경우에는, 특허권자가 적극적으로 기술을 제공할 의무를 지지 아니한다. 특허권의 소극적 실시허락은 침해자와의 사이에서 화해가 성립하고, 침해자가 일정액의 기술료를 특허권자에게 지급할 것을 약속하는 경우에 흔히 이용하는 계약방식이다.

반면에 적극적 실시허락의 경우에는, 특허권자가 특허기술의 제공의무를 명시적으로 기재하여 계약을 체결한다. 대체로 특허라이센스계약은 특허권자가 적극적으로 기술도입자에 대하여 특허기술을 제공하는 방식으로 이루어진다. 만약 기술도입자가 특허명세서에 명기된 기술만을 사용하여 자력으로 특허기술을 실시할 수 없는 경우에는, 기술제공자는 노하우의 제공의무를 수반하는 방법으로 특허기술을 보충하여야 한다.

③ 특허라이센스는 특허권교환계약(cross license)의 형태로 이루어지는 경우가 많다. 이는 어느 특허권자가 타인의 특허권에 대하여 라이센스를 받는 대가로 자신의 특허권을 상대방에게 교차하여 라이센스를 주는 형태이다. 이는 각자의 독자적인 산업재산권 등을 당사자간에 교차로 허여함으로서, 기술투자비용 없이 상대방의 산업재산권 등을 호혜적으로 이용할 경우에 사용된다.

최근 들어 기술개발과 생산부문에서 특허기술의 상호 교환을 통한 시너지효과를 극대화하기 위하여 기술제휴가 크게 증가하고 있음에 비추어 볼 때, 이러한 특허권교환계약의 용도와 빈도는 크게 늘어날 것으로 예상된다.

(2) 특허양도계약과의 구별

특허라이센스는 특허양도(patent assignment)와 구별하여야 한다. 특허라이센스의 경우에는 특허의 존속기간이 만료되었거나 만료 전에 계약이 종료 또는 해제되었을 때, 그 후에 실시권자가 특허실시를 계속하는 것은 특허권의 침해가 되지만, 특허의 양도는 특허권자가 특허권의 전부를 상대방에게 이전하는 것으로서, 양도한 후 양도인은 특허와 아무런 관계를 갖지 못한다.

특허를 실시하는 당사자의 입장에서 보면, 특허의 효력에 의문이 들고 그것이 장래 무효로 될 가능성이 높은 경우에는 특허를 양도받는 방법보다는 라이센스계약에 의한 실시권을 갖는 방법이 유리할 수 있다. 왜냐하면 라이센스계약에 의할 경우 그 목적인 특허가 무효로 된 때에는 당해 계약을 해제하고 대가의 지급함이 없이 자유로이 특허기술을 이용할 수 있기 때문이다.

2. 상표 라이센스계약

(1) 상표 라이센스의 의의

"상표라이센스"(trademark license)라 함은 정부기관에 등록된 상표권을 소유하는 자가 타인에게 그 등록상표의 사용을 허락하고, 사용을 허락받는 자가 대가인 사용료(royalty)를 지급할 것을 약속하는 계약을 말한다.11)

특정의 상표를 일정한 상품에 지속적으로 사용함으로써 수요자들에게 널리 알려지게 되면, 그 상표는 고객인지도가 높아져서 재산적 가치를 형성하기에 이른다. 상표라이센스의 대상은 상표에 체화된 신용도(goodwill)가 된다. 이러한 신용도는 고객흡인력이 있으며, 상품의 판매를 촉진시킨다.

상표는 그 자체만으로도 라이센스의 대상이 되고, 특히 사용료를 수반하는 상표라이센스는 기술도입계약으로서 공정거래위원회의 심사대상이 될 수 있다. 상표라이센스가 특허·노하우·합작계약 등과 결합하여 하나의 계약으로 묶인 혼합계약(hybrid contract)의 형태로 기술도입계약의 심사를 받았을 경우에는 상표라이센스에 대한 별도의 심사를 필요로 하지 아니한다.

그러나 상표라이센스에 대하여 관련국가의 각 국내법에 따라 서로 다른 제도를 두고 있을 수 있다. 예컨대 우리나라를 비롯한 대부분의 국가는 상표보호에 관하여 정부기관의 등록주의를 채택하고 있는 반면에, 미국은 상표권의 사용사실을 기준으로 그 보호제도를 운용하고 있다.

특히 우리나라의 상표법에서는 유상 또는 무상의 상표라이센스가 있었을 때에는 이를 특허청에 등록하여야 하며, 그것이 유상의 상표라이센스인 경우에는 공정거래위원회의 심사를 받도록 하고 있다. 상표권자가 라이센스 등록의무를 해태하였을 때에는 그 상표는 등록을 취소할 수 있다.

(2) 상표 라이센스의 절차

상표를 타인에게 라이센스하고자 할 때에는 다음과 같은 절차가 필요하다.

① 라이센스에 앞서 등록된 상표권이 존재하여야 한다. 상표라이센스는 자신의 등록상표를 일정기간 동안 타인에게 사용허락하는 것이기 때문에, 우선 목적상표를 특허청에 등록해 두어야 한다. 미등록상표는 라이센스의 대상이 될 수 없다. 출원 중인 상표는 등록을 전제로 라이센스할 수 있다.

② 당사자간에 상표라이센스계약이 체결되어 있어야 한다. 계약서는 라이센

11) Neil J. Wilkof, *Trade Mark Licensing*, Sweet & Maxwell, 1995, p. 15.

스계약서 · 상표사용허락서 · 기술도입계약서 등의 제목으로 작성하고, 라이센스의 독점적인 전용사용권 또는 통상사용권의 구분이 있어야 한다.

이 외에 계약서에는 라이센스 지역이 국내에 한정되는지 또는 해외에서의 사용을 인정하는지를 명기하고, 상품명을 기재할 때에는 적어도 특허청에 등록된 상품명과 일치하는지를 확인하여야 하며, 또 사용료의 지급을 조건으로 하는 것인지를 명기하여야 한다. 상표라이센스가 유상인 경우에는 정부에서 고시한 소정의 조건을 충족하는 계약서이어야 한다.

③ 상표라이센스가 사용료를 수반하는 경우나 특허 · 노하우 · 합작계약 등과 결합되었을 경우에는, 공정거래위원회의 심사를 받아야 한다. 상표라이센스의 사용료는 당사자의 합의에 따라 정하는 것이며, 정부기관이 이에 대하여 간섭하는 일은 없다. 그러나 상표라이센스가 사용료를 수반하지 아니할 경우에는, 공정거래위원회의 심사를 받을 필요가 없다.

④ 상표라이센스가 유상이든 무상이든, 독점적이든 비독점적이든 불문하고 상표권자가 타인에게 등록상표의 사용을 허락한 경우에는, 라이센스된 사실을 사용권자와 공동으로 특허청에 등록하여야 한다. 상표라이센스의 등록은 6월 이내에 이를 행하여야 한다.

비독점적인 사용권허락은 등록할 필요가 없다고 볼 수 있으나, 상표는 상품 수요자의 신뢰관계와 밀접한 관련이 있기 때문에, 상표법에서는 비독점적 상표 라이센스의 경우에도 이를 등록하도록 하고 있다(제58조 1항). 특허청에 대한 등록을 태만히 하였을 때에는 등록상표의 취소사유가 된다(제73조 1항).

3. 노하우 라이센스계약

(1) 노하우 라이센스의 의의

노하우(know-how)도 지식재산권으로서 특허나 상표와 같이 라이센스의 대상이 될 수 있다. '노하우'에 관한 어원은 크게 보면 산업상의 기술정보와 경영상의 비밀 등에 관한 비기술적 영업정보로 구분할 수 있다.

노하우란 특허적격한 정보를 포함하여 특허를 부여하지 않는 발명, 기술, 제조방법, 판매방법(business model), 비밀정보(confidential information) 등을 총칭하는 말이다.[12] 노하우는 업계에서 주로 미공개의 기술정보만을 의미하지

12) R.H. Folsom, M.W. Gordon and J.A. Spanogle, *International Business Transactions*, 3rd ed., West Publishing Co., 1995, p. 833.

만, 법률적으로는 오히려 영업비밀 또는 기업비밀 등을 포함하고 있다.

"노하우 라이센스"(know-how license)라 함은 산업기술에 관한 미공개의 비밀정보를 보유하는 자가 타인에게 그 노하우를 제공하고, 이를 제공받는 자가 비밀을 지키면서 사용료(royalty)를 지급할 것을 약속하는 계약을 말한다.

노하우가 라이센스의 대상이 되기 위하여는, 그것이 ① 공연히 알려져 있지 아니하고(비공지성), ② 독립된 경제적 가치를 가지는 것으로서(경제성), ③ 상당한 노력에 의하여 비밀로 유지되어 있는(비밀유지성) 유용한 기술상 또는 경영상의 정보이어야 한다(부정경쟁방지법 제2조 2호).

노하우의 제공은 도면, 사양서, 자재표, 기타 기술자료의 송부 또는 기술자를 파견지도하거나 상대방의 기술직원을 불러 훈련시키는 방법으로 이루어진다.

(2) 노하우 라이센스의 특수성

노하우 라이센스는 공개된 특허권이나 상표권 라이센스와는 다른 점이 많다.

① 노하우는 기술정보라는 측면에서 특허와 같으나 그 내용이 공개되지 아니하여야 재산적 가치를 유지하는 속성을 지니고 있다. 이 때문에 노하우 라이센스에서는 사용권자에게 각종의 비밀유지의무를 부과하고 있다. 노하우가 비밀성을 상실하였을 때에는 그 재산적 가치도 소멸하게 된다.

② 특허의 경우 권리범위는 라이센스계약상에 그 등록국가와 특허번호의 기재에 의하여 명확히 객관화할 수 있지만, 노하우의 경우 기술범위는 객관화할 수 없다는 특성이 있다. 따라서 노하우가 제3자에게 유출된 경우에도, 그 노하우의 유출 여부를 확인하는 것이 매우 어렵다.

③ 특허권은 배타성을 가지고 있으므로 특허권자 이외의 자가 동일한 기술을 실시하고 있을 때에는 이에 대하여 특허침해의 책임을 물을 수 있지만, 노하우는 제3자가 독립하여 동일한 노하우를 개발하거나 정당한 방법으로 취득한 때에는 선의의 사용자에 대하여 권리침해의 책임을 물을 수 없다.

④ 특허권은 존속기간이 있지만, 노하우는 존속기간이 없다. 노하우의 가치는 비밀성이 유지되는 한, 장기간 지속될 수 있다. 따라서 특허권의 대상이 되는 발명도 비밀유지가 확실한 경우에는 특허출원을 하지 아니하고 노하우 라이센스의 방법을 택하게 되면 독점적 권리를 계속 유지할 수 있다.

(3) 노하우의 비밀보호 문제

노하우 라이센스에 있어서 가장 중요한 과제는 상대방에게 어떠한 방법으로 노하우의 비밀을 지키게 할 것인가이다. 노하우는 특허나 상표에 수반하여 이전하는 경우가 많다. 종래에는 노하우의 비밀보호장치가 불충분하여 재산적 가치가 있는 기술정보도 권리로서 인정되지 않았으며, 또 노하우에 대한 기술도입자의 인식부족으로 노하우를 원활하게 이전할 수 있는 환경이 조성되지 못하였다. 이것이 선진국의 기술이전을 주저하게 한 요인이 되기도 하였다.

우리나라의 경우에는 1991년 12월 31일부터 부정경쟁방지법을 개정·공포하여 노하우를 영업비밀(trade secret)로서 보호하고 있다. 다만 노하우가 영업비밀로서 보호되기 위하여는, 전술한 바와 같이 그것이 비공지성·경제성·비밀유지성 등 3가지의 요건을 갖추고 있어야 한다.[13]

계약상의 비밀유지의무를 지는 자 또는 제3자가 악의 또는 중대한 과실에 의한 부정행위로 타인의 영업비밀을 침해한 경우에는, 그 보유자에게는 민사상의 대책으로서 침해금지청구권(제10조), 손해배상청구권(제11조), 신용회복청구권(제12조) 등이 주어진다. 나아가 형사상의 대책으로서 영업비밀을 침해한 기업의 임직원에 대하여는, 피해자의 고소에 의한 형사처벌(5년 이하의 징역 또는 5천만 원 이하의 벌금)도 요구할 수 있다(제18조).

제 4 절 플랜트 수출계약의 실무

기술무역거래는 플랜트 수출계약, 프랜차이즈계약 등과 결합하여 기술지원이나 기술훈련까지 제공하는 경우가 자주 있다. 특히 플랜트 수출계약은 기술·상품·인력·자본 등이 복합적으로 이전하므로 기술무역거래로 볼 수 있다.

1. 플랜트 수출계약의 의의

(1) 플랜트 수출계약의 특성

각국의 시장개방과 산업화가 촉진되면서 최근 플랜트 수출계약에 대한 관심이 높아지고 있다. "플랜트 수출계약"(plant export contract)이라 함은 해외에서 각종 제품의 생산이나 개발계획을 구체화하는데 필요한 기계·장비 등의

13) A. Coleman, *The Legal Protection of Trade Secrets*, Sweet & Maxwell, 1992, p. 8.

관련자재(hardware)와 그 설치에 필요한 엔지니어링·노하우·건설시공 등의 산업기술(software)을 수출하는 계약을 총칭하는 말이다.

대외무역법 등의 실정법에서는 이를 "산업설비수출"로 규정하고 있다. 플랜트 수출계약은 산업설비나 기술서비스의 공급을 목적으로 하기 때문에, 해외에서의 단순한 건설공사계약과는 구별되는 것이며, 또 다음과 같은 점에서 일반적인 무역계약과 구별되는 특수성을 지니고 있다.

① 플랜트 수출은 주로 대규모이고 거액의 자금이 소요된다. 기계·장비 등의 하드웨어뿐만 아니라 그 설치에 필요한 설계·시공·노하우 등의 소프트웨어가 결합된 거래이기 때문에 거래단위가 거액으로 이루어진다. 따라서 계약당사자들은 거액거래에 따른 별도의 위험관리대책을 마련하여야 한다.

② 계약이행과 대금지급이 장기간에 걸쳐 이루어진다. 플랜트를 설계하고 제작·조립·설치하는 기간뿐만 아니라 계약대금의 지급도 대체로 장기연불방식으로 이루어진다. 따라서 계약기간 중의 재료비·인건비·환율·이자율 등의 변동에 따른 손해배상이나 보상대책에 대한 충분한 검토가 있어야 한다.

③ 플랜트 수출은 다수의 관련당사자들이 관여하는 경우가 일반적이다. 계약의 수주자(contractor)도 한 기업이 맡는 경우보다는 다수의 기업이 집합체를 형성하여 맡는 경우가 많고, 현지의 발주자(employer)도 개인기업보다는 정부나 국영기업인 경우가 많다. 이외에 수주자의 배후에는 하청업체, 건설회사, 현지의 노동자 등이 있고, 발주자의 배후에는 시설의 입안·조사·설계, 계약서 등을 작성하는 컨설팅 회사, 공사시공을 감독하는 엔지니어, 프로젝트의 자금지원이나 이행보증을 담당하는 금융기관 등이 있다.

④ 플랜트 수출은 국가정책적으로도 중요성이 부각되고 있다. 즉, 수출국의 입장에서는 플랜트 수출이 기술·노하우가 결합된 고부가가치의 수출이므로 외화가득률이 높아진다. 또 기계생산을 위한 기술개발이 촉진되고 중소업체의 생산파급효과와 고용증대효과를 기대할 수 있으며, 수입국의 관세장벽과 저항의식을 피하면서 지속적인 수주와 부품의 수출을 기대할 수 있다. 반면에 수입국의 입장에서는 사회간접자본의 확충과 산업화를 촉진시키고, 내국인의 고용증대를 통한 경제발전을 기대할 수 있을 것이다.

(2) 플랜트 수출계약의 형태

플랜트 수출계약은 수주자의 업무범위, 가격결정이나 계약체결방식 등에 따라 다음과 같은 여러 가지의 형태에 의하여 체결되고 있다.

① 업무범위에 따라 FOB 계약과 Turnkey 계약이 있다. 플랜트 수출에 있어서 FOB 계약은 산업설비(기계, 자재)를 선적항의 본선상에 인도함으로써 수주자의 의무가 완료되는 계약방식을 말한다. 산업설비의 소유권과 위험은 선적시부터 발주자에게 이전하기 때문에 업무의 대부분이 수출국내에서 완료된다.

플랜트 수출에 있어서 Turnkey 계약은 수주자가 산업설비의 인도뿐만 아니라 현지의 시설공사까지 모든 과정의 프로젝트를 인수하여 시운전을 완료한 후 이를 발주자에게 인도하는 일련의 계약방식을 말한다.

② 가격결정방식에 따라 고정가격계약(lump-sum contract)과 실비정산계약(cost-plus fee contract)이 있다. 고정가격계약은 수주자가 발주자에 대하여 계약시에 계약총액을 확정하여 특정공사를 완성할 것을 약속하는 계약으로서, 가장 일반적이고 보편적으로 행하여지는 방식이다.

실비정산계약은 계약시에 계약총액을 확정하지 아니하고 건설공사의 실제비용에 수수료를 가산하여 수주자가 발주자로부터 사후에 지급받는 방식이다. 이 계약은 아직 도면과 시방서 등이 없거나 공사변경이 예상되는 경우에 적합하다. 다만 발주자는 수주자의 업무수행을 감독하여야 하는 부담이 있다.

③ 계약체결방식에 따라 경쟁입찰계약(competitive bid contract)과 수의계약(negotiated contract)이 있다. 경쟁입찰계약은 발주자가 다수의 입찰참가자들에게 동시에 발주조건을 제시하여 계약금액이 가장 적합한 자를 선정하여 계약을 체결하는 방식으로서, 대부분의 플랜트 수출계약이 이 방식에 의한다. 입찰에는 공개입찰(open tender)과 지명입찰(selective tender)이 있다.

수의계약은 발주자가 특정업체와 1대 1로 교섭하여 계약을 체결하는 방식으로서, 이는 수주자가 월등히 우수한 기술·노하우를 보유하고 있을 경우에 주로 이용한다. 그러나 수의계약은 많은 부작용이 따를 수 있다.

④ 플랜트가 점차 대형화됨에 따라 컨소시엄계약(consortium contract)의 형태로 추진되는 경우가 많다. 컨소시엄계약은 일정한 도급계약을 여러 사업체가 공동 또는 분담하여 시공하는 방식으로서, 이를 통하여 기업연합이나 합작투자가 이루어지고 각종 기술협력과 금융위험도 커버할 수 있게 된다.

(3) 플랜트 수출계약의 절차

플랜트 수출계약의 가장 일반적인 체결방식은 경쟁입찰이다. 대체로 입찰절차는 ① 입찰공고와 사전자격심사→② 입찰참가자의 결정과 초청→③ 입찰권유와 입찰→④ 낙찰자결정 등의 진행과정을 거친 후 정식계약서를 작성하기에 이른다. 법률적으로 보면 발주자가 입찰공고하는 것은 청약의 유인(invitation to tender)이고 입찰참가자가 입찰을 하면 이것이 계약의 청약이 되며, 발주자가 낙찰자를 결정하여 통지하면 이것이 청약에 대한 승낙이 된다.

당사자간의 정식계약은 하나의 계약서식에 계약내용을 모두 기재하는 경우도 있고, 당사자 쌍방의 합의서명이 있는 계약서식(form of agreement)과 별도의 계약구비서류(contract documents)를 첨부하는 경우도 있다.

계약구비서류는 도면(drawings)·시방서(specifications)·일반조항(general conditions)·특정조항(specific conditions) 등으로 구성되는 것이 일반적이다.

계약서의 일반조항에는 모든 플랜트 수출계약에 일반적으로 적용하는 내용들을 기재하고, 특정조항에는 각 경우에 따른 플랜트 수출의 특수성을 고려하여 일반조항의 내용에 추가하거나 수정한 내용들을 기재한다.

2. 플랜트 수출계약서 작성

통상적으로 플랜트 수출계약서는 국제적으로 권위 있는 UN/ECE(유엔유럽경제위원회)나 FIDIC(국제기술사협회) 표준약관을 기준으로 작성하고 있다. 〈예시 3-2〉 계약서식은 국내의 플랜트설비 제조업체와 미국의 구매자가 연불방식으로 산업설비를 공급하는데 합의하면서 공급자의 입장에서 작성한 양식이다.

예시 3-2 플랜트 수출계약서

PLANT SUPPLY AGREEMENT

This Plant Supply Agreement (the "Agreement") is made and entered into this _____ day of _____, 20XX by and between XYZ Corp. organized and existing under the laws of the State of New York, U.S.A. having its registered office at _____ ("Purchaser") and ABC Co., Ltd. organized and existing under the laws of the Republic of Korea having its registered office at ____ ("Supplier").

WITNESSETH :

WHEREAS, Supplier possesses technical information and manufacturing skills with respect to ____ ; and

WHEREAS, Purchaser desires to purchase from Supplier on a deferred payment basic and Supplier agrees to manufacture and supply on a deferred payment basis to Purchaser, a certain quantity of _____ as more specifically described herein (the "Facilities") upon the terms and conditions set forth below.

NOW, THEREFORE, in consideration of the premises and mutual covenants hereinafter contained the parties hereby agree as follows :

Article 1. Definitions

In addition to the terms defined above, as used herein the following terms shall have the meanings set forth below :

(a) "Bill of Lading" shall mean the bill of lading issued with respect to each shipment of the Facilities.

(b) "Banking Day" shall mean a day on which banks are open for business in Seoul, London and New York.

(c) "Certificate of Acceptance" shall have the meaning set forth in Article 6.2.

(d) "Contract Price" shall mean the aggregate amount of the Instalments and the Principal Amount to be paid by Purchaser to Supplier hereunder, which such amount is ____ United States Dollars (US$ ___).

(e) "Default Interest" shall mean ____ percent (___%) per annum.

(f) "Dollars" and the sign "$" shall mean Dollars in the lawful currency of the United States.

(g) "Effective Date" shall have the meaning set forth in Article 16.

(h) "Event of Default" shall have the meaning set forth in Article 9.1.

(i) "Factory" shall have the meaning set forth in Article 2.2.

(j) "First Instalment" shall mean the first payment to be made by Purchaser hereunder, and "Second Instalment" shall mean the second payment as aforesaid.

(k) "Guarantor" shall mean a first class international bank satisfactory to Supplier.

(l) "Instalments Payable on or before the last Shipment" shall mean, collectively, the First Instalment and the Second Instalment.

(m) "Interest Payment Date" shall mean the last day of each Interest Period.

(n) "Interest Period" shall mean the period beginning on the last Shipment Date and having a duration of six (6) months and each period thereafter commencing on the last day of the then current Interest Period and having a duration of six (6) months.

(o) "Interest Rate" shall mean ____ percent (___%) per annum.

(p) "Last Shipment Date" shall mean the final shipment date set forth in Schedule III hereto.

(q) "Letter of Guarantee"(the "L/G") shall mean the irrevocable and independent guarantee to be issued by the Guarantor guaranteeing the payment of all sums due and payable under the Notes, substantially in the form of Exhibit satisfactory to Supplier and its counsel.

(r) "Notes" shall mean the promissory notes of Purchaser evidencing the Principal Amount which such notes shall be substantially in the form of Exhibit A hereto and satisfactory to Supplier and its counsel.

(s) "Payment Date" shall mean each of the ____ consecutive semi-annual dates occurring on ____ and ____ of each year, the first Date being ____, 20XX.

(t) "Principal Amount" shall mean ____ Dollars (US$____) and in any event, the amount equal to ____ percent (___%) of the Contract Price.

(u) "Shipment Date" shall mean the date entered on the Bill of Lading with respect to each shipment of the Facilities.

Article 2. The Facilities

2.1 The description, quantity and unit price of the Facilities to be supplied by Supplier to Purchaser hereunder shall be as set forth in Schedule I attached hereto. All prices stated herein are CIF ____.

2.2. The Facilities shall be manufactured in accordance with the Specifications set forth in Schedule II hereto. Manufacture of the Facilities shall occur at ____ (the "Factory"), or such other place as Supplier shall notify Purchaser. Supplier may at its own risk sub-contract any part of the work undertaken hereunder without prior consent of Purchaser.

Article 3. Payment

3.1 The Contract Price shall be in an amount not exceeding ____ United States Dollars (US$____) and shall be paid by Purchaser to Supplier as follows :

(a) The First Instalment of ____ United States Dollars (US$___) shall be paid within fifteen (15) days after the Effective Date. The Second Instalment of Dollars (US$___) shall be paid upon the ____(__th) Shipment Date set forth in Schedule III hereto or on ____ whichever comes earlier. Purchaser shall remit the full amount of each of the Instalments in immediately available funds by telegraphic transfer to the account of the Export-Import Bank of Korea with the FNCB, U.S.A. (Account Number 04-029-695) in favor of the Supplier.

(b) The Principal Amount shall be paid in ____( ) equal to semi-annual instalments one such instalment being payable on each Payment Date. The last instalment shall in any event be in the amount necessary to pay in full the Principal Amount outstanding. The Principal Amount and interest thereon shall be evidenced by and paid in accordance with the Notes which shall be executed and delivered by Purchaser to Supplier pursuant to Article 4.1 hereof.

(c) Supplier agrees to pay interest on the Principal Amount outstanding from time to time on each Interest Payment Date for the Interest Period then ending at the Interest Rate. Interest shall accrue on the basis of the actual number of days elapsed and a year of 360 days. Interest shall accrue from and including the first day of an Interest Period to but not including the last day of such Interest Period.

3.2 Purchaser may, without premium or penalty and upon the giving of thirty (30) days prior written notice to Supplier, prepay, in whole or in part, the Principal Amount on any due date of a Note, provided that such prepayment is accompanied by payment of all interest and other amounts then due hereunder. Partial prepayment shall be credited against payment instalments of the Principal Amount in inverse order of maturity.

Article 4. Security

4.1 Purchaser shall, within three (3) Banking Days before the Last Shipment Date, duly execute and deliver to the Supplier _____( ) Notes respectively numbered "1" to "____" inclusive, evidencing the Purchaser's obligation to pay to the Supplier the Principal Amount plus interest thereon.

4.2 Within three (3) Banking Days before the Last Shipment Date, Purchaser shall furnish Supplier with the L/G [Standby Letter of Credit (the "Standby L/C")] duly executed by the Guarantor [L/C Bank].[14)]

Article 5. Shipment

5.1 Supplier shall cause shipment of the Facilities at any Korean port reasonable designated by Supplier not later than the end of each month commencing from ____ to ____ in accordance with Schedule III attached hereto. The Last Shipment Date shall be made not later than ____, excluding delays due to such causes as defined in Article 7 hereof.

5.2 Shipping advice shall be given by Supplier to Purchaser promptly

14) 보증서와 보증신용장은 서로 기능은 같으나, 전자는 주계약에 예속된 보증이라고 한다면 후자는 주계약과 독립된 개설은행의 일정한 지급약속이라는 점에서 차이가 있다.

after the onboard date of the Bill of Lading and shall contain such information as the contract number, loading port, brief description of the Facilities shipped, name of vessel, expected time of arrival, and invoice amount of shipment.

5.3 Facilities shall be packed according to standard export packing methods and shall be marked according to the reasonable instruction of Purchaser.

5.4 Supplier shall be responsible for insuring against all risks in maritime transportation from the time the Facilities pass the ship's rail at the port of shipment and shall pay freight for the maritime transportation of the Facilities. Supplier at its own expense will obtain all necessary permits or licenses to export the Facilities prior to the relevant Shipment Date thereof.

Article 6. Inspection

6.1 Prior to each Shipment Date, Purchaser or its agent or representative shall at its own expense inspect the Facilities at the Factory or such other place as may be notified by Supplier to Purchaser. Supplier shall provide Purchaser with all reasonable assistance in conducting the inspection. Supplier shall give Purchaser ____(　　) days prior notice of the date on and the place at which the Facilities will be ready for final inspection. If Purchaser fails to conduct inspection at such place within ____(　　) days from the date stated in Supplier's notice, Supplier may conduct the final inspection without Purchaser being present, and in such case the Purchaser shall be obligated to accept such Facilities as are determined by Supplier to be complied with this Agreement.

6.2 Any Facility, accessory or part thereof failing to comply within ___% of the Specification shall be deemed a defective Facility, and Supplier shall replace such Facility, accessory or part with a conforming Facility, accessory or part at its own expense. If such inspected Facilities deem to be conforming with the Specifications, Purchaser shall issue to Supplier a written certificate substantially in the form of Schedule IV to that effect (the "Certificate of Acceptance"), and such issuance shall constitute Purchaser's final and binding acceptance of the Facilities so inspected.

Article 7. Force Majeure

7.1 If any performance of this Agreement by either party is prevented or restricted with by reason of war, typhoon, revolution, civil commotion, acts of public enemies, terrorism, blockade, embargo, strikes, lockouts, any regulation of any government, or any other act whatsoever, whether similar or dissimilar to those referred to in this Article, which are beyond the reasonable control of the affected party or its sub-contractor, then the affected party shall, upon giving prior written notice to the other party, be excused from such performance to the extent of such prevention or restriction, provided that the affected party shall use its best effort[15] to avoid or remove such causes of non-performance, and shall continue performance hereunder with the utmost dispatch whenever such causes are removed. Upon such circumstances arising, the parties shall meet forthwith to discuss what (if any) modification may be required to the terms of this Agreement, in order to arrive at an equitable solution.

7.2 If the total accumulated time of all delays with respect to each shipment on account of the causes specified in Article 7.1 aggregates or can reasonably be expected to aggregate one hundred and fifty (150) calendar days or more, then in such event either party may terminate this Agreement in accordance with the provisions of Article 9 hereof.

Article 8. Warranty

8.1 Subject to the limitations set forth below, Supplier warrants that the Facilities will be free from defects in materials and workmanship and undertakes to repair or replace free of charge any defective parts, including repaired or replaced parts, in the Facilities. Provided, however, that the parties expressly acknowledge and agree that this warranty is limited to only such defects (i) in the Facilities which are due solely to defective materials and/or poor workmanship on the part of Supplier and/or sub-contractors, (ii) discovered within twelve (12) months after the Shipment Date of the applicable Facilities and (iii) for which notice thereof is duly given to Supplier as provided in Article 8.2 below.

8.2 Purchaser shall notify Supplier in writing, or by E-mail confirmed in writing, within thirty (30) days after discovery of any defect for which claim is made hereunder, and Purchaser's failure to give Supplier such notice shall constitute an absolute, irrevocable and unconditional waiver of any and all claims arising out of or in connection with such defects.

8.3 Upon receipt of such notice, Supplier shall promptly deliver the replacement part(s) free of charge CIF ____, or such other port as may be reasonably designated by Purchaser.

8.4 Purchaser expressly acknowledges and agrees that the warranty contained herein shall not extend to materials which ages or deteriorates due to ordinary wear and tear, or the defects or conditions caused, in

15) "Use its best effort"(최선을 다하다)라는 표현은 엄격한 의미에서 법적 구속력이 없다.

whole or in part, by deficiencies in supplies, service or facilities furnished by Purchaser. In addition, this warranty does not extend to Facilities that have been altered or repaired by personnel unauthorized by Supplier, or which have been subjected to misuse or any other improper maintenance by Purchaser, its customers or personnel action at Purchaser's direction or behalf.

8.5 Purchaser shall indemnify and hold Supplier harmless against any and all claims, proceedings, losses, liabilities, suits, judgments, costs and expenses, penalties or fines for injury or damage to any property or person arising out of or in connection with the Facilities.

8.6 Upon Purchaser's request, Supplier shall dispatch a service engineer to a location reasonably designated by Purchaser to assist Purchaser in providing efficient service to its customers for the period of warranty hereunder. Purchaser shall pay to Supplier all costs associated with such service engineer including but not limited to salary, transportation, communications and housing.

Article 9. Default

9.1 Each of the following events and occurrences shall constitute an event of default ("Event of Default"):

(a) Purchaser fails to pay on the due date any of each of the Instalments.

(b) Purchaser rejects any shipment of the Facilities following the issuance of a Certificate of Acceptance with respect to such shipment.

(c) Purchaser fails to execute and deliver the Notes in accordance with Article 4.1, or the Guarantor [L/C Bank] fails to execute and deliver the L/G [Standby L/C] in accordance with Article 4.2.

(d) Purchaser fails to perform any of its obligations with respect to any of the security instruments provided by it under Article 4 hereof.

(e) Purchaser fails to pay on the relevant due date any payment of principal, interest, expenses or any other amount which it is obligated to pay under the terms of the Notes.

(f) Purchaser fails to perform any provision of this Agreement or the Notes.

(g) Any governmental consent, filing, license or approval granted or required in connection with this Agreement or any Note expires or is terminated, revoked, withdrawn or modified in any way, or any new law or decree is issued which in Supplier's opinion would prevent Purchaser from fulfilling its obligations hereunder or under any Note.[16)]

(h) The whole or a substantial part of the assets of Purchaser is confiscated.

(i) Purchaser fails to pay when due any indebtedness or fails to observe or perform any term, covenant or agreement contained in any agreement by which it or its assets is bound evidencing or securing any indebtedness, and the effect of such failure is to accelerate the maturity of such indebtedness.

(j) Any change occurs in the ownership or control of Purchaser or Guarantor [L/C Bank] which in Supplier's opinion constitutes a material adverse change affecting the financial condition of Purchaser or Guarantor [L/C Bank].

(k) Purchaser or Guarantor [L/C Bank] suspends or discontinues its business operations, whether or not voluntarily, for a period of ten (10) or more days.

(l) Purchaser or Guarantor [L/C Bank] becomes insolvent or unable to pay any money due under any agreement or document evidencing, securing, guaranteeing or otherwise relating to indebtedness in excess of US$ 1,000,000 or bankruptcy, which term shall include as set forth in Schedule V hereto.

(m) The Guarantor [L/C Bank] attempts to repudiate, rescind, limit or annul the L/G [Standby L/C], or any legislation or regulation is proposed, enacted or promulgated to the effect of which would be to repudiate, rescind, limit or annul the L/G [Standby L/C], or the Guarantor [L/C Bank] fails to comply with any legislation or regulations concerning its organization or authority, or any change is made in such legislation or regulations which failure or change, in Supplier's reasonable opinion, has material adverse effect on the ability of the Guarantor [L/C Bank] to meet its obligations under the L/G [Standby L/C].

(n) It becomes unlawful for Purchaser to perform any obligation under this Agreement or the Notes, or for the Guarantor [L/C Bank] to perform any obligation under the L/G [Standby L/C].

(o) Any competent governmental authority takes (i) any action to condemn, seize, requisition or otherwise appropriate any substantial portion of the properties or assets of Purchaser, (ii) any action to dissolve, liquidate or terminate the existence of the Guarantor [L/C Bank] or to divest the Guarantor [L/C Bank] of any material portion of its properties or assets, or (iii) any action relating to Purchaser or the Guarantor [L/C

---

16) 정부당국에 의한 관련제도의 변경이나 새로운 법령의 제정으로 인하여 당사자의 의무완수가 어려운 경우는 앞서 규정한 불가항력조항에 포함시켜야 할 부분으로 본다.

Bank] which, in Supplier's opinion, adversely affects Purchaser or the Guarantor's [L/C Bank's] ability to pay its indebtedness under this Agreement, the Notes or the L/G [Standby L/C].

(p) Any circumstances occur which in Supplier's opinion give reasonable grounds for belief that Purchaser or the Guarantor [L/C Bank] may not be able to perform its obligations under this Agreement, the Notes or the L/G [Standby L/C].

(q) Supplier fails to manufacture the samples to the satisfaction of Purchaser within ____(   ) days after the Effective Date.

(r) Supplier fails to ship Facilities accepted by Purchaser within ____(   ) days after Purchaser's issuance of a Certificate of Acceptance therefor.

(s) Supplier breaches any of its obligations hereunder and such breach is not cured, or steps satisfactory to Purchaser have not been taken to effect cure within thirty (30) days of Purchaser's written notice to Supplier.

9.2 (a) Upon the occurrence of any of the Events of Default specified in Article 9.1(a) or (b), successive Shipment Dates shall be postponed until such Event of Default is cured, provided, however, that if any such Event of Default continues for a period of fifteen (15) days, Supplier may, at its option, rescind this Agreement by giving Purchaser notice to such effect. In the event of such rescission, Supplier shall be entitled to retain all or any part of the Instalments paid by Purchaser hereunder.

(b) Upon the occurrence of any of the Events of Default specified in Article 9.1(c)~(p), and in Supplier's opinion, the obligations of Supplier hereunder shall immediately cease, and Supplier may demand, by notice to Purchaser without presentment or protest, all of which are hereby expressly waived by Purchaser, the principal of any Instalment and the principal and accrued interest on the Principal Amount payable hereunder and all other amounts payable hereunder immediately due and payable together with Default Interest accrued on all such sums from the date of such declaration.

(c) Upon occurrence of any of the Events specified in Article 9.1(q)~(s), Purchaser may terminate this Agreement, provided, however, that all amounts then due and payable to Supplier hereunder shall have been paid in full.[17] In the event of such termination, Supplier shall refund the Instalments paid by Purchaser hereunder.

(d) All expenses incurred by either party in enforcing its rights

17) 플랜트 공급자의 귀책사유로 인한 불이행사태가 발생하더라도, 구매자는 지급예정된 대금을 전액 지급하여야만 계약을 해제할 수 있도록 한 규정은 형평에 어긋나는 것이다.

hereunder, including the fees and expenses of counsel, shall be paid by the other party.

Article 10. Arbitration

All disputes arising between the parties in connection with this Agreement which cannot be settled amicably shall be finally settled by arbitration in accordance with the Rules of Conciliation and Arbitration of the International Chamber of Commerce before a board of three arbitrators.[18] The arbitration award may take the form of an order to pay a sum of money, to perform or refrain from an act, or any combination thereof. The award rendered shall be final and conclusive.

Article 11. Assignment

Neither of the parties shall may assign this Agreement to a third party unless prior written consent of the other party has been obtained. In the event of any assignment by Purchaser, such assignment shall further be subject to the approval of Supplier's bank and/or the relevant Korean governmental authorities, and Purchaser shall at all times remain as the primary obligator for the due performance of all of its obligations under this Agreement. This Agreement shall inure to the benefit of and shall be binding upon the lawful successors, transferees and assignees of either of the parties hereto. Notwithstanding the foregoing, Supplier is entitled to assign to any other party its rights under the Notes and/or the L/G [Standby L/C] without Purchaser's prior consent.

Article 12. Taxes

12.1 Supplier shall pay all taxes and duties imposed in the Republic of Korea in connection with the execution, delivery or performance of this Agreement.

12.2 Purchaser shall pay all taxes and duties imposed outside the Republic of Korea in connection with the execution, delivery or performance of this Agreement, except for taxes and duties imposed upon those items to be procured by Supplier for the manufacture of Facilities.[19]

Article 13. Patents, Trademarks and Copyrights

Nothing contained herein shall be construed as transferring any patent, trademark or copyright in the Facilities or any part thereof, all such rights being hereby expressly reserved to the true and lawful owners

18) 중재조항에는 중재규칙뿐만 아니라 중재장소와 중재기관도 명확히 규정하여야 한다.

19) 플랜트 구매자 국가의 원천징수세도 모두 구매자가 부담한다는 규정은 구매자의 입장에서는 대단히 불리한 것이므로, 플랜트 도입계약의 경우라면 이를 조정할 필요가 있다.

thereof.

Article 14. Confidentiality

Supplier shall retain all rights with respect to the Specifications, plans, working drawings, technical descriptions, calculations, test results and other data, information and documents concerning the design and manufacture of the Facilities, and Purchaser hereby agrees not to disclose the same or divulge any information contained therein to any third party without the prior written consent of the Supplier, except to key employees involved in the usual operation or maintenance of the Facilities.

Article 15. Notice

Any and all notices and communications in connection with this Agreement shall be written in the English language and shall be personally delivered, transmitted by registered airmail postage prepaid, or transmitted by tested E-mail to the parties at the addresses first hereinabove written.

Any notice given by registered airmail shall be deemed to have been received ten (10) days from the date of mailing, and any notice personally delivered shall be deemed to have been received upon delivery, and any notice sent by E-mail shall be deemed to have been received when sent. Any party may change its address for the purposes hereof by written notice to the other party.

Article 16. Effective Date

This Agreement shall become effective from the date (the "Effective Date") on which all of the following conditions have been met :

(a) This Agreement has been duly executed and delivered by the parties hereto.

(b) Supplier has obtained the relevant export license with respect to the Commodities from the government of the Republic of Korea.

Supplier shall promptly give notice to Purchaser upon the fulfillment of each of the above conditions. This Agreement shall terminate upon payment of all amounts due to Supplier under the terms of this Agreement.

Article 17. Miscellaneous

17.1 Applicable Law : The parties hereto agree that the validity, formation and interpretation of this Agreement, the Notes, and the L/G [Standby L/C] shall be governed by the laws of the State of New York,

U.S.A.[20]

17.2 Discrepancies : In the event that any provision contained in the Specifications is inconsistent with any provision of this Agreement, then in each and every such event the applicable provisions of this Agreement shall prevail.[21]

17.3 Entire Agreement : This Agreement contains the entire agreement and understanding between the parties hereto and supersedes all prior negotiations, representations and understandings on any subject matter of this Agreement.

17.4 Severability : If any provision of this Agreement or any document executed in connection herewith shall be invalid, illegal or unenforceable, the validity, legality and enforceability of the remaining provisions contained herein shall not in any way be affected or impaired.

17.5 Waiver of Sovereign Immunity : Purchaser represents and warrants that this Agreement is a commercial rather than public or governmental act and that Purchaser is not entitled to claim immunity from legal proceedings with respect to itself or any of its properties or assets on the grounds of sovereignty or otherwise under any law or in any jurisdiction where an action may be brought for the enforcement of any of the obligations arising under or relating to this Agreement or the Notes. To the extent that Purchaser or any of its properties or assets has or hereafter may acquire any right to immunity from set-off, legal proceedings, attachment prior to judgment, other attachment or execution of judgment on the grounds of sovereignty or otherwise, Purchaser for itself and its properties and other assets hereby irrevocably waives such right to immunity in respect of its obligations arising under this agreement, the Notes and all documents executed in connection herewith.[22]

17.6 Amendment : No provision of this Agreement may be amended, modified or rescinded without a written agreement executed by the parties hereto.

17.7 Counterparts, Controlling Language : This Agreement may be executed in any number of counterparts, which counterpart hereto shall constitute a full and original agreement for all purposes. This Agreement,

---

20) 플랜트 구매자의 보증에 관한 해석은 구매자 국가의 법률을 준거법으로 하더라도, 기타 이 계약의 해석에 관하여는 공급자 국가의 법률을 준거법으로 하는 것이 합리적이다.

21) 계약충돌조항은 당해 계약에서 내용이 충돌하는 문서간 또는 조문 상호간의 효력순위관계를 규정하는 부분으로서, 일명 "우선순위조항"(priority clause)이라고도 한다.

22) "주권면책특권포기조항"(waiver of sovereign immunity)이라 함은 당사자가 상업적 거래에서 상대방인 국가기관을 상대로 소송을 제기하더라도 국가기관은 외교상의 주권을 이유로 응소하지 아니할 수도 있는 주권면책특권을 미리 포기하도록 하는 조항이다.

all notices delivered hereunder and all documents to be delivered in connection herewith shall be in the English language and in the event of any conflict between the English version and the non-English version, the former shall prevail.

17.8 Independent Contractors : It is expressly understood and agreed that the other relationship between the parties created by this Agreement is that of independent contractors. Nothing in this Agreement shall be construed to constitute either party as agent of the other for any purpose whatsoever, and neither party shall bind or attempt to bind the other party to any contract or the performance of any obligation, nor represent to third parties that it has any right to enter into any binding obligation on the other's behalf.

IN WITNESS WHEREOF, the parties hereto have caused this Agreement to be executed by their respective duly authorized signatories as of the day and year first written above.

[Purchaser] ____________________ [Supplier] ____________________

☞ [**주해**] •(전문) deferred payment basis 연불방식 • (제1조) definitions 정의 • certificate of acceptance 설비인수증 • default interest 불이행상금 • event of default 불이행사태 • first instalment 제1차 지급분 • letter of guarantee 보증서 • promissory notes 약속어음 • principal amount 원금 • (제2조) facilities 설비 • (제3조) payment 지급 • be credited against…의 대변에 기재되다 • in inverse order of…의 역순으로 • (제4조) security 보증 • standby letter of credit 보증신용장 • (제5조) shipment 선적 • onboard date 본선적재일 • brief description 약식명세 • standard export packing 표준수출포장 • insuring against all risks 전위험보험 부보 • pass the ship's rail 본선 난간을 통과하다 • (제6조) inspection 제품검사 • (제7조) force majeure 불가항력 • beyond the reasonable control 합리적 통제를 벗어난 • be excused from…을 면제받다 • equitable solution 공평한 해결 • (제8조) warranty 담보책임 • free from defects 하자가 없는 • poor workmanship 부실공사 • unconditional waiver 무조건부의 권리포기 • replacement part 대체품 • ordinary wear and tear 통상적인 마모 • fines for injury or damage 상해벌금 • including but not limited to…을 포함하는 등 • (제9조) default 계약불이행 • security instruments 보증증권 • confiscated 몰수되다 • indebtedness 부채 • material adverse change 중대한 변혁 • competent governmental authority 관할정부기관 • action to condemn 선고조치 • reasonable grounds for belief 믿을 만한 합리적 이유 • principal and accrued interest 원리금 누적액 • expenses of counsel 변호사비용 • (제10조) arbitration 중재 • rules of conciliation and arbitration 조정 및 중재규칙 •

order to pay 지급명령서 • (제11조) assignment 계약의 양도 • primary obligator 제1차적 책임자 • (제12조) taxes 조세 • (제13조) patents, trademarks and copyrights 특허, 상표 및 저작권 • (제14조) confidentiality 비밀유지 • (제15조) notice 통지 • (제16조) effective date 계약발효일 • (제17조) miscellaneous 기타 • applicable law 준거법 • discrepancies 계약충돌 • entire agreement 완전합의 • severability 계약의 가분성 • waiver of sovereign immunity 주권면책특권포기 • immunity from legal proceedings 사법절차상의 면책 • set-off 상계소 • attachment prior to judgment 판결전구속 • amendment 계약변경 • counterparts, controlling language 부본과 사용언어 • independent contractors 독립적인 계약자.

3. 플랜트 수출계약의 당사자관계

당사자간의 권리의무는 계약조항의 기재내용에 따라 결정된다. 플랜트 수출계약에 사용하는 UN/ECE(유엔유럽경제위원회)나 FIDIC(국제기술사협회)의 표준약관에 따른 수주자와 발주자의 본질적인 의무사항을 알아 보면 다음과 같다.

(1) 수주자(contractor)의 의무

플랜트 계약의 수주자는 발주자에 대하여 계약내용과 일치하는 플랜트를 인도하고, 이행기일을 준수하며, 이행 후에도 하자보수의 담보책임을 진다.

가. 플랜트 완성 · 인도의무

수주자는 계약내용에 따른 플랜트를 완성 · 인도할 의무를 진다. FOB 계약의 경우 수출국에서 기계나 자재를 선적함으로써 플랜트의 인도의무를 다하게 되지만, Turnkey 계약의 경우 수주자가 플랜트를 완성하여 발주자측이 제시한 성능검사에 합격하여야 그 의무를 다하게 된다.

나. 이행기일의 준수의무

수주자는 계약기간내에 플랜트 완성을 위한 이행기일을 준수할 의무를 진다. 의무의 내용은 수주자가 이행기일준수를 위해 최선을 다하는 것으로 정하는 경우도 있고, 당사자의 귀책사유로 인한 이행지체에 대한 손해배상의 범위를 정하는 경우도 있다. 그러나 계약체결 후에 경제적 · 정치적인 이유로 계약의 본질적 변경이 불가피하면 당사자는 계약금액, 공기연장 등의 협상을 요구할 수 있고, 상대방은 반드시 이 협상에 응하도록 하는 이른바 "사정변경조항"(hardship clause)을 두는 경우도 있다.[23]

---

23) Carole Murray et al., *Schmitthoff's Export Trade,* Sweet & Maxwell, 2007, p. 623.

다. 하자보수의 담보책임

수주자는 플랜트를 완성한 후에도 일정기간 동안 하자보수의 담보책임을 진다. 즉, 수주자는 일정한 담보기간 동안 발견된 잠재적 하자는 무상보수하여야 하며, 이러한 담보기간이 경과하여야 계약상의 모든 책임을 면한다. 그러나 발주자의 과도한 요구에 대비하여, 수주자는 하자보수를 제외한 손해배상의 책임을 지지 아니한다는 뜻의 내용을 삽입해 두는 것이 바람직하다.

(2) 발주자(employer)의 의무

가. 공사대금 지급의무

플랜트 계약의 발주자는 플랜트 공사대금을 지급할 의무를 진다. 즉, 발주자는 계약에 약정된 방법과 시기에 따라 공사대금을 지급하여야 한다. 공사대금의 결정은 앞서 본 바와 같이 고정가격방식(lump-sum contract)이나 실비정산방식(cost-plus fee contract)으로 정하여지고, 대금의 지급방법은 현금지급(cash payment)이나 연불지급(deferred payment)의 방식을 택할 수 있다.

나. 이행선수금 의무

플랜트 수출계약에서 선수금(advance payment) 조항을 둔 경우에는, 계약체결 후 일정금액을 선지급할 의무를 진다. 플랜트 수출은 대규모의 인력과 자재의 조달이 필요하기 때문에 선수금조항을 두는 경우가 많다.

다. 기타의 의무사항

계약서에서 채무불이행에 대비한 일정액의 지급보증을 요구한 경우에는, 발주자는 금융회사나 보험회사의 보증서(letter of guarantee)를 제공할 의무를 진다. 플랜트 수출계약에 주로 이용하는 보증수단으로는 무인의 독립적 보증[24]인 은행보증장(bank guarantee), 보증신용장(standby credit) 등이 있다.

---

24) "무인의 독립적 보증"이라 함은 어떠한 의무불이행, 우발사고 또는 만기의 채무불이행이 발생한 경우 일정한 조건의 지급청구가 있으면 주채무와는 독립적으로 보증인/개설인이 약정된 금액을 지급한다는 약속을 말한다(독립보증서 · 보증신용장협약 제2조).

CHAPTER 2

국제서비스무역거래

제1절 서비스무역거래의 의의

서비스(용역)에 관하여는 오래 전부터 아담 스미스(A. Smith)를 비롯한 많은 경제학자들이 관심을 가져 왔다. 전통적으로 서비스업은 농림수산업·광업·제조업을 제외한 나머지 산업만을 지칭하였으나, 최근에는 컴퓨터와 통신수단의 발달에 의한 경제의 소프트화·서비스화가 진전되면서 서비스 부문이 경제활동에 차지하는 영역이 확대되고 이에 대한 각국의 관심도 고조되고 있다.

1. 서비스무역의 개념

(1) 서비스(service)의 개념

서비스에 대한 개념은 재화에 반대되는 시각에서 이해할 수 있다. 재화는 소유할 수 있고, 따라서 서로 다른 경제주체간에 양도가능한 유형의 물체라고 한다면, 서비스는 어떠한 경제단위에 속하는 사람이나 물건의 상태가 그 경제단위의 양해하에 다른 경제단위의 행위의 결과로 변화하는 것을 말한다. 즉, 서비스는 그 자체가 변화하거나 이의 제공에 대한 대가로 발생하는 시간, 공간 및 형태의 효용을 제공하는 경제적 활동을 말하는 것이다.

① 서비스는 재화에 비하여 그 대상이 되는 차원이 근본적으로 다르다는 특징을 지니고 있다. 즉, 재화는 그 차원이 유형의 물체이지만, 서비스는 그 차원이 무형의 어떠한 상태를 변화시키는 것을 말한다.

② 재화는 다른 경제단위 사이의 경제적 교환에 의하여 소유권이 이전하는 것이지만, 서비스는 소유권의 이전이 일어나지 아니한다는 것이다.

③ 시간적 측면에도 재화에 대한 생산과 소비의 행위는 대체로 일정한 시차를 두고 발생하지만, 서비스는 그 공급자에 의한 상태의 변화와 소비자에게 미치는 상태의 변화가 동시에 발생한다는 것이 커다란 차이점이다.

(2) 서비스무역의 개념

"서비스무역"(trade in services)이라 함은 서비스공급[1] 또는 서비스소비가 국경을 넘어 이루어지는 것을 말한다. 즉, 서비스무역은 재화로부터 창출되는 만족과는 다른 서비스가 국경을 넘어 소비자의 욕구에 만족을 제공하거나, 또는 물적 투입이 없이 재화나 서비스의 생산자로부터 제공되는 행위를 말한다.

표 3-1 서비스무역의 형태

구 분	형 태	정 의	비 고
공급자가 소비국내에 주재하지 않는 경우	① 국경이동 (cross-border supply)	인력이나 자본 등 생산요소의 이동이 수반되지 않은 서비스제품 자체의 국경간 공급	서비스 생산물의 이동
	② 해외소비 (consumption abroad)	서비스 소비자의 소속국 이외의 영토에서 서비스의 소비행위가 완결되는 경우	소비자의 이동
공급자가 소비국내에 주재하는 경우	③ 상업적 주재 (commercial presence)	서비스 수입국내에 서비스 공급주체를 설립하여 서비스를 생산·판매하는 경우	생산요소(자본)의 이동
	④ 자연인 주재 (presence of natural persons)	서비스 수입국내에 서비스 공급인력이 주재하는 경우(상업적 주재 여부를 불문함)	생산요소(노동)의 이동

서비스무역의 상세한 정의는 1995년의 WTO 서비스무역협정(General Agreement on Trade in Services : GATS)에 잘 규정되어 있다. 즉, "서비스무역"이라 함은 위의 〈표 3-1〉과 같이 ① 한 국가의 영토로부터 다른 국가의 영토내로의 서비스공급(서비스의 국경이동), ② 한 국가의 영토내에서 다른 국가의 서비스 소비자에게로의 서비스공급(해외소비), ③ 한 국가의 서비스 공급자에 의한 다른 국가 영토내에서의 상업적 주재를 통한 서비스공급(상업적 주재), ④ 한 국가의 서비스 공급자에 의한 다른 국가 영토내에서의 자연인의 주재를 통한 서비스공급(자연인 주재) 등을 포함한다(제1조 2항).

1) 서비스공급(supply of service)은 서비스 생산·분배·마케팅·판매·인도를 포함한다.

가. 서비스의 국경이동(cross-border supply)

서비스의 국경이동은 서비스 공급자[2]가 수출국내에 그대로 주재하면서 서비스를 생산하여 이를 서비스 수입국내로 공급하는 경우를 말한다.

예컨대 통신수단에 의한 서비스공급이나 상품에 체화된 서비스공급을 들 수 있다. 케이블이나 위성에 의한 국가간 방송프로그램의 전송, 팩스나 우편에 의한 법률자문, 통신수단에 의한 금융서비스, 컴퓨터 디스켓에 내장하여 제공하는 각종 프로그래밍 서비스 등이 대표적인 서비스의 국경간 공급사례이다.

나. 서비스의 해외소비(consumption abroad)

서비스의 해외소비는 서비스 소비자가 자국 영토 밖에서, 즉 서비스 수출국 영토내에서 서비스를 구매·소비하는 경우를 말한다. 서비스 소비자는 자연인이 될 수도 있고, 자연인의 소유물이 해외로 이동하는 경우도 있다.

예컨대 관광객이 해외에 나가 구매하는 각종 관광서비스, 유학생이 해외유학으로 구매하는 교육서비스, 환자가 외국의 병원에서 진료를 받는 의료서비스 등은 소비자의 이동에 의한 서비스의 해외소비에 해당한다.

다. 상업적 주재(commercial presence)

서비스의 상업적 주재는 서비스를 공급할 목적으로 한 국가의 영토내에서 사업체의 설립, 인수 또는 운영을 통한 모든 영업형태를 의미한다.

상업적 주재는 외국기업이 사업체를 서비스 수입국내에 설립하여 영업활동을 영위하거나 기존의 국내기업을 인수하는 경우도 포함한다. 즉, 외국인 직접투자에 의한 기업설립뿐만 아니라 기존 국내기업의 직접매입, 외국인의 간접투자(주식 등)를 통한 기존 국내기업의 인수 등 모든 형태의 서비스 공급업체의 설립, 인수 또는 운영이 상업적 주재에 해당한다.

라. 자연인 주재(presence of natural persons)

자연인 주재는 서비스 수입국의 영토내에 외국의 서비스 공급자가 주재하는 것을 말한다. 자연인 주재는 상업목적의 주재와 관련된 여부를 불문한다.

대표적인 사례로서 외국기업의 임직원의 주재, 상업적인 마케팅 활동을 위하여 일정기간 기업의 대표로 임직원을 파견하는 경우, 또는 상업적 주재와 관계없이 주재국내에서 서비스를 공급하기 위하여 일정기간 임직원을 파견하는 경

---

2) 서비스 공급자(service supplier)는 서비스를 공급하는 모든 자를 의미하고, 서비스 소비자(service consumer)는 서비스를 받거나 사용하는 모든 자로서 각 법인을 포함한다.

우, 기타 개인 서비스 공급자(노동자)의 일시적인 주재 등이 이에 해당한다.

2. 서비스무역의 국제규범

서비스무역을 규율하는 국제규범의 제정운동은 1960년대부터 시작되었다. 초기에는 개별 서비스 분야별로 쌍무적 또는 다자간협정, 자유화규약 등을 체결하여 규율되어 왔다. 예컨대 국가간의 쌍무적 항공협정, 해운협정 또는 UNCTAD의 정기선동맹협약, OECD가 제정한 자유화규약 등이 그것이다.

(1) OECD의 자유화규약

서비스무역의 자유화를 위한 노력은 OECD에서 가장 먼저 추진되었다. OECD는 1961년 9월에 출범한 후 회원국간의 서비스 및 자본이동의 자유화를 위하여 1962년 12월에 '경상무역외거래자유화규약'(Code of Liberalization of Current Invisible Operation) 등을 제정하였다.

경상무역외규약은 경상거래의 원인이 되는 서비스거래에 대한 법적·행정적 규제의 자유화를 위한 규범이고, 자본이동의 경우에도 서비스산업의 외국인 직접투자와 제조업 분야의 외국인 직접투자를 자유화 대상으로 하고 있다.[3)]

OECD의 자유화 노력은 GATT 협상에서도 이어졌다. 즉, 1972년 OECD 각료회의에서는 산업구조 변화, 동경라운드의 준비 등을 검토할 고위그룹을 설치하고, 1973년 이 그룹의 보고서를 통하여 서비스무역(trade in services)에도 상품무역에 관한 일반원칙과 규범체계를 적용하고자 하였다.

특히 OECD는 1989년 5월에 이르러 자체적으로 서비스 및 자본자유화의 대상항목을 크게 확대하여 WTO 서비스협상의 타결을 위해 박차를 가하였다. 즉, OECD는 개도국의 참여 없이 서비스무역의 자유화를 추진한다는데 한계를 느끼고, 이 문제를 GATT(WTO) 무대로 이관하여 논의를 병행하여 왔다.

(2) GATT에서의 논의결과

GATT에서는 원래 상품무역을 원활히 할 목적으로 서비스거래의 자유화를 추구하고자 하였다. 동경라운드(1973~1979)에서 제정된 여러 규약에도 상품무역의 보조수단으로서 서비스거래에 대한 규정을 포함하고 있었다.[4)]

---

3) 김세원 외, OECD 가입과 금융시장개방, 비봉출판사, 1995, pp. 46~49.

4) R. Moncarz, *International Trade and the New Economic Order*, Pergamon, 1995, p. 131.

1982년 GATT 각료회의에서는 미국이 서비스 실무작업부의 설치를 제안하였으며, 1984년 GATT 총회에서 이에 관한 연구보고서[5]가 제출되었다.

결국 1986년 1월부터 GATT 뉴라운드의 준비위원회가 발족되고, 미국의 강력한 주장에 따라 서비스문제를 의제에 포함시키게 되었으며, 1986년 9월 15일에 우루과이에서 개최된 GATT 각료회의는 우루과이 라운드(UR) 협상의 개시를 선언하였다. 우루과이 라운드를 제1부(상품무역)와 제2부(서비스무역)로 구분하고 서비스협상을 위하여 무역협상위원회(TNC)의 산하에 상품협상그룹(Group of Negotiations on Goods : GNG)과 서비스협상그룹(Group of Negotiations on Services : GNS)을 분리 · 설치하여 협상을 시작하였다.

(3) WTO 서비스무역협정

WTO 서비스협정은 미국이 서비스협상을 제기한 이후 오랜 기간에 걸쳐 수많은 협상 끝에 타결된 결정체이다. 1990년 7월에는 수차례의 회의를 거쳐 '서비스무역에 관한 일반협정초안'(Draft Multilateral Framework for Trade in Services)을 작성 · 배포하였다. 1991년 2월부터는 주요국들간에 양자간 협상이 전개되었으며, 서비스협상그룹은 서비스협정최종안(둔켈초안)을 작성하여 동년 12월 GATT 사무총장의 책임하에 무역협상위원회(TNC)에 제출하였다.

둔켈초안은 1993년 12월 15일 우루과이 라운드(UR) 협상의 타결을 선언하면서 서비스분야는 서문, 본문 6장 29개 조항, 8개 부속서 및 각국의 양허표로 구성된 소위 '서비스무역에 관한 일반협정'(General Agreement on Trade in Services : GATS)이 성립되고, 1994년 4월 15일 마라케쉬 각료회의의 서명을 받아 WTO 설립협정에 추가되었다. 그러나 WTO/GATS는 미완성의 상태에서 타결된 것이며, 그 이후에도 분야별로 지속적인 협상이 이어지고 있다.

서비스무역은 오프라인 공간에서의 유통, 광고, 금융, 통신, 건설, 프랜차이즈, 관광, 운송, 건축, 회계, 교육, 엔지니어링, 건강 및 법률분야 등 전문직 서비스뿐만 아니라, 인터넷을 통한 각종 온라인 서비스를 망라하고 있다.

따라서 위의 각종 분야는 비록 서비스무역이라는 포괄적인 개념하에 있지만, 상호간에 근본적으로 큰 차이점이 있을 뿐만 아니라 소비자에게 전달되는 서비스의 형태에 있어서도 각기 다른 특성을 지니고 있다. 단지 이 책에서는 몇 가지의 대표적인 서비스무역거래의 형태만을 알아 보고자 한다.

---

5) John H. Jackson and William J. Davey, *Legal Problems of International Economic Relations*, West Publishing Co., 1986, pp. 1005~1007.

제 2 절 판매점 · 대리점계약

무역거래는 당사자 본인이 직접 나서는 방법도 있지만, 현지에 정통한 제3자에 의한 유통서비스를 이용하는 방법이 효과적일 때가 있다.

유통서비스는 현지의 판매점 · 대리점 · 해외지점 · 자회사 · 합작투자회사 등을 이용할 수 있는데, 이 중에 가장 일반적인 형태는 판매점과 대리점이다.

1. 판매점(Distributor) 계약

판매점은 매도인으로부터 상품판매권을 수탁받지만 자신의 위험과 계산하에 상품을 구입하여 판매하고 스스로 광고 · 재고관리 · 클레임처리까지 부담한다.

대리점은 매도인으로부터 상품을 구입하는 것이 아니라 고정된 가격에 따라 판매계약을 체결하고 수수료를 취득할 뿐이며 상품 소유권은 갖지 못한다.

(1) 판매점계약의 의의

"판매점계약"(distributorship agreement)이라 함은 상품의 공급자가 해외의 판매점에 대하여 일정기간 동안 상품의 판매권을 부여하고, 판매점이 그 상품을 구매 · 관리하면서 고객에게 자신의 명의로 판매하는 계약으로서, 실무에서는 이를 "특약점"이라고도 한다. 상품의 공급자는 판매점과 법률관계를 가질 뿐이며, 현지의 고객과는 직접적인 법률관계가 없다.

특히 판매점계약에 있어서 판매점에게 일정한 지역내에서 일정기간 동안 단독적 또는 독점적 판매권을 부여하는 경우에는, 이를 "독점판매점계약"(sole distribution agreement)이라고 한다.[6] 이러한 판매점계약은 상품의 생산자와 국내의 수출판매점 사이에서도 체결되는 경우가 있다.

판매점계약은 공급자가 직접 판매조직을 갖추지 아니하고도 효과적인 유통망을 제공해 준다는 장점이 있다. 특히 독점판매점계약은 판매점에게 일정기간 동안 안정적으로 제품을 공급하여 경쟁업자를 배제하고 독점적 이윤과 시장지배력을 확보하게 함으로써, 결과적으로 공급자의 판매이익도 증대되고 신규시

6) Murray et al., *Schmitthoff's Export Trade,* Sweet & Maxwell, 2007, p. 806.

장의 개척을 위한 매우 유리한 방식이라고 할 수 있다.

그러나 판매점계약이 독점적 판매권을 부여할 경우에는 현지국가에서 경쟁법(competition law)에 저촉될 우려가 있으므로 세심한 검토를 요한다.

(2) 판매점계약의 주요내용

판매점계약은 독점판매점계약의 형태로 이루어지는 경우가 많으며, 그 내용은 사정에 따라 다양하지만 추후 판매점의 상품구매에 적용할 법적 장치를 정하는 것으로서, 대개 다음과 같은 내용들을 포함한다.

① 계약서에는 계약당사자(parties)를 지정하고 판매권(selling right)을 부여하는 조항을 삽입한다. 이 조항에서는 당사자가 단순한 대리점이 아니고 판매점이라는 점을 명시하여 당사자의 법적 지위를 분명히 하여야 한다.

② 계약서에는 그 계약의 목적에 대한 조항을 삽입한다. 즉, 이 계약에 따라 판매권을 부여하는 취급상품(products), 판매지역(territory), 독점적 판매권(exclusive right)의 여부에 관한 내용을 기재하여야 한다. 만약 판매점에게 독점판매권이 부여되면, 공급자는 판매점의 관할지역내에 있는 고객으로부터 직접 주문을 받았을 때에는 이를 독점판매점에게 이전하여야 한다.

③ 계약서에는 계약의 존속기간(duration)에 대한 조항을 삽입한다. 계약기간을 무기한으로 정하면 공급자가 이를 언제든지 해지할 위험이 있고, 지나치게 단기로 정하면 판매점이 투자를 주저하게 될 위험이 있다. 이 때문에 독점판매점계약에서는 계약의 존속기간을 따로 정하지 않는 것이 보통이다.

④ 계약서에는 계약종료(termination)의 효과에 대한 조항을 삽입한다. 계약이 종료된 후 판매점의 투자금액상환, 종업원·고객·신용 등에 대한 보상문제, 경쟁상품의 판매 등에 관하여 명확히 합의하여야 한다. 특히 계약종료 후에는 판매점도 공급자의 경쟁자가 될 수 있다는 점을 유의하여야 한다.

이 밖에도 판매점계약서에는 판매점의 비밀유지의무, 광고나 선전에 따른 판매촉진 비용분담, 공급자의 지식재산권(특허권·상표권 등)에 대한 권리침해의 감시, 불가항력, 준거법, 중재조항 등에 관한 내용들을 기재하여야 한다.

2. 대리점(Agent) 계약

(1) 대리점계약의 의의

일반적으로 대리인(agent)은 본인으로부터 대리행위의 권한이나 자격을 수권받은 자를 말하고, 특히 실무에서 "무역대리업"이라 함은 외국의 수출업자 또는 수입업자의 위임을 받은 자가 국내에서 수출물품의 구매 또는 수입계약의 체결 등의 행위를 업으로 영위하는 것을 말한다. 그러나 국제거래의 대리점제도는 영미법에 기원을 두고 있기 때문에, 국내제도와 맞지 않는 점이 있다.

"대리점계약"(agency agreement)이라 함은 대리인이 수출업자(본인)로부터 그를 대신하는 권한을 부여받아 계속적으로 상품판매나 중개업무를 함으로써 고객과의 거래효과를 수출업자(본사)에게 귀속시키고, 이에 대한 일정한 수수료를 받는 것을 내용으로 하는 계약을 말한다. 특히 대리점계약이 대리점에게 특정지역에 대하여 일정기간 동안 독점권을 부여할 경우에는, 이를 "총판 또는 독점대리점계약"(sole or exclusive agency agreement)이라고 한다.

(2) 본점(principal)의 의무

대리점계약은 본점과 대리점 사이의 권리 의무를 정하는 계약으로서, 대리점에 대한 본점의 의무사항은 사정에 따라 다르지만 대체로 다음과 같다.

① 본점은 계약에 합의된 수수료(commission)를 지급하여야 한다. 수수료의 지급의무는 당사자간에 분쟁의 소지가 많으므로, 그 지급시기와 지급비율, 대리점의 영역내에서 본점이 직접 수취한 주문에 대한 수수료 문제, 재주문에 대한 문제 등을 예상하여 계약서에 이를 명확히 하여야 한다.

본점은 대리점이 노력한 결과에 대하여만 수수료를 지급할 의무가 있기 때문에, 대리점에게 독점권을 부여하지 않은 한, 본점이 직접 주문을 받았거나 다른 경로를 통하여 체결된 계약에 대하여는 수수료를 지급할 의무가 없다.

② 대리점의 비용보상에 관한 의무문제이다. 대리점계약상에 명시규정이 없는 한, 대리인은 본점을 위해 주문을 수취하였더라도 그 지출한 거래비용을 본점으로부터 청구할 수 없다. 다만 본점이 승인한 의무수행과정에서 지출한 비용은 본점으로부터 청구할 수 있고, 본점은 이를 보상할 책임이 있다.

③ 본점은 계약만료 전에 정당한 사유 없이 계약이행의 의무를 위반하였을 경우에는 그 손해배상의 책임을 져야 한다. 이러한 경우 대리점은 계약의 종료 여부와 관계 없이 자신이 이미 제공한 서비스의 수수료, 이후 취득할 수수료 등 직접적인 손해발생액을 배상청구할 수 있다.

(3) 대리점(agent)의 의무

대리점계약에 의하여 대리점에게 부여된 권리 의무는 계약내용에 따라 달라

질 수 있으나, 대체로 본점에 대한 대리점의 의무사항은 다음과 같다.[7]

① 대리점은 상당한 노력(reasonable diligence)과 주의를 다하여 자신의 의무를 성실히 수행하여야 한다. 대리점이 이러한 신의성실의 의무를 다하지 못하여 야기된 손실에 대하여는 본점에게 배상책임을 져야 한다.

② 대리점은 본점의 이해관계에 영향을 줄 수 있는 모든 정보자료(material facts)를 제공할 의무를 진다. 예컨대 고객의 주문에 대한 인수 여부, 본점의 의사에 반하는 판매행위 등에 대하여는 이를 본점에 통고하여야 한다.

③ 대리점은 비밀이익(secret profits)을 추구하지 아니할 의무를 진다. 대리점은 자신의 직책을 이용하여 제3자로부터 별도의 이익을 추구할 수 없다. 이러한 이익을 추구한 경우에는, 본점은 계약을 해제하고 수수료의 지급을 거절하며, 이로 인하여 입은 모든 손해배상을 청구할 수 있다.

④ 대리점은 업무과정에서 습득한 영업비밀(confidential information)을 누설하여서는 아니된다. 비밀유지의무는 계약기간과 계약기간이 종료된 후에도 계속된다. 그러나 계약상에 금지의 명시규정이 없는 한, 계약기간이 종료되면 대리인은 업무수행상 체득한 기술과 경험을 자신의 영업에 활용할 수 있다.

⑤ 대리점은 본점에게 회계보고(account)의 의무를 진다. 대리점의 회계보고는 계약조건이나 본점의 요구에 따라 행하여야 하며, 또 본점의 이익을 위하여 수취한 모든 금액과 물품은 본점에 귀속시켜야 한다.

3. 판매점 · 대리점 계약서

(1) 판매점계약서(distributorship agreement)

판매점계약서에는 취급상품(products), 판매지역(territory), 독점적 판매권(exclusive right), 계약기간(duration)과 종료(termination), 비밀유지의무(secrecy), 판촉비용(sales promotion), 지식재산권 침해, 불가항력(force majeure), 준거법(governing law), 중재조항(arbitration) 등의 내용을 기재한다.

아래의 〈예시 3-3〉 계약서식은 국내업체가 뉴욕의 한 판매점에게 미국지역 내의 독점판매권을 부여하고자 체결한 것으로서, 공급자의 입장에서 유리하게 작성되어 있다. 따라서 공급자의 이익옹호가 현지의 판매점보호 관련법규에 저촉되는지의 여부를 확인해 보아야 한다. 반대로 외국으로부터 완제품의 수입판매점을 지정받고자 할 때에는 판매점의 입장에서 이를 수정할 필요가 있다.

---

7) *ibid.*, pp. 694~695.

예시 3-3 해외판매점계약서

DISTRIBUTORSHIP AGREEMENT

THIS AGREEMENT, made and entered into this first day of July, 20XX by and between [ABC Inc.], a corporation duly organized and existing under the laws of the Republic of Korea and having its principal office at 36, Yeouido-dong, Youngdungpo-gu, Seoul, the Republic of Korea (hereinafter referred to as "Manufacturer") and [XYZ Corp.], a corporation duly organized and existing under the laws of [the State of New York, U.S.A.], having its principal office at [140, 51th West, New York, N.Y., U.S.A.] (hereinafter referred to as "Distributor")

WITNESSETH :

WHEREAS, Manufacturer wishes to appoint Distributor the exclusive distributor for the Products (as hereinafter defined) in the territory of [the United States of America], and Distributor wishes to accept such appointment as exclusive distributor.

IN CONSIDERATION OF the mutual covenants contained herein, the parties hereto agree as follows :

Article 1. Definitions

In this Agreement except where the context otherwise requires, the following terms and expressions shall have the meaning respectively defined as follows :

1.1 "Products" shall mean [those products which are mentioned in the attached Annex A hereto].[8)]

1.2 "Territory" shall mean [the United States of America].

Article 2. Appointment and Acceptance

2.1 During the term and subject to the conditions hereinafter set forth, Manufacturer hereby appoints Distributor as an exclusive distributor for the Products in the Territory, and Distributor accepts such appointment. During the term of this Agreement, Manufacturer shall not, either directly or indirectly, sell the Products in the Territory without the prior consent of Distributor.

2.2 Distributor shall not purchase, import, export, sell, distribute,

8) 계약제품의 명세가 복잡하거나 상세한 규정이 필요한 때에는 계약서의 본문보다는 별도의 첨부서에 규정하는 것이 좋으며, 이 때의 첨부서도 계약서의 일부를 구성한다.

advertise or otherwise deal in products competitive with or similar to the Products in the Territory.[9]

Article 3. Orders and Shipments

3.1 In placing orders with Manufacturer, Distributor shall clearly describe the Products and quantity required, and shall include precise instructions for packaging, invoicing and shipping. The orders shall not be binding unless and until they are accepted by Manufacturer in its discretion. Manufacturer agrees to supply Distributor with Products to enable fulfillment of the minimum purchases as set forth in Article 5 hereof. Manufacturer agrees to do its best to accept all orders as submitted by Distributor in excess of said minimum purchases.

3.2 Manufacturer shall be responsible for packaging the Products in such manner to ensure except perils of the seas for safe and undamaged delivery.

Article 4. Price and Payment

4.1 The prices of the Products shall be determined in accordance with the price lists attached hereto and made a part hereof, which price list may be changed from time to time by the Manufacturer with [30 days] prior notice.

4.2 Within [30 days] after receipt of Manufacturer's confirmation of order, Distributor shall open an irrevocable Letter of Credit in favor of Manufacturer, issued by a first class international bank satisfactory to Manufacturer.

4.3 Currency of Payment shall be in [United States Dollars].

Article 5. Minimum Purchase

5.1 Distributor guaranties minimum purchases of the Products from Manufacturer in the following amount, on a FOB [Korean] port basis : a) first year [US$ 100,000], b) second year [US$ 200,000], and c) third year [US$ 500,000]. For the purpose of this Article, the Products shall be considered purchased when shipped by Manufacturer.[10]

5.2 When Distributor has fulfilled the minimum purchase guarantee as stipulated in Article 5.1, this Agreement shall automatically be renewed for a period of [three years]. The minimum purchase amount for any [three years] period shall not be less than [US$ 1,800,000] and not less than [US$ 400,000] for each year of said period and said purchase volume shall be subject to the same conditions as aforesaid. As long as this volume is

9) 판매점의 경업금지조항은 불공정행위로 볼 수 있으므로 유념하여야 한다.

10) 판매점에게 독점판매권을 주는 경우 통상적으로 최저구매량을 규정하는데, 그 기준은 수량이나 금액으로 할 수 있고, 구입의 기준도 주문량 또는 선적량으로 할 수 있다.

reached, this Agreement shall be automatically extended by successive [three years] period subject to Article 13, provided, however, that each successive period shall require a [10%] increase of the minimum purchase volume.

5.3 If Distributor fails to purchase the minimum amount as stipulated in Article 5.1 and 5.2, Manufacturer may terminate this Agreement by a written notice as hereinafter provided for in Article 14.1(b) within one month after the expiration of the [three years] period of this Agreement, but Distributor shall have no other liability in connection therewith.

Article 6. Technical Assistance

6.1 Manufacturer engages themselves to supply Distributor with necessary Technical Assistance by means of informative and illustrated material and to send all advertising material suitable for promotion and advertising of the Products.

6.2 Manufacturer shall train a reasonable number of technical personnel either in Korea or on site in the Territory by consent of both parties if it becomes necessary due to introduction of any new Products or generally in order to achieve better installation and maintenance standards. Costs for round trips, meals, lodging, and other expenses of the dispatched personnel of Distributor or Manufacturer for training shall be borne by Distributor.

6.3 The Technical Assistance shall be implemented in the English language.

Article 7. Spare Parts

7.1 Distributor shall keep a sufficient level of spare parts in order to provide an efficient After-sales Services. Manufacturer shall also advise Distributor of the required spare parts and any stocking will be discussed and mutually agreed before orders are placed.

7.2 Manufacturer shall supply to Distributor spare parts for the Products so long as Distributor continues to purchase the Products pursuant to the terms and conditions of this Agreement and for [two years] after the last shipment of the Products. The Price for the spare parts shall be consented by both parties, and at Manufacturer's option, Distributor may purchase standard spare parts from Manufacturer's suppliers directly for [two years] after the last shipment.

Article 8. Inspection and Warranty

8.1 Promptly after the receipt of the Products, Distributor shall inspect or shall cause its qualified agent to insure that the quality standards, as agreed to by the parties in writing, have been met. If any of the Products or any part of a Products is found not to be in compliance with the quality standards, Manufacturer shall supply Distributor free of charge replacement for the Products or the part of a Product not meeting the quality standards, and/or shall indemnify the Distributor against any loss and damage suffered by the Distributor.

8.2 Manufacturer warrants that the Products at the time of shipment shall be free from defects in material and workmanship. This warranty dose not extend to any of the said Products which have been : a) subject to misuse, neglect, accident or abuse, b) improperly repaired, or altered or modified in any way, and c) used in violation of instructions furnished by Manufacturer.[11]

8.3 Claims by Distributor in regard to any defect in the Products must be in writing and be dispatched by Distributor with full particulars within [one year] after receipt of the Products.

Article 9. Distributor's Responsibility

9.1 Distributor shall maintain adequate stocks of the Products throughout the Territory to meet its customer's demand in time. Distributor shall maintain adequate stocks of replacement parts, facilities and qualified mechanics throughout the Territory and shall provide reasonable After-sale Services to its customers.

9.2 Distributor shall undertake for its own account, advertisement, and sales promotions of the Products and devote its best efforts toward obtaining the largest sales volume of the Products in the Territory.

9.3 Whenever Manufacturer shall render to Distributor any complaint as to Products from any dealer or customer in the Territory, Distributor shall immediately make investigation and take a proper action.

Article 10. Report

Distributor shall make [quarterly] reports to Manufacturer on the sales of the Products, the inventory of the Products and parts thereof, general market conditions and others as Manufacturer requires.

Article 11. Trademarks

11.1 Distributor recognizes that any of trademarks, tradenames, designs, copyrights and other proprietary rights, used on or embodied in the Products ("Proprietary Rights") shall remain the exclusive property of Manufacturer.[12] Distributor shall not have or acquire any right, title or interest in Proprietary Rights, provided, however, that Distributor may

---

11) 이 계약서는 제조업자에서 유리하게 작성된 만큼 담보범위를 극히 제한하고 있다.

12) 정의나 축약표현은 경우에 따라 조문의 중간에서 필요시마다 표시하여도 무방하다.

with the consent of Manufacturer indicate that it is an authorized Distributor of the Products. Upon termination of this Agreement for any cause, Distributor shall cease holding itself out as a Distributor of the Products and cease using in any way Manufacturer's name or its Proprietary Rights or any material similar thereto.

11.2 Distributor shall not alter, deface, remove, cover or mutilate in any manner the trademark, serial or model numbers, brand or Manufacturer's name attached or affixed to any of the Products, without the consent of Manufacturer.

Article 12. Status of Distributor

12.1 This Agreement does not in any way create the relationship of principal and agent between Manufacturer and Distributor, and under no circumstances shall Distributor be considered to be the agent of Manufacturer. Distributor shall not act or attempt to act, or represent itself, directly or by implication, as an agent of Manufacturer or in any manner assume or create, or attempt to assume or create, any obligation, liability, representation, warranty or guarantee on behalf of, or in the name of Manufacturer.[13)]

12.2 Distributor shall at all times comply with all applicable laws, regulations, and orders of any government of the Territory or political sub-divisions thereof relating to or in any way affecting this Agreement and Distributor's performance hereunder, including the obtaining of any required licenses, permits or approvals.

12.3 Distributor shall not disclose to any third party, without the prior written consent of Manufacturer, or use for any purpose other than the performance of its obligations under this agreement, any confidential information concerning the Products or business affairs of Manufacturer, including but not limited to prices, discounts, terms and conditions of sale, customers, business affairs, products specifications, which it receives directly or indirectly from Manufacturer, or which it acquires or develops in the course of its transactions with Manufacturer.

Article 13. Term

13.1 This Agreement shall become effective upon signing and shall continue in full force and effect for a period of [three years] from the date hereof, unless earlier terminated pursuant to Article 14, and shall thereafter

13) 판매점의 행위가 제조업자의 책임으로까지 비화되지 아니하게 하기 위하여는 판매점의 지위가 본인과 대리인간의 관계에 기초한 것이 아님을 명문화하여 둘 필요가 있다.

be automatically extended for successive [three years] periods of time unless, [three months] prior to the expiration of the term or any extension thereof, a notice of intention to finally terminate is given in writing by one party to the other.[14)]

13.2 Upon the extension of this Agreement in accordance with Article 13.1, the minimum purchase amount for each period shall be reviewed and a new minimum purchase amount shall be mutually agreed upon in writing by the parties within [two months] after commencement of each new period.

Article 14. Termination

14.1 This Agreement may be terminated, at the option of Manufacturer, by giving to Distributor upon [thirty days] prior written notice of termination, in the event of the happening of the following events :

a) Should Distributor become bankrupt or insolvent, or have its business placed in the hands of a receiver, assignee or trustee, whether by voluntary act or otherwise ; or

b) Should Distributor fail to meet the minimum annual purchase requirements or otherwise fail to meet promptly any of its obligations pursuant to this Agreement ; or

c) Should Distributor be acquired by, or should itself acquire, in whole or in part, a manufacturer of products which in the reasonable judgment of Manufacturer competes to a material extent with the Products ; or

d) Should Distributor attempt to assign this Agreement or any rights hereunder without Manufacturer's prior written consent ; or

e) If Distributor ceases to function as a going concern or to conduct its operations in the normal course of business.

14.2 All moneys owed to Manufacturer upon termination shall become immediately due and payable and no cancellation or termination of this Agreement shall serve to release Distributor or its successors or assignees from any obligations under this Agreement.

Article 15. Force Majeure

Neither party shall be liable to the other party for non-performance or delay in performance of any of its obligations under this Agreement due to war, revolution, riot, strike or other labor dispute, fire, flood, acts of government or any other causes reasonably beyond its control. Upon the

---

14) 현지국가의 정부승인이나 등록이 필요한 경우에는 당사자의 서명일을 발효일로 하기 보다는 당해 정부의 승인일이나 등록일을 발효일로 규정하는 것이 바람직하다.

occurrence of such a force majeure condition, the affected party shall immediately notify the other party of any further developments. Immediately after such condition is removed, the affected party shall perform such obligation with all due speed.

Article 16. Governing Law

This Agreement shall be interpreted and governed by the laws of the Republic of Korea.

Article 17. Arbitration

All disputes, controversies or differences which may arise between the parties out of or in relation to or in connection with this Agreement or for the breach thereof shall be finally settled by arbitration in Seoul, Korea in accordance with the Commercial Arbitration Rules of the Korean Commercial Arbitration Board. The award rendered by the arbitrator(s) shall be final and binding upon both parties concerned.

Article 18. Miscellaneous Provisions

18.1 Notices : Any notice required or permitted to be given hereunder shall be in writing, and may be given by personal service, registered airmail, or by cable, facsimile or E-mail if confirmed in writing by registered airmail.[15)]

18.2 Entire Agreement, Amendments : This Agreement constitutes the entire understanding of Manufacturer and Distributor with respect to the subject matter hereof. No amendment, modification or alteration of any term of this Agreement shall be binding on either party unless the same shall be made in writing and executed by or on behalf of the parties hereto.

18.3 No Assignment, Succession : This Agreement shall inure to the benefit of and be binding upon the parties hereto and their respective successors. No assignment of this Agreement shall be valid without the prior written consent of the other party hereto.

18.4 Waiver : All waivers hereunder must be in writing, and the failure of any party at any time to require the other party's performance of any obligations under this Agreement shall not affect the right subsequently to require performance of the obligation. Any waiver of any breach of any provision of this Agreement shall not be construed as a waiver of any continuing or succeeding breach of such provision or a waiver or modification of the provision.

---

15) 위의 통지조항에는 발신주의적 입장인지 도달주의적 입장인지 명확하지 아니하다.

18.5 Severability : If any one or more of the provisions contained in this Agreement shall be declared invalid, illegal or unenforceable in any respect under any applicable law, the validity, legality and enforceability of the remaining provisions contained herein shall not in any way be affected and in such case the parties hereto oblige themselves to reach the intended purpose of the invalid provision by a new, valid and legal stipulation.

18.6 Headings : The section headings herein are included for purposes of convenience only and shall not affect the construction or interpretation of any of the provision of this Agreement.

IN WITNESS WHEREOF, the parties hereto have caused this Agreement to be executed by their respective duly authorized officers.

[Manufacturer] ________________ [Distributor] ________________

☞ [번역]

판매점계약서

이 계약은 대한민국의 법률에 의하여 설립되고 주된 영업소가 [대한민국 서울특별시 영등포구 여의도동 36]인 ABC 상사(이하 "제조업자"라 함)와 [미합중국 뉴욕주의 법률]에 의하여 설립되고 주된 영업소가 [미합중국 뉴욕시 웨스트 51가 140]인 XYZ 상사(이하 "판매점"이라 함)간에 [20XX년 7월 1일] 체결되었다.

제조업자는 판매점을 미합중국내에서 (추후에 정의하는) 제품의 독점판매점으로 선정하기를 희망하고, 판매점은 이러한 독점판매점으로서 선정되기를 희망하여 당사자들은 이 계약에 포함된 상호 약정에 의거하여 다음과 같이 합의한다.

제1조 정 의

이 계약에 별도의 내용이 없는 한, 다음의 용어와 표현은 각각 다음과 같이 정의된 의미를 갖는다.

1. "계약제품"이라 함은 [이 계약의 첨부 A에 언급된 제품들]을 의미한다.
2. "계약지역"이라 함은 [미합중국]을 의미한다.

제2조 독점판매점의 선정과 승낙

1. 제조업자는 계약기간 동안 이 계약에 명시된 조건에 따라 판매점을 계약지역내의 계약제품에 대한 독점판매점으로서 선정하고, 판매점은 이러한 선정을 승낙한다. 이 계약기간 동안 제조업자는 판매점의 사전동의 없이는 직접 또는 간접으로 계약지역내에서 계약제품을 판매하지 못한다.

2. 판매점은 계약지역내에서 계약제품과의 경쟁제품 또는 유사제품의 구매, 수입, 수출, 판매, 유통, 광고 또는 기타 거래를 하지 못한다.

제3조 주문과 선적

1. 판매점은 제조업자에게 주문을 함에 있어서는 계약제품과 필요한 수량을 명확히 기재하여야 하며, 또 포장, 송장 및 선적에 관한 정확한 지시를 그 주문 속에 포함시켜야 한다. 주문은 제조업자의 재량에 따른 승낙이 없거나 또는 주문이 승낙될 때까지는 구속력을 갖지 아니한다. 제조업자는 이 계약 제5조에 규정한 최소구매량의 구입을 이행할 수 있도록 판매점에게 계약제품을 공급하여야 한다. 제조업자는 위의 최소구매량을 초과하여 판매점이 제시하는 모든 주문을 승낙할 수 있도록 최선의 노력을 다하기로 합의다.

2. 제조업자는 해상고유의 위험으로 인한 경우를 제외하고 계약제품이 안전하고 손상되지 아니한 채로 인도될 수 있는 정도의 포장의무를 부담한다.

제4조 가격과 대금지급

1. 계약제품의 가격은 이 계약에 첨부된 가격표에 의하여 결정하며, 또 첨부된 가격표는 이 계약의 일부를 구성하며, 동 가격표는 제조업자의 [30일]전 사전통지를 통하여 수시로 변경할 수 있다.

2. 판매점은 제조업자의 주문승낙서를 접수한 후 [30일] 이내에 제조업자를 수익자로 하고 제조업자가 만족하는 제1급의 국제적인 은행이 발행한 취소불능 신용장을 개설하여야 한다.

3. 지급통화는 [미국 달러화]로 한다.

제5조 최소구매량

1. 판매점은 제조업자로부터 [한국항] 본선인도(FOB) 기준으로 다음의 금액에 상당하는 최소한의 구매를 할 것을 보증한다. a) 1 차년도 [미화 일십만 불], b) 2차년도 [미화 이십만 불] 및 c) 3차년도 [미화 오십만 불]. 이 조항의 적용에 있어서는, 제조업자가 계약제품을 선적한 때에는 동 제품이 구매된 것으로 본다.

2. 판매점이 본조 제1항에 규정된 최소구매량을 구매한 경우에는, 이 계약은 [3년]간 자동적으로 연장된다. 추가되는 [3년]간의 최소구매량은 적어도 [미화 일백팔십만불]이어야 하며, 동 기간 동안 연간 최소구매량은 적어도 [미화 사십만 불]이어야 한다. 동 구매량은 위에 언급된 조건에 의한다. 이러한 구매량이 달성되는 한, 이 계약은 제13조의 적용을 조건으로 계속하여 [3년]간 자동적으로 연장된다. 다만 계속되는 계약기간 동안 최소구매량은 [10%]씩 증가되어야 하는 것으로 한다.

3. 판매점이 본조 제1항과 제2항에 규정된 최소구매량을 구매하지 아니하는 경우에는, 제조업자는 이 계약의 [3년] 기간의 만료 후 [1월] 이내에 이 계약 제14조 1항 b호에 규정된 서면통지를 함으로써 이 계약을 종료시킬 수 있으며, 이와 관련하여 판매점은 어떠한 의무도 지지 아니한다.

제6조 기술지원

1. 제조업자는 스스로 판매점에게 정보자료와 설명자료에 의한 필요한 기술지원을 제공하며 또 계약제품의 판매촉진과 광고에 적합한 모든 광고자료를 제공한다.

2. 제조업자는 어떠한 신제품의 안내와 보다 좋은 설비의 설치와 작동유지를 위

하여 필요한 경우에는 당사자 쌍방의 동의하에 한국이나 계약지역에서 적당한 수의 기술직원을 훈련시켜야 한다. 판매점 또는 제조업자가 파견한 훈련관련 직원의 왕복여행비, 숙박비 및 기타 비용은 판매점이 부담하여야 한다.

3. 위의 기술지원에 사용하는 언어는 영어로 한다.

제7조 부속품

1. 판매점은 효과적인 판매사후 서비스를 제공하기 위하여 충분한 수준의 부속품을 유지하여야 한다. 제조업자는 또한 판매점에게 필요한 부속품을 통지하여야 하며, 주문에 앞서 재고에 관하여 협의하고 상호 합의하여야 한다.

2. 제조업자는 판매점이 최종선적일로부터 [2년]간 이 계약조건에 따라 계약제품을 계속 구매하는 한, 판매점에게 계약제품의 부속품을 제공하여야 하며, 그 때의 부속품의 가격은 양 당사자의 합의에 따르며, 판매점은 제조업자의 선택에 따라 최종선적일 후 [2년]간 제조업자의 공급자로부터 직접 표준부속품을 구매할 수 있다.

제8조 검사와 담보책임

1. 판매점은 계약제품의 수령 후 즉시 검사하거나 또는 그의 자격있는 대리인을 통하여 당사자가 서면으로 합의한 품질기준에 일치하는지의 여부를 확인하여야 한다. 계약제품 또는 계약제품 일부가 품질기준에 일치하지 아니한 경우, 제조업자는 판매점에게 품질기준에 미달되는 계약제품이나 계약제품 일부의 대체품을 무상으로 공급하고, 또는 판매점이 입은 멸실이나 손상에 대하여 배상하여야 한다.

2. 제조업자는 선적시 계약제품이 재료 또는 제조상의 하자가 없음을 담보한다. 이 담보는 앞의 계약제품을 오용, 부주의, 사고, 남용, 부적절한 수리, 변경, 제조업자의 지시에 반하는 사용의 경우에까지 확대 적용하지 아니한다.

3. 계약제품의 하자에 관한 판매점의 손해배상청구는 계약제품의 수령 후 [1년] 이내에 상세한 명세가 기재된 서면으로 발송하여야 한다.

제9조 판매점의 책임

1. 판매점은 고객의 요구를 적시에 충족시키기 위하여 계약지역의 전체적으로 계약제품의 적절한 재고를 유지하여야 한다. 또한 판매점은 계약지역의 전체적으로 대체부품의 적절한 재고, 설비, 자격있는 기계수리공을 보유하고 있어야 하며, 고객에게 합당한 판매사후 서비스를 제공하여야 한다.

2. 판매점은 자신의 비용으로 계약제품의 광고와 판매촉진 활동을 하여야 하며, 계약지역내에서 계약제품의 판매량을 극대화하기 위하여 최선을 다하여야 한다.

3. 제조업자가 계약지역내의 도매상이나 고객으로부터 제기된 계약제품에 대한 불평의 처리를 판매점에게 의뢰하는 경우에는, 판매점은 즉시 조사를 개시하고 적절한 조치를 취하여야 한다.

제10조 보 고

판매점은 제조업자에게 계약제품의 판매량, 계약제품과 그 부품의 재고량, 시장의 일반동향과 기타 제조업자가 요청하는 사항을 매 [3월]마다 보고하여야 한다.

제11조 상 표

1. 판매점은 계약제품과 관련한 상표, 상호, 의장, 저작권, 기타 소유권(이하 "당해소유권"이라 함)은 제조업자의 독점적인 재산임을 인정한다. 판매점은 제조업자의 동의하에 자신이 계약제품의 적법한 판매점임을 명시할 수 있으나, 당해소유권의 어떠한 권한이나 이익도 갖지 못한다. 어떠한 이유로 이 계약이 종료된 경우에는, 판매점은 계약제품의 판매점으로서의 자격을 상실하며, 또 어떠한 경우에도 제조업자의 명의나 당해소유권 또는 이와 유사한 자료를 사용할 수 없다.

2. 판매점은 제조업자의 동의 없이는 계약제품에 부여되거나 부착된 상표, 일련번호, 모델번호, 상표, 제조업자의 상호 등을 변경하거나, 외관을 손상시키거나, 제거하거나, 덮어 가리거나 또는 일부 삭제하여서는 아니된다.

제12조 판매점의 지위

1. 이 계약에 있어서는 어떠한 경우에도 제조업자와 판매점 사이에 본인과 대리인의 관계가 발생하지 아니한다. 즉, 어떠한 사정하에서도 판매점은 제조업자의 대리인으로 보지 아니한다. 판매점은 직접 또는 간접으로 제조업자의 대리인으로서 행동하거나, 행동하려 하거나, 대표하여서는 아니되며, 또는 어떠한 방식으로도 제조업자의 명의로 또는 제조업자을 대리하여, 어떠한 의무, 책임, 표시, 담보, 보증 등을 부담 또는 설정하거나 또는 부담하려 하거나 설정하려 하여서는 아니된다.

2. 판매점은 필요한 허가, 인가 또는 승인의 획득을 포함하여, 이 계약과 이 계약에 의한 판매점의 이행 등과 관련하거나 영향을 미칠 수 있는 모든 준거법규와 계약지역이나 정치적 분할지역 정부의 명령을 항시 준수하여야 한다.

3. 판매점은 제조업자의 사전 서면동의 없이는 제조업자로부터 직접 또는 간접으로 얻었거나, 제조업자와 거래하는 과정에서 알게 되었거나, 밝혀진 계약제품 또는 제조업자의 업무에 관한 모든 비밀정보뿐만 아니라 가격, 할인, 판매조건, 고객, 업무, 제품사양 등을 제3자에서 공개하거나 또는 이 계약상의 의무이행 이외의 다른 목적에 사용하여서는 아니된다.

제13조 계약기간

1. 이 계약은 서명일로부터 발효되고, 제14조에 따라 조기에 종료되지 아니하는 한, 계약일로부터 [3년]간 계속하여 유효하며, 일방이 계약의 만료나 연장된 계약의 만료일 [3월] 이전에 종료의 의사표시를 상대방에게 서면으로 통지하지 아니하는 한, 연속하여 [3년]간 자동적으로 연장된다.

2. 본조 제1항에 따라 이 계약이 연장되는 경우에는, 양 당사자는 연간 최소구매량을 재조정하여야 하며, 또 새로운 최소구매량은 계약기간의 새로운 개시일로부터 [2월] 이내에 상호 합의하여야 한다.

제14조 계약종료

1. 다음에 해당하는 경우에는, 제조업자는 그 선택에 따라 판매점에게 [30일]전에 서면으로 계약종료의 통지를 함으로써 계약을 종료시킬 수 있다.

a) 판매점이 파산 또는 지급불능되거나, 또는 자발적이든 아니든 불문하고 관리

인, 관재인, 수탁자에게 영업관리를 위탁한 경우, 또는

b) 판매점이 연간 최소구매량을 달성하지 못하거나, 또는 이 계약에 따른 의무를 즉시 이행하지 못한 경우, 또는

c) 제조업자의 합리적인 판단에 비추어 보아, 판매점이 계약제품과 경쟁상태에 있는 제품의 제조업자와 전부 또는 일부 관계를 맺고 있는 경우, 또는

d) 판매점이 제조업자의 사전 서면동의 없이, 이 계약 또는 계약상의 어떠한 권리를 양도하려 하는 경우, 또는

e) 판매점이 계속기업으로서의 기능 또는 정상적인 영업활동을 중지한 경우.

2. 계약이 종료된 경우 판매점의 제조업자에 대한 금전채무는 즉시 지급하여야 하며, 또 이 계약이 해제 또는 종료되었다고 하더라도 판매점이나 그 승계인 또는 양수인이 이 계약상의 어떠한 의무를 면하는 것은 아니다.

제15조 불가항력

어느 당사자도 전쟁, 혁명, 소요, 테러, 동맹파업 또는 기타 노동쟁의, 화재, 홍수, 정부조치 또는 기타 당사자의 통제를 합리적으로 벗어난 사유로 인하여 계약의 어떠한 의무를 불이행하거나 이행을 지연한 경우에는, 상대방에 대하여 책임을 부담하지 아니한다. 이와 같은 불가항력의 사태가 발생한 경우에는, 당해자는 상대방에게 어떠한 진전상황을 즉시 통지하여야 한다. 불가항력의 사태가 해소된 경우에는 그 즉시 당해자는 신속하게 계약상의 의무를 이행하여야 한다.

제16조 준거법

이 계약은 대한민국의 법률에 따라 해석하고 규율한다.

제17조 중 재

이 계약으로부터 이 계약과 관련하여 또는 이 계약의 위반으로 말미암아 당사자간에 발생하는 모든 분쟁, 논쟁 또는 의견차이는 대한민국 서울에서 대한상사중재원의 상사중재규칙에 따라 중재에 의하여 최종적으로 해결한다. 중재인(들)에 의하여 내려지는 판정은 최종적인 것으로 당사자 쌍방에 대하여 구속력을 가진다.

제18조 잡 칙

1. 통지 : 이 계약하에서 요구하거나 허용한 모든 통지는 서면으로 하여야 하며, 또 인편으로 직접 수교하거나, 항공등기우편이나 또는 항공등기우편으로 확인된 전신, 모사전보, e-메일로 발송할 수 있다.

2. 완전합의, 계약변경 : 이 계약은 계약 주체에 관하여 제조업자와 판매점간의 완전한 양해를 구성하며, 이 계약의 어떠한 조건의 변경 또는 수정은 양 당사자나 정당한 권한을 가진 대리인의 서명이 있는 서면에 의하지 아니하고는 할 수 없다.

3. 양도금지 등 : 이 계약은 양 당사자와 그들 각각의 승계인에 대하여 이익과 구속력을 가지며, 이 계약의 양도는 상대방의 사전 서면동의 없이는 무효이다.

4. 권리의 포기 : 이 계약에 따른 모든 권리의 포기는 서면에 의하여야 하며, 상대방에게 이 계약상의 어떠한 의무의 이행을 요구하지 아니하였다 하더라도 추후에 그 의무의 이행을 요구할 수 있는 권리에 영향을 미치지 아니한다. 이 계약상

의 어느 조항의 위반에 대한 권리의 포기는 추후에 계속되는 그 조항의 위반에 대한 권리의 포기 또는 그 조항의 변경으로 보지 아니한다.

5. 계약가분성 : 이 계약에 포함된 하나 또는 그 이상의 조항이 어떠한 준거법에 의하여 무효, 위법 또는 집행불능인 경우에도 이 계약에 포함된 잔여 조항의 유효성, 적법성 및 집행가능성은 그로 인하여 아무런 영향을 받지 아니하며, 또 이러한 경우 양 당사자는 새로이 유효하고 적법한 조항을 설정함으로써 무효조항의 본래 의도된 목적을 달성하게 할 의무가 있다.

6. 제목 : 이 계약의 조항제목은 오로지 편의상 붙여진 것이며, 이 계약의 해석에 아무런 영향을 주지 아니한다.

상기의 입증을 위하여, 양 당사자는 각각 적법하게 권한을 부여받은 직원에 의하여 이 계약서를 작성하였다.

---

(2) 대리점계약서(agency agreement)

대리점계약은 본점(principal)의 위임을 받은 범위내에서 물품의 수출대행이나 수입대행뿐만 아니라 서비스거래의 알선이나 연결기능 등의 모든 거래에 있어서 본점의 역할을 대행한다는 점에서 판매점계약과는 구별된다.

대리점계약서에는 본점과 대리점의 의무사항, 수수료, 계약기간, 계약종료의 사유와 효과, 분쟁의 해결 등에 관한 내용을 기재한다. 아래의 〈예시 3-4〉 계약서식은 한국무역대리점협회의 양식에 의거하여 국내의 유통업체가 미국의 본점으로부터 한국내에서의 독점판매대리권을 위임받고자 작성한 것이다.

예시 3-4 독점대리점계약서

SOLE AGENCY AGREEMENT

This agreement is made and entered into June 1, 20XX between the American Exporting Inc. in U.S.A.(hereinafter called "Principal") and the Korea Ind. Co. (hereinafter called "Agent") in the Republic of Korea, and both parties have agreed hereto as follows :

1. Sales area : "Agent" shall act as (sole) sales agent for the "Principal" within the territory of the Republic of Korea as well as other area mutually agreed upon.[16)]

2. Sales products : ( )

16) 계약지역이나 계약제품 등이 많고 복잡한 경우에는 별도의 정의조항을 두는 것이 좋다.

3. Agent shall do its best to promote sales of ( ) products and all sales transactions are to be confirmed in advance by the "Principal".

4. Commission rate will be ( ) % of the purchase amount, and such commission must be paid within ( ) days after shipment.[17]

5. This agreement is effective from ( ), 20XX to ( ), 20XX and remains effective for ( ) years.[18] This agreement may be extended by mutual written agreement.

6. Principal shall observe those regulations described in international agreement provisions as regulated in the Korean Antitrust and Fair Trade Acts, against which agents shall not be bound by the Principal.

7. Any disputes or claims which can not be resolved amicably between the parties hereto shall be settled in accordance with the rules of arbitration of Korean Commerical Arbitration Board in Korea.

For and on behalf of Principal :

For and on behalf of Agent :

제 3 절 국제건설 · 자원개발계약

1. 국제건설공사계약

국제계약으로서 건설공사계약은 그 종류가 매우 다양하여 항상 각각의 건설공사에 따른 기술적 특수성이 고려되고 있다. "국제건설공사계약"(international contract for the construction)이라 함은 해외의 일정한 장소에서 도로 · 항만 · 수로 · 발전소 등 국토개발사업이나 학교 · 주택 · 병원 · 도시건설 등 사회기반시설과 같이 그 장소에서 항구적으로 이용하는 시설물을 건설하는 계약으로서, 이는 생산관련 산업설비를 수반하는 플랜트 수출계약과는 구별된다.

17) 대리점이 받는 수수료는 국내원천소득과 관련이 없으므로 원천징수세 등과는 무관하다.
18) 대리점계약은 불공정심사기준 등의 국내법규나 제도상으로 규제 또는 제한의 대상이 되는 계약이 아니므로, 계약서명일로부터 즉시 발효하도록 하는 것이 일반적이다.

(1) 국제건설공사계약의 특성

국제건설공사계약도 앞의 플랜트 수출계약의 경우와 마찬가지로 일반적인 물품매매계약과 구별되는 여러 가지의 특성을 지니고 있다.

① 공사비가 대규모이기 때문에 가격결정방식이 특이하다. 즉, 건설공사의 가격은 계약시에 가격을 확정하는 고정가격방식(lump-sum contract)과 가격을 추후에 결정하는 실비정산방식(cost-plus fee contract)으로 결정된다.

② 계약상대방의 선택방법이 특이하다. 건설공사는 공사비가 대규모이고 공사의 치밀성이 요구되므로 계약상대방은 경쟁입찰(competitive bid)에 의하는 경우가 많고, 기타 수의계약(negotiated contract)에 의하는 방법도 있다.

③ 공사과정의 복합성 때문에 수주자의 참여형태가 특이하다. 즉, 건설공사는 발주자와 직접 계약을 맺는 수주자 사이에 원도급계약(prime contract)이 형성되면, 수주자는 자신의 건설공사를 다시 하도급계약(subcontract)의 형태로 각 분야의 전문업체에 하청을 주는 경우가 많다.

④ 분리시공이 가능하기 때문에 공사범위의 선택방법이 특이하다. 즉, 공사범위는 수주자가 토목 · 건축 · 기계시설 등의 일체를 맡아 완성하는 일괄도급계약(turnkey contract)과 부분도급계약(partial contract)이 있다.

(2) 국제건설공사계약의 절차

국제건설공사계약도 청약과 승낙에 의하여 체결하며, 그 방법은 경쟁입찰에 의할 경우가 많다. 입찰의 경우 발주자는 입찰공고 · 초청을 통하여 입찰참가자에게 입찰서류를 교부한 후, 참가자들이 견적서를 작성 · 응모하면 이 중에 발주자가 가장 적합한 자를 선정하여 정식계약을 체결하기에 이른다.[19]

건설공사계약의 입찰서류는 공사입찰서식(bid form of construction)에 공사도면(drawings), 시방서(specifications), 계약일반조항(general conditions of contract), 계약특별조항(special conditions), 본계약서식(form of agreement) 등을 첨부하여 제출하는 것이 일반적이다.

건설공사계약의 일반조항과 특별조항도 플랜트 수출의 경우와 마찬가지로 FIDIC(국제기술사협회) 약관이나 영미계의 AIA (American Institute of Architects : 미국건축사협회), RIBA (Royal Institute of British Architects : 영국왕실건축사협회) 약관 등을 수정 · 사용하고 있다.

---

19) R.V. Deventer, *The Law of Construction Contracts*, Chancery Law Pub., 1993, p. 15.

국제건설공사계약의 자유화규범으로서 민간건설부문은 WTO의 서비스무역협정(GATS), 공공건설부문은 WTO의 수자간협정(PTA)에 속하는 정부조달협정(Agreement on Government Procurement)에 의하여 각각 규율되고 있으며, 당사자간의 계약서 작성에 관하여는 UNCITRAL의 '국제산업공장건설계약서 작성에 관한 법적 지침'(Legal Guide on Drawing up International Contracts for the Construction of Industrial Works) 등이 제정되어 있다.

2. 국제자원개발계약

(1) 국제자원개발계약의 의의

자원(energy)은 인류생존의 기초로서 모든 사람에게 필요하지만, 그 존재가 제한되어 있고 지역적으로 편중되어 있기 때문에 이를 개발하고 공급하기까지는 이해조정의 갈등이 따른다. 특히 1970년대의 석유파동 이후 세계 각국에 자원민족주의가 확산되면서, 최근 우리나라에서도 에너지 자원의 안전한 확보를 위한 국제자원개발계약에 대한 관심이 높아지고 있다.

"국제자원개발계약"(international contract for the exploitation of energy)이라 함은 해외의 석유·석탄·천연가스와 같은 자원의 개발·채취·수송·판매 등에 관련한 계약을 말한다. 자원개발을 위한 국제계약은 물품이나 기술이전의 경우와는 달리 그 존재의 한계성에 대한 위기의식과 당사자들 사이의 이해조정 때문에 그 형태가 다양하게 나타나고 있으며, 특히 자원개발계약은 다른 국제계약에 비하여 다음과 같은 특수성을 지니고 있다.

① 자원개발사업은 높은 투자위험을 감당하여야 한다. 예컨대 석유시추공 하나의 굴착에 수천만 달러의 비용이 소요되지만, 그 성공률은 매우 낮다. 이러한 이유로 자원개발사업은 여러 회사가 합작투자나 컨소시엄계약을 이용하여 개발사업에 공동으로 참여하고, 이에 대한 금융지원도 투자위험을 함께 나누는 프로젝트금융(project finance)을 이용하는 경우가 많다.

② 자원개발사업은 초기에 많은 비용이 소요되지만, 일단 개발이 완료되면 적은 경영비용으로 대량의 자원생산이 가능하다. 적은 경영비용으로 대량생산이 가능하다는 것은 투자자에게 유리한 측면도 있으나, 실제로는 자원을 생산하는 단계에 가서 자원국으로부터 국유화조치를 당하는 경우도 있다. 이러한 국유화의 위험을 커버하기 위하여는, 세계은행(world bank) 등의 프로젝트금융이나 손해보험제도를 이용하기도 한다.

(2) 국제자원개발계약의 절차

해외의 자원개발사업에 참여하는 방법은 i) 자원국측과 최초로 자원탐사·개발·생산계약을 체결하거나, ii) 자원국측이 이미 체결하고 있는 개발계약상의 권리를 일부 양도받거나, 또는 iii) 자원국측이 이미 개발계약을 맺고 있는 외국의 개발회사와 자본투자 및 이익분담계약을 체결하는 경우가 있을 수 있다. 이러한 참여방법은 자원국측의 사정에 따라 영향을 받게 마련이다.

역사적으로도 석유나 가스개발계약은 자원국측의 지위변화에 따라 다양한 형태로 체결되어 왔다. 즉, 자원국측의 사정이 열악한 시기에는 이권계약(concession agreement) 방식이 주로 이용되었으나, 국제적으로 그 지위가 향상되면서 대차(lease), 개발허가(exploitation permit), 생산특허(production license), 모험계약(risk contract), 생산분담계약(production sharing contract : PSC) 등 투자자에게 불리한 방식으로 정형화된 것이 특징이다. 이 중에 "이권계약"은 자원국측이 수동적인 입장에서 이권을 투자자에게 이양하는 것이라면, "생산분담계약"은 자원국이 계약상 능동적인 지위에서 투자자의 기술을 도입하여 생산과 경영에 공동으로 참여하고 그 생산된 자원을 분담소유하는 것이다.

오늘날 국제자원개발의 가장 전형적인 계약방법은 생산분담계약(PSC)이다. PSC 계약의 일반조항은 국제계약의 기본형식에 의존하지만, 에너지자원의 개발·수송·분배를 둘러싼 당사자의 권리와 의무에 관하여는 특수한 내용을 담고 있다. PSC 계약의 핵심내용은 경영권조항과 생산량분담조항이다.

① PSC 계약에서 경영권조항(management clause)은 자원국측이 자원개발사업의 경영권을 계속 확보하여 자립적인 경제발전을 가능케 하는 근거가 된다. 예컨대 인도네시아에서 사용하고 있는 PSC 계약의 경우에는 현지의 국영석유회사가 탐사·개발작업의 경영에 관한 책임을 지고, 외국의 투자회사가 그 작업의 진행에 관한 책임을 지도록 규정함으로써 사업경영과 작업진행을 분담·구별하고 있다.

② PSC 계약은 자원국측과 투자자가 자원생산량에 직접 일정한 지분율을 가지고 이익분배를 하는 생산량분담조항(production sharing clause)을 두고 있다. 예컨대 인도네시아 PSC 계약의 경우, 작업비를 공제한 후 원유량을 현지인이 65%, 외국인이 35%의 비율로 분배하고, 만약 생산량의 증가가 일정기간 계속되면 분배비율을 67.5% 대 32.5%로 변경할 수 있음을 규정하고 있다.

제 4 절 기타 서비스계약 실무

1. 국제고용계약서

고용계약(employment agreement)은 국제기업이 해외의 현지에서 기업인 사조직을 구성할 때 사용하는 계약으로서, 기업의 내부적으로는 사장·직원 등을 고용하기도 하고, 외부적으로는 판매원을 고용하기도 한다. 〈예시 3-5〉의 계약서식은 고용주(employer)가 기업의 영업활동을 계속하기 위하여 10 년 이상 사장으로 재직해 온 피고용인(employee)의 서비스를 받고자 체결한 양식이다.

예시 3-5 국제고용계약서

EMPLOYMENT AGREEMENT

THIS AGREEMENT ("this Employment Agreement"), made and entered into this 1st day of October, 20XX, by and between Kanto G.T. Kabushiki Kaisha ("Employer"), a Japanese stock company, and M. Sakamaki ("Employee").

WITNESSETH THAT :

WHEREAS, Employer has agreed to acquire certain assets of Kanto G.T., pursuant to an Asset Purchase Agreement ("Asset Agreement") dated ____, 20XX ; and

WHEREAS, Employer presently intends to continue the business operations of Kanto G.T. ; and

WHEREAS, Employee has been serving as the President of Kanto G.T. for a period in excess of 10 years ; and

WHEREAS, Employer desires to obtain the benefit of the services of Employee in connection with the conduct of the business presently being carried on by Kanto G.T. and the Employee is willing to render such services on the terms herein set forth,

NOW, THEREFORE, in consideration of the premises and of the mutual covenants and agreements hereinafter set forth, it is agreed as follows :

Article 1. Employment

Employee is hereby employed by Employer for an employment period commencing on the closing date of Asset Agreement, as that terms is defined in Article 1 (i) thereof ("Closing Date"), and ending five (5) years thereafter (the "Employment Period"). If for any reason the Asset Agreement is not consummated, this Employment Agreement shall be without effect and neither party shall have any liability to the other hereunder.

Article 2. Employment Services

Employee agrees that during the Employment Period, he will faithfully render such executive and managerial services, with respect to the continuation of the business operations of Kanto G.T., by Employer, or otherwise as any be delegated to Employee under the authority of the Board of Directors of Employer, and will devote substantially his entire business time and attention thereto.

Article 3. Compensation during the Employment Period

(a) Employer shall pay Employee upon Employee's performance of the services described above, a salary in the amount of Yen per year or such greater amount as Employer may determine, and such amount shall be paid in accordance with Employer's usual payment policies and procedures.[20]

(b) Employer shall grant Employee all other benefits of Employment generally made available to other members of Employer's management.

Article 4. Confidential Information

Employee, during the Employment Period and thereafter, will not, directly or indirectly, without Employer's prior written consent, use for himself or use for, or disclose to, any party other than Employer, or any subsidiary of Employer (as that terms is defined herein), any secret or confidential information or data regarding the business of Employer or its subsidiaries, or any secret or confidential information or data regarding the costs, uses, methods, applications or customers, trade accounts or suppliers (and pertinent information respecting transactions and prospective transactions therewith) of products made, produced or sold by Employer or this subsidiaries, or regarding any secret or confidential apparatus,

---

20) 피고용인의 입장에서는 보수규정을 일당이나 월급으로 정하기 보다는 연봉의 개념으로 정하고 지급통화도 달러화 등의 국제적 기축통화로 명시하는 것이 안전하다.

process, system, manufacturing or other methods at any time used, developed or investigated by or for Employer or its subsidiaries, whether or not invented, developed, acquired, discovered or investigated by Employee.

At the termination of Employee's employment or at any other time Employer or any of its subsidiaries may request, Employee shall promptly deliver to Employer all memoranda, notes, records, plats, sketches, plans or other documents made or compiled by, delivered to, or otherwise acquired by, Employee concerning costs, uses, methods, designs, applications or purchasers of products made or sold by Employer or its subsidiaries or any secret or confidential products, apparatus or process, manufactured, used, developed, acquired or investigated by Employer or its subsidiaries.

Article 5. Discoveries

Any and all inventions, discoveries, processes, methods, designs and knowhow, whether or not patentable, which Employee may conceive or make, either alone or in conjunction with others, during Employee's term of employment with Employer or its subsidiaries (or heretofore shall have conceived or made, either alone or in conjunction with others, during Employee's prior employment by Kanto G.T.) relating to, or in any way pertaining to or connected with the business of Employer or its subsidiaries, shall be the sole and exclusive property of Employer ; and Employee, whenever requested to do so by Employer or any subsidiary thereof, and without further compensation or consideration, shall promptly execute any and all applications, assignments and other instruments which Employer shall deem necessary in order to apply for and obtain letters patent of Japan and foreign countries for said inventions and discoveries and in order to assign and convey to Employer the sole and exclusive right, title and interest in and to said inventions, discoveries, processes, methods, designs and know-how, or any applications or patents thereon.

Employee hereby confirms that he neither holds nor has any interest in any patent, patent right, patent application, trademark, trademark application or license agreement.

Article 6. Non-Competition Agreement

Employee agrees that during his employment by Employer or any subsidiary thereof and for a period of three (3) years following any termination of his employment by Employer or a subsidiary (on account of the termination of this Employment Agreement or otherwise) (the "Non-compensation Period"), Employee will not in Japan engage in or enter the employment of, or have any interest in, directly or indirectly, any other person, firm, corporation or other entity engaged in the businesses of manufacturing and selling bimetalic thermostatic controls or any related or similar business activities competitive with the business of (a) Kanto G.T., as said business operations are conducted by Employer, or (b) any other division of Employer or its subsidiaries or affiliated companies, in which Employee shall be employed by Employer or with respect to which Employee shall acquire proprietary, technical or special knowledge during his employment by Employer. This restriction shall be applicable only with respect to the manufacturing and sales areas in which Employer or its subsidiaries shall conduct business operations during his employment by Employer of the kind and character indicated.

It is expressly understood by and between the parties hereto that the covenants contained in this Article 6 shall be deemed to be a series of separate covenants, one for each line of business of Kanto G.T. and Employer and their respective subsidiaries in each city or in each prefecture in which Kanto G.T. previously conducted its business and in which Employer conducts its bimetalic thermostatic controls business. Each separate covenant shall be referred to hereinafter as a "Separate Covenant".

If, in any judicial proceeding, a court shall refuse to enforce one or more of the Separate Covenants because the time-limit is too long, it is expressly understood and agreed between the parties hereto that for the purpose of such proceedings such time-limit shall be deemed reduced to the extent necessary to permit the enforcement of such Separate Covenants.

It is further agreed that, if Employee shall violate the provisions of the Article 6, he shall pay to Employer the amount of ¥15,000,000.

Article 7. Definition of Subsidiary

The terms "subsidiary" or "subsidiaries" as used herein shall mean (a) a corporation owned or controlled by Employer or otherwise affiliated with Employer directly or indirectly though stock ownership, and shall include, but not be limited to, each corporation a majority of the voting stock which is owned by Employer or any such other majority owned subsidiary (or a chain thereof) of Employer, (b) any corporation owning Employer or under common control with Licensor, and (c) the business of Kanto G.T. as being acquired by Employer pursuant to the Asset Agreement.

Article 8. Non-Waiver of Rights

The failure to enforce at any time any of the provisions of this Employment Agreement or to be required at any time performance by the other party of any of the provisions hereof shall in no way be construed to be a waiver of such provisions or to affect either the validity of this Employment Agreement, or any part hereof, or the right of either party thereafter to enforce each and every provision in accordance with the terms of this Employment Agreement.

Article 9. Invalidity of Provisions

The invalidity or unenforceability of any particular provision of this Employment Agreement shall not affect the other provisions hereof, and this Employment Agreement shall be construed in all respects as if such invalid or unenforceable provisions were omitted.[21]

Article 10. Assignment

This Employment Agreement shall be freely assignable by Employer and shall inure to the benefit of, and be binding upon Employer, its successors and assignees and/or any other corporate entity which shall succeed to the business presently being operated by Kanto G.T. but, being a contract for personal services, neither this Employment Agreement nor any rights hereunder, shall be assigned by Employee.[22]

Article 11. Governing Law

This Employment Agreement shall be interpreted in accordance with and governed by the laws of Japan.

Article 12. Amendments

No modification, amendment or waiver of any of the provisions of this Employment Agreement shall be effective unless in writing specifically referring hereto, and signed by the parties hereto.

Article 13. Notices

Any notice to be given by either party hereunder shall be in writing, and shall be deemed to have been duly given if delivered or mailed, certified or registered mail, postage prepaid, to Employer at Kanto Co., Ltd. and to Employee at his address as it appears on the payroll records of Employer, or to such other address as may have been furnished to the other party by written notice.

Article 14. Applicable Language

This Employment Agreement shall be executed in both its English and

21) 특정조항의 무효로 인하여 다른 조항이나 계약 전체가 무효로 되지 아니한다는 내용으로서, 이를 흔히 "계약가분성"(severability) 조항이라고도 한다.

22) 고용주가 고용계약을 임의양도할 수 있게 한 것은 피고용인에게 극히 불리할 수 있다.

Japanese versions. Both versions of this Employment Agreement are intended to be identical in meaning and effect. In the event of a dispute, the Japanese version shall be considered the controlling.

IN WITNESS WHEREOF, the parties hereto have caused this Agreement to be executed as of the day and year first above written in Tokyo, Japan.

[Employer] ____________________ [Employee] ____________________

☞ [**주해**] • (전문) stock company 주식거래회사 • asset purchase agreement 자산매입계약서 • (제1조) employment 고용 • employment period 계약기간 • be consummated 완성되다, 완료되다 • (제2조) employment services 고용서비스 • board of directors 이사회 • (제3조) compensation during the employment period 계약기간내의 보수 • salary in the amount of…per year 연봉…의 급료 • members of management 경영진 • (제4조) confidential information 비밀정보 • pertinent information 관련정보 • apparatus 장치 • memoranda 비망록 • (제5조) discoveries 발견물 • patentable 특허적격한 • term of employment 고용기간 • sole and exclusive property 단독의 독점적 재산권 • letters patent 특허증 • (제6조) non-competition agreement 경업금지합의 • bimetalic thermostatic controls 바이메탈식 온도조절기 • prefecture 관할도, 현 • separate covenant 별개의 약속 • time-limit 경업금지기한 • (제7조) definition of subsidiary 자회사의 정의 • voting stock 의결권주식 • (제8조) non-waiver of rights 권리의 비포기 • (제9조) invalidity of provisions 조항의 무효 • unenforceability 발효불능성 • (제10조) assignment 계약의 양도 • corporate entity 법인체 • (제11조) governing law 준거법 • (제12조) amendments 계약변경 • (제13조) notices 통지 • (제14조) applicable language 사용언어.

2. 용역제공계약서

용역(service) 제공계약은 국제간의 일반 용역도급에 관한 것으로서, 복잡한 내용으로 구성되는 고도기술 용역계약과는 달리 비교적 간단한 조항들로 구성되어 있긴 하나, 통상의 용역계약시에 참조할 수 있는 내용의 계약형태이다.

용역계약서는 세부내용에 따라 각기 달리 작성하여야 하겠으나, 통상의 용역계약서(service agreement)에는 제공할 서비스의 내용, 제공기간, 서비스료와 지급방법, 비밀유지의무, 기타 필요한 일반조항 등의 정도로 충분할 것이다.

예시 3-6 용역제공계약서

SERVICE AGREEMENT

THIS AGREEMENT, made and entered into this ____ day of ____, 20XX, by and between ABC Co., Ltd. (hereinafter referred to as "ABC") with its principal office at 36, Yeouido-dong, Youngdungpo-gu, Seoul, Korea and Advances Materials Technology Inc. (hereinafter referred to as "XYZ") with its principal office at 1449 S. Carmelina Avenue, Los Angeles, CA, 90025, U.S.A.

WITNESSETH :

WHEREAS, ABC plans to rationalize the Heavy Machinery Plant of the ABC and install a new manufacturing facility for production of automated machine tools such as CNC, machine centers, robots, etc. Considering the present state of technology and marketing situation surrounding ABC, the ABC management believes in most advantageous to accomplish this objective by acquiring the required technology from a leading U.S. manufacturer on either OEM or technical cooperation basis.

WHEREAS, XYZ desires to render its best services and to assist, cooperate and work together with ABC in conclusion of Technical Transfer Agreement for the aforementioned products with a leading U.S. manufacturer on either OEM or technical cooperation basis.

NOW, THEREFORE, the parties hereto agree as follows :

Article 1. Services[23)]

1.1 XYZ shall provide its best services to ABC for the matters described hereunder within the term of Article 2 :

1) Technical informations on recent in automated machine tools in U.S.A.

2) Informations of U.S. firms which are able to transfer such a technology.

3) Arrangement and assistance of conclusion of Technical Transfer Agreement on either OEM or technical cooperation basis.

4) Representation of ABC in initiating contacts with U.S. firms to bring about such a business venture.

5) Submitting reports on U.S. firms which are able to months after the

23) 용역계약의 주요소인 제공서비스의 내용을 구체적으로 열거하는 것이 명확하다.

effective date.

6) Advice on projects about automated machine tools.

1.2 XYZ shall devote its time and attention to its best in fulfilling the foregoing obligations during the term of this Agreement.

Article 2. Term

This Agreement shall be effective for one (1) year from the date this Agreement has been approved by the Korean government.[24)]

Article 3. Payment

ABC shall pay to XYZ for its service under this Agreement a fee of the total amount of Forty Thousand U.S. Dollars (US$ 40,000) :

1) Ten Thousand U.S. Dollars (US$ 10,000) as retainer fee shall be paid within thirty (30) days after the effective date.[25)]

2) Thirty Thousand U.S. Dollars (US$ 30,000) shall be paid within thirty (30) days after the conclusion of Technical Transfer Agreement relevant to automated machine tools.[26)]

Article 4. Obligation of Secrecy

XYZ shall not disclose to any other party secrets or knowledge about ABC which XYZ comes to obtain in process of fulfilling its obligations under this Agreement.

Article 5. Termination

5.1 In the event that XYZ is unable to fulfill the services as described in Article 1, this Agreement shall terminate by mutual consent.

5.2 In the event of termination of this Agreement pursuant to Article 5.1, XYZ shall refund the balance except prorated payment on the basis of time forthwith.

Article 6. General Provisions

6.1 Any matters which must be determined for the successful execution of this Agreement but are not covered in this Agreement, shall be decided by mutual consent.

6.2 This Agreement shall be governed by the laws of the Republic of Korea and the original text of this Agreement shall be executed in English

---

24) 현재는 외국환거래법이 완화되어 대부분의 용역계약은 외국환은행의 계약인증만으로 가능함으로, 필요에 따라 계약의 발효일도 서명일부터로 조정하여 사용할 수 있다.

25) "Retainer fee"라 함은 용역계약의 초기단계에서 지급하는 선급금 등을 말한다.

26) 모든 영문계약서에는 소득 원천징수세의 부담주체를 명확히 기재하여야 하는데, 여기서는 미국에서 수행되는 용역의 대가이므로 국내 원천징수세의 대상이 되지 아니한다.

language. Payments made in Korea will be subject to national and local taxes.

IN WITNESS WHEREOF, each party hereto has caused this Agreement ment to be executed in duplicate as of the date first above written by its duly authorized officer or representative.

[ABC] ____________________ [XYZ] ____________________

☞ [주해] •(전문) rationalize the heavy machinery plant 중기공장을 합리화하다 • automated machine tools 자동화기기 • OEM or technical cooperation basis 주문자상표부착방식이나 기술제휴방식 • technical transfer agreement 기술이전계약 • (제1조) services 제공서비스 • business venture 벤처사업 • advice on project 사업자문 • (제2조) term 계약기간 • (제3조) payment 서비스료 지급 • retainer fee 선급금 • (제4조) obligation of secrecy 비밀유지의무 • (제5조) termination 계약종료 • return the balance 차액을 반환하다 • prorated payment on the basis of time 시간당 분할지급액 • (제6조) general provisions 총칙.

3. 국제 컨설팅계약서

경영자문계약(management agreement)은 서비스 관련계약 중에 기업경영을 도급하는 도급계약의 일종으로서, 특히 최근 들어 대기업의 소유와 경영을 분리하고 있는 현실과 소규모 벤처기업의 사업성 등에 대한 전문경영인의 컨설팅을 중요시 하고 있는 시점에서 그 활용도가 크다고 할 수 있다.

아래의 계약서식은 일본의 한 기업이 미국 뉴욕에 자사제품의 수입·유통회사를 설립하고자 미국의 전문업체로부터 컨설팅을 받고자 작성한 양식이다.

예시 3-7 국제 컨설팅계약서

CONSULTATION AGREEMENT

THIS CONSULTATION AGREEMENT ("this Agreement"), made and entered into this day of 20XX, by and between ABC & Co., Ltd. (hereinafter referred to as "ABC"), a Japanese corporation, having its place of business at 1-1, Nihonbashi 1-chome, Chuo-ku, Tokyo, Japan and XYZ Home Products, Inc. (hereinafter referred to as "XYZ"), a New York corporation, having its place of business at 1234 North Avenue, Albany, New York

12205, U.S.A.

WITNESSETH THAT :

WHEREAS, ABC desires to establish a corporation in New York to import and distribute ABC's products in U.S. and presently intends to set up a liaison office in Albany, New York in order to conduct preparatory activities for ABC's substantial business activities in the U.S. ; and

WHEREAS, ABC desires to obtain the benefit of the consultation and services of XYZ in connection with the conduct of the business presently or in the future being carried on by ABC and/or ABC's wholly owned subsidiary company in the U.S. and XYZ is willing to render such services on the terms herein set forth,

NOW, THEREFORE, in consideration of the premises and of the mutual covenants and agreements hereinafter set forth, it is agreed as follows :

Article 1. Consultation

XYZ is hereby employed by ABC as consultant for consultation period commencing on the effective date of this Agreement and ending three (3) months thereafter (the "Consultation Period"). If for any reason this Agreement is not consummated, this Agreement shall be without effect and neither party shall have any liability to the other hereunder.

Article 2. Scope of Services

XYZ shall provide consultation, advice and other services to ABC with regard to gas detectors and smoke detectors, surveys on the market trends and future prospects of the above detecting instruments and devices, and any other specific subjects to which the parties may agree from time to time. XYZ shall also assist ABC at conferences and provide other specific services to which both parties may agree from time to time. The contents of works by XYZ are specified in Exhibit A attached hereto but are not limited to those set forth therein.[27)]

Article 3. Place of Services

XYZ may render its services from Albany, New York, U.S.A. or any other location at its convenience. ABC may request XYZ to render advice or services in other cities, at conferences, or in Japan as ABC deems necessary. Provided, however, that Albany, New York, shall be subject to the reasonable convenience of XYZ and the prior consent of ABC on any expenses which will exceed US$ 200 per trip.

---

27) 경영자문계약의 서비스범위는 컨설팅료의 산정기준이 되므로 상세한 기재가 필요하다.

Article 4. Restriction of Competing Services during Effective Term

Due to the sensitive nature of the areas concerning which XYZ and its key employees are to provide advice and services, as well as the secret and otherwise confidential nature of information that ABC must provide to XYZ in order to enable XYZ to fulfill its duties under this Agreement, the parties acknowledge that the revelation, in any manner or form, of any of such secret or otherwise confidential ABC's information provided to XYZ, to any person or entity competing or attempting to compete with ABC in any area of ABC's manufacturing or technological endeavors, would irreparably harm ABC.

Therefore, XYZ agrees that while this Agreement or any extension or renewal hereof is in effect between the parties, XYZ shall not simultaneously offer any advice or consulting services to any person or entity clearly competing or attempting to compete with ABC in any area of manufacture or technology in which ABC is currently active, regardless of whether XYZ has provided any advice or services to ABC under this Agreement or any extension or renewal hereof with regard to any particular area of such activity, and regardless of whether XYZ has in fact received any secret or otherwise confidential ABC's information from ABC with regard to any such particular area of ABC activity. XYZ shall notify ABC in writing of any prospective commitments to any person or entity which may be competing or attempting to compete with ABC before providing any advice or other consulting services to such person or entity.

ABC shall then determine whether any such persons and entities are clearly competing or are attempting to compete with ABC. XYZ agrees that ABC's determination of whether such persons or entities are clearly competing or attempting to compete with ABC within the meaning of this Article shall be final and binding.

Article 5. Restriction of Competing Services after Expiration, etc.

Both parties recognize and acknowledge that significant risk of the revelation of secret or otherwise confidential ABC's information to persons or entities clearly competing or attempting to compete with ABC, whether intentional or otherwise, would arise if XYZ were to provide advice or consulting services to any such person or entity clearly competing or attempting to compete with ABC immediately following the expiration or termination of this Agreement or any extension or renewal hereof, and that such revelation of any of such secret or otherwise confidential ABC's information would irreparably harm ABC.

Therefore, XYZ agrees that, for a period of one (1) year following the expiration or other termination of this Agreement or any extension or renewal hereof, XYZ shall not provide any advice or other consulting services to any person or entity clearly competing or attempting to compete with ABC in any area of manufacture or technology in which ABC is then currently active, regardless of whether XYZ has provided any advice or services to ABC under this Agreement or any extension or renewal hereof with regard to any particular area of such activity, and regardless of whether XYZ has in fact received any secret or otherwise confidential ABC's information from ABC with regard to any such particular area of ABC activity.

Article 6. Confidential Information

All secret or otherwise confidential ABC's information provided by ABC to XYZ in whatever form in furtherance of the purposes of this Agreement shall remain the sole property of ABC. Upon expiration or other termination of this Agreement or any extension or renewal hereof, XYZ agrees to promptly return all such information to ABC if possible, the details of such return to be decided by mutual agreement of the parties as soon as possible after any such expiration or other termination. XYZ further agrees not to reveal any of such secret or otherwise confidential ABC's information to any person or other entity at any time, either before or after the expiration of this Agreement or any extension or renewal hereof, except as may be necessary to the fulfillment of XYZ'S obligations under this Agreement.[28]

Article 7. Consideration

In consideration for advice and services rendered, ABC shall pay to XYZ eight thousand United States Dollars (US$ 8,000) in two installments : the first $ 4,000 shall be paid on the fourteenth day after the effective date of this Agreement, and the second $ 4,000 shall be paid upon receipt of the report from XYZ.

Article 8. Reimbursement of Expenses

1. XYZ agrees to bear all minor costs incurred during the course of conducting the normal advice and services in the United States provided for under Article 2 of this Agreement for which XYZ shall receive the

28) 통상적으로 경영자문계약에서는 비밀정보의 노출이 불가피하기 때문에, 컨설팅 위탁자의 입장에서는 비밀정보의 재산권과 비밀유지의무에 관한 명확한 내용을 두어야 한다.

compensation provided under Article 7 of this Agreement.

2. With regard to expenses exceeding the amount of US$ 200 incurred by XYZ in the United States in providing its advice and services to ABC at ABC's specific request, subject to prior mutual agreement between the parties as to the specific advice or services to be provided by XYZ and the costs of providing such specific advice or services, ABC shall remit the amount of such agreed special research costs to XYZ within thirty (30) days of receiving XYZ's invoice for those amounts.

3. With regard to expenses incurred by XYZ outside of the United States in providing its advice or services to ABC at ABC's request, ABC shall be responsible for all travel, lodging and meal expenses incurred by XYZ on such occasions, and a per diem allowance for each day on which the relevant employee of XYZ is away from the Unites States, the per diem allowance for each occasion to be decided by mutual agreement of the parties prior to the XYZ's employees' addition. ABC also shall bear all costs necessary to enable XYZ to provide its advice or services on such occasions, such as interpretation expenses, professional services expenses, and any other expenses necessary to the provision of XYZ's advice or services.

Article 9. Termination

Either party may terminate this Agreement during the original term hereof for any cause. In the case of the death or total incapacitation of Mr. XYZ making it impossible for Mr. XYZ to fulfill his obligations under this Agreement, ABC may terminate this Agreement without giving notice of termination to XYZ, and such termination shall be effective on the thirtieth (30th) day after receipt of such notice by XYZ or its representative. ABC also may terminate this Agreement without giving notice of termination if proceedings involving the bankruptcy, insolvency, reorganization, liquidation or receivership of XYZ or proceedings of similar nature shall be commenced by or with respect to XYZ, or XYZ shall make an assignment for the benefit of creditors.

Article 10. Marketing of Inventions, etc.

With respect to any inventions, devices, or other marketable property or information discovered by XYZ in the course or fulfilling its obligations under this Agreement, ABC shall have the right of first refusal to obtain a license from XYZ. However, if the marketing or other disposition of any such inventions, devices, or other property or information would reveal to public scrutiny any of the secret or otherwise confidential ABC's information, then ABC shall have the right of approval over any such marketing or other disposition.

Article 11. Prohibition of Assignment

XYZ shall have no right to assign this Agreement, and no successor, inheritor, assignee, partner, assistant or affiliates of XYZ shall have the right to claim the rights under this Agreement against ABC.

Article 12. Non-Liability for Injuries

ABC shall not be liable to XYZ for any injuries incurred in the course of providing any of the advice or services to ABC provided for in this Agreement.

Article 13. Governing Law

This Agreement shall be interpreted and enforced in accordance with the laws of Japan.

Article 14. Entire Agreement

This Agreement contains all the terms and conditions agreed to by the parties hereto, and no other agreements regarding the subject matter of this Agreement, oral or otherwise, shall be deemed to exist or bind the parties except as provided for within this Agreement.

IN WITNESS OF this Agreement, the parties have made and signed two originals of this Agreement on the date first mentioned above, and as proof of the terms and conditions of this Agreement each party retains one original.

[ABC Co.] ____________________ [XYZ Inc.] ____________________

☞ [**주해**] • (전문) liaison office 연락사무소 • (제1조) consultation 자문 • consultation period 계약기간 • (제2조) scope of services 서비스의 범위 • gas detectors 가스탐지기 • surveys on the market trends 시장동향조사 • (제3조) place of services 서비스의 장소 • (제4조) restriction of competing services during effective term 유효기간내의 서비스 경업제한 • revelation 누설 • irreparably harm 회복불능의 손해를 입히다 • prospective commitments 예상되는 약속 • (제5조) restriction of competing services after expiration, etc. 만기후의 서비스 경업제한 • (제6조) confidential information 비밀정보 • in furtherance of…의 촉진을 위한 • (제7조) consideration 대가지급 • (제8조) reimbursement of expenses 경비의 보상 • per diem allowance 일당급여액 • (제9조) termination 계약종료 • total incapacitation 모든 자격박탈 • receivership

재산관리상태 • (제10조) marketing of inventions, etc. 발명품 등의 마케팅 • right of first refusal 우선매수권 • reveal to public scrutiny 공개하다 • (제11조) prohibition of assignment 계약양도의 금지 • successor, inheritor 승계인과 상속인 • (제12조) non-liability for injuries 권리침해의 면책 • (제13조) governing law 준거법 • (제14조) entire agreement 완전합의.

CHAPTER 3

국제투자와 자본거래

제 1 절 국제투자계약

국제투자는 자금의 대부, 외국주식의 취득, 기업의 해외지점이나 자회사의 설립 등에 소요되는 자본의 직·간접적인 이동을 수반하는 경우가 일반적이기 때문에, 이 책에서는 국제투자와 자본거래를 함께 묶어 살펴 보기로 한다.

1. 국제투자의 의의

(1) 국제투자의 개념

최근 대외무역환경의 변화와 통상마찰을 극복하는 방법으로서, 국제투자가 새로운 의미로 부각되고 있다. 특히 국내임금의 상승으로 수출채산성이 떨어지고 있는 시점에서, 국제경쟁력이 취약한 산업의 생산거점을 해외로 이전하고 선진국의 신기술산업투자를 유치하는 정책의 중요성이 높아지고 있다.

"국제투자"(international investment)라 함은 일국의 거주자[1]와 비거주자 사이에 채권채무관계의 변화를 일으키는 장단기의 자본대차거래, 외국증권이나 주식거래, 기업의 해외사업투자 등을 총체적으로 일컫는 말로서, 이를 위하여 체결하는 모든 계약관계를 "국제투자계약"이라고 한다.

현실적으로 국제투자는 외국증권·주식·부동산의 취득, 기업운전자금의 대부, 기술·서비스의 해외투자, 해외자원개발·첨단기술개발사업에의 투자, 해외에서의 기업투자활동 등의 다양한 형태로 나타나고 있다. 특히 해외에서의

---

1) "거주자"(resident)라고 하면, 개인·단체·법인 등 모든 경제주체를 포함하는 것으로서, 국제투자에서 무엇보다 중요시 하는 것은 단체와 법인, 즉 기업과 정부간의 거래이다.

기업투자활동은 현지화의 정도에 따라 연락사무소, 지점 또는 현지법인의 설립, 합작투자, 프랜차이징, 기업의 인수·합병(M&A) 등으로 나타나고 있다. 이처럼 국제투자는 여러 분야에 걸쳐 다양한 형태로 나타나고 있으나, 이를 크게 다음과 같은 몇 가지의 기준에 따라 구분·정리하여 볼 수 있다.[2)]

① 국제투자는 투자자를 기준으로 민간투자(private investment)와 공공투자(public investment)로 나눌 수 있다. 예컨대 개인이나 민간기업이 외국증권·주식·사채 등을 매입하는 것은 모두 민간투자에 속하고, 반면에 정부나 공공기관 또는 국제금융기관이 외국의 정부 또는 기업에 차관을 제공하거나 해외개발사업에 참여하는 것은 모두 공공투자에 속한다.

② 투자기간을 기준으로 장기투자(long term investment)와 단기투자(short term investment)로 나눌 수 있다. 투자기간의 장기·단기의 구분은 국제수지표의 작성관행에 따라 대체로 1년을 기준으로 하고 있다. 예컨대 상환기간이 1년 미만의 채권취득이나 금융대출은 단기투자가 되고, 반면에 1년 이상 상환기간의 증권취득이나 투자계약은 장기투자가 된다.

③ 장기투자의 경우는 다시 직접투자(direct investment)와 간접투자(indirect or portfolio investment)로 나눌 수 있다. 직접투자는 해외에서의 투자대상사업에 대한 경영지배나 경영참여를 목적으로 하는 것이고, 반면에 간접투자 또는 포트폴리오(portfolio) 투자는 경영참여가 목적이 아니라 자본의 이자나 이익배당 등의 자본소득만을 목적으로 하는 거래이다.

④ 직접투자의 경우는 투자자의 수에 따라 단독투자(sole investment)와 합작투자(joint venture)로 나눌 수 있다. 단독투자는 투자자가 독자적으로 기업의 운영방침을 결정하고 이를 변경·중단할 수 있으며, 기술적 노하우의 누출을 막고 투자수익을 100% 취득할 수 있다. 반면에 합작투자는 복수의 기업으로부터 자본조달이 가능하고 투자위험도 분산되며, 참가기업의 독특한 능력과 지식을 이용할 수 있다는 장점이 있다.

(2) 국제투자의 규제법체계

국제투자는 자본이동이나 기업의 경영참여를 목적으로 하기 때문에, 각국의 경제정책에 관련된 규제를 받게 마련이다. 이러한 정부규제는 당사자간의 상사분쟁과 정부간의 통상분쟁으로 확대되기도 한다. 따라서 국제적으로는 투자자

2) M. Sornarajah, *The International Law on Foreign Investment*, Cambridge University Press, 1995, pp. 4~8.

유화를 위한 쌍무적 또는 다자간 투자협정을 위한 노력이 전개되어 왔다.

① 선진국의 모임인 OECD는 1962년에 '자본이동 및 경상무역외거래자유화규약'(Codes of Liberalization of Capital Movements and of Current Invisible Operations)을 제정하여 직접투자와 간접투자 및 해외투자에 대한 회원국의 국내법상 규제를 철폐하거나 경감하고자 하였다.

② WTO도 선진국과 개도국간의 합의에 따라 1995년에 '무역관련투자조치협정'(Agreement on Trade-Related Investment Measures : TRIMs 협정)을 채택하였다. 이는 외국인투자에 대한 내국민대우와 수량제한금지의 원칙을 정하고 위반시 조치사항도 규정하여 무역관련 국제투자의 자유화를 선언하였다.

그러나 앞의 OECD 자유화규약은 선진국들간의 투자규범에 불과하고, WTO의 TRIMs 협정은 선진국과 후진국간의 협상과정에서 적용대상이 극히 제한적으로 타결되었다는 점에서 이들 모두 한계를 지니고 있다.

③ OECD 각료회의는 1995년 5월부터 미국의 주도로 기존의 투자규범체계를 대체할 포괄규범인 '다자간투자협정안'(Multilateral Agreement on Investment : MAI)을 추진하고 있다. 이는 직접투자, 주식·채권·부동산에서 지식재산권 등 모든 자산의 외국인투자에 대한 내국민대우를 규정하고, 위반시 피해기업이 해당정부를 상대로 직접 소송을 제기할 수 있도록 하고 있다.

우리나라의 경우 국제투자는 외국인투자촉진법, 독점규제법, 외국환거래법 등 다양한 국내법규의 규제를 받는다. 즉, 외국인투자계약은 외국인투자촉진법에 따라 미리 지식경제부장관에게 신고하여야 한다(제5조 1항). 이 신고를 하지 아니한 외국인투자계약에 대하여는 그 자체가 무효로 되지는 않으나, 각종 세금혜택을 받지 못하는 등의 불이익이 따르게 된다.

특히 외국기업과의 부당한 공동행위, 불공정거래행위[3] 등에 해당하는 내용으로 투자계약을 체결하여서는 아니된다(독점규제법 제32조 1항). 공정거래위원회는 계약내용을 심사하여 이러한 위법행위에 해당하거나 해당할 우려가 있다고 인정되는 때에는 당사자에 대하여 계약의 취소, 계약내용의 수정·변경, 기타 시정조치를 명할 수 있다(동법 제34조).

---

3) 국제계약의 불공정거래행위에 관한 내용은 앞의 본편 제1장 제1절에서 논한 바 있다.

2. 합작투자계약

(1) 합작투자계약의 의의

합작투자계약(joint venture agreement)은 일반적으로 국적이 다른 둘 이상의 자연인, 법인, 정부 등의 경제주체가 특정사업의 목적수행을 위해 자본·기술·인력 등을 공동투자할 것을 내용으로 하는 계약을 말한다.4)

합작투자계약은 특정사업의 수행을 위한 계약적 내용과 그 주체인 회사설립의 내용을 함께 지니고 있는 것이 특징이다. 또 합작투자는 자본·기술·인력·노하우 등을 모두 갖춘 새로운 조직체가 형성되고 이를 통하여 부가적인 생산활동이 창출되며 규모의 경제효과를 실현할 수 있기 때문에, 고도기술산업이나 모험산업, 개발비용이 크게 요구되는 건설사업 등에 적합하다.

다만 합작투자는 기업경영상 교착상태에 빠지거나, 독과점의 형성으로 투자유치국의 경제질서를 혼란시키고 장기적으로는 투자수익의 본국송금에 따른 자본유출의 우려가 있다. 그러나 합작투자는 당사자간에 부족한 투자재원을 서로 보완해 주는 장점이 더 크기 때문에, 국제간에 널리 사용하고 있다.

합작투자계약의 형태는 여러 가지가 있겠으나, 크게 계약적 합작투자(non-equity joint venture)와 비계약적 합작투자(equity joint venture)로 나눌 수 있다. ① 계약적 합작투자는 주로 엔지니어링, 건설, 자원개발 등의 분야에 이용하는 것으로서 로열티를 받고 외국정부나 기업에 자본·기술·인력·노하우 등을 투자하는 계약형태이다. ② 비계약적 합작투자는 당사자가 계약적 의무만을 지는 것이 아니라, 자본을 공동투자하여 새로운 조합(partnership) 또는 회사(corporation)의 조직체를 형성하여 운영하는 것으로서, 일반적으로 합작투자계약은 이러한 비계약적 조합이나 회사의 형태를 취하고 있다.

비계약적 합작투자는 다시 3가지의 형태로 나누어진다. i) 무한책임조합(general partnership)의 형태로서, 이는 법인격이 없지만 경영권과 채무에 대한 둘 이상의 무한책임사원이 존재한다는 것이 특징이다. ii) 유한책임조합(limited partnership)의 형태로서, 이것도 법인격은 없으나 경영권과 채무에 대한 무한책임사원과 유한책임사원이 함께 존재하는 것이다. 이는 유한책임사원의 책임이 제한되기 때문에 등기를 요한다. iii) 법인격을 갖춘 주식회사나 유한회사의 형태로서, 이는 합작투자에 가장 보편적으로 이용하고 있다.5)

---

4) Sornarajah, *op. cit.*, p. 115.

5) 이태희, 국제계약법, 학연사, 1989, pp. 234~235.

(2) 합작투자계약의 주요내용

합작투자계약은 새로운 회사를 설립하여 장기적인 경영을 목적으로 하는 것이다. 따라서 계약서에는 회사의 설립과 관련된 자본 · 신주인수권 · 주식의 양도제한 · 주식의 인수 및 납입 등, 회사의 운영과 관련된 정관 · 임원 · 주주총회 등, 당사자간의 권리의무와 관련된 자금조달 · 기계설비의 공급 · 손실분담 · 기술원조 · 회계장부의 열람 · 이익배당 · 제품의 판매 · 경업금지 등을 정하여야 한다. 아울러 합작투자계약 자체의 효력발생일 · 부속계약 · 계약의 변경과 양도 · 계약기간 · 불가항력 · 준거법 · 중재조항 등을 정하여야 한다.

① 합작회사의 설립(formation)을 위하여는 우선 그 설립준거법, 회사명칭, 주된 영업소의 위치, 사업목적(business purpose) 등을 정하고, 출자금액과 그 납입방법, 신주인수권(pre-emptive rights), 주식양도(transfer of shares) 등에 관한 약정이 있어야 한다. 우리나라에서 합작회사를 설립할 경우에는 우리나라의 법률이 준거법이 되므로, 계약서에는 우리나라의 회사법에 따른 설립절차와 정관(articles of incorporation)을 정하여야 할 것이다.

회사의 조직은 주주총회(general meeting of shareholders), 이사회(board of directors), 임원(officers) 등으로 구성된다. 주주총회는 이사의 임명권이나 기타 중요한 사항을 의결하는 최고기관이다. 이사회는 회사의 업무집행에 관한 모든 의사결정을 하는 기관으로서, 임원의 임명권을 갖는다. 임원은 이사회에서 결정한 사업을 수행할 책임을 지며, 그 구성은 사장 · 부사장 · 총무이사 · 재무이사 등을 비롯하여 설립준거법에 따라 여러 부문의 이사를 둘 수 있다.

② 합작투자계약에는 주주총회와 이사회의 운영(management), 운영자금(working capital), 배당금(dividends), 감사 등에 관한 사항을 정하여야 한다. 주주총회의 의결(resolution)은 1주 1의결권이 원칙이고, 통상적인 사항에 대하여는 과반수의 출석과 출석과반수의 찬성으로 한다. 또 주식회사의 경우 매회계년도말에 사외의 공인회계사(auditor)에 의한 감사를 받아야 한다.

문제는 회사운영과 관련한 주주총회나 이사회에서 당사자간의 의견이 대립되어 그 기능을 발휘하지 못하는 교착상태(deadlock)가 발생할 수 있다는 것이다. 교착상태에 대한 해결책으로는 대표이사의 최종결정권(casting vote)을 인정하거나, 양당사자가 모두 수용할 수 있는 추가이사 또는 중재인의 선임에 의한 해결방법이 있을 수 있으며, 이러한 내용은 계약상에 명시하여야 한다.

③ 합작투자계약에는 당사자의 권리 의무에 관한 사항을 두어야 한다. 예컨대 정부승인(governmental approval), 상표(trademark) · 기술정보(technical information)의 보호, 투자지역에 대한 경업금지(non-competition), 비밀유지(confidentiality) 등의 의무에 관한 합의가 있어야 한다. 당사자 일방이 이러한 계약상의 의무를 위반한 경우에는, 상대방은 손해배상청구권을 가지며, 기타 법원으로부터 금지명령이나 강제이행의 판결을 받을 수 있다.

예시 3-8 합작투자계약서

JOINT VENTURE AGREEMENT

This Agreement is made and entered into June 1, 20XX by and between Korea Trading Co., Ltd. organized and existing under the laws of the Republic of Korea (hereinafter referred to as "X") and America International Inc. organized and existing under the laws of U.S.A.(hereinafter referred to as "Y").

Article 1. Formation of Newco

1.1 The parties, immediately upon the effectuation of this Agreement, shall form and establish a company, which will be jointly owned and managed by the parties hereto (hereinafter referred to as "Newco"), pursuant to the laws of Korea.[6)]

Article 2. Business Purpose

The business purpose of Newco shall be as follows :

(a) Manufacture and sale of (Description of products);

(b) Any and all business activities incidental to the foregoing objectives.

Article 3. Articles of Incorporation

Newco's Articles of Incorporation (hereinafter referred to as "Articles of Incorporation") shall be as agreed to by the parties hereto pursuant to the Commercial Code of Korea. If any discrepancy is found between this Agreement and the Articles of Incorporation, the parties shall amend the Articles of Incorporation to make them be in accordance with this Agreement.

Article 4. Incorporation Expenses

X shall advance all necessary funds to pay all preliminary direct expenses

---

6) 합작투자계약은 현실적으로 독점규제법에 의거한 공정거래위원회의 부당한 국제계약 여부의 심사를 요청하는 대상이 되고, 외국인투자촉진법에 의거하여 지식경제부장관에게 신고하여야 하며, 신회사의 법인설립인가를 받아야 할 사항이다.

and costs of the incorportion of Newco up to the time Newco comes into existence and may lawfully pay its own costs and expenses. Thereupon Y shall reimburse X for ( ) percent of its said advances (other than those which upon incorporation may under Korean law be reimbursed by Newco) promptly after receipt from X of a statement setting forth a description thereof in reasonable detail.

Article 5. Associated Agreements

5.1 Immediately after the registration of Newco, the following Agreements shall be entered into between the relevant parties :

(a) Technical Assistance Agreement between Y and Newco

(b) Loan Agreement between Y and Newco

(c) Supply Contract between Y and Newco

(d) Personnel Transfer Agreement between Newco and Y and its employees

5.2 On the incorporation of Newco, it shall execute Associated Agreements referred in the preceding paragraph (hereinafter called "Associated Agreements") and such action as may be necessary or appropriate to effectuate the provisions and purpose of this Agreement.

Article 6. Pre-emptive Rights

The parties hereto shall have pre-emptive rights in proportion to the number of shares held by each of them with respect to any new issuance of shares of NEWCO. However, upon the consent of all shareholders, the pre-emptive rights may be exercised in a ratio other than the shareholding ratio.

Article 7. Transfer of Shares

Neither party shall encumber the shares or make them available as the object of other rights without the prior consent of the other party thereto.

Article 8. General Meeting of Shareholders

8.1 The representative director shall decide the time and place for convening the General Meeting of shareholders of Newco (hereinafter called to as "General Meeting of Shareholders").

8.2 Adoption of a resolution for the following matters shall require the affirmative votes of shareholders representing not less than two thirds of the total common shares then issued and outstanding :

(a) Any amendment of the Articles of Incorporation

(b) Any alteration of the authorized capital or capital reserves of Newco

(c) Dissolution or merger of Newco

(d) Transfer of the whole or of an important part of the business of Newco or taking over of the whole or a part of the business of any other company or entry into any joint venture or partnership.

Article 9. Board of Directors and Officers

Except as otherwise required by mandatory provisions of law or provided for in the Articles of Incorporation, responsibility for the management, direction and control of Newco shall be vested in the Board of Directors of Newco (hereinafter referred to as "Board of Directors"). The Articles of Incorporation shall provide for the election of eight (8) directors of Newco.[7)]

Article 10. Deadlock

X and Y shall nominate equal number of persons for director. The parties agree to vote for such nominees at the election. X shall have the right to designate one additional person for director whenever the following shall occur :

(a) The directors nominated by X and those nominated by Y are unable to agree on any important issue or subject relating to the operation of Newco or its management.

(b) At least thirty (30) days after such issue or subject was first discussed at the Board of Directors Meeting and before any agreement has been reached, X notifies Y in writing of (i) the subject or issue in question, and (ii) X' s intention to nominate one additional director in case an agreement could not be reached by a certain date (which date shall not be before the expiration of a thirty (30) day period commencing with the date of delivery of the writing to Y); and

(c) The parties do not reach an agreemant within the time set forth in the above writing and X so notifies Y in writing. Y agrees to cause the directors nominated by it to vote for the convening of a shareholder's meeting and to vote its shares at such meeting for the purpose of electing the additional director nominated by X.

Article 11. Statutory Auditor

Newco shall have two (2) statutory auditors, of one which shall be nominated by X and one of which shall be nominated by Y.

Article 12. Working Capital

The parties hereto shall exercise their best efforts to enable Newco to

---

7) 신회사의 운영과 관련한 이사회 등에서 양측의 의견이 대립되는 교착상태(deadlock)에 대비하여 추가이사 또는 중재인의 선임 등의 해결방법도 미리 합의해 둘 필요가 있다.

obtain the necessary working capital by arranging financing to Newco or providing guarantees to the banks of Newco.[8]

Article 13. Dividends

Newco, depending upon the results of each fiscal year's settlement of accounts, shall make periodic payments of dividends to the shareholders according to the Articles of Incorporation.

Article 14. Protection of Trademarks and Technical Information

14.1 All inventions, patents, applications made or acquired by Newco after the date of incorporation shall be the sole and exclusive property of Newco.[9]

14.2 Newco shall not use in its business any brand or trademark of any of the parties hereto unless licensed thereunder.

14.3 Each of the parties hereto agrees not to use any trademark which is the same or confusingly similar to any trademark owned or licensed to Newco.

Article 15. Right of Competition

Each of the parties hereto reserves the right to compete with Newco in any country except Korea unless such competition shall be in violation of patents owned by Newco in any such country, by selling the same products as produced by Newco or by selling raw materials, intermediates or converted products relating to the products sold by Newco.

Article 16. Payment and Taxes

Any and all payments to be made to Y by Newco in consequence of the acts or transactions comprehended or contemplated by this Agreement, including but, not limited to dividends, royalties, reimburseable expenses and repatriated capital, shall be made, except as otherwise provided herein, in United States dollar currency at a bank, as the case may be, as may be designated in writing by Y.

Article 17. Confidentiality

Except to the extent that disclosures may be permitted by any of the Associated Agreements, each party hereto agrees to keep strictly secret and confidential all information obtained from the other party hereto or Newco which is designated as confidential by said other party or Newco, as the case may be.

---

8) 영문계약서에서 'best effort' 또는 'endeavor'라는 표현은 최선을 다하여 노력한다는 뜻으로서, 이는 엄격한 의미에서 법적 구속력이 없기 때문에 유의하여야 할 용법이다.

9) "Sole and exclusive property"라 함은 계약지역내에서 제3자를 배제하는 독점적 권리뿐만 아니라 계약당사자도 배제하는 단독적(sole) 권리까지 포함하는 의미이다.

To that end, all records, copies, reproductions, reprints and translations of such information shall be plainly marked to indicate the secret and confidential nature thereof and to prevent unauthorized use or reproduction thereof.

Article 18. Applicable Law and Arbitration

18.1 The validity, construction and performance of this Agreement shall be governed by and interpreted in accordance with the laws of Korea.

18.2 All disputes, controversies or differences, which may arise between the parties, in connection with this Agreement, shall be settled by arbitration in Seoul, Korea in accordance with the Arbitration Rules of the Korean Commercial Arbitration Board, whose award shall be final and binding upon both parties concerned.

For and on behalf of	For and on behalf of
X : Korea Trading Co., Ltd.	Y : America International Inc.

3. 국제 M&A 계약

(1) M&A 계약의 의의

국제투자에는 신규기업의 설립이나 합작투자 이외에 현지기업을 인수 · 합병하는 방법도 있다. M&A (merger and acquisition)는 둘 이상의 기업이 통합하여 하나로 되는 합병(merger)과 하나의 기업이 다른 기업의 주식 또는 자산을 매입하여 경영권을 확보하는 인수(acquisition)의 복합어이다.[10)]

M&A 계약은 1980년대부터 미국에서 기업의 경영혁신 움직임과 함께 비효율적인 경영으로 수익성이 낮고 주가가 저평가되는 기업의 주식을 저가로 매입하여 경영권을 확보한 후 보다 효율적인 경영으로 수익과 주가를 다시 끌어 올려 이익을 도모한다는 취지에서 시작되었다.

특히 국제적으로 M&A 계약은 선진기술의 도입, 기존판매망과 고객기반의 인수, 유명브랜드의 사용, 무역마찰의 회피, 경영다각화 등을 목적으로 매우 활발히 전개되고 있다. 즉, M&A는 현지기업을 인수하는 것이므로, 사업착수까지 시간을 단축하고 기존의 기술 · 인력 · 노하우 · 브랜드 · 판매망을 최대한으로 이용할 수 있으며, 나아가 성공적인 M&A는 시장지배력의 증대와 경영 · 기

10) L. Rabinowitz, *Weing and Weinberg and Blank on Take-Overs and Mergers*, 15th ed., Sweet & Maxwell, 1989, pp. 1001~1003.

술·자본의 효과적인 분배, 규모의 경제, 생산공정과 영업의 효율성 등이 상승작용을 일으켜 새로운 부를 창출하는 시너지효과를 기대할 수 있다.

다만 M&A 투자는 막대한 인수자금을 필요로 하고 기존기업의 부실요인을 해결하여야 한다는 문제점이 있으며, 또 독과점의 형성으로 소비자에게 부정적인 영향을 미치고 대주주간의 주식쟁탈과정에서 소액주주의 희생가능성이 클 뿐만 아니라 저평가되는 기업을 인수하여 단기양도차익을 노리는 기업사냥의 수단으로 악용될 우려가 없지 않다. 따라서 각국은 회사법, 독점규제법, 증권거래법, 조세법 등을 엄격히 적용하여 이러한 부정적인 효과를 최소화하고 있다. 그러나 이러한 정부규제는 자본자유화에 배치되어 통상마찰의 소지가 많기 때문에, 단지 불공정거래행위만을 규제하는 방향으로 전환되어야 할 것이다.

(2) M&A 계약의 유형

M&A 계약은 크게 기업합병(merger)과 기업인수(acquisition)로 나누어지고, 이는 다시 인수의 성격과 교섭방법에 따라 여러 가지로 세분할 수 있다.

① 기업합병에는 흡수합병(merger)과 신설합병(consolidation)이 있다. 전자는 한 기업이 다른 기업에 흡수 소멸되고 존속기업이 소멸기업의 자산과 부채를 승계하는 방식이다. 반면에 후자는 두 기업이 해산하고 이를 흡수한 기업을 신설하여 신설기업이 소멸기업들의 자산과 부채를 승계하는 방식이다.

② 기업인수에는 자산인수(asset acquisition)와 주식인수(stock acquisition)가 있다. 전자는 한 기업이 다른 기업의 자산과 사업의 전부 또는 일부를 인수하는 것으로서, 자산의 인수가 이루어지더라도 매도기업의 법적 지위에는 변함이 없기 때문에 합병과 구별된다. 반면에 후자는 한 기업이 다른 기업의 주식을 전부 또는 일부 인수하는 것으로서, 이는 매도기업의 주주가 바뀐다는 점에서 자산인수와 구별된다. 주식인수는 그 주식의 과반수를 취득하면 기업지배권을 획득할 수 있기 때문에, 자산과 부채의 이전 없이 주식양도절차만으로 간단히 기업을 인수할 수 있다는 점에서 많이 이용하고 있다.

③ M&A는 기업인수의 성격에 따라 우호적 M&A (friendly takeover)와 적대적 M&A (hostile takeover)로 나눌 수 있다. 전자는 인수기업이 대상기업과의 우호적인 합의에 의하여 M&A를 실현하는 것이다. 반면에 후자는 대상기업의 의사와는 관계 없이 인수기업이 단독으로 공개인수나 주식매집을 통하여 이루어지며, 보통 M&A라고 하면 적대적 M&A를 가리킨다.

④ M&A는 교섭방법에 따라 개별교섭과 공개인수(tender offer)로 나눌 수

있다. 전자는 대상기업과의 개별적인 교섭을 통하여 합의에 도달하는 것으로서, 대부분 우호적 M&A에 이용한다. 반면에 후자는 대상기업에 대한 인수의사를 공표하고 그 기업의 주주들을 상대로 프리미엄을 붙인 일정한 가격에 주식을 사겠다는 공개인수제의(take-over bid : TOB)를 하는 방법으로 이루어지는 것으로서, 이는 대부분 적대적 M&A에 이용한다.

(3) M&A 계약의 기재내용

M&A 계약의 절차는 그 형태에 따라 다양하게 진행할 수 있지만, 대체로 인수기업이 M&A 계획을 수립하고 사전조사와 평가과정을 거쳐 대상기업을 선정하고, 대상기업과 직접 교섭 또는 인수제의(TOB)를 공표한 후 진전상황에 따라 인수의향서[11](letter of intent : LOI)와 인수계약서(M&A agreement)를 순차적으로 교부하고 구체적인 실행(closing)에 들어간다.

M&A 계약서는 거래내용에 따라 출자인 경우 투자계약서(investment agreement), 합병인 경우 합병계약서(merger agreement), 주식이나 자산의 인수인 경우 인수계약서(acquisition agreement)라고도 한다. M&A의 가장 일반적인 형태인 주식인수계약서의 내용을 중심으로 살펴 본다. M&A 계약에서 무엇보다 중요한 조항은 당사자의 표시 · 담보, 인수대상, 실행 등에 관한 것이다.

① 매도기업의 표시 · 담보(representations and warranties) 조항에는 기업가치에 영향을 줄 수 있는 사항, 예컨대 재정상태, 재무제표의 작성기준, 본거래로 인하여 다른 채무불이행의 사태가 발생하지 않고, 당국의 인 · 허가에 이상이 없으며, 소송 · 중재 등의 상황을 표시 · 담보하게 된다. 이러한 표시 · 담보내용에 허위나 기망이 있는 경우에는, 그 손해배상책임을 질뿐만 아니라 상대방이 이를 확인할 수 있도록 자료열람과 실사를 허용하여야 한다.

② 인수기업도 이와 비슷한 표시 · 담보를 하게 된다. 그러나 인수기업의 표시 · 담보조항에는 그리 많은 사항을 포함하지 않는 것이 일반적이다.

③ 인수대상(stocks) 조항에는 주식의 종류와 수량 · 가격을 기재하고, 대가를 현금이 아닌 주식으로 지급할 경우 그 종류와 수량 등을 기재한다.

④ 계약의 실행(closing) 조항에는 그 실행의 시기와 장소 · 방법 등에 관한 규정을 둔다. 구체적으로는 매도기업의 주권교부, 인수기업의 대가지급, 기타

11) 인수의향서는 인수기업이 대상기업과의 협상과정에서 합의된 중요한 사항, 즉 당사자의 의도를 서면으로 기재한 것에 불과하며, 통상 법적 구속력이 인정되지 아니한다.

관계서류의 인계 등에 관한 사항을 상세히 기재한다. 그러나 이러한 계약실행은 상대방의 표시와 담보조건이 성취되었을 때 비로소 가능한 것이다.

4. 국제 프랜차이즈 계약

(1) 프랜차이즈 계약의 의의

프랜차이즈(franchise)는 타인의 상호·상표 등의 영업표지를 사용하여 그의 지도와 통제하에 특정사업을 영위하는 투자방식을 말한다. "국제프랜차이즈계약"이라 함은 국제적으로 유명한 상품이나 서비스의 가맹본부(franchisor)가 가맹점에게 자신의 영업표지를 사용하도록 허락하고, 가맹점(franchisee)이 자신의 영업에 관하여 가맹본부로부터 통일된 지도관리를 받으며 이에 대한 대가를 지급할 것을 약정하는 계약이다.[12] 이는 다음과 같은 특징을 지닌다.

① 가맹점은 가맹본부와는 별개의 독립된 주체이다. 가맹점은 외관상 동일한 것으로 보이지만, 법적으로는 가맹본부와 독립된 지위에 있다.

② 가맹본부는 가맹점의 독립성을 침해하지 않는 범위내에서 지도관리한다. 예컨대 가맹본부는 가맹점의 입지선정, 외관과 내부장식, 영업시간, 상품제공과 품질관리, 영업방법, 종업원의 훈련 등 모든 사항을 지도관리한다.

③ 가맹본부와 동일한 영업표지가 사용된다. 가맹점의 영업은 가맹본부의 상호, 상표, 로고 등의 영업표지와 실질적으로 관련이 있어야 한다.

④ 프랜차이즈 계약은 가맹본부의 영업표지에 대한 사용료(royalty)와 기타 부담금을 포함한 프랜차이즈료의 지급을 전제조건으로 한다.

프랜차이즈 계약은 영업표지의 사용허락뿐만 아니라 영업방법, 즉 상품·서비스의 공급이나 영업의 지도관리까지 이루어진다는 점에서 라이센스 계약보다 한 단계 발전된 것이다. 이는 가맹본부의 입장에서는 적은 자본투자로 세계적인 영업망을 구축하고 상품·서비스의 일정한 품질과 신용을 유지해 나갈 수 있으며, 또 가맹점의 입장에서는 전문지식 없이도 외국의 유명상표와 노하우의 지원을 받아 독립된 사업을 펼 수 있다는 장점을 지니고 있다.

프랜차이즈는 1930년대 미국의 패스트푸드 산업에서 발전되어 오늘날에는 랜트카, 호텔, 주유소, 부동산중개 등의 분야로 확산되고 있다. 우리나라에서도 1980년대 중반부터 패스트푸드점, 편의점, 외식사업 등에서 프랜차이즈가 시작되어, 최근에는 유통시장의 개방과 함께 그 대상분야가 다양화되고 있다.

---

12) Charles L. Vaughn, *Franchising*, Lexington Mass. Toronto, 1979, pp. 5~9.

(2) 프랜차이즈 계약의 기재내용

프랜차이즈 계약을 체결할 때에는 현지법상 가맹점이 가맹사업자의 대리점이나 동업자로 취급되지 않는지 주의하여야 한다. 프랜차이즈의 기능을 발휘하기 위하여는, 가맹점은 독립된 주체이어야 한다. 또 프랜차이즈 계약은 재료구입처, 판매지역과 판매가격 등을 제한하는 것이므로 현지의 독점규제법을 비롯한 관련법규에 저촉되지 않는지 신중히 검토하고 대책을 세워야 하며, 실제의 계약서를 작성하는 단계에서는 다음과 같은 내용에 유의하여야 한다.

① 영업표지(service marks)의 설정에 관한 내용이다. 즉, 프랜차이즈의 대상인 상호 · 상표 · 노하우 · 로고 등에 대한 권리를 가맹점에게 일정기간 동안 부여할 때에는, 그것이 현지에서 소정의 등록을 마친 가맹본부에게 속하고 있어야 한다. 왜냐하면 현지에서 다른 사람이 이미 합법적으로 등록한 영업표지에 대하여는 프랜차이즈 계약을 체결할 수 없기 때문이다.

② 영업지역(territory)과 독점권(exclusive right)에 관한 내용이다. 이는 프랜차이즈계약에서 가장 민감한 항목으로서, 가맹점의 입장은 그가 독점권을 행사할 수 있는 영업지역, 대상품목, 대상고객 등을 가급적으로 넓게 정하고자 할 것이고, 가맹본부의 입장은 그 반대로 이를 제한하려 할 것이다. 가맹본부는 목표시장을 효과적으로 개척하기 위하여 연간 영업계획(performance schedule)을 책정해 놓고 이에 미달되면 독점권을 박탈시키는 방법도 있다.

③ 프랜차이즈료(royalty)의 지급에 관한 내용이다. 가맹본부는 매출액에 대한 일정비율의 로열티뿐만 아니라, 계약체결시에 권리금, 가맹비(up-front fee) 등의 명목으로 수수료를 징구하는 것이 보통이다. 프랜차이즈료는 사업성패를 결정하는 주된 요인이 되기 때문에 신중히 정하여야 한다.

④ 가맹점 종업원의 기술훈련(technical training)에 관한 내용이다. 프랜차이즈 사업이 일정한 품질과 신용을 유지하려면, 가맹본부가 책임지고 현지의 종업원을 훈련시키고 체계적인 매뉴얼을 작성 제공하여야 한다.

⑤ 계약의 양도(assignment)와 종료(termination)에 관한 내용이다. 특히 프랜차이즈계약은 가맹점이 계약상의 지위를 양도하거나 계약관계에서 탈퇴하는 것을 허용하고 있어야 한다. 다만 양수인의 사업수행능력의 심사를 위하여는, 계약의 양도시 가맹본부의 동의를 받도록 하는 것이 바람직하다.

5. 컨소시엄 계약 등

(1) 컨소시엄 계약

"컨소시엄 계약"(consortium agreement)이라 함은 복수의 당사자가 비교적 단기간내에 한정된 사업목적의 달성을 위하여 역할분담계약에 의한 공동수주와 계약이행을 위한 공동사업관계의 한 계약형태를 말한다.

컨소시엄 계약은 법인설립에 의한 장기간의 공동사업관계를 유지하는 합작투자계약(joint venture agreement)과 구별되고, 역할과 기능분담에 의한 업무제휴라는 점에서 사업협력계약(cooperation agreement)과 유사하지만, 포괄적 협력방식보다는 개별사업에 관한 구체적 약속이라는 점에서 차이가 있다.

(2) 공동개발계약

공동개발계약(joint development agreement)은, 예컨대 kkk 분야의 신소재를 개발한 ABC 사와 이 소재를 사용하여야 하는 xxx 제품분야의 전문기술을 가지고 있는 XYZ 사간에 kkk 신소재를 사용하여 보다 향상된 판매적격의 특정한 xxx 제품을 공동으로 개발하고자 할 경우에 체결하는 것이다.

공동개발계약시에는 개발기간이 종료된 후 일정기간 동안 감정제품의 판매제한이나 이에 사용하는 신소재의 판매제한 여부도 각 기술의 당사사에게는 큰 영향을 미치므로 분명히 약정하여야 한다. 특히 기술도입자의 경우는 기술정보의 공개금지조항에 기한을 두어야 장차 독자적인 제품개발이 가능하다.

(3) 사업협력계약

사업협력계약(cooperation agreement)은 주로 신기술 개발자와 투자자나 전문경영인 사이에 개발제품의 생산·판매사업 등을 하고자 할 때 필요하다.

예컨대 ABC 사가 특정분야의 전문기술을 보유하고 있고 XYZ 사가 특정지역에 해당분야의 제품생산과 판매전문업체라고 가정할 때, 두 회사가 국내시장과 해외시장에 관련제품을 성공적으로 판매하기 위하여는 기술·디자인·마케팅·제조·보증서비스 등에 관한 사업협력계약을 체결하는 것이 효과적이다.

제 2 절 국제자본거래계약

국제자본거래는 자본의 국제적 이동에 관한 거래로서, 그 유형은 국제결제, 보험, 직접투자, 대출거래, 증권거래, 특수금융거래 등 매우 다양하게 나타나고 있다. 이중에 국제결제와 보험, 직접투자 등은 실물경제에 관련된 것이며, 순수한 자본수익만을 목적으로 한 금융거래와는 구별된다.[13] 일반적으로 국제자본거래라고 하면 후자를 지칭하므로, 여기서는 금융거래에 속하는 국제차관, 국제금융리스, 국제팩토링, 국제프로젝트금융 등에 대하여만 논하고자 한다.

1. 국제차관계약

(1) 차관계약의 의의

차관계약(loan agreement)은 외국으로부터 대외지급수단을 차입하거나 자본재, 원자재 등을 장기결제방식으로 도입하는 것을 목적으로 하는 계약을 말한다. 차관계약은 도입하는 대상에 따라 현금차관, 자본재차관, 원자재차관 등으로 나눌 수 있고, 차관의 목적에 따라 정부기관이 외국정부나 국제금융기구로부터 도입하는 공공차관(public loan)과 민간차원에서 주로 상업적인 외국은행으로부터 도입하는 상업차관(commercial loan)으로 나눌 수 있다.

이 밖에 차관계약은 외국인투자촉진법상 상환기간이 5년을 초과하는 중장기차관(term loan)과 다수의 대주가 차관단을 구성하여 대출하는 신디케이트론(syndicated loan), 그리고 외국환거래법상 상환기간이 1년 이하인 금전차입계약, 외화표시증권의 발행 등의 형태로 나눌 수 있다.

(2) 중장기차관계약

중장기차관계약(term loan agreement)은 주로 뉴욕이나 런던의 국제금융시장의 중개로 이루어진다. 이 중에 런던의 유로달러[14] 시장이 가장 활발하다. 따라서 국제차관계약에는 오랜 기간의 검증을 거쳐 대체로 표준화되어 있는 유로시장의 차관계약서 양식을 응용하여 사용하고 있다. 그러나 차주의 입장에서

---

13) 박훤일, 국제거래법, 한국경영법무연구소, 1995, pp. 118~119.

14) 유로달러(eurodollar)는 미국 이외의 국가에 있는 은행으로의 미달러표시예금을 말한다.

부당하거나 불리한 조항이 있는지를 면밀히 검토할 필요가 있다.

유로시장의 차관계약은 그 방식이 특이하다. 즉, 대주는 다른 은행들로부터 3개월 내지 6개월의 단기자금을 조달하여, 여기에 일정한 마진을 붙여 차주에게 1년 내지 10년의 중장기에 걸쳐 대출하는 방식을 택하고 있다. 국제금융거래에서 유로시장의 차관계약을 선호하고 있는 주된 이유는 다음과 같이 대출금의 인출과 금리 등에 있어서 신축성을 보이고 있기 때문이다.

① 유로시장의 대출금리는 대부분 유로은행이 런던의 은행간시장에서 단기자금을 대출할 때 받는 금리지표인 LIBOR (London Interbank Offered Rate) 금리에 연동시키는 변동금리를 택하는 것이 일반적이다.

② 차주가 대출금인출(drawdown)을 일시에 전부 하지 않고 필요에 따라 수시로 또는 정기적으로 분할 인출할 수 있도록 하며, 인출할 때의 통화도 다른 통화로 선택할 수 있도록 신축성을 부여하고 있다.

그러나 차관계약을 체결하였더라도 차주가 즉시 자금인출권을 갖는 것은 아니다. 차주는 자금인출을 위한 선행조건(condition precedent), 예컨대 이사회의 기채결의, 정부승인, 정관 등을 제출하여야 한다. 이 밖에 차관계약서에는 시장의 외부적 충격에 의한 자금조달상의 어려움으로부터 대주를 보호하기 위한 비상사태조항(market disaster clause), 대출된 후에 자금조달비용의 증가를 차주가 보상한다는 증가비용부담조항(increased costs clause) 등을 두고 있다.

(3) 신디케이트론 계약

"신디케이트론"(syndicated loan)이라 함은 다수의 금융기관이 차관단을 구성하여 단일의 계약서에 따라 공통의 조건으로 차주에게 일정한 금액을 융자하는 금융단차관을 말한다. 이는 하나의 금융기관이 감당할 수 없는 거액의 융자에 다수의 금융기관이 참가하여 위험을 분산할 수 있다는 장점이 있다.

신디케이트론에는 여러 나라의 금융기관이 참가하기 때문에, 담보관리의 편의상 특별한 담보 없이 대출이 이루어지며, 그 만큼 대출절차가 간소하고 비용이 절감된다. 다만 계약서에는 대주의 채권보전을 위하여 주권면책포기 등의 강력한 법적 의무조항이 삽입된다. 신디케이트론은 차주(borrower)에 대한 대주(fronting bank)의 지위에 따라 직접대출형과 참가형으로 나누어진다.

① 직접대출형 신디케이트론은 간사은행(manager)이 차관단의 조직을 주도하지만 실제의 차관계약은 각각의 참가은행(participant)과 차주 사이에 직접

체결하는 것으로서, 이는 국제금융시장에서 가장 널리 이용하는 형태이다. 참가은행들은 각각의 약정금액에 대한 대출의무만을 지므로, 다른 대주의 대출의무 불이행에 대하여는 아무런 책임을 지지 아니한다.

② 참가형 신디케이트론은 간사은행만이 차주와 차관계약을 체결하고, 참가은행들은 간사은행과의 대출참가계약에 따라 간접적으로 대출에 참가하는 형태이다. 따라서 간사은행은 자신의 분담액을 제외한 나머지 부분에 대하여는 참가은행들에게 전매하거나 재대출하여야 한다.

신디케이트론 계약의 절차는 직접대출형과 참가형에 따라 약간의 차이는 있겠으나 대체로 다음과 같다.[15] i) 국제금융시장의 여러 은행으로부터 다양한 조건의 대출제의(offer)에 대해 차주가 적합한 간사은행을 선정하여 차관알선에 관한 기채의뢰서(mandate letter)를 발급한다. ii) 간사은행은 차관단을 조직하고 차주와 협의하여 차관계약서(loan agreement)와 사업설명서를 준비한다. iii) 간사은행은 참가은행들에게 차관계약서의 초안과 사업설명서를 배부한다. iv) 참가은행은 대출참가계약(참가형) 또는 차관계약(직접대출형)을 체결하고, 참가은행 중에 대출금지급과 영수를 관리할 대리은행(agent bank)을 선출한다.

2. 국제금융리스 계약

(1) 리스와 국제금융리스

리스(lease)는 임대차의 특수한 형태로서 특정인에게 동산 또는 부동산을 비교적 장기간 동안 사용·수익하게 하고, 그 대가로 리스료를 지급하도록 하는 물적 금융을 말한다.[16] 우리나라에서는 시설대여업법에 따라 관리하고 있다.

리스는 설비에 대한 소유의 부담 없이 자유로운 사용권을 보장받고 세제상·법제상 혜택이 부여되며, 자산에 대한 번잡한 상각을 할 필요가 없고 거액의 구입자금을 요하지 아니하여 학교나 연구소 등에서 많이 이용한다. 리스는 그 목적에 따라 운용리스, 금융리스, 레버리지드 리스 등으로 나눌 수 있다.

① 운용리스(operating lease)는 리스기간 동안 설비의 사용만을 목적으로 하는 것이다. 따라서 리스업자(lessor)는 설비의 보수, 작동 서비스 등을 제공하고, 그 사용자(lessee)는 리스기간이 만료되면 설비를 반환하게 된다.

---

15) Peter Gabriel, *Legal Aspects of Syndicated Loans*, Butterworths, 1986, p. 115.

16) J.E. Murray and H.M. Flechtner, *Sales and Leases*, West Publishing, 1994, pp. 15~16.

② 금융리스(financial lease)는 사용자가 리스받은 설비의 구입가격과 이자, 비용 등을 합한 금액을 리스기간 동안 리스업자에게 분할하여 상환하기로 하는 거래이다. 설비의 보수, 세금의 납부 등은 모두 사용자의 부담에 속한다.

③ 레버리지드 리스(leveraged lease)는 리스업자가 설비를 구입할 때, 가격의 20～40%만을 부담하고 나머지는 다른 출자자로부터 차입하는 형태이다. 이는 항공기, 선박, 플랜트 등의 고가 설비를 리스할 때, 소액의 자기자금을 지렛대로 하여 몇 배의 자금조달도 가능하다는 뜻으로 붙여진 이름이다.

국제적으로는 항공기, 선박, 플랜트 등의 고가 설비에 대한 금융리스가 널리 이용되고 있다. 이에 각국의 법적·제도적 장애요인을 제거하고자 1975년부터 UNIDROIT(국제사법통일협회)가 '국제금융리스 협약'(UNIDROIT Convention on International Financial Leasing)의 제정에 착수하였다. 이 협약초안은 1988년 5월 캐나다 오타와에서 개최된 외교회의에서 '국제팩토링 협약' 초안과 함께 국제협약으로 채택되었으며, 그 내용은 전문 25개 조항으로 구성되어 있다. 우리나라는 아직 이 협약에 가입하지 않고 있다.

(2) 리스 당사자간의 권리의무

금융리스거래에서 리스업자·사용자·공급자 등 셋 당사자 사이에는 리스계약과 공급계약이 형성된다. 이 중에 리스계약은 리스업자와 사용자, 사용자와 공급자, 그리고 공급계약은 리스업자와 공급자간의 법률관계를 결정한다.

① 리스업자와 사용자간의 관계에 있어서, 리스업자는 사용자에 대하여 리스료 지급청구권, 기간만료시 설비반환청구권 등의 권리를 가지며, 반면 설비의 인도의무, 인도지연 등에 따른 책임, 안정된 점유보장 등의 의무를 진다. 한편 사용자는 리스업자에 대하여 설비의 사용수익권, 계약갱신권 등의 권리를 가지며, 반면 설비의 수령·검사의무, 리스료 지급의무, 설비의 유지관리의무, 기간만료시 설비반환의무 등의 의무를 진다(협약 제7조～제13조).

② 리스사용자와 공급자간의 관계에 있어서, 설비의 공급계약에 따른 공급자의 의무는 사용자에게도 미친다. 즉, 사용자는 설비의 선택이나 손해에 대하여 공급자에게 직접청구권을 갖는다. 다만 공급자는 동일한 손해에 대하여 리스업자와 사용자 쌍방에게 책임을 지지 아니하며(제10조 1항), 또 사용자는 리스업자의 동의 없이 공급계약을 해제하거나 취소할 수 없다(동조 2항).

③ 리스업자나 사용자는 권리의 양도가 허용된다. 즉, 리스업자의 경우 설비에 관한 권리 또는 리스계약에 기한 권리의 전부 또는 일부를 양도하거나 처분

할 수 있다. 권리의 양도는 주로 항공기, 선박 등 고가 설비의 리스 시에 필요하다. 그러나 리스계약에 의한 리스업자의 의무가 면제되거나 리스계약의 성질 또는 이 협약이 규정하는 법적 취급을 변경시키는 것은 아니다(제14조 1항).

3. 국제팩토링 거래

(1) 국제팩토링의 의의

"팩토링"(factoring)이라 함은 팩토링 회사가 고객(공급자)의 영업활동의 결과로 발생하는 외상매출채권을 일괄 매입하여 채무자로부터 채권을 회수해 줄 목적으로, 고객에게 금융의 제공, 채권의 관리, 채권의 회수, 신용위험의 인수 등 4가지 중에 적어도 둘 이상의 서비스를 수행하는 것을 말한다.[17)]

팩토링은 미국에서 건국 초기부터 시작되어, 상품・서비스의 판매를 촉진하고 매출채권을 조기에 회수할 수 있는 이점 때문에 전세계적으로 보급되고 있다. 무역거래에 있어서 팩토링 회사가 매도인의 수출채권을 매입함으로써 수출대금을 조기에 회수할 수 있게 하고, 매수인에 대하여는 신용장 없이 외상으로 수입할 수 있게 함으로써 담보력이 약한 기업들이 선호하고 있다.

국제무역에서의 팩토링거래는 매도인(supplier), 매수인(customer), 수출팩터(export factor), 수입팩터(import factor) 등 넷 당사자에 의하여 이루어진다.

즉, ① 매도인은 먼저 수출팩터와 기본적인 팩토링 계약을 체결하고, ② 매도인의 요청에 따라 수출팩터는 수입팩터에게 신용위험인수를 위한 신용승낙을 의뢰한다. ③ 수입팩터는 매수인에 대한 신용조사 후 신용승낙한도를 결정하고 신용승낙통지(credit approval)를 발급한다. ④ 매도인은 신용승낙통지를 받고 매매계약에 따라 선적을 완료한 후 화환수출채권을 발행하여 수출팩터에게 이를 매입시키고 대금을 지급받는다. ⑤ 수출팩터는 수입팩터에게 화환수출채권을 양도하고, ⑥ 수입팩터는 매수인으로부터 수입대금을 회수하고 선적서류를 인도하여 수입화물을 수령하도록 함으로써 거래가 종료된다.

그러나 국제팩토링 거래의 본질적 요소인 채권의 양도와 담보화에 관한 법체계에 있어서는 영미법과 대륙법의 차이가 크다. 이러한 장애요인을 극복하고자, 1975년부터 UNIDROIT가 '국제팩토링협약'(UNIDROIT Convention on International Factoring)의 제정작업에 착수하고, 이는 1988년 5월 캐나다 오타와의 외교회의에서 국제협약으로 채택된 후 1995년 5월부터 발효되었다.

---

17) F.R. Salinger, *Tolley's Factoring*, Tolley Publishing, 1984, p. 7.

국제팩토링 협약은 전문 23개 조항으로 구성되어 있고, 그 주된 내용은 공급자, 팩터, 채무자간의 전반적인 권리와 의무관계를 규율하고 있다. 다만 채권의 이중양도, 공급자의 채권이 압류되었을 때의 우선권에 관한 문제 등 제3자와의 관계에 대하여는 공급자와 채무자간의 매매계약에서 정하는 준거법에 의하도록 하고 있다. 우리나라는 아직 이 협약에 가입하지 않고 있다.

(2) 팩토링 계약과 채권양도

국제팩토링 거래에는 기본계약으로서 팩토링 계약이 있고, 또 채권이 발생할 때마다의 채권양도계약이 있다. 특히 팩토링 계약(factoring contract)은 공급자와 팩터간에 있어서, 공급자가 채무자와의 물품매매계약으로 인한 매출채권의 양도를 약속하고, 이에 대하여 팩터가 일정한 금융서비스의 제공을 약속하며, 채무자에게 매출채권의 양도통지를 하기로 합의하는 계약을 말한다(협약 제1조 2항). 국제팩토링 계약에서 문제되는 것은 채권양도의 법적 성질, 장래채권양도의 유효성, 양도금지특약부 채권양도의 유효성 등에 관한 내용이다.

① 채권양도의 법적 성질은 지급거절시 채권의 상환청구불능 팩토링(without recourse factoring)과 상환청구가능 팩토링(with recourse factoring)에 따라 서로 다르다. 즉, 미국에서 일반화된 상환청구불능 팩토링에 있어서 채권의 양도행위를 채권매매로 보는 것에는 학설이 일치하지만, 상환청구가능 팩토링에 있어서는 이를 채권매매 또는 소비대차로 보는 견해가 대립되고 있다.

② 국제팩토링 거래에는 현재의 채권뿐만 아니라 장래의 채권도 그 대상이 된다. 즉, 계약체결시에 채권의 범위를 특정하지 아니하더라도 당사자가 이를 식별할 수 있으면, 장래의 채권에 대한 양도가 가능하다(제5조).

③ 당사자간의 약정에 의하여 채권양도를 금지하고 있는 양도금지특약부 채권에 대하여도 국제팩토링 협약은 그 양도의 유효성을 인정하고 있다(제6조 1항). 따라서 양도금지특약부 채권도 국제팩토링 거래의 대상이 된다.

4. 국제 프로젝트 금융

(1) 프로젝트 금융의 의의

"프로젝트 금융"(project finance : PF)이라 함은 특정 프로젝트의 소요자금을 조달에 있어서 당해 프로젝트에서 발생하는 수익을 채무변제의 재원으로 하고, 금융에 대한 담보도 당해 프로젝트의 자산으로 한정하는 금융기법을 말한다. 대주는 프로젝트의 사업성만을 평가하여 이에 참여하게 되고, 대출금의 상환도 프로젝트에서 발생하는 수익(cash flow)을 재원으로 하기 때문에, 만약 프로젝트가 실패하면 당해 프로젝트의 자산 외에 달리 채권을 확보할 수 없다.

프로젝트 금융은 19세기 중반 수에즈 운하의 개발사업에서 비롯되어, 1930년대에 미국은행들의 석유개발사업에 대한 자금대출에서 본격적으로 고안되었으며, 1980년대부터는 전세계적으로 사회간접자본(social overhead capital : SOC) 산업기반시설(infra-structure facilities)에 대한 투자수요가 급증하면서, 최근 우리나라에서도 이는 새로운 금융기법으로 부각되고 있다.[18)]

프로젝트 금융의 자금조성은 국제금융기관으로부터의 차관, 신디케이트론, 합작투자, 금융리스, 프로젝트 투자펀드, 공사채의 발행, BOT (build - operate - transfer) 프로젝트 등 다양한 방법에 의하여 이루어진다.

특히 현지정부가 도로, 항만, 발전소, 교량 등의 인프라 건설프로젝트에 민간자본을 유치하기 위하여 프로젝트 회사에게 시설을 완공한 후 일정기간 동안 관리·운영권을 부여한 다음 기부채납하도록 하는 BOT 기법을 많이 이용하고 있다. 어느 방법이든 프로젝트 금융은 프로젝트 스폰서에게 거액의 자금부담을 지우지 아니하면서, 프로젝트 참가자들로 하여금 프로젝트의 리스크를 분산하고 대주에게 높은 수익률의 대출금회수를 보장해 준다는 데 의의가 있다.

(2) 프로젝트 금융의 계약구조

국제프로젝트 금융에는 많은 이해당사자가 관여하지만, 기본적으로는 프로젝트 스폰서, 프로젝트 회사, 대주 사이에 계약관계가 형성된다. 즉, ① 프로젝트 스폰서(sponsor)는 프로젝트를 추진하는 실질적인 사업주체를 말하고, 프로젝트 회사(project company)는 사업추진을 위한 법률상의 주체를 말한다.

② 프로젝트 회사는 법인, 컨소시엄, 합작기업 등의 형태를 취하는데, 이를 별도로 설립하는 것은 프로젝트에 대한 스폰서의 위험노출을 줄이고 대주의 입장에서도 스폰서의 재정상태에 관계 없이 프로젝트 자체에 대한 금융을 제공함으로써 높은 수익을 얻을 수 있게 하기 위함이다.

③ 대주(lender)는 프로젝트의 소요자금을 대출하는 금융기관으로서, 국제금융기구, 수출금융기관, 민간은행 등 여러 형태가 있다. 이 밖에 국제프로젝트에는 사업성패에 긴밀한 이해관계를 갖는 현지정부, 보증인, 원자재 공급자, 생산물 구매자 등이 관여할 수 있다.

---

18) 서헌제, 국제거래법, 법문사, 1996, pp. 521~523.

한편 국제프로젝트 금융에 관한 계약구조는 사업의 대상과 금융의 내용에 따라 다소 차이는 있겠으나, 이를 크게 보면 다음과 같이 i) 프로젝트 회사설립을 위한 스폰서간의 합작투자계약, ii) 프로젝트 회사와 대주간의 대출계약, iii) 대주와 프로젝트 참가자들간의 각종 보증계약군으로 구분할 수 있다.

① 국제프로젝트의 합작투자계약(joint venture agreement)은 특정사업의 수행을 전담하는 법률상의 독립된 프로젝트 회사를 설립하기 위한 계약이다. 이러한 계약은 대체로 스폰서간에 기본적인 합의내용을 담은 합의각서에 서명하고, 구체적인 계약서를 작성·교환하는 단계를 거치며, 여기에는 회사의 설립과 조직 및 운영, 수익의 배당, 당사자의 권리의무, 분쟁의 해결, 계약의 발효와 종료 등에 관한 내용들을 기재한다.[19]

② 국제프로젝트의 대출계약(facility agreement)은 프로젝트 회사와 대주간에 프로젝트의 완공과 가동에 소요되는 자금의 조달을 위한 계약이다. 따라서 이 계약은 충분한 대출금액을 확보할 수 있도록 대출이자율이나 상환조건을 국제금융시장의 상황에 비추어 합리적으로 결정하여야 하고, 대주의 프로젝트 리스크를 경감할 수 있도록 각종 보전책을 제공하는 조건으로 체결하여야 한다. 따라서 프로젝트의 대출계약에는 일반적인 계약조항뿐만 아니라, 대주의 채권확보를 위하여 자금인출과 수익금의 통제, 투자범위와 이익배당의 제한, 손해보험의 부보, 서약 등에 관한 특수한 조항을 기재한다.

③ 국제프로젝트의 보증계약(guarantee)은 거액의 자금투자와 장기간의 공사에 따르는 프로젝트 리스크를 적정하고 공평하게 담보하기 위한 각종의 보전책을 말한다. 프로젝트 리스크라고 하면, 공사완공 리스크(start-up cost overrun), 완공 후의 운영리스크(higher operating cost), 자재와 생산물에 대한 시장리스크(market risk), 현지정부의 정치적 리스크(political, country risk) 등을 예로 들 수 있으며, 이에 대한 보증방법은 프로젝트 회사의 모회사인 스폰서, 프로젝트의 직접·간접참가자 또는 이와 관련이 없는 제3자가 제공하는 Letter of Guarantee, P-Bond, Insurance Policy 등에 의하여 이루어진다.

5. 파생금융상품거래

(1) 파생금융상품의 개념

"파생금융상품"(derivatives)이라 함은 기초금융자산(underlying assets)인

19) Sornarajah, *op. cit.*, pp. 117~118.

통화 · 채권 · 주식 등의 가격변동에 따라 그 가치가 결정되는 금융상품을 말한다.

파생금융상품거래는 ① 계약형태에 따라 선물(futures) · 옵션(options) · 스왑(swaps) · 네팅(netting) 거래 등으로 구분하고, ② 기초자산의 종류에 따라 외환거래 · 금리부 자산거래 · 주식거래 등으로 구분한다.

파생금융상품은 본질적으로 기초자산의 가격변동을 위험회피자로부터 위험을 무릅쓰고 높은 이익을 추구하려는 투기자에게 이전하는 기능을 한다.

파생금융상품 시장은 1980년대 이후 세계적인 자본자유화로 금융자산에 대한 위험수요자가 늘어나고, BIS(국제결제은행) 자기자본비율의 의무화와 컴퓨터 정보통신기술의 발달 등으로 환율 · 금리 · 주가의 격심한 변동이 발생하자 위험회피자와 투기자들이 대거 참여하면서 급속히 성장하고 있다.

(2) 금융선물거래

선물거래는 미래의 약속시점에 특정한 물품인도와 대금결제를 실행할 것을 현재시점에서 계약하는 정기거래, 농산물의 입도선매, 거래소내에 상장된 상품에 대한 정형화된 거래조건의 선물거래 등을 모두 포함하는 것으로서, 크게 물품선물(commodity futures)거래와 금융선물(financial futures)거래가 있다.

특히 금융선물거래는 다시 위험회피의 대상이 환율 · 금리 · 주가인 여부에 따라 통화선물거래, 금리선물거래, 주식선물거래 등으로 나누어진다.

선물거래의 절차는 각국의 거래소마다 다소 차이가 있으나, 보통 ① 고객이 거래소 회원사인 선물중개인에게 계정신청서를 제출하여 자신의 계정을 개설하고 매매주문을 내면, ② 선물중개인이 주문내용을 확인하고 거래소의 주재원에게 넘긴다. ③ 만기일에 반대매매에 의하여 종결되지 못한 미결제거래분은 현물인도나 현금결제로 종결 처리하는 과정을 거친다.

(3) 옵션(options) 거래

옵션거래는 일정한 행위에 대한 옵션(선택권)을 일정한 프리미엄을 받고 매매하는 것을 말한다. 옵션의 매입자는 매도인에 대하여 옵션계약상의 일정한 행위를 요구하거나 요구하지 아니할 수 있는 선택권을 가지게 된다.

옵션거래는 ① 대상이 되는 기초자산에 따라 상품옵션(commodity option)과 금융옵션(financial option), ② 거래방향에 따라 매수옵션(call option)과 매도옵션(put option), ③ 거래장소에 따라 장내거래소옵션(exchange-traded option)과 전문딜러들간에 이루어지는 장외옵션(over-the-counter option)

등이 있다.

특히 금융옵션은 개별주식을 기초자산으로 하는 주식옵션, 기초자신을 주식이 아닌 주가지수로 하는 주가지수옵션, 통화를 기초자산으로 하는 통화옵션, 특정종류의 금리(LIBOR)이나 채권(유로채)을 기초자산으로 하는 금리옵션, 선물계약을 기초자산으로 하는 선물옵션(futures option) 등이 있다.

(4) 스왑(swaps) 거래

스왑거래는 교환(exchange)을 의미하는데, 금리나 환율의 변동위험을 회피하기 위하여 반대거래를 하는 상대방과 채권채무의 지급조건을 서로 교환하는 거래를 말한다. 교환의 대상이 원유·곡물 등의 물품인 경우 물품스왑이라고 하고, 외환·채권 또는 채무인 경우 금융스왑이라고 한다.

특히 외환스왑은 현물환(spot exchange)을 매입하거나 매도하는 동시에 선물환(forward exchange)을 반대방향으로 거래하는 형태이다. 기타 동종통화 내에서 고정금리부 채권의 이자지급을 변동금리의 지급으로 바꾸는 금리스왑(interest rate swaps), 이종통화간의 약정된 원리금을 계약만기일까지 약정시기에 교환하는 통화스왑(cross currency and interest rate swaps), 일정한 수익성의 자산내용을 서로 바꾸는 자산스왑(asset swaps) 등이 있다.[20)]

(5) 네팅(netting) 거래

네팅은 동일한 당사자간에 동종의 거래를 반복하는 경우 이행기가 동일한 복수의 채권채무를 당사자간의 협정에 따라 서로 차감 상계하여 하나의 채권으로 만드는 것을 말한다. 네팅은 금융시스템 통합에 따른 위험으로부터 이들을 보호하고 당사자간의 거래비용을 줄이고자 하는데 목적이 있다.

네팅은 크게 결제네팅(payment netting)과 청산네팅(default netting)의 2가지가 있는데, 전자는 이행기와 통화가 같은 여러 쌍의 채권이 있을 때 이행기가 만료되는 시점에 서로 차감 상계하고 잔액만 지급하는 방식이다. 후자는 당사자 일방의 파산 등의 사유가 발생한 때 이행기나 통화가 다른 미결제 채권을 일괄청산하여 이행기가 도래한 하나의 채권으로 성립시키는 것을 말한다.

---

20) 글로벌금융연구원, 파생금융상품, 형설, 2000, pp. 89~90.

제 4 편
국제무역거래의 종결

CHAPTER 1

국제무역결제와 정산

제1절 무역대금결제의 실무

국제무역은 물품거래이든 물품외거래이든 그 대금결제를 완료한 때에 정상적으로 종료된다. 무역대금결제는 각 거래방식에서 요구되는 관습과 절차에 따라야 하며, 이에 반하는 것은 계약불이행의 사유가 되고 클레임으로 이어진다.

1. 화환신용장결제

(1) 신용장의 결제절차

신용장(letter of credit)은 그 조건에 일치하는 서류와 상환으로 지급한다는 은행의 지급확약을 말한다.[1)] 수출상이 신용장을 통지받은 후 물품을 선적하고 선적서류를 제시할 때부터 수입상이 최종적으로 대금을 결제하고 선적서류를 인도받아 물품을 수령하기까지의 일반적인 절차는 [그림 4-1]과 같다.

① 물품의 선적 : 수출상(수익자)은 신용장에서 요구한 물품을 제조・집하하여 운송회사와 운송계약을 체결하고 물품을 직접 선적하거나 양도가능 신용장인 경우 제2수익자에게 신용장을 양도하여 물품을 선적하도록 한다.

② 화환어음 제시 : 수익자는 신용장에서 요구하는 선적서류나 이를 첨부한 화환어음을 매입은행에 제시하고 수출대금을 지급받는다. 특히 매입은행은 선적서류가 신용장조건에 일치한가를 면밀히 심사하여야 한다.

③ 화환어음 송부 : 매입은행은 화환어음을 개설은행 앞으로 송부하고 수출

1) 신용장제도에 관한 상세한 내용은 이 책의 제2편 제3장에서 논한 바 있다.

대금을 보상받는다. 만약 개설은행이 해외의 환거래은행을 보상은행으로 지정한 경우에는, 매입은행은 지정된 보상은행에게 대금을 청구할 수 있다.

④ 선적서류 인도 : 개설은행은 개설의뢰인에게 수입대금을 지급받고 선적서류를 인도한다. 개설의뢰인은 외상으로 선적서류를 인수하고자 한다면 개설은행에 대도증서(T/R)를 제공하여야 선적서류를 먼저 인도받을 수 있다.

⑤ 물품의 수령 : 수입상은 선적서류를 선박회사에 제시하고 화물을 수령한다. 수입화물이 항구에 도착하였으나 선적서류가 도착하지 아니한 경우에는 개설은행의 수입화물선취보증서(L/G)를 발급받아 화물을 수령할 수 있다.

그림 4-1 신용장의 결제절차

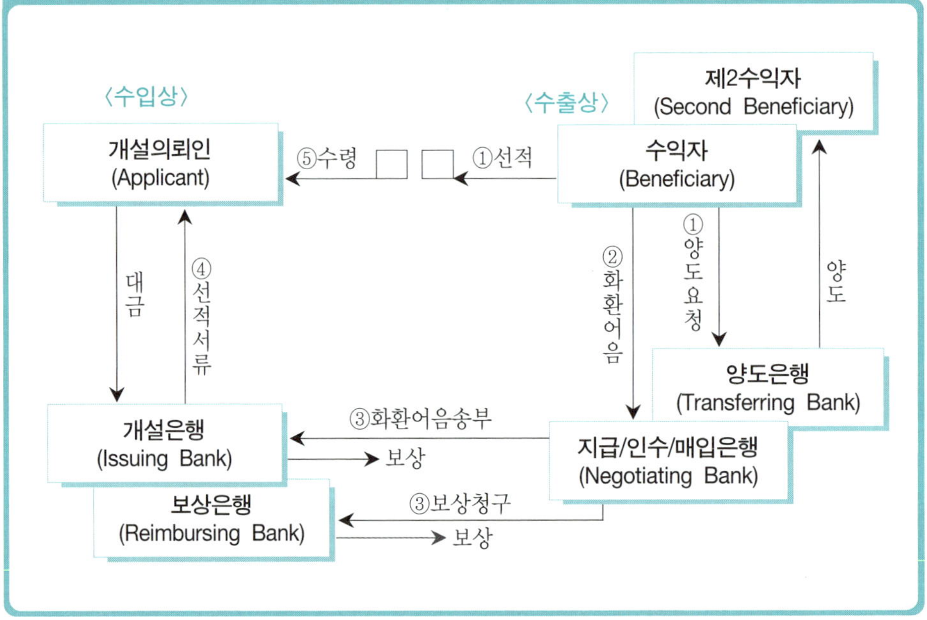

(2) 외국환거래약정 체결

신용장의 대금결제는 수출상이 지정은행과 외국환거래약정을 체결하고 선적서류를 준비한 후 환어음을 작성하여 매입을 의뢰하는 것에서 시작된다.

즉, 수출상이 신용장상의 지정은행과 처음 거래할 때에는 〈예시 4-1〉과 같은 양식의 외국환거래약정을 체결하여야 한다. 외국환거래약정은 은행에 비치된 소정의 인쇄양식에 수출상이 서명·날인함으로써 성립하는 부합계약이다.

외국환거래약정의 주요내용은 ① 공통사항으로서 담보, 수수료·비용·손해의 부담 등, ② 수출거래특약으로서 매입대금상환, 환어음의 반환 등, ③ 수입거래특약으로서 대도물품의 처분, 수입물품선취보증서 물품인도 등, ④ 내국신용장특약으로서 물품의 처분, 매입대금상환 등에 관하여 규정하고 있다.

예시 4-1 외국환거래약정서

외국환거래약정서

(수출 · 수입 · 내국신용장발행 · 내국신용장환어음매입(추심)거래)

(주) XX은행 앞

년 월 일

본 인 ________________ ㊞

주 소

본인은 (주) XX은행(이하 "은행"이라 한다)과 수출 · 수입 · 내국신용장발행 · 내국신용장환어음매입(추심)거래를 함에 있어 "은행여신거래기본약관"이 적용됨을 승인하고 다음 각 조항을 확약한다.

제1장 공통사항

제1조(적용범위) 이 약정은 다음 각항의 현재 및 장래의 모든 거래에 적용하기로 한다.

① 수출거래

1. 화환어음(환어음이 첨부되지 않은 선적서류를 포함한다. 이하 같음)의 매입 및 추심
2. 보증신용장 등에 의한 무화환어음(Clean Bill)의 매입
3. 기타 전 각호에 준하는 거래

② 수입거래

1. 신용장 발행
2. 화환어음의 인도 및 결제
3. 보증신용장에 의한 무화환어음의 인도 및 결제
4. 기타 전 각호에 준하는 거래

③ 내국신용장발행거래

④ 내국신용장환어음매입(추심)거래

제2조(권리의 행사) ① 수출화환어음 및 내국신용장환어음 매입대금(은행의 매입대금을 말한다. 이하 같음)의 경우에는 은행은 환매채권에 의하여 청구하거나 금전소비대차에 의한 대출금으로 보아 어음채권 또는 여신채권 중 어느 것에 의하여도 청구할 수 있다.
② 수입화환어음 및 내국신용장화환어음 결제를 위한 대지급금의 경우에는 은행은 어음채권 또는 여신채권 중 어느 것에 의하여도 청구할 수 있다.

제3조(담보) 본인은 제1조의 거래에 수반하는 물품 및 관련서류를 당해거래와 관련하여 은행에 부담하는 채무와 이에 부수하는 이자, 할인료, 수수료, 지연배상금, 기타 부대비용 등의 지급을 위한 담보로서 은행에 양도한다.

제4조(적용환율) 적용환율은 신청서 등을 접수한 날과 관계없이 실제로 지급받거나 지급하는 날의 은행이 정한 해당 환율로 한다.

제5조(수수료, 비용 및 손해의 부담) ① 본인은 은행의 책임 있는 사유로 인하여 추가로 발생한 것이 아닌 한 제1조의 거래에 따른 이자, 할인료, 수수료, 지연배상금, 손해배상금, 기타 부대비용 및 은행의 권리행사, 권리보전, 담보의 취득 및 처분에 따른 비용, 운임, 보험료, 기타 모든 비용 및 손해를 부담하며, 은행이 계산근거를 명시하여 청구하는 바에 따라 곧 지급한다. 다만, 본인이 계산방법 등에 관하여 이의를 제기하는 경우에는 은행은 이를 심사하여 그 결과를 통지한다.

② 은행은 제1항의 이자, 할인료, 수수료 등 제반비용의 요율 및 계산방법을 성질상 고시하기 어려운 것을 제외하고는 고시토록 한다.

③ 제1항의 수수료 등을 본인 이외의 자가 부담하기로 되어있는 경우에 본인의 비용으로 은행이 본인 이외의 부담자에게 청구하였으나 입금되지 아니하여 본인에게 청구할 때는 본인이 이를 곧 지급한다. 다만, 은행이 본인이외의 부담자로부터 이를 지급받는 경우에는 반환한다.

제6조(백지어음 제공의무와 보충권 수요) 본인은 은행의 채권보전을 위해 제1조 각항의 거래별로 액면과 지급기일이 백지로 된 약속어음을 연대보증인과 공동 발행하여 은행에 제공하겠으며 은행은 필요하다고 인정하는 경우 백지어음을 보충하여 행사할 수 있다.

제7조(적용기간) 이 약정의 적용기간은 정하지 않기로 한다. 다만, 부득이한 사유가 있는 경우 은행이나 본인은 이 약정을 해지할 수 있으며 이 경우 해지 전에 이루어진 거래에 대하여는 이 약정을 계속 적용한다.

제8조(준용규정) 본인과 은행은 약정되지 아니한 사항에 대하여 따로 정함이 없는 한 「신용장통일규칙」, 「추심에 관한 통일규칙」, 「은행간 신용장대금상환에 관한 통일규칙」, 기타 국제규약. 「무역업무자동화처리약관」 및 은행의 관련규정에 따르기로 한다.

제2장 수출거래에 대한 특약

제9조(환거래은행 및 송달방법의 선정) 신용장 또는 계약서, 매입신청서 등에 명시되어 있지 않은 경우 환거래은행 및 화환어음의 송달방법은 은행이 선정하기로 한다.

제10조(결제기간의 연장) 지급의무자가 결제기간의 연장을 요청한 경우 은행은 본인의 동의를 얻어 승낙할 수 있다. 다마 은행이 부득이하다고 인정하는 때는 본인의 동의 없이 승낙할 수 있다. 이 경우 은행은 승낙한 사실을 곧 본인에게 통지한다.

제11조(매입대금상환) ① 다음 각호에서 정한 사유중 하나라도 발생한 경우 본인은 은행으로부터 독촉, 통지 등이 없어도 당연히 다음 각호에서 정한 화환어음 매입대금의 상환의무를 지고 곧 변제하기로 한다.

1. 본인에 대하여 은행여신거래기본약관 제7조 제1항(당연 기한전 채무변제의무) 각호에서 정한 사유 중 하나라도 발생한 경우에는 모든 화환어음
2. 화환어음의 지급의무자에 대하여 은행여신거래기본약관 제7조(당연 기한전 채무변제의무) 각호에서 정한 사유 중 하나라도 발생한 경우에는 그 자가 지급의무자로 되어 있는 모든 화환어음
3. 은행의 관련규정이 정하는 기간까지 은행의 매입대금이 입금되지 아니하거나 화환어음의 인수가 이루어지지 아니하는 경우의 그 화환어음
4. 환거래은행 등으로부터 지급 또는 인수거절된 경우의 그 화환어음
5. 본인이 화환어음 만기일 이전에 매입대금을 상환하고자 하는 경우의 그 화환어음

② 본인에 대하여 은행여신거래기본약관 제7조 제4항 및 제5항(은행의 서면독촉에 의한 기한전 채무변제의무) 각호에서 정한 사유중 하나라도 발생한 경우 본인은 은행의 서면독촉통지 도달일로부터 10일 이상으로 은행이 정한 기간이 경과하면 모든 화

환어음의 매입대금의 상환의무를 지고 곧 변제하기로 한다.

③ 제1항 및 제2항과 관련하여 본인은 환가료 징수기간 만료일 익일부터 상환일까지 외화여신연체이율로 계산한 손해배상금을 지급하기로 한다. 다만, 부도처리가 환가료 징수기간내에 이루어진 경우에는 부도 처리일로부터 손해배상금을 기산한다.

④ 제1항 및 제2항과 관련하여 본인은 매입신청시 제출한 화환어음 또는 매입신청서에 근거하여 매입대금을 상환하며, 은행은 본인이 매입대금과 이에 부수하는 손해배상금, 수수료, 비용 등을 변제할 때까지 화환어음 및 수출물품에 대하여 모든 권리를 행사한다.

제12조(화환어음 등의 반환) ① 이 약정에 의하여 은행에 대한 채무의 변제 또는 은행여신거래기본약관 제9조(은행으로부터의 상계 등)에 의한 상계 등의 경우 은행은 본인에게 화환어음 및 수출물품을 채무변제 등의 시점에 반환하지 아니하여도 된다.

② 본인은 은행이 반환하는 화환어음을 은행에서 수령한다. 다만, 수출물품은 화환어음을 수령함으로써 반환 받은 것으로 한다.

③ 은행의 책임 없는 사유로 인하여 화환어음 및 수출물품의 반환이 불가능한 경우 은행의 반환의무는 없는 것으로 한다.

제3장 수입거래에 대한 특약

제13조(신용장의 발행, 통지 및 환거래은행 등의 선정) ① 은행은 본인이 제출하는 신용장발행신청서(조건변경신청서 포함) 등의 기재사항에 따라 신용장을 발행, 통지한다.

② 신용장발행신청서에 명시되어 있지 않은 경우 환거래은행(통지은행, 매입은행, 지급은행, 인수은행, 확인은행, 기타 관련은행을 말한다. 이하 같음) 및 통지방법은 은행이 선정하기로 한다.

제14조(대도물품의 처분) ① 본인은 대도물품을 입고, 운반, 출고, 가공, 매도 이외의 목적으로 사용하거나 제3자에게 담보로 제공할 수 없으며 또한 기타 은행의 권리를 해하는 행위도 할 수 없다.

② 본인은 대도물품을 매도할 경우 금액, 물품의 인도, 대금의 영수방법 등에 관하여 미리 은행의 동의를 받는다.

③ 본인은 대도물품의 매도대금 영수 후 곧 은행에 지급하며 매도대금을 어음, 기타 유가증권 등으로 받는 경우에는 이를 곧 은행에 양도한다.

제15조(신용장조건과 불일치한 화환어음) ① 은행이 채권보전을 위하여 필요하다고 인정하는 경우 은행은 신용장조건과 불일치한 화환어음에 대하여 본인의 동의 없이 지급 또는 인수를 거절할 수 있다. 이 경우 은행은 본인에게 사후통지하기로 한다.

② 화환어음이 은행에 도착하기 전 신용장조건과의 불일치를 사유로 환거래은행 등으로부터 지급 또는 인수 등의 동의 여부에 대한 조회를 받은 경우에도 제1항과 같다.

③ 은행이 본인에게 신용장조건 불일치에 관한 조회를 하였으나 본인의 회보가 은행의 관련규정이 정한 기간 내에 도착하지 않는 경우 은행은 화환어음의 지급 또는 인수에 대한 동의 또는 거절 여부를 결정할 수 있다.

제16조(결제일) 본인은 대금의 결제조건이 일람출급인 경우에는 화환어음(차기통지서가 먼저 도착하는 경우에는 그 차기통지서) 도착 후 은행의 관련규정이 정한 기일 이내에 결제하고, 기한부 출급인 경우에는 만기일에 결제한다.

제17조(수입화물선취보증서에 의한 수입물품 인도) ① 본인은 화환어음 도착 전에 운송회사로부터 수입물품을 인도 받고자 하는 경우 은행에 수입화물선취보증서(항공화물운송장에 의한 수입화물인도승낙서를 포함한다. 이하 같음) 발급을 신청하여 은행의 사전승낙을 받아야 한다.

② 본인은 수입화물선취보증서의 발급을 신청하는 경우 은행의 관련규정이 정하는 바에 따라 수입결제대금을 적립한다.

제18조(신용장의 취소 및 조건변경) ① 은행은 본인이 신청한 경우에 한하여 신용장을 취소 또는 조건변경할 수 있다. 다만, 그 효력은 신용장의 취소 또는 조건변경의 당사자(개설은행, 수익자, 확인신용장의 경우는 확인은행) 전원의 동의가 있어야 비로소 발생한다.

② 제1항 본문에 불구하고 유효기일 경과 등 상당한 사유가 있는 경우 은행은 신용장을 취소할 수 있다. 이때 은행은 본인에게 사후 통지한다.

제19조(제3자 명의의 신용장발행) 본인이 제3자 명의의 신용장발행을 은행에 본인명의로 신청한 경우에는 모든 부분에 있어서 이 약정이 적용된다.

제4장 내국신용장발행에 대한 특약

제20조(지급금액) 본인이 은행의 내국신용장 발행에 따라 은행에 지급할 원화금액은 발행당시의 내국신용장 원화금액에 불구하고 내국신용장 부기외화금액에 매입(추심)은행이 환어음을 매입(추심)하는 날의 해당 환율을 곱하여 청구한 금액으로 한다.

제21조(구매물품의 처분) 구매물품 처분에 관하여는 제14조를 준용한다.

제22조(신용장의 취소 및 조건변경) 은행은 본인이 관계당사자의 동의를 얻어 신청한 경우에 한하여 내국신용장을 취소 또는 조건변경할 수 있다. 다만, 유효기일 경과 등 상당한 사유가 있는 경우에는 은행이 신용장을 취소할 수 있다. 이때 은행은 본인에게 사후 통지한다.

제5장 내국신용장환어음매입(추심)에 대한 특약

제23조(매입대금상환) ① 다음 각호에서 정한 사유중 하나라도 발생한 경우 본인은 은행으로부터의 독촉, 통지 등이 없어도 당연히 다음 각호에서 정한 환어음 매입대금의 상환의무를 지고 곧 변제하기로 한다.

1. 본인에 대하여 은행여신거래기본약관 제7조 제1항(당연 기한전 채무변제의무) 각호에서 정한 사유중 하나라도 발생한 경우의 모든 환어음
2. 내국신용장 발행은행에 의하여 지급거절되는 경우의 그 환어음

② 본인에 대하여 은행여신거래기본약관 제7조 제4항 및 제5항(은행의 서면독촉에 의한 기한전 채무변제의무) 각호에서 정한 사유중 하나라도 발생한 경우 본인은 은행의 서면독촉통지 도달일로부터 10일 이상으로 은행이 정한 기간이 경과하면 모든 환어음 매입대금의 상환의무를 지고 곧 변제하기로 한다.

③ 제1항 및 제2항과 관련하여 본인은 매입이자 징수기간 만료일 익일부터 상환일까지 여신연체이율로 계산한 손해배상금을 지급하기로 한다.

④ 제1항 및 제2항과 관련하여 본인이 매입대금과 이에 부수하는 손해배상금, 수수료, 비용 등을 변제할 때까지 은행은 매도물품에 대하여 모든 권리를 행사한다.

제24조(환어음 등의 반환) ① 이 약정에 의하여 은행에 대한 채무의 변제 또는 은행 여신거래기본약관 제9조(은행으로부터의 상계 등)에 의한 상계 등의 경우 은행은 환어음 및 이에 첨부된 서류를 채무변제 등의 시점에 반환하지 아니하여도 된다.

② 본인은 은행이 반환하는 환어음 및 이에 첨부된 서류를 은행에서 수령한다.

③ 은행의 책임 없는 사유로 인하여 환어음 및 이에 첨부된 서류의 반환이 불가능한 경우 은행의 반환의무는 없는 것으로 한다.

2. 추심환어음 결제

(1) 화환어음 추심절차

추심결제방식은 수출상이 계약서의 내용대로 물품을 선적한 후 은행을 통하여 선적서류를 송부하고 대금을 회수하도록 한 거래를 말한다.

추심결제는 이를 규율하는 국제규범, 즉 ICC의 '추심에 관한 통일규칙'(Uniform Rules for Collections, 1995 : URC 522)에 따라 거래하여야 한다. 우리나라의 은행관습에서도 1968년부터 이 규칙을 적용해 오고 있다.

추심거래의 당사자는 다음과 같다. i) 거래은행에 추심을 지시하는 추심의뢰인(principal), ii) 추심의뢰인으로부터 추심을 지시받은 추심요청은행(remitting bank), iii) 지급인에게 추심하는 추심은행(collecting bank), iv) 지급이나 인수의 제시를 받고 만기일에 대금을 지급하는 지급인(drawee) 등이 있다.

이들 당사자간에 D/P 또는 D/A 추심방식으로 대금결제가 이루어지는 거래절차를 간단히 설명하면 아래의 [그림 4-2]와 같다.

① 수출상과 수입상이 신용장 없이 추심방식(collection), 즉 D/P 또는 D/A 방식의 추심결제조건으로 매매계약을 체결한다.

② 수출상은 수입상의 선적지시를 받는 대로 매매계약에 일치한 물품을 기한내에 선적하고 수입상이 요구한 선적서류를 구비한다.

③ 수출상(추심의뢰인)은 수입상을 지급인으로 한 추심환어음을 발행하고 선적서류와 함께 자신의 거래은행에 추심의뢰서(collection order)를 접수한다.

④ 수출상의 거래은행(추심요청은행)은 추심의뢰서를 확인하고 화환어음을 수입상의 거래은행에 송부하여 수입상 앞으로 추심해 줄 것을 의뢰한다.

⑤ 수입상의 거래은행(추심은행)은 화환어음을 접수하고 수입상에게 선적서류의 도착통지서(arrival notice)를 발송하여 어음대금의 결제를 요구한다.

⑥ 수입상(지급인)은 추심환어음이 D/P 조건인 경우에는 일람후 즉시 대금을 지급하고, D/A 조건인 경우에는 환어음에 "accepted by~"라고 배서한다.[2) 동시에 수입상의 서명을 받은 추심은행은 선적서류를 인도해 준다.

⑦ 수입상은 선적서류를 운송업자에게 제시하고 물품을 수령한다.

⑧ 추심은행은 수입상으로부터 지급받은 추심환어음의 대금을 추심의뢰서에 명기된 대로 추심요청은행에게 송금한다.

---

2) D/P · D/A의 구분에 관하여는 이 책의 제1편 제2장 제3절에서 논한 바 있다.

그림 4-2 화환어음 추심절차

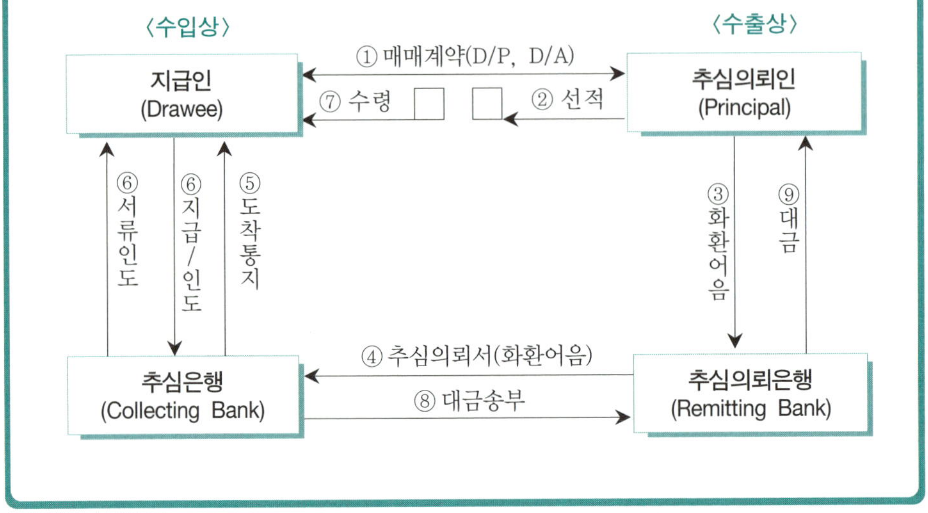

⑨ 추심은행으로부터 대금을 송금받은 추심요청은행은 최종적으로 수출상에게 이를 지급함으로써 추심거래의 모든 결제과정이 끝난다.

(2) 추심의뢰서의 작성

수출상은 선적 후 국제규범에서 정한 금융서류와 상업서류[3]를 구비하고 추심의뢰서를 첨부하여 추심요청은행에 제출하여야 한다(URC 522 제4조).

추심의뢰서(collection order)는 〈예시 4-2〉와 같이 수출상이 거래은행에 비치된 양식에 따라 작성하여야 한다. 추심의뢰서 양식은 은행에 따라서는 신용장거래의 선적서류 매입의뢰서와 통합하여 사용하기도 한다.

① 추심의뢰인(principal)은 수출상이고, ② 추심금액(amount), ③ 어음만기(tenor)로서 D/P 조건인 경우 'at sight', D/A 조건인 경우 'at 60 days after sight' 등으로 기재하고, ④ 어음지급인/수화인(drawee/consignee), ⑤ 수화인이 아닌 경우(drawee if not consignee)의 지급인, ⑥ 어음지급지(domicile)를 기재한다.

⑦ 추심요청은행(remitting bank), ⑧ 추심은행(collecting bank), ⑨ 운송

---

3) "금융서류"(financial documents)라 함은 환어음·약속어음·수표를 비롯한 금전지급을 취득하기 위하여 사용하는 모든 증권을 말하고, "상업서류"(commercial documents)라 함은 송장·운송서류 등 금융서류가 아닌 모든 서류를 말한다(URC 522 제2조 b항).

내역(transport details)으로서 선적항 · 도착항 · 선적일자 등, ⑩ 물품명세(goods), ⑪ 서류(documents) 등을 간단히 기재한다.

⑫ 상업서류의 인도방법을 D/P(against payment) 또는 D/A(against acceptance)로 구분하여 표시한다. 추심의뢰서상에 D/P · D/A의 구분이 없는 경우에는 D/P 조건으로 인도하여야 한다(URC 522 제7조 b항).

⑬ 물품도착시까지의 서류보류는 물품이 도착항에 도착할 때까지 추심은행에게 선적서류를 보류하도록 요구할 것인지를 표기한다.

⑭ 현지통화예금은 수출상이 수입지의 은행에 현지통화로 예금하기를 원하는지를 표기한다. 다만 이 경우의 외환위험은 지급인이 부담하도록 한다.

⑮ 인수된 환어음의 처리는 추심은행이 어음만기에 지급인에게 제시하도록 하는 방법과 이를 추심요청은행 앞으로 반송하도록 하는 방법이 있다.

⑯ 별도의 추심란은 이자(interest)나 은행수수료(charges) 등을 추심하고자 할 경우에 사용한다. 이자는 환어음에 직접 표기하는 경우도 있고, 추심의뢰서에 별도로 기재하는 경우도 있다. 또 은행수수료를 수입상에게 추심할 경우나 기타 수수료가 있는 경우에는 각 해당란에 표기한다.

⑰ 거절증서(protest)의 작성 또는 작성면제를 원하는 대로 구분하여 지급거절증서의 경우 'protest for non-payment'란에, 인수거절증서의 경우 'protest for non-acceptance'란에 각각 선택적으로 표기한다.

⑱ 예비지급인[4)](case-of-need)은 지급거절시 추심은행이 접촉할 당사자의 명칭과 주소를 기재한다. 예비지급인은 단순한 조언이나 별도의 권한을 부여할 수 있으나, 예비지급인의 권한에 대하여는 명확한 지시가 있어야 한다.

⑲ 추심결과의 통지방법은 추심의뢰인이 전신통지를 원하는 경우 'request teletransmitted advice to you (of)'란을 선택하고, 구체적으로 원하는 항목을 지급이나 인수, 지급거절이나 인수거절로 구분하여 표기한다.

⑳ 대금송금을 전신으로 원하는 경우에는 'by teletransmission method'란을 선택한다. 우편송금은 시간이 오래 걸리므로 전신송금를 원하는 경우가 많다.

---

4) 예비지급인은 어음의 인수거절 또는 지급거절시에 어음소지인(추심은행)이 사후처리에 관하여 상의할 당사자로서, 주로 수입지의 수출상 해외지사나 대리점을 지정하게 된다.

예시 4-2 추심의뢰서(Collection Order)

<table>
<tr><td colspan="3">(Principal to remitting bank)</td><td>COLLECTION ORDER</td></tr>
<tr><td colspan="3" rowspan="2">Principal① Reference</td><td>Amount②</td></tr>
<tr><td>Tenor③</td></tr>
<tr><td colspan="3" rowspan="2">Drawee/Consignee④</td><td>Drawee if not Consignee⑤</td></tr>
<tr><td>Domicile⑥</td></tr>
<tr><td colspan="3">Remitting Bank⑦</td><td>Collecting bank to be used⑧</td></tr>
<tr><td colspan="3">Transport details⑨</td><td>We send you the enclosed documents for collection in accordance with our instructions (see "X" where appropriate) and subject to the Uniform Rules for Collections, ICC Publication No. 522, as far as these are applicable.</td></tr>
<tr><td colspan="4">Goods⑩</td></tr>
<tr><td>Documents⑪</td><td>Nos</td><td rowspan="2">Deliver commercial document⑫
☐against payment
☐against acceptance

Hold until arrival of goods?⑬
☐Yes, or request of drawee only
☐No

Accept deposit in local currency?⑭
☐Yes, against drawee's guarantee concerning exchange risk
☐No

Accepted bill of exchange⑮
☐collect when due
☐to be returned to you

Also collect⑯
☐interest as per bill of exchange
☐interest as detailed below
☐your charges
☐further collection charges</td><td rowspan="3">Protest for non-payment⑰
☐Yes ☐No

Protest for non-acceptance
☐Yes ☐No

In case-of-need, consult⑱
☐for assistance only
☐see powers described below

☐Request teletransmitted advice to you (of)⑲

☐Payment
☐Acceptance and due date

☐Non-payment and reason
☐Non-acceptance and reason

Proceeds to be remitted to you⑳
☐by teletransmission method upon receipt, credit proceed to our account No.</td></tr>
<tr><td>☐Bill of exchange
☐Commercial invoice
☐Transport document
☐Insurance document
☐Certificate of …</td><td></td></tr>
<tr><td colspan="3">Additional instructions</td></tr>
<tr><td colspan="4">Place, date and
Principal's authentication or signature</td></tr>
</table>

(3) 사고어음의 처리

추심은행은 선적서류를 접수하면 지급인이 자행의 거래처인가를 확인하고 수입상에게 서류를 인도하기 전에 추심의뢰서를 면밀히 검토하여야 한다.

추심의뢰서의 중점검토사항은 추심통일규칙 기재 여부, 서류처리시기, 추심대금의 송금방법, 거절증서 관련사항, 예비지급인의 지정 여부, 이자와 수수료의 부담, 인수거절시의 물품보존 등에 관하여 유의하여야 한다.

추심은행은 수입상으로부터 선적서류 수령증(receipt of documents)과 환어음의 기명날인을 받고, 인수통지서(advise of acceptance)를 작성하여 추심요청은행에 통보한 후 어음만기일까지 추심대금을 징수·송금하여야 한다.

그러나 추심은행은 수입상에게 환어음을 제시한 후 서류인수 또는 대금납부를 하지 아니한 사고어음의 경우 다음과 같이 처리하여야 한다.

① 수입상이 불가피한 사유로 인수 또는 지급의 지연을 신청한 때에는 그 사유를 문서로 제출 받아 즉시 통보하고 처리방침에 대한 지시를 받는다.

② 서류의 도착통지일로부터 10일 이내에 수입상이 이를 인수 또는 지급하지 아니한 때에는 거절증서를 작성하여 지체 없이 송부하여야 한다.

거절증서(certificate of protest)는 행위지법에 따른다. 거절증서는 소송시 어음부도사실을 증명하는 문서로서 공증인이나 집달관의 확인이 있어야 한다. D/P·D/A 추심에서는 추심의뢰서에 그 작성을 지시하고 있는 경우에 한하여 작성하는 것이며, 그러한 지시가 없으면 작성하지 아니하여도 된다.

3. 송금방식결제

(1) 송금방식의 특성

송금방식은 무역계약의 내용에 따라 수입상이 스스로 대금을 보내는 결제방식으로서, 오늘날 인터넷 전자무역시대의 주요수단으로서 활용되고 있다.

대금의 송금시기는 계약체결과 동시, 물품이나 서류의 인도시, 물품의 수령 후 일정기간 경과 후 등으로 나눌 수 있으며, 송금수단도 수표(check)·현금(cash)·우편환(M/T)·전신환(T/T) 등 다양한 형태로 할 수 있다.[5)]

송금결제는 송금시기에 따라 위험부담자가 달라진다는 특징이 있다. 사전송금인 경우 수입자가, 사후송금인 경우 수출상이 각각 위험을 부담하게 된다.

국제적으로는 자금송금이 늘어남에 따라 유엔에서 1992년 5월에 '유엔국제

---

5) 송금수단에 관한 상세한 내용은 이 책의 제1편 제2장 제3절에서 논한 바 있다.

무역법위원회의 표준국제자금이체법'(UNCITRAL Model Law on International Credit Transfers)을 제정하였다. 유엔은 각국에 이 표준법을 바탕으로 국제자금이체에 관한 법률을 마련할 것을 권장하고 있다. 대표적으로 EU에서는 이 표준법을 'EU 지침'(Directive)으로 채택한 바 있으며, 그 밖의 국가들도 민·상법 등의 법체제 하에서 하부규정을 정비하고 이에 대응하고 있다.

(2) 사전송금방식

사전송금방식은 수입상과 수출상이 계약체결 후 수출상이 물품을 선적하기 전에 수입상이 대금을 미리 보내주는 거래방식으로서, 일반적으로 CWO(cash with order : 주문급) 방식이나 단순송금방식을 포괄하는 개념이다.

사전송금방식은 수출상에게는 안전하지만, 수입상에게는 외국인에게 대금을 미리 주고 물품을 받지 못할 위험이 크기 때문에 대단히 불리한 거래이다. 따라서 이는 소액거래나 공급부족의 Seller's Market에서 주로 이용된다.

사전송금수출의 경우 대금 전액을 선적전에 영수하여야 한다. 다만 계약 건당 5만 달러를 초과하거나 본·지사간의 거래인 경우 수출기간이 대금수령일로부터 1년을 초과할 때에는 거래내역을 한국은행에 신고하여야 한다.[6]

반대로 사전송금수입은 수입상이 외국인에게 수입대전을 미리 지급하고 사후에 물품을 받는 형태로서, 외화도피의 우려 때문에 다소 제한되고 있다.

예컨대 계약 건당 2만 달러를 초과하는 수입대금을 선적서류 또는 물품의 영수전 1년을 초과하여 지급하는 경우의 계약체결은 한국은행에 신고하여야 하며, 수입내역을 해당 외국환은행(송금은행)에 보고하도록 하고 있다.

(3) 사후송금방식

사후송금방식은 수입상이 현물을 확인한 후 대금을 결제하거나(COD), 선적서류를 입수한 후 대금을 결제하는(CAD) 방식으로서, 주로 외환사정이 어려운 구 공산권 국가나 환어음 발행을 기피하는 유럽지역과의 거래에 이용한다.

① COD (cash on delivery : 현물상환급) 방식은 수출상이 보낸 물품의 품질을 확인한 후 물품과 현금을 직접 교환하는 거래이다. 이 경우 수출상은 수입상의 계약파기에 대비하여 선적서류 작성시 물품의 수화인(consignee)을 환거래은행으로 지정하고 착화통지처(notify party)를 수입상으로 분리하여야 한다.

② CAD (cash against documents : 서류상환급) 방식은 수출상이 물품을 선

6) 다만 선박·철도차량·산업설비 등은 제한을 받지 아니한다(외국환거래규정 제5-11조).

적하고 선적서류를 제시할 때 이와 상환으로 현금을 지급하는 거래이다. 이 경우 선적서류는 수출상이 선적 후 수출국에 있는 수입상의 대리인이나 수입국의 본사로 송부하여 수입상의 대금송금을 확인하고 이를 인도하여야 안전하다.

4. 기타방식의 결제

(1) 상호계산(open account) 방식

상호계산방식은 수출입의 양당사자가 지속적으로 거래를 하는 경우 매거래 시마다 대금결제를 하지 않고 일정기간 동안 거래내역을 장부에 기장한 후 회기말에 서로 상계하고 그 차액만을 지급하는 거래방식이다.

이는 주로 본・지사(현지법인 포함)간에 일어나는 거래를 대상으로 한다. 현재 상호계산을 인정하는 경우는 ① 내국법인의 본・지사간 상호계산, ② 외국인투자기업의 본・지사간 상호계산이 있으나(외국환거래규정 제5-6조), 수출입거래에서의 상호계산은 외국인투자기업 등의 경우에만 인정하고 있다.

상호계산방식의 특징은 수출상이 환어음 없이 선적서류를 수입상에게 직접 송부하며, 수출상이 선적통지를 하는 시점에 송장금액만큼 수출상은 채권으로 수입상은 채무로 각각의 장부상에 대변・차변 기장하는 것이다.

한편 유사방식으로서 청산계정(clearing account) 방식은 거래대금을 장부에 기장한 후 회기말에 그 차액만 결제한다는 점에서 위와 동일하지만, 이는 수출입국가의 정부간협정에 의거한 거래이고, 은행을 경유하지 아니하는 상호계산방식과는 달리 외국환은행이 개입하여 기장한다는 점에서 차이가 있다.[7]

(2) 포페이팅(forfaiting) 방식

"포페이팅"이라 함은 원래 현금을 지급받는 대가로 외상채권을 포기 또는 할인한다는 의미이며, 무역결제방식이라기 보다는 국제금융기법의 일종이다.

포페이팅 거래는 1950년에 스위스의 Credit Swiss 사가 유럽회사들과 영업을 시작하면서 소개되어 1980년대 이후 아시아와 중남미로 확산되었으며, 우리나라는 동남아나 중동국가로 플랜트 연불수출 등을 할 때 자주 사용하고 있다.

포페이팅 거래는 수출상이 장기외상채권을 채권매입업자(forfaiter)에게 상환청구권불능의 조건으로 할인하고, 채권매입업자는 수입상 거래은행의 지급보증서나 지급승인서(aval)를 믿고 이를 매입한 후 만기일에 원리금을 받는다.

7) 예컨대 남북경협차원에서 주로 이용되는 결제방식은 정부 보증의 청산계정방식이다.

수출상은 채권을 즉시 현금화할 수 있고 상환청구불능(without recourse) 조건으로 채권을 할인하기 때문에 비상위험이나 외환위험을 전혀 걱정할 필요가 없으며, 또 수입상은 채무변제일까지 안전하게 기간이익을 향유할 수 있다.

특히 구 공산권국가나 저개발국가로 기계류, 플랜트, 선박 등을 수출할 경우에 가장 큰 문제가 외환부족을 이유로 한 장기 연불상환조건을 요구받게 되는데, 이러한 경우 계약을 성사시킬 수 있는 적절한 방식이 포페이팅이다.

(3) 팩토링(factoring) 방식

팩토링 방식은 수입상이 상품의 품질보장을 이유로 신용장거래를 기피하지만 외상거래를 원하고 수출상이 대금회수의 안전과 일람출급거래를 원할 경우 양자의 요구사항을 모두 수용할 수 있도록 고안된 신종 거래방식이다.[8)]

국제적으로 팩터(factors)의 목적달성을 위하여 FCI (Factors Chain International)가 창설되어 '국제팩토링 규약'(Code of International Factoring Customs)을 제정해 두고 있으며, 1988년 5월에는 UNIDROIT(국제사법통일협회)의 '국제팩토링 협약'(Convention on International Factoring)이 제정되어 있다.

팩토링 거래는 포페이팅과 달리 주로 소규모의 단기외상거래에 사용하고 상환청구권 여부도 임의로 합의할 수 있으며, 금리도 제한이 없고 외상채권의 지급근거는 수입상 거래은행의 지급보증이 아니라 수입팩터의 신용보증이다.

(4) 연계무역(counter trade) 방식

연계무역은 수출입의 대금결제를 그에 상응하는 수입이나 수출로 상계하는 거래방식으로서, 과거에는 단순한 물물교환으로만 인식하였으나 점차 대상품목이 다양화되고 복잡한 기술이전이나 합작투자로도 확산되고 있다.[9)]

최근에는 인터넷을 이용한 물물교환이 늘어나고 있는데, 이는 외환위험을 회피하고 실시간의 정보교환을 통한 비용절감효과 때문에 귀추가 주목된다.

연계무역의 대표적인 형태는 ① 수출대금을 등가의 현물로 받는 물물교환(barter trade), ② 수출입대금을 외국환으로 결제하되 동액으로 맞추는 구상무역(compensation trade), ③ 수출계약시 일정기간내의 대응수입을 의무화하는 대응구매(counter purchase), ④ 기술이나 플랜트 설비를 수출하고 그 생산제품의 일정량을 수입하는 제품환매(buy back) 등이 있다.

---

8) 팩토링 거래에 관한 상세한 내용은 이 책의 제3편 제3장 제2절에서 논한 바 있다.
9) 연계무역에 관한 상세한 내용은 이 책의 제1편 제2장 제3절에서 논한 바 있다.

(5) 기탁계정(escrow) 방식

기탁계정방식은 수출상과 수입상이 거래를 시작하기 전에 제3국의 금융기관에 공동구좌를 개설하고 대금은 이 구좌에 입금하는 것으로서, 수입상이 결제한 대금은 수출상에게 직접 전달하지 아니하고 기탁계정에 입금한 후 수출상으로부터 수입상에게 대응구매를 할 때의 결제대금으로만 사용할 수 있다.

(6) 인카소(inkasso) 방식

인카소 방식은 러시아 무역에서 활용하는 것으로서, 수출상이 선적서류를 송부할 때 환어음을 발행하지 아니하고 수입상은 선적서류를 받고 물품이 도착하여 품질을 확인한 후 대금을 지급하는 거래방식이다.

대금지급은 ① 수입상이 물품확인 즉시 지급하는 일람출급, ② 품질보장 등을 위한 수출국은행의 보증을 받고 지급하는 은행보증방식, ③ 대금의 일부를 수입국은행에 일정기간 예치하도록 하는 예금예치방식, ④ 수입상이 물품인수 후 몇 개월 뒤에 대금을 지급하되 이자계산 없는 연지급방식 등이 있다.

제2절 환어음과 선적서류

신용장결제를 기준으로 보면 환어음과 선적서류(shipping documents)는 신용장조건과 일치하여야 하고, 서류 상호간에도 모순이 없어야 한다. 이하 환어음과 각 서류형태별로 대금결제의 인수요건에 대하여 알아보고자 한다.

1. 환어음의 발행

(1) 환어음의 의의

"환어음"(bill of exchange)이라 함은 국제상거래에서 채권자가 채무자에게 그 어음상의 표시금액을 지시인 또는 소지인에게 일람출급 또는 기한부로 지급할 것을 무조건 지시하는 요식의 유가증권을 말한다. 환어음은 약속어음과는 달리 채권자가 채무자 앞으로 발행하는 지급지시서이다.

환어음의 종류는 선적서류의 첨부 여부에 따라 화환어음(documentary bill)

과 무담보 환어음(clean bill), 지급만기일에 따라 일람출급 환어음(sight bill)과 기한부 환어음(usance bill) 등으로 나누어진다.

환어음의 당사자는 이를 발행한 발행인(drawer), 지급을 지시받은 지급인(drawee), 금액을 지급받는 수취인(payee), 기타 어음을 점유한 소지인(holder), 완전한 정규의 어음을 소지한 정당소지인(holder in due course) 등이 있다.

(2) 환어음의 기재사항

환어음은 요식의 유가증권이므로 이를 발행할 때에는 법률상 요구되는 필수기재사항과 당사자간의 임의기재사항을 포함하고 있어야 한다(어음법 제1조).

① 환어음의 필수기재사항은 일반적으로 〈예시 4-3〉과 같이 i) 환어음 작성에 사용한 국어의 '환어음' 문언, ii) 일정금액을 지급하라는 무조건의 지시, iii) 지급인, iv) 지급일과 지급지, v) 수취인이나 그 지시인, vi) 발행일과 발행지, vii) 발행인의 서명 등이 어음상에 나타나 있어야 한다.[10)]

② 환어음의 효력에는 영향이 없으나 임의기재사항으로서 i) 복본의 각 번호문언, ii) 신용장(L/C) 번호 · 개설은행 및 일자, iii) 대가수령의 문언(value received), iv) 거절증서(protest) 작성면제의 문언 등을 기재할 수 있다.

다만 환어음을 발행할 때에는 다음과 같은 사항에 유의하여야 한다. 즉, 어음금액은 문자와 숫자 및 통화표시를 정정 없이 정확히 표기하여 신용장금액의 한도를 초과하지 아니하도록 하고, 지급인의 명의는 반드시 개설은행 앞으로 하며, 어음발행인의 서명은 은행에 보관된 서명감과 일치하도록 한다.

예시 4-3 환어음(Bill of Exchange)

BILL OF EXCHANGE

EXCHANGE FOR DATE ________ Seoul, Korea

AT ________ SIGHT AGAINST THIS **FIRST** OF EXCHANGE (**SECOND** UNPAID) PAY TO THE ORDER OF ________________

THE SUM OF ________________

VALUE RECEIVED AND CHARGE THE SAME TO ACCOUNT OF ________________

DRAWN UNDER LETTER OF CREDIT NO.________ DATED________

ISSUED BY ________________

TO : ________________

KOREA EXCHANGE BANK
AUTHORIZED SIGNATURE

10) 국제환어음인 경우 이들 기재사항에 추가하여 '국제환어음'이란 문언, 발행 · 지급 · 수취장소 중의 둘 이상이 서로 다른 국가에 위치한다는 표시가 나타나 있어야 한다.

(3) 환어음의 매입의뢰

수출상은 환어음을 발행한 후 선적서류를 첨부하여 외국환은행에 매입의뢰를 하고, 외국환은행은 선적서류가 일치한지의 여부를 심사하고 신용장의 뒷면에 매입일자와 금액 및 매입은행명을 기재하고 어음대금을 지급한다.

환어음의 매입[11](negotiation)은 매입수수료나 무역금융액 등을 공제하고 환율에 따라 지급한다. 환율의 산정은 일람출급인 경우와 기한부 환어음인 경우가 다르다. 예컨대 at sight와 90 d/s 환어음을 비교해 보면 다음과 같다.

1. 일람출급 환어음 매입률 = 전신환 매입률−12/360×연환가료율×장부가격
2. 기한부 환어음 매입률 = 일람출급매입률−90/360×연환가료율×장부가격

환어음 매입률은 표준 추심일수인 7~12일간의 이자를 차감한 일람출급 환어음 매입률을 적용하는데, 이때 표준 추심일수만큼의 이자를 "환가료"(periodic interest)라고 한다. 우리나라의 경우 환가료율은 각 외국환은행장이 자금조달의 편의나 국제금리 등을 감안하여 자율적으로 결정하도록 하고 있다.

2. 상업송장의 작성

(1) 상업송장의 의의

상업송장은 수출상이 무역계약을 정당하게 이행하였다는 것을 수입상에게 입증하는 서류로서, 수출상에게는 대금청구서이고 수입상에게는 물품구매서의 기능을 하며, 통관시에는 관세평가자료가 되는 주요서류 중의 하나이다.

신용장에는 상업송장에 관한 요구조건이 보통 'Signed commercial invoice in triplicate' 등의 간단한 문언으로 기재하지만, 국제관습상 상업송장은 신용장금액의 범위내에서 수익자가 직접 개설의뢰인 앞으로 작성 발행하고, 물품명세는 신용장명세와 일치하도록 요구하고 있음을 유의하여야 한다.[12]

(2) 발행인과 수신인

상업송장은 신용장 수익자(beneficiary)가 개설의뢰인(applicant) 앞으로 작성 발행한 것만이 유효하다. 왜냐하면 은행은 물품이 아닌 서류만으로 거래하기 때문에, 상업송장의 당사자는 신용장상의 당사자와 일치하여야 한다.

다만 양도가능 신용장의 경우 개설의뢰인란에 제1수익자의 명의를 기재할 수

11) "Negotiation"이란 말은 유가의 어음소지행위로서 어음발행인이 은행이자를 부담하는 'discount'와 지급인이 은행이자를 부담하는 'purchase'의 의미까지 포괄하는 개념이다.
12) UCP 600 제18조 a항~c항.

예시 4-4 상업송장(Commercial Invoice)

Seller *KILDONG TRADING CO., LTD* *159 Samsung-Dong, Gangnam-Gu* *Seoul, Korea*	**INVOICE** ORIGINAL Invoice No. and date *8905 BK-1007 SEP 10, 2002*
Consignee *ITOMAN CO., LTD* *801 Wing On Building* *13 Des Voeux Road C, HONG KONG*	Buyer(if other than consignee) *ITOMAN CO., LTD* *801 Wing On Building* *13 Des Voeux Road C, HONG KONG*
Vessel: *KOREAN PEARL* / Sailing on or about: *SEP 20, 2002*	Reference : Contract No. and date *BK-1007 OCT 20, 2002* Order No.
From: *BUSAN KOREA* / To: *HONG KONG*	Terms of delivery and payment *CIF HONG KONG* *L/C AT SIGHT US$ 11,040.-*

L/C No.	Date	Issuing bank
HK11207888	*SEP 1, 2002*	*HONGKONG & SANGHAI BANK, HK BR*

Marks & Nos	Goods description No. & kind of pkgs	Quantity	Unit price	Amount
			CIF HONG KONG	
H.H.T. *BUSAN* *NO.1/200* *MADE IN CHINA*	*1) GLASS BEADS #60(35-60 MESH)* *PARTICLE SIZE : 250-350 MICRON* *200* *PAIL CAN(S)*	*5,000.-* *KG(S)*	*US$180.-* *PER KG(S)*	*US$900,000.-*

** TOTAL **

200 PAIL CAN(S) *5,000.-* *KG(S)* *US$ 900,000.-*

** PACKED IN 25 KGS NET PAIL CAN EACH*

** COUNTRY OF ORIGIN : CHINA*

** THE COUNTRY OF ORIGIN (MADE IN CHINA) HAS BEEN MARKED ON THE SURFACE OF EACH PACKAGE.*

Signed by :

____

(P.P. MANAGER, EXPORT)

있고 제2수익자의 명의로 상업송장을 작성할 수 있기 때문에, 송장의 발행인이나 상대방은 각각 수익자나 개설의뢰인과 일치하지 아니하여도 된다.

또 상업송장에는 그 근거가 되는 신용장번호(credit number)를 기재하여야 한다. 그러나 신용장에서 서명된 송장(signed invoice)을 특별히 요구하고 있지 아니하는 한, 상업송장은 수익자의 서명을 필요로 하지 아니한다.

(3) 물품명세(description)

상업송장은 신용장조건에 일치한 물품을 인도하였다는 증빙서류이기 때문에, 송장상의 물품명세는 반드시 신용장명세와 문면상 일치하여야 한다. 실제의 인도물품이 매매계약에 일치하더라도 상업송장상의 물품명세가 신용장명세와 불일치하거나 불명확한 경우, 은행은 이를 인수거절하여야 한다.

신용장과 상업송장상의 물품명세가 같아야 한다는 것은 기계적인 일치성을 의미하지 아니한다. 상업송장의 물품명세가 국제표준은행관습에 비추어 신용장조건에 모순되지 않게 일치한다고 판단되면 이는 일치한 것이다.

또 송장의 기재내용은 선화증권이나 보험증권 등의 기타 서류와도 상호 모순되지 아니하게 일치하여야 한다. 다만 송장 이외의 모든 요구서류에는 신용장명세와 모순되지 아니한 일반용어로 물품명세를 표기할 수 있다.[13)]

신용장에서 요구한 서류 상호간의 물품명세가 모순되게 제시되었다면, 은행은 이를 신용장조건에 불일치한 서류로 보고 인수거절하여야 한다.

(4) 송장금액(amount)

상업송장의 단가·수량·금액(unit price/quantity/amount)은 물품명세와 아울러 중요한 판매내역이기 때문에 신용장조건과 엄격일치하여야 한다.

특히 상업송장은 원칙적으로 신용장금액을 초과하여 작성하여서는 아니된다. 다만 매도인이 FOB 등의 계약을 체결하고 매수인의 지시에 따라 운임을 추가로 지급한 경우, 매도인은 물품대금과 운임을 한꺼번에 청구하기 위하여 신용장금액을 초과한 송장을 작성할 수 있다. 은행이 이러한 금액초과된 상업송장을 인수한다면, 은행의 결정은 이후 모든 당사자를 구속하게 된다.

---

13) UCP 600 제14조 d항과 e항 및 제18조 c항.

3. 운송서류의 인수요건

운송서류는 운송방식에 따라 복합운송서류, 선화증권, 해상화물운송장, 용선계약부 선화증권, 항공운송서류, 도로/철도/내수로 운송서류, 특사/우편수령증 등이 있으며(UCP 600 제19조~제25조), 이 중에 신용장규칙에 의거한 선화증권·복합운송서류·항공운송서류 등의 인수요건에 대하여만 알아 보고자 한다.

(1) 선화증권(marine bill of lading)

선화증권은 운송인이 그 증권상에 명시한 대로 화물을 수령하고 수화인의 요구에 따라 이를 인도하겠다는 해상운송계약의 증빙서류를 말한다.

신용장에서 선화증권(marine bill of lading)을 요구한 경우, 선화증권은 그 명칭에 관계없이 다음 각 호의 모든 요건을 구비하여야 인수될 수 있다.

1. 운송인의 명의와 운송인, 선장 또는 그 대리인이 서명이 있는 서류
2. 물품이 신용장대로 본선적재 또는 선적되었음을 명시한 서류
3. 신용장에서 지정한 선적항과 양륙항을 명시한 서류
4. 단일 또는 수통의 원본으로 발행된 전통으로 구성된 서류
5. 운송조건에 관한 배면약관이 있거나 이것이 없는 약식의 서류
6. 용선계약에 의한 운송의 어떠한 명시도 없는 서류
7. 기타 국제표준은행관습상의 모든 요건을 충족한 서류

예컨대 신용장에서 선화증권에 관한 조건을 "Full set of clean on board ocean bill of lading made out to our order showing freight prepaid notify applicant."라고 기재한 경우, 은행은 다음의 요건들을 심사하여야 한다.

① 전통의 선화증권(full set B/L)을 제시하여야 한다. 왜냐하면 원본 중 어느 한 통이 유출되어 목적지에서 물품을 수령할 가능성이 있기 때문이다.

② 무고장 선화증권(clean B/L)을 제시하여야 한다. 무고장 운송서류는 물품이나 포장상태의 하자에 관한 특기가 전혀 없는 운송서류를 말한다.

③ 선적선화증권(on board B/L)을 제시하여야 한다. 신용장에서 선화증권을 요구한 경우 화물의 본선적재를 입증한 선화증권만 인수된다.

④ 해양선화증권(ocean B/L)이어야 한다. 이는 적어도 한 국가의 영해나 연안를 벗어나는 해상운송을 커버하고 있는 선화증권을 말한다.

⑤ 지시식 선화증권(order B/L)을 제시하여야 한다. 지시식 선화증권은 이에 기재된 지시인의 지시에 따라 유통이 가능한 양식을 말한다.

예시 4-5 선화증권(Bill of Lading)

Shipper *Haesung Industrial Co., Ltd.* *C.P.O. Box 7917 Seoul, Korea*		B/L No. : *GCS1004* ◈ *K.S. LINE* KOREA SHIPPING CORPORATION **COMBINED TRANSPORT BILL OF LADING**	
Consignee *To the order of* *Chase Lincoln First Bank N.A.*		Received in apparent good order and condition, unless otherwise stated herein, the total numbers or quantity of containers or packages or units enumerated below for transportation from the port of loading to the final destination subject to the terms thereof (see terms of carriage and other terms on reverse).	
Notify party *Wilson & Co. Inc. 50 Liberty Street,* *New York N.Y. 10005, U.S.A.*			
Pre-carriage by	Place of receipt		
Ocean vessel *KAJA-HO*	Voyage No. *V-27*	Flag	Place of delivery
Port of loading *Busan, Korea*	Port of discharge *New York*	Final destination	

Seal No. Marks & No.	No. of containers or pkgs	Description of goods	Gross weight	Measurement
DES *NEW YORK* *LOT NO* *C/NO.1-62* *MADE IN KOREA*	*62 Cartons*	*3,539 KGS OF 100% POLYESTER* *SATIN CREPE WOVEN FABRIC* *PLAIN DYED* *SIZE 44/45 INCH x ABT 25 MTR* *L/C NO. IMP20748* * *FREIGHT COLLECT* *	*3,679 KGS*	*24.5 CBM*

Total No. of containers or Packages (in words)

Freight & Charges	Revenue tons	Rate	Per	Prepaid	Collect
	AS ARRANGED				

Freight prepaid at *Seoul*	Freight payable at	Place of issue *Seoul, Korea*
Total prepaid	No. of original B/L *(3)*	Date of issue *March 3, 20XX*

Laden on board the vessel Date *January 9, 20XX* By	In witness whereof the agent or carrier has signed Bill of Lading all of this tenor and date one of which being accomplished the others to stand void. KOREA SHIPPING CORPORATION *(signature)*

⑥ 운임선지급 선화증권(freight prepaid B/L)을 제시하여야 한다. 운임선지급은 freight prepayable 이나 freight to be prepaid 등으로는 입증될 수 없다.

⑦ 착화통지처(notify party)가 일치하여야 한다. 수화인란이 은행의 지시식인 경우 화물도착통지서(arrival notice)를 보내는 상대방을 기재하여야 한다.

(2) 복합운송서류(multimodal transport document)

복합운송서류는 둘 이상의 서로 다른 운송방식에 의하고 최초운송인이 전구간에 대하여 단일운송책임을 지도록 발행된 운송서류를 말한다.

신용장에서 적어도 둘 이상의 운송방식을 커버하는 운송서류(multimodal or combined transport document)를 요구한 경우, 이러한 복합운송서류는 그 명칭에 관계없이 다음 각 호의 모든 요건을 구비하여야 인수될 수 있다.

1. 운송인의 명의와 함께 운송인이나 선장 또는 그 대리인이 서명한 서류
2. 물품이 신용장대로 발송·수탁 또는 본선적재되었음을 명시한 서류
3. 신용장에서 지정한 발송·수탁·선적지와 최종목적지를 명시한 서류
4. 단일 또는 수통의 원본으로 발행된 전통으로 구성된 서류
5. 운송조건에 관한 배면약관이 있거나 그 약관이 없는 약식의 서류
6. 용선계약에 의한 운송의 어떠한 명시도 없는 서류
7. 기타 국제표준은행관습상의 모든 요건을 충족한 서류

(3) 항공운송서류(air transport document)

신용장에서 항공화물운송장(AWB) 등 항공운송서류를 요구한 경우, 항공운송서류는 그 명칭에 관계없이 다음 각 호의 모든 요건을 구비하여야 한다.

1. 운송인의 명의와 함께 운송인이나 그 대리인의 서명이 있는 서류
2. 물품이 운송을 위하여 인수되었음을 명시한 서류
3. 서류의 발행일자를 별도로 명시한 서류
4. 신용장에서 지정한 출발공항과 목적공항을 명시한 서류
5. 송화인이나 화주 앞으로 발행된 원본으로 구성된 서류[14)]
6. 운송조건에 관한 배면약관이 있거나 그 약관이 없는 약식의 서류
7. 기타 국제표준은행관습상의 모든 요건을 충족한 서류

---

14) 신용장에서 전통의 원본서류를 요구하더라도, 항공운송서류는 '송화인이나 화주용 원본'(original for consignor/shipper)만으로도 인수가능함을 나타낸 것이다.

4. 기타서류의 인수요건

상업송장과 운송서류 이외의 신용장 요구서류로 보험서류(CIF/CIP 경우), 포장명세서 · 검사증명서 · 원산지증명서 · 영사송장 · 인도지시서 등이 있다.

(1) 보험서류(insurance documents)

CIF/CIP 계약에서는 매도인이 보험서류를 제공하여야 하는데, 신용장에서 보험서류를 요구한 경우, 보험서류는 다음과 같은 요건을 갖추어야 한다.

① 보험서류는 반드시 보험회사 · 보험업자나 그 대리인이 서명하고 발행한 보험증권(I/P)이나 보험증명서의 양식이어야 하며(UCP 600 제28조 a항), 기타 보험자의 자격이 없는 보험중개인이 발급한 보험인수증은 하자가 된다.

② 보험서류는 2통 이상의 원본으로 발행된 경우에는, 전통의 원본을 제시하여야 한다. 또 배서에 의한 양도가능한 양식으로 발행한 것이어야 한다.

③ 부보금액은 CIF/CIP 가액의 110% 이상이어야 한다. CIF/CIP 가액이 없는 경우 환어음 금액이나 송장금액 중에 보다 큰 금액을 기준으로 한다.

④ 보험서류의 발행일자는 선적일자보다 늦어서는 아니된다. 다만 보험담보가 늦어도 선적일자로부터 유효하도록 발행된 것은 인정된다. 또 보험서류는 신용장상의 선적지와 최종목적지 사이의 위험이 담보되어 있어야 한다.

⑤ 담보위험을 불명확한 용어로 표기하였거나 또는 전위험(A/R) 조건에서 부담보위험이 있더라도, 은행은 이에 아무런 책임 없이 인수할 수 있다.[15)]

⑥ 기타 보험서류의 통화표시는 신용장과 일치하고, 보험목적물에 대한 명세도 신용장과 기타 서류와 모순됨이 없이 일치하여야 하며, 기타 국제표준은행관습상의 모든 요건을 충족하여야 한다. 다만 보험서류는 어떠한 면책약관을 내포하고 있거나 소손면책률약관을 명시하고 있더라도 인수될 수 있다.

(2) 포장명세서(packing list)

신용장에서 운송 · 보험서류 · 상업송장 이외의 서류가 요구되고 그 발행인이나 자료내용에 대한 명시가 없는 경우, 그것이 해당 서류의 기능을 완수하고 신용장조건에 모순되지 아니하면 제시된 대로 인수된다(UCP 600 제14조 f항).

특히 포장명세서는 송장을 보충하여 작성하는 서류로서, 신용장에서 요구한 경우에만 제출한다. 관례적으로 수입상이나 수입세관은 화물을 확인할 때 각

---

15) UCP 600 제28조 g항과 h항.

포장단위의 내용물과 중량을 정확히 보기 위하여 포장명세서를 요구한다.

포장명세서는 각종 화물이 혼재되어 상품의 외포장과 내포장을 구별하고자 할 경우에 작성하며, 포장명세서에는 주로 수입상의 주문번호, 화인(shipping mark), 화물의 순중량(net weight), 용적(measurement) 등을 기입한다.

(3) 검사증명서(inspection certificate)

검사증명서는 대체로 매매계약상의 품질조건에 대하여 권위 있는 국내외의 지정검사기관의 검사에 합격한 상품만을 선적하도록 약정한 경우에 요구된다.

검사증명서로는 품질·용적·수량·분석증명서(certificate of quality, measurement, quantity or analysis) 등을 사용한다. 다만 이들 서류의 발행인을 기술할 때 first class, well known, qualified 등의 용어는 피하여야 하고, 발행인의 서명은 필수로 하며, 다른 서류에 통합하거나 별도로 제시하여도 된다.[16]

(4) 원산지증명서(certificate of origin)

원산지증명서는 물품이 생산 또는 제조된 국가를 증명하는 공문서로서, ① 물품의 원산지를 증명하고 신용장에서 요구된 발행인의 서명과 일자가 있어야 하고, ② 송장물품에 관련이 있는 내용을 나타나야 하고, ③ 수화인 정보는 운송서류의 수화인 정보와 모순되지 아니하여야 하지만, ④ 송화인이나 수출자의 표시는 신용장이나 운송서류상의 화주(수익자)와 다르게 나타나도 된다.[17]

현재 우리나라에서 사용하는 양식은 대한상공회의소가 발급하는 원산지증명서(Form No. KCCI-1)와 UNCTAD 일반특혜관세제도(GSP)의 수혜를 목적으로 발급하는 일반특혜관세용 원산지증명서(GSP C/O Form A) 등이 있다.

(5) 영사송장(consular invoice)

영사송장은 수출국에 주재한 수입국의 영사가 본국행 상품에 대하여 상업송장의 기재내용이 사실과 같음을 선서하도록 하여 발행하는 공문서이다.

영사송장은 수입품의 세액산정, 관세포탈의 방지, 수입통계의 작성 등을 목적으로 수입국 당국이 수입통관시에 요구하는 서류이다. 영사송장의 양식은 반드시 해당 수입국가의 지정양식에 의거 작성하여야 한다.

---

16) ISBP 681 제8항과 제37항.

17) ISBP 681 제14항, 제22항, 제37항, 제181항 내지 제185항.

제 3 절 전자무역 결제시스템

1. 전자결제의 특성

전자결제는 물품이나 서비스의 대가 지급에 전자수단을 이용하는 경우를 말하며, 전자결제의 수단, 운영 네트워크 및 이와 관련된 모든 제도적 장치를 전자결제 시스템(electronic payment system)이라고 한다.

전자결제는 가액이전을 신속하고 효율적으로 행하여 추가적인 비용과 위험을 최소화함으로써 상거래를 증진시켜 준다. 전자결제 시스템의 특성은 유동성 · 최종성 · 신용위험 · 시스템 위험 등을 충분히 커버하고 있다.[18]

① 유동성(liquidity)은 어떠한 자산이 쉽게 현금으로 매매될 수 있는가를 의미한다. 전자결제 시스템은 현금을 대신하는 사적 결제 시스템으로서, 다른 모든 형태의 자산을 현금화할 수 있기 때문에 유동성이 있다.

② 최종성(finality)을 갖춘 결제시스템이다. 최종성은 대금지급이 더 이상 철회될 수 없을 때를 말한다. 최종성은 결제시스템의 필수요소이다. 지급인은 최종성의 완화를 선호하지만, 상인은 최종성이 강화된 시스템을 선호한다.

③ 신용위험(transaction risk)을 커버할 수 있다. 대금지급이 법정통화 형식이 아닐 경우 결제를 승인한 당사자에게는 항상 신용위험이 따른다.

④ 시스템 위험(systemic risk)이 적다. 결제시스템의 안정성과 건전성은 입안자들의 중요한 관심사이다. 새로운 결제시스템일수록 주의 깊게 관리하지 아니한다면, 기존 결제수단의 안정성과 건전성에 잠재적인 위협이 된다.

2. 전자결제 시스템의 요건

(1) 제도적 장치

정보기술은 인터넷으로 물품이나 서비스에 대한 결제를 가능하게 하였고, 전자화폐, 스마트카드나 여타 상거래적인 기술환경은 급변하고 있다.

이에 시의적절하면서도 적합한 제도를 개발하는 일은 쉽지 아니하고, 이러한 이유로 융통성이 없고 규제 중심의 각종 법규는 적절하지 못하다.

---

18) 한국은행, 지급결제제도 개관, 2000 ; 강원진, 전자결제시스템, 삼영사, 2000, p. 31.

장기적인 관점에서 볼 때 전자결제 시스템의 확산을 위한 업계의 노력만으로는 문제를 해결할 수 없으며, 소비자 보호나 법 규제에 대응하기 위하여는 시스템 완전성을 확신시키기 위한 정부의 노력이 절대적으로 필요하다.

특히 국제전자결제는 전자문서의 활용과 전자식 선화증권의 권리이전 문제를 완전히 해결하여야 하며, 이와 관련된 제도와 관행이 정착되어야 한다.

(2) 정보보안기술

전자결제 시스템은 사이버공간에서 이루어지므로, 그 진정성 · 무결성 · 기밀성 등에 관한 정보보안(security)의 기술요건이 선결되어야 한다.

① 진정성(authenticity)은 의사표시가 누구에 의하여 이루어진 것인가를 인증할 수 있는 방법을 말한다. 전자결제 시스템은 송신자와 수신자가 합법적인 사용자임을 객관적으로 증명할 수 있는 것이다.

전자거래는 새로운 당사자간의 거래가 많고, 전자기록상 제 3 자가 타인의 명의를 도용하는 경우에 대비하고 또 행위능력이 있는 자에 의한 의사표시인지를 확인하기 위하여도 인증방법은 중요한 의미가 있다.

② 무결성(integrity)이 확보되어야 한다. 무결성은 의사표시의 내용적 완전성으로서, 송수신 중에 변조되지 않았다는 것을 증명하는 방법이다. 이는 거래내용의 변조나 승인되지 않은 거래의 생성을 방지하기 위한 것이다.

전자거래는 누구나 손쉽게 타인의 전자기록에 접근하여 이를 수정할 가능성이 있고 그 수정 여부를 객관적으로 확인할 방법이 없으므로, 전자적 의사표시에서 무결성의 보장이 매우 중요한 과제 중의 하나로 떠오르게 되었다.

③ 기밀성(confidentiality)의 확보가 요구된다. 기밀성은 전자적 의사표시의 내용비밀, 즉 거래내용이 제 3 자에게 노출되지 못하도록 하는 기능으로서, 전자기록의 노출방지와 그 제어기술에 관한 문제이다.

전자환경에서의 이들 전자결제 시스템의 선결요건은 정보보안과 전자인증 및 국제표준 등에 관한 기술적 · 제도적 개선에 의하여 해결해 나가야 한다.

3. 전자결제 시스템의 유형

(1) 결제수단에 따른 분류

전자결제 시스템은 결제수단에 따라 다음과 같이 다양하게 나타나고 있다.

① 신용카드(credit card) 결제시스템이 있다. 이는 인터넷을 통하여 신용카드 정보를 판매자에게 전달하여 결제가 이루어지는 시스템으로서, 대표적으로

는 CyberCash와 First Virtual 등이 있다.

② 전자화폐(electronic money) 결제시스템이 있다. 이는 화폐가치를 집적회로(IC) 카드에 저장하여 사용하는 IC 카드형과 화폐가치를 인터넷 등 네트워크를 통하여 사용하는 네트워크형이 있다. 대표적으로 IC 카드형으로 VisaCash, Mondex 등이 있고, 네트워크형으로 eCash, E-Coin, CyberCoin 등이 있다

③ 전자수표(electronic check) 결제시스템이 있다. 이는 수표정보를 네트워크를 통하여 결제하는 시스템으로서 기존의 종이수표를 인터넷상에서 구현하는 것과 유사하다. 대표적으로 eCheck, NetBill, NetCheque 등이 있다.

④ 전자자금이체(electronic fund transfer) 시스템이 있다. 이는 ATM, 홈뱅킹, 인터넷 뱅킹 등 이용가능한 채널이 다양하다. 특히 인터넷 뱅킹은 세계 최초의 인터넷 은행인 SFNB(Security First Network Bank)가 대표적이다.

⑤ 무역카드(TradeCard) 결제시스템이 있다. 이는 무역대금결제를 인터넷상에서 서류의 일치성을 자동으로 체크하고 대금지급을 승인할 수 있도록 세계무역센터협회(WTCA)가 개발한 무역결제카드 시스템을 말한다.

⑥ 스위프트(SWIFT)에 의한 전자식 신용장이 있다. 이는 SWIFT (Society for Worldwide Interbank Financial Telecommunication : 세계은행간 금융통신망) 시스템을 통하여 전송된 SWIFT 신용장으로 결제하는 시스템으로서, 현재 신용장거래의 대부분은 이러한 SWIFT 시스템으로 이루어지고 있다.

(2) 시스템 기능에 따른 분류

기존의 개발된 전자결제 시스템을 결제시기 · 결제방법 · 네트워크유형 · 익명성 여부 등의 기능과 결제모형에 따라 다시 분류해 보면 〈표 4-1〉과 같다.

표 4-1 전자결제 시스템의 기능

기 능	결제모형	결제시스템의 종류
결제시기	선지급	전자화폐
	동시급	직불카드, 전자자금이체
	후지급	신용카드, 전자수표, 무역카드
결제방법	직접통신결제	모든 인터넷 결제시스템
	간접통신결제	전자자금이체, 무역카드
네트워크 유형	온라인 결제	신용카드, 전자수표, 무역카드
	오프라인결제	전자화폐(몬덱스)
익명성 여부	추적가능	신용카드, 전자수표, 몬덱스, 무역카드
	추적불가능	전자화폐(이캐쉬)

제 4 절 국제조세의 과세기준

국제간의 물품매매 · 임대차 · 서비스 · 자본 등의 거래시에는 상대국의 조세제도와 조세협약의 내용을 면밀히 검토하여 이중과세위협에 대비하고, 관련조세제도를 적극 활용하여 절세전략과 조세부담을 최소화하는 대책이 필요하다.

1. 국제조세의 과세원칙

(1) 국제조세의 조화

국제조세는 국제무역거래와 관련하여 하나의 납세자에게 두 나라 이상이 과세권을 행사하게 됨에 따라 발생하는 국제적인 이중과세문제를 말한다. 납세자에게는 하나의 부가소득에 대해 각국이 이중과세하는 것은 부당하다.

국제무역거래에 따른 소득의 원천지국은 자국내에서 이루어진 비거주자의 사업에 대하여 가급적 높은 세금을 부과하려고 할 것이고, 사업자의 거주지국은 상대국에게 납부하는 조세를 가급적 낮추려고 노력할 것이다.

따라서 세계화의 추세 속에 국제적으로 상이한 세제를 조화시켜 비거주지역에 대한 거래활동을 촉진시키는 대책이 필요하다. 즉, EU 통합과정에서 보듯이 경제적 국경을 낮추는 데에는 세제의 국제적 조화가 결정적이다.[19)]

다만 조세경쟁, 즉 외자유치를 위하여 조세부담을 과도하게 낮추는 경쟁은 각국의 과세기반을 위협할 수 있다. 따라서 OECD는 1998년 5월에 '유해로운 조세경쟁'(harmful tax competition)에 관한 지침과 권고안을 채택한 바 있다.

(2) 국제조세의 과세원칙

각국은 주권적 차원에서 독자적인 조세제도에 따라 과세권을 행사하는데, 일반적으로 국제과세에 대한 관할기준은 다음과 같은 3가지의 원칙이 있다.

① 거주지국 과세원칙(residence principle)이 있다. 이는 납세자가 거주하는 국가가 속인주의에 근거하여 거주자의 모든 소득 · 자본에 대한 과세권을 행사하는 과세기준을 말한다. 국제거래는 대부분 납세자의 거주지국과 소득이나 자

19) 이용섭, 국제조세, 세경사, 1999, p. 25.

본이익이 발생하는 원천지국이 다르기 때문에, 거주지국과 원천지국이 모두 과세권을 행사할 경우 국제적인 이중과세문제가 발생할 수 있다.

② 국적지국 과세원칙(nationality principle)이 있다. 이는 납세자의 국적에 따라 속인주의에 근거하여 자국 국적이 있는 시민에게 귀속되는 모든 소득·자본에 대하여 그 발생장소를 불문하고 과세권을 행사하는 기준을 말한다.

따라서 국적을 취득한 시민(citizen)은 비거주자일지라도 무제한 납세의무자가 되며, 이를 채택한 국가는 많지 않으나 미국·멕시코·필리핀 등이다.

③ 속지주의로서 원천지국 과세원칙(source principle)이 있다. 이는 자국의 영토 안에서 발생하는 원천소득이나 자본이익에 대하여 납세자의 거주지나 국적을 불문하고 과세권을 행사하는 영토개념에 의한 과세기준을 말한다.

2. 이중과세와 탈세방지협약

(1) 이중과세의 발생원인

국제적으로 이중과세문제가 발생하는 원인은 주로 다음과 같은 경우이다.

① 거주지국 과세간의 경합이 있는 경우에 발생한다. 이는 각국이 거주자의 범위를 다르게 규정하여 납세자가 두 국가의 거주자에 해당하는 경우로서, 양국이 조세협약 등으로 거주자의 범위를 동일하게 하여야 해결될 수 있다.

② 거주지국 과세와 원천지국 과세간의 경합이 있는 경우에 발생한다. 이는 거주지국이 거주자의 소득과 자본에 대하여 과세하고, 원천지국도 비거주자의 소득과 자본에 대하여 과세하여 발생하는 이중과세의 가장 대표적인 형태이다.

③ 원천지국 과세간의 경합이 있는 경우도 이중과세가 발생할 수 있다. 예컨대 A국과 B국이 원천소득의 범위를 다르게 규정하면 제3국의 거주자가 A국에 투자한 소득을 B국 사업장에 귀속시킬 때 이중과세에 직면할 수 있다.

국제간의 이중과세문제는 각국이 자국의 국내법에 의하여 과세권을 일방적으로 포기하거나 제한하는 방법, 즉 외국소득면제나 외국세액공제를 실시하거나 각국이 쌍무적 조세협약을 체결하여 이중과세를 방지하는 방법이 있다.

(2) 국제조세협약의 체계

국제조세협약은 국가간의 소득과 자본에 대한 이중과세를 피하고 탈세를 방지하기 위하여 체결하는 서면상의 합의를 말한다. 조세협약의 명칭은 대부분 '소득과 자본에 대한 조세의 이중과세회피 및 탈세방지를 위한 협약'(Convention for the Avoidance of Double Taxation and the Prevention of Fiscal Evasion with respect to Taxes on Income and Capital) 등으로 표기한다.

조세협약은 다자간협약보다는 양국간의 쌍무적 협약(bilateral convention)으로 체결되고, 소득과 자본에 대한 조세를 대상으로 하는 것이 특징이다.

조세협약은 국적에 관계없이 당사국의 거주자만을 대상으로 하고, 당사국의 중앙과 지방의 정부기관이 부과하는 소득과 자본에 대한 조세에 적용한다.

소득세는 사업소득 · 운수소득, 이자 · 배당 · 사용료소득, 부동산 · 양도소득, 인적 고용 · 연예인 · 전문가소득, 기타소득 등에 관하여 규정하고, 자본세는 부유세(wealth tax)나 순재산세(net worth tax) 등에 관하여 규정하며, 또 이중과세방지규정으로서 외국소득면제나 외국세액공제방법을 규정하고 있다.[20]

우리나라의 경우도 조세협약은 상대국과 쌍무협상을 통해 협약초안에 가서명하고 외교통상부장관의 서명과 국회의 비준동의를 거쳐 발효된다. 2010년 12월 31일 현재 미국, 일본, 중국, EU 등 77개국과 조세협약을 체결하고 있다.

(3) 국제조세회피의 규제

국제조세의 회피문제는 세계시장을 무대로 한 다국적기업이 발달하면서 심각하게 대두되고 있다. 다국적기업이 국제조세를 회피하는 전형적인 방법은 이전가격조작(transfer pricing), 과소자본(thin-capitalization)이나 조세피난처(tax haven)의 이용, 조세협약의 편승(treaty shopping) 등을 들 수 있다.

① 이전가격조작은 국제적으로 특수관계에 있는 기업간에 조세회피를 목적으로 원재료나 제품의 내부적 거래가격이나 비용을 조작하는 것으로서, 국제조세조정법에 의하여 이를 규제하고 있다(제2장).

② 조세피난처는 기업소득에 대한 면세국 · 저세율국 · 외국소득면제국을 이용하는 것으로서, 다국적기업이 조세회피를 위한 세무계획을 세울 때 자주 고려하는 사항들이다. 이는 국제조세조정법으로 규제하고 있다(제17조).

③ 과소자본을 이용한 조세회피는 투자국의 유입자본을 최소화하는 대신에 차입금을 늘려 이자손금산입액을 높임으로써 과세소득을 줄여 조세부담을 회피하는 방법이다. 이는 국제조세조정법으로 규제하고 있다(제3장).

④ 조세협약 편승은 기업이 진출할 국가가 체결하고 있는 조세협약의 상대국 중에 비거주자의 조세부담이 가장 가벼운 국가에 위장회사를 설립하여 조세협약의 당사국이 아니면서 조세협약의 혜택을 누리는 방법이다.[21]

---

20) 우리나라의 경우 법인세법이나 소득세법에서 외국세액공제방법을 채택하고 있다.

조세협약 편승이 위법은 아니지만 조세협약의 목적에 위배되기 때문에, 국제조세조정법에서는 거주자증명제도에 관한 근거규정을 두어 협약상대국의 비거주자가 조세협약에 편승할 수 없도록 규제하고 있다(제29조 2항).

21) 경희대학교 국제법무대학원, 국제법무학개론, 동림사, 2000, pp. 592~599.

CHAPTER 2

국제무역계약의 불이행

제1절 계약위반의 비교법리

무역계약이 불이행된 상태로 소멸하는 경우는 당사자간의 합의종료, 이행불능, 계약위반, 법원의 판결 등의 본질적인 사정변경이 있어야 한다. 특히 계약위반에 의한 소멸에 관하여는 각국의 법리가 서로 달라 논쟁의 소지가 있다.

1. 계약위반의 접근론

(1) 영미법과 대륙법

계약위반(breach of contract)은 계약내용의 불이행, 즉 채무자가 계약상의 채무를 이행하지 아니하는 것으로서, 각 법계에 따라 다소 해석의 차이가 있다.

영미법에서는 계약위반에 관하여 대체로 이행거절(renunciation)·이행불능(frustration)·이행해태(failure of performance) 등으로 나누고 있다.[1)]

여기서 ① "이행거절"이라 함은 계약의 이행기일이 도래하기 전에 당사자 일방이 계약이행을 거절하는 것을 말하고, ② "이행불능"이라 함은 당사자 일방의 작위 또는 부작위에 의하여 계약이행을 더 이상 불가능케 한 경우를 말하며, 또 ③ "이행해태"라 함은 계약이행의 전면적 또는 실질적인 위반이 있는 경우로서 고의적인 위반에 한하지 아니한다.[2)]

대륙법계인 민법에서는 계약위반을 "채무불이행"이라고 하여, 이행지체·채무자의 귀책사유로 인한 이행불능·불완전이행 등으로 나누고 있다(제390조

1) A.G. Guest ed., *Anson's Law of Contract*, 26th ed., Oxford, 1984, pp. 470~475.

2) 서정두, 국제무역계약, 삼영사, 2001, pp. 737~738.

등). 나아가 계약해제의 한 사유를 구성할 정도로 매매의 목적물에 하자가 있음으로써, 계약목적을 달성할 수 없는 경우도 규정하고 있다(제575조 1항).

(2) 유엔 통일매매법[3]

유엔 통일매매법(CISG)은 계약위반을 이행지체, 담보책임이나 보증위반, 불완전이행, 이행기전 위반, 본질적·비본질적 위반 등으로 나누고 있다.

특히 CISG에서의 "본질적 계약위반"(fundamental breach of contract)이라 함은 계약목적을 실질적으로 박탈할 정도의 손해를 초래하는 경우를 말하며, 기타의 모든 경우는 비본질적 계약위반이 된다(제25조).

예컨대 매도인의 인도의무의 해태, 매수인의 신용장개설이나 대금지급의무의 해태 등은 계약목적을 실질적으로 박탈하는 본질적 계약위반이 된다.

본질적 계약위반이 있는 경우에는 계약해제가 가능하다. 다만 위반의 당사자가 그러한 결과를 예견하지 못하고 또 동일한 부류의 합리적인 자도 동일한 사정에서 그러한 결과를 예견할 수 없었던 경우에는 예외이다.

비본질적 계약위반이 있는 경우에는 계약해제가 불가능하고, 단지 손해배상청구, 대금감액청구 등과 같은 구제방법에만 의존할 수 있다.

2. 구제방법의 접근론

계약위반에 대한 구제방법(remedies)은 당사자의 일정한 권리가 침해당하는 경우 상대방에 대하여 그러한 침해를 방지 또는 시정하거나 보상받는 권리를 말하며, 구제방법도 각 법계에 따라 여러 가지 유형으로 접근하고 있다.

(1) 영미법과 대륙법

영미법에서는 계약이행거절(refusal of further performance)·손해배상청구(damages)·노무상당금액청구(*quantum meruit*)·특정이행(specific performance)·금지명령(injunction) 등을 인정하고 있다. 다만 노무상당금액·특정이행·금지명령은 형평법상의 구제방법이므로 법원의 판결이 있어야 가능하다.[4]

---

3) 유엔 통일매매법에 관한 소개는 이 책의 제2편 제1장 제1절에서 논한 바 있다.

4) 영미법에서 "노무상당금액"이라 함은 계약이 종료 전에 소멸된 경우 노무의 제공자가 이미 제공한 노무의 상당액을 말하며, 또 "금지명령"이라는 말은 달리 유지명령 또는 차지명령 등으로 인용하기도 한다(Clive M. Schmitthoff and D.A.G. Sarre ed., *Charlesworth's Mercantile Law,* 14th ed., Stevens & Sons, 1983, p. 166).

대륙법계인 민법에서는 계약위반에 대한 구제방법으로서 계약해제·손해배상청구·강제이행청구 등을 규정하고 있다(제390조 등).

(2) 유엔 통일매매법

CISG는 영미법과 대륙법의 법리를 적절히 타협하여 계약해제(avoidance)·손해배상청구(damages)·특정이행청구(requiring performance)·대금감액(reducing the price) 등을 규정하되, 이들 구제방법을 계약위반의 유형에 따라 분류하지 아니하고 매도인의 위반과 매수인의 위반으로만 나누고 있다.

요컨대 계약위반의 구제방법도 각국의 법률이나 국제협약에 따라 약간의 차이가 있겠으나, 대표적으로는 계약해제와 손해배상청구를 규정하고, 기타 특정이행·노무상당금액·금지명령·대금감액 등을 인정하는 경우도 있다.

(3) 계약해제권(avoidance)

계약해제는 당해 계약이 성립하기 이전의 상태로 복귀시키는 것으로서, 이는 장래에 대하여 그 효력을 잃게 하는 해지(Kündigung)와 구별된다. 영미법상 계약이행 거절권은 계약의 해지권을 의미한다고 볼 수 있다. 계약이행거절은 조건의 위반, 중간조건의 충분히 중대한 위반, 의무거절이나 이행기전 위반을 구성할 정도의 이행준비결여 등의 원인이 존재하여야 가능하다.

여기서 "조건"(condition)이라 함은 담보책임(warranty)이나 중간조건과 구별되는 개념으로서, 이는 효과 면에서 볼 때 피해당사자로 하여금 손해배상청구뿐만 아니라 계약해제권까지 부여하는 수준의 계약조건을 말한다.[5)]

또 "중간조건"(intermediate term)은 일명 조정조건이라고도 하는데 그 위반이 피해당사자로 하여금 손해배상청구권을 부여할 뿐, 위반이 충분히 중대하지 아니하는 한, 계약해제권까지 발생케 하지 아니하는 계약조건을 말한다. 무엇이 충분히 중대한 위반인가의 여부는 법원의 판결에 따를 문제이다.

민법에서는 계약조건의 위반에 대하여 당해 계약이 성립하기 이전의 상태로 복귀시키는 효과의 해제권을 인정하고 있다. 이는 계약해지의 효과만을 인정하는 영미법의 취지와는 크게 다르다고 할 수 있다.

민법상 해제권은 계약의 이행지체, 채무자의 귀책사유에 의한 이행불능, 불

---

5) 이러한 계약조건은 그 조건이 완성되면 계약의 효력이 소멸하기 때문에 흔히 "해제조건"(condition subsequent)이라고 한다. 이와 반대로 그 조건이 완성되면 계약의 효력이 개시되는 계약조건은 "정지조건"(condition precedent)이라고 한다(M. Bridge ed., *Benjamin's Sale of Goods*, 8th ed., Sweet & Maxwell, 2010, para. 10-024).

완전이행, 채권자의 지체, 사정변경 등의 원인이 발생하여야 가능하다.

계약해제권의 행사는 해제권자의 일방적인 의사표시에 의하여 이루어지는 것이며, 각 당사자는 원상회복의 의무를 진다(제543조).

(4) 손해배상청구권(damages)

손해배상청구권은 계약해제권과는 무관하므로 항상 이와 독립적으로 제기할 수 있다. 당사자 일방의 계약위반으로 인하여 상대방에게 실질적 손해가 발생하지 아니하였다면 오직 명목손해배상액(nominal damages)만을 청구할 수 있으며, 상대방에게 일정한 손해가 발생하였다면 명목손해배상액뿐만 아니라 실질손해배상액(substantial damages)도 청구할 수 있다.[6]

손해배상액은 *Hadley v. Baxendale* 사건[7]의 대원칙에 따라, i) 계약위반 자체로부터 당연히 발생하였다고 공정하고 합리적으로 인정될 수 있는 실질손해배상액과 부수손해배상액을 청구할 수 있으며, ii) 다만 특수한 사정에 의한 간접손해배상액은 계약을 체결한 당시에 당사자 쌍방이 예견하였거나 또는 예견하였음이 합리적으로 추정될 수 있는 경우에 한하여 청구할 수 있다.

이를 현대적인 개념으로 해석하면, ① 계약이행이 완료된 때와 동일한 정도로 배상한다. ② 계약시에 합리적으로 예견된 손해배상액을 배상한다. ③ 직접결과가 아니라도 쌍방이 예견한 손해배상액은 배상하여야 한다. ④ 근인으로부터 야기된 손해를 배상한다. ⑤ 손해액의 산정이 어려운 경우라 하더라도 그 손해배상이 가능하다. ⑥ 손해액에 징벌손해배상액(vindictive damages)은 가산할 수 없다. ⑦ 손해경감의 의무를 요하는 손해액은 공제하여야 한다. ⑧ 계약시 확정손해배상액(liquidated damages)은 우선적으로 배상한다.[8]

---

6) 계약법에서 "명목손해배상액"이라 함은 법원이 원고에 대한 권리의 침해와 승소를 인정하는 소액의 손해배상액을 의미하며, 또 "실질손해배상액"이라 함은 계약목적물에 상당하는 가액의 손해배상액을 의미한다(*Anson's Law of Contract,* p. 491).

7) (1854) 9 Ex. 341 ; *ibid.,* pp. 497~498 ; 서정두, 전게서, pp. 765~766.

8) *Charlesworth's Mercantile Law,* p. 167.

제 2 절 계약위반에 대한 권리구제

1. CISG 권리구제의 개관

(1) 매도인에 대한 권리구제

영미법이나 민법에서는 계약위반의 유형에 따라 구제방법을 규정하는 반면, CISG는 매도인의 모든 계약위반에 대항할 수 있도록 매수인의 구제방법을 포괄적으로 규정하고 있다(제45조~제52조). 특히 CISG 제45조는 매수인의 구제방법을 전반적으로 개관하고 구제방법 사이의 관계를 설정하고 있다.

매수인(buyer)의 구제방법은 매도인의 의무와 관련된다. 매도인의 주된 의무는 매수인에게 물품을 인도하는 것이다. 매도인이 이러한 의무 등을 위반한 경우, 매수인은 특정이행·대체품인도·하자보완 등의 이행청구권(제46조)·이행추가기간의 지정권(제47조)·계약해제권(제48조~제49조)·대금감액권(제50조)·일부 부적합시의 구제방법(제51조)·기일전인도와 과다인도시의 구제방법(제52조)·손해배상청구권(제74조~제77조) 등을 갖는다.

그러나 매수인이 이행청구권을 행사하는 경우 이와 모순되는 권리구제, 예컨대 계약해제권이나 대금감액청구권을 중복하여 행사할 수 없다. 다만 손해배상청구권은 언제든지 다른 구제방법과 관계 없이 행사할 수 있다.

(2) 매수인에 대한 권리구제

CISG는 매수인의 계약위반에 대항하여 매도인의 권리를 보호하기 위한 구제방법을 규정하고 있다(제61조~제65조). 특히 CISG 제61조는 매도인(seller)의 구제방법을 전반적으로 개관하고 구제방법 사이의 관계를 설정하고 있다.

매수인이 계약 또는 이 협약에 따른 의무를 이행하지 아니한 경우, 매도인은 특정이행을 강제하는 이행청구권(제62조), 상당기간만큼의 추가기간 지정권(제63조), 계약해제권(제64조), 물품명세의 지시가 없는 경우 물품명세 확정권(제65조), 손해배상청구권(제74조~제77조) 등을 갖는다. 다만 이들 구제방법은 손해배상청구권을 제외하고 선택적으로만 사용하여야 한다.

2. 매도인의 계약위반과 구제

(1) 이행청구권

매수인은 매도인이 계약을 이행하지 아니한 경우 계약상 의무의 이행을 청구할 수 있다(제46조). 이는 당사자에게 계약상 의무의 특정이행(specific performance)을 강제하는 것이다. 이행청구권은 다음의 경우에 제한된다.

① 매수인은 이 규정과 모순되는 구제방법을 사용하는 경우에는 특정이행을 강제할 수 없다. 예컨대 매수인은 손해배상청구를 제외하고 계약해제나 대금감액청구와 함께 중복하여 이행청구권을 행사할 수 없다.

② 물품이 계약에 부적합한 경우 대체품 인도청구는 그 부적합이 본질적 계약위반을 구성하고 상당한 기간내에 행하여지는 경우에 한하여 가능하다.

③ 물품이 계약에 부적합한 경우 매수인의 수리(repair)에 의한 하자보완청구는 모든 사정에 비추어 불합리하지 아니하여야 가능하다.

④ 인도물품의 보존의무(제85조, 제86조 및 제88조)와 매각에 의한 손해경감의무(제88조)에 의하여 매수인의 이행청구권이 금지될 수도 있다.[9]

(2) 추가기간 지정권

매수인은 매도인의 의무이행을 위하여 상당한 기간만큼의 추가기간(additional period)을 지정할 수 있으며, 또 추가기간의 지정권은 물품의 일부인도의 불이행의 경우에도 행사할 수 있다(제47조와 제51조).

매도인이 추가기간 내에 물품을 인도하지 아니한 경우, 매수인은 그것이 본질적 계약위반의 여부와 관계 없이 계약해제의 선언을 할 수 있다.

다만 추가기간 지정권은 인도불이행(non-delivery)의 경우에만 적용할 수 있고, 추가기간을 정함에 있어서는 상당한 기간[10]의 범위내에서 확정적이고 최종적인 인도일자를 특정하여야 하며, 추가기간 중에는 매도인이 이행거절의 통지를 하지 아니하는 한, 다른 구제방법을 중복하여 사용할 수 없다.

---

9) Albert H. Kritzer, *Guide to Practical Applications of the United Nations Convention on Contracts for the International Sale of Goods,* Kluwer Law & Taxation Publishers, 1990, pp. 351~352.

10) 여기서 "상당한 기간"(reasonable time)이라 함은 개별적인 거래의 내용과 물품의 성질, 거래의 관행, 시장의 상황 등의 모든 사정을 종합적으로 고려하여 결정하여야 할 것이다(고범준, "국제물품매매계약에 관한 UN 협약", 대한상사중재원, 1982, p. 42).

(3) 하자보완(청구)권

물품이 계약에 부적합한 경우, 매수인은 매도인에게 하자보완(cure)을 청구할 권리가 있으며(제46조 3항), 또 매도인의 입장에서도 인도기일의 전후에 걸쳐 부적합한 물품의 하자보완권이 있다(제37조와 제48조).

특히 CISG가 인도기일 후에도 매도인의 하자보완권을 인정한 것은 이미 성립한 계약이 끝까지 이행될 수 있도록 당사자에게 최대한의 기회를 부여함으로써 계약유지의 이념을 실현하고자 하는데 목적이 있다.

다만 매도인의 사후적 하자보완권은 물품의 인도기일이 이미 경과하고, 매수인이 계약해제를 선언하기 전까지만 유효하며, 또 매수인에게 불합리한 불편과 비용의 초래나 불합리한 지체 없이 행사하여야만 유효하다.

(4) 대금감액청구권

물품이 계약에 부적합한 경우 대금을 이미 지급하였는지 여부에 관계 없이, 매수인은 인도시의 가액이 계약에 적합한 물품의 그 당시에 가졌을 가액에 대한 비율에 따라 대금을 감액할 수 있다(제50조).

대금감액의 산출은 매수인에게 맡겨져 있다. 따라서 매수인은 대금감액청구와 손해배상청구 중에 항상 자신에게 유리한 구제방법을 선택할 수 있다.

다만 대금감액권(reduction of the price)은 매도인이 물품하자를 보완하였거나 매수인이 그 보완제의를 부당하게 거절한 경우에는 행사할 수 없다.

(5) 일부부적합시의 구제

매도인이 물품의 일부만 인도하거나 인도한 물품의 일부가 계약에 부적합한 경우에도, 물품의 부족 또는 부적합한 부분에 대하여는 CISG 제46조 내지 제50조까지의 3가지 구제방법을 적용할 수 있다(제51조).

즉, 매수인은 ① 매도인에게 부족한 부분의 특정이행 또는 하자보완이나 대체품의 인도를 요구하거나, ② 하자부분에 대한 계약을 해제하거나, ③ 하자있는 물품을 수령한 후 대금감액 또는 손해배상을 청구할 수 있다.

나아가 매도인의 일부부적합이 계약 전체에 관련하여 본질적 계약위반이 성립될 만큼 실질적인 손해를 초래하는 경우에는 계약 전체를 해제할 수 있다.

(6) 기일전인도와 과다인도

매도인이 약정된 기일전에 물품을 인도한 경우(early delivery), 매수인은 인도를 수령하거나 거절할 수 있다(제52조 1항). 다만 매수인이 기일전에 인도된 물품을 수령한 경우에는 물품의 보관 등 합리적인 조치를 취하고 손해배상을 청구할 수 있으며, 이를 거절하더라도 계약을 해제할 수는 없다.

또 매도인이 약정된 수량을 초과하여 인도한 경우(excess quantity), 매수인은 초과된 수량의 인도를 수령하거나 거절할 수 있다(동조 2항). 즉, 매수인은 약정된 수량만큼을 수령하고 초과부분을 수령하거나 거절할 수 있다.

만약 매수인이 수량의 초과부분의 전부 또는 일부의 인도를 수령하는 경우에는 계약상의 비율에 따라 그 대금을 지급하여야 한다.

(7) 계약해제권

CISG는 구제방법의 하나로서 계약해제권(avoidance)을 인정하되, 일단 체결한 계약은 가능한 한 유지되도록 한다는 계약유지의 이념을 추구하고 있기 때문에 해제권의 성립요건을 극히 제한하고 있다.

즉, 매수인은 ① 계약 또는 이 협약에 따른 매도인의 의무불이행이 본질적 계약위반을 구성하거나, 또는 ② 인도불이행의 경우 지정된 추가기간내에 매도인이 물품을 인도하지 아니하거나 그 기간내에 이행거절의 뜻을 밝힌 때에는 통지로써 계약해제를 선언할 수 있다(제49조).

계약해제의 사유와 해제권의 행사, 해제의 효과 등에 관하여는 매도인과 매수인 공통으로 적용하는 내용이기 때문에, 여기서는 약하고 후술하기로 한다.

(8) 손해배상청구권

매도인이 계약 또는 CISG 상의 의무를 위반한 경우, 매수인은 이 협약 제74조 내지 제77조에 규정된 바의 손해배상을 청구할 수 있다(제45조 1항).

매수인의 손해배상청구권(damages)은 다른 권리의 행사에 의하여 박탈당하지 아니하며 이들 권리와 양립할 수 있다(동조 2항).

기타 손해배상의 범위와 산정기준, 손해경감의무와 면책사유 등에 관하여는 매도인과 매수인 공통으로 적용하는 이 협약 제74조 내지 제77조에 상세한 규정을 두고 있기 때문에, 여기서는 약하고 후술하기로 한다.

3. 매수인의 계약위반과 구제

(1) 이행청구권

매도인은 매수인에 대하여 대금지급, 인도수령 또는 기타 매수인의 의무를 이행하도록 청구할 수 있다(제62조). 특히 대금지급에 관한 이행청구권은 매수인이 물품을 수령하지 아니한 때에도 유효하게 강제할 수 있다.

매도인의 이러한 구제방법은 이 협약 제46조에 따라 매수인에게 매도인의 계약이행을 요구할 수 있도록 인정하는 것에 대응된다고 볼 수 있다.

다만 매도인은 손해배상청구권을 제외하고, 계약해제권 등과 같이 이행청구권과 모순되는 다른 구제방법을 행사하지 아니하였어야 한다.

(2) 추가기간 지정권

매수인이 대금지급이나 물품수령의 의무를 이행하지 아니한 경우, 매도인은 계약해제권의 행사에 앞서 이 협약이 추구하는 계약유지의 이념에 따라 상당한 기간만큼의 추가기간을 지정할 수 있다(제63조).

매도인의 추가기간(additional period) 지정권은 이 협약 제47조에 따라 매수인에게 추가기간을 인정한 것에 대응된다고 볼 수 있다.

매수인이 지정된 추가기간내에 의무를 이행하지 아니한 경우, 매도인은 그것이 본질적 계약위반의 여부와 관계 없이 계약을 해제할 수 있다.

다만 추가기간을 지정하게 되면, 계약해제는 매수인이 추가기간내에 대금지급이나 인도수령의 의무를 이행하지 아니하거나 또는 이행거절의 뜻을 밝힌 경우에 한하여 가능하며, 또 매도인은 그 추가기간 중에는 손해배상청구권을 제외하고 다른 구제방법을 중복하여 사용할 수 없다.

(3) 물품명세 확정권

물품명세 확정권(supply of missing specifications)은 계약상 매수인이 물품의 형태, 규격 또는 기타의 특징을 지정하기로 되어 있는 경우, 매수인이 상당한 기간내에 그 물품명세를 지정하지 아니한 때에 매도인이 매수인의 요구사항을 참고하여 스스로 이를 확정할 수 있는 권리를 말한다(제65조).

다만 매도인이 물품명세를 확정하는 경우에는 반드시 이에 대한 세부사항을 매수인에게 통지하여야 하며, 또 매수인이 이와 다른 물품명세를 특정할 수 있는 상당한 기간을 지정하여야 한다. 만약 매수인이 상당한 기간내에 다른 물품명세를 특정하지 아니하면, 매도인이 확정한 물품명세가 곧 구속력을 갖는다.

(4) 계약해제권

매도인의 계약해제는 매수인이 대금지급의 의무를 이행하지 아니한 경우에

하는 것이 일반적이다. 그러나 CISG는 계약유지의 이념을 추구하기 때문에 매도인 계약해제권의 성립요건에 대하여 극히 제한하고 있다.

즉, 매도인은 ① 계약 또는 이 협약에 따른 매수인의 의무불이행이 본질적 계약위반을 구성하거나, 또는 ② 대금지급이나 인도수령의 의무불이행이 있는 경우 지정된 추가기간내에 매수인이 의무를 이행하지 아니하거나 그 기간내에 이행거절의 뜻을 밝힌 때에는 계약해제를 선언할 수 있다(제64조 1항). 계약해제권의 내용은 매도인과 매수인 공통으로 적용하기 때문에 후술하기로 한다.

(5) 손해배상청구권

매수인이 계약 또는 CISG 상의 의무를 위반한 경우, 매도인은 이 협약 제74조 내지 제77조에 규정된 바의 손해배상을 청구할 수 있다(제61조 1항).

매도인의 손해배상청구권(damages)은 다른 권리의 행사에 의하여 박탈당하지 아니하며 이들 권리와 양립할 수 있다(동조 2항).

기타 손해배상의 범위와 산정기준, 손해경감의무 등에 관하여는 매도인과 매수인 공통으로 적용하는 이 협약 제74조 내지 제77조에 상세한 규정을 두고 있기 때문에, 여기서는 약하고 다음의 절에서 논하고자 한다.

제 3 절 계약해제와 손해배상액 산정

CISG는 매도인과 매수인에게 공히 적용가능한 권리구제로서, 이행기전계약위반・분할이행계약위반・계약해제(제71조~제73조), 손해배상액・손해경감조치(제74조~제77조), 지급연체이자(제78조), 면책사유(제79조~제80조), 계약해제의 효과・물품보존(제81조~제88조) 등에 관하여 규정하고 있는데, 이들 내용을 크게 보면 계약해제(avoidance)와 손해배상액(damages)의 문제로 나눌 수 있다.

1. 계약의 해제

(1) 계약해제의 사유

CISG는 계약을 해제할 수 있는 가능성을 되도록 제한하고 있다. 이는 격지자간의 국제무역에 있어서 물품의 운송에는 비용이 많이 들고 외국에서 수령이

거부된 물품을 처분하는 것이 쉽지 않다는 특성을 반영한 것이다.[11)]

계약해제의 주된 사유는 본질적 계약위반이며, 기타 이행기전의 계약위반이나 분할이행계약의 위반 등에 대하여도 계약해제를 인정하고 있다.

가. 본질적 계약위반

당사자 일방의 불이행이 본질적 계약위반(fundamental breach of contract)을 구성하는 경우에는, 상대방은 계약을 해제할 수 있다(제49조와 제64조).

예컨대 매도인이 물품인도의 의무를 이행하지 아니하거나 매수인이 대금지급이나 물품수령의 의무를 이행하지 아니하는 것이 계약목적에 비추어 본질적 계약위반을 구성하는 경우에는, 각 상대방은 계약을 해제할 수 있다.

본질적 계약위반은 상대방이 기대할 권리가 있는 계약목적을 실질적으로 박탈할 정도의 손해를 초래하는 위반을 말한다(제25조). 다만 위반당사자가 그 결과를 예견하지 못하고 동일한 부류의 합리적인 자도 동일한 사정에서 그 결과를 예견할 수 없었던 경우나 매도인이 이 협약에 규정된 하자보완권을 행사할 수 있는 경우(제48조) 등에는 본질적 계약위반이 되지 아니한다.

나. 이행기전의 계약위반

이행기전의 계약위반(anticipatory breach of contract)은 아직 이행기일이 도래하지 아니하였으나 본질적 계약위반이 명백하게 된 경우를 말한다.

CISG는 영미법상의 이행기전의 계약위반의 법리를 도입하여[12)], 이행기전의 계약위반이 명백한 경우 이행정지권과 계약해제권을 허용하고 있다.

① 계약 후 당사자 일방이 실질적인 부분의 의무이행을 하지 아니할 것이 명백한 경우, 상대방도 자신의 의무이행을 정지시킬 수 있다(제71조).

이행정지는 운송 중인 물품(goods in transit)에 대하여도 가능하다. 다만 운송 중인 물품의 이행정지권(운송유지권)은 매도인과 매수인 사이의 권리에만 적용하고 선화증권 등을 취득한 제3자의 권리를 해하지는 못한다.

② 계약의 이행기전에 당사자 일방이 본질적 계약위반을 범할 것이 명백한 경우, 상대방은 계약해제를 선언할 수 있다(제72조).

예컨대 이행기전에 이행거절의 뜻을 표시하거나 신용상태의 현저한 악화, 물품의 이중양도, 제조공장의 소실·매각, 이행정지의 행정처분 또는 정부정책의

11) 임홍근·이태희, 국제물품매매계약에 관한 UN협약상의 제문제, 삼지원, 1991, p. 328.

12) 영미법에 있어서 이행기전의 계약위반은, 예컨대 ① 이행기전에 있어서의 이행거절, ② 이행기전에 있어서의 당사자 일방의 행위로 인한 이행불능, ③ 이행계속 중에 당사자 일방의 언동에 의한 이행계속의 결정적인 거절 등을 말한다.

발효 등이 있는 경우가 본질적 계약위반이 명백하다고 볼 수 있다.[13)]

다만 이행기전의 계약해제는 시간이 허용하는 한, 상당한 통지를 발송하여 당사자에게 그 이행에 관한 적절한 확약을 제공할 기회를 부여하여야 한다.

다. 추가기간후의 불이행

매도인의 인도불이행과 매수인의 대금지급 및 인도수령의 불이행에 대하여는, 각 상대방은 의무이행의 상당한 기간을 추가로 지정할 수 있는데, 당사자가 지정된 추가기간내에도 의무를 이행하지 아니하거나 이행거절의 뜻을 밝힌 경우에는, 각 상대방은 계약을 해제할 수 있다(제49조와 제64조).

다만 추가기간후의 계약해제는 매도인의 인도불이행과 매수인의 대금지급과 인도수령의 불이행에 대하여만 적용할 수 있다. 또 지정된 추가기간 중에는 이행거절의 통지가 없는 한, 계약해제나 대금감액 등을 청구할 수 없다.

라. 분할이행계약의 위반

분할이행계약(installment contract)은 물품을 수회에 나누어 수령할 수 있도록 물품을 분할하여 인도하여야 하거나 할 수 있는 계약을 말한다.

분할이행계약의 어느 분할부분에 관하여 본질적 계약위반을 구성하는 경우, 상대방은 그 분할부분에 대한 계약해제를 선언할 수 있고 장래의 분할부분에 관하여도 본질적 계약위반이 발생할 것이라는 충분한 근거가 있으면 장래의 분할부분에 대한 계약해제를 선언할 수 있다(제73조).

(2) 계약해제권의 행사

계약해제는 상대방에게 통지하여야 효력이 발생한다(제26조). CISG는 계약해제의 의사표시가 적절한 통신수단에 의하여 발하고 상대방에게 도달하지 아니하여도 무방한 이른바 "발신주의"를 택하고 있다.[14)] 다만 계약해제권의 행사는 그 성립요건뿐만 아니라 시간적으로도 제한을 받는다.

① 매수인이 이행추가기간을 지정하거나, 매도인이 하자보완의 의사를 밝힌 경우에는, 당해 기간 중에는 해제권을 행사할 수 없다(제47조와 제48조).

② 인도가 이루어진 경우 인도지연을 이유로 한 계약해제는 매수인이 인도사실을 안 때로부터 상당한 기간내에 하여야 하고, 기타의 이유로 한 계약해제는

13) John O. Honnold, *Uniform Law for International Sales under the 1980 United Nations Convention*, 2nd ed., Kluwer Law & Taxation Publishers, 1991, pp. 495~497.

14) Kritzer, *op. cit.*, pp. 211~212.

i) 매수인이 그 위반을 알았거나 알았어야 하는 때로부터, 또는 ii) 추가기간이 경과한 때나 매도인의 이행거절 또는 매수인의 승낙거절의 뜻이 밝혀진 때로부터 상당한 기간내에 하여야 한다(제49조).

③ 매수인이 물품검사·통지의무를 위반하거나 수령 후 2년이 경과하였거나 물품을 원상회복할 수 없는 경우 해제권은 제한된다(제39조와 제82조).

④ 매수인이 대금을 기지급한 경우, 매도인의 계약해제권은 제한된다. 즉, 대금지급지연을 이유로 한 계약해제는 매도인이 기지급된 사실을 알기 전에 하여야 하고, 기타의 이유로 한 계약해제는 i) 매도인이 그 위반을 알았거나 알았어야 하는 때로부터, 또는 ii) 추가기간이 경과한 때나 매수인의 이행거절의 뜻이 밝혀진 때로부터 상당한 기간내에 하여야 한다(제64조).

(3) 계약해제의 효과

계약이 해제되면 당사자들은 이행하지 않은 부분의 이행의무를 면하고, 기이행한 부분을 상호 반환하는 원상회복의무를 지며, 또 이와는 별도로 계약해제로 인한 손해배상을 청구할 수 있다. 구체적으로 보면 다음과 같다.

① 계약해제는 쌍방을 계약상의 의무로부터 면하게 한다(제81조 1항). 예컨대 매도인은 더 이상 물품인도의 의무가 없고, 매수인은 대금지급이나 물품의 인도수령, 기타 이와 관련되는 일체의 행위를 할 필요가 없다.

다만 계약이 해제되더라도 분쟁해결에 관한 계약조항(중재조항 등)이나 해제 후에 유효하도록 한 기타 모든 계약조항에는 영향을 미치지 아니한다.

② 계약의 전부 또는 일부를 이행한 당사자는 상대방에게 그 계약에 의하여 이행된 것의 반환, 즉 원상회복(restitution)을 청구할 수 있다(동조 2항).

예컨대 매도인의 경우 지급받은 대금과 이자, 매수인의 경우 수령한 물품과 이로부터 취득한 이익을 각각 반환하여야 하며, 물품의 수령시와 실질적으로 동등한 상태로 반환하는 것이 불가능함에도 매수인이 계약을 해제한 경우, 그 물품의 점유로부터 취득한 모든 이익을 반환하여야 한다(제84조).

③ 계약해제는 각 상대방에 대하여 갖는 손해배상청구권에는 아무런 영향을 미치지 아니한다(제45조와 제61조). 손해배상의 범위는 원상회복 이후에도 전보되지 아니한 모든 손해, 즉 이행이익에까지 미친다.

다만 불가항력(*force majeure*)의 경우 손해배상을 청구할 수 없다(제79조). 이 경우에도 원상회복의 의무는 유효하고 모든 이익은 반환하여야 한다.

2. 손해배상액의 산정

(1) 손해배상액의 산정원칙

CISG 제74조는 손해배상원칙에 관하여 "당사자 일방의 계약위반에 대한 손해배상액은 이익의 손실을 포함하여, 그 위반의 결과로 상대방이 입은 손실과 동등한 금액으로 한다. 또 손해배상액은 위반당사자가 알았거나 알았어야 할 사실과 사정에 비추어 그가 계약체결시에 계약위반의 가능한 결과로 예견하였거나 예견하였어야 하는 손실을 초과할 수 없다."라고 명시하고 있다.[15]

① 손해배상액은 당사자 일방의 계약위반에 직접 기인한 손해이며, 이익의 손실도 포함한다(동조 1문). 이는 당사자가 계약을 정상적으로 이행하였더라면 얻을 수 있었던 이익까지 배상하여야 한다는 의미이다.

예컨대 매도인은 매수인의 물품수령이나 지급거절로 인하여 지출한 비용과 정상적인 이행시 얻었을 이익을 회복할 수 있고, 매수인은 매도인의 하자있는 물품인도로 인하여 생산차질이 발생하는 등의 손해를 회복할 수 있다.

② 손해배상액은 계약체결시 위반당사자가 예견하였거나 예견하였어야 하는 손실을 초과할 수 없다(동조 2문). 예컨대 매도인이 부품의 도착지연이 조업중단을 야기하리라는 것을 계약체결시에 예견하지 못하였거나 예견할 수 없었다면, 매수인은 조업중단에 따른 손해배상을 청구할 수 없다.

CISG의 이러한 규정은 1854년 *Hadley v. Baxendale* 사건[16]으로부터 유래된 대원칙을 수용한 것으로 볼 수 있으며, 우리나라도 민법에서 이러한 전통적인 판례를 수용하여 i) 채무불이행으로 인한 손해배상은 통상의 손해를 그 한도로 하고, ii) 특별한 사정으로 인한 손해는 채무자가 그 사정을 알았거나 알 수 있었을 때에 한하여 배상의 책임이 있다는 규정을 두고 있다(제393조).

(2) 대체거래후의 손해액 산정

계약위반의 피해당사자는 계약을 해제한 후 상당한 방법과 상당한 기간내에 다른 당사자와 물품의 재매입이나 재매각 등의 대체거래(substitute transac-

---

15) "Damages for breach of contract by one party consist of a sum equal to the loss, including loss of profit, suffered by the other party as a consequence of the breach. Such damages may not exceed the loss which the party in breach foresaw or ought to have foreseen at the time of the conclusion of the contract, in the light of the facts and matters of which he then knew or ought to have known, as a possible consequence of the breach of contract."(CISG Art. 74).

16) (1854) 9 Ex. 341; 서정두, 전게서, pp. 765~766.

tion)를 한 경우, 계약가격과 대체거래가격의 차액뿐만 아니라 제74조에 따라 회수가능한 기타의 모든 손해배상액을 회수할 수 있다(제75조).

즉, 계약해제 후 대체거래시의 손해배상액을 등식으로 나타내면, 《손해배상액 = 계약가격 - 대체거래가격 + 기타 계약시에 예견된 손해액》으로 된다.

"대체거래가격"을 정함에 있어서 피해당사자가 지출하지 아니하게 된 비용은 손해액에서 공제하고, 대체거래에 따라 수송비용 등의 기타 비용이 증가하였다면 이는 계약위반으로 인한 손해이기 때문에 당연히 배상청구할 수 있다.

(3) 시가에 기초한 손해액 산정

피해당사자가 계약을 해제한 후 대체거래를 하지 아니하거나, 대체거래를 하더라도 상당한 기간내에 상당한 방법으로 손해액을 산정할 수 없는 경우, 손해배상액은 물품의 시가(current price)에 따라 산정할 수 있다(제76조).

즉, 피해당사자는 계약가격과 계약해제시의 시가의 차액뿐만 아니라 제74조에 따라 회수가능한 기타의 모든 손해배상액을 회수할 수 있다. 이를 등식으로 나타내면, 《손해배상액 = 계약가격 - 해제시의 시가 + 기타 계약시에 예견된 손해액》으로 된다. 문제는 물품의 시가를 결정하는 기준시점과 장소이다.

시가의 기준시점은 계약해제시의 시가를 원칙으로 한다. 다만 매수인이 물품을 수령한 후 계약을 해제하는 경우, 계약해제시의 시가에 대신하여 물품수령시의 시가를 적용한다. 그 이유는 매수인이 물품을 수령한 후 시가의 변동에 따라 부당하게 해제시기를 늦추어 이익을 보는 것을 막기 위해서이다.[17)]

시가의 기준장소는 물품의 인도장소에서의 지배적인 가격을 원칙으로 하고, 그 장소에서 시가가 없는 경우에는 물품의 운송비의 차이를 적절히 감안하여 상당한 대체가 가능한 다른 장소에서의 시가를 적용한다.

(4) 계약유지시의 손해배상액

피해당사자는 계약을 해제하지 아니하거나 계약위반이 본질적인 것이 아닌 경우에도, 그 계약위반으로 인한 손해배상을 청구할 수 있다.

예컨대 매도인이 부적합한 물품을 인도한 경우(제39조), 매수인은 계약해제 대신에 대체품·하자보완·대금감액 등을 요구하더라도, 이와 중복하여 손해배상을 청구할 수 있다. 다만 손해가 계약시에 예견된 것이어야 한다.

심지어 계약위반이 중대하지 아니하여 대체품·하자보완·대금감액 등의 요

---

17) Honnold, *op. cit.*, pp. 412~413.

구가 부당한 경우에도, 매수인은 제74조에 의한 손해배상을 청구할 수 있다. 다만 이 때에는 계약해제를 전제로 한 손해배상규정을 원용할 수 없다.

(5) 손해경감의 의무(mitigation)

피해당사자는 이익의 손실을 포함하여 그 위반으로 인하여 야기되는 손실을 경감하기 위하여 사정에 따라 상당한 조치를 취하여야 한다(제77조). 이를 소위 "손해경감의 의무"(mitigation of damages)라고 한다.

즉, 피해당사자가 회피할 수 있었던 손해나 자초한 손해는 과실상계의 법리[18]에 따라 공제하여야 하며, 비록 과실이 없더라도 피해당사자는 손해를 경감하거나 손해의 확대를 방지하기 위한 모든 조치를 취하여야 한다.

따라서 피해당사자가 그러한 조치를 취하지 아니한 경우, 가해당사자는 경감되어야 할 손실액을 배상액에서 차감하도록 요구할 수 있다.

(6) 금원의 이자배상

계약당사자가 대금 또는 기타 모든 연체된 금액을 지급하지 아니한 경우, 상대방은 이에 대한 이자(interest)를 청구할 권리가 있다(제78조).

예컨대 매도인이 대금을 반환한 경우 대금지급일로부터의 이자를 지급하는 것은 당연하며, 이외의 상황에서도 금원의 지급을 하지 아니한 경우 상대방은 제74조에 의한 손해배상액과 별도로 이자를 청구할 수 있다.

불가항력으로 계약상 의무이행이 면제된 경우에도, 면제의 대상은 손해배상책임뿐이므로 금원의 지급불이행에 대한 이자청구권은 여전히 유효하다.

3. 손해배상의 면책

위반당사자가 손해배상의무를 면제받는 경우가 있다. CISG는 이에 관하여 i) 피해당사자에게 귀책사유가 있는 경우(제80조), ii) 당사자의 어느 누구에게도 귀책사유가 없는 경우 등으로 나누어 규정하고 있다(제79조).

① 계약불이행이 피해당사자 자신의 작위 또는 부작위에 기인하여 발생한 한도내에서는 위반당사자에게 불이행의 책임을 물을 수 없다.

② 당사자 쌍방에게 책임을 돌릴 수 없는 불가항력(*force majeure*), 이행불능(frustration), 행위기초의 소멸(Wegfall der Geschäftsgrundlage) 등의 사

18) "채무불이행에 관하여 채무자에게 과실이 있는 때에는 법원은 손해배상의 책임과 그 금액을 산정함에 있어서 이를 참작하여야 한다."(민법 제396조).

정변경에 의한 불이행은 당사자간에 별도의 면책조항을 약정하지 아니하는 한, 다음과 같이 이 협약의 면책규정(exemptions)을 적용한다.

(1) 면책의 요건

계약위반이 자신의 통제를 벗어난 장애[19]나 계약이행에 고용한 제 3 자의 불이행에 기인한 경우, 상대방에게 그 사실을 통지하는 한 책임을 면한다.

① 위반당사자가 불가항력을 이유로 면책을 주장하기 위하여는 다음의 요건을 입증하여야 한다(제79조 1항). 즉, i) 의무불이행이 자신의 통제를 벗어난 장애에 기인하였다는 점과 ii) 계약체결시에 그 장애의 예견이 합리적으로 기대될 수 없었다는 점, 또는 iii) 그 장애나 장애의 결과를 회피하거나 극복하는 것이 합리적으로 기대될 수 없었다는 점을 입증하여야 한다.

② 위반당사자가 이행보조자의 불이행을 이유로 면책되기 위하여는 다음의 요건을 충족하여야 한다(동조 2항). 즉, i) 위반당사자 자신이 불가항력으로 면책되고, ii) 고용된 제3자도 불가항력으로 면책되는 경우에 한한다. 위반당사자와 이행보조자 공히 제1항의 면책요건을 충족하여야 한다.

③ 위반당사자는 이행장애가 발생된 사실과 그것이 자신의 이행능력에 미치는 효과에 관하여 상대방에게 통지하여야만 면책될 수 있다. 만약 피해당사자가 상당한 기간내에 그 통지를 수령하지 못한 경우에는, 위반당사자는 통지의 불착으로 인한 손해에 대하여 책임을 져야 한다(동조 4항).

(2) 면책의 범위

계약위반에 대한 면책요건을 충족하더라도 위반당사자의 물적인 면책범위는 오직 손해배상책임에만 국한한다(동조 5항). 따라서 계약이행청구・대금감액청구・계약해제 등 기타의 모든 권리구제는 여전히 유효하다.

또 위반당사자의 시간적인 면책범위는 장애가 존재하는 기간 동안에만 유효하다(동조 3항). 따라서 위반당사자는 장애가 제거되면 계약상의 이행기일이 계속되기 때문에 그 후의 불이행에 대한 손해배상의 책임이 있고, 장애로 인한 불이행이 본질적 계약위반인 경우, 피해당사자는 계약을 해제할 수도 있다.

---

19) 위반당사자 "자신의 통제를 벗어난 장애"(impediment beyond his control)라 함은 사회통념상 이행을 불가능케 하는 모든 객관적인 사정을 의미하는 것으로서, 예컨대 전쟁・동맹파업・테러・법률의 개정에 의한 수출입금지 등의 불가항력이 이에 해당한다.

13 CHAPTER 무역 클레임과 상사중재

제1절 무역 클레임의 처리방안

1. 클레임의 원인과 예방

무역거래의 "클레임"(claims)이라 함은 당사자 일방의 계약위반이나 불이행으로 인하여 손해를 입은 상대방이 단순한 불평(complaint)의 정도를 넘어 물적인 손해배상이나 기타의 의무이행을 청구하는 행위를 말한다.

무역 클레임은 이외에 고의적 '마켓클레임'(market claims)도 있기 때문에, 계약시 클레임조항[1])을 명확히 하고 클레임의 발생원인을 분석해 보아야 한다.

(1) 클레임의 발생원인

무역 클레임은 계약성립이나 계약내용 또는 의무이행에 원인이 있는 경우도 있고, 거래에 영향을 미치는 환경요인 등으로 인하여 발생하는 경우도 있다.

① 계약성립에 원인이 있는 경우는 주로 청약과 승낙의 불명확한 의사표시, 계약내용인 품질 · 수량 · 가격 · 선적 · 보험 · 결제 · 포장 · 클레임 등에 관한 특정조항과 일반조항의 불명확한 기재로 인하여 야기된다.

② 계약이행에 원인이 있는 경우는 많다. 이들을 품질과 수량, 가격과 결제, 포장과 선적, 계약과 서류 등으로 나누어 살펴보면 다음과 같다.

품질과 수량에서는 품질불량 · 품질상위 · 저등급 · 이품혼입 · 변질 · 변색, 물품의 선적부족 · 착화부족 · 중량부족 등이 클레임의 원인이 된다.

가격과 결제에서는 가격조정 · 초과지급 · 초과비용 · 검사료 · 벌금이나 과태

---

1) 클레임조항에 관하여는 이 책의 제2편 제1장 제3절에서 논한 바 있다.

료 · 체선료 · 어음할인거부 · 지급연체 등이 클레임의 원인이 된다.

포장과 선적에서는 포장불충분 · 포장불완전, 하역손상 · 지연 · 불착 · 분실 · 갑판유실 · 항공운송의 두절 등이 클레임의 원인이 된다.

계약과 서류에서는 계약위반 · 계약취소 · 계약종료 · 계약거절, 허위서류 · 부정송장 · 기재사항 상위 · 서류불비 등이 클레임의 원인이 된다.

③ 간접적인 원인으로서 언어 · 상관습 · 법률 등의 상위가 클레임으로 이어질 수 있다. 예컨대 도량형이나 법규와 언어소통 등이 문제될 수 있다.

기타 당사자간의 전문용어에 관한 해석이나 문서의 전달과정에서의 누락이나 오류 또는 수 · 발신의 시기에 관한 클레임이 발생할 수 있다.2)

(2) 클레임의 제기방법

무역 클레임은 클레임조항에 명시된 기한내에 클레임을 입증하는 공인된 증명서를 첨부하여 신속한 통신수단으로 상대방에게 직접 전달하여야 한다.

예컨대 클레임조항은 다음과 같다. "Buyer's claims, if any, shall be made by cable within 20 days after arrival of the goods at destination. Certificates by recognized surveyors shall be sent by mail without delay."(매수인의 클레임이 있는 경우에는 도착지에 물품이 도착한 후 20일내에 전신으로 이를 제기하여야 하고, 공인된 검정인의 증명서를 지체 없이 우편으로 송부하여야 한다.)

① 클레임의 제기기간은 법률상으로 구상권이 상실되는 제척기간으로서의 기능을 하기 때문에, 계약에 지정된 기간을 경과하여서는 아니된다.

클레임기간의 약정이 없는 경우에는, 지체 없이 물품을 검사하고 하자를 발견한 즉시 통지하여야 한다. 다만 하자가 즉시 발견할 수 없는 것인 경우에는 상당한 기간(6월) 내에 이를 통지하되, 결코 2년을 초과할 수 없다.3)

② 클레임의 통지방법은 계약에 약정된 대로 하여야 한다. 즉, 클레임은 문서로 작성하여 전신 · 팩스 · e-메일 등으로 신속하게 전달하여야 한다.

통지방법의 약정이 없는 경우에는, 각 거래의 사정에 따라 적절한 방법으로 하고 그 입증서류를 첨부하여야 한다. 입증서류는 공인된 검정인의 조사보고서(survey report)이어야 하고 클레임 내용을 명확히 기재하여야 한다.

③ 클레임 상대방은 그 발생에 책임이 있는 당사자 앞으로 직접 전달하여야

---

2) 양영환 · 오원석, 최신 무역상무론, 법문사, 2002, pp. 385~387.

3) CISG 제39조 2항, 상법 제69조.

한다. 수출상의 경우 수입상·개설은행·선박회사·보험회사 등이 되고, 수입상의 경우 수출상·선박회사·보험회사·국내 하역회사 등이 된다.

한편 클레임을 받은 상대방은 클레임의 내용이 합리적이고 그 절차가 약정된 기간과 방법 및 증빙자료에 의하여 뒷받침되어 있으면 이를 수락하고 하자보완이나 대체품 인도·배상금지급 등을 제의하여 해결한다.

그러나 클레임의 내용이나 절차가 부당하면, 항변자료를 첨부하여 클레임의 부당을 지적하고 거절의 의사표시를 한다. 이것이 우호적으로 해결되지 아니하면, 중재나 소송을 신청하여 제3자의 판단으로 해결하여야 한다.

(3) 클레임의 예방대책

클레임이 발생할 경우 당사자는 경제적인 손해와 시간의 낭비뿐만 아니라 신용의 손상도 크기 때문에, 클레임 결과에 대한 해결방안을 모색하는 것도 중요하지만 이를 사전에 예방하는 대책을 모색하는 것이 더욱 중요하다.

① 상대방의 신용조사를 철저히 하여야 한다. 상대방과 거래를 시작할 때나 거래 후에도 정기적으로 상대방의 신용상태를 조사하여야 한다. 특히 자금능력·도덕성·영업능력 등의 기본항목은 항상 체크해 보아야 한다.

국제거래에서는 상대방의 신용상태가 클레임과 직결되는 반면에, 자신도 신의성실의 원칙에 따라 의무를 다하여야 클레임을 최소화할 수 있다.

② 계약상담시에는 완벽한 준비 하에 임한다. 예컨대 계약상담시 상대방에게 견적가격을 제시하면 이를 Firm Offer로 착각하는 경우도 있고, Firm Offer에서 주요 계약조항을 누락시키는 경우도 왕왕 발생한다.

청약의 승낙시에도 Firm Offer와 Free Offer를 구별하여야 한다. 이 문제는 계약의 성립시기와 계약위반시 손해배상액의 산정기준일, 클레임이 소송이나 중재로 이어질 때 재판관할권(jurisdiction)과도 관계된다.

③ 예상쟁점을 모두 포함한 서면계약서를 교환한다. 분쟁의 소지를 최소화하기 위하여는 매매계약서(sales note)와 일반거래조건협정서(general agreement on business terms and conditions)를 작성해 두는 것이 좋다.

특히 클레임조항에는 클레임의 제기기간과 방법·증빙서류·비용부담자 등을 기재하고, 클레임을 중재(arbitration)로 해결하고자 할 경우에는 중재장소·중재기관·준거법 등을 포함한 중재조항을 합의해 두어야 한다.

④ 신용장에 관한 충분한 지식이 필요하다. 예컨대 신용장을 받으면 신용장 내용이 매매계약과 일치하는지를 확인하고, 선적기일과 유효기일 및 서류제시

기일이 매매계약과 불일치하면 조건변경을 요구하여야 한다.

매입시에도 서류가 신용장조건과 엄격일치하는지를 면밀히 확인하여야 한다. 은행은 서류로만 거래하기 때문에 서류가 신용장조건에 불일치하면, 지급거절하게 되고 이로 인하여 당사자간에 클레임이 발생하는 경우가 많다.

⑤ 제조업자의 선정에 신중하여야 한다. 물품에 관한 클레임은 대부분 품질불량이나 수량부족 또는 포장불량 등에 기인하기 때문에, 수출상이 제조업자를 잘못 선정하여 조악품을 수출하면 곧 클레임으로 연결될 수 있다.

제조업자와 납품계약을 체결할 때에도 수입상이 제품 클레임을 제기하면 제조업자에게 그 책임을 전가시킬 수 있도록 명문화하는 것이 바람직하다.

2. 클레임의 해결방법

무역 클레임은 피청구자가 제기된 내용을 전면적으로 수락하거나 부분적으로 수락하는 경우가 있고, 그 내용을 인정할 수 없는 경우에는 거절의 의사표시를 전달하고 내부적으로 해결하거나 제3자의 힘에 의하여 해결할 수 있다.

(1) 클레임의 해결내용

클레임의 해결내용은 피청구자의 조치에 의한 권리회복의 내용으로서, 청구자가 제기한 클레임 내용과 다를 수도 있다. 예컨대 당사자간의 타협이나 제3자에 의한 해결과정에서 그 일부가 조정된 내용으로 해결될 수 있다.

① 손해배상금을 지급하여 해결할 수 있다. 손해배상금은 청구권자가 입은 손해를 금전적으로 변상하는 것이다. 배상금의 지급방법은 예금에서 인출하거나 T/T · M/T 송금 또는 무담보신용장을 열어 주는 방법이 있다.

② 대금감액(reduction of price)으로 해결할 수 있다. 예컨대 품질이나 포장불량 등을 이유로 단가 할인을 요구받고 이를 수락하는 경우이다.

③ 불량품을 반송하는 경우가 있다. 대상은 주로 품질불량품, 규격상위품, 손상품 등이다. 매수인은 물품을 반송하고 주로 대금반환이나 대체품을 요구한다. 특히 대체품으로 해결하는 경우에는 매수인의 반송비용과 대체품이 도착할 때까지의 시가변동으로 인한 이익손해도 보상하여야 한다.

④ 계약서대로의 특정이행(specific performance)을 요구하는 경우이다. 예컨대 계약서대로 신용장 조건변경과 선적을 요구할 수 있다. 매도인은 계약과 다른 신용장을 받으면 조건변경을 요구할 수 있고, 매수인은 계약과 다른 물품

이 도착하면 이를 거절하고 계약물품의 선적을 요구할 수 있다.

(2) 클레임의 해결방법

클레임의 해결방법은 청구권 포기·화해·알선·조정·중재·소송 등이 있다. 앞의 2가지는 내부적 해결방법이고 나머지는 제3자에 의한 해결방법이다.

① 청구권 포기(waiver of claims)는 무역거래에서 빈번히 볼 수 있다. 이는 피청구자가 다른 방법으로 청구권자를 만족시켜 주거나 클레임의 내용이 경미하거나 피청구자의 반응이 없어 스스로 포기하는 경우 등이 있다.

② 화해(amicable settlement)는 제3자의 개입 없이 당사자간의 자율적인 교섭으로 해결하는 방법이다. 내부의 타협점이 모색되면 화해가 이루어진다. 이는 가장 바람직한 방법으로서, 대부분의 클레임은 이 방법으로 해결한다.

③ 알선(intercession)은 공정한 제3의 전문기관이 당사자의 요청에 따라 해결을 위하여 조언하는 방법이다. 알선기관으로서 널리 이용하는 곳은 국제상업회의소(ICC)이다. 알선은 조정이나 중재와는 달리 형식적인 절차가 필요하지 아니하며, 또 강제력이 없으므로 쌍방의 협력이 있어야 성공할 수 있다.

④ 조정(conciliation)은 쌍방이 조정기관으로부터 임명된 제3자를 조정인(conciliator)으로 선임하여 조정인이 제시하는 방안에 합의함으로써 클레임을 해결하는 방법이다. 조정은 쌍방의 합의로 이루어지므로, 상대방이 응하지 아니하면 무효가 되고 조정안도 어느 일방이 불복하면 구속력을 갖지 못한다.

⑤ 중재(arbitration)는 조정의 경우와 같이 공정한 제3자를 중재인으로 선임하여 중재인의 판정을 최종적으로 클레임을 해결하는 방법이다.

중재는 쌍방의 합의가 있어야 한다는 점에서 조정의 경우와 같으나, 중재판정은 이를 거부할 수 없고 국제적으로도 효력을 미치며, 중재에 회부된 클레임은 소송으로 다룰 수 없다. 중재에 관한 상세한 내용은 후술하고자 한다.

⑥ 소송(litigation)은 법원의 판결에 의하여 클레임을 강제적으로 해결하는 방법이다. 당사자간에 중재합의가 없는 경우에는 상대방을 강제하기 위한 수단으로서 국가권력에 의한 강제집행을 기대할 수 밖에 없다.

다만 무역거래는 법역이 다른 국가의 당사자간에 이루어지므로, 소송은 재판관할권(jurisdiction) 문제와 법정지의 소송절차, 외국판결의 승인과 집행, 국제적 소송경합 내지 법의 저촉(conflict of laws) 등의 문제가 따른다.

요컨대 무역 클레임은 당사자간의 화해로 해결되지 않을 경우 중재로 해결하는 것이 최선의 방법이며, 소송은 최후의 해결방법으로 고려하여야 한다.

제 2 절 국제상사중재

1. 상사중재의 의의

(1) 상사중재의 특성

"상사중재"(commercial arbitration)라 함은 거래당사자간의 합의에 의하여 사법상의 권리 또는 법률관계에 관한 분쟁을 법원의 소송절차에 의하지 아니하고, 제3자를 중재인으로 선정하여 분쟁의 해결을 중재인의 판정에 맡기고 최종적으로 그 판정에 복종함으로써 분쟁을 해결하는 제도를 말한다.[4)]

중재제도는 본질적으로 당사자자치의 원칙을 바탕으로 하기 때문에, 소송제도와 비교하여 볼 때 다음과 같은 장점을 가지고 있다.

① 중재절차의 유연성을 들 수 있다. 중재는 당사자간의 중재합의에 따라 자유로이 선임한 중재인에 의하여 도출된 판정결과에 복종하기로 하는 제도이기 때문에, 소송에 비하여 우호적이고 자유로운 분위기 속에서 진행한다.

② 중재는 신속성과 경제성이 있다. 중재판정은 중재계약에 약정된 기간이나 중재의 개시일로부터 3월 이내에 하여야 하고, 중재판정은 법원의 확정판결과 동일한 효력이 있다(중재법 제11조와 제12조).

즉, 중재는 단기간 내에 분쟁을 해결한다는 신속성이 있고, 단심제이기 때문에 시간과 경비가 절약되고 확정판결과 동일한 구속력을 가지며, 또 외국중재판정의 경우도 뉴욕 협약에 따라 그 승인과 집행을 보장한다.

③ 중재는 전문성이 반영된다. 중재는 경험과 식견이 풍부한 업계·법조계·학계의 전문가에 의하므로 실제적이고 타당한 판단을 기대할 수 있다.

④ 중재는 비공개를 원칙으로 하기 때문에 기업비밀이 보장되고 신용상의 위험이나 사생활의 노출을 방지할 수 있다. 특히 중재는 당사자간의 분쟁을 대화와 양보로 풀어가기 때문에 당사자 쌍방이 모두 승리자가 된다.

다만 중재제도는 여러 가지의 한계성도 있다. 즉, i) 당사자간의 중재합의가 있어야 하고, ii) 중재절차에서도 중재인에게 강제권이 없고, iii) 단심제로 끝

---

4) Martin Domke, *Domke on Commercial Arbitration*, revised edition by Gabriel M. Wilner, Illinois, 1990, p. 1.

나기 때문에 불복의 기회가 없으며, iv) 중재판정은 법원의 집행판결을 받아야만 강제집행이 가능하고 외국중재판정도 마찬가지이다(제14조).

(2) 상사중재 관련법규

가. 뉴욕 협약(1958)

뉴욕 협약은 각국의 서로 다른 중재제도 하에서 외국중재판정의 승인과 집행에 관한 법규를 통일하고자, 1958년 6월 뉴욕에서 체결된 '외국중재판정의 승인과 집행에 관한 유엔 협약'(United Nations Convention on the Recognition and Enforcement of Foreign Arbitral Awards 1958)을 말한다.

뉴욕 협약은 1959년 6월 7일부터 발효한 후 2009년 9월말 현재 총 가입국수는 144개국에 달하고, 우리나라는 1973년 5월에 '한국법상 상사관계분쟁에 한하고 외국중재판정도 체약국에 한한다'는 유보선언과 함께 가입하였다.

나. UNCITRAL 중재규칙(1976)

UNCITRAL 중재규칙(Arbitration Rules)은 국제상사중재에 관한 법률의 조화와 통일을 위하여 루마니아의 Ion Nestor 교수의 주도하에 유엔국제무역법위원회(UNCITRAL)가 1976년 4월에 제정한 상사중재규칙을 말한다.

이 규칙은 국제무역에 관한 임시중재(ad hoc arbitration)에 사용하기 위한 중재규칙으로서, 각국의 중재규칙을 제정하는데도 표준이 되고 있다.[5]

다. UNCITRAL 표준국제상사중재법(1985)

UNCITRAL은 각국의 중재법에서 표준으로 삼을 수 있는 모델법을 제정하기로 하고, 1985년 6월에 'UNCITRAL 표준국제상사중재법'(Model Law on International Commercial Arbitration)을 채택하고 각 회원국에게 이 표준법의 도입을 촉구하였다. 우리나라도 현행 중재법과 대한상사중재원의 중재규칙에 있어서 주요부분의 내용들은 이 표준법을 수용하고 있다.

라. ICC 중재규칙(1998)

국제상업회의소(ICC)는 1922년에 국제상사분쟁의 중재에 적용할 'ICC 중재규칙'(ICC Rules of Arbitration)을 처음 제정한 이래 1955년, 1975년 및 1988년에 각각 개정하였으나, 그 후 ICC 중재재판소의 중재업무가 급증하고 복잡

---

5) Stewart A. Baker and Mark D. Davis, *The UNCITRAL Arbitration Rules in Practice*, Kluwer Law & Taxation Publishers, 1992, p. 1.

하게 진행됨에 따라 1998년 1월에 전면 개정하여 사용하고 있다.

ICC 중재규칙은 당사자의 중재장소와 사용언어 및 준거법의 제한을 두고 있지 않다. 따라서 당사자들은 계약시에 중재의 적용법률, 중재인의 수, 중재장소와 사용언어 등에 관한 중재조항을 합의해 두는 것이 바람직하다.[6]

2. 상사중재규칙

(1) 중재계약(arbitration agreement)

가. 중재계약의 요건

중재계약(중재합의)은 사법상의 법률관계에 관한 당사자간의 분쟁을 중재에 의하여 해결하기로 하는 합의를 말한다(중재법 제2조 1항).

① 중재계약의 방식은 서면으로 하여야 한다. 즉, 중재계약은 당사자가 중재를 합의한 서면에 서명한 것이거나, 계약 중에 중재조항이 기재되어 있거나 교환된 서신 또는 전보에 중재조항이 기재된 것이어야 한다(동조 2항).

특히 중재절차가 순조롭게 진행되기 위하여는 중재계약을 체결할 때에 중재장소, 중재기관 및 적용할 준거법 등을 명확히 기재하여야 한다.

② 중재계약의 대상은 당사자의 자율로 처분할 수 있는 사법상의 법률관계에 관하여 현재 또는 장래에 발생할 분쟁의 전부 또는 일부가 될 수 있다.

즉, 특정계약으로부터 또는 계약과 관련하여 또는 계약불이행으로 말미암아 당사자간에 발생하는 모든 분쟁, 논쟁 또는 의견차이가 중재의 대상이 된다.

나. 중재계약의 효력

중재계약이 성립하면 당사자간에는 법률적으로 직소금지, 최종적인 해결원칙, 국제적인 효력의 인정, 독립적인 효력 등의 효과가 발생한다.

① 당사자간에 중재계약이 있는 경우 법원에 직접 소송을 제기할 수 없다. 이를 직소금지의 효력이라고 한다. 다만 중재계약이 무효이거나 효력을 상실하였거나 이행이 불능일 때에는 그러하지 아니하다(동법 제3조).

② 중재계약은 중재를 최종해결로 한다는 합의이다. 중재판정이 내려지면 소송과 같이 불복절차인 항소제도가 허용되지 아니하며, 중재판정은 당사자간에 있어서는 법원의 확정판결[7]과 동일한 효력을 갖는다(제12조).

---

6) ICC, *ICC Rules of ARBITRATION*, Publication No. 581, 1997. 8, pp. 6~7.

7) "확정판결"이라 함은 상급재판소에 의한 취소가능성이 전혀 없는 판결을 말한다.

③ 중재판정은 뉴욕 협약에 따라 국제적인 효력이 인정된다. 뉴욕 협약의 체약국간에는 외국중재판정의 승인과 집행을 받는 상대방이 이 협약상의 거부사유를 입증하지 아니하는 한, 그 판정의 승인과 집행이 가능하다.

④ 중재조항이 기초한 주계약이 무효된 경우에도 중재조항은 독립적인 효력을 계속 유지한다. 이를 분리가능성(separability)의 원칙이라고 한다.

예시 4-6 ICC 표준중재조항

> "All disputes arising out of or in connection with the present contract shall be finally settled under the Rules of Arbitration of the International Chamber of Commerce by one or more arbitrators appointed in accordance with the said Rules."(이 계약으로 인하여 또는 이와 관련하여 발생하는 모든 분쟁은 국제상업회의소의 중재규칙에 따라 선정된 단독 또는 그 이상의 중재인에 의하여 이 규칙하에서 최종적으로 해결하는 것으로 한다.)

다. 중재계약의 실례

중재조항은 당사자자치의 원칙에 따라 이를 자유로이 정할 수 있다. 중재조항은 중재의 대상, 중재인의 선임, 중재장소, 중재기관 및 중재규칙, 중재의 최종성 등의 내용을 포함하여야 하고, 기타 필요한 경우 중재시의 준거법, 중재비용의 분담, 사용언어 등에 관하여도 합의해 두는 것이 좋다.

단지 계약 편의를 위하여 국제기구나 각국의 중재기관에서는 표준중재조항을 제정하여 사용을 권장하고 있다. 예컨대 국제기구는 ICC · UNCITRAL 등이 있고, 기타 각국의 권위있는 중재기관은 AAA(미국중재협회) · LCIA(런던국제중재재판소) · JAA(일본중재협회) 등과 국내의 대한상사중재원이 있다.[8]

(2) 중재절차(arbitration procedures)

가. 중재절차의 개요

일반적으로 중재절차라고 하면 중재신청이 접수되어 판정이 내려질 때까지의 일련의 절차를 말한다. 중재절차는 당사자가 중재계약으로 정할 수 있으며, 중재절차에 관한 합의가 없으면 중재지국의 법이 정하는 절차에 의하고 이 법에 특별한 규정이 없는 사항은 중재인이 정한다(중재법 제7조).

---

8) 대한상사중재원의 표준중재조항은 이 책의 제2편 제1장 제3절에서 논한 바 있다.

대한상사중재원의 중재규칙에 의하면, 중재절차는 ① 중재신청서 접수→② 중재판정부 구성→③ 심문절차 진행→④ 중재판정→⑤ 판정문의 송달과 집행 등의 순으로 진행되며, 이는 세계 대부분의 중재기관에서도 유사하다.

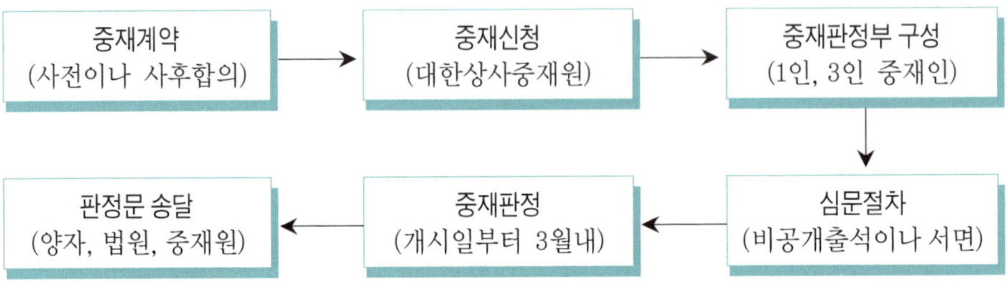

다만 국내외의 상사분쟁을 신속·저렴하게 해결하기 위하여 신속절차(expedited procedure)를 두고 있다. 신속절차는 당사자간에 별도 합의가 있거나 신청금액이 2천만 원 이하인 국내중재에 적용한다(중재규칙 제57조).

신속절차의 경우 1인의 단독중재인에 의한 1회의 심문만으로 종결함을 원칙으로 하고, 중재판정부는 심문종결일로부터 10일 이내에 판정하여야 하며, 당사자간의 합의가 있으면 판정이유의 기재를 생략할 수도 있다.

나. 중재판정부의 구성

중재신청서가 접수되면 중재기관은 1인 또는 3인의 중재인에 의한 중재판정부(arbitration tribunal)를 구성하여야 한다. 중재인의 선정방법과 그 수는 당사자가 중재계약에서 이를 정할 수 있다(동법 제4조).

3인의 중재인으로 구성되는 중재판정부의 경우, 각 당사자가 1인씩의 중재인을 선정하고, 제3의 중재인은 선임된 중재인들의 합의에 의하거나 중재기관이 직권으로 선정하며(동규칙 제21조), 1인 중재의 경우에도 마찬가지이다.

중재인은 분쟁사건에 전문지식을 가진 각계의 전문가들 중에서 선정하되, 중재인의 공정성과 독립성에 영향을 미칠 정도로 중재결과에 관하여 이해관계가 있는 자는 당사자의 합의가 없는 한 중재인이 될 수 없다(제19조).

중재인은 공정성과 독립성에 관한 의혹을 야기시킬 수 있는 사정이 있는 경우 이를 중재기관에 고지하여야 한다(제26조). 이러한 경우 당사자는 법원에 중재인의 기피(challenge of arbitrator)를 신청할 수 있다(동법 제6조).

다. 심문절차의 진행

심문절차(proceedings of hearing)는 심문기간내에 행하는 당사자, 증인, 감정인 등의 심문을 포함한 모든 절차를 말한다. 심문의 일시와 장소 및 순서는 중재판정부가 결정하는 것이 원칙이며, 심문의 순서를 정함에 있어서는 절차상 지연이 없도록 충분한 배려가 있어야 한다(동규칙 제28조).

심문절차는 비공개로 하며 서면심리로 대체할 수 있다(제44조). 당사자가 주장과 입증을 다하였다고 인정되면 심문종결을 선언하여야 한다(제42조).

라. 중재판정(arbitral awards)

중재판정은 중재계약에서 당사자가 부탁한 상사분쟁의 해결을 위하여 중재판정부가 내리는 최종적인 결정을 말한다.[9] 중재판정부는 계약의 현실이행뿐만 아니라 배상이나 기타의 구제를 명할 수 있으며, 당사자 일방 또는 쌍방에게 중재비용의 부담비율을 명하여야 한다(동규칙 제52조).

중재판정은 과반수의 찬성으로 판정하고, 이를 서면으로 작성하되 당사자나 그 대리인의 성명이나 명칭과 주소, 판정주문, 판정이유의 요지, 작성년월일 등을 한국어[10]로 기재하여 중재인이 서명・날인하여야 한다.

중재판정은 별도의 약정이 없는 한, 중재개시일로부터 3월과 심문종결일로부터 30일 이내에 판정하고, 사무국은 정본을 당사자에게 등기우편이나 직접 교부 또는 법률이 정하는 방법으로 송달하고, 그 원본은 송달의 증서를 첨부하여 관할법원에 이송보관한다(동법 제11조와 동규칙 제48조~제50조).

마. 중재판정의 효력과 집행

중재판정은 법원의 확정판결과 동일한 효력이 있다(동법 제12조). 즉, 중재판정은 항소나 상고할 수 없는 형식적인 확정성과 기판력을 갖는다. 따라서 당사자가 중재판정에 대하여 정당한 이유 없이 따르지 아니할 경우, 중재기관은 행정상 필요한 조치를 정부에 건의할 수 있다(동규칙 제56조).

중재판정은 그 자체로서 집행력이 없기 때문에, 강제집행을 위하여는 별도로 법원의 집행판결로 그 적법함을 선고받아야 한다. 법원의 집행판결은 중재판정 취소의 소의 이유가 없는 때에 허용한다(동법 제14조).

---

9) 고범준, 국제상사중재법 해의, 대한상사중재원, 1991, p. 148.

10) 다만 당사자의 요구가 있거나 중재인 중에 외국의 국적을 가진 자가 있을 때에는 한국어와 영어를 공용할 수 있으며, 국문과 영문의 판정문은 모두 정본으로 한다. 그러나 쌍방에 해석상의 차이가 있을 때에는 한국어에 의하여 해석한다(동규칙 제50조).

다만 당사자는 다음의 사유가 있는 경우 중재판정취소의 소를 제기할 수 있다(제13조). ① 중재인 선정 또는 중재절차가 중재법이나 중재계약에 의하지 아니한 때, ② 중재인 선정 또는 중재절차에서 당사자가 소송무능력자이거나 대리인이 적법하지 아니한 때, ③ 중재판정이 법률상 금지된 행위를 내용으로 한 때, ④ 정당한 사유 없이 당사자를 심문하지 아니하였거나 중재판정에 이유를 붙이지 아니한 때, ⑤ 민사소송법 제422조 제1항 4호 내지 9호에 해당하는 사유가 있을 때. 단지 네 번째의 사유는 따로 합의한 때에는 제외된다.

3. 외국중재판정의 승인과 집행

국제적으로 외국중재판정(foreign arbitral awards)이 있는 분쟁사건에 대하여 경합된 중재를 피하고 외국중재판정의 승인과 집행을 통한 중재의 경제성과 당사자간의 공평성, 국제적 사법질서의 확립에 이바지할 목적으로 '외국중재판정의 승인과 집행에 관한 유엔 협약'(뉴욕 협약)이 체결되어 있다.[11]

따라서 우리나라를 비롯한 뉴욕 협약의 체약국에서 내려진 외국중재판정은 이 협약이 정하는 바에 따라 이해당사국에서 승인과 집행이 이루어진다.[12]

(1) 승인과 집행의 요건

외국중재판정의 승인과 집행을 구하는 자는 그 중재판정과 중재합의를 입증하는 서류를 집행국의 관할법원에 제출하여야 한다(동 협약 제4조).

외국중재판정의 승인과 집행의 요건은 ① 승인과 집행국 이외의 영토에서 내려진 중재판정 또는 그 국가에서 내국판정으로 인정되지 아니한 중재판정의 존재가 입증되어야 하고(제1조), ② 당사자간에 분쟁을 중재에 부탁하기로 약정한 서면에 의한 중재합의의 존재가 입증되어야 한다(제2조).

외국중재판정의 승인과 집행의 거부사유는 i) 중재합의가 무효인 때, ii) 당사자가 중재에 응할 기회가 없었을 때, iii) 중재인이 판정권한 범위를 일탈한 때, iv) 중재기관 구성이나 중재절차가 부적법한 때, v) 중재판정이 구속력을 가지지 아니한 때, 그리고 관할법원의 직권에 의하여 vi) 대상분쟁이 중재부적격인 때, vii) 공서양속에 반하는 때에는 이를 거부할 수 있다(제5조).

---

11) 뉴욕 협약의 제정배경과 경과에 관한 상세한 내용은 전술한 바 있다.

12) Albert Jan van den Berg, *International Arbitration in a Changing World*, Kluwer Law & Taxation Publishers, 1994, p. 203.

따라서 외국중재판정의 승인과 집행은 신청인의 입증요건을 갖추어야 할 뿐만 아니라, 피신청인의 반대입증이나 관할법원의 직권에 의한 거부사유에 해당하지 아니하여야 가능하다. 이들을 구체적으로 보면 다음과 같다.

① 외국중재판정과 중재합의가 있어야 한다. "외국중재판정"이라 함은 외국에서 내려진 중재판정이나 내국판정으로 인정되지 아니하는 판정을 말한다. 또 당사자간에 서면에 의한 중재합의가 있어야 한다(동조 1항 a호).

② 중재절차의 공정성과 적법성이 인정되어야 한다. 즉, 중재판정의 피신청인이 중재인 선정이나 중재절차에 관한 통고를 받지 못하였거나 방어할 기회가 없었거나, 또는 중재합의나 중재지국의 법령과 일치하지 아니한 경우에는, 그 중재판정의 승인과 집행을 거부할 수 있다(동조 1항 b호와 d호).

③ 중재판정의 확정성이 있어야 한다. 즉, 외국중재판정이 당사자에게 구속력을 발생하지 아니하였거나 판정국의 당국이나 법령에 따라 취소 또는 정지된 경우에는, 그 중재판정의 승인과 집행을 거부할 수 있다(동조 1항 e호).

④ 대상분쟁이 중재적격한 것이어야 한다. 즉, 분쟁대상이 중재로 해결할 수 없거나(동조 2항 a호), 중재판정이 중재부탁의 범위를 벗어난 사항에 관한 결정을 포함하는 경우에는 그 승인과 집행을 거부할 수 있다(동조 1항 c호).

⑤ 집행국의 공서양속(public policy)에 반하지 아니하여야 한다. 즉, 외국중재판정의 승인과 집행이 그 국가의 공서양속에 반하는 경우에는 그 승인과 집행을 거부할 수 있다(동조 2항 b호). 여기서 "공서양속"이라 함은 민법 제103조의 국내적 공서와는 구별되는 국제적 공서를 말한다(국제사법 제5조).

(2) 승인과 집행의 절차

뉴욕 협약의 체약국은 이 협약에 따라 외국중재판정을 승인하고, 그 판정을 적용하는 영토의 절차규칙에 따라 이를 집행하여야 한다(제3조). 즉, 외국중재판정의 승인은 이 협약의 승인요건에 따른다 하더라도, 그 판정의 집행은 집행국의 관할법원으로부터 별도의 집행판결을 받아야 한다.

우리나라의 경우 외국중재판정의 집행은 중재법 제12조 이하의 규정을 적용하고, 강제집행은 법정지법으로서 민사소송법 제476조와 제477조의 규정을 적용한다.[13] 즉, 외국중재판정의 집행관할법원은 중재합의에 따르되, 그러한 합의가 없는 경우 민사소송법 제1조 내지 제22조를 적용한다(중재법 제17조).

외국중재판정의 집행절차는 통상의 판결절차와 같다. 집행판결은 분쟁사건

13) 외국중재판정의 집행절차는 후술하는 외국판결의 집행절차를 준용하고 있다.

의 실질적인 심사를 하지 아니하고, 그 승인과 집행의 존부만을 심사하여야 한다. 중재판정의 집행절차와 상소절차도 민사소송법상의 절차에 따른다.

다만 중재판정 취소의 소를 제기할만한 이유가 있는 경우에는, 그 판정에 대한 집행판결을 할 수 없다(제14조). 외국중재판정 취소의 소 자체는 그 판정국의 관할법원에 제기하여야 하며 이를 국내법원에 제기할 수는 없다.

제 3 절 무역 클레임의 국제소송

1. 국제소송과 재판관할권

(1) 국제소송의 의의

무역 클레임을 소송으로 해결하는 경우, 무엇보다도 재판관할권(jurisdiction)과 당해거래에 적용할 준거법, 즉 저촉법(conflict of laws)의 문제, 그리고 법정지국의 관할법원에서 내린 판결을 외국에서 어떻게 승인과 집행(recognition and enforcement)을 해나갈 것인가 하는 문제가 따른다.

무역 클레임은 초국가적으로 공정하게 판단해 줄 국제법원이 없기 때문에, 특정국가에서의 국제소송으로 해결하여야 한다. 그러나 외국법원에 소송을 제기하면, 외국법률과 의사소통의 장애, 소송비용과 불편, 외국인에 불리한 판결 등의 우려 때문에 당사자들은 각자 유리한 법원을 선택하고자 한다.

국제소송의 이러한 어려움으로 인하여 중재를 선호하지만, 중재는 당사자간의 자율적인 분쟁해결방법이기 때문에 중재합의가 없는 한, 역시 소송에 의할 수밖에 없고 중재절차에 따르더라도 법원이 개입할 소지가 많으므로 무역 클레임의 주요 해결방법으로서 국제소송의 의의가 크다고 할 수 있다.[14]

(2) 국제소송 관련협약

재판권은 국가주권행사의 하나이므로, 국제소송에서 문제되는 재판관할권, 국제송달, 외국판결의 승인과 집행 등은 관련국가의 협조 없이는 불가능한 일이다. 따라서 일찍부터 이에 관한 국제적인 협력이 모색되어 왔다.

---

14) 서정두, 국제통상법, 제3판, 삼영사, 2001, pp. 971~972.

① UNIDROIT가 1966년에 채택한 '민사와 상사에 관한 외국판결의 승인과 집행에 관한 협약'(Convention on the Recognition and Enforcement of Foreign Judgements in Civil and Commercial Matters : 헤이그 협약)과 1971년의 '추가의정서'(Supplementary)가 있다. 이는 아직 발효되지 않았으나, 각국의 쌍무적 협약 제정에 도움을 주는 모델 협약으로서 의미가 있다.

② 유럽국가들간에 1968년 채택된 '민사와 상사에 관한 재판관할권과 판결의 집행에 관한 협약'(Convention on Jurisdiction and the Enforcement of Judgements in Civil and Commercial Matters : 브뤼셀 협약)과 1989년 개정된 '산세바스티안 협약'(San Sebastian Convention)이 있다. 이는 회원국의 재판관할권과 외국판결의 승인 · 집행에 관한 간소절차를 도입함으로써, 오늘날 민사와 상사의 소송분야에서 국제적인 협력의 모형이 되고 있다.

기타 1988년 루가노(Lugano)에서 EU와 EFTA 회원국들간에 채택된 '민사와 상사에 관한 재판관할권과 판결의 집행에 관한 루가노 협약'도 있다.[15)]

(3) 재판관할권의 결정

"재판관할권"(jurisdiction)이라 함은 국제분쟁에 있어서 어느 국가의 법원이 재판관할권을 갖는가 하는 문제이다. 재판관할권 문제는 일반관할권과 이에 추가하여 인정되는 특별관할권으로 나누어 볼 수 있다.

① 재판관할권에 관한 세계 공통의 원칙은 피고주소지국가의 관할권이다. 브뤼셀 협약도 자연인의 경우 주소지국가의 법원에 관할권을 인정하고 있다(제2조). 우리나라의 민사소송법도 피고주소지법주의를 원칙으로 하고[16)], 다만 원고의 편의를 위하여 다음과 같은 특별관할권을 인정하고 있다.

② 재산권에 관한 소는 의무이행지국가의 법원에 제기할 수 있다(제6조). 계약상의 의무이행지국가에서 채무자를 상대로 소를 제기하는 것은 피고의 주소지국가에서 소를 제기하는 경우와 마찬가지로 본래의 취지에 합치한다.

③ 청구의 목적물인 재산소재지국가의 법원에 소를 제기할 수 있다(제9조). 청구의 목적물인 재산 자체뿐만 아니라 청구의 내용과는 관련 없는 피고의 일반 책임재산이 소재하는 경우에도 재산소재지법원의 관할이 인정된다.

④ 청구가 객관적으로 병합된 경우에는, 청구 사이에 일정의 관련성이 있으

15) Hans Van Houtte, *The Law of International Trade*, Sweet & Maxwell, 1995, p. 355.

16) 민사소송법 제1조와 제2조. 법인 등의 보통재판적은 주된 사무소나 영업소에 의하고, 그 업무에 관한 소는 사무소나 영업소의 소재지법원에 관할권이 있다(동법 제10조).

면 우리나라의 법원에 국제적 재판관할권이 인정된다(제22조).

⑤ 불법행위에 관한 소에서는 불법행위지국가의 재판관할권이 인정된다(제16조). 불법행위지는 사건과 근접하기 때문에 증거수집이 용이하여 재판의 신속·경제성을 기대할 수 있고, 가해자와 피해자 공히 부당하지 않다.

⑥ 국제계약에서 미리 법정지선택조항(forum selection clause)을 합의한 경우에는 그 합의관할지국가의 재판관할권이 인정된다(제26조).

⑦ 피고가 관할위반임을 주장하지 아니하고 본안에 응소한 경우에는 그 응소관할지국가의 법원에 재판관할권이 인정된다(제27조). 그러나 외국에서 소가 계속 중인 때에는 국내의 재판관할권이 인정되지 아니한다(제234조). 예컨대 외국에서 패소한 피고가 국내에서 다시 소를 제기하지 못한다.[17]

(4) 소송절차상의 사법공조

무역 클레임의 소송절차에 있어서 외국에 소재한 당사자의 출석이나 자료의 제출, 외국에서 증거수집 등의 절차가 필요하더라도, 당해국가 사법기관의 협조 없이는 그 진행이 불가능하다. 이에 각국은 섭외적인 서류송달과 증거조사를 위한 상호간의 협력, 즉 국제적인 사법공조를 도모하고 있다.[18]

대표적으로 UNIDROIT의 1965년 '민사와 상사에 관한 재판과 재판외 문서의 해외송달협약'(Convention on the Service Abroad of Judicial and Extra-judicial Documents in Civil or Commercial Matters : 송달협약)과 1970년 '민사와 상사에 관한 해외증거조사협약'(Convention on the Taking Evidence Abroad in Civil or Commercial Matters : 증거협약)이 있다.

우리나라도 이들 협약에는 가입하지 않았으나, 자체적으로 1991년에 국제민사사법공조법을 제정하여 민사사건에서 외국으로의 사법공조촉탁절차와 외국으로부터의 사법공조촉탁에 대한 처리절차를 규정하고 있다(제1조).

① 외국으로의 송달은 재판장이 그 국가에 주재하는 대한민국의 대사, 공사, 영사 또는 그 국가의 관할공무소에 촉탁송달하는 것을 원칙으로 한다(민소법 제176조). 외국으로 촉탁하는 재판장이 속한 법원의 장은 법원행정처장에게 촉탁서 기타 관계서류를 송부할 것을 요청하고, 법원행정처장은 외교상의 경로를 통하여 촉탁의 상대방에게 송달할 것을 의뢰한다(공조법 제6조).

---

17) 최공웅, 국제소송, 육법사, 1994, pp. 301~308.

18) "사법공조"라 함은 재판상 서류의 송달과 증거조사에 관한 국내절차를 외국에서 수행하거나 외국절차를 국내에서 수행하기 위한 사법사무의 협조를 말한다(공조법 제2조).

② 촉탁송달을 할 수 없거나 이에 의하여도 그 효력이 없을 것으로 인정되는 경우에는 공시송달을 할 수 있다(민소법 제179조). 공시송달의 방법은 법원의 게시판에 게시하고, 공시송달이 있다는 것을 해당 대사, 공사, 영사 등에게 등기우편으로 통지한다. 외국으로의 송달에 대한 공시송달은 게시한 날로부터 2월이 경과하면 그 효력이 발생한다(제180조와 제181조).

③ 외국으로부터의 촉탁은 송달을 할 장소를 관할하는 제1심법원이 관할한다(공조법 제11조). 송달에 관한 촉탁을 실시한 경우에는 수탁법원의 장이 송달결과에 관한 증명서를 외국법원에 송부하여야 한다(제16조).

④ 해외에서의 증거조사[19]는 국제적인 사법공조나 외국 정부의 임의적인 협조에 의하여 할 수 있다. 외국에서 시행할 증거조사는 해당 국가의 대한민국 대사, 공사, 영사 또는 그 국가의 관할공무소에 촉탁하며, 이러한 증거조사는 국내법에 위배하지 아니하는 한 효력이 있다(민소법 제268조).

2. 외국판결의 승인과 집행

외국판결을 피고의 재산지국가에서 집행하고자 할 경우에는, 당해국의 승인(recognition)과 집행(enforcement)에 대한 협조 없이는 불가능하다.[20] 대부분의 국가는 사법성을 지닌 민사나 상사의 동일한 사안에 관하여는 외국판결을 존중함으로써 무익한 소송의 경합을 피하고 권리의 실현에 이바지 하고자 한다.

(1) 외국판결의 승인

외국판결의 승인이나 집행을 위한 요건은 그것이 확정판결이고, 판결국에 재판괄할권이 있고, 피고의 방어권이 충분히 보장되고, 판결의 집행이 승인국의 공서에 반하지 아니하며, 상호의 보증이 있어야 한다(민소법 제203조).

① 외국판결은 재판관할권을 가진 외국의 권한 있는 법원이 내린 확정판결이어야 하며, 그 입증은 승인과 집행을 구하는 당사자의 책임이다.

② 승인국의 법령이나 협약에 비추어 판결국의 재판관할권을 부인하지 아니한 것이어야 한다. 여기서의 재판관할권은 승인국에서 판결국의 재판관할권 유

19) 여기서 "증거조사"(taking evidence)라 함은 증인, 감정인, 당사자 본인의 심문, 검증의 실시, 서증의 채용이나 조사 등의 재판상의 행위를 말한다.

20) 여기서 "승인"이라 함은 법률관계나 사항에 대하여 공적인 권위나 권한으로써 그 존부를 확인·비준 또는 시인하는 행위를 말하고, "집행"이라 함은 국가권력의 행사에 의하여 사법상의 청구권을 만족시키는 법률상의 절차를 말한다.

무를 가리는 문제로서, 이는 국제재판할권의 문제와는 구별된다.[21]

③ 피고의 방어권이 보장된 상태에서의 외국판결이어야 한다. 즉, 피고가 공시송달에 의하지 아니하고 이의 없이 응소한 경우이어야 한다.

④ 승인국의 공서양속에 반하지 아니한 것이어야 한다. 이는 우리의 공서양속에 반하는 외국판결로부터 국내의 법질서를 보존하고자 함이다.

⑤ 판결국이 협약이나 국내법에 의하여 한국판결의 효력을 인정하는 상호 보증이 있어야 한다. 이는 판결국에서 한국판결을 승인한 구체적인 사례가 있어야 한다는 것이 아니라, 승인을 기대할 수 있는 정도이면 충분하다.

(2) 외국판결의 집행

외국판결이 확정판결로서 기판력과 형성력이 있다 하더라도, 이를 집행하기 위하여는 본국법원의 집행판결을 받아야 한다.[22] 즉, 외국판결에 의한 강제집행은 본국법원에서 집행판결로 그 적법함을 선고한 때에만 가능하다.

집행판결의 관할법원은 채무자의 보통재판적 소재지의 지방법원이고 보통재판적이 없는 경우에는 재산소재지의 특별재판적 규정에 의하여 채무자에 대한 소를 관할하는 법원이 된다(민소법 제476조).

집행판결을 구하는 소송절차는 보통의 소송절차를 적용하며, 또 집행판결은 외국판결의 내용에 대한 실질적인 심사를 할 수 없고 그것이 위와 같은 승인요건의 구비 여부에 대한 형식적인 심사에만 그쳐야 한다(제477조).

21) 손경한, "외국판결 및 중재판정의 승인과 집행", 「국제거래법연구」, 1992. 5, p. 149.

22) D.M. Day, *The Law of International Trade*, 2nd ed., Butterworths, 1993, p. 189.

부 록

(APPENDICES)

부록 1. INCOTERMS® 2010

ICC Rules for the Use of Domestic and International Trade Terms

EXW : EX WORKS

GUIDANCE NOTE

This rule may be used irrespective of the mode of transport selected and may also be used where more than one mode of transport is employed. It is suitable for domestic trade, while FCA is usually more appropriate for international trade.

"Ex Works" means that the seller delivers when it places the goods at the disposal of the buyer at the seller's premises or at another named place (i.e., works, factory, warehouse, etc.). The seller does not need to load the goods on any collecting vehicle, nor does it need to clear the goods for export, where such clearance is applicable.

The parties are well advised to specify as clearly as possible the point within the named place of delivery, as the costs and risks to that point are for the account of the seller. The buyer bears all costs and risks involved in taking the goods from the agreed point, if any, at the named place of delivery.

EXW represents the minimum obligation for the seller. The rule should be used with care as:

a) The seller has no obligation to the buyer to load the goods, even though in practice the seller may be in a better position to do so. If the seller does load the goods, it does so at the buyer's risk and expense. In cases where the seller is in a better position to load the goods, FCA, which obliges the seller to do so at its own risk and expense, is usually more appropriate.

b) A buyer who buys from a seller on an EXW basis for export needs to be aware that the seller has an obligation to provide only such assistance as the buyer may require to effect that export: the seller is not bound to organize the export clearance. Buyers are therefore well advised not to use EXW if they cannot directly or indirectly obtain export clearance.

c) The buyer has limited obligations to provide to the seller any information regarding the export of the goods. However, the seller may need this information for, e.g., taxation or reporting purposes.

A THE SELLER'S OBLIGATIONS

A1 General obligations of the seller. The seller must provide the goods and the commercial invoice in conformity with the contract of sale and any other evidence of conformity that may be required by the contract.

Any document referred to in A1–A10 may be an equivalent electronic record or procedure if agreed between the parties or customary.

A2 Licences, authorizations, security clearances and other formalities. Where applicable, the seller must provide the buyer, at the buyer's request, risk and expense, assistance in obtaining any export licence, or other official authorization necessary for the export of the goods.

Where applicable, the seller must provide, at the buyer's request, risk and expense, any information in the possession of the seller that is required for the security clearance of the goods.

A3 Contracts of carriage and insurance. a) Contract of carriage. The seller has no obligation to the buyer to make a contract of carriage.

b) Contract of insurance. The seller has no obligation to the buyer to make a contract of insurance. However, the seller must provide the buyer, at the buyer's request, risk and expense (if any), with information that the buyer needs for obtaining insurance.

A4 Delivery. The seller must deliver the goods by placing them at the disposal of the buyer at the agreed point, if any, at the named place of delivery, not loaded on any collecting vehicle. If no specific point has been agreed within the named place of delivery, and if there are several points available, the seller may select the point that best suits its purpose. The seller must deliver the goods on the agreed date or within the agreed period.

A5 Transfer of risks. The seller bears all risks of loss of or damage to the goods until they have been delivered in accordance with A4 with the exception of loss or damage in the circumstances described in B5.

A6 Allocation of costs. The seller must pay all costs relating to the goods until they have been delivered in accordance with A4, other than those payable by the buyer as envisaged in B6.

A7 Notices to the buyer. The seller must give the buyer any notice needed to enable the buyer to take delivery of the goods.

A8 Delivery document. The seller has no obligation to the buyer.

A9 Checking–packaging–marking. The seller must pay the costs of those checking operations (such as checking quality, measuring, weighing, counting) that are necessary for the purpose of delivering the goods in accordance with A4.

The seller must, at its own expense, package the goods, unless it is usual for the particular trade to transport the type of goods sold unpackaged. The seller may package the goods in the manner appropriate for their transport, unless the buyer has notified the seller of specific packaging requirements before the contract of sale is concluded. Packaging is to be marked appropriately.

A10 Assistance with information and related costs. The seller must, where applicable, in a timely manner, provide to or render assistance in obtaining for the buyer, at the buyer's request, risk and expense, any documents and information, including security-related information, that the buyer needs for the export and/or import of the goods and/or for their transport to the final destination.

B THE BUYER'S OBLIGATIONS

B1 General obligations of the buyer. The buyer must pay the price of the goods as provided in the contract of sale.

Any document referred to in B1–B10 may be an equivalent electronic record or procedure if agreed between the parties or customary.

B2 Licences, authorizations, security clearances and other formalities. Where applicable, it is up to the buyer to obtain, at its own risk and expense, any export and import licence or other official authorization and carry out all customs formalities for the export of the goods.

B3 Contracts of carriage and insurance. **a) Contract of carriage.** The buyer has no obligation to the seller to make a contract of carriage.

b) Contract of insurance. The buyer has no obligation to the seller to make a contract of insurance.

B4 Taking delivery. The buyer must take delivery of the goods when A4 and A7 have been complied with.

B5 Transfer of risks. The buyer bears all risks of loss of or damage to the goods from the time they have been delivered as envisaged in A4.

If the buyer fails to give notice in accordance with B7, then the buyer bears all risks of loss of or damage to the goods from the agreed date or the expiry date of the agreed period for delivery, provided that the goods have been clearly identified as the contract goods.

B6 Allocation of costs. The buyer must:

a) pay all costs relating to the goods from the time they have been delivered as envisaged in A4;

b) pay any additional costs incurred by failing either to take delivery of the goods when they have been placed at its disposal or to give appropriate notice in accordance with B7, provided that the goods have been clearly identified as the contract goods;

c) pay, where applicable, all duties, taxes and other charges, as well as the costs of carrying out customs formalities payable upon export; and

d) reimburse all costs and charges incurred by the seller in providing assistance as envisaged in A2.

B7 Notices to the seller. The buyer must, whenever it is entitled to determine the time within an agreed period and/or the point of taking delivery within the named place, give the seller sufficient notice thereof.

B8 Proof of delivery. The buyer must provide the seller with appropriate evidence of having taken delivery.

B9 Inspection of goods. The buyer must pay the costs of any mandatory pre-shipment inspection, including inspection mandated by the authorities of the country of export.

B10 Assistance with information and related costs. The buyer must, in a timely manner, advise the seller of any security information requirements so that the seller may comply with A10.

The buyer must reimburse the seller for all costs and charges incurred by the seller in providing or rendering assistance in obtaining documents and information as envisaged in A10.

FCA : FREE CARRIER

GUIDANCE NOTE

This rule may be used irrespective of the mode of transport selected and may also be used where more than one mode of transport is employed.

"Free Carrier" means that the seller delivers the goods to the carrier or another person nominated by the buyer at the seller's premises or another named place. The parties are well advised to specify as clearly as possible the point within the named place of delivery, as the risk passes to the buyer at that point.

If the parties intend to deliver the goods at the seller's premises, they should identify the address of those premises as the named place of delivery. If, on the other hand, the parties intend the goods to be delivered at another place, they must identify a different specific place of delivery.

FCA requires the seller to clear the goods for export, where applicable. However, the seller has no obligation to clear the goods for import, pay any import duty or carry out any import customs formalities.

A THE SELLER'S OBLIGATIONS

A1 General obligations of the seller. The seller must provide the goods and the commercial invoice in conformity with the contract of sale and any other evidence of conformity that may be required by the contract.

Any document referred to in A1–A10 may be an equivalent electronic record or procedure if agreed between the parties or customary.

A2 Licences, authorizations, security clearances and other formalities. Where applicable, the seller must obtain, at its own risk and expense, any export licence or other official authorization and carry out all customs formalities necessary for the export of the goods.

A3 Contracts of carriage and insurance. a) Contract of carriage. The seller has no obligation to the buyer to make a contract of carriage. However, if requested by the buyer or if it is commercial practice and the buyer does not give an instruction to the contrary in due time, the seller may contract for carriage on usual terms at the buyer's risk and expense. In either case, the seller may decline to make the contract of carriage and, if it does, shall promptly notify the buyer.

b) Contract of insurance. The seller has no obligation to the buyer to make a contract of insurance. However, the seller must provide the buyer, at the buyer's request, risk, and expense (if any), with information that the buyer needs for obtaining insurance.

A4 Delivery. The seller must deliver the goods to the carrier or another person nominated by the buyer at the agreed point, if any, at the named place on the agreed date or within the agreed period.

Delivery is completed:

a) If the named place is the seller's premises, when the goods have been loaded on the means of transport provided by the buyer.

b) In any other case, when the goods are placed at the disposal of the carrier or another person nominated by the buyer on the seller's means of transport ready for unloading.

If no specific point has been notified by the buyer under B7 d) within the named place of delivery, and if there are several points available, the seller may select the point that best suits its purpose.

Unless the buyer notifies the seller otherwise, the seller may deliver the goods for carriage in such a manner as the quantity and/or nature of the goods may require.

A5 Transfer of risks. The seller bears all risks of loss of or damage to the goods until they have been delivered in accordance with A4, with the exception of loss or damage in the circumstances described in B5.

A6 Allocation of costs. The seller must pay

a) all costs relating to the goods until they have been delivered in accordance with A4, other than those payable by the buyer as envisaged in B6; and

b) where applicable, the costs of customs formalities necessary for export, as well as all duties, taxes, and other charges payable upon export.

A7 Notices to the buyer. The seller must, at the buyer's risk and expense, give the buyer sufficient notice either that the goods have been delivered in accordance with A4 or that the carrier or another person nominated by the buyer has failed to take the goods within the time agreed.

A8 Delivery document. The seller must provide the buyer, at the seller's expense, with the usual proof that the goods have been delivered in accordance with A4.

The seller must provide assistance to the buyer, at the buyer's request, risk and expense, in obtaining a transport document.

A9 Checking–packaging–marking. The seller must pay the costs of those checking operations (such as checking quality, measuring, weighing, counting) that are necessary for the purpose of delivering the goods in accordance with A4, as well as the costs of any pre-shipment inspection mandated by the authority of the country of export.

The seller must, at its own expense, package the goods, unless it is usual for the particular trade to transport the type of goods sold unpackaged. The seller may package the goods in the manner appropriate for their transport, unless the buyer has notified the seller of specific packaging requirements before the contract of sale is concluded. Packaging is to be marked appropriately.

A10 Assistance with information and related costs. The seller must, where applicable, in a timely manner, provide to or render assistance in obtaining for the buyer, at the buyer's request, risk and expense, any documents and information, including security-related information, that the buyer needs for the import of the goods and/or for their transport to the final destination.

The seller must reimburse the buyer for all costs and charges incurred by the buyer in providing or rendering assistance in obtaining documents and information as envisaged in B10.

B THE BUYER'S OBLIGATIONS

B1 General obligations of the buyer. The buyer must pay the price of the goods as provided in the contract of sale.

Any document referred to in B1–B10 may be an equivalent electronic record or procedure if agreed between the parties or customary.

B2 Licences, authorizations, security clearances and other formalities. Where applicable, it is up to the buyer to obtain, at its own risk and expense, any import licence or other official authorization and carry out all customs formalities for the import of the goods and for their transport through any country.

B3 Contracts of carriage and insurance. a) Contract of carriage. The buyer must contract at its own expense for the carriage of the goods from the named place of delivery, except when the contract of carriage is made by the seller as provided for in A3 a).

b) Contract of insurance. The buyer has no obligation to the seller to make a contract of insurance.

B4 Taking delivery. The buyer must take delivery of the goods when they have been delivered as envisaged in A4.

B5 Transfer of risks. The buyer bears all risks of loss of or damage to the goods from the time they have been delivered as envisaged in A4.

If a) the buyer fails in accordance with B7 to notify the nomination of a carrier or another person as envisaged in A4 or to give notice; or

b) the carrier or person nominated by the buyer as envisaged in A4 fails to take the goods into its charge,

then, the buyer bears all risks of loss of or damage to the goods:

(i) from the agreed date, or in the absence of an agreed date,

(ii) from the date notified by the seller under A7 within the agreed period; or, if no such date has been notified,

(iii) from the expiry date of any agreed period for delivery,

provided that the goods have been clearly identified as the contract goods.

B6 Allocation of costs. The buyer must pay

a) all costs relating to the goods from the time they have been delivered as envisaged in A4, except, where applicable, the costs of customs formalities necessary for export, as well as all duties, taxes, and other charges payable upon export as referred to in A6 b);

b) any additional costs incurred, either because:

(i) the buyer fails to nominate a carrier or another person as envisaged in A4, or

(ii) the carrier or person nominated by the buyer as envisaged in A4 fails to take the goods into its charge, or

(iii) the buyer has failed to give appropriate notice in accordance with B7,

provided that the goods have been clearly identified as the contract goods; and

c) where applicable, all duties, taxes and other charges as well as the costs of carrying out customs formalities payable upon import of the goods and the costs for their transport through any country.

B7 Notices to the seller. The buyer must notify the seller of

a) the name of the carrier or another person nominated as envisaged in A4 within sufficient time as to enable the seller to deliver the goods in accordance with that article;

b) where necessary, the selected time within the period agreed for delivery when the carrier or person nominated will take the goods;

c) the mode of transport to be used by the person nominated; and

d) the point of taking delivery within the named place.

B8 Proof of delivery. The buyer must accept the proof of delivery provided as envisaged in A8.

B9 Inspection of goods. The buyer must pay the costs of any mandatory pre-shipment inspection, except when such inspection is mandated by the authorities of the country of export.

B10 Assistance with information and related costs. The buyer must, in a timely manner, advise the seller of any security information requirements so that the seller may comply with A10.

The buyer must reimburse the seller for all costs and charges incurred by the seller in providing or rendering assistance in obtaining documents and information as envisaged in A10.

The buyer must, where applicable, in a timely manner, provide to or render assistance in obtaining for the seller, at the seller's request, risk and expense, any documents and information, including security-related information, that the seller needs for the transport and export of the goods and for their transport through any country.

CPT : CARRIAGE PAID TO

GUIDANCE NOTE

This rule may be used irrespective of the mode of transport selected and may also be used where more than one mode of transport is employed.

"Carriage Paid To" means that the seller delivers the goods to the carrier or another person nominated by the seller at an agreed place (if any such place is agreed between the parties) and that the seller must contract for and pay the costs of carriage necessary to bring the goods to the named place of destination.

When CPT, CIP, CFR or CIF are used, the seller fulfils its obligation to deliver when it hands the goods over to the carrier and not when the goods reach the place of destination.

This rule has two critical points, because risk passes and costs are transferred at different places. The parties are well advised to identify as precisely as possible in the contract both the place of delivery, where the risk passes to the buyer, and the named place of destination to which the seller must contract for the carriage. If several carriers are used for the carriage to the agreed destination and the parties do not agree on a specific point of delivery, the default position is that risk passes when the goods have been delivered to the first carrier at a point entirely of the seller's choosing and over which the buyer has no control. Should the parties wish the risk to pass at a later stage (e.g., at an ocean port or airport), they need to specify this in their contract of sale.

The parties are also well advised to identify as precisely as possible the point within the agreed place of destination, as the costs to that point are for the account of the seller. The seller is advised to procure contracts of carriage that match this choice precisely. If the seller incurs costs under its contract of carriage related to unloading at the named place of destination, the seller is not entitled to recover such costs from the buyer unless otherwise agreed between the parties.

CPT requires the seller to clear the goods for export, where applicable. However, the seller has no obligation to clear the goods for import, pay any import duty or carry out any import customs formalities.

A THE SELLER'S OBLIGATIONS

A1 General obligations of the seller. The seller must provide the goods and the commercial invoice in conformity with the contract of sale and any other evidence of conformity that may be required by the contract.

Any document referred to in A1–A10 may be an equivalent electronic record or procedure if agreed between the parties or customary.

A2 Licences, authorizations, security clearances and other formalities. Where applicable, the seller must obtain, at its own risk and expense, any export licence or other official authorization and carry out all customs formalities necessary for the export of the goods, and for their transport through any country prior to delivery.

A3 Contracts of carriage and insurance. a) Contract of carriage. The seller must contract or procure a contract for the carriage of the goods from the agreed point of delivery, if any, at the place of delivery to the named place of destination or, if agreed, any point at that place. The contract of carriage must be made on usual terms at the seller's expense and provide for carriage by the usual route and in a customary manner. If a specific point is not agreed or is not determined by practice, the seller may select the point of delivery and the point at the named place of destination that best suit its purpose.

b) Contract of insurance. The seller has no obligation to the buyer to make a contract of insurance. However, the seller must provide the buyer, at the buyer's request, risk, and expense (if any), with information that the buyer needs for obtaining insurance.

A4 Delivery. The seller must deliver the goods by handing them over to the carrier contracted in accordance with A3 on the agreed date or within the agreed period.

A5 Transfer of risks. The seller bears all risks of loss of or damage to the goods until they have been delivered in accordance with A4, with the exception of loss or damage in the circumstances described in B5.

A6 Allocation of costs. The seller must pay

a) all costs relating to the goods until they have been delivered in accordance with A4, other than those payable by the buyer as envisaged in B6;

b) the freight and all other costs resulting from A3 a), including the costs of loading the goods and any charges for unloading at the place of destination that were for the seller's account under the contract of carriage; and

c) where applicable, the costs of customs formalities necessary for export, as well as all duties, taxes and other charges payable upon export, and the costs for their transport through any country that were for the seller's account under the contract of carriage.

A7 Notices to the buyer. The seller must notify the buyer that the goods have been delivered in accordance with A4.

The seller must give the buyer any notice needed in order to allow the buyer to take measures that are normally necessary to enable the buyer to take the goods.

A8 Delivery document. If customary or at the buyer's request, the seller must provide the buyer, at the seller's expense, with the usual transport document[s] for the transport contracted in accordance with A3.

This transport document must cover the contract goods and be dated within the period agreed for shipment. If agreed or customary, the document must also enable the buyer to claim the goods from the carrier at the named place of destination and enable the buyer to sell the goods in transit by the transfer of the document to a subsequent buyer or by notification to the carrier.

When such a transport document is issued in negotiable form and in several originals, a full set of originals must be presented to the buyer.

A9 Checking–packaging–marking. The seller must pay the costs of those checking operations (such as checking quality, measuring, weighing, counting) that are necessary for the purpose of delivering the goods in accordance with A4, as well as the costs of any pre-shipment inspection mandated by the authority of the country of export.

The seller must, at its own expense, package the goods, unless it is usual for the particular trade to transport the type of goods sold unpackaged. The seller may package the goods in the manner appropriate for their transport, unless the buyer has notified the seller of specific packaging requirements before the contract of sale is concluded. Packaging is to be marked appropriately.

A10 Assistance with information and related costs. The seller must, where applicable, in a timely manner, provide to or render assistance in obtaining for the buyer, at the buyer's request, risk and expense, any documents and information, including security-related information, that the buyer needs for the import of the goods and/or for their transport to the final destination.

The seller must reimburse the buyer for all costs and charges incurred by the buyer in providing or rendering assistance in obtaining documents and information as envisaged in B10.

B THE BUYER'S OBLIGATIONS

B1 General obligations of the buyer. The buyer must pay the price of the goods as provided in the contract of sale.

Any document referred to in B1-B10 may be an equivalent electronic record or procedure if agreed between the parties or customary.

B2 Licences, authorizations, security clearances and other formalities. Where applicable, it is up to the buyer to obtain, at its own risk and expense, any import licence or other official authorization and carry out all customs formalities for the import of the goods and for their transport through any country.

B3 Contracts of carriage and insurance. a) Contract of carriage. The buyer has no obligation to the seller to make a contract of carriage.

b) Contract of insurance. The buyer has no obligation to the seller to make a contract of insurance. However, the buyer must provide the seller, upon request, with the necessary information for obtaining insurance.

B4 Taking delivery. The buyer must take delivery of the goods when they have been delivered as envisaged in A4 and receive them from the carrier at the named place of destination.

B5 Transfer of risks. The buyer bears all risks of loss of or damage to the goods from the time they have been delivered as envisaged in A4.

If the buyer fails to give notice in accordance with B7, it must bear all risks of loss of or damage to the goods from the agreed date or the expiry date of the agreed period for delivery, provided that the goods have been clearly identified as the contract goods.

B6 Allocation of costs. The buyer must, subject to the provisions of A3 a), pay

a) all costs relating to the goods from the time they have been delivered as envisaged in A4, except, where applicable, the costs of customs formalities necessary for export, as well as all duties, taxes, and other charges payable upon export as referred to in A6 c);

b) all costs and charges relating to the goods while in transit until their arrival at the agreed place of destination, unless such costs and charges were for the seller's account under the contract of carriage;

c) unloading costs, unless such costs were for the seller's account under the contract of carriage;

d) any additional costs incurred if the buyer fails to give notice in accordance with B7, from the agreed date or the expiry date of the agreed period for dispatch, provided that the goods have been clearly identified as the contract goods; and

e) where applicable, all duties, taxes and other charges, as well as the costs of carrying out customs formalities payable upon import of the goods and the costs for their transport through any country, unless included within the cost of the contract of carriage.

B7 Notices to the seller. The buyer must, whenever it is entitled to determine the time for dispatching the goods and/or the named place of destination or the point of receiving the goods within that place, give the seller sufficient notice thereof.

B8 Proof of delivery. The buyer must accept the transport document provided as envisaged in A8 if it is in conformity with the contract.

B9 Inspection of goods. The buyer must pay the costs of any mandatory pre-shipment inspection, except when such inspection is mandated by the authorities of the country of export.

B10 Assistance with information and related costs. The buyer must, in a timely manner, advise the seller of any security information requirements so that the seller may comply with A10.

The buyer must reimburse the seller for all costs and charges incurred by the seller in providing or rendering assistance in obtaining documents and information as envisaged in A10.

The buyer must, where applicable, in a timely manner, provide to or render assistance in obtaining for the seller, at the seller's request, risk and expense, any documents and information, including security-related information, that the seller needs for the transport and export of the goods and for their transport through any country.

CIP : CARRIAGE AND INSURANCE PAID TO

GUIDANCE NOTE

This rule may be used irrespective of the mode of transport selected and may also be used where more than one mode of transport is employed.

"Carriage and Insurance Paid to" means that the seller delivers the goods to the carrier or another person nominated by the seller at an agreed place (if any such place is agreed between the parties) and that the seller must contract for and pay the costs of carriage necessary to bring the goods to the named place of destination.

The seller also contracts for insurance cover against the buyer's risk of loss of or damage to the goods during the carriage. The buyer should note that under CIP the seller is required to obtain insurance only on minimum cover. Should the buyer wish to have more insurance protection, it will need either to agree as much expressly with the seller or to make its own extra insurance arrangements.

When CPT, CIP, CFR or CIF are used, the seller fulfils its obligation to deliver when it hands the goods over to the carrier and not when the goods reach the place of destination.

This rule has two critical points, because risk passes and costs are transferred at different places. The parties are well advised to identify as precisely as possible in the contract both the place of delivery, where the risk passes to the buyer, and the named place of destination to which the seller must contract for carriage. If several carriers are used for the carriage to the agreed destination and the parties do not agree on a specific point of delivery, the default position is that risk passes when the goods have been delivered to the first carrier at a point entirely of the seller's choosing and over which the buyer has no control. Should the parties wish the risk to pass at a later stage (e.g., at an ocean port or an airport), they need to specify this in their contract of sale.

The parties are also well advised to identify as precisely as possible the point within the agreed place of destination, as the costs to that point are for the account of the seller. The seller is advised to procure contracts of carriage that match this choice precisely. If the seller incurs costs under its contract of carriage related to unloading at the named place of destination, the seller is not entitled to recover such costs from the buyer unless otherwise agreed between the parties.

CIP requires the seller to clear the goods for export, where applicable. However, the seller has no obligation to clear the goods for import, pay any import duty or carry out any import customs formalities.

A THE SELLER'S OBLIGATIONS

A1 General obligations of the seller. The seller must provide the goods and the commercial invoice in conformity with the contract of sale and any other evidence of conformity that may be required by the contract.

Any document referred to in A1–A10 may be an equivalent electronic record or procedure if agreed between the parties or customary.

A2 Licences, authorizations, security clearances and other formalities. Where applicable, the seller must obtain, at its own risk and expense, any export licence or other official authorization and carry out all customs formalities necessary for the export of the goods and for their transport through any country prior to delivery.

A3 Contracts of carriage and insurance. a) Contract of carriage. The seller must contract or procure a contract for the carriage of the goods from the agreed point of delivery, if any, at the place of delivery to the named place of destination or, if agreed, any point at that place. The contract of carriage must be made on usual terms at the seller's expense and provide for carriage by the usual route and in a customary manner. If a specific point is not agreed or is not determined by practice, the seller may select the point of delivery and the point at the named place of destination that best suit its purpose.

b) Contract of insurance. The seller must obtain at its own expense cargo insurance complying at least with the minimum cover as provided by Clauses (C) of the Institute Cargo Clauses (LMA/IUA) or any similar clauses. The insurance shall be contracted with underwriters or an insurance company of good repute and entitle the buyer, or any other person having an insurable interest in the goods, to claim directly from the insurer.

When required by the buyer, the seller shall, subject to the buyer providing any necessary information requested by the seller, provide at the buyer's expense any additional cover, if procurable, such as cover as provided by Clauses (A) or (B) of the Institute Cargo Clauses (LMA/IUA) or any similar clauses, and/or cover complying with the Institute War Clauses and/or Institute Strikes Clauses (LMA/IUA) or any similar clauses.

The insurance shall cover, at a minimum, the price provided in the contract plus 10% (i.e., 110%) and shall be in the currency of the contract.

The insurance shall cover the goods from the point of delivery set out in A4 and A5 to at least the named place of destination.

The seller must provide the buyer with the insurance policy or other evidence of insurance cover.

Moreover, the seller must provide the buyer, at the buyer's request, risk, and expense (if any), with information that the buyer needs to procure any additional insurance.

A4 Delivery. The seller must deliver the goods by handing them over to the carrier contracted in accordance with A3 on the agreed date or within the agreed period.

A5 Transfer of risks. The seller bears all risks of loss of or damage to the goods until they have been delivered in accordance with A4, with the exception of loss or damage in the circumstances described in B5.

A6 Allocation of costs. The seller must pay

a) all costs relating to the goods until they have been delivered in accordance with A4, other than those payable by the buyer as envisaged in B6;

b) the freight and all other costs resulting from A3 a), including the costs of loading the goods and any charges for unloading at the place of destination that were for the seller's account under the contract of carriage;

c) the costs of insurance resulting from A3 b); and

d) where applicable, the costs of customs formalities necessary for export, as well as all duties, taxes and other charges payable upon export, and the costs for their transport through any country that were for the seller's account under the contract of carriage.

A7 Notices to the buyer. The seller must notify the buyer that the goods have been delivered in accordance with A4.

The seller must give the buyer any notice needed in order to allow the buyer to take measures that are normally necessary to enable the buyer to take the goods.

A8 Delivery document. If customary or at the buyer's request, the seller must provide the buyer, at the seller's expense, with the usual transport document[s] for the transport contracted in accordance with A3.

This transport document must cover the contract goods and be dated within the period agreed for shipment. If agreed or customary, the document must also enable the buyer to claim the goods from the carrier at the named place of destination and enable the buyer to sell the goods in transit by the transfer of the document to a subsequent buyer or by notification to the carrier.

When such a transport document is issued in negotiable form and in several originals, a full set of originals must be presented to the buyer.

A9 Checking–packaging–marking. The seller must pay the costs of those checking operations (such as checking quality, measuring, weighing, counting) that are necessary for the purpose of delivering the goods in accordance with A4 as well as the costs of any pre-shipment inspection mandated by the authority of the country of export.

The seller must, at its own expense, package the goods, unless it is usual for the particular trade to transport the type of goods sold unpackaged. The seller may package the goods in the manner appropriate for their transport, unless the buyer has notified the seller of specific packaging requirements before the contract of sale is concluded. Packaging is to be marked appropriately.

A10 Assistance with information and related costs. The seller must, where applicable, in a timely manner, provide to or render assistance in obtaining for the buyer, at the buyer's request, risk and expense, any documents and information, including security-related information, that the buyer needs for the import of the goods and/or for their transport to the final destination.

The seller must reimburse the buyer for all costs and charges incurred by the buyer in providing or rendering assistance in obtaining documents and information as envisaged in B10.

B THE BUYER'S OBLIGATIONS

B1 General obligations of the buyer. The buyer must pay the price of the goods as provided in the contract of sale.

Any document referred to in B1–B10 may be an equivalent electronic record or procedure if agreed between the parties or customary.

B2 Licences, authorizations, security clearances and other formalities. Where applicable, it is up to the buyer to obtain, at its own risk and expense, any import licence or other official authorization and carry out all customs formalities for the import of the goods and for their transport through any country.

B3 Contracts of carriage and insurance. a) Contract of carriage. The buyer has no obligation to the seller to make a contract of carriage.

b) Contract of insurance. The buyer has no obligation to the seller to make a contract of insurance. However, the buyer must provide the seller, upon request, with any information necessary for the seller to procure any additional insurance requested by the buyer as envisaged in A3 b).

B4 Taking delivery. The buyer must take delivery of the goods when they have been delivered as envisaged in A4 and receive them from the carrier at the named place of destination.

B5 Transfer of risks. The buyer bears all risks of loss of or damage to the goods from the time they have been delivered as envisaged in A4.

If the buyer fails to give notice in accordance with B7, it must bear all risks of loss of or damage to the goods from the agreed date or the expiry date of the agreed period for delivery, provided that the goods have been clearly identified as the contract goods.

B6 Allocation of costs. The buyer must, subject to the provisions of A3 a), pay

a) all costs relating to the goods from the time they have been delivered as envisaged in A4, except, where applicable, the costs of customs formalities necessary for export, as well as all duties, taxes and other charges payable upon export as referred to in A6 d);

b) all costs and charges relating to the goods while in transit until their arrival at the agreed place of destination, unless such costs and charges were for the seller's account under the contract of carriage;

c) unloading costs, unless such costs were for the seller's account under the contract of carriage;

d) any additional costs incurred if it fails to give notice in accordance with B7, from the agreed date or the expiry date of the agreed period for dispatch, provided that the goods have been clearly identified as the contract goods;

e) where applicable, all duties, taxes and other charges as well as the costs of carrying out customs formalities payable upon import of the goods and the costs for their transport through any country, unless included within the cost of the contract of carriage; and

f) the costs of any additional insurance procured at the buyer's request under A3 and B3.

B7 Notices to the seller. The buyer must, whenever it is entitled to determine the time for dispatching the goods and/or the named place of destination or the point of receiving the goods within that place, give the seller sufficient notice thereof.

B8 Proof of delivery. The buyer must accept the transport document provided as envisaged in A8 if it is in conformity with the contract.

B9 Inspection of goods. The buyer must pay the costs of any mandatory pre-shipment inspection, except when such inspection is mandated by the authorities of the country of export.

B10 Assistance with information and related costs. The buyer must, in a timely manner, advise the seller of any security information requirements so that the seller may comply with A10.

The buyer must reimburse the seller for all costs and charges incurred by the seller in providing or rendering assistance in obtaining documents and information as envisaged in A10.

The buyer must, where applicable, in a timely manner, provide to or render assistance in obtaining for the seller, at the seller's request, risk and expense, any documents and information, including security-related information, that the seller needs for the transport and export of the goods and for their transport through any country.

DAT : DELIVERED AT TERMINAL

GUIDANCE NOTE

This rule may be used irrespective of the mode of transport selected and may also be used where more than one mode of transport is employed.

"Delivered at Terminal" means that the seller delivers when the goods, once unloaded from the arriving means of transport, are placed at the disposal of the buyer at a named terminal at the named port or place of destination. "Terminal" includes any place, whether covered or not, such as a quay, warehouse, container yard or road, rail or air cargo terminal. The seller bears all risks involved in bringing the goods to and unloading them at the terminal at the named port or place of destination.

The parties are well advised to specify as clearly as possible the terminal and, if possible, a specific point within the terminal at the agreed port or place of destination, as the risks to that point are for the account of the seller. The seller is advised to procure a contract of carriage that matches this choice precisely.

Moreover, if the parties intend the seller to bear the risks and costs involved in transporting and handling the goods from the terminal to another place, then the DAP or DDP rules should be used.

DAT requires the seller to clear the goods for export, where applicable. However, the seller has no obligation to clear the goods for import, pay any import duty or carry out any import customs formalities.

A THE SELLER'S OBLIGATIONS

A1 General obligations of the seller. The seller must provide the goods and the commercial invoice in conformity with the contract of sale and any other evidence of conformity that may be required by the contract.

Any document referred to in A1-A10 may be an equivalent electronic record or procedure if agreed between the parties or customary.

A2 Licences, authorizations, security clearances and other formalities. Where applicable, the seller must obtain, at its own risk and expense, any export licence and other official authorization and carry out all customs formalities necessary for the export of the goods and for their transport through any country prior to delivery.

A3 Contracts of carriage and insurance. a) Contract of carriage. The seller must contract at its own expense for the carriage of the goods to the named terminal at the agreed port or place of destination. If a specific terminal is not agreed or is not determined by practice, the seller may select the terminal at the agreed port or place of destination that best suits its purpose.

b) Contract of insurance. The seller has no obligation to the buyer to make a contract of insurance. However, the seller must provide the buyer, at the buyer's request, risk, and expense (if any), with information that the buyer needs for obtaining insurance.

A4 Delivery. The seller must unload the goods from the arriving means of transport and must then deliver them by placing them at the disposal of the buyer at the named terminal referred to in A3 a) at the port or place of destination on the agreed date or within the agreed period.

A5 Transfer of risks. The seller bears all risks of loss of or damage to the goods until they have been delivered in accordance with A4 with the exception of loss or damage in the circumstances described in B5.

A6 Allocation of costs. The seller must pay

a) in addition to costs resulting from A3 a), all costs relating to the goods until they have been delivered in accordance with A4, other than those payable by the buyer as envisaged in B6; and

b) where applicable, the costs of customs formalities necessary for export as well as all duties, taxes and other charges payable upon export and the costs for their transport through any country, prior to delivery in accordance with A4.

A7 Notices to the buyer. The seller must give the buyer any notice needed in order to allow the buyer to take measures that are normally necessary to enable the buyer to take delivery of the goods.

A8 Delivery document. The seller must provide the buyer, at the seller's expense, with a document enabling the buyer to take delivery of the goods as envisaged in A4/B4.

A9 Checking–packaging–marking. The seller must pay the costs of those checking operations (such as checking quality, measuring, weighing, counting) that are necessary for the purpose of delivering the goods in accordance with A4, as well as the costs of any pre-shipment inspection mandated by the authority of the country of export.

The seller must, at its own expense, package the goods, unless it is usual for the particular trade to transport the type of goods sold unpackaged. The seller may package the goods in the manner appropriate for their transport, unless the buyer has notified the seller of specific packaging requirements before the contract of sale is concluded. Packaging is to be marked appropriately.

A10 Assistance with information and related costs. The seller must, where applicable, in a timely manner, provide to or render assistance in obtaining for the buyer, at the buyer's request, risk and expense, any documents and information, including security-related information, that the buyer needs for the import of the goods and/or for their transport to the final destination.

The seller must reimburse the buyer for all costs and charges incurred by the buyer in providing or rendering assistance in obtaining documents and information as envisaged in B10.

B THE BUYER'S OBLIGATIONS

B1 General obligations of the buyer. The buyer must pay the price of the goods as provided in the contract of sale.

Any document referred to in B1–B10 may be an equivalent electronic record or procedure if agreed between the parties or customary.

B2 Licences, authorizations, security clearances and other formalities. Where applicable, the buyer must obtain, at its own risk and expense, any import licence or other official authorization and carry out all customs formalities for the import of the goods.

B3 Contracts of carriage and insurance. a) Contract of carriage. The buyer has no obligation to the seller to make a contract of carriage.

b) Contract of insurance. The buyer has no obligation to the seller to make a contract of insurance. However, the buyer must provide the seller, upon request, with the necessary information for obtaining insurance.

B4 Taking delivery. The buyer must take delivery of the goods when they have been delivered as envisaged in A4.

B5 Transfer of risks. The buyer bears all risks of loss of or damage to the goods from the time they have been delivered as envisaged in A4.

If a) the buyer fails to fulfil its obligations in accordance with B2, then it bears all resulting risks of loss of or damage to the goods; or

b) the buyer fails to give notice in accordance with B7, then it bears all risks of loss of or damage to the goods from the agreed date or the expiry date of the agreed period for delivery,

provided that the goods have been clearly identified as the contract goods.

B6 Allocation of costs. The buyer must pay

a) all costs relating to the goods from the time they have been delivered as envisaged in A4;

b) any additional costs incurred by the seller if the buyer fails to fulfil its obligations in accordance with B2, or to give notice in accordance with B7, provided that the goods have been clearly identified as the contract goods; and

c) where applicable, the costs of customs formalities as well as all duties, taxes and other charges payable upon import of the goods.

B7 Notices to the seller. The buyer must, whenever it is entitled to determine the time within an agreed period and/or the point of taking delivery at the named terminal, give the seller sufficient notice thereof.

B8 Proof of delivery. The buyer must accept the delivery document provided as envisaged in A8.

B9 Inspection of goods. The buyer must pay the costs of any mandatory pre-shipment inspection, except when such inspection is mandated by the authorities of the country of export.

B10 Assistance with information and related costs. The buyer must, in a timely manner, advise the seller of any security information requirements so that the seller may comply with A10.

The buyer must reimburse the seller for all costs and charges incurred by the seller in providing or rendering assistance in obtaining documents and information as envisaged in A10.

The buyer must, where applicable, in a timely manner, provide to or render assistance in obtaining for the seller, at the seller's request, risk and expense, any documents and information, including security-related information, that the seller needs for the transport and export of the goods and for their transport through any country.

DAP : DELIVERED AT PLACE

GUIDANCE NOTE

This rule may be used irrespective of the mode of transport selected and may also be used where more than one mode of transport is employed.

"Delivered at Place" means that the seller delivers when the goods are placed at the disposal of the buyer on the arriving means of transport ready for unloading at the named place of destination. The seller bears all risks involved in bringing the goods to the named place.

The parties are well advised to specify as clearly as possible the point within the agreed place of destination, as the risks to that point are for the account of the seller. The seller is advised to procure contracts of carriage that match this choice precisely. If the seller incurs costs under its contract of carriage related to unloading at the place of destination, the seller is not entitled to recover such costs from the buyer unless otherwise agreed between the parties.

DAP requires the seller to clear the goods for export, where applicable. However, the seller has no obligation to clear the goods for import, pay any import duty or carry out any import customs formalities. If the parties wish the seller to clear the goods for import, pay any import duty and carry out any import customs formalities, the DDP term should be used.

A THE SELLER'S OBLIGATIONS

A1 General obligations of the seller. The seller must provide the goods and the commercial invoice in conformity with the contract of sale and any other evidence of conformity that may be required by the contract.

Any document referred to in A1–A10 may be an equivalent electronic record or procedure if agreed between the parties or customary.

A2 Licences, authorizations, security clearances and other formalities. Where applicable, the seller must obtain, at its own risk and expense, any export licence and other official authorization and carry out all customs formalities necessary for the export of the goods and for their transport through any country prior to delivery.

A3 Contracts of carriage and insurance. a) Contract of carriage. The seller must contract at its own expense for the carriage of the goods to the named place of destination or to the agreed point, if any, at the named place of destination. If a specific point is not agreed or is not determined by practice, the seller may select the point at the named place of destination that best suits its purpose.

b) Contract of insurance. The seller has no obligation to the buyer to make a contract of insurance. However, the seller must provide the buyer, at the buyer's request, risk, and expense (if any), with information that the buyer needs for obtaining insurance.

A4 Delivery. The seller must deliver the goods by placing them at the disposal of the buyer on the arriving means of transport ready for unloading at the agreed point, if any, at the named place of destination on the agreed date or within the agreed period.

A5 Transfer of risks. The seller bears all risks of loss of or damage to the goods until they have been delivered in accordance with A4, with the exception of loss or damage in the circumstances described in B5.

A6 Allocation of costs. The seller must pay

a) in addition to costs resulting from A3 a), all costs relating to the goods until they have been delivered in accordance with A4, other than those payable by the buyer as envisaged in B6;

b) any charges for unloading at the place of destination that were for the seller's account under the contract of carriage; and

c) where applicable, the costs of customs formalities necessary for export as well as all duties, taxes and other charges payable upon export and the costs for their transport through any country, prior to delivery in accordance with A4.

A7 Notices to the buyer. The seller must give the buyer any notice needed in order to allow the buyer to take measures that are normally necessary to enable the buyer to take delivery of the goods.

A8 Delivery document. The seller must provide the buyer, at the seller's expense, with a document enabling the buyer to take delivery of the goods as envisaged in A4/B4.

A9 Checking–packaging–marking. The seller must pay the costs of those checking operations (such as checking quality, measuring, weighing, counting) that are necessary for the purpose of delivering the goods in accordance with A4, as well as the costs of any pre-shipment inspection mandated by the authority of the country of export.

The seller must, at its own expense, package the goods, unless it is usual for the particular trade to transport the type of goods sold unpackaged. The seller may package the goods in the manner appropriate for their transport, unless the buyer has notified the seller of specific packaging requirements before the contract of sale is concluded. Packaging is to be marked appropriately.

A10 Assistance with information and related costs. The seller must, where applicable, in a timely manner, provide to or render assistance in obtaining for the buyer, at the buyer's request, risk and expense, any documents and information, including security-related information, that the buyer needs for the import of the goods and/or for their transport to the final destination.

The seller must reimburse the buyer for all costs and charges incurred by the buyer in providing or rendering assistance in obtaining documents and information as envisaged in B10.

B THE BUYER'S OBLIGATIONS

B1 General obligations of the buyer. The buyer must pay the price of the goods as provided in the contract of sale.

Any document referred to in B1–B10 may be an equivalent electronic record or procedure if agreed between the parties or customary.

B2 Licences, authorizations, security clearances and other formalities. Where applicable, the buyer must obtain, at its own risk and expense, any import licence or other official authorization and carry out all customs formalities for the import of the goods.

B3 Contracts of carriage and insurance. a) Contract of carriage. The buyer has no obligation to the seller to make a contract of carriage.

b) Contract of insurance. The buyer has no obligation to the seller to make a contract of insurance. However, the buyer must provide the seller, upon request, with the necessary information for obtaining insurance.

B4 Taking delivery. The buyer must take delivery of the goods when they have been delivered as envisaged in A4.

B5 Transfer of risks. The buyer bears all risks of loss of or damage to the goods from the time they have been delivered as envisaged in A4.

If a) the buyer fails to fulfil its obligations in accordance with B2, then it bears all resulting risks of loss of or damage to the goods; or

b) the buyer fails to give notice in accordance with B7, then it bears all risks of loss of or damage to the goods from the agreed date or the expiry date of the agreed period for delivery,

provided that the goods have been clearly identified as the contract goods.

B6 Allocation of costs. The buyer must pay

a) all costs relating to the goods from the time they have been delivered as envisaged in A4;

b) all costs of unloading necessary to take delivery of the goods from the arriving means of transport at the named place of destination, unless such costs were for the seller's account under the contract of carriage;

c) any additional costs incurred by the seller if the buyer fails to fulfil its obligations in accordance with B2 or to give notice in accordance with B7, provided that the goods have been clearly identified as the contract goods; and

d) where applicable, the costs of customs formalities, as well as all duties, taxes and other charges payable upon import of the goods.

B7 Notices to the seller. The buyer must, whenever it is entitled to determine the time within an agreed period and/or the point of taking delivery within the named place of destination, give the seller sufficient notice thereof.

B8 Proof of delivery. The buyer must accept the delivery document provided as envisaged in A8.

B9 Inspection of goods. The buyer must pay the costs of any mandatory pre-shipment inspection, except when such inspection is mandated by the authorities of the country of export.

B10 Assistance with information and related costs. The buyer must, in a timely manner, advise the seller of any security information requirements so that the seller may comply with A10.

The buyer must reimburse the seller for all costs and charges incurred by the seller in providing or rendering assistance in obtaining documents and information as envisaged in A10.

The buyer must, where applicable, in a timely manner, provide to or render assistance in obtaining for the seller, at the seller's request, risk and expense, any documents and information, including security-related information, that the seller needs for the transport and export of the goods and for their transport through any country.

DDP : DELIVERED DUTY PAID

GUIDANCE NOTE

This rule may be used irrespective of the mode of transport selected and may also be used where more than one mode of transport is employed.

"Delivered Duty Paid" means that the seller delivers the goods when the goods are placed at the disposal of the buyer, cleared for import on the arriving means of transport ready for unloading at the named place of destination. The seller bears all the costs and risks involved in bringing the goods to the place of destination and has an obligation to clear the goods not only for export but also for import, to pay any duty for both export and import and to carry out all customs formalities.

DDP represents the maximum obligation for the seller.

The parties are well advised to specify as clearly as possible the point within the agreed place of destination, as the costs and risks to that point are for the account of the seller. The seller is advised to procure contracts of carriage that match this choice precisely. If the seller incurs costs under its contract of carriage related to unloading at the place of destination, the seller is not entitled to recover such costs from the buyer unless otherwise agreed between the parties.

The parties are well advised not to use DDP if the seller is unable directly or indirectly to obtain import clearance.

If the parties wish the buyer to bear all risks and costs of import clearance, the DAP rule should be used.

Any VAT or other taxes payable upon import are for the seller's account unless expressly agreed otherwise in the sales contract.

A THE SELLER'S OBLIGATIONS

A1 General obligations of the seller. The seller must provide the goods and the commercial invoice in conformity with the contract of sale and any other evidence of conformity that may be required by the contract.

Any document referred to in A1-A10 may be an equivalent electronic record or procedure if agreed between the parties or customary.

A2 Licences, authorizations, security clearances and other formalities. Where applicable, the seller must obtain, at its own risk and expense, any export and import licence and other official authorization and carry out all customs formalities necessary for the export of the goods, for their transport through any country and for their import.

A3 Contracts of carriage and insurance. **a) Contract of carriage.** The seller must contract at its own expense for the carriage of the goods to the named place of destination or to the agreed point, if any, at the named place of destination. If a specific point is not agreed or is not determined by practice, the seller may select the point at the named place of destination that best suits its purpose.

b) **Contract of insurance.** The seller has no obligation to the buyer to make a contract of insurance. However, the seller must provide the buyer, at the buyer's request, risk, and expense (if any), with information that the buyer needs for obtaining insurance.

A4 Delivery. The seller must deliver the goods by placing them at the disposal of the buyer on the arriving means of transport ready for unloading at the agreed point, if any, at the named place of destination on the agreed date or within the agreed period.

A5 Transfer of risks. The seller bears all risks of loss of or damage to the goods until they have been delivered in accordance with A4, with the exception of loss or damage in the circumstances described in B5.

A6 Allocation of costs. The seller must pay

a) in addition to costs resulting from A3 a), all costs relating to the goods until they have been delivered in accordance with A4, other than those payable by the buyer as envisaged in B6;

b) any charges for unloading at the place of destination that were for the seller's account under the contract of carriage; and

c) where applicable, the costs of customs formalities necessary for export and import as well as all duties, taxes and other charges payable upon export and import of the goods, and the costs for their transport through any country prior to delivery in accordance with A4.

A7 Notices to the buyer. The seller must give the buyer any notice needed in order to allow the buyer to take measures that are normally necessary to enable the buyer to take delivery of the goods.

A8 Delivery document. The seller must provide the buyer, at the seller's expense, with a document enabling the buyer to take delivery of the goods as envisaged in A4/B4.

A9 Checking–packaging–marking. The seller must pay the costs of those checking operations (such as checking quality, measuring, weighing, counting) that are necessary for the purpose of delivering the goods in accordance with A4, as well as the costs of any pre-shipment inspection mandated by the authority of the country of export or of import.

The seller must, at its own expense, package the goods, unless it is usual for the particular trade to transport the type of goods sold unpackaged. The seller may package the goods in the manner appropriate for their transport, unless the buyer has notified the seller of specific packaging requirements before the contract of sale is concluded. Packaging is to be marked appropriately.

A10 Assistance with information and related costs. The seller must, where applicable, in a timely manner, provide to or render assistance in obtaining for the buyer, at the buyer's request, risk and expense, any documents and information, including security-related information, that the buyer needs for the transport of the goods to the final destination, where applicable, from the named place of destination.

The seller must reimburse the buyer for all costs and charges incurred by the buyer in providing or rendering assistance in obtaining documents and information as envisaged in B10.

B THE BUYER'S OBLIGATIONS

B1 General obligations of the buyer. The buyer must pay the price of the goods as provided in the contract of sale.

Any document referred to in B1–B10 may be an equivalent electronic record or procedure if agreed between the parties or customary.

B2 Licences, authorizations, security clearances and other formalities. Where applicable, the buyer must provide assistance to the seller, at the seller's request, risk and expense, in obtaining any import licence or other official authorization for the import of the goods.

B3 Contracts of carriage and insurance. a) Contract of carriage. The buyer has no obligation to the seller to make a contract of carriage.

b) Contract of insurance. The buyer has no obligation to the seller to make a contract of insurance. However, the buyer must provide the seller, upon request, with the necessary information for obtaining insurance.

B4 Taking delivery. The buyer must take delivery of the goods when they have been delivered as envisaged in A4.

B5 Transfer of risks. The buyer bears all risks of loss of or damage to the goods from the time they have been delivered as envisaged in A4.

If a) the buyer fails to fulfil its obligations in accordance with B2, then it bears all resulting risks of loss of or damage to the goods; or

b) the buyer fails to give notice in accordance with B7, then it bears all risks of loss of or damage to the goods from the agreed date or the expiry date of the agreed period for delivery,

provided that the goods have been clearly identified as the contract goods.

B6 Allocation of costs. The buyer must pay

a) all costs relating to the goods from the time they have been delivered as envisaged in A4;

b) all costs of unloading necessary to take delivery of the goods from the arriving means of transport at the named place of destination, unless such costs were for the seller's account under the contract of carriage; and

c) any additional costs incurred if it fails to fulfil its obligations in accordance with B2 or to give notice in accordance with B7, provided that the goods have been clearly identified as the contract goods.

B7 Notices to the seller. The buyer must, whenever it is entitled to determine the time within an agreed period and/or the point of taking delivery within the named place of destination, give the seller sufficient notice thereof.

B8 Proof of delivery. The buyer must accept the proof of delivery provided as envisaged in A8.

B9 Inspection of goods. The buyer has no obligation to the seller to pay the costs of any mandatory pre-shipment inspection mandated by the authority of the country of export or of import.

B10 Assistance with information and related costs. The buyer must, in a timely manner, advise the seller of any security information requirements so that the seller may comply with A10.

The buyer must reimburse the seller for all costs and charges incurred by the seller in providing or rendering assistance in obtaining documents and information as envisaged in A10.

The buyer must, where applicable, in a timely manner, provide to or render assistance in obtaining for the seller, at the seller's request, risk and expense, any documents and information, including security-related information, that the seller needs for the transport, export and import of the goods and for their transport through any country.

FAS : FREE ALONGSIDE SHIP

GUIDANCE NOTE

This rule is to be used only for sea or inland waterway transport.

"Free Alongside Ship" means that the seller delivers when the goods are placed alongside the vessel (e.g., on a quay or a barge) nominated by the buyer at the named port of shipment. The risk of loss of or damage to the goods passes when the goods are alongside the ship, and the buyer bears all costs from that moment onwards.

The parties are well advised to specify as clearly as possible the loading point at the named port of shipment, as the costs and risks to that point are for the account of the seller and these costs and associated handling charges may vary according to the practice of the port.

The seller is required either to deliver the goods alongside the ship or to procure goods already so delivered for shipment. The reference to "procure" here caters for multiple sales down a chain ('string sales'), particularly common in the commodity trades.

Where the goods are in containers, it is typical for the seller to hand the goods over to the carrier at a terminal and not alongside the vessel. In such situations, the FAS rule would be inappropriate, and the FCA rule should be used.

FAS requires the seller to clear the goods for export, where applicable. However, the seller has no obligation to clear the goods for import, pay any import duty or carry out any import customs formalities.

A THE SELLER'S OBLIGATIONS

A1 General obligations of the seller. The seller must provide the goods and the commercial invoice in conformity with the contract of sale and any other evidence of conformity that may be required by the contract.

Any document referred to in A1–A10 may be an equivalent electronic record or procedure if agreed between the parties or customary.

A2 Licences, authorizations, security clearances and other formalities. Where applicable, the seller must obtain, at its own risk and expense, any export licence or other official authorization and carry out all customs formalities necessary for the export of the goods.

A3 Contracts of carriage and insurance. a) Contract of carriage. The seller has no obligation to the buyer to make a contract of carriage. However, if requested by the buyer or if it is commercial practice and the buyer does not give an instruction to the contrary in due time, the seller may contract for carriage on usual terms at the buyer's risk and expense. In either case, the seller may decline to make the contract of carriage and, if it does, shall promptly notify the buyer.

b) Contract of insurance. The seller has no obligation to the buyer to make a contract of insurance. However, the seller must provide the buyer, at the buyer's request, risk, and expense (if any), with information that the buyer needs for obtaining insurance.

A4 Delivery. The seller must deliver the goods either by placing them alongside the ship nominated by the buyer at the loading point, if any, indicated by the buyer at the named port of shipment or by procuring the goods so delivered. In either case, the seller must deliver the goods on the agreed date or within the agreed period and in the manner customary at the port.

If no specific loading point has been indicated by the buyer, the seller may select the point within the named port of shipment that best suits its purpose. If the parties have agreed that delivery should take place within a period, the buyer has the option to choose the date within that period.

A5 Transfer of risks. The seller bears all risks of loss of or damage to the goods until they have been delivered in accordance with A4 with the exception of loss or damage in the circumstances described in B5.

A6 Allocation of costs. The seller must pay

a) all costs relating to the goods until they have been delivered in accordance with A4, other than those payable by the buyer as envisaged in B6; and

b) where applicable, the costs of customs formalities necessary for export as well as all duties, taxes and other charges payable upon export.

A7 Notices to the buyer. The seller must, at the buyer's risk and expense, give the buyer sufficient notice either that the goods have been delivered in accordance with A4 or that the vessel has failed to take the goods within the time agreed.

A8 Delivery document. The seller must provide the buyer, at the seller's expense, with the usual proof that the goods have been delivered in accordance with A4.

Unless such proof is a transport document, the seller must provide assistance to the buyer, at the buyer's request, risk and expense, in obtaining a transport document.

A9 Checking–packaging–marking. The seller must pay the costs of those checking operations (such as checking quality, measuring, weighing, counting) that are necessary for the purpose of delivering the goods in accordance with A4, as well as the costs of any pre-shipment inspection mandated by the authority of the country of export.

The seller must, at its own expense, package the goods, unless it is usual for the particular trade to transport the type of goods sold unpackaged. The seller may package the goods in the manner appropriate for their transport, unless the buyer has notified the seller of specific packaging requirements before the contract of sale is concluded. Packaging is to be marked appropriately.

A10 Assistance with information and related costs. The seller must, where applicable, in a timely manner, provide to or render assistance in obtaining for the buyer, at the buyer's request, risk and expense, any documents and information, including security-related information, that the buyer needs for the import of the goods and/or for their transport to the final destination.

The seller must reimburse the buyer for all costs and charges incurred by the buyer in providing or rendering assistance in obtaining documents and information as envisaged in B10.

B THE BUYER'S OBLIGATIONS

B1 General obligations of the buyer. The buyer must pay the price of the goods as provided in the contract of sale.

Any document referred to in B1–B10 may be an equivalent electronic record or procedure if agreed between the parties or customary.

B2 Licences, authorizations, security clearances and other formalities. Where applicable, it is up to the buyer to obtain, at its own risk and expense, any import licence or other official authorization and carry out all customs formalities for the import of the goods and for their transport through any country.

B3 Contracts of carriage and insurance. **a) Contract of carriage.** The buyer must contract, at its own expense for the carriage of the goods from the named port of shipment, except where the contract of carriage is made by the seller as provided for in A3 a).

b) **Contract of insurance.** The buyer has no obligation to the seller to make a contract of insurance.

B4 Taking delivery. The buyer must take delivery of the goods when they have been delivered as envisaged in A4.

B5 Transfer of risks. The buyer bears all risks of loss of or damage to the goods from the time they have been delivered as envisaged in A4.

If a) the buyer fails to give notice in accordance with B7; or

b) the vessel nominated by the buyer fails to arrive on time, or fails to take the goods or closes for cargo earlier than the time notified in accordance with B7;

then the buyer bears all risks of loss of or damage to the goods from the agreed date or the expiry date of the agreed period for delivery, provided that the goods have been clearly identified as the contract goods.

B6 Allocation of costs. The buyer must pay

a) all costs relating to the goods from the time they have been delivered as envisaged in A4, except, where applicable, the costs of customs formalities necessary for export as well as all duties, taxes, and other charges payable upon export as referred to in A6 b);

b) any additional costs incurred, either because:

(i) the buyer has failed to give appropriate notice in accordance with B7, or

(ii) the vessel nominated by the buyer fails to arrive on time, is unable to take the goods, or closes for cargo earlier than the time notified in accordance with B7,

provided that the goods have been clearly identified as the contract goods; and

c) where applicable, all duties, taxes and other charges, as well as the costs of carrying out customs formalities payable upon import of the goods and the costs for their transport through any country.

B7 Notices to the seller. The buyer must give the seller sufficient notice of the vessel name, loading point and, where necessary, the selected delivery time within the agreed period.

B8 Proof of delivery. The buyer must accept the proof of delivery provided as envisaged in A8.

B9 Inspection of goods. The buyer must pay the costs of any mandatory pre-shipment inspection, except when such inspection is mandated by the authorities of the country of export.

B10 Assistance with information and related costs. The buyer must, in a timely manner, advise the seller of any security information requirements so that the seller may comply with A10.

The buyer must reimburse the seller for all costs and charges incurred by the seller in providing or rendering assistance in obtaining documents and information as envisaged in A10.

The buyer must, where applicable, in a timely manner, provide to or render assistance in obtaining for the seller, at the seller's request, risk and expense, any documents and information, including security-related information, that the seller needs for the transport and export of the goods and for their transport through any country.

FOB : FREE ON BOARD

GUIDANCE NOTE

This rule is to be used only for sea or inland waterway transport.

"Free on Board" means that the seller delivers the goods on board the vessel nominated by the buyer at the named port of shipment or procures the goods already so delivered. The risk of loss of or damage to the goods passes when the goods are on board the vessel, and the buyer bears all costs from that moment onwards.

The seller is required either to deliver the goods on board the vessel or to procure goods already so delivered for shipment. The reference to "procure" here caters for multiple sales down a chain ('string sales'), particularly common in the commodity trades.

FOB may not be appropriate where goods are handed over to the carrier before they are on board the vessel, for example goods in containers, which are typically delivered at a terminal. In such situations, the FCA rule should be used.

FOB requires the seller to clear the goods for export, where applicable. However, the seller has no obligation to clear the goods for import, pay any import duty or carry out any import customs formalities.

A THE SELLER'S OBLIGATIONS

A1 General obligations of the seller. The seller must provide the goods and the commercial invoice in conformity with the contract of sale and any other evidence of conformity that may be required by the contract.

Any document referred to in A1–A10 may be an equivalent electronic record or procedure if agreed between the parties or customary.

A2 Licences, authorizations, security clearances and other formalities. Where applicable, the seller must obtain, at its own risk and expense, any export licence or other official authorization and carry out all customs formalities necessary for the export of the goods.

A3 Contracts of carriage and insurance. a) Contract of carriage. The seller has no obligation to the buyer to make a contract of carriage. However, if requested by the buyer or if it is commercial practice and the buyer does not give an instruction to the contrary in due time, the seller may contract for carriage on usual terms at the buyer's risk and expense. In either case, the seller may decline to make the contract of carriage and, if it does, shall promptly notify the buyer.

b) Contract of insurance. The seller has no obligation to the buyer to make a contract of insurance. However, the seller must provide the buyer, at the buyer's request, risk, and expense (if any), with information that the buyer needs for obtaining insurance.

A4 Delivery. The seller must deliver the goods either by placing them on board the vessel nominated by the buyer at the loading point, if any, indicated by the buyer at the named port of shipment or by procuring the goods so delivered. In either case, the seller must deliver the goods on the agreed date or within the agreed period and in the manner customary at the port.

If no specific loading point has been indicated by the buyer, the seller may select the point within the named port of shipment that best suits its purpose.

A5 Transfer of risks. The seller bears all risks of loss of or damage to the goods until they have been delivered in accordance with A4 with the exception of loss or damage in the circumstances described in B5.

A6 Allocation of costs. The seller must pay

a) all costs relating to the goods until they have been delivered in accordance with A4, other than those payable by the buyer as envisaged in B6; and

b) where applicable, the costs of customs formalities necessary for export, as well as all duties, taxes and other charges payable upon export.

A7 Notices to the buyer. The seller must, at the buyer's risk and expense, give the buyer sufficient notice either that the goods have been delivered in accordance with A4 or that the vessel has failed to take the goods within the time agreed.

A8 Delivery document. The seller must provide the buyer, at the seller's expense, with the usual proof that the goods have been delivered in accordance with A4.

Unless such proof is a transport document, the seller must provide assistance to the buyer, at the buyer's request, risk and expense, in obtaining a transport document.

A9 Checking–packaging–marking. The seller must pay the costs of those checking operations (such as checking quality, measuring, weighing, counting) that are necessary for the purpose of delivering the goods in accordance with A4, as well as the costs of any pre-shipment inspection mandated by the authority of the country of export.

The seller must, at its own expense, package the goods, unless it is usual for the particular trade to transport the type of goods sold unpackaged. The seller may package the goods in the manner appropriate for their transport, unless the buyer has notified the seller of specific packaging requirements before the contract of sale is concluded. Packaging is to be marked appropriately.

A10 Assistance with information and related costs. The seller must, where applicable, in a timely manner, provide to or render assistance in obtaining for the buyer, at the buyer's request, risk and expense, any documents and information, including security-related information, that the buyer needs for the import of the goods and/or for their transport to the final destination.

The seller must reimburse the buyer for all costs and charges incurred by the buyer in providing or rendering assistance in obtaining documents and information as envisaged in B10.

B THE BUYER'S OBLIGATIONS

B1 General obligations of the buyer. The buyer must pay the price of the goods as provided in the contract of sale.

Any document referred to in B1–B10 may be an equivalent electronic record or procedure if agreed between the parties or customary.

B2 Licences, authorizations, security clearances and other formalities. Where applicable, it is up to the buyer to obtain, at its own risk and expense, any import licence or other official authorization and carry out all customs formalities for the import of the goods and for their transport through any country.

B3 Contracts of carriage and insurance. a) Contract of carriage. The buyer must contract, at its own expense for the carriage of the goods from the named port of shipment, except where the contract of carriage is made by the seller as provided for in A3 a).

b) Contract of insurance. The buyer has no obligation to the seller to make a contract of insurance.

B4 Taking delivery. The buyer must take delivery of the goods when they have been delivered as envisaged in A4.

B5 Transfer of risks. The buyer bears all risks of loss of or damage to the goods from the time they have been delivered as envisaged in A4.

If a) the buyer fails to notify the nomination of a vessel in accordance with B7; or

b) the vessel nominated by the buyer fails to arrive on time to enable the seller to comply with A4, is unable to take the goods, or closes for cargo earlier than the time notified in accordance with B7;

then, the buyer bears all risks of loss of or damage to the goods:

(i) from the agreed date, or in the absence of an agreed date,

(ii) from the date notified by the seller under A7 within the agreed period, or, if no such date has been notified,

(iii) from the expiry date of any agreed period for delivery,

provided that the goods have been clearly identified as the contract goods.

B6 Allocation of costs. The buyer must pay

a) all costs relating to the goods from the time they have been delivered as envisaged in A4, except, where applicable, the costs of customs formalities necessary for export, as well as all duties, taxes and other charges payable upon export as referred to in A6 b);

b) any additional costs incurred, either because:

(i) the buyer has failed to give appropriate notice in accordance with B7, or

(ii) the vessel nominated by the buyer fails to arrive on time, is unable to take the goods, or closes for cargo earlier than the time notified in accordance with B7, provided that the goods have been clearly identified as the contract goods; and

c) where applicable, all duties, taxes and other charges, as well as the costs of carrying out customs formalities payable upon import of the goods and the costs for their transport through any country.

B7 Notices to the seller. The buyer must give the seller sufficient notice of the vessel name, loading point and, where necessary, the selected delivery time within the agreed period.

B8 Proof of delivery. The buyer must accept the proof of delivery provided as envisaged in A8.

B9 Inspection of goods. The buyer must pay the costs of any mandatory pre-shipment inspection, except when such inspection is mandated by the authorities of the country of export.

B10 Assistance with information and related costs. The buyer must, in a timely manner, advise the seller of any security information requirements so that the seller may comply with A10.

The buyer must reimburse the seller for all costs and charges incurred by the seller in providing or rendering assistance in obtaining documents and information as envisaged in A10.

The buyer must, where applicable, in a timely manner, provide to or render assistance in obtaining for the seller, at the seller's request, risk and expense, any documents and information, including security-related information, that the seller needs for the transport and export of the goods and for their transport through any country.

CFR : COST AND FREIGHT

GUIDANCE NOTE

This rule is to be used only for sea or inland waterway transport.

"Cost and Freight" means that the seller delivers the goods on board the vessel or procures the goods already so delivered. The risk of loss of or damage to the goods passes when the goods are on board the vessel. The seller must contract for and pay the costs and freight necessary to bring the goods to the named port of destination.

When CPT, CIP, CFR or CIF are used, the seller fulfils its obligation to deliver when it hands the goods over to the carrier in the manner specified in the chosen rule and not when the goods reach the place of destination.

This rule has two critical points, because risk passes and costs are transferred at different places. While the contract will always specify a destination port, it might not specify the port of shipment, which is where risk passes to the buyer. If the shipment port is of particular interest to the buyer, the parties are well advised to identify it as precisely as possible in the contract.

The parties are well advised to identify as precisely as possible the point at the agreed port of destination, as the costs to that point are for the account of the seller. The seller is advised to procure contracts of carriage that match this choice precisely. If the seller incurs costs under its contract of carriage related to unloading at the specified point at the port of destination, the seller is not entitled to recover such costs from the buyer unless otherwise agreed between the parties.

The seller is required either to deliver the goods on board the vessel or to procure goods already so delivered for shipment to the destination. In addition, the seller is required either to make a contract of carriage or to procure such a contract. The reference to "procure" here caters for multiple sales down a chain ('string sales'), particularly common in the commodity trades.

CFR may not be appropriate where goods are handed over to the carrier before they are on board the vessel, for example goods in containers, which are typically delivered at a terminal. In such circumstances, the CPT rule should be used.

CFR requires the seller to clear the goods for export, where applicable. However, the seller has no obligation to clear the goods for import, pay any import duty or carry out any import customs formalities.

A THE SELLER'S OBLIGATIONS

A1 General obligations of the seller. The seller must provide the goods and the commercial invoice in conformity with the contract of sale and any other evidence of conformity that may be required by the contract.

Any document referred to in A1–A10 may be an equivalent electronic record or procedure if agreed between the parties or customary.

A2 Licences, authorizations, security clearances and other formalities. Where applicable, the seller must obtain, at its own risk and expense, any export licence or other official authorization and carry out all customs formalities necessary for the export of the goods.

A3 Contracts of carriage and insurance. a) Contract of carriage. The seller must contract or procure a contract for the carriage of the goods from the agreed point of delivery, if any, at the place of delivery to the named port of destination or, if agreed, any point at that port. The contract of carriage must be made on usual terms at the seller's expense and provide for carriage by the usual route in a vessel of the type normally used for the transport of the type of goods sold.

b) Contract of insurance. The seller has no obligation to the buyer to make a contract of insurance. However, the seller must provide the buyer, at the buyer's request, risk, and expense (if any), with information that the buyer needs for obtaining insurance.

A4 Delivery. The seller must deliver the goods either by placing them on board the vessel or by procuring the goods so delivered. In either case, the seller must deliver the goods on the agreed date or within the agreed period and in the manner customary at the port.

A5 Transfer of risks. The seller bears all risks of loss of or damage to the goods until they have been delivered in accordance with A4, with the exception of loss or damage in the circumstances described in B5.

A6 Allocation of costs. The seller must pay

a) all costs relating to the goods until they have been delivered in accordance with A4, other than those payable by the buyer as envisaged in B6;

b) the freight and all other costs resulting from A3 a), including the costs of loading the goods on board and any charges for unloading at the agreed port of discharge that were for the seller's account under the contract of carriage; and

c) where applicable, the costs of customs formalities necessary for export as well as all duties, taxes and other charges payable upon export, and the costs for their transport through any country that were for the seller's account under the contract of carriage.

A7 Notices to the buyer. The seller must give the buyer any notice needed in order to allow the buyer to take measures that are normally necessary to enable the buyer to take the goods.

A8 Delivery document. The seller must, at its own expense, provide the buyer without delay with the usual transport document for the agreed port of destination.

This transport document must cover the contract goods, be dated within the period agreed for shipment, enable the buyer to claim the goods from the carrier at the port of destination and, unless otherwise agreed, enable the buyer to sell the goods in transit by the transfer of the document to a subsequent buyer or by notification to the carrier.

When such a transport document is issued in negotiable form and in several originals, a full set of originals must be presented to the buyer.

A9 Checking-packaging-marking. The seller must pay the costs of those checking operations (such as checking quality, measuring, weighing, counting) that are necessary for the purpose of delivering the goods in accordance with A4, as well as the costs of any pre-shipment inspection mandated by the authority of the country of export.

The seller must, at its own expense, package the goods, unless it is usual for the particular trade to transport the type of goods sold unpackaged. The seller may package the goods in the manner appropriate for their transport, unless the buyer has notified the seller of specific packaging requirements before the contract of sale is concluded. Packaging is to be marked appropriately.

A10 Assistance with information and related costs. The seller must, where applicable, in a timely manner, provide to or render assistance in obtaining for the buyer, at the buyer's request, risk and expense, any documents and information, including security-related information, that the buyer needs for the import of the goods and/or for their transport to the final destination.

The seller must reimburse the buyer for all costs and charges incurred by the buyer in providing or rendering assistance in obtaining documents and information as envisaged in B10.

B THE BUYER'S OBLIGATIONS

B1 General obligations of the buyer. The buyer must pay the price of the goods as provided in the contract of sale.

Any document referred to in B1-B10 may be an equivalent electronic record or procedure if agreed between the parties or customary.

B2 Licences, authorizations, security clearances and other formalities. Where applicable, it is up to the buyer to obtain, at its own risk and expense, any import licence or other official authorization and carry out all customs formalities for the import of the goods and for their transport through any country.

B3 Contracts of carriage and insurance. a) Contract of carriage. The buyer has no obligation to the seller to make a contract of carriage.

b) Contract of insurance. The buyer has no obligation to the seller to make a contract of insurance. However, the buyer must provide the seller, upon request, with the necessary information for obtaining insurance.

B4 Taking delivery. The buyer must take delivery of the goods when they have been delivered as envisaged in A4 and receive them from the carrier at the named port of destination.

B5 Transfer of risks. The buyer bears all risks of loss of or damage to the goods from the time they have been delivered as envisaged in A4.

If the buyer fails to give notice in accordance with B7, then it bears all risks of loss of or damage to the goods from the agreed date or the expiry date of the agreed period for shipment, provided that the goods have been clearly identified as the contract goods.

B6 Allocation of costs. The buyer must, subject to the provisions of A3 a), pay

a) all costs relating to the goods from the time they have been delivered as envisaged in A4, except, where applicable, the costs of customs formalities necessary for export as well as all duties, taxes, and other charges payable upon export as referred to in A6 c);

b) all costs and charges relating to the goods while in transit until their arrival at the port of destination, unless such costs and charges were for the seller's account under the contract of carriage;

c) unloading costs including lighterage and wharfage charges, unless such costs and charges were for the seller's account under the contract of carriage;

d) any additional costs incurred if it fails to give notice in accordance with B7, from the agreed date or the expiry date of the agreed period for shipment, provided that the goods have been clearly identified as the contract goods; and

e) where applicable, all duties, taxes and other charges, as well as the costs of carrying out customs formalities payable upon import of the goods and the costs for their transport through any country unless included within the cost of the contract of carriage.

B7 Notices to the seller. The buyer must, whenever it is entitled to determine the time for shipping the goods and/or the point of receiving the goods within the named port of destination, give the seller sufficient notice thereof.

B8 Proof of delivery. The buyer must accept the transport document provided as envisaged in A8 if it is in conformity with the contract.

B9 Inspection of goods. The buyer must pay the costs of any mandatory pre-shipment inspection, except when such inspection is mandated by the authorities of the country of export.

B10 Assistance with information and related costs. The buyer must, in a timely manner, advise the seller of any security information requirements so that the seller may comply with A10.

The buyer must reimburse the seller for all costs and charges incurred by the seller in providing or rendering assistance in obtaining documents and information as envisaged in A10.

The buyer must, where applicable, in a timely manner, provide to or render assistance in obtaining for the seller, at the seller's request, risk and expense, any documents and information, including security-related information, that the seller needs for the transport and export of the goods and for their transport through any country.

CIF : COST INSURANCE AND FREIGHT

GUIDANCE NOTE

This rule is to be used only for sea or inland waterway transport.

"Cost, Insurance and Freight" means that the seller delivers the goods on board the vessel or procures the goods already so delivered. The risk of loss of or damage to the goods passes when the goods are on board the vessel. The seller must contract for and pay the costs and freight necessary to bring the goods to the named port of destination.

The seller also contracts for insurance cover against the buyer's risk of loss of or damage to the goods during the carriage. The buyer should note that under CIF the seller is required to obtain insurance only on minimum cover. Should the buyer wish to have more insurance protection, it will need either to agree as much expressly with the seller or to make its own extra insurance arrangements.

When CPT, CIP, CFR, or CIF are used, the seller fulfils its obligation to deliver when it hands the goods over to the carrier in the manner specified in the chosen rule and not when the goods reach the place of destination.

This rule has two critical points, because risk passes and costs are transferred at different places. While the contract will always specify a destination port, it might not specify the port of shipment, which is where risk passes to the buyer. If the shipment port is of particular interest to the buyer, the parties are well advised to identify it as precisely as possible in the contract.

The parties are well advised to identify as precisely as possible the point at the agreed port of destination, as the costs to that point are for the account of the seller. The seller is advised to procure contracts of carriage that match this choice precisely. If the seller incurs costs under its contract of carriage related to unloading at the specified point at the port of destination, the seller is not entitled to recover such costs from the buyer unless otherwise agreed between the parties.

The seller is required either to deliver the goods on board the vessel or to procure goods already so delivered for shipment to the destination. In addition the seller is required either to make a contract of carriage or to procure such a contract. The reference to "procure" here caters for multiple sales down a chain ('string sales'), particularly common in the commodity trades.

CIF may not be appropriate where goods are handed over to the carrier before they are on board the vessel, for example goods in containers, which are typically delivered at a terminal. In such circumstances, the CIP rule should be used.

CIF requires the seller to clear the goods for export, where applicable. However, the seller has no obligation to clear the goods for import, pay any import duty or carry out any import customs formalities.

A THE SELLER'S OBLIGATIONS

A1 General obligations of the seller. The seller must provide the goods and the commercial invoice in conformity with the contract of sale and any other evidence of conformity that may be required by the contract.

Any document referred to in A1–A10 may be an equivalent electronic record or procedure if agreed between the parties or customary.

A2 Licences, authorizations, security clearances and other formalities. Where applicable, the seller must obtain, at its own risk and expense, any export licence or other official authorization and carry out all customs formalities necessary for the export of the goods.

A3 Contracts of carriage and insurance. **a) Contract of carriage.** The seller must contract or procure a contract for the carriage of the goods from the agreed point of delivery, if any, at the place of delivery to the named port of destination or, if agreed, any point at that port. The contract of carriage must be made on usual terms at the seller's expense and provide for carriage by the usual route in a vessel of the type normally used for the transport of the type of goods sold.

b) Contract of insurance. The seller must obtain, at its own expense, cargo insurance complying at least with the minimum cover provided by Clauses (C) of the Institute Cargo Clauses (LMA/IUA) or any similar clauses. The insurance shall be contracted with underwriters or an insurance company of good repute and entitle the buyer, or any other person having an insurable interest in the goods, to claim directly from the insurer.

When required by the buyer, the seller shall, subject to the buyer providing any necessary information requested by the seller, provide at the buyer's expense any additional cover, if procurable, such as cover as provided by Clauses (A) or (B) of the Institute Cargo Clauses (LMA/IUA) or any similar clauses and/or cover complying with the Institute War Clauses and/or Institute Strikes Clauses (LMA/IUA) or any similar clauses.

The insurance shall cover, at a minimum, the price provided in the contract plus 10% (i.e., 110%) and shall be in the currency of the contract.

The insurance shall cover the goods from the point of delivery set out in A4 and A5 to at least the named port of destination.

The seller must provide the buyer with the insurance policy or other evidence of insurance cover.

Moreover, the seller must provide the buyer, at the buyer's request, risk, and expense (if any), with information that the buyer needs to procure any additional insurance.

A4 Delivery. The seller must deliver the goods either by placing them on board the vessel or by procuring the goods so delivered. In either case, the seller must deliver the goods on the agreed date or within the agreed period and in the manner customary at the port.

A5 Transfer of risks. The seller bears all risks of loss of or damage to the goods until they have been delivered in accordance with A4, with the exception of loss or damage in the circumstances described in B5.

A6 Allocation of costs. The seller must pay

a) all costs relating to the goods until they have been delivered in accordance with A4, other than those payable by the buyer as envisaged in B6;

b) the freight and all other costs resulting from A3 a), including the costs of loading the goods on board and any charges for unloading at the agreed port of discharge that were for the seller's account under the contract of carriage;

c) the costs of insurance resulting from A3 b); and

d) where applicable, the costs of customs formalities necessary for export, as well as all duties, taxes and other charges payable upon export, and the costs for their transport through any country that were for the seller's account under the contract of carriage.

A7 Notices to the buyer. The seller must give the buyer any notice needed in order to allow the buyer to take measures that are normally necessary to enable the buyer to take the goods.

A8 Delivery document. The seller must, at its own expense provide the buyer without delay with the usual transport document for the agreed port of destination.

This transport document must cover the contract goods, be dated within the period agreed for shipment, enable the buyer to claim the goods from the carrier at the port of destination and, unless otherwise agreed, enable the buyer to sell the goods in transit by the transfer of the document to a subsequent buyer or by notification to the carrier.

When such a transport document is issued in negotiable form and in several originals, a full set of originals must be presented to the buyer.

A9 Checking–packaging–marking. The seller must pay the costs of those checking operations (such as checking quality, measuring, weighing, counting) that are necessary for the purpose of delivering the goods in accordance with A4, as well as the costs of any pre-shipment inspection mandated by the authority of the country of export.

The seller must, at its own expense, package the goods, unless it is usual for the particular trade to transport the type of goods sold unpackaged. The seller may package the goods in the manner appropriate for their transport, unless the buyer has notified the seller of specific packaging requirements before the contract of sale is concluded. Packaging is to be marked appropriately.

A10 Assistance with information and related costs. The seller must, where applicable, in a timely manner, provide to or render assistance in obtaining for the buyer, at the buyer's request, risk and expense, any documents and information, including security-related information, that the buyer needs for the import of the goods and/or for their transport to the final destination.

The seller must reimburse the buyer for all costs and charges incurred by the buyer in providing or rendering assistance in obtaining documents and information as envisaged in B10.

B THE BUYER'S OBLIGATIONS

B1 General obligations of the buyer. The buyer must pay the price of the goods as provided in the contract of sale.

Any document referred to in B1–B10 may be an equivalent electronic record or procedure if agreed between the parties or customary.

B2 Licences, authorizations, security clearances and formalities. Where applicable, it is up to the buyer to obtain, at its own risk and expense, any import licence or other official authorization and carry out all customs formalities for the import of the goods and for their transport through any country.

B3 Contracts of carriage and insurance. a) Contract of carriage. The buyer has no obligation to the seller to make a contract of carriage.

b) Contract of insurance. The buyer has no obligation to the seller to make a contract of insurance. However, the buyer must provide the seller, upon request, with any information necessary for the seller to procure any additional insurance requested by the buyer as envisaged in A3 b).

B4 Taking delivery. The buyer must take delivery of the goods when they have been delivered as envisaged in A4 and receive them from the carrier at the named port of destination.

B5 Transfer of risks. The buyer bears all risks of loss of or damage to the goods from the time they have been delivered as envisaged in A4.

If the buyer fails to give notice in accordance with B7, then it bears all risks of loss of or damage to the goods from the agreed date or the expiry date of the agreed period for shipment, provided that the goods have been clearly identified as the contract goods.

B6 Allocation of costs. The buyer must, subject to the provisions of A3 a), pay

a) all costs relating to the goods from the time they have been delivered as envisaged in A4, except, where applicable, the costs of customs formalities necessary for export, as well as all duties, taxes and other charges payable upon export as referred to in A6 d);

b) all costs and charges relating to the goods while in transit until their arrival at the port of destination, unless such costs and charges were for the seller's account under the contract of carriage;

c) unloading costs including lighterage and wharfage charges, unless such costs and charges were for the seller's account under the contract of carriage;

d) any additional costs incurred if it fails to give notice in accordance with B7, from the agreed date or the expiry date of the agreed period for shipment, provided that the goods have been clearly identified as the contract goods;

e) where applicable, all duties, taxes and other charges, as well as the costs of carrying out customs formalities payable upon import of the goods and the costs for their transport through any country, unless included within the cost of the contract of carriage; and

f) the costs of any additional insurance procured at the buyer's request under A3 b) and B3 b).

B7 Notices to the seller. The buyer must, whenever it is entitled to determine the time for shipping the goods and/or the point of receiving the goods within the named port of destination, give the seller sufficient notice thereof.

B8 Proof of delivery. The buyer must accept the transport document provided as envisaged in A8 if it is in conformity with the contract.

B9 Inspection of goods. The buyer must pay the costs of any mandatory pre-shipment inspection, except when such inspection is mandated by the authorities of the country of export.

B10 Assistance with information and related costs. The buyer must, in a timely manner, advise the seller of any security information requirements so that the seller may comply with A10.

The buyer must reimburse the seller for all costs and charges incurred by the seller in providing or rendering assistance in obtaining documents and information as envisaged in A10.

The buyer must, where applicable, in a timely manner, provide to or render assistance in obtaining for the seller, at the seller's request, risk and expense, any documents and information, including security-related information, that the seller needs for the transport and export of the goods and for their transport through any country.

부록2. UCP 600, 2007

Uniform Customs and Practice for Documentary Credits

Article 1 Application of UCP. The *Uniform Customs and Practice for Documentary Credits, 2007 Revision*, ICC Publication No. 600 ("UCP") are rules that apply to any documentary credit ("credit") (including, to the extent to which they may be applicable, any standby letter of credit) when the text of the credit expressly indicates that it is subject to these rules. They are binding on all parties thereto unless expressly modified or excluded by the credit.

Article 2 Definitions. For the purpose of these rules :

Advising bank means the bank that advises the credit at the request of the issuing bank.

Applicant means the party on whose request the credit is issued.

Banking day means a day on which a bank is regularly open at the place at which an act subject to these rules is to be performed.

Beneficiary means the party in whose favour a credit is issued.

Complying presentation means a presentation that is in accordance with the terms and conditions of the credit, the applicable provisions of these rules and international standard banking practice.

Confirmation means a definite undertaking of the confirming bank, in addition to that of the issuing bank, to honour or negotiate a complying presentation.

Confirming bank means the bank that adds its confirmation to a credit upon the issuing bank's authorization or request.

Credit means any arrangement, however named or described, that is irrevocable and thereby constitutes a definite undertaking of the issuing bank to honour a complying presentation.

Honour means :

a. to pay at sight if the credit is available by sight payment.

b. to incur a deferred payment undertaking and pay at maturity if the credit is available by deferred payment.

c. to accept a bill of exchange ("draft") drawn by the beneficiary and pay at maturity if the credit is available by acceptance.

Issuing bank means the bank that issues a credit at the request of an applicant or on its own behalf.

Negotiation means the purchase by the nominated bank of drafts (drawn on a bank other than the nominated bank) and/or documents under a complying presentation, by advancing or agreeing to advance funds to the beneficiary on or before the banking day on which reimbursement is due to the nominated bank.

Nominated bank means the bank with which the credit is available or any bank in the case of a credit available with any bank.

Presentation means either the delivery of documents under a credit to the issuing bank or nominated bank or the documents so delivered.

Presenter means a beneficiary, bank or other party that makes a presentation.

Article 3 Interpretations. For the purpose of these rules :

Where applicable, words in the singular include the plural and in the plural include the singular.

A credit is irrevocable even if there is no indication to that effect.

A document may be signed by handwriting, facsimile signature, perforated signature, stamp, symbol or any other mechanical or electronic method of authentication.

A requirement for a document to be legalized, visaed, certified or similar will be satisfied by any signature, mark, stamp or label on the document which appears to satisfy that requirement.

Branches of a bank in different countries are considered to be separate banks.

Terms such as "first class", "well known", "qualified", "independent", "official", "competent" or "local" used to describe the issuer of a document allow any issuer except the beneficiary to issue that document.

Unless required to be used in a document, words such as "prompt", "immediately" or "as soon as possible" will be disregarded.

The expression "on or about" or similar will be interpreted as a stipulation that an event is to occur during a period of five calendar days before until five calendar days after the specified date, both start and end dates included.

The words "to", "until", "till", "from" and "between" when used to determine a period of shipment include the date or dates mentioned, and the words "before" and "after" exclude the date mentioned.

The words "from" and "after" when used to determine a maturity date exclude the date mentioned.

The terms "first half" and "second half" of a month shall be construed respectively as the 1st to the 15th and the 16th to the last day of the month, all dates inclusive.

The terms "beginning", "middle" and "end" of a month shall be construed respectively as the 1st to the 10th, the 11th to the 20th and the 21st to the last day of the month, all dates inclusive.

Article 4 Credits v. Contracts. **a.** A credit by its nature is a separate transaction from the sale or other contract on which it may be based. Banks are in no way concerned with or bound by such contract, even if any reference whatsoever to it is included in the credit. Consequently, the undertaking of a bank to honour, to negotiate or to fulfil any other obligation under the credit is not subject to claims or defences by the applicant resulting from its relationships with the issuing bank or the beneficiary.

A beneficiary can in no case avail itself of the contractual relationships existing between banks or between the applicant and the issuing bank.

b. An issuing bank should discourage any attempt by the applicant to include, as an integral part of the credit, copies of the underlying contract, proforma invoice and the like.

Article 5 Documents v. Goods, Services or Performance. Banks deal with documents and not with goods, services or performance to which the documents may relate.

Article 6 Availability, Expiry Date and Place for Presentation. **a.** A credit must state the bank with which it is available or whether it is available with any bank. A credit available with a nominated bank is also available with the issuing bank.

b. A credit must state whether it is available by sight payment, deferred payment, acceptance or negotiation.

c. A credit must not be issued available by a draft drawn on the applicant.

d. **i.** A credit must state an expiry date for presentation. An expiry date stated for honour or negotiation will be deemed to be an expiry date for presentation.

ii. The place of the bank with which the credit is available is the place for presentation. The place for presentation under a credit available with any bank is that of any bank. A place for presentation other than that of the issuing bank is in addition to the place of the issuing bank.

e. Except as provided in sub-article 29 (a), a presentation by or on behalf of the beneficiary must be made on or before the expiry date.

Article 7 Issuing Bank Undertaking. **a.** Provided that the stipulated documents are presented to the nominated bank or to the issuing bank and that they constitute a complying presentation, the issuing bank must honour if the credit is available by :

i. sight payment, deferred payment or acceptance with the issuing bank ;

ii. sight payment with a nominated bank and that nominated bank does not pay ;

iii. deferred payment with a nominated bank and that nominated bank does not incur its deferred payment undertaking or, having incurred its deferred payment undertaking, does not pay at maturity ;

iv. acceptance with a nominated bank and that nominated bank does not accept a draft drawn on it or, having accepted a draft drawn on it, does not pay at maturity ;

v. negotiation with a nominated bank and that nominated bank does not negotiate.

b. An issuing bank is irrevocably bound to honour as of the time it issues the credit.

c. An issuing bank undertakes to reimburse a nominated bank that has honoured or negotiated a complying presentation and forwarded the documents to the issuing bank. Reimbursement for the amount of a complying presentation under a credit available by acceptance or deferred payment is due at maturity, whether or not the nominated bank prepaid or purchased before maturity. An issuing bank's undertaking to reimburse a nominated bank is independent of the issuing bank's undertaking to the beneficiary.

Article 8 Confirming Bank Undertaking. a. Provided that the stipulated documents are presented to the confirming bank or to any other nominated bank and that they constitute a complying presentation, the confirming bank must :

i. honour, if the credit is available by

a) sight payment, deferred payment or acceptance with the confirming bank ;

b) sight payment with another nominated bank and that nominated bank does not pay ;

c) deferred payment with another nominated bank and that nominated bank does not incur its deferred payment undertaking or, having incurred its deferred payment undertaking, does not pay at maturity ;

d) acceptance with another nominated bank and that nominated bank does not accept a draft drawn on it or, having accepted a draft drawn on it, does not pay at maturity ;

e) negotiation with another nominated bank and not negotiated by any nominated bank.

ii. negotiate, without recourse, if the credit is available by negotiation with the confirming bank.

b. A confirming bank is irrevocably bound to honour or negotiate as of the time it adds its confirmation to the credit.

c. A confirming bank undertakes to reimburse another nominated bank that has honoured or negotiated a complying presentation and forwarded the documents to the confirming bank. Reimbursement for the amount of a complying presentation under a credit available by acceptance or deferred payment is due at maturity, whether or not another nominated bank prepaid or purchased before maturity. A confirming bank's undertaking to reimburse another nominated bank is independent of the confirming bank's undertaking to the beneficiary.

d. If a bank is authorized or requested by the issuing bank to confirm a credit but is not prepared to do so, it must inform the issuing bank without delay and may advise the credit without confirmation.

Article 9 Advising of Credits and Amendments. a. A credit and any amendment may be advised to a beneficiary through an advising bank. An advising bank that is not a confirming bank advises the credit and any amendment without any undertaking to honour or negotiate.

b. By advising the credit or amendment, the advising bank signifies that it has satisfied itself as to the apparent authenticity of the credit or amendment and that the advice accurately reflects the terms and conditions of the credit or amendment received.

c. An advising bank may utilize the services of another bank ("second advising bank") to advise the credit and any amendment to the beneficiary. By advising the credit or amendment, the second advising bank signifies that it has satisfied itself as to the apparent authenticity of the advice it has received and that the advice accurately reflects the terms and conditions of the credit or amendment received.

d. A bank utilizing the services of an advising bank or second advising bank to advise a credit must use the same bank to advise any amendment thereto.

e. If a bank is requested to advise a credit or amendment but elects not to do so, it must so inform, without delay, the bank from which the credit, amendment or advice has been received.

f. If a bank is requested to advise a credit or amendment but cannot satisfy itself as to the apparent authenticity of the credit, the amendment or the advice, it must so inform, without delay, the bank from which the instructions appear to have been received. If the advising bank or second advising bank elects nonetheless to advise the credit or amendment, it must inform the beneficiary or second advising bank that it has not been able to satisfy itself as to the apparent authenticity of the credit, the amendment or the advice.

Article 10 Amendments. a. Except as otherwise provided by article 38, a credit can neither be amended nor cancelled without the agreement of the issuing bank, the confirming bank, if any, and the beneficiary.

b. An issuing bank is irrevocably bound by an amendment as of the time it issues the amendment. A confirming bank may extend its confirmation to an amendment and will be irrevocably bound as of the time it advises the amendment. A confirming bank may, however, choose to advise an amendment without extending its confirmation and, if so, it must inform the issuing bank without delay and inform the beneficiary in its advice.

c. The terms and conditions of the original credit (or a credit incorporating previously accepted amendments) will remain in force for the beneficiary until the beneficiary communicates its acceptance of the amendment to the bank that advised such amendment. The beneficiary should give notification of acceptance or rejection of an amendment. If the beneficiary fails to give such notification, a presentation that complies with the credit and to any not yet accepted amendment will be deemed to be notification of acceptance by the beneficiary of such amendment. As of that moment the credit will be amended.

d. A bank that advises an amendment should inform the bank from which it received the amendment of any notification of acceptance or rejection.

e. Partial acceptance of an amendment is not allowed and will be deemed to be notification of rejection of the amendment.

f. A provision in an amendment to the effect that the amendment shall enter into force unless rejected by the beneficiary within a certain time shall be disregarded.

Article 11 Teletransmitted and Pre-Advised Credits and Amendments. a. An authenticated teletransmission of a credit or amendment will be deemed to be the operative credit or amendment, and any subsequent mail confirmation shall be disregarded.

If a teletransmission states "full details to follow" (or words of similar effect), or states that the mail confirmation is to be the operative credit or amendment, then the teletransmission will not be deemed to be the operative credit or amendment. The issuing bank must then issue the operative credit or amendment without delay in terms not inconsistent with the teletransmission.

b. A preliminary advice of the issuance of a credit or amendment ("pre-advice") shall only be sent if the issuing bank is prepared to issue the operative credit or amendment. An issuing bank that sends a pre-advice is irrevocably committed to issue the operative credit or amendment, without delay, in terms not inconsistent with the pre-advice.

Article 12 Nomination. a. Unless a nominated bank is the confirming bank, an authorization to honour or negotiate does not impose any obligation on that nominated bank to honour or negotiate, except when expressly agreed to by that nominated bank and so communicated to the beneficiary.

b. By nominating a bank to accept a draft or incur a deferred payment undertaking, an issuing bank authorizes that nominated bank to prepay or purchase a draft accepted or a deferred payment undertaking incurred by that nominated bank.

c. Receipt or examination and forwarding of documents by a nominated bank that is not a confirming bank does not make that nominated bank liable to honour or negotiate, nor does it constitute honour or negotiation.

Article 13 Bank-to-Bank Reimbursement Arrangements. a. If a credit states that reimbursement is to be obtained by a nominated bank ("claiming bank") claiming on another party ("reimbursing bank"), the credit must state if the reimbursement is subject to the ICC rules for bank-to-bank reimbursements in effect on the date of issuance of the credit.

b. If a credit does not state that reimbursement is subject to the ICC rules for bank-to-bank reimbursements, the following apply :

i. An issuing bank must provide a reimbursing bank with a reimbursement authorization that conforms with the availability stated in the credit. The reimbursement authorization should not be subject to an expiry date.

ii. A claiming bank shall not be required to supply a reimbursing bank with a certificate of compliance with the terms and conditions of the credit.

iii. An issuing bank will be responsible for any loss of interest, together with any expenses incurred, if reimbursement is not provided on first demand by a reimbursing bank in accordance with the terms and conditions of the credit.

iv. A reimbursing bank's charges are for the account of the issuing bank. However, if the charges are for the account of the beneficiary, it is the responsibility of an issuing bank to so indicate in the credit and in the reimbursement authorization. If a reimbursing bank's charges are for the account of the beneficiary, they shall be deducted from the amount due to a claiming bank when reimbursement is made. If no reimbursement is made, the reimbursing bank's charges remain the obligation of the issuing bank.

c. An issuing bank is not relieved of any of its obligations to provide reimbursement if reimbursement is not made by a reimbursing bank on first demand.

Article 14 Standard for Examination of Documents. a. A nominated bank acting on its nomination, a confirming bank, if any, and the issuing bank must examine a presentation to determine, on the basis of the documents alone, whether or not the documents appear on their face to constitute a complying presentation.

b. A nominated bank acting on its nomination, a confirming bank, if any, and the issuing bank shall each have a maximum of five banking days following the day of presentation to determine if a presentation is complying. This period is not curtailed or otherwise affected by the occurrence on or after the date of presentation of any expiry date or last day for presentation.

c. A presentation including one or more original transport documents subject to articles 19, 20, 21, 22, 23, 24 or 25 must be made by or on behalf of the beneficiary not later than 21 calendar days after the date of shipment as described in these rules, but in any event not later than the expiry date of the credit.

d. Data in a document, when read in context with the credit, the document itself and international standard banking practice, need not be identical to, but must not conflict with, data in that document, any other stipulated document or the credit.

e. In documents other than the commercial invoice, the description of the goods, services or performance, if stated, may be in general terms not conflicting with their description in the credit.

f. If a credit requires presentation of a document other than a transport document, insurance document or commercial invoice, without stipulating by whom the document is to be issued or its data content, banks will accept the document as presented if its content appears to fulfil the function of the required document and otherwise complies with sub-article 14 (d).

g. A document presented but not required by the credit will be disregarded and may be returned to the presenter.

h. If a credit contains a condition without stipulating the document to indicate compliance with the condition, banks will deem such condition as not stated and will disregard it.

i. A document may be dated prior to the issuance date of the credit, but must not be dated later than its date of presentation.

j. When the addresses of the beneficiary and the applicant appear in any stipulated document, they need not be the same as those stated in the credit or in any other stipulated document, but must be within the same country as the respective addresses mentioned in the credit. Contact details (telefax, telephone, email and the like) stated as part of the beneficiary's and the applicant's address will be disregarded. However, when the address and contact details of the applicant appear as part of the consignee or notify party details on a transport document subject to articles 19, 20, 21, 22, 23, 24 or 25, they must be as stated in the credit.

k. The shipper or consignor of the goods indicated on any document need not be the beneficiary of the credit.

l. A transport document may be issued by any party other than a carrier, owner, master or charterer provided that the transport document meets the requirements of articles 19, 20, 21, 22, 23 or 24 of these rules.

Article 15 Complying Presentation. **a.** When an issuing bank determines that a presentation is complying, it must honour.

b. When a confirming bank determines that a presentation is complying, it must honour or negotiate and forward the documents to the issuing bank.

c. When a nominated bank determines that a presentation is complying and honours or negotiates, it must forward the documents to the confirming bank or issuing bank.

Article 16 Discrepant Documents, Waiver and Notice. **a.** When a nominated bank acting on its nomination, a confirming bank, if any, or the issuing bank determines that a presentation does not comply, it may refuse to honour or negotiate.

b. When an issuing bank determines that a presentation does not comply, it may in its sole judgement approach the applicant for a waiver of the discrepancies. This does not, however, extend the period mentioned in sub-article 14 (b).

c. When a nominated bank acting on its nomination, a confirming bank, if any, or the issuing bank decides to refuse to honour or negotiate, it must give a single notice to that effect to the presenter.

The notice must state :

i. that the bank is refusing to honour or negotiate ; and

ii. each discrepancy in respect of which the bank refuses to honour or negotiate ; and

iii. **a)** that the bank is holding the documents pending further instructions from the presenter ; or

b) that the issuing bank is holding the documents until it receives a waiver from the applicant and agrees to accept it, or receives further instructions from the presenter prior to agreeing to accept a waiver ; or

c) that the bank is returning the documents ; or

d) that the bank is acting in accordance with instructions previously received from the presenter.

d. The notice required in sub-article 16 (c) must be given by telecommunication or, if that is not possible, by other expeditious means no later than the close of the fifth banking day following the day of presentation.

e. A nominated bank acting on its nomination, a confirming bank, if any, or the issuing bank may, after providing notice required by sub-article 16 (c) (iii) (a) or (b), return the documents to the presenter at any time.

f. If an issuing bank or a confirming bank fails to act in accordance with the provisions of this article, it shall be precluded from claiming that the documents do not constitute a complying presentation.

g. When an issuing bank refuses to honour or a confirming bank refuses to honour or negotiate and has given notice to that effect in accordance with this article, it shall then be entitled to claim a refund, with interest, of any reimbursement made.

Article 17 Original Documents and Copies. **a.** At least one original of each document stipulated in the credit must be presented.

b. A bank shall treat as an original any document bearing an apparently original signature, mark, stamp, or label of the issuer of the document, unless the document itself indicates that it is not an original.

c. Unless a document indicates otherwise, a bank will also accept a document as original if it :

i. appears to be written, typed, perforated or stamped by the document issuer's hand ; or

ii. appears to be on the document issuer's original stationery ; or

iii. states that it is original, unless the statement appears not to apply to the document presented.

d. If a credit requires presentation of copies of documents, presentation of either originals or copies is permitted.

e. If a credit requires presentation of multiple documents by using terms such as "in duplicate", "in two fold" or "in two copies", this will be satisfied by the presentation of at least one original and the remaining number in copies, except when the document itself indicates otherwise.

Article 18 Commercial Invoice. **a.** A commercial invoice :

i. must appear to have been issued by the beneficiary (except as provided in article 38) ;

ii. must be made out in the name of the applicant (except as provided in sub-article 38 (g) ;

iii. must be made out in the same currency as the credit ; and

iv. need not be signed.

b. A nominated bank acting on its nomination, a confirming bank, if any, or the issuing bank may accept a commercial invoice issued for an amount in excess of the amount permitted by the credit, and its decision will be binding upon all parties, provided the bank in question has not honoured or negotiated for an amount in excess of that permitted by the credit.

c. The description of the goods, services or performance in a commercial invoice must correspond with that appearing in the credit.

Article 19 Transport Document Covering at Least Two Different Modes of Transport.

a. A transport document covering at least two different modes of transport (multimodal or combined transport document), however named, must appear to :

i. indicate the name of the carrier and be signed by :

- the carrier or a named agent for or on behalf of the carrier, or
- the master or a named agent for or on behalf of the master.

Any signature by the carrier, master or agent must be identified as that of the carrier, master or agent.

Any signature by an agent must indicate whether the agent has signed for or on behalf of the carrier or for or on behalf of the master.

ii. indicate that the goods have been dispatched, taken in charge or shipped on board at the place stated in the credit, by :

- pre-printed wording, or
- a stamp or notation indicating the date on which the goods have been dispatched, taken in charge or shipped on board.

The date of issuance of the transport document will be deemed to be the date of dispatch, taking in charge or shipped on board, and the date of shipment. However, if the transport document indicates, by stamp or notation, a date of dispatch, taking in charge or shipped on board, this date will be deemed to be the date of shipment.

iii. indicate the place of dispatch, taking in charge or shipment, and the place of final destination stated in the credit, even if :

a) the transport document states, in addition, a different place of dispatch, taking in charge or shipment or place of final destination, or

b) the transport document contains the indication "intended" or similar qualification in relation to the vessel, port of loading or port of discharge.

iv. be the sole original transport document or, if issued in more than one original, be the full set as indicated on the transport document.

v. contain terms and conditions of carriage or make reference to another source containing the terms and conditions of carriage (short form or blank back transport document). Contents of terms and conditions of carriage will not be examined.

vi. contain no indication that it is subject to a charter party.

b. For the purpose of this article, transhipment means unloading from one means of conveyance and reloading to another means of conveyance (whether or not in different modes of transport) during the carriage from the place of dispatch, taking in charge or shipment to the place of final destination stated in the credit.

c. i. A transport document may indicate that the goods will or may be transhipped provided that the entire carriage is covered by one and the same transport document.

ii. A transport document indicating that transhipment will or may take place is acceptable, even if the credit prohibits transhipment.

Article 20 Bill of Lading. a. A bill of lading, however named, must appear to :

i. indicate the name of the carrier and be signed by :

- the carrier or a named agent for or on behalf of the carrier, or
- the master or a named agent for or on behalf of the master.

Any signature by the carrier, master or agent must be identified as that of the carrier, master or agent.

Any signature by an agent must indicate whether the agent has signed for or on behalf of the carrier or for or on behalf of the master.

ii. indicate that the goods have been shipped on board a named vessel at the port of loading stated in the credit by :

- pre-printed wording, or
- an on board notation indicating the date on which the goods have been shipped on board.

The date of issuance of the bill of lading will be deemed to be the date of shipment unless the bill of lading contains an on board notation indicating the date of shipment, in which case the date stated in the on board notation will be deemed to be the date of shipment.

If the bill of lading contains the indication "intended vessel" or similar qualification in relation to the name of the vessel, an on board notation indicating the date of shipment and the name of the actual vessel is required.

iii. indicate shipment from the port of loading to the port of discharge stated in the credit.

If the bill of lading does not indicate the port of loading stated in the credit as the port of loading, or if it contains the indication "intended" or similar qualification in relation to the port of loading, an on board notation indicating the port of loading as stated in the credit, the date of shipment and the name of the vessel is required. This provision applies even when loading on board or shipment on a named vessel is indicated by pre-printed wording on the bill of lading.

iv. be the sole original bill of lading or, if issued in more than one original, be the full set as indicated on the bill of lading.

v. contain terms and conditions of carriage or make reference to another source containing the terms and conditions of carriage (short form or blank back bill of lading). Contents of terms and conditions of carriage will not be examined.

vi. contain no indication that it is subject to a charter party.

b. For the purpose of this article, transhipment means unloading from one vessel and reloading to another vessel during the carriage from the port of loading to the port of discharge stated in the credit.

c. i. A bill of lading may indicate that the goods will or may be transhipped provided that the entire carriage is covered by one and the same bill of lading.

ii. A bill of lading indicating that transhipment will or may take place is acceptable, even if the credit prohibits transhipment, if the goods have been shipped in a container, trailer or LASH barge as evidenced by the bill of lading.

d. Clauses in a bill of lading stating that the carrier reserves the right to tranship will be disregarded.

Article 21 Non-Negotiable Sea Waybill. a. A non-negotiable sea waybill, however named, must appear to :

i. indicate the name of the carrier and be signed by :

- the carrier or a named agent for or on behalf of the carrier, or
- the master or a named agent for or on behalf of the master.

Any signature by the carrier, master or agent must be identified as that of the carrier, master or agent.

Any signature by an agent must indicate whether the agent has signed for or on behalf of the carrier or for or on behalf of the master.

ii. indicate that the goods have been shipped on board a named vessel at the port of loading stated in the credit by :

- pre-printed wording, or
- an on board notation indicating the date on which the goods have been shipped on board.

The date of issuance of the non-negotiable sea waybill will be deemed to be the date of shipment unless the non-negotiable sea waybill contains an on board notation indicating the date of shipment, in which case the date stated in the on board notation will be deemed to be the date of shipment.

If the non-negotiable sea waybill contains the indication "intended vessel" or similar qualification in relation to the name of the vessel, an on board notation indicating the date of shipment and the name of the actual vessel is required.

iii. indicate shipment from the port of loading to the port of discharge stated in the credit.

If the non-negotiable sea waybill does not indicate the port of loading stated in the credit as the port of loading, or if it contains the indication "intended" or similar qualification in relation to the port of loading, an on board notation indicating the port of loading as stated in the credit, the date of shipment and the name of the vessel is required. This provision applies even when loading on board or shipment on a named vessel is indicated by pre-printed wording on the non-negotiable sea waybill.

iv. be the sole original non-negotiable sea waybill or, if issued in more than one original, be the full set as indicated on the non-negotiable sea waybill.

v. contain terms and conditions of carriage or make reference to another source containing the terms and conditions of carriage (short form or blank back non-negotiable sea waybill). Contents of terms and conditions of carriage will not be examined.

vi. contain no indication that it is subject to a charter party.

b. For the purpose of this article, transhipment means unloading from one vessel and reloading to another vessel during the carriage from the port of loading to the port of discharge stated in the credit.

c. i. A non-negotiable sea waybill may indicate that the goods will or may be transhipped provided that the entire carriage is covered by one and the same non-negotiable sea waybill.

ii. A non-negotiable sea waybill indicating that transhipment will or may take place is acceptable, even if the credit prohibits transhipment, if the goods have been shipped in a container, trailer or LASH barge as evidenced by the non-negotiable sea waybill.

d. Clauses in a non-negotiable sea waybill stating that the carrier reserves the right to tranship will be disregarded.

Article 22 Charter Party Bill of Lading. **a.** A bill of lading, however named, containing an indication that it is subject to a charter party (charter party bill of lading), must appear to :

i. be signed by :

- the master or a named agent for or on behalf of the master, or
- the owner or a named agent for or on behalf of the owner, or
- the charterer or a named agent for or on behalf of the charterer.

Any signature by the master, owner, charterer or agent must be identified as that of the master, owner, charterer or agent.

Any signature by an agent must indicate whether the agent has signed for or on behalf of the master, owner or charterer.

An agent signing for or on behalf of the owner or charterer must indicate the name of the owner or charterer.

ii. indicate that the goods have been shipped on board a named vessel at the port of loading stated in the credit by :

- pre-printed wording, or
- an on board notation indicating the date on which the goods have been shipped on board.

The date of issuance of the charter party bill of lading will be deemed to be the date of shipment unless the charter party bill of lading contains an on board notation indicating the date of shipment, in which case the date stated in the on board notation will be deemed to be the date of shipment.

iii. indicate shipment from the port of loading to the port of discharge stated in the credit. The port of discharge may also be shown as a range of ports or a geographical area, as stated in the credit.

iv. be the sole original charter party bill of lading or, if issued in more than one original, be the full set as indicated on the charter party bill of lading.

b. A bank will not examine charter party contracts, even if they are required to be presented by the terms of the credit.

Article 23 Air Transport Document. **a.** An air transport document, however named, must appear to :

i. indicate the name of the carrier and be signed by :

- the carrier, or
- a named agent for or on behalf of the carrier.

Any signature by the carrier or agent must be identified as that of the carrier or agent.

Any signature by an agent must indicate that the agent has signed for or on behalf of the carrier.

ii. indicate that the goods have been accepted for carriage.

iii. indicate the date of issuance. This date will be deemed to be the date of shipment unless the air transport document contains a specific notation of the actual date of shipment, in which case the date stated in the notation will be deemed to be the date of shipment.

Any other information appearing on the air transport document relative to the flight number and date will not be considered in determining the date of shipment.

iv. indicate the airport of departure and the airport of destination stated in the credit.

v. be the original for consignor or shipper, even if the credit stipulates a full set of originals.

vi. contain terms and conditions of carriage or make reference to another source containing the terms and conditions of carriage. Contents of terms and conditions of carriage will not be examined.

b. For the purpose of this article, transhipment means unloading from one aircraft and reloading to another aircraft during the carriage from the airport of departure to the airport of destination stated in the credit.

c. i. An air transport document may indicate that the goods will or may be transhipped, provided that the entire carriage is covered by one and the same air transport document.

ii. An air transport document indicating that transhipment will or may take place is acceptable, even if the credit prohibits transhipment.

Article 24 Road, Rail or Inland Waterway Transport Documents. **a.** A road, rail or inland waterway transport document, however named, must appear to :

i. indicate the name of the carrier and :

- be signed by the carrier or a named agent for or on behalf of the carrier, or
- indicate receipt of the goods by signature, stamp or notation by the carrier or a named agent for or on behalf of the carrier.

Any signature, stamp or notation of receipt of the goods by the carrier or agent must be identified as that of the carrier or agent.

Any signature, stamp or notation of receipt of the goods by the agent must indicate that the agent has signed or acted for or on behalf of the carrier.

If a rail transport document does not identify the carrier, any signature or stamp of the railway company will be accepted as evidence of the document being signed by the carrier.

ii. indicate the date of shipment or the date the goods have been received for shipment, dispatch or carriage at the place stated in the credit. Unless the transport document contains a dated reception stamp, an indication of the date of receipt or a date of shipment, the date of issuance of the transport document will be deemed to be the date of shipment.

iii. indicate the place of shipment and the place of destination stated in the credit.

b. i. A road transport document must appear to be the original for consignor or shipper or bear no marking indicating for whom the document has been prepared.

ii. A rail transport document marked "duplicate" will be accepted as an original.

iii. A rail or inland waterway transport document will be accepted as an original whether marked as an original or not.

c. In the absence of an indication on the transport document as to the number of originals issued, the number presented will be deemed to constitute a full set.

d. For the purpose of this article, transhipment means unloading from one means of conveyance and reloading to another means of conveyance, within the same mode of transport, during the carriage from the place of shipment, dispatch or carriage to the place of destination stated in the credit.

e. i. A road, rail or inland waterway transport document may indicate that the goods will or may be transhipped provided that the entire carriage is covered by one and the same transport document.

ii. A road, rail or inland waterway transport document indicating that transhipment will or may take place is acceptable, even if the credit prohibits transhipment.

Article 25 Courier Receipt, Post Receipt or Certificate of Posting. a. A courier receipt, however named, evidencing receipt of goods for transport, must appear to:

i. indicate the name of the courier service and be stamped or signed by the named courier service at the place from which the credit states the goods are to be shipped; and

ii. indicate a date of pickup or of receipt or wording to this effect. This date will be deemed to be the date of shipment.

b. A requirement that courier charges are to be paid or prepaid may be satisfied by a transport document issued by a courier service evidencing that courier charges are for the account of a party other than the consignee.

c. A post receipt or certificate of posting, however named, evidencing receipt of goods for transport, must appear to be stamped or signed and dated at the place from which the credit states the goods are to be shipped. This date will be deemed to be the date of shipment.

Article 26 "On Deck", "Shipper's Load and Count", "Said by Shipper to Contain" and Charges Additional to Freight. a. A transport document must not indicate that the goods are or will be loaded on deck. A clause on a transport document stating that the goods may be loaded on deck is acceptable.

b. A transport document bearing a clause such as "shipper's load and count" and "said by shipper to contain" is acceptable.

c. A transport document may bear a reference, by stamp or otherwise, to charges additional to the freight.

Article 27 Clean Transport Document. A bank will only accept a clean transport document. A clean transport document is one bearing no clause or notation expressly declaring a defective condition of the goods or their packaging. The word "clean" need not appear on a transport document, even if a credit has a requirement for that transport document to be "clean on board".

Article 28 Insurance Document and Coverage. a. An insurance document, such as an insurance policy, an insurance certificate or a declaration under an open cover, must appear to be issued and signed by an insurance company, an underwriter or their agents or their proxies.

Any signature by an agent or proxy must indicate whether the agent or proxy has signed for or on behalf of the insurance company or underwriter.

b. Where the insurance document indicates it has been issued in more than one original, all originals must be presented.

c. Cover notes will not be accepted.

d. An insurance policy is acceptable in lieu of an insurance certificate or a declaration under an open cover.

e. The date of the insurance document must be no later than the date of shipment, unless it appears from the insurance document that the cover is effective from a date no later than the date of shipment.

f. i. The insurance document must indicate the amount of insurance coverage and be in the same currency as the credit.

ii. A requirement in the credit for insurance coverage to be for a percentage of the value of the goods, of the invoice value or similar is deemed to be the minimum amount of coverage required.

If there is no indication in the credit of the insurance coverage required, the amount of insurance coverage must be at least 110% of the CIF or CIP value of the goods.

When the CIF or CIP value cannot be determined from the documents, the amount of insurance coverage must be calculated on the basis of the amount for which honour or negotiation is requested or the gross value of the goods as shown on the invoice, whichever is greater.

iii. The insurance document must indicate that risks are covered at least between the place of taking in charge or shipment and the place of discharge or final destination as stated in the credit.

g. A credit should state the type of insurance required and, if any, the additional risks to be covered. An insurance document will be accepted without regard to any risks that are not covered if the credit uses imprecise terms such as "usual risks" or "customary risks".

h. When a credit requires insurance against "all risks" and an insurance document is presented containing any "all risks" notation or clause, whether or not bearing the heading "all risks", the insurance document will be accepted without regard to any risks stated to be excluded.

i. An insurance document may contain reference to any exclusion clause.

j. An insurance document may indicate that the cover is subject to a franchise or excess (deductible).

Article 29 Extension of Expiry Last Date or Day for Presentation. a. If the expiry date of a credit or the last day for presentation falls on a day when the bank to which presentation is to be made is closed for reasons other than those referred to in article 36, the expiry date or the last day for presentation, as the case may be, will be extended to the first following banking day.

b. If presentation is made on the first following banking day, a nominated bank must provide the issuing bank or confirming bank with a statement on its covering schedule that the presentation was made within the time limits extended in accordance with sub-article 29 (a).

c. The latest date for shipment will not be extended as a result of sub-article 29 (a).

Article 30 Tolerance in Credit Amount, Quantity and Unit Prices. a. The words "about" or "approximately" used in connection with the amount of the credit or the quantity or the unit price stated in the credit are to be construed as allowing a tolerance not to exceed 10% more or 10% less than the amount, the quantity or the unit price to which they refer.

b. A tolerance not to exceed 5% more or 5% less than the quantity is allowed, provided the credit does not state the quantity in terms of a stipulated number of packing units or individual items and the total amount of the drawings does not exceed the amount of the credit.

c. Even when partial shipments are not allowed, a tolerance not to exceed 5% less than the amount of the credit is allowed, provided that the quantity of the goods, if stated in the credit, is shipped in full and a unit price, if stated in the credit, is not reduced or that sub-article 30 (b) is not applicable. This tolerance does not apply when the credit stipulates a specific tolerance or uses the expressions referred to in sub-article 30 (a).

Article 31 Partial Drawings or Shipments. a. Partial drawings or shipments are allowed.

b. A presentation consisting of more than one set of transport documents evidencing shipment commencing on the same means of conveyance and for the same journey, provided they indicate the same destination, will not be regarded as covering a partial shipment, even if they indicate different dates of shipment or different ports of loading, places of taking in charge or dispatch. If the presentation consists of more than one set of transport documents, the latest date of shipment as evidenced on any of the sets of transport documents will be regarded as the date of shipment.

A presentation consisting of one or more sets of transport documents evidencing shipment on more than one means of conveyance within the same mode of transport will be regarded as covering a partial shipment, even if the means of conveyance leave on the same day for the same destination.

c. A presentation consisting of more than one courier receipt, post receipt or certificate of posting will not be regarded as a partial shipment if the courier receipts, post receipts or certificates of posting appear to have been stamped or signed by the same courier or postal service at the same place and date and for the same destination.

Article 32 Instalment Drawings or Shipments. If a drawing or shipment by instalments within given periods is stipulated in the credit and any instalment is not drawn or shipped within the period allowed for that instalment, the credit ceases to be available for that and any subsequent instalment.

Article 33 Hours of Presentation. A bank has no obligation to accept a presentation outside of its banking hours.

Article 34 Disclaimer on Effectiveness of Documents. A bank assumes no liability or responsibility for the form, sufficiency, accuracy, genuineness, falsification or legal effect of any document, or for the general or particular conditions stipulated in a document or superimposed thereon ; nor does it assume any liability or responsibility for the description, quantity, weight, quality, condition, packing, delivery, value or existence of the goods, services or other performance represented by any document, or for the good faith or acts or omissions, solvency, performance or standing of the consignor, the carrier, the forwarder, the consignee or the insurer of the goods or any other person.

Article 35 Disclaimer on Transmission and Translation. A bank assumes no liability or responsibility for the consequences arising out of delay, loss in transit, mutilation or other errors arising in the transmission of any messages or delivery of letters or documents, when such messages, letters or documents are transmitted or sent according to the requirements stated in the credit, or when the bank may have taken the initiative in the choice of the delivery service in the absence of such instructions in the credit.

If a nominated bank determines that a presentation is complying and forwards the documents to the issuing bank or confirming bank, whether or not the nominated bank has honoured or negotiated, an issuing bank or confirming bank must honour or negotiate, or reimburse that nominated bank, even when the documents have been lost in transit between the nominated bank and the issuing bank or confirming bank, or between the confirming bank and the issuing bank.

A bank assumes no liability or responsibility for errors in translation or interpretation of technical terms and may transmit credit terms without translating them.

Article 36 Force Majeure. A bank assumes no liability or responsibility for the consequences arising out of the interruption of its business by Acts of God, riots, civil commotions, insurrections, wars, acts of terrorism, or by any strikes or lockouts or any other causes beyond its control.

A bank will not, upon resumption of its business, honour or negotiate under a credit that expired during such interruption of its business.

Article 37 Disclaimer for Acts of an Instructed Party. a. A bank utilizing the services of another bank for the purpose of giving effect to the instructions of the applicant does so for the account and at the risk of the applicant.

b. An issuing bank or advising bank assumes no liability or responsibility should the instructions it transmits to another bank not be carried out, even if it has taken the initiative in the choice of that other bank.

c. A bank instructing another bank to perform services is liable for any commissions, fees, costs or expenses ("charges") incurred by that bank in connection with its instructions.

If a credit states that charges are for the account of the beneficiary and charges cannot be collected or deducted from proceeds, the issuing bank remains liable for payment of charges.

A credit or amendment should not stipulate that the advising to a beneficiary is conditional upon the receipt by the advising bank or second advising bank of its charges.

d. The applicant shall be bound by and liable to indemnify a bank against all obligations and responsibilities imposed by foreign laws and usages.

Article 38 Transferable Credits. a. A bank is under no obligation to transfer a credit except to the extent and in the manner expressly consented to by that bank.

b. For the purpose of this article :

Transferable credit means a credit that specifically states it is "transferable". A transferable credit may be made available in whole or in part to another beneficiary ("second beneficiary") at the request of the beneficiary ("first beneficiary").

Transferring bank means a nominated bank that transfers the credit or, in a credit available with any bank, a bank that is specifically authorized by the issuing bank to transfer and that transfers the credit. An issuing bank may be a transferring bank.

Transferred credit means a credit that has been made available by the transferring bank to a second beneficiary.

c. Unless otherwise agreed at the time of transfer, all charges (such as commissions, fees, costs or expenses) incurred in respect of a transfer must be paid by the first beneficiary.

d. A credit may be transferred in part to more than one second beneficiary provided partial drawings or shipments are allowed.

A transferred credit cannot be transferred at the request of a second beneficiary to any subsequent beneficiary. The first beneficiary is not considered to be a subsequent beneficiary.

e. Any request for transfer must indicate if and under what conditions amendments may be advised to the second beneficiary. The transferred credit must clearly indicate those conditions.

f. If a credit is transferred to more than one second beneficiary, rejection of an amendment by one or more second beneficiary does not invalidate the acceptance by any other second beneficiary, with respect to which the transferred credit will be amended accordingly. For any second beneficiary that rejected the amendment, the transferred credit will remain unamended.

g. The transferred credit must accurately reflect the terms and conditions of the credit, including confirmation, if any, with the exception of :

- the amount of the credit,
- any unit price stated therein,
- the expiry date,
- the period for presentation, or
- the latest shipment date or given period for shipment,

any or all of which may be reduced or curtailed.

The percentage for which insurance cover must be effected may be increased to provide the amount of cover stipulated in the credit or these articles.

The name of the first beneficiary may be substituted for that of the applicant in the credit.

If the name of the applicant is specifically required by the credit to appear in any document other than the invoice, such requirement must be reflected in the transferred credit.

h. The first beneficiary has the right to substitute its own invoice and draft, if any, for those of a second beneficiary for an amount not in excess of that stipulated in the credit, and upon such substitution the first beneficiary can draw under the credit for the difference, if any, between its invoice and the invoice of a second beneficiary.

i. If the first beneficiary is to present its own invoice and draft, if any, but fails to do so on first demand, or if the invoices presented by the first beneficiary create discrepancies that did not exist in the presentation made by the second beneficiary and the first beneficiary fails to correct them on first demand, the transferring bank has the right to present the documents as received from the second beneficiary to the issuing bank, without further responsibility to the first beneficiary.

j. The first beneficiary may, in its request for transfer, indicate that honour or negotiation is to be effected to a second beneficiary at the place to which the credit has been transferred, up to and including the expiry date of the credit. This is without prejudice to the right of the first beneficiary in accordance with sub-article 38 (h).

k. Presentation of documents by or on behalf of a second beneficiary must be made to the transferring bank.

Article 39 Assignment of Proceeds. The fact that a credit is not stated to be transferable shall not affect the right of the beneficiary to assign any proceeds to which it may be or may become entitled under the credit, in accordance with the provisions of applicable law. This article relates only to the assignment of proceeds and not to the assignment of the right to perform under the credit.

부록 3. 무역영어 자격시험(무역실무) 출제기준, 2011

대분류(%)	중분류	1급	2급	3급
1. 무역계약(20)	- 무역거래의 개요, 무역거래의 관리체계	○	○	○
	- 해외시장조사와 거래선 발굴	○	○	○
	- 무역계약의 본질, 무역계약의 기본조건	○	○	○
	- 무역계약의 효력, 무역계약의 정형화	○	○	
2. 무역결제(15)	- 무역결제의 방법, 화환신용장	○	○	○
	- 무역대금의 정산	○	○	○
	- 무역금융(보증), 국제조세와 과세기준	○	○	
3. 무역운송(10)	- 해상운송과 B/L, 항공운송과 AWB	○	○	○
	- 복합운송과 MTD	○	○	
	- 수출입통관과 관세	○	○	○
4. 무역보험(10)	- 해상보험의 의의	○	○	○
	- 해상위험과 해상손해, 보험증권과 적하보험약관	○	○	○
	- 수출입보험제도	○	○	
5. 무역클레임(10)	- 무역계약의 불이행	○	○	○
	- 무역클레임의 처리방안	○	○	○
	- 상사중재, 국제소송	○	○	
6. 서비스무역(5)	- 서비스무역의 개요	○	○	
	- 판매점 · 대리점계약	○	○	○
	- 국제건설 · 자원개발계약, 기타 서비스무역계약	○	○	
7. 기술무역(5)	- 기술무역의 개요	○	○	○
	- 기술도입계약, 라이센스계약	○	○	
	- 플랜트수출계약	○	○	
8. 해외투자(5)	- 국제투자의 개요와 종류	○	○	○
	- 국제프랜차이즈계약, 국제자본거래계약	○	○	
9. 전자무역(10)	- 전자무역의 개요	○	○	○
	- 전자물류 · 통관시스템, 전자무역 결제시스템	○	○	
	- 전자무역보험 · 클레임	○	○	
10. 무역규범(10)	- 국내 무역관계법규	○	○	○
	- 국제 무역계약법규, 국제 무역결제법규	○	○	
	- 국제운송과 보험법규, 무역클레임 · 기타법규	○	○	

* 상세자료는 대한상공회의소 검정사업단 홈페이지를 참조 바람.

참고문헌

1. 국내문헌 및 자료

강원진, 국제상무론, 법문사, 2000.
강이수, 국제거래분쟁론, 삼영사, 1999.
강인수 외 7인, 국제통상론, 박영사, 1999.
경희대학교 국제법무대학원, 국제법무학개론, 동림사, 2000.
고범준, 국제상사중재법 해의, 대한상사중재원, 1991.
김우규 · 박명섭 · 한낙현, 관세와 통관, 형설출판사, 2002.
대외경제정책연구원, WTO 출범과 신교역질서, 1994. 7.
박훤일, 국제거래법, 한국경영법무연구소, 1995.
법무부, UR 협정의 법적 고찰(상), 1994.
서정두, 국제무역계약, 삼영사, 2001.
서정두, 국제통상법, 제3판, 삼영사, 2001.
서정두, 국제상무론, 삼영사, 2003.
서정두, ISBP 국제표준은행관습, 삼영사, 2003 및 2008.
서정두, UCP 600 신용장분쟁사례, 청목출판사, 2009.
서정두, Incoterms® 2010 인코텀즈 해설, 청목출판사, 2011.
서헌제, 국제거래법, 법문사, 1996.
송영식 외, 지적소유권법, 제3전정판, 육법사, 1994.
양영환 · 서정두, 국제무역법규, 제3판, 삼영사, 1998.
양영환 · 서정두, 신용장사례연구, 삼영사, 1995.
양영환 · 오원석, 최신 무역상무론, 법문사, 2002.
양영환 · 오원석 · 서정두, 신용장론, 삼영사, 2002.
양영환 · 오원석 · 서정두, 인코텀즈 2000, 대한상공회의소, 1999. 12.
양영환 · 최명국, 무역매매론, 박영사, 1994.
오원석, 국제운송론, 박영사, 1994.
오원석, 무역계약론, 삼영사, 1994.
이균성, 국제해상운송법연구, 삼영사, 1984.
이용섭, 국제조세, 세경사, 1999.
이태희, 국제계약법, 학연사, 1989.
이한상 · 김준학, 산업재산권의 이론과 실무, 제일법규, 2001.
임홍근 · 이태희, 국제물품매매계약에 관한 UN 협약상의 제문제, 삼지원, 1991.
장용식, 기술도입을 위한 국제계약, 법전출판사, 1994.
정진섭, 국제지적재산권법, 육법사, 1992.
채동헌, 국제거래와 법, 청림출판, 2004.
최공웅, 국제소송, 육법사, 1994.
최용길 · 안성조, 국제통상관습론, 미리내, 2000.
최준선, 국제거래법, 삼영사, 1996.
한동호, 해상보험요론, 박영사, 1980.
허브코헨(강문희 역), 협상의 법칙, 청년정신, 2001.
고범준, "국제물품매매계약에 관한 UN 협약", 대한상사중재원, 1982.
손경한, "외국판결 및 중재판정의 승인과 집행", 「국제거래법연구」, 1992. 5.
손경한, "전자상거래의 법적 문제", 「무역상무연구」 제11권, 1998. 2.

2. 외국문헌 및 자료

葛城照三, 海上保險講義要綱, 早稻田大學出版部, 1978.

龜井利明, 海上保險總論, 成山堂書店, 1980.

內田 貴, "電子商去來と法(1)", 商事法務硏究會, 「NBL」 No. 600, 1996. 9.

小峯 登, 信用狀 統一規則 - 逐條解說とその問題点(上), 外國爲替貿易硏究會, 1977.

朝岡良平, 貿易賣買と商慣習, 東京布井出版, 1982.

中村 弘, 貿易契約の基礎, 東洋經濟新報社, 1983.

Atiyah, P.S., Adams, J.N. & MacQueen, H., *The Sale of Goods*, Longman, 2001.

Baker, Stewart A. and Davis, Mark D., *The UNCITRAL Arbitration Rules in Practice*, Kluwer Law & Taxation Publishers, 1992.

Bennett, H.N., *The Law of Marine Insurance*, Clarendon Press · Oxford, 1996.

Berg, Albert Jan van den, *International Arbitration in a Changing World*, Kluwer Law & Taxation Publishers, 1994.

Bianca, C.M. and Bonell, M.J., *Commentary on the International Sales Law*, Giuffrè · Milan, 1987.

Bonell, M.J., *An International Restatement of Contract Law : The UNIDROIT Principles of International Commercial Contracts*, Transnational Juris, 1994.

Boyd, Stewart C., Burrows, Andrew S. and Foxton, David ed., *Scrutton on Charterparties and Bills of Lading*, 20th ed., Sweet & Maxwell, 1996.

Branch, Alan E., *Elements of Export Practice*, 2nd, Chapman & Hall, 1985.

Bridge, M. ed., *Benjamin's Sale of Goods*, 8th ed., Sweet & Maxwell, 2010.

Brooke, Michael Z. and Skilbeck, John M., *Licensing*, Gower, 1994.

Brown, Robert H., *Marine Insurance (vol. 1) : Principles and Basic Practice*, 5th ed., Witherby & Co. Ltd., 1986.

Byrne, James E., *UCP 600 : An Analytical Commentary*, IIBLP, Inc., 2010.

Campbell, Dennis ed., *International Intellectual Property Law : New Developments*, John Wiley & Sons, 1995.

Chalmers, M.D., *The Sale of Goods Act 1893*, Butterworth & Co., 1920.

Coleman, A., *The Legal Protection of Trade Secrets*, Sweet & Maxwell, 1992.

Day, D.M., *The Law of International Trade*, 2nd ed., Butterworths, 1993.

Detter, Ingrid, *The International Legal Order*, Dartmouth Publishing Co., 1994.

Deventer, R.V., *The Law of Construction Contracts*, Chancery Law Pub., 1993.

Dolan, John F., *The Law of Letters of Credit*, A.S. Pratt & Sons, 2005.

Domke, Martin, *Domke on Commercial Arbitration*, by Wilner, G.M., Illinois, 1990.

Enderlein, F. and Maskow, D., *International Sales Law*, Oceana Pub., 1992.

Finkelstein, H.N., *Legal Aspects of Commercial Letters of Credit*, N.Y., 1930.

Folsom, R.H., Gordon, M.W. & Spanogle, J.A., *International Business Transactions*, 3rd ed., West Publishing Co., 1995.

Fung, K.T., *Leading Court Cases on Letters of Credit*, ICC Publication No. 658, 2004.

Gabriel, Peter, *Legal Aspects of Syndicated Loans*, Butterworths, 1986.

Guest, A.G. ed., *Anson's Law of Contract*, 26th ed., Oxford, 1984.

Gutteridge, H.C. & Megrah, Maurice, *The Law of Bankers' Commercial Credits*, 7th ed., Europa Publications Ltd., 1984.

Honnold, John O., *Uniform Law for International Sales under the 1980 United Nations Convention*, 2nd ed., Kluwer Law & Taxation Publishers, 1991.

Houtte, Hans Van, *The Law of International Trade*, Sweet & Maxwell, 1995.

ICC, *ICC Rules of ARBITRATION*, Publication No. 581, 1997. 8.

ICC, *Incoterms® 2010*, Publication No. 715E, 2010.

ICC, *International Standby Practices 1998*, Publication No. 590, 1998.

ICC, *International Standard Banking Practice*, Publication No. 681, 2007. 6.

ICC, *UCP 600 + eUCP 1.1*, Publication No. 600, 2007.

ICC, *Uniform Rules for Bank-to-Bank Reimbursements under Documentary Credits,* Publication No. 525, 1995 and Publication No. 725, 2008.

ICC, *Uniform Rules for Collections,* Publication No. 522, 1995.

Irish, Vivien, *Intellectual Property Rights for Engineers,* The Institution of Electrical Engineers, 1994.

Ivamy, E.R. Hardy, *Carriage of Goods by Sea*, Butterworths, 1985.

Jackson, John H., *The World Trading System*, The MIT Press, 1989.

Kaczorowska, Alina, *International Conventions and Their Effectiveness : Present and Future*, Kluwer Law International, 1995.

Kalakota, R. and Whinston, A.B., *Electronic Commerce*, Addison-Wesley, 1997.

Kozolchyk, Boris, *Commercial Letters of Credit in the Americas*, Matthew Bender & Co., 1976.

Kritzer, Albert H., *Guide to Practical Applications of the United Nations Convention on Contracts for the International Sale of Goods,* Kluwer Law & Taxation Publishers, 1990.

Ladas, Stephen P., *Trademarks and Related Rights : National and International Protection*, Harvard University Press, 1975.

Lambeth, R.J., *Templeman on Marine Insurance : Its Principles and Practice*, 6th ed., Pitman Publishing Ltd., 1986.

Lopez, N.J., *Bes' Chartering and Shipping Terms*, Barker & Howard, 1992.

Murray, Carole et al., *Schmitthoff's Export Trade,* Sweet & Maxwell, 2007.

Murray, J.E. and Flechtner, H.M., *Sales and Leases*, West Publishing, 1994.

Mustill, Michael J. and Gilman, J.C.B., *Arnould's Law of Marine Insurance and Average*, 16th ed., Stevens & Sons, 1981.

Nivola, Pietro S., *Regulating Unfair Trade*, The Brookings Institution, 1993.

O'May, D. and Hill, J., *Marine Insurance Law and Policy*, Sweet & Maxwell, 1993.

Rabinowitz, L., *Weing and Weinberg and Blank on Take-Overs and Mergers*, 15th ed., Sweet & Maxwell, 1989.

Ramberg, Jan, *ICC Guide to Incoterms® 2010*, Publication No. 720E, 2011.

Robock, Stefan H. & Simmonds, Kenneth, *International Business and Multinational Enterprises*, 3rd ed., Richard D. Irwin, Inc., 1983.

Rushing, Francis W. and Brown, Carole Ganz ed., *Intellectual Property Rights in Science, Technology and Economic Performance*, Westview Press, 1990.

Salinger, F.R., *Tolley's Factoring*, Tolley Publishing, 1984.

Sassoon, David M., *C.I.F. and F.O.B. Contracts*, 4th ed., Sweet & Maxwell, 1995.

Schmitthoff, Clive M. and Sarre D.A.G. ed., *Charlesworth's Mercantile Law*, 14th ed., Stevens & Sons, 1983.

Sornarajah, M., *The International Law on Foreign Investment*, Cambridge Univ., 1995.

Todd, Paul, *Modern Bills of Lading*, Mackays of Chatham, 1990.

UNCTAD, *The Economic and Commercial Implications of the Entry into force of the Hamburg Rules and the Multimodal Transport Convention*, 1991.

Vaughn, Charles L., *Franchising*, Lexington Mass. Toronto, 1979.

Venedikian, Harry M. and Warfield, Gerald A., *Export-Import Financing*, 3rd ed., John Wiley & Sons, 1992.

White, James J. and Summers, Robert S., *Uniform Commercial Code*, 4th ed., Vol. 2, West Publishing Co., 1995.

Wilkof, Neil J., *Trade Mark Licensing*, Sweet & Maxwell, 1995.

Wilson, D.J. and Cooke, J.H.S., *The Law of General Average and The York-Antwerp Rules*, 11th ed., Sweet & Maxwell, 1990.

Wright, B., *The Law of Electronic Commerce*, Aspen Law & Business, 1996.

Wunnicke, B., Wunnicke, D.B. and Turner, P.S., *Standby and Commercial Letters of Credit*, 2nd ed., John Wiley & Sons, 1996.

Yiannopoulos, A.N., *Ocean Bills of Lading*, Kluwer Law International, 1995.

Zahn, Johannes C.D., *Zahlung und Zahlungssicherung im Aussenhandel*, 5th ed., Walter de Gruyter & Co., 1976.

INDEX

D

E

F

G

사항색인

ㄱ

ㄴ

ㄷ

ㅂ

ㅇ

ㅎ

저자약력

서정두(徐正斗) 성균관대학교 무역학과 졸업
성균관대학교 대학원 졸업(경제학박사)
호원대학교 경영평가실장·산업경영연구소장
동 대학평의원회 의장 · 위탁교육본부장
국가고등고시 · 관세사 · 무역영어시험 출제위원장
대한상사중재원 중재인
현, 한국무역보험공사 이의신청심의위원
한국무역상무학회 편집위원장·부회장
한국무역보험학회 편집위원장
호원대학교 무역경영학부 교수

[저서]

신용장론(공저)(삼영사)
국제무역법규(공저)(삼영사)
신용장사례연구(공저)(삼영사)
국제통상법(삼영사)
인코텀즈 2000(공저)(대한상공회의소)
국제무역계약(삼영사)
국제상무론(삼영사)
ISBP 국제표준은행관습(삼영사)
UCP 600 신용장분쟁사례(청목출판사)
INCOTERMS® 2010 인코텀즈 해설(청목출판사)

무역상무

2011년 9월 20일 제1판 1쇄 인쇄
2011년 9월 30일 제1판 1쇄 발행

저 자 서 정 두
발행인 김 광 식
조 판 아 람 기 획

120-837
발행처 서울시 서대문구 충정로 3가 8-5 동아아트 B 103호
도서출판 탑 북 스
등 록 2009.12.21 제 312-2009-000062 호
전 화 02)365-2223 팩스 02)365-2224

정가 30,000원
ISBN 978-89-94318-87-5-93320